"一带一路"
沿线国家
国际仲裁制度研究

⑦

中国国际经济贸易仲裁委员会 编
China International Economic and Trade Arbitration Commission

The Research of the International Arbitration
System in Countries Along
The Belt and Road

法律出版社
LAW PRESS·CHINA
—— 北京 ——

图书在版编目(CIP)数据

“一带一路”沿线国家国际仲裁制度研究. 7 / 中国国际经济贸易仲裁委员会编. -- 北京 : 法律出版社, 2022

ISBN 978 - 7 - 5197 - 7015 - 0

Ⅰ. ①一… Ⅱ. ①中… Ⅲ. ①国际仲裁－研究 Ⅳ. ①D994

中国版本图书馆 CIP 数据核字(2022)第 148902 号

“一带一路”沿线国家国际仲裁制度研究(7)
“YIDAIYILU” YANXIAN GUOJIA GUOJI ZHONGCAI ZHIDU YANJIU (7)

中国国际经济贸易仲裁委员会 编

策划编辑 沈小英
责任编辑 毛镜澄
装帧设计 李 瞻

出版发行 法律出版社
编辑统筹 法治与经济出版分社
责任校对 晁明慧
责任印制 吕亚莉
经 销 新华书店

开本 710 毫米×1000 毫米 1/16
印张 54 字数 943 千
版本 2022 年 8 月第 1 版
印次 2022 年 8 月第 1 次印刷
印刷 北京虎彩文化传播有限公司

地址:北京市丰台区莲花池西里 7 号(100073)
网址:www. lawpress. com. cn
投稿邮箱:info@ lawpress. com. cn
举报盗版邮箱:jbwq@ lawpress. com. cn

销售电话:010 - 83938349
客服电话:010 - 83938350
咨询电话:010 - 63939796

书号:ISBN 978 - 7 - 5197 - 7015 - 0
定价:278. 00 元

凡购买本社图书,如有印装错误,我社负责退换。电话:010 - 83938349

序

2013年,中国提出共建“一带一路”倡议。截至2022年5月底,中国已与150个国家、32个国际组织签署200多份共建“一带一路”合作文件。“一带一路”合作范围不断扩大,合作领域更加广阔,贸易便利化水平不断提升,贸易规模不断增加,“一带一路”贸易在中国对外贸易总量中的占比目前在29%左右,并呈现不断提升的态势。同时,“一带一路”的贸易结构也在不断改善。根据中国海关的数据,2021年中国与“一带一路”沿线国家的贸易总额达17,954.25亿美元,较2020年增长32.6%,比2021年中国对外贸易整体增速高2.6个百分点。其中,中国对“一带一路”沿线国家出口10,203.9亿美元,同比增长30.1%;中国从“一带一路”沿线国家进口7750.35亿美元,同比增长35.99%。除贸易外,中国还对“一带一路”沿线国家进行了大量的项目投资和资金支持,根据中国人民银行统计数据,中国金融机构为“一带一路”建设提供的资金已超过4400亿美元。

中国与“一带一路”沿线国家和地区的合作风险与机遇并存。“一带一路”沿线国家和地区所涉及的法域广阔,文化交织,政策、市场、法律等风险客观存在。仲裁作为国际通行的解决经贸投资争议的重要途径,具有尊重当事人意思自治、专业、高效、保密、一裁终局、跨国可执行等特有属性和天然优势,在妥善解决“一带一路”国际商事纠纷、优化国际营商环境、推进国际法治建设中具有不可或缺的作用。与此同时,“一带一路”倡议也为国际仲裁发展、推动构建仲裁法律共同体带来了新机遇。中国国际经济贸易仲裁委员会(以下简称贸仲)是世界主要的常设仲裁机构之一,也是中国最早设立和最具代表性的仲裁机构,66年来审理了国内外仲裁案件5余万件,当事人涉及100多个国家和地区。在2021年5月英国伦敦玛丽女王大学和美国伟凯律师事务所共同发布的《2021年国际仲裁调查报告》中,贸仲被评为全球最受欢迎的五大仲裁机构之一,这是中国内地仲裁机构首次在全球权威仲裁机构调研报告中跻身前五。贸仲秉持合作共赢、共同发展的理念,积极作为,与沿线各国、各地区仲裁法律界一道深化《“一带一路”仲裁机构北京联合宣言》合作机制,共同推进国际仲裁在“一带一路”法治建设中发挥更大作用。

本卷是继《“一带一路”沿线国家国际仲裁制度研究》系列六卷出版后,以秘鲁、以色列、新西兰、奥地利、肯尼亚和葡萄牙6个国家仲裁制度作为研究对象开展的第七次全面研究。本次的研究和撰写工作在充分汲取前述6次研究特长和优点的基础上,再次分国别进行深入研究。每个国家独立成章,具体研究内容如下:一是仲裁相关立法与司法情况;二是代表性仲裁机构的介绍和分析;三是代表性仲裁规则的介绍和分析;四是仲裁或特色相关制度的介绍与分析;五是该国仲裁制度的整体评价;六是对中国当事人选择该国仲裁机构、仲裁员以及参与仲裁的建议;七是司法协助与监督;八是重点仲裁案例分析;九是如何申请成为中国籍仲裁员及有关程序等。

本卷由贸仲委托中国政法大学国际仲裁与调解研究中心完成。课题负责人为中心主任武长海教授,具体参与人员和撰写分工为:武长海教授对课题分工、提纲撰写、进度跟进、文献搜集、梳理、校稿等全程研究负责;第一章由韦洁、赵一普撰写;第二章由陈施喈、刘庆撰写;第三章由赵学武、滕毅撰写;第四章由郝洁若、陈芳撰写;第五章由程海林、胡宇婷撰写;第六章由高雪纯、唐菁岭撰写。

本卷力求内容全面、重点突出。在挖掘第一手材料的基础上,理论结合实践,希望为更好地服务我国企业“走出去”、丰富我国仲裁理论实践提供参考。囿于课题组水平所限,写作内容不周全和不准确之处在所难免,诚请包容和谅解。

中国国际经济贸易仲裁委员会
《“一带一路”沿线国家国际仲裁制度研究》课题组
2022年8月

目　录

CHAPTER 01 >>

第一章

秘　鲁

秘鲁共和国(The Republic of Peru)(以下简称秘鲁),位于南美洲西部,是太平洋联盟成员之一,西班牙语是该国家的官方语言。该国占地面积为1,285,216平方公里,居拉美第4位,全国划分为26个一级行政区,包括24个省(大区)、卡亚俄宪法省和利马省(首都区)。

中国与秘鲁两国于1971年11月2日建交。2008年两国建立战略伙伴关系。2009年两国签署自由贸易协定,该协定于2010年生效。2013年两国领导人宣布将双边关系提升为"全面战略伙伴关系"。秘鲁是第一个与中国既建立全面战略伙伴关系,又签署自贸协定的拉美国家。近年来,两国高层互访频繁,引导两国关系不断迈向更高水平。[1]

我国需思考如何进一步深化与秘鲁的仲裁合作,以便为争端的解决提供更便利的途径。在经贸、投资等方面的投资合作促使两国在仲裁方面的合作也进一步加深。利马商会国家和国际调解与仲裁中心与中国海事仲裁委员会、香港国际仲裁中心签订合作协议,以保证各方能够在各自区域开展联合仲裁活动。

---

〔1〕 参见商务部国际贸易经济合作研究院、中国驻秘鲁大使馆经济商务处、商务部对外投资和经济合作司:《对外投资合作国别(地区)指南——秘鲁(2020年版)》,载上海市与"一带一路"国家经贸合作信息服务平台2021年12月27日,http://www.mofcom.gov.cn/dl/gbdqzn/upload/bilu。

在经济全球化的趋势下,我国需要加强与秘鲁在仲裁方面的跨国合作,研究该国仲裁的特点,保证仲裁争端的妥善、高效解决。

秘鲁在政治经济体制、法律制度、语言文化和社会习俗等方面与中国有明显差异,但是其在经贸方面的仲裁制度亦体现本身的特点,有一定的创新之处。

第一节　秘鲁仲裁法律制度概述

秘鲁法律制度属于罗马—日耳曼法系。其仲裁的法律渊源包括第 26572 号法令《一般仲裁法》(以下简称 1995 年《一般仲裁法》)、第 1071 号法令《仲裁法》(以下简称 2008 年《仲裁法》)、第 020 - 2020 号紧急法令(以下简称 2020 年《紧急法令》)以及秘鲁加入的国际公约和其与单一国家签订的双边条约等。

一、国内法渊源

1995 年 12 月 20 日,秘鲁国内颁布了第一部规范民商事仲裁活动的法律,即 1995 年《一般仲裁法》,其于 1996 年 1 月 6 日正式生效。1997 年 10 月 29 日,第 26872 号法令《调解法》(以下简称 1997 年《调解法》)在秘鲁正式生效。2008 年 6 月 28 日,秘鲁颁布了 2008 年《仲裁法》,其于 9 月 1 日正式生效并取代 1995 年《一般仲裁法》。2020 年 1 月 26 日,秘鲁颁布了 2020 年《紧急法令》,其对 2008 年《仲裁法》中所设的国际及国内仲裁规则进行了修订。

1. 1995 年《一般仲裁法》

1995 年《一般仲裁法》对规范民商事仲裁活动的一般规则、仲裁协议的形式、仲裁庭的组成及管辖权等内容进行了规定。

1995 年《一般仲裁法》第 1 条规定了可提交仲裁的纠纷范围。依据该条规定,为了避免启动或终止相关司法程序,当事人可以将有权自由处理的任何纠纷提交仲裁,包括已经实际发生的和将来有可能发生的纠纷。但是该条还规定了以下 4 种纠纷除外:(1)未经事先司法授权,涉及个人法律地位或管辖权的争议或索赔,或涉及法律上无行为能力人的财产或权利的争议或索赔;(2)已发出终审法院命令的争议或索赔,但因强制执行该命令而产生的争议或索赔除外;(3)与公共政策、道德规范、犯罪或轻罪有关的争议或索赔,但是尚未由终审法院裁定的民事损害赔偿责任的金额可以提交仲裁;(4)直接涉及国家或公职人员的职权或行为的争议或索赔。

1995年《一般仲裁法》第2条规定了适用于国内仲裁的纠纷范围。依据该条规定，秘鲁国家以及政府与秘鲁公民或在该国定居的外国人因所签订的合同而产生的纠纷（包括与财产有关的合同），秘鲁各级政府因所签订的合同而产生的纠纷，以及私营或混合经济国有企业与秘鲁公民或在该国定居的外国人因所签订的合同而产生的纠纷（包括与财产有关的合同），均可提交国内仲裁。同时，其还规定，就该条而言，其中的秘鲁国家以及政府指的是中央政府、地区政府、地方政府以及它们各自的办事处。

1995年《一般仲裁法》第88条规定了其可适用于国际仲裁，但是该适用不影响在共和国已经生效的任何多边或双边条约。随后，第91条对国际仲裁进行了界定。依据该条规定，如果仲裁协议的当事人在订立该协议时的住所地在不同的国家，或者仲裁协议确定的仲裁地点位于当事人住所国以外，或者履行大部分义务的地点位于当事人住所国以外，或者与标的物密切相关的地点位于当事人住所国以外，那么该仲裁协议是国际性的。同时，第91条还补充规定，就该条而言，若一方当事人有一个以上的住所，则住所地应选定与仲裁协议最密切相关的那一个；若一方当事人没有住所，则住所地应选定其经常居住地。

1995年《一般仲裁法》第93条对仲裁进行了定义。依据该条规定，仲裁，是指任何形式的仲裁，不仅限于由仲裁机构负责组织的；仲裁庭指的是由一名或者多名仲裁员组成的负责仲裁当事人间纠纷的组织。该条还规定了，除第117条和第126条外，如果当事人对某一事项享有自由决定权，其可以选择授权机构或第三人对该事项作出决定。

1995年《一般仲裁法》第96条规定了提交司法机关的文书的格式要求。依据该条规定，提交共和国司法机关的任何书面请求均应用西班牙语撰写。此外，其还针对在秘鲁境外撰写的文书作出了详细的规定。其规定，在秘鲁境外撰写的需要提交给共和国司法机关的任何文书都应当符合文书来源国的法律法规，并交由文书来源国的秘鲁外交官员或领事官员，或在适当情况下由其代理进行认证。若该文书不是用西班牙语撰写的，还必须交由文书来源国的秘鲁外交官员或领事官员，或在适当情况下由其代理，或官方翻译人员翻译为西班牙语。

1995年《一般仲裁法》第98条对仲裁协议进行了定义，并对其形式作出规定。依据该条规定，仲裁协议，是指双方当事人签订的，将双方间就某一特定法律关系（包括合同关系和非合同关系）而产生的或者将会产生的所有纠纷，提交仲裁的协议。其规定,仲裁协议必须采用书面形式,包括双方当事人签订的合同条款的形式,以及存在于双方发送的电报、电传中的形式。

1995 年《一般仲裁法》第 99 条对就仲裁协议向司法机关提出申请的情形进行了规定。依据该条的规定,针对仲裁协议标的物提出的司法申请,可以在任何法律程序的期限内被援引,以作为该仲裁协议的例外;但有法律上的证据证明该仲裁协议明显无效,或者该仲裁协议所涉事项属于共和国法院专属管辖的范围,或者该仲裁协议所涉事项违反国际公共政策的除外。

1995 年《一般仲裁法》第 100 条规定了司法机关可以采取临时措施。依据该条规定,一方当事人在仲裁程序之前或期间向法院申请采取临时保全措施,或者法院依职权采取临时保全措施的情形,均不违反仲裁协议。

1995 年《一般仲裁法》第 106 条规定了仲裁庭的管辖权。依据该条规定,仲裁庭有权决定仲裁协议是否存在或是否有效。值得注意的是,合同中的仲裁条款是独立于合同的,合同的无效并不导致仲裁条款的无效。

2. 1997 年《调解法》

1997 年《调解法》对规范民商事调解活动的基本原则及一般规则、调解员及调解中心的职责等内容作出了明文规定。

1997 年《调解法》第 1 章对该法的立法宗旨及基本原则作出了规定。依据第 1 条规定,调解作为解决纠纷的替代手段,其制度化和发展符合秘鲁国家利益。依据第 2 条规定,调解应当遵循公平、真实、诚信、保密、中立、合法、及时和成本效益等基本原则。依据第 3 条的规定,当事人意思自治调解是一种当事人协商一致的制度,因此,所签订的调解协议只需要符合当事人的真实意愿。依据第 4 条的规定,调解不是司法活动。

1997 年《调解法》第 5 条对调解进行了定义。依据该条规定,调解是一种作为解决纠纷的替代手段而产生的机制,其使得各方当事人可以求助于法外调解中心,以帮助他们就其纠纷达成协商一致。

1997 年《调解法》第 6 条对缺乏尝试调解意图的行为进行了认定。依据该条规定,如果纠纷中的索赔人在提起诉讼之前,没有作出如第 5 条所述的目的请求,或者没有出席法外调解中心组织的相关听证会,主管法院在评估后,应当以明显缺乏调解意图为由,宣布不予受理。

1997 年《调解法》第 7 条对可以提交调解的纠纷范围作出了明确规定。依据该条规定,以下纠纷可以提交调解:(1)已经确定或者可以确定的当事人有权处分的债权;(2)有关赡养费、探视权、监护权以及当事人有权处分的由家庭关系产生的任何索赔,但调解人在履行职责时,应当遵循儿童迫切利益原则;(3)由劳动关系产生的任何纠纷或索赔,其应当由司法部、劳动和就业促进部的自由调解中心和私人调解中心负责调解,并且调解时应当尊重秘鲁政治宪法和法律所承认的工人权利不可转让,同时,各方当事人应当聘请律师出席调解听证会,否则,监督调解协议合法性的律师应当到场;(4)与公共采购相关的合同纠纷或索赔。此外,该条还明确规定了以下纠纷不可以提交调解:(1)听证会被邀请方的住所不明;(2)听证会被邀请方的住所在秘鲁境外,但是,其代理人持有调解中心的明确授权书的除外;(3)依据秘鲁《民法典》第43条和第44条的规定,涉及不具备法律资格的个人的权利和资产的纠纷或索赔;(4)正处于禁令程序中的纠纷或索赔;(5)正处于宪法权利诉讼程序中的纠纷或索赔;(6)遗嘱认证申请案件中,涉及被宣布为遗产继承人的请求;(7)与家庭暴力相关的纠纷或索赔,但第28494号法令《家庭法事项调解法》规定的方式除外;(8)正处于第1177号法令和第28364号法令所规定的驱逐程序;(9)当事人无权自由处分的任何其他纠纷或索赔。

1997年《调解法》第8条规定了调解程序应当保密。依据该条规定,参加调解听证的所有人均应当履行保密义务,但对于可能导致成立犯罪或轻罪的合理证据的事实除外。

1997年《调解法》第9条规定了非强制性调解的纠纷范围。依据该条规定,以下情形当事人可以自行选择是否调解:(1)正处于执行程序中;(2)正处于第三方诉讼程序中;(3)正处于诉讼程序中;(4)符合优先购买或赎回情形;(5)处理与召开合伙人大会相关的事宜;(6)正处于秘鲁《公司法通则》第139条所规定的针对股东大会协议提出质疑的司法程序中,或者正处于该法第150条所规定的撤销诉讼的程序中;(7)正处于因犯罪或轻罪而提起的赔偿诉讼程序中,或者正处于因损害环境而提起的诉讼程序中;(8)正处于有争议的行政诉讼程序中;(9)正处于与赡养费、探视、监护等家庭关系有关的诉讼程序中;(10)处于共和国总审计长依据相关组织法而发起的赔偿程序中。

1997年《调解法》第15条对调解程序的终止情形进行了规定。依据该条规定,以下情形应当视为调解程序终止:(1)各方当事人协商一致达成协议;(2)各方当事人协商一致达成部分协议;(3)各方当事人未能就纠纷或索赔协商一致;(4)其中一方当事人两次缺席调解听证会;(5)在一次调解听证会上各方当事人均缺席;(6)调解人在有效的调解听证会上根据正当理由作出了决定,该正当理由包括违反调解基本原则、任何一方当事人在调解听证会结束前撤回或拒绝签署调解记录。该条还补充规定了调解程序中的法律推定情形。其规定,在调解程序中,由于被邀请参加调解听证一方当事人的缺席行为,产生了一种法律推定,即调解记录中记载的申请方所陈述的索赔事实是真实的。还推定同样适用于调解听证申请方的缺席行为,即出席并提出索赔的被邀请方所陈述的索赔事实是真实的。与此同时,法院应当对未出席调解听证会的一方当事人处以两个至十个参考单位的罚款。

3.2008 年《仲裁法》

2008 年《仲裁法》以《联合国国际贸易法委员会国际商事仲裁示范法》(以下简称《示范法》)及其修改案、2004 年《西班牙仲裁法》和其他仲裁立法为基础,其是一部旨在巩固秘鲁已经建立起的重要的国内和国际仲裁实践的立法。

2008 年《仲裁法》第 1 条规定了仲裁的适用范围。依据该条第 1 款的规定,该法适用于所有仲裁地点在秘鲁境内的国内和国际仲裁,但若秘鲁加入的国际条约、多边条约或双边条约有明文规定,该法规定仅以补充方式适用。依据该条第 2 款规定,即使仲裁地点在秘鲁境外,也可以适用该法第 8 条第 1 款、第 2 款、第 3 款、第 5 款、第 6 款,第 13 条,第 14 条,第 16 条,第 45 条,第 48 条第 4 款,第 74 条,第 75 条,第 76 条,第 77 条,第 78 条的规定。

2008 年《仲裁法》第 2 条规定了提交仲裁的纠纷范围。依据该条第 1 款的规定,所有与依法可自由处理的事项相关的纠纷均可以提交仲裁。依据该条第 2 款的规定,国际仲裁中,若一方当事人是某一国家或者某一国家所控制的公司、组织和企业,那么该方当事人不得援引其本国法律的特权,以逃避由仲裁协议产生的义务。

2008 年《仲裁法》第 3 条对仲裁原则作出了明文规定。依据该条规定,仲裁程序应当遵循以下几项基本原则:(1)除本法另有规定外,任何法院不得干预本法的管辖;(2)仲裁庭是独立的,其不受任何可能削弱其权力的命令、规定或授权的约束;(3)仲裁庭有权启动、继续仲裁程序,并且有权对自己管辖权范围内的事项作出裁决;(4)除法院依据本法申请撤销裁决的情形外,仲裁程序之外的任何行为或授权均不能推翻仲裁庭作出的裁决;(5)阻止仲裁员正当行使职权,或者干扰裁决前仲裁程序的任何其他司法干预,均需要承担相应的赔偿责任。

2008年《仲裁法》第4条规定了当事人一方为秘鲁国家的仲裁规则。依据该条规定,该法中所提及的秘鲁国家包括中央政府、地区政府、地方政府以及其各自的机构,还包括依据法律规定或者由国家授权、特许而行使国家权力的公共实体、混合经济国家企业以及私人法人。并进一步规定,因上述所列举的属于秘鲁国家的机关、单位等之间签订的合同而引起的纠纷可以提交国内仲裁。此外,该条还规定了因秘鲁国家与秘鲁公民或者居住在秘鲁境内的外国人签订的合同而引起的纠纷可以提交国内仲裁;而因秘鲁国家与居住在秘鲁境外的外国人签订的合同而引起的纠纷可以提交秘鲁境内的或者境外的国际仲裁。

2008年《仲裁法》第5条规定了国际仲裁的相关规则。依据该条规定,以下情形应当提交国际仲裁:(1)仲裁协议订立之时,当事人住所地在不同国家;(2)根据仲裁协议确定的仲裁地点均在各方当事人的住所国境外;(3)当事人间法律关系中大部分义务的履行地,或者与争议标的关系最密切的地点,位于秘鲁境外。

2008年《仲裁法》第6条规定了本法的解释规则。依据该条规定:(1)若该法授予当事人就某一事项的自由决定权,那么当事人就可以授权包括仲裁机构在内的第三方作出决定;(2)当事人之间签订的仲裁协议包括当事人之间签订的合同中的仲裁条款;(3)本法的规定既适用于合同,又适用于法律行为;(4)除第46条a节和第60条第2款a节另有规定外,涉及索赔的还应适用于反索赔,涉及抗辩的,还应适用于该反索赔的抗辩;(5)仲裁庭的组成形式包括一名独任仲裁员和多名仲裁员两种;(6)除另有规定外,裁决包括部分裁决以及最终解决争议的裁决。

2008年《仲裁法》第8条针对法院对仲裁的协助作出了明文规定。依据该条规定,法院应当对仲裁程序进行以下协助:(1)取证工作,应当由仲裁地或提供协助地的商事法官予以协助;当仲裁地或提供协助地无商事法官时,应当由民事法官予以协助。特别强调,在将证据带往秘鲁境外的情况下,其应当适用有关秘鲁境外取证的条约或者该境外国的法律。(2)采取临时保全措施,应当由临时措施执行地的商事法官准予;当临时措施执行地无商事法官时,应当由民事法官准予。特别强调,在秘鲁境外准予或执行临时措施时,应当适用有关秘鲁境外执行临时措施的条约或者该境外国的法律。(3)裁决的执行,应当由仲裁地或裁决执行地的商事法官负责;当仲裁地或裁决执行地无商事法官时,应当由民事法官负责。

(4)当事人申请撤销裁决时,应当由仲裁地的高级法院的商事法庭审理;当仲裁地的高级法院无商事法庭时,应当由民事法庭审理。(5)当事人申请承认外国裁决,当被申请人的住所地在秘鲁境内时,应当由被申请人住所地的高级法院的商事法庭审理;被申请人住所地的高级法院无商事法庭的,应当由民事法庭审理。当被申请人的住所地在秘鲁境外时,应当由被申请人资产或行使权利的所在地的商事法庭审理,被申请人资产或行使权利的所在地无商事法庭的,应当由民事法庭审理。

2008年《仲裁法》第12条针对与仲裁有关的通知和时限进行了规定。依据该条规定,除非当事人另有约定,应当适用以下规则:(1)任何通知或信件应当在送达收件人本人或其法定居住地或其经常居住地或其主要活动地点,或者送达合同中各方当事人约定的地点时,视为收件人已收到。但是,当经过合理查询后仍无法找到上述任何地点时,通知或信件应当在送达收件人最后为人所知的住所、经常居住地或主要活动地,或者通过挂号信或提供记录的任何其他方式送到的,视为收件人已收到。(2)当事人约定允许,通过传真或其他电子、远程通信或类似通信手段发出的通知或通信同样有效,但需要提供此类发送及接受的记录。(3)本法中所述的时限应当自收到通知或信件之日起计算。以日为单位的时限应当以工作日为计算单位,周六、周日、节假日以及官方宣布的非营业日均视为非工作日。如果时限在收到通知或信件的当天为非工作日,则应当将时限延长至下一个工作日。

2008年《仲裁法》第13条规定了仲裁协议的形式和内容。依据该条规定,仲裁协议,是指当事人约定,就已产生的或将来可能产生的,与合同法律关系或非合同法律关系有关的,所有或部分纠纷提交仲裁的协议。仲裁协议应当采用书面形式,可以是单独的合同形式,也可以是合同的仲裁条款形式。其规定,仲裁协议的书面形式包括:(1)以任何形式记录内容的仲裁协议均为书面形式。无论仲裁协议是通过履行某些行为订立,还是通过任何其他方式订立。(2)所载信息可供查阅的电子通信符合书面仲裁协议的要求。电子通信,是指当事人通过数据电文进行的任何通信;而数据电文,是指通过电子、磁、光或类似方式生成、发送、接收或存储的信息,包括但不限于电子数据交换、电子邮件、电报或传真。(3)包含在一方当事人声称存在而其他当事人未否认的索赔和抗辩声明中的仲裁协议为书面协议。(4)包含在合同中的仲裁条款构成书面仲裁协议。该条还规定,提交国际仲裁的仲裁协议应当是有效的,并且当事人之间约定的该仲裁协议所适用的法律规则也应当是有效的。

2008 年《仲裁法》第 15 条规定了推定仲裁协议为人所知的情形。依据该条规定,在以下情况中推定仲裁协议已为人所知:(1)国内仲裁中,与标准格式条款或合同中包含的法律关系有关的仲裁协议,只有在未参与签订的人通过正常努力已经知道或可能知道该合同的情况下,推定仲裁协议已为人所知,并具有强制性。(2)当事人签署的书面的主合同正文的一般条款中,包含了仲裁协议,推定该仲裁协议已为人所知。(3)当事人签署的书面的主合同正文中提及,并包含在主合同背面转载的通用条款中的仲裁协议,被推定已为人所知。(4)当事人签署的书面的主合同正文中提及,并包含在与主合同分开的标准条款中的仲裁协议,被推定已为人所知。

2008 年《仲裁法》第 17 条规定了当事人可以将纠纷提交仲裁解决。依据该条规定,无论此时案件所处的司法状态如何,当事人可自行协商或者根据法官的提议,签订仲裁协议,约定将纠纷提交仲裁。应注意,提交仲裁的纠纷必须是与依法可自由处分的,或者国际条约或协定允许的事项有关的纠纷。

2008 年《仲裁法》第 18 条对放弃仲裁的方式作出了明文规定。依据该条规定,放弃仲裁可采取明示和暗示的方式。明示的方式,是指放弃仲裁的声明出现在当事人签署的文件中、单独文件中、通过文件交换或者通过提供此类协议明确记录的任何其他通信方式中。暗示的方式,是指在法定期限内提出的仲裁协议的异议,其仅针对法院提出的索赔,且也只影响法院提出的索赔。

此外,2008 年《仲裁法》还针对仲裁员的组成、仲裁程序、仲裁裁决以及其撤销和执行等方面的内容进行了规定。

4. 2020 年《紧急法令》

2020 年《紧急法令》规定了国家介入仲裁时应当适用的特殊规则。这也意味着,各方当事人均为私主体时,2008 年《仲裁法》所设的原有规则依然有效。需要注意的是,2020 年《紧急法令》所设的新规定应当受到《国家合同法》《公私协会法》及其他法律中所规定的与仲裁相关的规则的限制,以保证秘鲁制定的各个法律规范在仲裁问题上的一致性。

2020 年《紧急法令》第 2 条对其针对 2008 年《仲裁法》中的某些规定的修改进行了规定。

其对2008年《仲裁法》第7条临时和机构仲裁这一部分的修改是:当秘鲁国家作为仲裁的一方当事人时,该仲裁活动是机构性的。当争议标的金额不超过10个税收单位时,该仲裁活动是临时性的。机构性仲裁和临时性仲裁均是法律意义上的仲裁。而当争议具有技术性质时,除通过公私伙伴关系开发的项目外,其可以交由良心仲裁而非法律仲裁来解决。

其对2008年《仲裁法》第8条司法合作和监督权限这一部分的修改是:受临时措施影响的当事人要求在仲裁程序中,向受影响的公共实体提交无条件和自动执行的财产担保,是反担保。反担保的具体金额由被请求采取临时措施的法官或仲裁庭确定,但是该金额不得低于忠实履行的保证。而担保书的执行由法官或仲裁庭酌情决定。

其对2008年《仲裁法》第21条不相容性这一部分的修改是:在一方当事人为秘鲁国家的仲裁程序中,作为仲裁员不得同时担任该案一方当事人的律师,不得同时担任该案的专家,不得同时担任与履行仲裁职能相冲突的财务人员,也不得与该案有任何个人利益、工作利益或经济利益。

其对2008年《仲裁法》第29条质疑程序这一部分的修改是:在一方当事人为秘鲁国家的仲裁程序中,另一方当事人不同意质疑,而被质疑的仲裁员表示否认、不发表意见或弃权的,由仲裁机构解决该质疑;若无仲裁机构,则应当依据2008年《仲裁法》第23条(d)款和(e)款设立相应的商会,以解决该质疑。需要注意的是,任何载明仲裁庭成员可以决定对其他仲裁员所提出的质疑的协议,均是无效的。

其对2008年《仲裁法》第50条放弃这一部分的修改是:在一方当事人为秘鲁国家的仲裁程序中,若4个月内没有采取促进仲裁程序的行动,则仲裁庭应当主动宣布或者应一方当事人的请求宣布放弃仲裁程序。若仲裁是机构性的,放弃仲裁程序的声明应当由仲裁中心总秘书处作出。若仲裁是临时性的,放弃仲裁程序的声明应当由独任仲裁员或仲裁庭庭长作出。若已经作出放弃仲裁程序的声明,则6个月内禁止再以同一理由将此案提交仲裁。若当事人之间第二次以同一请求宣布放弃仲裁程序,则该权利即告无效。

其对2008年《仲裁法》第51条保密和公开这一部分的修改是:在一方当事人为秘鲁国家的仲裁程序中,裁决在仲裁程序结束后公布,同时还应当遵守透明度以及获取公共信息规则中规定的例外情况。在特设仲裁程序中,作为当事人的国家实体承担上述义务。每一仲裁机构均对仲裁程序中的保密和公开作出了规定。

其对2008年《仲裁法》第56条裁决内容这一部分的修改是：仲裁庭应当依据2008年《仲裁法》第73条关于仲裁费用的承担或分配的规定，作出裁决。在一方当事人为秘鲁国家的仲裁程序中，仲裁庭不得处以行政罚款或者与其类似的罚款。

其对2008年《仲裁法》第65条撤销后果这一部分的修改是：在一方当事人为秘鲁国家的仲裁程序中，任何一方当事人都有权根据相同规则，要求更换秘鲁国家所指定的仲裁员；或者在适当的情况下，有权请求作出撤销裁决的一名或多名仲裁员提出异议。在上述情况下，任何一方当事人均有权在不承认相反规则或公约的情况下提出质疑。

二、国际法渊源

在国际公约的缔结方面，秘鲁于1988年7月7日加入《承认及执行外国仲裁裁决公约》（以下简称《纽约公约》），于1988年10月5日正式成为该公约的缔约方。秘鲁于1989年5月22日加入《美洲国家国际商事仲裁公约》（以下简称《美洲国家公约》），成为该公约的缔约方。秘鲁于1991年9月4日加入《关于解决国家和他国国民之间投资争端公约》（以下简称《华盛顿公约》），于1993年9月8日正式成为该公约的缔约方。

除缔结国际公约外，秘鲁还与单个国家签订了一系列双方投资协议。这些协议中规定了投资者与国家间的纠纷解决制度，包括采用仲裁方式解决纠纷。截至2021年11月，秘鲁分别与中国、葡萄牙、新加坡、比利时—卢森堡经济联盟、加拿大、日本等签订了双边条约。

（一）多边条约

1958年5月20日至6月10日，于纽约联合国总部举行的为期3周的联合国国际商事仲裁会议审议并通过了1958年《纽约公约》。为了解决国家和其他国家国民之间因投资关系而产生的纠纷，国际复兴开发银行经过其各成员派员组成的咨询委员会的多次分地区讨论后，创设了1965年《华盛顿公约》。该公约于1965年3月18日在华盛顿开放签字，并于1966年10月14日生效。

1. 1958年《纽约公约》

1958年6月10日，《纽约公约》被正式通过。依据该公约第12条的规定，其于1959年6月7日起正式生效。自生效以来，1958年《纽约公约》一直被认为是国际私法领域内承认及执行外国仲裁裁决方面的最为重要的国际公约;同时,其也是国际商事仲裁这一纠纷解决方式得以快速发展的基石。

1958 年《纽约公约》第 1 条规定了公约适用范围、仲裁裁决内涵等内容。依据该条规定,本公约适用于在被申请承认和执行裁决的国家之外的其他国家领土范围内作出的仲裁裁决的承认和执行。该仲裁裁决可以是因自然人或法人之间的纠纷而作出的仲裁裁决,也可以是在被申请承认和执行裁决的国家不被视为国家裁决的仲裁裁决。其第 2 款规定了,仲裁裁决,是指由为特定案件指定的仲裁员作出的裁决,以及由各方当事人所属的常设仲裁机构作出的裁决。其第 3 款还规定了,在签署、批准、加入或发出延期通知时,任何国家均可在互惠的基础上声明,它通过适用本公约,仅对在另一缔约方领土内作出的裁决承认和执行。同时,它还可以声明,只将本公约适用于根据其国内法被视为商业性的合同或非合同法律关系引起的纠纷。

1958 年《纽约公约》第 2 条对仲裁协议的效力进行了规定。依据该条规定,各缔约方均承认书面的仲裁协议。“书面”仲裁协议包括当事人签订的仲裁协议,以及当事人签订的合同中的仲裁条款。根据书面仲裁协议,各方当事人有义务将当事人之间就某一特定合同或非合同法律关系而产生或可能产生的所有或部分纠纷提交仲裁。其还规定,缔约方法院在审理当事人已签订仲裁协议的纠纷时,应当根据任何一方当事人的请求,将该纠纷提交仲裁,除非该仲裁协议被法院认定为无效或不可执行。

1958 年《纽约公约》第 3 条针对被申请国的承认及执行裁决行为进行了规定。依据该条规定,适用于本公约的仲裁裁决的承认及执行,不得被施加比承认及执行其本国作出的仲裁裁决所施加的更严格的条件,也不得被索要比承认及执行其本国作出的仲裁裁决所索要的更高的法律费用。

1958 年《纽约公约》第 4 条规定了申请承认及执行裁决时所应当提交的材料。依据该条规定,申请承认及执行裁决的一方当事人在提交申请书的同时,还应当提供以下材料:(1)经正式认证的仲裁裁决原件或者符合其真实性要求的原件副本;(2)符合本公约第 2 条所规定的仲裁协议原件或者符合其真实性要求的原件副本。其第 2 款还规定了,若上述的仲裁裁决或仲裁协议不是以被申请国的正式语言起草的,申请承认及执行裁决的一方当事人必须提交该语言的译文。并且,该译文必须是由官方或陪审团翻译的,或者由外交官员或领事官员认证的。

1958 年《纽约公约》第 5 条规定了被申请国拒绝承认和执行仲裁裁决的情形。依据该条规定，当被申请的一方当事人可以向被申请国的主管当局提供以下证据时，被申请国可以拒绝承认及执行仲裁裁决：(1)依据作出仲裁裁决的国家的相关法律，签订仲裁协议的当事人丧失行为能力，或者仲裁协议无效；(2)被申请的一方当事人没有收到关于指定仲裁员或与仲裁程序相关的适当通知，或者被申请的一方当事人由于其他原因无法陈述案件案情；(3)仲裁裁决涉及了仲裁协议或条款未涵盖的纠纷，或者仲裁裁决中包含了超出仲裁协议或条款的裁决事项，但是，仲裁裁决书中符合规定的仲裁事项的裁决可以与不符合规定的裁决相分离的除外；(4)仲裁庭的组成或相关仲裁程序不符合当事人间签订的仲裁协议的约定，或者在无约定的情况下，不符合作出仲裁裁决的国家的相关法律规定；(5)仲裁裁决尚未对当事人产生约束力，或者仲裁裁决已经被作出该裁决的国家或主管当局撤销或暂停。其第 2 款还规定了，若被申请国的主管当局发现以下情形时，也可以拒绝承认和执行仲裁裁决：(1)依据被申请国的相关法律，纠纷的标的物不得通过仲裁处分；(2)承认和执行该仲裁裁决将违反被申请国的公共政策。

1958 年《纽约公约》第 6 条针对本公约第 5 条第 1 款最后一项的情形作出了进一步规定。依据该条规定，出现这一情形时，被申请国的主管当局可以提出撤销或暂停该仲裁裁决的请求。而作出仲裁裁决的国家的主管当局可以在其认为适当的情况下，中止执行该仲裁裁决的程序；或者主管当局还可以根据申请执行仲裁裁决的一方当事人的请求，要求另一方当事人提供适当的担保。

1958 年《纽约公约》第 7 条规定了本公约的生效对其他协定效力的影响。依据该条规定，本公约的相关规定不影响各缔约方为承认和执行仲裁裁决而缔结的其他多边或者双边协定的有效性；也不剥夺任何利益相关方援引仲裁裁决的权利，但其必须在被申请国的法律或签署的条约所允许的范围内以规定的方式援引。其第 2 款还规定了，1923 年《关于仲裁条款的日内瓦议定书》和 1927 年《关于执行外国仲裁裁决的日内瓦公约》应当在各缔约方之间停止生效。

1958 年《纽约公约》第 8 条规定了本公约的缔约方的组成。依据该条规定，本公约自通过至 1958 年 12 月 31 日，允许联合国任何会员国，《国际法院规约》的缔约方，以及目前或将来成为联合国一个或多个专门机构成员的任何国家签署。其第 2 款还明确规定，本公约应当得到联合国的批准，并且批准书交由联合国秘书长保存。

1958年《纽约公约》第9条对第8条规定的内容进行了补充规定。依据该条规定,本公约第8条规定中所指的所有国家均可以加入本公约,并且其加入书应当交由联合国秘书长保存。

1958年《纽约公约》第10条规定,缔约方可通过声明的方式,自行决定本公约在其领土的适用范围。依据该条规定,任何国家都可以在签署、批准或加入时声明,本公约适用于其在国际上代表的其中一个或多个或所有领土范围内。该声明与本公约一同对该国生效。其第2款规定,任何此类声明均应当通知联合国秘书长,并自联合国秘书长收到通知之日后第90日起生效,或者本公约对该国生效之日起生效,以上述两者中较晚的日期为准。其第3款还规定,针对在签署、批准或加入时声明的本公约不适用的领土范围,各缔约方应当采取适当措施。并在必要情况下,选择将本公约适用于这些领土范围内,但其必须经过这些领土范围内的政府的同意。

1958年《纽约公约》第11条针对联邦制缔约方和非联邦制缔约方的义务作出了规定。依据该条规定,针对本公约中规定的联邦制国家立法权限的条款而言,非联邦制缔约方的义务应当与联邦制国家的义务相同。其规定,针对本公约中规定的属于每个组成州或省立法管辖范围的条款,依据联邦制缔约方宪法制度可知,这些条款并不需要采取相应立法行为,联邦制缔约方政府应当尽快将经其同意的上述条款通知至组成州或省的主管当局。其还规定,联邦制缔约方应当根据联合国秘书长转交给其的任何其他缔约方的请求,提交一份关于联邦制缔约方政府及其组成州或省的主管当局的立法行为或其他行为的说明,以证明其通过立法行为或其他行为使本公约的任何条款生效。

1958年《纽约公约》第12条对本公约的生效进行了规定。依据该条规定,本公约自第3份批准书或加入书交由联合国秘书长保存之日后第90日起生效。并且,其还规定,对在本公约生效后才批准或加入的缔约方来说,本公约应当在该缔约方交存批准书或加入书之日后第90日起对其生效。

1958年《纽约公约》第13条规定了缔约方退出本公约的方式。依据该条规定,任何缔约方均可采用书面通知联合国秘书长的方式,声明退出本公约。该退出声明应当在联合国秘书长收到书面通知之日起1年后生效。其第2款规定,依据本公约第10条作出声明或通知的任何缔约方均可以在发出第1款规定的书面通知之后,再次通知联合国秘书长。本公约将在联合国秘书长收到通知之日起1

年后停止适用于有关领土范围内。其第 3 款还规定,虽然缔约方已经发出了退出本公约的书面通知,但是本公约仍将继续适用于在退出声明生效前就已经开始的承认和执行程序的仲裁裁决。

1958 年《纽约公约》第 14 条规定了缔约方可对其他缔约方援引本公约的范围。依据该条规定,缔约方仅在其本身有义务适用本公约的范围内,对其他缔约方援引本公约的相关规定。

1958 年《纽约公约》第 15 条规定了联合国秘书长的通知义务。依据该条规定,联合国秘书长应当将以下事项通知至本公约第 8 条规定所述的所有国家:(1)本公约第 8 条规定所指的签署和批准;(2)本公约第 9 条规定所指的加入;(3)本公约第 1 条、第 10 条、第 11 条规定所指的声明、通知及说明;(4)本公约第 12 条规定所指的生效日期;(5)本公约第 13 条规定所指的退出的书面通知。

1958 年《纽约公约》第 16 条规定了本公约文本的保存方式。依据该条规定,本公约应当保存在联合国档案馆,并且其中文、英文、法文、俄文以及西班牙文的文本具有同等效力。其还规定,联合国秘书长应当将本公约的核证副本送交至本公约第 8 条规定所述的所有国家。

以上是 1958 年《纽约公约》的全部内容。

2. 1975 年《美洲国家公约》

美洲国家组织各成员于 1975 年 1 月 30 日,在巴拿马签订了规定美洲国家间国际商事仲裁的《美洲国家公约》。该公约于 1976 年 6 月 16 日起正式生效。

1975 年《美洲国家公约》第 1 条规定了仲裁协议的形式。依据该条规定,当事人间经协商一致签订的,将在商业活动中已经发生的或可能发生的各种纠纷提交仲裁的仲裁协议,是有效的。仲裁协议应当采用书面的形式,并由各方当事人签名。若当事人间通过交换信件、电报或电报通信的方式签订,也认可其采用了书面形式。

1975 年《美洲国家公约》第 2 条规定了仲裁员的组成。依据该条规定,仲裁员应当由当事人根据其约定的方式进行任命。当事人可以任命本国国民为仲裁员,也可以任命外国国民为仲裁员。当事人可以任命第三人为仲裁员,该第三人可以是自然人,也可以是法人。

1975 年《美洲国家公约》第 3 条规定了本公约适用的前提条件。依据该条规定,若当事人签订的仲裁协议未明确规则时,仲裁程序应当依据本公约的仲裁规则进行。

1975 年《美洲国家公约》第 4 条规定了仲裁裁决所具有的效力。依据该条规定,由相关法律或程序规则的规定可知,仲裁裁决是不可上诉的,其具有与法院终审判决所同等的效力。而仲裁裁决的承认和执行,与法院所作的判决一样,依据执行地所在国的法律及国际条约的规定进行。

1975 年《美洲国家公约》第 5 条规定了拒绝承认和执行仲裁裁决的情形。依据该条第 1 款规定,仲裁裁决所不利于的一方当事人提出拒绝承认和执行的申请,并其可向有关主管机关提供证据证明,仲裁裁决存在以下情形的,有关主管机关应当拒绝承认和执行:(1)签订仲裁协议的当事人为无能力行为人;(2)依据当事人自愿遵守的法律,仲裁协议是无效的,或上述法律未规定时,依据仲裁裁决作出地的法律,仲裁协议是无效的;(3)有关仲裁员的任命,或应当遵守的仲裁程序的通知,未及时通知至当事人;(4)当事人因其他理由未能出席辩护;(5)仲裁裁决所解决的纠纷不包含在仲裁协议所约定的纠纷范围内;(6)仲裁庭的组成或仲裁程序未按照仲裁协议所约定的规则进行,或上述协议未约定时,其未依据仲裁裁决作出地的法律的规定进行;(7)依据仲裁裁决作出地的法律,仲裁裁决尚未产生拘束力,或者仲裁裁决已被有关主管机关撤销或停止执行。其第 2 款规定,在下列情形中,被请求承认和执行仲裁裁决的国家的主管机关可以拒绝承认和执行:(1)依据该国法律,纠纷是不可被仲裁的;(2)仲裁裁决违反了该国的公共秩序。

1975 年《美洲国家公约》第 6 条针对第 5 条第 1 款第 7 项作出了进一步规定。依据该条规定,被请求承认和执行仲裁裁决的国家的主管机关在必要时,可以暂时不作出执行仲裁裁决的决定,但依要求执行的一方当事人的申请,可以要求对方当事人提供相当的担保。

1975 年《美洲国家公约》第 7 条、第 8 条、第 9 条、第 10 条、第 11 条及第 12 条对一国批准、加入或退出本公约进行了程序性规定。依据第 7 条规定,所有美洲国家组织的成员均有权通过签字的方式,宣布成为本公约的缔约方。依据第 8 条的规定,本公约应当经过批准,且批准书应当交存至美洲国家组织秘书长。依据第 9 条规定,任何非美洲国家组织成员的国家也可以加入本公约。同时,其加入书也应当交存至美洲国家组织秘书长。依据第 10 条的规定,本公约在第 2 个批准书交存之日的次日起第 30 日生效。且对于之后批准或加入的国家来说,本公约在该国交存批准书或加入书后的第 30 日起对该国生效。依据第 11 条规定,若一国有两个及以上在本公约事项方面实行不同法律制度的领土单位,那么该国在签字、批准或加入时,可以声明本公约仅在某一或某几个领土单位上有效,或者在所有领土单位上均有效。但若该国之后又声明本公约所施行的领土单位,则这一声明可以修改在先的声明。而这一声明在交存至美洲国家组织秘书长后的第30日起生效。依据第12条规定,任何一国可以宣布退出本公约。退出书应交存至美洲国家组织秘书长,且该退出书自交存之日起1年后生效。

1975年《美洲国家公约》第13条规定了本公约文本的保存方式。依据该条规定,本公约以英文、法文、葡萄牙文和西班牙文写成。这些文本应交存至美洲国家组织秘书长,且它们均具有同等效力。在批准、加入或退出时有保留的,秘书长应当将保留通知至本公约的缔约方及美洲国家组织的成员。

以上是1975年《美洲国家公约》的全部内容。

3. 1965年《华盛顿公约》

1965年《华盛顿公约》在序章部分阐明了各缔约方签订该公约时,所达成的基本共识。各缔约方基于以下基本共识签订1965年《华盛顿公约》:考虑到为经济发展开展国际合作的必要性,以及国际私人投资于其中的作用;了解到缔约方与其他缔约方居民之间将经常就此种投资发生纠纷;认识到虽然此类纠纷通常需要经过国家法律程序处理,但在某些情况下,国际解决办法可能是更适当的;重视为国际调解及仲裁提供便利的制度,以供缔约方和其他缔约方居民提交此类纠纷;希望在国际复兴开发银行的主持下建立这种制度;意识到各方当事人经协商同意,通过该便利制度将此类纠纷提交调解或仲裁,就构成了一项具有约束力的协议,并特别要求各方当事人应当适当考虑调解人的任何建议,并尊重任何仲裁裁决;声明任何缔约方不得仅因其批准、接受或核准本公约,就被视为有义务必须将此类纠纷提交调解或仲裁。

1965年《华盛顿公约》第1条规定了建立解决投资争端国际中心(The International Center for Settlement of Investment Disputes, ICSID)的宗旨。依据该条规定,建立ICSID的宗旨是,依照本公约的规定,为各缔约方和其他缔约方的居民之间的投资纠纷,提供调解和仲裁的便利。

1965年《华盛顿公约》第3条规定了中心的组织构成。依据该条规定,ICSID应当设有一个行政理事会和一个秘书处,并且还应当有一个调解员小组和一个仲裁员小组。

1965 年《华盛顿公约》第 4 条对行政理事会的组成进行了规定。依据该条规定,行政理事会由各缔约方各派一名代表组成,并且在首席代表未能出席会议或未能执行任务时,由副代表担任代表。如无相反任命,各缔约方所指派的国际复兴开发银行的理事和副理事当然地成为各该国的代表和副代表。

1965 年《华盛顿公约》第 6 条对行政理事会的职权进行了规定。依据该条规定,行政理事会在不影响本公约其他条款赋予其的职权的情况下,应当负责以下工作:(1)通过 ICSID 的与行政和财政相关的条例;(2)通过提交调解和仲裁的程序规则;(3)通过调解和仲裁程序规则;(4)批准与银行达成的关于使用其行政设施和服务的协议;(5)确定中心秘书长及任何副秘书长的服务条件;(6)通过投资争端国际中心的年度收支预算;(7)批准关于投资争端国际中心的活动的年度报告。其中第 1 项、第 2 项、第 3 项、第 6 项所指的决定,应当由行政理事会成员的 2/3 多数票通过。其第 2 款规定,行政理事会可以根据需要设立其认为的必要的委员会。其第 3 款还规定,行政理事会还应当行使其为履行本公约规定所必需的其他职权。

1965 年《华盛顿公约》第 9 条规定了秘书处的组成。依据该条规定,秘书处由秘书长一人、副秘书长一人或若干以及工作人员若干组成。

1965 年《华盛顿公约》第 10 条针对秘书长及副秘书长的选举、职责等进行了规定。依据该条规定,秘书长和副秘书长均应当由行政理事会主席提名,并经行政理事会成员的 2/3 多数票选举产生。秘书长和副秘书长的一届任期不超过 6 年,可以连任。其第 2 款规定,秘书长和副秘书长的职责不得与任何政治任务相关。需要注意的是,除行政理事会批准外,秘书长和副秘书长不得担任其他任何职务,也不得从事其他任何职业。其第 3 款还规定,在秘书长缺席或无法履行职责时,或者秘书长职位空缺时,由副秘书长担任秘书长。若有若干副秘书长,则由行政理事会决定其担任秘书长的顺序。

1965 年《华盛顿公约》第 12 条、第 13 条对调解员小组和仲裁员小组的组成进行了规定。依据第 12 条的规定,调解员小组和仲裁员小组应当由合格的人员组成,这些人员应当根据以下规定指派,并愿意提供服务。依据第 13 条规定,各缔约方可以分别向调解员小组和仲裁员小组指派 4 人,且其指派人员可以是但不要求必须是该缔约方居民。而行政理事会主席可以分别向调解员小组和仲裁员小组指派 10 人,且其所指派人员应当具有不同国籍。

1965 年《华盛顿公约》第 18 条针对 ICSID 所具有的完全的国际法律人格进行了规定。依据该条规定，ICSID 具有的法律能力包括缔结契约的能力、取得和处置动产和不动产的能力以及起诉的能力。

1965 年《华盛顿公约》第 23 条对 ICSID 的地位予以肯定。依据该条规定，ICSID 的档案无论在何处，都不得受到侵犯。并且，各缔约方给予 ICSID 的官方通信的待遇，不得低于其给予的其他国际组织的待遇。

1965 年《华盛顿公约》第 25 条对 ICSID 的管辖范围进行了规定。依据该条规定，该中心可以管辖缔约方（或缔约方向 ICSID 指定的该国的任何组成部分或机构）与另一缔约方居民之间因投资关系而产生的，并经协商书面同意提交给 ICSID 仲裁或调解的任何法律纠纷。特别强调，当各方当事人协商一致表示同意提交 ICSID 后，任何一方当事人不得单方面撤销该同意。其第 2 款对另一缔约方居民进行了定义。依据该款规定，另一缔约方居民包括：(1) 在双方同意将纠纷交付调解或仲裁之日以及根据第 28 条第 3 款或第 36 条第 3 款登记请求之日，具有作为纠纷一方的国家以外的某一缔约方国籍的任何自然人，但不包括在上述任一日期也具有作为纠纷一方的缔约方国籍的任何人；(2) 在纠纷双方同意将纠纷交付调解或仲裁之日，具有作为纠纷一方的国家以外的某一缔约方国籍的任何法人，以及在上述日期具有作为争端一方缔约方国籍的任何法人，而这一法人因受外国控制，各方当事人为了实现本公约的目的，应将其看作另一缔约方居民。

1965 年《华盛顿公约》第 26 条规定了仲裁可排除其他救济。依据该条规定，除另有规定外，各方当事人同意依据本公约交付仲裁，应当被视为其同意排除其他任何救济方法。但是，缔约方可以要求以用尽该国行政救济或司法救济作为其同意依据本公约交付仲裁的条件。

1965 年《华盛顿公约》第 27 条规定了缔约方对提交仲裁纠纷的禁止性行为。依据该条规定，缔约方针对其居民与另一缔约方依据本公约同意交付或已交付仲裁的纠纷，不得给予外交保护或提出国际要求，除非该另一缔约方未能遵守和履行 ICSID 对此项纠纷作出的裁决。其第 2 款对第 1 款中所提到的“外交保护”作出了限制。依据该款规定，外交保护不包括纯粹为了促进纠纷解决而进行的非正式的外交上的交往。

1965 年《华盛顿公约》第 28 条对请求调解进行了程序性规定。依据该条规定,意欲将纠纷提交调解程序的缔约方或缔约方居民,应当向秘书长提出书面请求,并由秘书长将这一书面请求的副本送至其他当事人。其第2款对书面请求的内容作出了进一步规定。依据该款规定,书面请求应当包括纠纷事项、各方当事人身份以及其同意提交调解等内容。

1965年《华盛顿公约》第33条规定了调解程序。依据该条规定,除当事人另有约定外,任何调解均应当按照本节所规定的程序进行,且应当依据当事人同意提交调解之日有效的调解规则进行。若出现任何本节或调解规则或当事人约定规则未规定的程序问题,则应当由调解委员会决定如何解决。

1965年《华盛顿公约》第36条对请求仲裁的程序性规定,与第28条对请求调解的程序性规定相似。1965年《华盛顿公约》第44条对仲裁程序的规定,与第33条的调解程序规定相似。

除上述规定外,1965年《华盛顿公约》还进一步针对ICSID的调解工作、仲裁工作以及调解员和仲裁员的更换和取消资格等作出了较详细的规定。

(二)双边条约

1994年6月9日,秘鲁政府与中国政府签订了《关于鼓励和相互保护投资协定》(以下简称1994年《中秘投资协定》),该协定于1995年2月1日生效。2006年11月14日,秘鲁政府与加拿大签订了《促进和保护投资协定》(以下简称2006年《秘加投资协定》),该协定于2007年6月20日生效。

1.1994年《中秘投资协定》

中国与秘鲁是基于促进投资和两国经济繁荣的美好愿望,秉持平等互利原则,为一国投资者在另一国领土范围内的投资创造有利条件,而达成的1994年《中秘投资协定》。

1994年《中秘投资协定》第1条对“投资”“投资者”“收益”这些名词作出了法律上的解释。依据该条规定,本协定中的“投资”,是指一缔约方投资者依据另一缔约方的法律法规在其领土范围内所投入的各种财产,包括但不限于:(1)动产、不动产及其他财产权利,如抵押权、质权;(2)公司的股份、股票和任何其他形式的参股;(3)金钱请求权或任何其他具有经济价值的行为请求权;(4)著作权、工业产权、专有技术和工艺流程;(5)依照法律或通过合同授予的特许权,包括勘探和开发自然资源的特许权。“投资者”在中国,是指依据中国法律拥有其国籍的自然人,以及依据中国法律设立且住所在中国领土内的经济组织。“投资者”在秘鲁,是指依据秘鲁法律具有其国籍的自然人,以及依据秘鲁法律设立且住所在秘鲁领土内的所有法人。其中,所有法人包括直接或间接由秘鲁国民控制的,在本协定规定范围内进行经济活动的民营公司、商业公司和其他具有或不具有法人资格的组织。“收益”,是指由投资所产生的款项,如利润、股息、利息、提成费和其他合法收入。

1994 年《中秘投资协定》第 2 条规定了缔约方所应承担的义务。依据该条规定,一缔约方应当鼓励另一缔约方投资者在其领土范围内投资,且应当依据相关法律法规接受此投资。同时,一缔约方还应当依据相关法律法规,为在其领土范围内从事与投资有关活动的另一缔约方居民获得签证和工作许可提供帮助和便利。

1994 年《中秘投资协定》第 3 条对缔约方投资者应当得到的待遇和保护进行了规定。依据该条规定,一缔约方投资者在另一缔约方领土范围内的投资以及与投资有关的活动应当得到公正与公平的待遇和保护,并且该待遇和保护不应当低于其给予任何第三国投资者的待遇和保护。其第 3 款对本条所述的“待遇和保护”进行了限制性规定。依据该款规定,待遇和保护不应当包括另一缔约方依据关税同盟、自由贸易区、经济联盟、避免双重征税协定以及为了方便边境贸易而给予第三国投资者的任何待遇和保护。

1994 年《中秘投资协定》第 4 条对缔约方作出了禁止性规定。依据该条规定,一缔约方不得对另一缔约方投资者在其领土范围内的投资实施征收、国有化或其他类似措施(本章以下简称征收),除非符合为了公共利益、依据国内法律程序、非歧视性、给予补偿这四个条件。其第 2 款对“给予补偿”作出了进一步解释。依据该款规定,该条第 1 款所指的补偿,应当等于宣布征收前一刻被征收的投资财产的价值,应当是可以兑换和自由转移的,并且补偿的支付不应当无故迟延。

1994 年《中秘投资协定》第 5 条规定了不低于第三国投资者的待遇。依据该条规定,一缔约方投资者在另一缔约方领土范围内,由于战争、全国紧急状态、暴乱、骚乱或其他类似事件而遭受损失时,若另一缔约方采取有关措施,其给予该投资者的待遇不应低于给予第三国投资者的待遇。

1994 年《中秘投资协定》第 6 条规定了,缔约方应当保证另一缔约方投资者转移其投资和收益。依据该条规定,一缔约方应当依据其法律法规,保证另一缔约方投资者转移在其领土范围内的投资和收益,包括:(1)利润、股息、利息及其他合法收入;(2)投资的全部或部分清算款项;(3)与投资有关的贷款协议的偿还款项;(4)本协定第1条所指的提成费;(5)技术援助或技术服务费、管理费;(6)与投资有关的承包工程的支付款项;(7)在缔约一方领土内从事与投资有关活动的缔约另一方居民的收入。特别强调,上述转移应当按照转移之日接受投资的缔约方通行的汇率进行。

1994年《中秘投资协定》第7条规定了缔约方及其代理机构的代位权。依据该条规定,若一缔约方或其代理机构对其投资者在另一缔约方领土范围内的某项投资提供了担保,并据此向投资者做了支付,那么另一缔约方就应当承认该投资者的权利或请求权转让给了该缔约方或其代理机构,并承认该缔约方或其代理机构对上述权利或请求权的代位。但是,代位的权利或请求权不得超过原投资者的原有权利或请求权。

1994年《中秘投资协定》第8条规定了因投资而产生的纠纷的解决方式。依据该条第1款规定,一缔约方投资者与另一缔约方之间就在另一缔约方领土范围内的投资产生的任何纠纷应当尽量由缔约双方友好协商解决。其第2款规定,若纠纷在6个月内未能协商解决,当事人任何一方有权将纠纷提交接受投资的缔约方有权管辖的法院。其第3款对涉及征收补偿款金额的纠纷进行了规定。依据该款规定,就征收补偿款金额的纠纷,在第1款规定的程序之后的6个月内仍未能解决,应当事人任何一方的要求,可以将纠纷提交依据1965年《华盛顿公约》设立的ICSID进行仲裁。此外,经协商同意,一缔约方投资者与另一缔约方之间的有关其他事项的纠纷,也可以提交该中心。但是,若投资者已经将纠纷诉至第2款所指的程序,则该款规定就不适用。其第4款还规定了,ICSID应当依据接受投资的缔约方的法律(包括冲突法规则)、本协定规定以及普遍承认的缔约双方均接受的国际法原则,就纠纷作出裁决。

1994年《中秘投资协定》第9条规定了因本协定的解释和适用而产生的纠纷的解决方式。依据该条第1款规定,缔约双方因对本协定进行解释或适用而产生的纠纷,应当尽可能通过外交途径协商解决。其第2款规定,若在6个月内通过协商仍未能解决纠纷,则应当根据当事人任何一方的要求,将纠纷提交专设仲裁庭。其第3款对专设仲裁庭的组成进行了规定。依据该款规定,专设仲裁庭由3名仲裁员组成。缔约双方应在缔约方一方收到另一方要求仲裁的书面通知之日起2

个月内各委派一名仲裁员。而该2名仲裁员应当在其后2个月内共同推举一名与双方均有外交关系的第三国国民为仲裁员。而专设仲裁庭中的首席仲裁员应当由当事人共同任命。其第4款规定,若在收到要求仲裁的书面通知之日起4个月后尚未组成专设仲裁庭,而当事人间又无其他约定,则当事人任何一方可提请国际法院院长任命尚未委派的仲裁员。若国际法院院长是缔约任何一方的国民,或由于其他原因不能履行此任命,应当请国际法院中非缔约任何一方国民的资深法官履行此任命。其第5款规定,专设仲裁庭应当自行制定其程序规定。并且,专设仲裁庭应当依照本协定以及缔约双方均接受的普遍承认的国际法原则作出裁决。其第6款规定,专设仲裁庭的裁决是以多数票的方式作出的。并且,裁决是终局的,对缔约双方均具有拘束力。但当事人任何一方提出请求,专设仲裁庭均应当说明其作出裁决的理由。其第7款规定,缔约双方应当各自负担委派的仲裁员和出席仲裁程序的有关费用。而首席仲裁员和专设仲裁庭的有关费用由缔约双方平均负担。

1994年《中秘投资协定》第10条规定了从优适用规则。依据该条规定,若一缔约方依据其法律法规给予另一缔约方投资者的投资或者与投资有关的活动的待遇,比本协定规定的待遇更为优惠,则应当从优适用。

1994年《中秘投资协定》第11条规定了本协定的适用范围。依据该条规定,本协定适用于在其生效之前或之后一缔约方投资者依据另一缔约方的法律法规在其领土范围内进行的投资。

1994年《中秘投资协定》第12条规定了当事人间的会谈和磋商。依据该条规定,缔约双方代表为达成以下目的应当不时进行会谈:(1)审查本协定的执行情况;(2)交换法律情报和投资机会;(3)提出促进投资的建议;(4)研究与投资有关的其他事宜。其第2款还规定了,若当事人任何一方提出就上述所列的任何事宜进行磋商,另一方应当及时作出反应。当事人间的磋商可以轮流在北京和利马进行。

1994年《中秘投资协定》第13条就本协定的生效、有效及终止进行了规定。依据该条规定,本协定自缔约双方完成各自国内法律程序,并以书面形式相互通知之日起下一个月的第一日开始生效,有效期为10年。若缔约任何一方未在上述有效期满前1年书面通知另一方终止本协定,则本协定将继续有效。本协定第一个10年有效期满后,缔约任何一方可随时终止本协定,但应当至少提前1年书面通知另一方。其还规定,本协定第1条至第12条的规定对本协定终止之日前进行的投资应当继续适用15年。

以上是1994年《中秘投资协定》的全部内容。

2. 2006年《秘加投资协定》

秘鲁和加拿大承认、促进和保护一方投资者在另一方领土范围内的投资,有助于促进互利商业活动。为了发展双方间的经济合作和促进可持续发展,秘鲁和加拿大协商签订《秘加投资协定》。该协定第C节规定了投资者与东道国间纠纷的解决方式。

2006年《秘加投资协定》第20条对该协定第C节的制定目的进行了规定。依据该条规定,在不影响该协定第D节规定的各方权利及义务的情况下,本节建立了解决投资纠纷的机制。

2006年《秘加投资协定》第24条规定了将索赔提交仲裁的意向通知。依据该条第1款规定,投资者应当至少提前90日向纠纷另一方提交书面通知,表明其具有将索赔提交仲裁的意向。该书面通知应当具有以下内容:(1)投资者的名称和地址,以及其依据本协定第23条规定提出索赔的情况、被索赔方企业的名称和地址;(2)所被指控的违反本协定的规定,以及任何其他相关规定;(3)索赔的问题和事实依据,包括有纠纷的措施;(4)所要寻求的救济和索赔的金额。其第2款还进一步规定,投资者还应当提交证据,证明其是纠纷另一方的投资者,还需要提交其将索赔提交仲裁的意向通知。

2006年《秘加投资协定》第26条规定了将索赔提交仲裁的前提条件。依据该条第1款规定,投资者依据本协定第22条规定将索赔提交仲裁的前提是:(1)投资者同意按照本协定规定的程序进行仲裁;(2)自引起索赔的事件发生以来,至少已过去6个月;(3)自投资者首次知道或本应知道违约之时,以及投资者因此遭受损失或损害之时起不超过3年;(4)投资者已依据本协定第24条规定,在提交索赔前至少90日提交了意向通知;(5)若索赔针对的是另一方企业权益的损害,而该另一方是投资者直接或间接拥有或控制的法人,则该企业放弃根据任何一方在任何行政法庭或法院提起诉讼或继续诉讼的权利,或其他纠纷解决程序中与纠纷方措施有关的任何诉讼,该措施被指控为本协定第22条所指的违约行为,但是禁令、声明或其他特别救济程序除外,也不涉及支付损害赔偿。其第2款规定,投资者可以依据本协定第23条规定将索赔提交仲裁,但前提是:(1)投资者和企业双方均同意依据本协议所规定的程序进行仲裁;(2)自引起索赔的事件发生以来,至少已过去6个月;(3)自企业首次知道或本应知道违约之时,以及企业因此遭受损失或损害之时起不超过3年;(4)投资者已依据本协定第24条规定,至少在提交索赔的90日前提交了意向通知;(5)投资者和企业均放弃根据任何一方在任何行政法庭或法院提起或继续提起,与争议方措施有关的任何诉讼权利,该措施被指控为本协定第23条所指的违约行为,但是禁令、宣告性或其他特别救济程序除外,也不涉及支付损害赔偿。其第3款规定,本条所规定的同意和弃权应当采用附件C第26条中规定的格式,并且应当将其提交至纠纷方,且将其包括在提交仲裁的索赔中。其第4款规定,只有当双方税务机关未能在收到通知后6个月内,依据本款规定达成本协定第16条第3款、第22条第3款第b项和第23条第3款第b项所规定的联合裁定时,投资者才可以依据本节规定将与本协定所涵盖的与税务措施有关的索赔提交仲裁。其第5款规定,只有当纠纷方剥夺了投资者对企业的控制权时,才不需要企业依据本协定第1条第e款或第2条第e款作出豁免。其第6款规定,未能满足本条第1款至第4款所规定的任何前提条件,本协定第28条规定的各方当事人的同意无效。

2006年《秘加投资协定》第27条规定了将索赔提交仲裁。依据该条第1款规定,除本协定附件C第27条规定的情况外,符合本协定第26条所规定的前提条件的投资者可以依据下列规定将索赔提交仲裁:(1)《华盛顿公约》,但纠纷方和纠纷投资者的一方均为《华盛顿公约》的缔约方才可以;(2)《华盛顿公约》的附加贷款规则,但前提是纠纷方或纠纷投资者的一方是《华盛顿公约》的一方;(3)《联合国国际贸易法委员会仲裁规则》;(4)委员会批准的可依据本节进行仲裁的任何其他规则。其第2款规定,委员会有权制定补充适用仲裁规则的规定,并可以修改其制定的任何规定。且此类规则对依据本节设立的仲裁庭以及在该仲裁庭任职的仲裁员具有约束力。其第3款规定,仲裁规则应当适用于仲裁,除本协定本节修改并由委员会依据本节通过的任何规则进行补充。

2006年《秘加投资协定》第28条规定了同意仲裁。依据该条规定,纠纷各方同意依照本协定规定的程序将索赔提交仲裁。并且其还规定,同意提交仲裁的请求应当满足以下条件:(1)《华盛顿公约》第2章规定以及纠纷双方书面同意的附加贷款规则的规定;(2)《纽约公约》第2条关于书面协议的规定;(3)《美洲国家公约》第1条规定。

2006年《秘加投资协定》第29条对仲裁员组成进行了规定。依据该条第1款规定,除依据本协定第32条设立仲裁庭外,且除纠纷双方另有约定外,仲裁庭应当由3名仲裁员组成。其中,纠纷双方各自指定一名仲裁员,而第三名仲裁员应当由纠纷双方协议指定,且其为该仲裁庭的首席仲裁员。其第2款规定,仲裁庭的仲裁员,应当具有国际公法、国际贸易或国际投资规则、解决国际贸易或国际投资协定引起的纠纷等方面的专门知识或经验;应当独立于纠纷的任何一方,且不附属于纠纷任何一方,也不接受纠纷任何一方的指示;还应当遵守委员会确定的任何纠纷解决行为准则。其第3款规定,若投资者声称纠纷涉及一方采取或维持的与另一方金融机构有关的措施,或另一方投资者以及该投资者在一方领土范围内的金融机构的投资,那么:(1)若纠纷双方达成协议,仲裁员还应当具有金融服务法律或实践方面的专业知识或经验,包括对金融机构的监管;(2)若纠纷双方未达成一致,纠纷各方可选择符合上述第(1)项中规定资格的仲裁员,而当被诉方援引本协定第14条第6款或第17条规定时,专家组主席必须符合上述第(1)项中所规定的资格。其第4款规定,纠纷双方应当就仲裁员的报酬达成一致,若在仲裁庭成立前未就报酬达成一致,则仲裁员的报酬应当适用《华盛顿公约》现行的仲裁员费率。其第5款规定,委员会可以制定与法庭费用相关的规则。

2006年《秘加投资协定》第30条规定了纠纷各方未指定仲裁员或者不能约定首席仲裁员的情况下仲裁庭的组成。依据该条规定,秘书长应当担任依据本协定本节规定指定仲裁机构的职责。该条还规定,若在索赔提交仲裁之日起90日内,依据本协定第32条规定设立的仲裁庭以外,尚未成立仲裁庭,秘书长应当根据纠纷任何一方的请求,酌情任命一名或多名仲裁员,但是其任命的首席仲裁员不得是纠纷任何一方的国民。

2006年《秘加投资协定》第31条对同意任命仲裁员进行了规定。依据该条规定,就《华盛顿公约》第39条以及其附加贷款规则附表C中第7条规定而言,在不影响基于公民身份或永久居留身份以外的理由对仲裁员提出异议的情况下:(1)纠纷方同意任命依据《华盛顿公约》或其附加贷款规则设立的法庭的每位法官;(2)只有在投资者书面同意任命仲裁庭每位独立成员的情况下,本协定第22条第1款中所提到的投资者可以依据《华盛顿公约》或其附加贷款规则将索赔提交仲裁或继续索赔;(3)只有在投资者和企业以书面形式同意任命仲裁庭的每位成员的情况下,本协定第23条第1款中所提及的投资者可以依据《华盛顿公约》或其附加贷款规则将索赔提交仲裁或继续索赔。

2006年《秘加投资协定》对仲裁地点进行了规定。依据该条规定,除纠纷双方另有约定外,仲裁庭应当在1958年《纽约公约》缔约方的领土范围内进行仲裁,且该仲裁应当依据《华盛顿公约》及其附加贷款规则,或者《联合国国际贸易法委员会仲裁规则》规定进行。

除上述规定外,2006年《秘加投资协定》还针对本协定的适用范围、国民待遇原则、最惠国待遇原则、保留和例外、一般例外规定以及缔约方间纠纷解决程序等方面的内容进行了规定。

第二节 秘鲁的主要仲裁机构

秘鲁的主要仲裁机构,包括利马商会国家和国际调解与仲裁中心、秘鲁美洲商会仲裁中心及阿雷基帕工商会仲裁及国家调解中心三大机构,其中,阿雷基帕工商会仲裁及国家调解中心隶属于秘鲁美洲商会仲裁委员会。这三大仲裁机构为秘鲁提供了高效、专业的仲裁服务。

一、利马商会国家和国际调解与仲裁中心

(一)利马商会国家和国际调解与仲裁中心的总体介绍

利马商会国家和国际调解与仲裁中心(Centro de Arbitraje de la Cámara de Comercio de Lima)成立于1993年,当时秘鲁面对全球化市场经济现象带来的挑战,短期内有效解决争端至关重要。在此背景下,利马商会国家和国际调解与仲裁中心根据质量、安全、诚信和专业精神的最高标准,为因商业合同、与国家签订合同而产生的争议提供仲裁争议解决的管理服务。目前,它是秘鲁仲裁管理中重要和有经验的机构之一。费尔南多·坎图阿里亚斯·萨拉韦里在《国际商会国际商事仲裁手册》中称:秘鲁最重要的仲裁机构是利马商会国家和国际调解与仲裁中心,履行有效的案件管理职能,它还充当仲裁员的指派机构。

利马商会国家和国际调解与仲裁中心以"确保《仲裁规则》的正确适用、为中心仲裁程序的组织和有效运作提供必要的行政服务"为目标,秉持成为拉丁美洲仲裁管理的领先机构的愿景。目前该中心与美国仲裁协会(American Arbitration

Association)、秘鲁仲裁谈判和调解协会(Asociación Peruana de Arbitraje, Negociación Y Conciliación)、圣地亚哥仲裁与调解中心(Centro de Arbitraje Y Mediación de Santiago)、马德里国际仲裁中心(Centro Internacional de Arbitraje de Madrid)、中国海事仲裁委员会(China Maritime Arbitration Commission)、美洲商事仲裁委员会(Comisión Interamericana de Arbitraje Comercial)、香港国际仲裁中心(Hong Kong International Arbitration Centre)等签订协议,保证各方能够在各自区域开展联合活动。

(二)利马商会国家和国际调解与仲裁中心的组织结构

利马商会国家和国际调解与仲裁中心的组织架构呈现“三角”状态。其通过设以下机构来履行其职能:高级仲裁委员会;总秘书处;仲裁秘书、仲裁员和正式认可的专家组成团队。其中高级仲裁委员会是该仲裁机构的权力机构。

1. 高级仲裁委员会

利马商会国家和国际调解与仲裁中心设立高级仲裁委员会。争议解决委员会(Junta de Resolución de Disputas)是利马商会国家和国际调解与仲裁中心的高级仲裁委员会。

高级仲裁委员会由1名主席、1名副主席和3名成员组成。高级仲裁委员会成员任期为3年。其成员可以无限期连选连任。要成为高级仲裁委员会成员,必须是在利马律师协会注册的律师,且需具有10年的资历以证明其在仲裁事务方面拥有丰富的经验,此外还需了解最新的普通费用和/或工会捐款情况。

为确保利马商会国家和国际调解与仲裁中心的规约、仲裁程序条例、道德准则以及其他规范的准确适用,积极促进仲裁程序的顺利进行及妥善解决最终纠纷,高级仲裁委员会行使以下职权:第一,检查、评估仲裁员和专家,并将其纳入利马商会国家和国际调解与仲裁中心登记处;第二,在利马商会国家和国际调解与仲裁中心仲裁程序规则规定的情况下任命和确认仲裁员;第三,最终解决仲裁员的回避、免职以及与仲裁员的辞职、禁止有关的所有事项,包括费用的返还(如果适用);第四,酌情下令替换仲裁员,并指定替换仲裁员;第五,批准仲裁员必须提交给利马商会国家和国际调解与仲裁中心的宣誓声明;第六,根据相关规定,对仲裁员和专家实施停职和开除的制裁措施;第七,根据相关规定对仲裁员和专家实施经济制裁;第八,解决有关其决定的复议和上诉;第九,酌情审查总秘书处关于行政费用以及仲裁员和专家费用的决定;第十,在认为适当时,依职权或应一方的要求决定重新调整管理费用;第十一,在认为合适时批准和修改利马商会国家和国际调解与仲裁中心关税条例中包含的管理费用表;第十二,发布解释或澄清利马商会国家和国际调解与仲裁中心仲裁程序条例中条款内容的一般性指令,该指令将在其批准后30日开始生效,并在利马律师协会的网站上公布;第十三,对关于利马商会国家和国际调解与仲裁中心仲裁程序条例或任何其他适用或具有约束力的仲裁事项规则进行解释,并回答用户关于应用的一般性询问;第十四,向利马律师协会董事会提交其认为对本规约或利马商会国家和国际调解与仲裁中心仲裁程序规定进行必要的修改;第十五,设置与利马商会国家和国际调解与仲裁中心提供的服务相对应的管理成本(利马商会国家和国际调解与仲裁中心关税条例中未就其管理成本进行规定);第十六,解决因仲裁程序的发展而出现的所有行政问题,除非另有明确说明;第十七,在适当的时候监督裁判员的培训;第十八,向利马律师协会董事会提议本仲裁中心的秘书长、仲裁秘书和其他行政人员的任免;第十九,如果任何成员出现空缺,请向利马律师协会董事会提议替代其行事的人;第二十,以不少于4个月的周期向利马律师协会董事会通报利马商会国家和国际调解与仲裁中心活动的进展,同时尊重仲裁程序的保密性;第二十一,向总秘书处委派其认为适当的、与其职位不矛盾的职能,以便更好地发展利马商会国家和国际调解与仲裁中心;第二十二,执行利马商会国家和国际调解与仲裁中心顺利运行所需的任何其他功能;第二十三,负责监督仲裁双方当事人的程序性行为,当任何一方或双方未能酌情指定唯一的成员或3名裁决者之一时,利马商会国家和国际调解与仲裁中心还需任命委员会的成员以代替双方。

高级仲裁委员会设立主席,主席具有下列职权:第一,召集和主持高级仲裁委员会的会议;第二,在任何公共行为中代表利马商会国家和国际调解与仲裁中心,直接指定或委托任何理事会成员代表;第三,与利马律师协会董事会协调与利马商会国家和国际调解与仲裁中心运作相关方面的事宜;第四,执行高级仲裁委员会批准的或利马律师协会董事会命令的其他行为,只要他们不反对其职能的性质。在主席缺席或暂时受阻的情况下,其职能将由副主席接替,在副主席缺席的情况下,由最年长的董事接替。

2. 秘书处

利马商会国家和国际调解与仲裁中心设立一名秘书长,由其负责内部程序的适当制定、利马商会国家和国际调解与仲裁中心管理流程设置、高级仲裁委员会通过的协议遵守情况评估以及利马商会国家和国际调解与仲裁中心的行政组织工作等事项。

秘书长的任命。秘书长将由利马律师协会董事会根据最高仲裁委员会的提议任命和罢免。秘书长必须是注册律师,且具有不少于5年执业经验,在仲裁事务方面拥有丰富的知识及实践积累,具备享有盛誉的职业生涯及从事专业实践的资格。

秘书长的职权如下:第一,担任高级仲裁委员会的秘书,在高级仲裁委员会会议上只享有发言权。第二,接收仲裁请求、文书、文件,并保管相关档案。第三,收发仲裁庭的所有类型的书面通信。第四,为举行听证会提供后勤支持。第五,跟踪当事人支付的与仲裁员和专家的管理费用和费用有关的付款。第六,与各方协调专家的聘用和报酬。第七,在利马商会国家和国际调解与仲裁中心管理的仲裁程序中担任秘书。在适当时直接为每个仲裁程序任命仲裁秘书,在此种情况下,仅与仲裁庭秘书活动有关的职能将由仲裁秘书在秘书长的监督下行使。第八,对利马商会国家和国际调解与仲裁中心的仲裁员名册进行更新。第九,根据利马商会国家和国际调解与仲裁中心关税条例,对管理费用、仲裁员费用和任何其他相关费用进行结算。第十,颁发与利马商会国家和国际调解与仲裁中心管理程序相关的行为的证书和证明材料,包括与仲裁员和专家的认证相关的行为。第十一,保留在利马商会国家和国际调解与仲裁中心之前处理过程的更新记录。第十二,在仲裁程序规则规定的条款内通知各方当事人。第十三,在同意的情况下传播仲裁裁决的摘要,保证当事方的匿名性,只有在它们明确授权的情况下,才能用于学术目的。第十四,定期准备包含在利马商会国家和国际调解与仲裁中心之前处理过程的统计结果的报告,并将其提交给高级仲裁委员会。第十五,负责利马商会国家和国际调解与仲裁中心提供的服务的管理。第十六,为公众提供指导。第十七,协调利马商会国家和国际调解与仲裁中心的传播和培训计划。第十八,保管利马商会国家和国际调解与仲裁中心高级委员会会议的最新记录簿。第十九,保留利马商会国家和国际调解与仲裁中心道德规范中提到的制裁手册。第二十,行使利马商会国家和国际调解与仲裁中心章程、仲裁程序条例、运作规范规定的或其职位所固有的其他职能。

3. 仲裁秘书

利马商会国家和国际调解与仲裁中心设立仲裁秘书,仲裁秘书的资格主要包括4个要件:第一,申请人需年满25岁;第二,申请人成为注册律师;第三,申请人遵守利马商会国家和国际调解与仲裁中心章程第21条第2款所述的要求;第四,自任命之日起的过去5年内,未因刑事或行政方面被定罪或取消资格。

仲裁秘书的职责和义务包括:第一,如果有正当的利益冲突原因,则免于作为仲裁秘书参加仲裁事务的处理;第二,保存由其负责的仲裁文件,按顺序排列并编号;第三,起草必要的措施和纪要,以便在其负责的仲裁程序中进行分派;第四,提示仲裁员在决议中进行签名并核实其通知;第五,说明在其负责的仲裁程序中发生的任何事件的原因;第六,与仲裁庭和当事人协调举行听证会和诉讼程序;第七,提供程序的核证副本,仲裁庭的事先命令文本;第八,维护仲裁过程中信息和会议的机密性;第九,由总秘书处委派的高级仲裁委员会在利马商会国家和国际调解与仲裁中心的仲裁程序规则中规定的或其职位所固有的所有其他事项。

要进入仲裁员和专家登记处,利害关系方必须向高级仲裁委员会主席提交相应请求,承诺遵守利马商会国家和国际调解与仲裁中心的规约、仲裁程序规则、道德准则、高级仲裁委员会通过的决定,并且需提交证明符合规约要求的文件。高级仲裁委员会将以酌情决定的方式解决各自的请求。接受或拒绝进入仲裁员登记处和专家登记处的申请将通知至申请人。

二、秘鲁美洲商会仲裁中心

(一)秘鲁美洲商会仲裁中心的总体介绍

秘鲁美洲商会仲裁中心(Centro de Arbitraje de la Cámara de Comercio Americana Peru)是一个致力于秘鲁和拉丁美洲仲裁发展的机构,该中心配备了应对每次仲裁需求的设施。

2012年5月12日,巴西、厄瓜多尔、秘鲁和委内瑞拉等签署《支持发展仲裁和建立管理该区域国内和国际仲裁程序机制的合作协定》(Cooperation Agreement to Support the Development of Arbitration and for the Creation of Mechanisms for the Administration of Domestic and International Arbitration Procedures in the Region),其中第2条约定成立美洲商会仲裁委员会。协议各方的目标是:(1)建立一个由美国商会仲裁中心和委员会组成的网络,以发展本区域的仲裁基本概念,并根据具体情况在美洲商会框架下建立管理国际仲裁程序的机制;(2)促进关于其仲裁实践及其仲裁研究的经验和信息交流,目的是使阿姆查姆仲裁中心/委员会的成员能够更广泛地了解此类实践并参与此类学术活动;(3)发表论文和/或发布电子通信,目的是传播来自各种美洲商会仲裁中心/委员会管理机构的信息,以及关于由美洲商会仲裁中心/委员会举办的学术活动的信息;(4)促进发展仲裁的国内和国际研讨会和研究,并邀请美洲商会仲裁中心/委员会的成员参加此类研讨会;(5)如果有经认可的仲裁员名单,通知其名单,公布其做法和仲裁规则,并公布其仲裁程序费用和仲裁员的薪酬标准和费率;(6)开展与仲裁实践和程序有关的培训活动,以提高可能加入该协定的各国仲裁专业人员的能力;(7)与美洲仲裁协会国际分会国际争端解决中心和其他国际组织合作,促进各种仲裁活动培训的发展。

(二)秘鲁美洲商会仲裁中心的组织构成

秘鲁美洲商会仲裁中心的机构是仲裁院和总秘书处。中心通过仲裁院开展活动,并得到总秘书处(书记官处)的协助。

1. 仲裁院

秘鲁美洲商会仲裁中心的仲裁院由7~9名成员组成,由秘鲁商会董事会根据申请人的声望和仲裁知识储备等标准进行任命。董事会从仲裁院的当选成员中任命主席和副主席,根据仲裁院院长的提议,董事会可以任命候补成员。仲裁院成员的任期为3年,可再连任一次。如果一个成员不能履行其职责,其继任者由董事会任命,完成剩余的任期。

仲裁院就与仲裁有关的事项作出的决定具有行政性质,是最终决定,对当事方和仲裁庭具有约束力。任何一方或仲裁员与仲裁院的所有通信都应通过书记官处进行。

仲裁院的职能是确保本仲裁中心的条例、章程以及道德准则赋予它的职能得以遵守。仲裁院院长代表本仲裁中心并指导中心的工作,其职能是与董事会和秘书协调秘鲁美洲商会仲裁中心运作的所有方面。仲裁院院长可以代表本中心作出决定。在其缺席或应其要求的情况下,副院长有权代表仲裁院作出紧急决定,并应立即通知其成员。

在仲裁庭成立之前,应任何一方当事人或仲裁员的请求,仲裁院应解决对本中心规则解释可能产生的任何疑问。仲裁院有权对其专属管辖权范围内的事项作出最后解释。

仲裁院的职能包括:第一,任命、确认和更换仲裁员,以及解决质疑;第二,确定仲裁员的费用和秘鲁美洲商会仲裁中心的行政开支;第三,批准秘鲁美洲商会仲裁中心的示范仲裁条款;第四,批准秘鲁美洲商会仲裁中心的规则和其他条例;第五,批准秘鲁美洲商会仲裁中心所提供服务的收费价格表;第六,向董事会提交对秘鲁美洲商会仲裁中心章程的批准;第七,批准秘鲁美洲商会仲裁中心的仲裁员名单;第八,向董事会提交对秘鲁美洲商会仲裁中心章程的批准;第九,批准秘鲁美洲商会仲裁中心的仲裁员名单;第十,解释秘鲁美洲商会仲裁中心的规则和其他条例;第十一,向理事会提交秘鲁美洲商会仲裁中心的年度预算、年度报告和财务报表;第十二,任命秘鲁美洲商会仲裁中心的秘书长;第十三,根据要求编写关于仲裁和其他替代性争端解决手段的报告;第十四,与国家或国际机构和组织签订合作协议,以发展仲裁事业;第十五,履行其职能所需的其他职责。

2. 秘书处

秘书处是在法院的监督下,负责秘鲁美洲商会仲裁中心活动的发展、组织和管理的机构。秘书处由秘书长领导,秘书长由法院根据其声望和对仲裁的了解而任命。秘书长可以任命仲裁员处理具体的仲裁,仲裁员在秘书长的监督下行事。

秘书长的职能是:第一,向仲裁院提交当事人指定仲裁员的建议;第二,向仲裁院提交被指定的仲裁员的确认书;第三,管理仲裁员费用的支付和秘鲁美洲商会仲裁中心的行政开支;第四,就秘鲁美洲商会仲裁中心的仲裁和其他程序出具证书和证明材料;第五,确保秘鲁美洲商会仲裁中心的服务得到有效的提供,并符合秘鲁美洲商会仲裁中心的规则和其他规定;第六,任命秘鲁美洲商会仲裁中心的仲裁秘书;第七,参加仲裁院的会议,有权发言和记录提案、审议和作出的决定,以及保存会议记录和中心文件的档案;第八,向仲裁院提出其认为必要的对中心的章程、条例或其他规则的修正建议;第九,向法院提出中心的年度预算、年度报告和财务报表;第十,履行其职能所需的其他职责。

三、阿雷基帕工商会仲裁及国家调解中心

(一)阿雷基帕工商会仲裁及国家调解中心的总体介绍

1993年成立的阿雷基帕工商会仲裁及国家调解中心(Centro de Arbitraje y Conciliación Comercial de la Cámara de Comercio e Industria de Arequipa),隶属美洲商事仲裁委员会,是解决秘鲁南部地区商业冲突的重要机构。该中心促进仲裁成为解决争议(主要是商业性质的争议)的有效手段,并由此制定法规进行指导,以界定自身的仲裁范围及履行日常的组织、行政、经济等职能。

该中心拥有发展听证会的技术基础设施和适当环境,从而为正确开展仲裁听证会提供了颇有利的条件。

(二)阿雷基帕工商会仲裁及国家调解中心的组织构成

阿雷基帕工商会仲裁及国家调解中心设立一个执行委员会,由熟悉本仲裁机构的知名人员组成。该执行委员会的职责主要包括:第一,根据秘鲁2008年《仲裁法》及本中心的仲裁规则指定仲裁员;第二,根据秘鲁2008年《仲裁法》及本中心的仲裁规则任命中心的秘书长;第三,解决因仲裁而产生的所有行政问题;第四,评估仲裁员并将其纳入仲裁员名册;第五,决定关于回避、罢免和更换仲裁员的事宜。

此外,阿雷基帕工商会仲裁及国家调解中心还设立秘书处,负责促进中心所管理的仲裁程序的适当发展,维护执行委员会通过的协议得以遵守,以及保证中心的行政组织工作得以顺利展开。

第三节　秘鲁主要仲裁机构的仲裁规则

秘鲁三大主要仲裁机构分别制定了仲裁中心的仲裁规则。本节主要介绍三大仲裁机构仲裁的程序、仲裁的地点、仲裁庭的组成等规则。

一、利马商会国家和国际调解与仲裁中心的仲裁规则

利马商会国家和国际调解与仲裁中心以2008年9月1日生效的秘鲁《仲裁法》为指导,同时制定了《秘鲁利马商会国家和国际调解和仲裁中心的仲裁规则》《秘鲁利马商会国家和国际调解和仲裁中心的章程》等规范该中心的仲裁程序,在该套监管框架内,该中心为用户提供快速、透明、有效的仲裁。当然,作为例外,在不影响利马商会国家和国际调解与仲裁中心特权的情况下,其可自行决定是否接受仲裁管理,经当事人同意,适用其他仲裁规则。

(一)仲裁程序的启动

1. 仲裁的通知

在指定仲裁员后,仲裁委员会应着手设立仲裁庭。总书记办公室通知当事人仲裁庭的成立和程序的开始,并要求当事人在10日内提出索赔请求,申请人的书面说明应送交另一方,以便其在收到仲裁材料后10日内进行答复。如果仲裁被申请人在没有提出合理理由的情况下,未提交答复,仲裁庭将能够继续进行仲裁程序,并作出最终裁决。

根据现行规定可能或必须起草的所有通知或其他通信,将以书面形式亲自或通过邮件发送,或通过电传、传真或任何其他可能预见其收到的方式进行传输。

除当事人另有约定外，如果将通信交给收件人或送达当事人在仲裁合同中指定的地址，则将视为被送达人已签收。如果均未指明收件人或者收件地址，可以在当事人的真实住址或经常居住地进行交付。假设无法确定地点，经过合理查询后，将被视为当事人已收到关于“通过经核证的信函或任何可能证明此类交付已经邮寄到收件人已知地址或经常居住地”的任何通知。如有可能，秘书长可亲自证明通知，即通过在即将通知的文件上进行签字以保存书面记录，并需要在标题上说明：我特此证明（时间和日期）。

为跟踪条款，通信将在送达之日被视为已收到。根据电子报告，对于传真和电传的通知，应当在签发之日视为被收到。期限的起算应当从收到通知或任何其他通信后的第2日开始，如果截止日期是法定假日或收件人住所或营业场所的非工作日，则该期限应延长至下一个工作日。除非明确说明日历日，否则条款可按工作日计算。

除非当事人另有约定，否则仲裁的期限不得超过90个工作日，自向当事人发出宣布仲裁程序开始的决议获得通过之日起计算。

2. 仲裁申请的内容

想要在利马商会国家和国际调解与仲裁中心申请仲裁的当事人应向总秘书办公室提出申请。申请书应包括以下内容：

（1）仲裁协议中关于将争议提交本仲裁机构进行仲裁的合意条款。

（2）在没有仲裁协议的情况下，需提交双方当事人欲将特定争议提交仲裁的意图。

（3）争议、分歧、诉讼或拟提交仲裁的事项，对当事人利益进行明确阐述，并具有适当的价值。

（4）如果要求仲裁院指定一名仲裁员，则提供仲裁员的姓名。

（5）姓名、法定地址、电话号码、电传、传真和任何其他参考资料，以便向争议各方及其代表发送通信和通知。

（6）提交仲裁费用的付款收据。这笔款项将用于支付中心在仲裁程序开始时可能产生的程序费用。如果仲裁委员会不履行其职责，付款将用于促进解决冲突的替代手段。

3. 仲裁费用

为宣布程序开始，当事人应当事先支付仲裁可能产生的全部费用。所称费用包括仲裁员的费用及与利马商会国家和国际调解与仲裁中心相对应的仲裁管理费用。总秘书长根据既定费用确定仲裁的行政费用。如果一方当事人未付清所需款项,则仲裁中涉及的另一方将支付费用,利害关系方将有权要求委员会对未付款的一方进行处罚,并就仲裁裁决中的事项发表意见。董事会可决定其费用应分批支付。如当事人没有附上相应列报率的付款收据的,调解或仲裁申请将不被受理。

在进行任何专家评估之前,当事人或其中一方必须支付仲裁委员会确定费用的条款,该条款必须足以支付费用和可能的专家费用。同样的标准也适用于支付与任何种类证据有关的费用。

通过非中心管理的程序指定仲裁员的,利马商会国家和国际调解与仲裁中心应当收取100美元的费用。这笔款项应由请求指定的一方支付,因为这被认为是先前的任用要求。该费用包括与利马商会国家和国际调解与仲裁中心就指定提供的服务以及与指定仲裁员拒绝或替换的决定有关的费用。

如需要进行调解的,在根据《调解条例》提交调解的诉讼中,每一方当事人有义务根据仲裁费用计算比率支付100美元。

如果支持仲裁的一方当事人无正当理由,单方面决定退出仲裁程序,即使交纳完毕全部的仲裁费用,亦仅被退还其所支付金额的50%。

(二)仲裁员的规定

1. 仲裁员的资格

如果想成为利马商会国家和国际调解与仲裁中心的成员,应当是下列两类人员:第一类是在利马律师协会注册的律师,且具备10年的从业经验以证明经历过公认声望的职业生涯;第二类是在仲裁事务方面拥有丰富经验的人员,如秘书、专家或类似人员,并且该人员需了解最新的普通费用和/或工会捐款的情况。

2. 仲裁员的指定

仲裁员的人数。仲裁委员会将由1名或3名仲裁员组成,但须经双方同意;只要双方当事人未就仲裁员人数达成协议,委员会将由1名仲裁员组成。当有必要指定3名仲裁员,而当事人尚未就仲裁程序达成一致时,将根据利马商会国家和国际调解与仲裁中心规定指定仲裁员。原告将就其仲裁申请指定1名仲裁员。被告在答复仲裁申请时将指定1名仲裁员。指定的两名仲裁员应在第6条所述开庭之日起5日内,选择其他仲裁员担任仲裁委员会主任。当事人未依照规定指定仲裁员的,仲裁院应当根据利马商会国家和国际调解与仲裁中心的仲裁员名单指定仲裁员。

3. 仲裁员的接受

假定接受任命的仲裁员已承诺有足够的时间以快速有效的方式处理和进行仲裁,被拟委任为仲裁员的人将以书面形式接受其指定,并向利马商会国家和国际调解与仲裁中心报告其接受的意愿。利马商会国家和国际调解与仲裁中心将仲裁委员会的设立通知当事人。每当指定替代仲裁员时,仲裁委员会将考虑双方的意见,自行决定在仲裁程序中是否必须重复某些诉讼。

4. 仲裁员的守则

仲裁员须遵守《仲裁员和调解人道德守则》,在不损害其原则的情况下,需做到以下三个方面:第一,仲裁员应保持公正独立;第二,被提名为仲裁员的人,应当在接受指定前,将不能保证其公正性的情形通知当事人、利马商会国家和国际调解与仲裁中心和其他仲裁员,或者以书面形式表明不存在该情形;第三,如果在仲裁的任何阶段,出现了新的情形,可能对仲裁员的公正性或独立性产生冲击,仲裁员将立即向当事人和利马商会国家和国际调解与仲裁中心披露这些情形。

(三)仲裁的证据

除非另有协议,否则证据仲裁程序产生的费用将由要求进行此类仲裁程序的一方当事人支付,并警告放弃此类诉讼。

仲裁员有权以排他性方式确定证据的可采性、相关性和价值,为实现此权利,仲裁员可以采取以下行为:第一,在诉讼的任何阶段向当事人索取一些解释或资料;第二,通过书面通知,命令当事人进行其认为必要的举证手段;第三,在专家作证的情况下,命令解释或延长专家任务期限;第四,声明当事人已经履行法律诉讼的相应条款;第五,在部分当事人缺席的情况下继续进行仲裁程序,并根据已经采取的行动决定裁决;第六,如果当事人认为自己得到了适当的通知,请说明理由,出示尚未进行的证据。

(四)仲裁中的听证及调解

1. 听证会

根据任何一方的请愿,仲裁委员会可以举行其认为必要的听证会,以进行证词证据,进行和提交专家评估,宣布评估,甚至口头表达论点。除非双方达成不同的协议,否则听证会将以非公开方式举行,并在不影响当事人提交的书面文件的情况下进行登记。可以使用磁性记录和录音。

如果没有申请书,仲裁委员会将决定是否进行上述条款中提到的听证会。否则,仲裁员将根据对其有用的文件和任何其他材料证据进行审判。如果举行有关证据程序的听证会,仲裁委员会将至少提前 3 日向当事人发出通知,说明将要举行的听证会的日期和时间。

仲裁委员会可以任命一名或多名专家,专家负责以书面形式或通过特别听证会的方式,向仲裁委员会报告其将决定的事项。当事人必须向专家提供其可能要求的所有信息,以便专家能够履行仲裁委员会规定的职责。专家和当事人之间的任何分歧将由仲裁委员会解决。一旦收到专家报告和/或举行听证会,当事人双方将有机会在仲裁委员会规定的期限内发表意见。

2. 调解

依据仲裁相关立法,仲裁员有资格随时促进调解。当事人在作出裁决前同意调解其请求的,仲裁员应当作出程序终结的决定,并制定调解协议,协议应当能够判断事项。

如果双方当事人提出要求,仲裁员接受,调解应当按照当事人约定的期限登记为仲裁调解裁决,并应当以与裁决相同的方式登记。如果调解是片面的,则继续就其他争议问题继续仲裁程序。

(五)裁决

如果仲裁是法律规定的,裁决应包含:第一,裁决签发地点和日期;第二,仲裁双方当事人及仲裁员的姓名;第三,提交仲裁的事项、有关仲裁当事人的指控以及仲裁结论的参考摘要;第四,支持该仲裁决定的证据及其证明力。

仲裁委员会宣布的裁决将由利马商会国家和国际调解与仲裁中心保存在裁决记录簿中,如果有关各方提出要求,文件、合同和原件将发回给有关各方当事人。否则,上述文件的保管期限为仲裁程序结束之日起 3 年内。如果利马商会国家和国际调解与仲裁中心认为有必要,应当对文件的交付进行登记,并制作其副本提交,费用由仲裁申请人承担。

当事人必须立即履行裁决。仲裁委员会在裁决书上发号施令,如果裁决的履行出现一些延误,可以处以罚款。

二、秘鲁美洲商会仲裁中心的仲裁规则

秘鲁美洲商会仲裁中心主要以 2008 年《仲裁法》为基础法律,同时制定了《秘

鲁美洲商会仲裁中心仲裁规则》[1]《虚拟仲裁指南》等规范本中心的仲裁程序。本节仲裁规则主要建立在2021年版本基础之上，秘鲁美洲商会仲裁中心的仲裁庭应当按照规定组织和管理仲裁。当事各方和仲裁庭可商定《秘鲁美洲商会仲裁中心仲裁规则》以外的其他不同规则，但这些规则不得限制或减少秘鲁美洲商会仲裁中心或其任何机关的权力，并应毫不拖延地通知秘书处。中心不解决双方提交仲裁的争端，而是制定仲裁中心规则及其附件以规范仲裁。当事各方之间的争端由为每一案件设立的仲裁庭解决。

（一）仲裁的启动

1. 仲裁的申请

根据《秘鲁美洲商会仲裁中心仲裁规则》申请仲裁时，应以电子方式或实物方式向中心提交仲裁申请，其中应包括：第一，当事人的联系方式；第二，在仲裁申请人的联系方式；第三，对仲裁争端的性质和情况的简要说明；第四，仲裁申请人的索赔请求和经济损失的初步估算；第五，与争议有关的任何合同和协议，特别是仲裁协议；第六，提及每项索赔请求所依据的仲裁规定；第七，如有必要，指定仲裁员及其联系方式，以及提出对仲裁庭组成的任何评论或建议；第八，仲裁申请人对仲裁地点、适用法律规则和仲裁语言的立场和建议；第九，根据中心仲裁收费比率表提交仲裁申请费用的发票。一旦书记官处认为仲裁请求符合《秘鲁美洲商会仲裁中心仲裁规则》所要求的资料，秘书处应将其通知被申请人。

如果在给予仲裁申请人一段时间后，仲裁申请人仍未按照规定提出仲裁申请，该案件可予结案。并且结案后，不影响仲裁申请人就同一索赔提出新的仲裁申请。

2. 仲裁的回复

被申请人应在收到仲裁申请通知后15日内提交一份答复，其中应包括：第一，被申请人及其在仲裁中的任何代表的联系方式；第二，简要说明其对仲裁申请书所载争端和索赔的态度和观点；第三，对仲裁庭管辖权的任何抗辩或反对，包括提出索赔的仲裁协议的存在；第四，酌情指定仲裁员，以及对仲裁庭组成的任何评论或建议；第五，其对仲裁地点、适用法律规则和仲裁语言的立场和建议。

秘书处应将对仲裁请求的答复通知仲裁申请人。被申请仲裁人对仲裁申请

---

〔1〕《秘鲁美洲商会仲裁中心仲裁规则》有2002年版、2008年版、2013年版、2021年版。2021年版自2021年7月1日起生效。

书或其答复的要求是否得到满足或是否在时限内没有提出异议,不应妨碍仲裁庭的组成。

3. 反仲裁申请

被申请人提出反请求的,应当在对仲裁请求的答复中予以列明。反仲裁申请应包括:第一,对争端的简要说明;第二,初步说明反诉索赔及其经济估计(如有可能);第三,与反索赔有关的任何合同和协议,特别是仲裁协议;第四,如果这些索赔是根据不止一项仲裁协议条款,提及每一项反索赔所依据的仲裁条款;第五,说明适用于反索赔纠纷的法律规则。

在收到反索赔通知后15日内,仲裁申请人应提交一份答复书,其中应包括:第一,对与反仲裁有关争端的简短陈述;第二,其对反仲裁所载索赔的立场;第三,其对仲裁协议是否适用于反仲裁的立场;第四,其对适用于反诉纠纷的法律规则的观点。

除非仲裁庭认为有合理理由,且符合仲裁规范中关于反仲裁的条件,否则被告不得提出反仲裁请求。

4. 仲裁申请书和答辩状

提交仲裁申请书、仲裁答辩书和反仲裁申请书(如适用)和反仲裁答辩书的期限由仲裁庭在附表中规定。在听取当事人的意见后,进入仲裁规则所载的程序。此外,仲裁庭可根据案件的具体情况,安排提交额外的几轮书面陈述。

仲裁申请书和反仲裁申请书陈述了所提出的请求,并说明了所依据的事实和有关请求的指控。仲裁申请人和被申请人分别就仲裁申请书和反仲裁申请书中提出的问题确立其分别立场,表明态度。

当事各方应在其备忘录中提供其认为相关的所有证据,包括证人的书面陈述和专家的报告。仲裁庭在听取当事人的意见后,可以就出示证据的时间和方式进行其他规定。

除非另有约定,当事人的请求应当在仲裁申请书和反仲裁申请书中载明。如当事人提出超出这些请求书所载的请求,应当经仲裁庭批准,仲裁庭在作出决定时,应考虑到新申请的性质、仲裁申请所在国和所有其他相关情况。如果新的仲裁申请被接受,仲裁庭应在与当事各方协商后,为这些程序制定时间表。

5. 仲裁费用

仲裁费用包括仲裁庭的开支、仲裁中心的行政开支、仲裁庭可能任命的专家的费用和开支、举证所需费用，以及任何其他当事各方为辩护的合理开支。仲裁庭在最终裁决或终止仲裁的决定中，应考虑双方当事人的任何协议，就仲裁费用及其在双方当事人之间的分配作出裁决。

在双方当事人未达成协议的情况下，仲裁庭应根据合理性标准，考虑裁决的结果、双方当事人在仲裁期间履行合作义务的情况以及仲裁庭认为相关的任何其他情况。

仲裁费用的最后数额由仲裁院在没有作出最后裁决的情况下确定，同时考虑到仲裁及其他有关情况，仲裁院应从当事各方支付的准备金中扣除仲裁院估计的仲裁庭费用和中心行政费用，并在必要时向每一当事方偿还适当数额的款项。

6. 仲裁地点

仲裁地点应为双方当事人约定的地点。如无协议，仲裁地点应由仲裁院根据案件情况和当事各方的意见确定。仲裁庭经与当事各方协商后，可在仲裁地点以外设立听证会议。它还可规定通过使用虚拟、电子、电话或其他技术手段举行会议或听证会。裁决应视为在仲裁地点作出。

7. 仲裁语言

双方当事人自由商定仲裁所用的一种或多种语言。在没有达成协议的情况下，仲裁庭应根据案件的情况作出裁决。

（二）仲裁庭的组成及仲裁员的回避

1. 仲裁庭的组成

仲裁庭由奇数名仲裁员组成。如果仲裁协议规定仲裁员人数相等，则仲裁员经秘鲁美洲商会仲裁中心确认后，他们应提名 1 名额外的仲裁员，由他主持仲裁庭。如果任何一方当事人未能在书面陈述中指定其适当的仲裁员，法院应指定该仲裁员。如果一方当事人提出仲裁员，而仲裁员不接受、无法接受或未得到中心的确认，则该方当事人可以提出新的指定。如果拟议的新仲裁员出现上述任何情况或类似情况，法院可指定仲裁员。仲裁员在指定仲裁庭庭长方面也适用同样的规则。一方当事人提出的仲裁员建议，如果已通知另一方当事人，则不得撤销。

如果当事各方未能就仲裁员人数达成一致意见，法院应指定 1 名独任仲裁员。除非法院考虑到案件的复杂性、对争端的经济估计和任何其他有关情况，有理由将争端指定给 3 名仲裁员。

仲裁庭的组成是根据当事各方的协议进行的，秘书处可在必要时补充商定的程序,以使仲裁协议生效或保证仲裁申请各方之间的平等。在没有当事各方同意的情况下,仲裁庭的组成视情况而定。

当事人具有不同国籍的,独任仲裁员或者仲裁庭庭长应当是当事人以外的国籍。但是,在适当情况下,如果任何一方当事人在秘书处规定的期限内不反对,独任仲裁员或仲裁庭庭长可以是与相对方同国籍的人。当事人的国籍包括合伙人或法人、基金组织、自营组织或其他类似性质的集体身份的多数股东的国籍。

如果争议由独任仲裁员解决,双方应在15日内共同指定仲裁员,除非任何一方要求指定仲裁员由仲裁庭决定。如果15日的期限届满,双方当事人未达成一致意见,则法院应指定独任仲裁员。当争议由3名仲裁员解决时,每一方当事人在仲裁请求书和答复书中分别指定1名仲裁员。双方提名并经中心确认的仲裁员应在15日内共同任命仲裁庭庭长。如双方当事人未在规定期限内协商一致任命仲裁庭庭长的,仲裁庭庭长应由仲裁院指定。独任仲裁员或仲裁庭庭长的建议应从仲裁员名册上的成员中提出;除非法院根据案件的情况,授权提名1名不在该名册上的仲裁员。

仲裁庭是唯一有权就仲裁作出裁决的机构,包括有权就仲裁有效性、仲裁管辖权的任何抗辩、仲裁协议的效力和范围、仲裁未就解决争议事项达成协议或任何其他可能妨碍进入实质争议的情况进行判断。为了确定其有效性,仲裁协议被视为独立于包含该协议的合同文件。如果仲裁庭承认仲裁协议的有效性,即使其中所载合同无效,它仍能确定各方当事人的权利,仲裁庭据此就其请求和主张作出裁决。

除非仲裁庭根据该案的情况决定在最后的裁决中解决争议,否则仲裁庭通过部分裁决初步解决异议,并在该裁决中决定其管辖权。仲裁庭有权命令和指导仲裁程序,酌情决定初步问题,组织证据的执行,并下令解决仲裁程序的分歧,以便当事各方就其决定解决争端的事项进行辩论。当事人、其代表和律师有义务有效地进行仲裁,并与仲裁庭进行良好的合作。

仲裁庭可自费指定1名行政秘书协助仲裁。在任何情况下,当事各方均无须承担该行政秘书的费用,行政秘书不得作出任何决定或行使任何仲裁员特有的职能。行政秘书应发表公正和独立的声明,并应通知双方。

2. 仲裁员的回避

如果仲裁当事人对仲裁员的公正性、独立性及是否能履行义务等情况产生合理怀疑，可就此提出异议，质疑其是否具有所需的必备法律资格。一方当事人只能根据其在指定后遇到的情况，对参与的仲裁员提出异议。如仲裁申请人欲提出异议请求的，应在收到仲裁员确认通知后15日内将该异议请求提交至秘书处。在发出通知后，仲裁员可在一方当事人意识到可能对其公正性或独立性产生怀疑的事实和情况后15日内提出异议。秘书处给予被质疑的仲裁员、另一方当事人和其他仲裁员15日的时间就质疑提出意见。如果双方当事人同意异议，或者被质疑的仲裁员辞职，则无须法院作出裁决。

异议请求不中止仲裁，被提出异议的仲裁员可以参加诉讼并作出决定。但是，法院可自行决定，在提出异议之前暂停仲裁程序。应一方当事人的请求，仲裁庭在作出裁决时，可裁决提出质疑但被驳回的一方当事人承担质疑的全部法律费用。

（三）仲裁程序

1. 通知及时限

当事各方的所有诉讼程序和来文应送交仲裁相对方，并抄送秘鲁美洲商会仲裁中心仲裁庭和其他当事方（视情况而定）。如有必要，由于电子邮件服务器的容量限制，提交的书面附件或文档可以使用多种技术平台，允许在云计算中共享、查询和下载文档，但须受秘鲁美洲商会仲裁中心仲裁庭的规定约束。除非另有规定，否则在最终裁决作出后30日内，必须允许仲裁当事人查阅文件。

除特殊情况外，秘鲁美洲商会仲裁中心、当事方和仲裁员的诉讼和通信应通过电子、计算机或类似手段进行。为此，双方应在第一次与中心沟通时提供电子邮件地址。在进行仲裁申请和随后的通知（如适用）时，可能面临以下几种情形：(1)以合同规定的电子地址或其代表的电子地址通知仲裁当事人；(2)如果发起仲裁的一方当事人不知道另一方当事人的电子地址，或无法证明仲裁通信的电子联系方式，则应通过快递服务、挂号信或其他方式送达合同规定的地址；(3)如果上述条件都不符合，即需送达另一方当事人的经常居住地。仲裁庭只有在其认为适当时，才应根据当事各方书面来文的内容发出合理的命令。

通知应视为在电子邮件发送之日或实际送达收件人之日（视情况而定）发出。除非秘鲁美洲商会仲裁中心或仲裁庭另有规定，否则期限应自该日起自动计算。除非明确指出期限为工作日，否则应按日历日计算。如果期限在星期六或星期日到期，则该期限应延长至下一个工作日，除非秘鲁美洲商会仲裁中心或仲裁庭另有规定。

根据该规则规定的时限,视情况而定,可由秘鲁美洲商会仲裁中心延长、缩短或暂停,直至仲裁庭成立。在特殊情况下,如果有合理的理由,也可以延长。秘鲁美洲商会仲裁中心和仲裁员应始终确保有效遵守最后期限,并应努力避免延误。

在秘鲁或其任何附属机构为当事方的仲裁中,秘鲁美洲商会仲裁中心或仲裁庭可通过考虑每一案件的特殊性质和条件调整所适用的法律规则。

2. 仲裁证据规定

除非法律另有规定,否则每一方都有责任证明其主张或抗辩所依据的事实。仲裁庭专门确定证据的可采性、相关性和价值性。仲裁庭可在诉讼程序的任何时候要求任何一方当事人提供其认为必要的补充证据。

仲裁庭可规定在当事各方在场的情况下讯问证人或其指定的专家,以及仲裁庭认为适当的任何其他人。仲裁庭有权自行决定如何进行讯问。仲裁庭可以指定一名或多名专家对其确定的事项发表意见。当事各方可对专家的意见提出书面意见,并有机会在听证会上询问仲裁庭指定的任何专家。如果仲裁庭作出决定,他们可以由自己指定的专家协助就争议的内容发表意见。

仲裁庭可访问与争端有关的任何地点或在该地点进行调查,为此目的,仲裁庭应确定访问的范围、调查的对象以及应遵循的程序。仲裁庭经与当事各方协商后,可仅根据提交的文件对争端作出裁决,除非其中一方要求举行听证会。

证人的陈述和鉴定必须以书面形式提出,并经正式签署。除非当事各方另有约定,仲裁庭在制定仲裁规则和程序时间表时,可规定全部或部分适用国际律师协会(律师协会)关于国际仲裁中证据做法的规则,自仲裁开始之日起生效。

在听证会结束后,仲裁庭可要求当事各方在其决定的时间和方式内提交仲裁费用和开支。仲裁庭认为当事各方能合理陈述和证明其案件时,宣布仲裁程序结束。在此日期之后,除仲裁庭的请求或授权外,不得提出任何书面陈述、指控或证据。

3. 仲裁的保密性规定

仲裁院、秘书处、仲裁庭和行政书记官长(如已获委任)有义务对下列事项保密:仲裁程序的进行、仲裁裁决以及他们通过仲裁程序了解的任何信息。保密义务也适用于证人或专家,以及接触或参与案件的任何其他人。当事各方和仲裁庭成员可就仲裁保密的范围制定补充规则。

应一方当事人的请求,仲裁庭可采取措施保护双方当事人的商业、工业秘密或任何其他机密信息。如果法律授权有必要公布诉讼程序或裁决(如适用),则不应强制执行保密义务。在需要保护或强制执行权利的情况下,这项义务也不可强制执行。

除非当事人另有约定,在裁决作出6个月后,秘鲁美洲商会仲裁中心可安排公布裁决。反对公布或有正当理由要求删除特定部分,法院应就裁决的公布、反对或部分撤销作出裁决。

在作出裁决或仲裁结束6个月后,秘鲁美洲商会仲裁中心可授权将仲裁程序和裁决用于严格的学术或统计目的,并可公布裁决的摘录或摘要。

秘鲁美洲商会仲裁中心可以公布组成其组织和管理下的仲裁庭的仲裁员的姓名,以及每名仲裁员参与的案件的当事方和律师事务所。

4. 代表仲裁

双方当事人亲自或通过经认可的代表(包括其律师)出席,经认可的代表可以是任何国籍。每一方应将委托代表出席的情况告知秘书处、仲裁庭和其他当事方。秘书处或仲裁庭可在诉讼程序的任何阶段要求当事各方提供证据,证明已将权利授予其代表。

仲裁庭成立后,可以采取一切必要措施,包括将当事各方的新代表排除在仲裁程序的全部或部分之外,以避免仲裁员的利益冲突是由于代理权的变更引起的。仲裁庭在采取这些措施之前,应当给予当事人合理的陈述时间。

5. 仲裁的合并

凡根据《秘鲁美洲商会仲裁中心仲裁规则》进行的两次或两次以上仲裁的所有当事方,在仲裁庭成立之前,同意合并仲裁的,秘书处应采取必要的合并措施。在下列情况下,法院可根据一方当事人的请求,将《秘鲁美洲商会仲裁中心仲裁规则》进行的两项或两项以上仲裁合并为一项仲裁:(1)所有索赔都是根据同一仲裁协议提出的;(2)即使索赔是根据不同的仲裁协议提出的,但是这些协议可能相互兼容。在这种情况下,必须评估索赔是否指同一法律关系或相互联系的法律关系。

法院在决定合并案件时,可以考虑合并案件中是否指定或者确认了1名或者多名仲裁员、案件是否相同等因素。除非所有当事方另有约定,合并应在最初开始的仲裁中进行。法院就合并仲裁作出的决定应说明理由并通知当事各方。

如果无法进行合并,法院可采取其认为适当的措施,确保进行仲裁,并由同一仲裁员组成的仲裁庭裁决。组成仲裁庭的,不得根据《秘鲁美洲商会仲裁中心仲裁规则》合并两项或两项以上的仲裁,除非所有仲裁都提交同一仲裁庭,并经所有当事方书面同意。

6. 临时仲裁措施

仲裁庭成立后,可应任何一方当事人的请求,采取其认为必要的临时保全措施,要求提供其认为必要的任何担保,以确保裁决的效力及保证对执行措施可能造成的损害进行赔偿。仲裁庭在作出裁决之前,应将申请通知另一方当事人,但是,其有权在不通知仲裁院的情况下下达临时措施命令。但是,只要申请人证明有必要不采取临时仲裁措施就能确保措施的有效性不会受到损害。仲裁庭收到通知后,可以对所采取的措施进行复审。在国际仲裁中,当事人也可以在仲裁庭授权的情况下,在诉讼过程中向主管司法当局申请临时措施。

除法律另有规定外,仲裁庭有权修改、取代和撤销其发布的临时措施以及司法当局或紧急仲裁员发布的临时措施。仲裁庭可应任何一方当事人的请求,或在特殊情况下,主动通知当事人。

临时措施的请求人有义务对临时措施给任何一方当事人造成的费用和损害承担责任。在这种情况下,仲裁庭可在诉讼程序的任何时候命令申请人支付费用和损害赔偿金,可强制执行所提供的担保以支付损害赔偿金。在最后裁决中,仲裁庭必须就仲裁前或仲裁期间准予的、在发出仲裁裁决时有效的临时措施的命令进行裁决。

7. 复审

当事各方可申请对仲裁庭的任何决定进行复审,但对裁决的更正、解释、合并或排除的请求的决定除外。复议应当在接到决定通知之日起 5 日内作出。除仲裁庭另有规定外,复审不中止执行有争议的决定。

(四)仲裁的裁决

仲裁院作出的决定是终局的,对当事各方和仲裁庭具有约束力。除非《秘鲁美洲商会仲裁中心仲裁规则》另有规定或仲裁院认为适当,否则不通知作出这些决定的理由。此外,这些决定不具有管辖权性质。

1. 裁决的程序

初步裁决。在对仲裁协议的存在提出异议或反对的情况下,法院应判断其是否初步评估存在提及仲裁协议的一项或多项仲裁协议、仲裁中心的仲裁规则、仲裁中心的组织和管理。

如果仲裁涉及多个当事方，包括一个额外的当事方，仲裁院应在初步确定可能存在一个或多个与《秘鲁美洲商会仲裁中心仲裁规则》或秘鲁美洲商会仲裁中心的组织管理有关的仲裁协议时，决定是否继续对所有或部分当事方进行仲裁。

如果仲裁涉及根据一项以上仲裁协议提出的索赔请求，仲裁院应决定是否继续就某些或所有索赔进行仲裁。

每项索赔所依据的不同仲裁协议可以相互兼容，可以对涉及同一法律关系或相互关联的法律关系的索赔请求进行合并审理。

仲裁院作出的裁决不影响仲裁庭就当事各方提出的抗辩或反对作出的分析和结论。然而，仲裁庭对被排除在仲裁之外的当事方或索赔所作的决定，一经成立，不得修改。

法院的初步裁决是合理的，即通知当事各方。如果对仲裁庭的管辖权提出其他抗辩或反对意见，仲裁继续进行，这些抗辩或反对意见由仲裁庭组成后决定。《秘鲁美洲商会仲裁中心仲裁规则》同样适用于反请求，反请求方被视为原告，被请求方被视为被告。

2. 作出仲裁裁决的期限

仲裁庭应在收到仲裁规则通知之日起 10 个月内作出最后裁决。除非当事各方在诉讼时间表上商定不同的时限，在这种情况下，必须经仲裁院的批准。

仲裁院可主动延长当事各方商定的任何时间，但不得超过《秘鲁美洲商会仲裁中心仲裁规则》规定的时间，以确保仲裁庭能够根据该中心仲裁规则履行其责任。

仲裁院可根据仲裁庭的合理请求，或在认为必要时主动延长作出裁决的期限。仲裁庭作出的裁决必须得到仲裁院的批准，才能送达当事各方。

3. 裁决的宣布、内容和效力

仲裁庭由 1 名以上仲裁员组成的，以多数决为表决方式作出最终的裁决；在没有多数的情况下，仲裁庭庭长有权决定最终的裁决结果。

仲裁庭作出合理的书面裁决。裁决书载有作出裁决的日期、仲裁地点和仲裁庭成员等要素。在没有多数票的情况下由仲裁庭庭长签署。可以使用电子签名、虚拟签名、光学手段或任何类似手段进行签署，除非适用法律规定了具体形式。

仲裁庭的任何成员均可在裁决书中附上其投票，无论是否以多数票反对。该投票不应构成裁决书的一部分。仲裁员不签字的，应当在裁决书上写明不签字的原因。不签署裁决书的仲裁员同意多数人的裁决,或在没有多数人的情况下,同意仲裁庭庭长的裁决。仲裁庭可主动或应一方当事人的请求,就其认为可分割的有争议的事项作出部分裁决。

任何裁决都是终局的,不可上诉,自收到通知之日起对双方具有约束力。双方有义务毫不拖延地、真诚地遵守裁决中的决定。

仲裁庭必须在作出裁决的期限届满前至少 20 日将仲裁裁决草案提交法院审查。法院可在尊重仲裁员自由作出裁决的情况下,提出其认为与裁决内容有关的任何建议。仲裁庭在作出最终裁决前不得作出有效的裁决。在任何情况下,对裁决的事先审查都不意味着仲裁院对裁决的内容承担任何责任。

4. 裁决的更正、解释、合并和排除

在收到裁决通知后 15 日内,任何一方均可向仲裁庭申请:(1)更正裁决书中出现的计算、抄写、排版或类似性质的错误;(2)对裁决书或影响裁决的理由中所表达的任何模糊的、不精确的、可疑的或者极端的解释;(3)由于未能解决争端的部分而合并裁决;(4)将裁决排除在未经争议的裁决之外。

期限届满时,仲裁庭应在 15 日内将解决这些请求的裁决草案提交仲裁院核准。仲裁院可应仲裁庭的请求或主动将这一期限再延长 15 日。

仲裁庭可在收到裁决通知后 15 日内主动决定更正裁决、解释裁决、合并或排除裁决的任何一方。在这种情况下,仲裁委员会可允许双方在 15 日内提出意见。最后一个期限届满后,应在 15 日内将裁决草案提交仲裁院通过。

在不影响以任何方式签署和通知裁决的情况下,独任仲裁员或仲裁庭应将一份经更正、解释、合并或排除裁决的裁决副本连同原件送交秘书处保存在仲裁中心档案中。

仲裁院认为有正当理由的,可以根据案件的具体情况,确定更正裁决、解释裁决、合并和排除裁决的额外费用和行政费用。

(五)虚拟仲裁

秘鲁美洲商会仲裁中心通过《虚拟仲裁指南》,专门对通过网络进行的仲裁作出规范。

仲裁中的通知和通信可通过电子邮件或任何其他可证明已发送的技术手段进行。鉴于目前情况,仲裁庭要求仲裁申请人通过电子邮件发送他们的仲裁申请书和相关的证据,收到仲裁申请书及其相关证据后,仲裁庭需将副本发给所有当事方、仲裁庭的所有成员和秘书处。

如果有必要，由于电子邮件服务器的容量限制（附件文件的 MB 限制），可以使用允许在计算机云中共享文件的平台链接，评估文件的安全程度。对文件的访问必须在自电子邮件发送之日起不少于 30 日内保持有效。对于仍在进行实体处理的案件，请当事人将其在仲裁中的代表人，包括其实际代理人和律师的电子邮件地址告知秘书处，以便在评估案件的所有情况后，以电子方式继续进行诉讼。关于仲裁员任命的通知也应以电子邮件的形式发给秘书处，并抄送所有当事方，适当时抄送仲裁员。

由于虚拟处理仲裁的好处和优势，秘鲁美洲商会仲裁中心将在紧急状态结束后继续进行处理，为此中心将把所有以实物形式进行的诉讼文件数字化，并建立一个案件的电子档案。秘书处或每个仲裁庭（视情况而定）可为时限的计算制定补充规则。例如，(1)规定时限从通过电子邮件发送特定通信或通知的第二日开始计算；(2)规定一日中的特定时间（考虑到 UTC 时区）为时限的终点。

申请人还可以向中心提供被申请人在有关合同或争端的通信往来中使用的电子邮件的证据。当事人可通过电话或视频会议与候选仲裁员进行面谈，以确定他们是否有接收信息的障碍。

在已经组成仲裁庭但尚未通过具体规则和办案时间表的情况下，仲裁院要求仲裁员补充虚拟仲裁的规则，以便他们就可以根据每个案件的情况发布电子办案规则。

为了进行虚拟听证，仲裁院要求各仲裁庭与各方当事人召开电话会议，以便与他们确定其发展的必要要求，并审查适用于听证的规则，进行必要的测试，提前解决可能出现的任何技术性不便。

根据《秘鲁美洲商会仲裁中心仲裁规则》，如果裁决书不可能由仲裁庭所有成员在同一份实物文件上签字的，仲裁院同意仲裁员可以使用数字手段签署裁决书，并通过电子邮件发送给总秘书处进行通知。如果各仲裁规则中没有明确规定应以电子方式通知裁决，仲裁院请各仲裁庭考虑采取必要步骤，制定相关规则，以电子方式通知裁决。

三、阿雷基帕工商会仲裁及国家调解中心的仲裁规则

阿雷基帕工商会仲裁及国家调解中心以 2008 年《仲裁法》为指导，同时制定了《仲裁员和当事人道德准则》《仲裁程序规则》《仲裁权利规则》等规范该中心的

仲裁程序,在该套监管框架内,该中心为用户提供快速、透明、有效的仲裁。阿雷基帕工商会仲裁及国家调解中心《仲裁程序规则》规定,只有当事人实现约定将争议事项提交至该中心解决或者争议出现后双方均同意并且已提交该中心进行仲裁时,方能由该中心进行仲裁。确定由该中心进行仲裁之后,应当适用本中心现行有效的程序性规则——阿雷基帕工商会仲裁及国家调解中心《仲裁程序规则》进行仲裁,如果各方当事人同意,中心也可以适用不同于《仲裁程序规则》的规则进行仲裁。当事人将仲裁交给该中心进行仲裁,就意味着服从该中心的管理,该中心即享有2008年《仲裁法》以及本中心制定的仲裁规则中的权利并需遵循相应的义务。中心的执行委员会的决定是最终决定,除非仲裁规则另有约定外,不得上诉。

(一)仲裁的启动

1. 出庭和代表

当事人可亲自或通过正式认可的代表出庭,并可由其选择的人员协助。当事人及/或代表的姓名、地址、电话号码或其他通信参考资料应通报给阿雷基帕工商会仲裁及国家调解中心和仲裁庭。任何代表的变更也应予以通报。由于被授予在仲裁中行事的代表权,代表不受限制地行使法律和该规则规定的所有权利,包括对仲裁程序中存在争议的实质性权利的处置行为,除非另有规定。

2. 书面材料的提交

所有书状必须由提交书状的一方或其代表签署,不需要律师的签名。提交材料的当事人应提交所有诉状、文件、证据、附件、证物和其他资料的原件及与参与仲裁的当事人和仲裁员相同数量的副本。

3. 申请仲裁的要求

仲裁请求应包含以下内容:(1)索赔人的身份证明,说明其姓名和身份证件号码。如果通过代理人行事,还需附上委托书的副本。如果是法人,则需要提供姓名或公司名称、其在相应的登记簿中的详细情况、代表人的姓名及其身份文件的号码,并附上各自最新的授权书的副本。(2)为仲裁目的实现,需指明申请人的住所(该住所必须在阿雷基帕市的城市半径范围内)以及电话号码、电报、传真、电子邮件或任何其他通常的通信方式,以便发出通知。如果原告的住所在秘鲁领土之外,其住所必须是秘鲁境外的固定住所。(3)纠纷中涉及的被申请人的身份和位置信息,以及适当送达所需的信息。(4)载有仲裁协议的文件副本。如果没有仲裁协议,需提交当事人同意将其争端提交阿雷基帕工商会仲裁及国家调解中心仲裁的书面承诺的证据。(5)说明什么将是索赔的争议焦点,包括争端的摘要,指出可能的索赔和涉及的金额,如果这些是可以量化的,上述权利要求随后可以被扩大或修改。(6)如果适用,应从中心的仲裁员小组中选取拟任命的仲裁员的姓名。(7)对仲裁所适用的规则的任何澄清与解释。(8)如果司法机关已经执行了预防措施,则应提出书面报告,并附上相关诉讼的副本。(9)明确接受阿雷基帕工商会仲裁及国家调解中心《仲裁程序规则》约束的承诺。(10)根据费用和支付表支付费用后,需提交支付申请费的证明副本。

4. 仲裁的通知

阿雷基帕工商会仲裁及国家调解中心负责及时向各方当事人、仲裁庭成员和任何其他仲裁参与者发出通知。任何通知在亲自交付给收件人之日,或在交付到指定的地址之日,或在无法确定交付时送达根据该中心《仲裁程序规则》第8条确定的任何其他地址之日,应视为已收到。如果其中一方拒绝亲自接收通知或不提供接收地址,这种情况应予以证明上述一方已得到有效的通知,在这种情况下,也可以通过公证进行送达。

通过传真或其他电子、电传或其他类似的电信手段进行的通知或通信,如能明确记录其传送和接收情况,且利害关系人在其仲裁请求中或在随后的文件中注明,则应属有效。

为计算时限,应遵守以下规则:(1)时限应从收到相关通知或信函的次日开始计算。如果该时限由中心的一个机构或仲裁庭遵守,则该时限应从最后通知各方当事人的次日开始计算。(2)规则中规定的时限应以工作日计算,除非明确指定为日历日。非工作日,是指中心住所所在地的周六、周日和非工作假期。在特殊情况下,仲裁员可以合理地允许在非工作日进行某些程序,但必须事先通知各方当事人。(3)如果按日历日计算,在截止日期是非工作日的情况下,时限应延长至下一个工作日。(4)如果申请人或被申请人的住所在仲裁地之外,阿雷基帕工商会仲裁及国家调解中心或仲裁庭可酌情延长时限。

(二)仲裁的地点、语言及费用

1. 仲裁地点

仲裁原则在中心位于阿雷基帕市的住所进行。但是,在各方当事人和仲裁庭明确同意的情况下,或者在案件性质需要的情况下,仲裁庭可以决定在中心的住所地以外的地方进行仲裁,并且可以为这种仲裁规定具体日期和时间。在特殊情况下,中心可根据案情确定不同的仲裁地点。所涉费用应由双方按比例承担。

2. 仲裁语言

仲裁应以秘鲁的官方文字——西班牙语进行,除非当事人另有约定。当事人可以用西班牙语以外的语言提交文件,在这种情况下,仲裁庭可以要求该文件附上简单译文。

3. 仲裁费用的承担

仲裁庭应在裁决中判定支付仲裁费用的决定是否适当,并应确定由哪一方当事人支付或按什么比例确定仲裁费用的承担。如果仲裁协议中有关于仲裁费用的合意,应考虑到在仲裁协议中已经达成的仲裁费用承担的合意。

仲裁费用包括以下几个组成:(1)由阿雷基帕工商会仲裁及国家调解中心决定的仲裁法庭的费用和开支;(2)阿雷基帕工商会仲裁及国家调解中心的行政费用;(3)当事人在仲裁中进行辩护所产生的合理费用;(4)仲裁庭根据阿雷基帕工商会仲裁及国家调解中心《仲裁程序规则》要求提供的专家咨询或任何其他协助的费用;(5)仲裁程序中发生的其他费用。

在没有作出裁决的情况下,每一方都应按照同等比例承担自己的费用和其他各方的费用,而仲裁庭的费用和开支、仲裁庭自行任命的专家的费用以及阿雷基帕工商会仲裁及国家调解中心的行政费用应被视为共同费用。

(三)仲裁员的规则

1. 仲裁员的人数

仲裁由奇数仲裁员组成的仲裁庭进行;如果各方未就仲裁员人数达成一致,执行委员会应指定1名独任仲裁员,除非它认为该争端有理由指定3名仲裁员。如果必须指定3名仲裁员,每一方应在接到执行委员会决定的通知后5日内指定1名仲裁员,并应酌情遵循阿雷基帕工商会仲裁及国家调解中心《仲裁程序规则》第26条的规定。如果仲裁协议规定的仲裁员人数为双数,仲裁申请双方应再指定1名仲裁员,由其担任仲裁庭的主席。如果没有这样的任命,则应由阿雷基帕工商会仲裁及国家调解中心进行任命。

2. 仲裁员的选定

仲裁员的选定包括当事人选举和指定:(1)在指定仲裁庭的所有案件中,如果一方或双方当事人,即申请人或被申请人,是由一个以上的自然人或法人组成的,应通过他们所有人之间的共同协议来指定仲裁员。如无协议,则由执行委员会作出任命。(2)在下列情况下,应指定1名替代仲裁员:第一,已经被指定的仲裁员依法宣布取消资格;第二,已经被指定的仲裁员辞职;第三,已经被指定的仲裁员死亡。因任何原因需要指定替代仲裁员时,应遵循与被指定替代仲裁员选举的相同程序。在指定新的替代仲裁员过程中,仲裁程序应暂停,直到新的仲裁员的任命成为最终结果,并且不存在针对该新仲裁员的质疑。一旦仲裁庭被重新组建,仲裁程序应从暂停时点继续进行。但是,在更换独任仲裁员或仲裁庭主席的情况下,他们应自行决定是否有必要重复之前的全部或部分程序。

仲裁员名册每年由执行委员会在1月进行审查和更新,并且任期只有一年。如果想要被纳入仲裁员名册,申请人必须在当年最后一个季度内向仲裁中心提出请求,并附上简历,以及正式签署注册和宣誓书。除执行委员会可直接邀请具有公认声望的人士加入仲裁员名册外,执行委员会将依据以下标准进行考核:(1)申请人的适用性;(2)申请人的能力;(3)申请人的专业水平;(4)申请人的声望和申请人在仲裁或替代性争端解决方面的经验;(5)申请人的学位。

当仲裁员存在下列情形时,他人在知道投诉的原因开始后5日内可向执行委员会提出投诉:(1)仲裁员的行为不符合2008年《仲裁法》、《仲裁程序规则》和其他阿雷基帕工商会仲裁及国家调解中心规定的实体要求和程序规则的;(2)仲裁员不遵守阿雷基帕工商会仲裁及国家调解中心《仲裁员和当事人道德准则》中的规定;(3)仲裁员在行使仲裁职能时从事了不道德的行为;(4)仲裁员不严格遵守保密义务;(5)仲裁员在仲裁程序处理过程中存在不合理延迟;(6)仲裁员违反其职能和义务。

他人投诉仲裁员时应当提供证明文件。当仲裁员被他人投诉后,秘书长应在同一期间内将投诉材料转交被控仲裁员,以便其作出答复。无论仲裁员被投诉的事由是否成立,行政会议都将在合理的决定中明确解决投诉。并且在决定的过程中可以安排投诉人和被投诉的仲裁员在场的情况下,举行事先的听证会。如果被投诉的仲裁员被投诉事宜成立,将根据其违法行为的严重性实施以下惩罚:(1)书面训斥;(2)暂停其加入仲裁员名册的申请;(3)拒绝其申请永久纳入仲裁员名册的请求。被拒绝纳入仲裁员名册的仲裁员,在制裁持续期间,即便该仲裁员被一方或双方仲裁员选定或由其他仲裁员指定,也不能参加该中心的仲裁。

3. 仲裁员的公正性和独立性

仲裁员不代表当事人的利益,并以严格的独立性、公正性和绝对的自由裁量权行使其职权。在履行职责时,他们不受任何可能损害其权利的命令和规定的约束,而且他们还享有职业保密权。

4. 仲裁庭

仲裁庭的设立。选定仲裁员后,应着手组建仲裁庭,并可为此目的传唤各方当事人参加听证。如果组建工作在各方当事人不在场的情况下进行,仲裁庭应根据阿雷基帕工商会仲裁及国家调解中心《仲裁程序规则》第 36 条的规定,着手通知各方当事人,并附上仲裁应适用的规则记录。仲裁庭可在会议记录中列入适用于仲裁过程的任何补充规定。

(四)仲裁过程

1. 仲裁程序

仲裁的程序。在不违反阿雷基帕工商会仲裁及国家调解中心《仲裁程序规则》的情况下,仲裁庭可按其认为适当的方式进行仲裁程序。此外,在不受该规则管辖的情况下,仲裁庭应适用其认为适当的规则,以妥善进行仲裁。仲裁庭对仲裁过程中提出的所有问题都有裁决权。如果各方当事人或仲裁庭批准的规则中没有适用的规定,可额外适用本法的规则。

如果法律中没有适用的规定,仲裁庭可自行决定求助于仲裁原则以及仲裁惯例。仲裁庭可自行决定在合理的基础上延长其为仲裁程序规定的时限,即使这些时限已经过期。仲裁员必须在阿雷基帕工商会仲裁及国家调解中心的场所签署所有仲裁过程中作出的决定。在仲裁庭成立会议上,仲裁庭可将签署程序性决定的权力委托给仲裁庭主席或仲裁庭的另一名仲裁员,但所有仲裁员必须就此签署协议。

除非各方当事人另有约定或仲裁庭另有命令,仲裁程序应遵循以下规则:第一,一旦仲裁庭组建完毕,仲裁庭应给予申请人 10 日的时间来遵守其要求;第二,仲裁庭收到申请后,应通知被申请人进行答辩,并在其认为合适的情况下,在通知后 10 日内提出反诉;第三,如果被申请人提出反诉,仲裁庭应通知申请人在通知后 10 日内作出答复。

当然,除采取先后陈述程序外,当事人可一致认同采取陈述立场的替代程序:(1)一旦安装完毕,仲裁庭应给予双方当事人 10 日的时间,以便同时提出各自的立场;(2)一旦收到每一方的立场,仲裁庭应通知另一方,以便其在通知后的 10 日内提交其辩护;(3)在这种情况下,没有反诉可以受理。

除非另有约定，在诉讼过程中，任何一方都可以修改或扩大其的申诉、辩护或反诉（如果有），除非仲裁庭认为这种修改由于拖延可能对另一方造成损害或任何其他情况而不合适。这种修改和延长的内容应包括在仲裁协议的范围内。

当事人可在答复申诉、反诉或同时提出立场的声明（视情况而定）之前，对仲裁提出抗辩和反对意见，并应将该抗辩和反对意见告知对方当事人，以便其在答复此类行为的相同期限内，着手进行辩护。

仲裁庭应自行决定对任何异议或反对仲裁的时间，甚至可以将这些方面与有关争议的案情问题一起裁决。对仲裁庭的裁决不得提出上诉。

仲裁庭应在不超过 30 日的期限内着手解决争端，该期限可由仲裁庭决定再延长 15 日，但只能延长一次。如果仲裁庭未能在规定期限内作出裁决，应承担全部责任。在特殊情况下，在各方当事人未达成协议的情况下，执行委员会可授权仲裁庭确定比阿雷基帕工商会仲裁及国家调解中心《仲裁程序规则》规定的时限更长的裁决作出时限，或确定更长的延长时限。

2. 仲裁证据

仲裁庭有决定证据的相关性的专属权利，并可在任何时候命令证据提交人出示或履行其认为必要的证据。仲裁庭还有权根据案件的情况，不认同已提供的证据的证明力。当事人可在仲裁庭授权的情况下，主动或应其要求援引补充证据。仲裁庭有权主动或应各方当事人的要求，任命 1 名或多名专家，他们可以是自然人或法人，专家可就仲裁庭确定的事项提出意见。为此，仲裁庭可要求任何一方当事人向专家提供所有相关信息，出示必要的文件或物品，或允许其查阅。

仲裁庭在收到专家报告后，应通知各方当事人，请他们在仲裁庭酌情确定的时限内对报告提出意见或看法。除非另有约定，当事人可由其自由指定的专家提供专家意见。仲裁庭认为适当时，有权传唤其任命的专家参加听证会，以便于专家解释其报告。仲裁庭也可以为此目的传唤当事人的专家。仲裁庭应自由决定该听证会应遵循的程序。

3. 听证

进行听证时应遵守以下规定：第一，秘书长或仲裁秘书（视情况而定）应至少提前两日将开庭日期、时间和地点通知各方当事人。第二，除非各方当事人另有约定或仲裁庭另有决定，所有听证会均应以非公开方式进行。在不影响各方书面意见的情况下，可以使用磁性记录和录音，并应记录在会议记录中。仲裁庭有权在仲裁的任何阶段和作出最终裁决之前,根据需要传唤各方当事人参加听证会。审理过程应记录在会议记录中,由仲裁员、出席会议的各方当事人以及秘书长或仲裁秘书(视情况而定)签字。如果一方或双方当事人未出席听证会,仲裁庭可继续进行听证。如果他们确实出席会议但拒绝在会议记录上签字,这一事实亦应记录在会议记录中。出席听证会的当事人被视为当场被告知听证会上作出的决定。

4. 预防性措施

一旦仲裁庭组建完毕,仲裁庭可应任何一方当事人的请求,采取其认为必要的临时措施,以保证裁决的有效性,并可要求提供其认为适当的保证,以确保对执行该措施可能造成的任何损害进行赔偿。

临时保护措施,是指载于裁决中的任何临时措施,无论是否以裁决的形式出现,在发布最终裁决之前的任何时候,仲裁庭通过该措施命令一方当事人:第一,在争端解决之前,维持或恢复现状;第二,采取措施防止任何实际的或即将发生的对仲裁的损害或破坏,或避免采取某些可能对仲裁造成这种损害或破坏的行为;第三,提供一些保全资产的手段,以执行后续裁决;第四,保存可能与解决争端相关的证据。

仲裁庭在作出决定前,应将该申请告知另一方当事人。但是,如果请求方有理由不通知对方以确保措施的有效性不受影响,仲裁庭可以不通知对方而准许采取临时措施。一旦该措施得到实施,可对该决定进行审查。在仲裁庭成立之前向司法机关请求采取临时保护措施,此措施既不与仲裁相抵触,也不被视为对仲裁的放弃。一旦该措施被强制执行,受益的一方应在10日内开始仲裁。如果它没有在这一时限内这样做,或者在遵守这一时限后,在命令采取措施后的90日内没有设立仲裁庭,则该措施应自动失效。

仲裁庭成立后,任何一方都可以将这一事实告知司法机关,并要求将临时程序的档案移交给仲裁庭。仲裁庭有权修改、替换和撤销其下达的临时保护措施,以及司法机关下达的临时保护措施(包括最终司法裁决)。这种决定可由仲裁庭根据一方当事人的申请作出,或在特殊情况下,在通知各方当事人后自行作出。

5. 仲裁的终止和解决

如果在仲裁程序中,双方当事人同意全部或部分地解决他们的分歧,仲裁庭应就商定的要点终止程序,如果双方当事人提出要求且仲裁庭认为没有理由反对,则应根据双方当事人商定的条件以裁决的形式记录这种协议,无须说明理由。

仲裁程序应继续进行涉及争端中尚未解决的部分。在仲裁庭成立之前,申请人可向执行委员会撤回其申请。在这种情况下,没有必要通知被申请人或要求其接受。仲裁庭成立后,在通知裁决前,各方当事人可通过相互协商终止仲裁,但不影响其启动另一项仲裁的权利。在这种情况下,仲裁庭应终止程序。仲裁庭开庭后,任何一方都可以在通知裁决之前,根据情况撤销一项或多项索赔或反索赔的请求。

(五)仲裁裁决

1. 裁决的通过

仲裁庭在由其组成的大多数仲裁员的同意下运作。除非各方另有规定,最终裁决遵循人数多数决原则。如果没有过半数,则应由仲裁庭主席作出决定。仲裁员不得在投票中弃权。如果他们不顾这种禁止而这样做,他们应被视为遵守多数人或主席(视情况而定)的决定,但不影响执行局为此目的可能实施的制裁。

2. 裁决的形式

裁决必须是书面的,并由仲裁员签字。在合议庭的情况下,只要由通过决定所需的多数人签署即可。仲裁员可以表达他们的不同意见。仲裁员既不签名也不表示反对意见,应视为遵守多数人或仲裁庭主席的决定。仲裁庭有权在其认为适当的情况下,就任何已确定为其宣判事项的问题作出部分裁决,并继续就其余问题进行仲裁。在最终裁决及其更正、解释、整合或排除发布后,可对这些裁决提出上诉,要求予以废除。

3. 裁决的内容

裁决书应说明所依据的理由,除非各方当事人另有约定。裁决书应就作出裁决的日期、仲裁地点以及对仲裁费用的承担或分配作出裁决。裁决书应在仲裁庭向阿雷基帕工商会仲裁及国家调解中心提交后 5 日内通知。

裁决书的书写应考虑到裁决的结果或意义,以及各方在仲裁期间的态度,并有可能对任何一方明显的阻碍或拖延进行惩罚,也可以考虑索赔的金额及其相关性以及其金额是否对费用的增加有实质性影响。

4. 裁决的效力

根据法律规定,已经发布并正式通知的仲裁裁决是最终的、不可上诉的,产生既判力的效果,并且从通知当事人的那一刻起,就已经生效并必须被遵守。

5. 裁决的执行

应一方当事人的请求,仲裁庭有权进行裁决的执行,除非它认为有必要或适宜要求警察协助,在这种情况下,它应停止其职能而不承担任何责任,并应向有关方面提供有关仲裁程序的副本,以便它可以将该事项提交给主管司法当局执行,费用由其承担。

仲裁庭应要求在10日内遵守裁决。被执行人只有在同一时间内,用文件证明遵守了规定的义务或根据相关的规定暂停执行时,才可以提出异议。

仲裁庭应将反对意见发给另一方,期限为5日。一旦这一期限届满,应在随后的5日内作出裁决。宣布反对理由充分的决定只能重新审议。强制执行应由仲裁庭酌情进行。仲裁裁决的执行应导致支付额外的仲裁费用,具体费用参见中心的收费标准。

第四节　秘鲁法院对仲裁裁决的承认和执行

依据秘鲁的法律规定可知,秘鲁法院应当事人请求,启动执行程序,以执行秘鲁境内仲裁机构所作出的仲裁裁决。秘鲁2008年《仲裁法》第59条第3款规定,若一方当事人未在规定期限内以规定方式履行仲裁裁决的义务,另一方当事人或利害关系人可以寻求主管法院执行仲裁裁决。秘鲁《民事诉讼法》规定,仲裁裁决是可以执行的法律文书,若一方当事人不履行仲裁裁决,另一方当事人可以向司法机关提起执行程序,以执行仲裁裁决。秘鲁2008年《仲裁法》第8条第3款规定,仲裁裁决的执行,由仲裁地或者仲裁裁决执行地的商事法官或民事法官管辖。

而秘鲁境外仲裁机构所作出的仲裁裁决,在秘鲁境内是否具有效力,取决于作出仲裁裁决的国家与秘鲁是否均是相关国际公约的缔约方或者它们之间是否签订了双边条约。若作出仲裁裁决的国家与秘鲁之间并未签订相关条约,则应遵循对等原则,该国给予秘鲁仲裁机构所作的仲裁裁决以何种效力,秘鲁就给予该国仲裁机构所作的仲裁裁决以同等的效力。此外,依据秘鲁程序法的相关规定可知,在承认外国仲裁裁决的司法程序中,若对方当事人未提出辩驳,则假定外国给予了秘鲁仲裁机构所作的仲裁裁决以互惠。

秘鲁2008年《仲裁法》第7章对承认和执行外国仲裁裁决进行了规定。其第74条规定,秘鲁依据1958年《纽约公约》、1975年《美洲国家公约》以及秘鲁所加入的任何其他条约,给予外国仲裁裁决以承认和执行。除当事人另有规定外,应当选择适用有利于请求一方当事人的条约。

由秘鲁2008年《仲裁法》第76条的规定可知，秘鲁承认外国仲裁裁决的程序如下：首先，申请承认外国仲裁裁决的一方当事人应当按照2008年《仲裁法》第9条的规定，提交仲裁裁决的原件或副本。其次，该申请被法院立案后，主管的高级法院应当给予对方当事人为期20日的陈述期。再次，对方当事人的陈述期届满，主管的高级法院应当在20日内确定该申请承认外国仲裁裁决案的审理日期。最后，在听证期间，主管的高级法院若认为适当，可依2008年《仲裁法》第75条第8款的规定，作出裁决。否则，应当在审理日后的20日内作出裁决。当主管的高级法院作出不承认部分或全部仲裁裁决时，当事人可提起上诉。

由秘鲁2008年《仲裁法》第75条及其加入或签订的国际公约或双边条约的内容可知，秘鲁拒绝承认和执行外国仲裁裁决的理由如下：(1)当事人无行为能力或仲裁协议无效；(2)仲裁裁决解决的纠纷超出了仲裁协议所约定的纠纷范围；(3)依据秘鲁法律，纠纷的标的不可仲裁；(4)未将启动仲裁程序的通知合理地通知至对方当事人；(5)未将指定仲裁员的通知合理地通知至对方当事人；(6)除第4、5项外，仲裁程序仍存在其他瑕疵；(7)仲裁裁决被作出地的有权机构宣布撤销、无效或暂时无效；(8)承认和执行外国仲裁裁决，将违背秘鲁的公共秩序。[1]

秘鲁法院依据秘鲁法院和其加入或签订的国际公约或双边条约，对国内仲裁裁决及外国仲裁裁决予以承认和执行的司法判例如下。

一、对国内仲裁裁决的承认和执行

2016年5月12日，利马高等法院对“交通和通信部诉CVT财团案”作出裁决，其拒绝撤销一个国家实体与一个私人财团之间的仲裁裁决。2017年11月27日，秘鲁最高法院临时民事分庭对“JAR公司诉福利标准化办公室案”作出裁决，其对仲裁员是否违反披露义务作出了决定。2017年11月30日，利马高等法院对“卫生部诉秘鲁医院管理公司案”作出裁决，其确认了仲裁裁决的有效性。2021年2月25日，利马高等法院对“利马饮用水和污水处理服务局诉圣克拉拉财团案”作出裁决，其肯定了当事人间同意的调解先于仲裁。

（一）“交通和通信部诉CVT财团案”

“交通和通信部诉CVT财团案”的基本案情为：交通和通信部与CVT财团签

〔1〕 参见黄文旭：《秘鲁对外国判决和仲裁裁决的承认和执行》，载《仲裁研究》（第14辑）2008年第1期。

订了一份合同,以执行《公共合同法》及其配套法规所规定的工程。同时,双方经协商同意,将因该合同而产生的任何纠纷提交利马市的特别仲裁。在该合同的履行期间,双方就工程的间接成本产生了纠纷,并将该纠纷提交了仲裁。据 CVT 财团称,交通和通信部在工程实施期间,通过批准的扣除预算错误地贴现了费用。在交通和通信部与 CVT 财团之间的仲裁裁决中,仲裁员作出了有利于 CVT 财团的纠纷解决方式。其认为在工程实施期间,并未缩短甚至还长于双方合同中所约定的施工时间的情况下,该工程的间接成本不可能被降低。交通和通信部不服该仲裁裁决,遂向利马高等法院提起了撤销该仲裁裁决的诉讼。

该案的争议焦点是案涉仲裁裁决的作出是否具有正当、合理的理由。交通和通信部诉称,仲裁庭并未评估 CVT 财团所提供的证据,也未适当地推动裁决。交通和通信部认为,CVT 财团声称并未批准减少工程实施时间,但实际上其在评估时考虑了这一工程实施时间的减少。而 CVT 财团辩称,交通和通信部的起诉是一次徒劳的尝试,其试图重新审查纠纷。

利马高等法院经审理决定,交通和通信部提出的撤销案涉仲裁裁决的请求毫无根据。利马高等法院认为,交通和通信部提出撤销请求的依据是其之前在仲裁庭上所提出的论点。因此,其提出撤销请求的目的仅仅是使双方间的纠纷再次被审查,而这是不被撤销程序允许的。

(二)“JAR 公司诉福利标准化办公室案”

“JAR 公司诉福利标准化办公室案”的基本案情为:JAR 公司和福利标准化办公室之间的纠纷被提交至 CAPECO 仲裁中心,该仲裁中心作出了有利于 JAR 公司的仲裁裁决。福利标准化办公室对此仲裁裁决不服,并向利马高等法院第一商事分庭起诉,要求撤销该仲裁裁决。起诉理由是,作出该仲裁裁决的仲裁庭中的一名仲裁员违反了披露义务。福利标准化办公室诉称,在此之前,其曾 3 次向 CAPECP 仲裁中心提出关于该名仲裁员的质疑,但均被驳回。利马高等法院第一商事分庭于 2017 年 3 月 1 日作出判决,支持福利标准化办公室的诉讼请求,宣布案涉仲裁裁决无效。JAR 公司对这一判决不服,遂向秘鲁最高法院临时民事分庭提起上诉,要求撤销原判。

该案的争议焦点是当作出仲裁裁决的仲裁庭中的仲裁员被指控违反披露义务时,该仲裁裁决是否应当被撤销。福利标准化办公室辩称,仲裁员违反了披露义务,因为其在审理时,未报告以下事项:(1)该仲裁员认识 JAR 公司的一名代理人。该代理人曾在与该案无关的,但该仲裁员担任仲裁庭成员的仲裁案中担任一方当事人的律师。(2)该仲裁员还认识JAR公司的另一名代理人。该代理人曾与该仲裁员共同组成另一个与该案无关的仲裁案的仲裁庭。JAR公司承认上述事实,但其认为上述事实并不构成违反披露义务,也不能导致案涉仲裁裁决的无效。

秘鲁最高法院临时民事分庭经审理决定,撤销利马高等法院第一商事分庭作出的判决。秘鲁最高法院临时民事分庭认为,在强调每一名仲裁员必须保持独立和公正后,依据国际律师协会准则,披露义务所涵盖的事实应当是可能产生"合理怀疑"的事实。也就是说,仲裁员仅仅有义务披露所有可能会质疑其独立性和公正性的合理怀疑,仅仅需要报告所有可能与仲裁程序顺利进行具有实质性关联的内容。此外,秘鲁最高法院临时民事分庭还认为,依据国际律师协会准则,当仲裁员未能履行披露义务时,并不意味着该仲裁员立即会被质疑,也并不意味着该仲裁员一定违反了独立性原则和公正性原则。除非提供充足的证据证明,仲裁员未披露的内容与仲裁案具有实质性关联性,并且因其未披露而影响了该仲裁案仲裁程序的良好进行。综上,秘鲁最高法院临时民事分庭认为,案涉仲裁案的仲裁员并未违反披露义务。

(三)"卫生部诉秘鲁医院管理公司案"

"卫生部诉秘鲁医院管理公司案"的基本案情为:2014年10月13日,秘鲁医院管理公司与卫生部签订了一份关于管理国家儿童健康研究所的合同,且该合同中包含了一份仲裁协议。该仲裁协议载明,当事人间因该合同而产生的纠纷应当提交利马市的仲裁机构仲裁。在该合同的履行期间,卫生部就曾多次指控秘鲁医院管理公司的违约行为,并对此进行处罚。而秘鲁医院管理公司针对卫生部的处罚行为,启动了仲裁程序,申请仲裁庭对卫生部的处罚行为进行审查,并要求仲裁庭裁决其中的某些处罚行为无效或应当减轻。仲裁庭于2017年5月12日作出裁决,其认定秘鲁医院管理公司的部分索赔成立。卫生部对这一仲裁裁决不服,遂向利马高等法院提起了撤销该仲裁裁决的诉讼。

该案的争议焦点是该仲裁裁决是否缺乏正当的裁决理由,以及若确实缺乏正当的裁决理由,是否应当撤销该仲裁裁决。卫生部诉称,该仲裁裁决的作出缺乏必要的证据支持。此外,秘鲁医院管理公司所提供的证据并未得到正确的评估。而秘鲁医院管理公司辩称,该仲裁裁决具有正当、合理的裁决理由。

利马高等法院经审理决定,驳回卫生部提出的撤销该仲裁裁决的请求。利马高等法院认为,若对仲裁庭关于纠纷是非曲直的内在推理过程提出质疑,那么就不能接受撤销请求。利马高等法院还认为,卫生部关于仲裁裁决缺乏正当理由的诉称,实际上是为了掩盖其对仲裁裁决提出上诉的变相请求。关于卫生部要求对秘鲁医院管理公司所提交的证据进行重新评估的请求,利马高等法院认为依据2008年《仲裁法》,重新评估的权力只属于仲裁庭。

(四)“利马饮用水和污水处理服务局诉圣克拉拉财团案”

“利马饮用水和污水处理服务局诉圣克拉拉财团案”的基本案情为:2016年,利马饮用水和污水处理服务局和圣克拉拉财团协商一致,签订了第345号施工合同。双方在该施工合同的履行过程中产生了纠纷。圣克拉拉财团认为,应当认可有利于其的3次延期。随后,双方将纠纷提交仲裁。在仲裁程序开始之初,利马饮用水和污水处理服务局提出了仲裁庭不称职的抗辩,其辩称圣克拉拉财团在仲裁程序开始前,并未按照双方合同中第18条的规定,将纠纷提交调解。仲裁庭于2018年6月17日作出裁决,认为利马饮用水和污水处理服务局的抗辩不成立。利马饮用水和污水处理服务局对仲裁裁决不服,遂向利马高等法院提起了撤销部分裁决的诉讼。

该案的争议焦点是若当事人未遵守合同,未将纠纷提交调解而直接仲裁,那么仲裁裁决是否应当被撤销。利马饮用水和污水处理服务局虽然承认当事人间已经进行了调解,但是同时其指出,在调解过程中,圣克拉拉财团提出的要求与在仲裁程序中提出的要求之间不存在任何的一致性。

利马高等法院经审理决定,拒绝利马饮用水和污水处理服务局提出的撤销部分裁决的请求。利马高等法院认为,首先,依据秘鲁的相关法律,启动仲裁程序的前提条件是,尊重当事人将纠纷提交调解的意愿。其次,依据秘鲁法律的规定,“适用于确定提交的索赔是否属于调解程序的标准是,两项索赔之间的直接关系,所有这些索赔都必须作为任何程序性决定的要求进行合理评估”可知,其并不要求提交调解的内容与提交仲裁的内容具有一致性,其仅仅要求提交的内容之间具有直接关系。就该案而言,当事人在调解程序和仲裁程序中均讨论了延长期限的问题。综上,利马高等法院认为,利马饮用水和污水处理服务局提出的撤销部分裁决的请求,缺乏正当性、合理性。

二、对外国仲裁裁决的承认和执行

2016年1月20日,利马高等法院对“平原棉花合作社协会诉科特萨公司案”

作出裁决，其重新确认了外国仲裁裁决。2019 年 10 月 22 日，利马高等法院对“阿圭蒂亚能源公司诉秘鲁枫树天然气公司案”作出裁决，其承认了外国仲裁庭依据秘鲁 2008 年《仲裁法》所发布的临时措施。

（一）“平原棉花合作社协会诉科特萨公司案”

“平原棉花合作社协会诉科特萨公司案”的基本案情为：平原棉花合作社协会和科特萨公司签订了 3 份购买合同。3 份购买合同约定，平原棉花合作社协会将棉花包转让给科特萨公司，而科特萨公司支付双方协商一致的金额。并且，这 3 份购买合同均包含一项仲裁条款，即双方间因购买合同而产生的纠纷，应当依据国际棉花协会的规则提交仲裁。平原棉花合作社协会以科特萨公司未能履行合同为由，启动了仲裁程序，但科特萨公司未参加该仲裁程序。2012 年 5 月 11 日，仲裁庭经审理作出了有利于平原棉花合作社协会的仲裁裁决，要求科特萨公司支付一定金额的款项。2015 年 3 月，平原棉花合作社协会向利马高等法院提起了承认该仲裁裁决的诉讼，而科特萨公司对此并未回应。

该案的争议焦点是承认案涉仲裁裁决是否正当、合理。平原棉花合作社协会请求，依据 1958 年《纽约公约》的规定承认案涉仲裁裁决，其还按照公约第 4 条的规定提交了相关文件。

利马高等法院经审理决定，承认了该外国仲裁的有效性。利马高等法院认为，当事人间因购买合同而产生的纠纷的标的是可以被仲裁的，且案涉仲裁裁决并未违反 1958 年《纽约公约》第 5 条第 2 款的规定，即其并未违反秘鲁的国际公共政策。因此，依据 1958 年《纽约公约》可知，承认案涉仲裁裁决具有正当性、合理性。

（二）“阿圭蒂亚能源公司诉秘鲁枫树天然气公司案”

“阿圭蒂亚能源公司诉秘鲁枫树天然气公司案”的基本案情为：阿圭蒂亚能源公司与秘鲁枫树天然气公司签订了天然汽油采购合同，且约定将因该合同而产生的纠纷，提交至国际商会国际仲裁院（Internation Chamber of Commerce，ICC）进行仲裁。随后，当事人间因该采购合同产生了纠纷，并启动了仲裁程序。仲裁庭经审理决定，采取一项有利于阿圭蒂亚能源公司的临时措施，即除正常业务外，秘鲁枫树天然气公司不得转让、隐藏、抵押或以任何其他方式与其资产进行谈判。阿圭蒂亚能源公司向利马高等法院提起了承认该外国仲裁庭发布的临时措施的诉讼。

该案的争议焦点,是依据秘鲁 2008 年《仲裁法》第 48 条第 4 款规定,承认外国仲裁庭采取的临时措施是否正当。阿圭蒂亚能源公司诉称,依据秘鲁 2008 年《仲裁法》第 48 条第 4 款“根据第 75 条、第 76 条和第 77 条的规定,位于秘鲁领土范围以外的仲裁庭发布的任何临时措施可在本国领土范围内得到承认和执行”的规定,承认外国仲裁庭采取的临时措施具有正当性、合理性。而秘鲁枫树天然气公司未发表任何意见。

利马高等法院经审理决定,承认该案中外国仲裁庭发布的临时措施。利马高等法院认为,首先,1958 年《纽约公约》并不适用于该案,因为临时措施不是一项裁决。而秘鲁 2008 年《仲裁法》第 48 条第 4 款确实可以适用于本案,且该条款还纳入了 2006 年《示范法(修正案)》的部分规定。其次,依据秘鲁 2008 年《仲裁法》第 48 条第 4 款规定可知,承认外国仲裁庭发布的临时措施具有正当性、合理性,除非对方提供证据证明了秘鲁 2008 年《仲裁法》第 75 条第 2 款的 a、b、c 和 d 项所规定的任何原因。最后,临时措施是当事人就其可自由处分的纠纷,经过协商一致的仲裁程序得到的结果。而仲裁庭发布临时措施这一行为完全符合秘鲁的法律制度。综上,利马高等法院承认了外国仲裁庭所发布的临时措施。

第五节　秘鲁现行仲裁制度的主要特色

秘鲁宪法规定,仲裁是司法救济之外的纠纷解决方式。秘鲁制定专门仲裁法,以确保仲裁程序的有序进行。任何民事或商事纠纷,经当事人协商一致,均可提交仲裁解决。在仲裁程序中,未经当事人事先协商达成一致的问题,将依据仲裁法律法规的规定予以解决。仲裁裁决具备与法院裁决同等的法律效力,故当事人有权要求执行仲裁裁决。

一、以多部其他仲裁立法为蓝本制定的立法

1533 年,秘鲁沦为西班牙殖民地。1542 年,西班牙王室在利马市设总督府,建立秘鲁总督区。秘鲁总督区是西班牙在南美殖民统治的中心。在近 300 年的被统治时期,秘鲁的商业得到了极大的发展,南美洲大部分的进出口贸易均发生在秘鲁境内。基于此,在当时的秘鲁境内,大量的因商事活动而产生的纠纷亟待被解决。起源于古希腊、古罗马时期,在中世纪得到发展后,被广泛地应用于民商事纠纷案件中的仲裁,也成为当时秘鲁境内解决商事纠纷的有效方式之一。

1821 年,被统治的秘鲁宣布独立,成立秘鲁共和国。秘鲁于 1988 年 7 月 7 日、1989 年 5 月 22 日先后加入了 1958 年《纽约公约》和 1975 年《美洲国家公约》。1985 年,联合国国际贸易法委员会颁布了《示范法》。而直到 1995 年,秘鲁才颁布了其第一部专门仲裁立法。秘鲁现行的专门仲裁立法是 2008 年《仲裁法》。秘鲁 2008 年《仲裁法》载明,其以《示范法》及其修正案、西班牙 2004 年《仲裁法》和其他仲裁立法为基础。[1]

秘鲁 2008 年《仲裁法》是以《示范法》为蓝本制定的。秘鲁 2008 年《仲裁法》的体例结构及基本内容与《示范法》的体例结构及基本内容高度一致。《示范法》[2]共 8 章,各章分别规定了总则、仲裁协议、仲裁庭的组成、仲裁庭的管辖权、仲裁程序的进行、作出裁决和程序终止、不服裁决的追诉权、裁决的承认和执行的内容。秘鲁 2008 年《仲裁法》共 8 编,各编分别规定了总则、仲裁协议、仲裁员、仲裁程序、仲裁裁决、仲裁裁决的撤销和执行、仲裁费用、外国仲裁裁决的承认和执行。此外,秘鲁 2008 年《仲裁法》中大部分条款规定的具体内容与《示范法》相对应条款规定的具体内容高度一致。举例说明,《示范法》第 7 条对仲裁协议的定义和形式进行了规定。依据该条规定,仲裁协议,是指当事人同意将各方间一项确定的契约性或非契约性的法律关系中的已经发生或将来可能发生的所有纠纷或某些纠纷提交仲裁的协议。该条强调,仲裁协议应当采用书面形式。仲裁协议可以采用当事人已订立的合同中的仲裁条款形式,或者单独的仲裁协议形式。无论仲裁协议是以口头方式、行为方式还是其他方式订立,只要其内容以任何形式记录下来,即为书面形式。同时,其肯定了电子通信的书面形式。该条规定,电子通信所含信息可以调取以备日后查用的,即满足了仲裁协议的书面形式要求。此外,其肯定了记载于当事人相互往来的索赔声明和抗辩声明中的仲裁协议,也是书面形式。由本章第一节所述内容可知,秘鲁 2008 年《仲裁法》第 13 条也规定了仲裁协议的形式和内容。该条对仲裁协议的定义与《示范法》第 7 条所下的定义相同。并且,该条也强调了仲裁协议的书面形式,也肯定了合同中仲裁条款、电子通信中仲裁内容以及索赔声明和抗辩声明中的仲裁内容均为

---

〔1〕 载 https://www.kluwerarbitration.com/document/ipn91139? q = Peruvian% 20Arbitration% 20Act% 202008,最后访问时间:2021 年 12 月 9 日。

〔2〕 载 https://uncitral.un.org/sites/uncitral.un.org/files/media-documents/uncitral/zh/19 – 09954_c_ebook_1.pdf,最后访问时间:2021 年 12 月 10 日。

书面形式。

秘鲁2008年《仲裁法》第8编“外国仲裁裁决的承认和执行”是以1958年《纽约公约》和1975年《美洲国家公约》为蓝本制定的。秘鲁2008年《仲裁法》第8编第74条第1款规定,应当依据1958年《纽约公约》、1975年《美洲国家公约》以及秘鲁所加入的关于承认和执行外国仲裁裁决的其他条约,在秘鲁境内对外国仲裁裁决予以承认和执行。秘鲁2008年《仲裁法》第8编的体例结构及基本内容与1958年《纽约公约》和1975年《美洲国家公约》的体例结构及基本内容十分相似。1958年《纽约公约》共16条,分别规定了公约的适用范围、仲裁协议的书面形式、申请承认和执行所应提交的材料、拒绝承认和执行的情形及公约缔约方的组成等内容。1975年《美洲国家公约》共13条,分别规定了仲裁协议的书面形式、仲裁员的组成、拒绝承认和执行的情形、加入或退出公约的程序等内容。秘鲁2008年《仲裁法》第8编共5条,分别规定了适用规则、拒绝承认和执行的理由、承认外国仲裁裁决的程序、执行经承认的外国仲裁裁决、应用最有利于承认和执行的规则。秘鲁2008年《仲裁法》第8编的条款规定的具体内容与1958年《纽约公约》和1975年《美洲国家公约》相对应条款规定的具体内容基本一致。举例说明,秘鲁2008年《仲裁法》第8编第75条规定了拒绝承认和执行外国仲裁裁决的理由。依据该条规定,外国仲裁裁决的承认被拒绝,前提是当事人有证据证明:(1)仲裁协议当事人处于某种无行为能力状态;(2)仲裁协议无效;(3)指定仲裁员或仲裁程序的通知未适当通知至对方当事人;(4)仲裁庭组成或仲裁程序不符合仲裁协议的约定,或仲裁裁决作出地法律的规定;(5)仲裁裁决所涉纠纷超出仲裁协议所约定的纠纷范围;(6)仲裁裁决尚未生效,或已被撤销或中止。由本章第一节所述内容可知,1958年《纽约公约》第5条以及1975年《美洲国家公约》第5条也规定了拒绝承认和执行外国仲裁裁决的情形。且上述两公约第5条规定的拒绝情形,与秘鲁2008年《仲裁法》第8编第75条规定的内容基本一致。

二、充分尊重当事人意思自治

历经3次法典编撰活动,秘鲁现行有效的民法典是1984年颁布的,且该法典在民法典界享有盛誉。[1] 秘鲁1984年《民法典》在第2095条和第2096条中纳入

---

〔1〕 参见徐涤宇:《秘鲁共和国新民法典》,北京大学出版社2017年版。

了当事人意思自治原则。[1] 1984 年《民法典》第 2095 条规定，当事人之间订立的合同的义务，应当依据当事人协商一致后明确选择的法律的规定予以履行。若当事人未明确选择法律，则应当依据履行地所在国法律的规定予以履行。但是，若合同义务必须在不同的国家予以履行，则应当依据主要义务履行地所在国法律的规定。若还无法确定，则应当依据合同签订地所在国法律的规定。由 1984 年《民法典》第 2095 条的规定可知，当事人之间订立的合同的履行应首先尊重当事人的意愿。1984 年《民法典》第 2096 条规定，依据第 2095 条规定，当事人间订立的合同的履行受到了当事人意思自治以及所适用的强制性规定的限制。

应当注意的是，1984 年《民法典》中当事人意思自治原则是仲裁制度产生的基础。当事人根据真实意愿经过协商一致后，达成共识并订立仲裁协议。秘鲁法律允许当事人根据需要来自主设计仲裁程序，以解决因他们间订立的合同而产生的纠纷。仲裁制度充分尊重当事人意思自治是合理的。从经济学角度看，当事人意思自治大大提高了仲裁的效率。[2] 个人常常被认为是自我福祉的理性最大化者，其对自我偏好的了解拥有着他人无法获得的个人知识。因此，只有当事人才能充分地了解自己的需求，从而更好地分配资源并满足其需求。

此外，秘鲁 1993 年《宪章》指出，仲裁员所享有的权利源于当事人。1993 年《宪章》第 138 条规定，需要明确的是，仲裁员的权力源于当事人的授予。当事人通过协商一致自主任命仲裁员的方式，赋予仲裁员权力，以解决当事人间因合同或非合同法律关系而产生的纠纷。同时，1993 年《宪章》还指出，仲裁程序以当事人意思自治为基础，司法权行使仲裁权力的力度与方式与司法程序不同。而秘鲁宪法法院在某个司法判例的裁判理由部分明确写到，仲裁是一项特殊的活动，因为其建立在当事人意思自治的基础上，仲裁员的权力源于当事人。[3]

---

[1] See Carlos Alberto Matheus López, *A Comparative Analysis of the Setting Aside of Arbitral Awards from a Peruvian Perspective*, ASA Bulletin, Vol. 39, Issue 3, p. 621.

[2] See Carlos Alberto Matheus López, *A Comparative Analysis of the Setting Aside of Arbitral Awards from a Peruvian Perspective*, ASA Bulletin, Vol. 39, Issue 3, p. 621.

[3] See Carlos Alberto Matheus López, *A Comparative Analysis of the Setting Aside of Arbitral Awards from a Peruvian Perspective*, ASA Bulletin, Vol. 39, Issue 3, p. 621.

第六节　中方在秘鲁进行仲裁的建议

随着中、秘两国加强合作,双方企业、私人等的经贸纠纷亦随之增多,部分中国人(包括自然人、法人等)会自主地参与或不可避免地卷入秘鲁的仲裁中。鉴于此,本部分从仲裁机构的选择、仲裁员的选择、仲裁过程的注意事项等方面,提出中方在秘鲁进行仲裁的建议。

一、中方选择该国仲裁机构的建议

(一)秘鲁美洲商会仲裁中心是尽早解决争端的良好选择

秘鲁美洲商会仲裁中心的仲裁裁决是终局的。因此,如果当事人欲尽快解决争端纠纷,可以选择该仲裁机构,用以避免案件被上诉。但是按照《秘鲁民事诉讼法》第 571 条的规定,尽管在仲裁协议中放弃了权力,但依据下列原因可以提起上诉或请求废除仲裁裁决:(1)仲裁协议无效或失效;(2)参加作出裁决的人,不是指定的仲裁员,或欠缺该法第 551 条所规定的资格;(3)裁决不是按照该法第 565 条的规定依多数投票通过的;(4)仲裁员没有遵守该法第 566 条规定的期限;(5)裁决是对案件以外的问题作出的(超出请求范围);(6)裁决中包含了很大的矛盾;(7)裁决只是对请求的一部分作出了决定;(8)仲裁程序中的重要手续没有遵守第 1985 条和第 1086 条的规定进行,但这些手续是特意略去的除外。在前条的这些情形中,行使补救手段的法院仅可以宣布裁决无效并命令仲裁员作出一个新的决定。

(二)选择仲裁机构前需评估是否能在该机构进行仲裁

仲裁申请人在进行仲裁申请时,需谨慎评估该仲裁机构是否有管辖权,及是否构成该仲裁机构不予受理的情况。譬如,在特殊情况下,阿雷基帕工商会仲裁及国家调解中心可在以下情况下拒绝被当事人指定为仲裁管理机构:(1)如果任何一方已根据中心的仲裁规则受到制裁;(2)当事人约定暂停仲裁的期限连续超过 90 日时;(3)当有任何其他情况需要时,由执行委员会决定。执行委员会在仲裁法庭成立之前,应决定是否放弃管理仲裁。如果符合这 3 种情况,极有可能被仲裁机构拒绝提交仲裁的申请,因此仲裁申请人需详细了解仲裁机构的规则,避免最终被仲裁机构拒绝受理的情况发生。

（三）利马商会国家和国际调解与仲裁中心能提供更便捷的服务

秘鲁美洲商会仲裁中心的仲裁程序有利于尽快解决争端，但是利马商会国家和国际调解与仲裁中心能为中方提供更便捷的服务。因为该仲裁中心与中国海事仲裁委员会、香港国际仲裁中心签订合作协议，以保证各方能够在各自区域开展联合仲裁活动。如我国当事人选择该仲裁机构进行仲裁，可以通过中国海事仲裁委员会、香港国际仲裁中心作为中介，在某些情况下更便于与利马商会国家和国际调解与仲裁中心沟通，节约成本。此外，利马商会国家和国际调解与仲裁中心作为秘鲁最重要的仲裁机构，拥有完善的组织架构和仲裁机制，保证争端的解决。

二、中方选择该国仲裁员的建议

（一）谨慎选择仲裁员

利马商会国家和国际调解与仲裁中心的仲裁员具有随时促进调解的权利。并且仲裁员在证据的采纳方面具有充分的裁量权，有权以排他性方式确定证据的可采性、相关性和价值。仲裁员的知识储备、经验、立场等都会影响案件的进程及最终的结果，因此需要谨慎选择仲裁员。原、被告均有选择仲裁员的权利，原告将就其仲裁申请指定一名仲裁员。被告在对仲裁申请进行答辩时将指定一名仲裁员。无论作为仲裁的哪一方，均需充分利用仲裁员的选择权，以维护自身的权益。

（二）仲裁员的指定必须由双方共同作出

按照秘鲁《民法典》第 1918 条的规定，当事人应指定单数的仲裁员，如果有 3 位或 3 位以上的仲裁员，则由他们以及他们指定的首席仲裁员组成仲裁庭，任何授权一方当事人指定仲裁员的协议均被视为无效。此外，秘鲁《民事诉讼法》第 571 条规定，当违反秘鲁《民法典》第 1918 条的规定，仲裁当事人可以提起上诉或请求废除仲裁裁决。因此，仲裁员的指定必须满足是双方当事人共同指定的条件，不能由任何一方单独作出。

（三）选择仲裁员前需对仲裁员的资格进行一定的了解

按照 2008 年《仲裁法》第 20 条和第 21 条的规定，仲裁员必须是能充分行使公民权利的自然人（如未因预谋犯罪而被定罪），任何人的国籍并不是妨碍成为仲裁员的因素。在根据法律（法律上）解决的国内仲裁中，除非当事人另有约定，否则仲裁员必须是律师。在这种情况下，律师可以是秘鲁国民或外国个人，他们不一定是执业律师或任何国家或外国律师协会的成员。并且列出不能担任仲裁员的情况:秘鲁的公职人员。因此,我们在挑选仲裁员之前需要了解这些资格,避免挑选不符合的人员成为仲裁员。

当然,如果对仲裁员的身份产生质疑,必须在知道质疑的理由后立即提出,适当说明质疑所依据的理由并提交相应的文件。如果另一方当事人同意该异议或仲裁员退出,应以同样的方式指定替代仲裁员。如果另一方当事人不同意异议,或被异议的仲裁员否认异议的理由,程序如下:(1)如果是独任仲裁员,质疑应由指定该仲裁员的仲裁机构决定,如果没有这种机构,则由商会决定;(2)在由一名以上仲裁员组成的仲裁庭中,异议应由其他仲裁员以绝对多数决定,被异议的仲裁员不得投票。

三、中方参与该国仲裁的建议

(一)保证仲裁协议的有效性

签订仲裁协议之前需保证满足签订仲裁协议的资格。根据秘鲁《民事诉讼法》第550条规定,签订仲裁协议时,必须满足以下要件:第一,仲裁协议签订方必须具有签订合同的行为能力;第二,经丈夫授权的已婚妇女,如未经授权,秘鲁《民事诉讼法》第22条、第24条规定的那些情况中的已婚妇女;第三,对未成年或无行为能力的子女就其所有的财产行使家长权的父母。当不符合上述3个要件时,仲裁协议的效力就存在瑕疵,因此,在签订仲裁协议时需评估自身是否有资格签订该协议。

为保证仲裁协议的有效性,仲裁协议必须是书面的。秘鲁《民法典》第11篇仲裁条款与仲裁协议第1911条规定,仲裁协议必须是书面的,否则无效。2008年《仲裁法》第13条也规定了,仲裁协议应以书面形式订立。它可以采取合同条款的形式,也可以采取独立协议的形式。因此,仲裁协议应当以书面形式订立。因此,仲裁协议的要式与否对协议本身的效力产生影响,中国当事人参与秘鲁的仲裁时要注意签订书面版本的仲裁协议。

仲裁协议必须约定好仲裁的标的。秘鲁《民法典》第1906条规定,双方当事人可以用主合同或附加条款约束他们自己,以便将来执行仲裁协议。在这种情况下,不必指定仲裁员但必须确定提交仲裁的标的。如果仲裁标的未确定,就无从确定仲裁争议的焦点,因此,当事人在签订仲裁协议同时,必须明确仲裁标的。并且秘鲁《民法典》第1913条规定,下列事项不能成为仲裁协议的标的:第一,涉及个人法律能力和地位的争端。第二,涉及国家和其财产的争端,但这种财产属于公法中的企业、私法中的国有公司、经最高决议案通过的混合公司时除外。在完成公法中的企业,私法中的国有公司或混合公司的宗旨而签订的合同之履行过程中发生的争议可以成为仲裁协议的标的,但应正式通知秘鲁审计长。第三,涉及道德情感和可接受的标准的争端。

(二)切勿随意终止仲裁

如果支持仲裁的一方当事人无理单方面决定退出利马商会国家和国际仲裁与调解中心的仲裁程序,一旦支付了仲裁费用,他们仅被退还其所支付金额的50%。因此,如果未能妥协地解决事情时,建议不要随意终止仲裁,以防止自己所交纳的仲裁费用被扣除。

(三)充分运用仲裁的调解机制

在利马商会国家和国际仲裁与调解中心的仲裁程序中包括了调解机制,通过调解可以尽快解决双方的争议,并且如果选择调解的程序,每一方当事人有义务根据仲裁费用计算比率支付100美元,可以减少仲裁费用的交纳。

(四)应当严格执行裁决

秘鲁《民事诉讼法》第556条规定,如果事先约定仲裁而有利害关系的任何一方不履行协议,那么在请求违约方履行协议没有成功以后的10日后,法官应另外一方的请求将要求违约方履行协议。《利马商会国家和国际调解与仲裁中心仲裁规则》进一步规定,如果裁决的履行出现一些延误,被执行申请人将有可能被处以罚款。利马商会国家与国际调解仲裁委员会的裁决一裁终局,因此,作为被执行申请人这一角色,应当在裁决生效之后及时执行仲裁裁决,一旦执行延迟,将有可能面临处罚。

CHAPTER 02 >>

第二章

以色列

以色列位于亚洲西部，中东地中海的沿岸。以色列夹在西南面的埃及、西面的加沙地带、东面的约旦和巴勒斯坦、北面的黎巴嫩和东北面的叙利亚之间，是亚、非、欧三大洲结合处。截至2020年10月，以色列国家人口为926万。其中，犹太人约占74.4%，阿拉伯人约占21%，其余为德鲁兹人等。犹太人多信奉犹太教，其余民族信奉伊斯兰教、基督教等。希伯来语为以色列的官方语言，通用英语。

以色列法律制度受多个源头影响。历史上，奥斯曼帝国的法典是其整个法律制度的重要部分。随着时代的发展，大多数奥斯曼法律都被废除或取代，但还是有一些残余在以色列的法律里。时至今日，以色列法律仍受到大陆法和普通法传统的影响，因此，以色列的法制体系被分类为混合法制。司法机构方面，最高法院、地区法院和基层法院组成了以色列三级制组织系统。此外还有专项法庭、宗教法院和劳资法院。

在对外贸易方面，以色列国内市场相对狭小，经济对外依存度高。以色列是世界贸易组织和经济合作与发展组织（Organization for Economic Co-operation and Development，OECD）的成员，与美国、加拿大、土耳其、墨西哥及欧盟、欧洲自由贸易联盟、南方共同市场签有自由贸易协定。欧盟是以色列最大的贸易伙伴，美国是其最大的单一贸易伙伴国。

作为“一带一路”沿线的重要节点国家，以色列的区位独特，社会稳定，经济繁荣，科技发达，是中国在中东地区推进“一带一路”建设的重要合作伙伴之一。自1992 年中国、以色列建交以来，双方的经贸关系呈迅速发展的态势。2005 年 11 月，以色列正式承认中国完全市场经济地位，为双方经贸关系的发展提供了动力。2013 年，以色列总理办公室首席经济顾问指出：对以色列来说，与中国的关系具有战略重要性。[1] 内塔尼亚胡总理也表示，随着互联网的发展，亚洲的崛起将是全球经济最重要的发展，尤其是中国的崛起。以色列政府积极响应 2013 年中国提出的“一带一路”倡议，为双方的经济合作提供了新的动力。双方的双边贸易额不断实现突破，在经贸、投资、基础设施建设、农业、民间交往、人文交流等各领域实现了质的飞跃。中国和以色列两国经贸关系发展迅速，中国已成为以色列在亚洲的第一大贸易伙伴，也是以色列在全球范围内的第三大贸易伙伴。根据中华人民共和国商务部统计，2020 年 1 ~ 6 月，中国、以色列两国双边贸易额 63.8 亿美元，同比增长 19.4%。在对外投资方面，截至 2018 年年底，我国企业对以色列直接投资存量 46.2 亿美元。2020 年 1 ~ 6 月，我国企业对以色列全行业直接投资额为 10,179 万美元，均为非金融类直接投资。在工程承包领域，2020 年 1 ~ 6 月，我国在以色列国新签工程承包合同额为 7.3 亿美元，同比增长 246.7%。

近年来，中国和以色列高层互访频繁，地方交往活跃，并在多领域取得了突出的成绩。随着“一带一路”建设的不断推动，中国、以色列双方围绕“一带一路”建设的多领域合作成绩斐然。具体主要体现为政策沟通不断深化、经贸关系和资本合作更加紧密，基础设施建设合作不断加强；“民心相通”不断扩大，机制日趋成熟。

第一节　以色列仲裁法律制度历史沿革及仲裁实践概述

以色列《仲裁法》是以色列仲裁的核心法律，指导以色列的仲裁实践。50 多年来，以色列仲裁法不断完善，缔结了与仲裁相关的重要公约和条约，结合丰富的实践经验，形成了具有以色列国家仲裁实践特色的仲裁法律制度。

---

[1] See Liang Jun, *China Is Strategic Priority for Israel*, People's Daily, September 4, 2013.

一、以色列仲裁法律制度历史

(一)《纽约公约》

1959 年 1 月 5 日,以色列批准了《纽约公约》。《纽约公约》于 1959 年 6 月 7 日在以色列生效,用于处理外国仲裁裁决的承认和仲裁条款的执行问题。《纽约公约》一直被认为是国际私法领域承认及执行外国仲裁裁决最重要的国际公约,同时也是国际商事仲裁争端解决方式迅速发展的基石。

该公约在以色列分两个阶段通过。以色列先通过了有关执行仲裁协议或中止诉讼程序的规定,后来又通过了《纽约公约》中关于执行外国仲裁裁决的规定。1978 年,以色列颁布了执行《纽约公约》的条例。自此,以色列接受《纽约公约》的规定,将其纳入以色列内部立法。《纽约公约》为以色列法院执行国际仲裁协议和裁决提供了一种统一的制度,对以色列法院在执行国际仲裁协议方面的统一行为进行规定,并指示受理受仲裁协议管辖的行动的以色列法院将当事各方提交仲裁。以色列和中国均为《纽约公约》的成员,两国境内仲裁机构作出的仲裁裁决均可以在对方国家获得承认和执行。

(二)1968 年以色列《仲裁法》

1968 年以色列《仲裁法》(the Arbitration Law)是以色列在仲裁问题上的核心法律。该法为以色列仲裁搭建了法定框架。1968 年以色列《仲裁法》在很大程度上是 1889 年左右英国仲裁法的演变,同时,该法废除了 1926 年由英国在巴勒斯坦强制颁布的《仲裁条例》。以色列《仲裁法》包括强制性条件和选择性条件。根据其附录,该法律规定了一套适用于仲裁程序的规则。这些规则涉及进行程序的方式、仲裁员人数、作出决定所需达到的多数、法律程序,以及有关执行程序方式的各种问题。

以色列《仲裁法》历经 4 次修改。1974 年,以色列《仲裁法》纳入了根据国际公约执行外国仲裁协议和裁决相关的具体规定,以履行以色列关于外国仲裁裁决的国际义务。1974 年以色列《仲裁法》修正案增加了第 29A 条“外国仲裁裁决”。该条规定,以色列为缔约方的国际公约所适用的外国仲裁裁决的确认或者撤销的申请,若该公约规定了有关事项的条款,应根据这些条款提出和处理。同时,该法第 42 条也进行了修正。该条授权司法部长制定关于以色列在国际条约下有必要遵守的程序义务的条例。

2008 年,修正案解决了以色列《仲裁法》缺乏上诉程序的问题。该修正案增加了两种同意当事人上诉的选择,使同意裁决的双方当事人可以对仲裁裁决向仲裁员提出上诉请求,或者向法院提出上诉请求。两种上诉途径的增加强化了法院对仲裁裁决的监督作用。修正案规定的另一项重大创新是关于为仲裁裁决提供理由的义务。经确定,如果双方同意仲裁裁决可向仲裁员提出上诉,仲裁员必须提供有关仲裁裁决的理由,以及向法院提出上诉请求的条件之一,是仲裁裁决应作出合理的推理。当法院认为裁决中存在根本的法律错误,可能导致误判时,法院必须批准上诉许可。此外,2014 年对 1968 年以色列《标准合同法》进行了修订,纳入了有关仲裁协议和过度不利条件的具体规定。

2018 年,第三修正案涉及向仲裁员对仲裁裁决提出上诉的程序事项。同年,第四修正案涉及法院审理有关仲裁事项的管辖权。该修正案将“法院”定义为对争议具有实体管辖权的法院。因此,没有专门的法院专门审理与国际或国内仲裁有关的争议。在该法修订之前,具有实体管辖权的法院为地区法院,地区法院有权决定有关国内和国际仲裁的事项。然而,目前其他法院也可能具有管辖权,如治安法院。

(三)以色列《仲裁程序条例》

根据以色列《仲裁法》,以色列颁布了《仲裁程序条例》(Regulations for Procedure in Matters of Arbitration,5728 – 1968)。该条例于 1968 年 12 月 8 日颁布,于 1969 年 1 月 1 日起生效。该条例共 11 条,旨在规定处理与法院诉讼程序有关的仲裁法律程序,如因仲裁条款而中止诉讼的法律程序等。

(四)《执行纽约公约条例(外国仲裁)》

1978 年 6 月 15 日,以色列出台了《执行纽约公约条例(外国仲裁)》[the Regulations for the Execution of the New York Convention (Foreign Arbitration) 5738 – 1978],并于 1978 年 7 月 16 日生效。该条例一共 8 条,具体内容较少,主要规定了向法院申请执行外国裁决的程序。

(五)其他与仲裁有关的条约或公约

以色列是《日内瓦仲裁条款议定书》(1923 年)的缔约方。此外,各缔约方于 1927 年 9 月 26 日在日内瓦缔结的补充协议书,即《关于执行外国仲裁裁决的公约》,主要就承认和执行外国仲裁裁决的条件和拒绝承认与执行的条件作了规定,以及请求执行仲裁裁决必须提供的文件。该公约与《日内瓦仲裁条款议定书》一同于 1952 年 1 月 13 日对以色列生效。同时,以色列也是《华盛顿公约》的缔约方。该公约于 1983 年 7 月 22 日对以色列生效。

二、以色列仲裁实践概述

随着经济全球化的发展，以色列跨境贸易大规模增长。同时，在解决国际商业争端方面，当事人需要避免昂贵和不可预测的司法程序。由于仲裁程序的简便、处理速度快，诉讼程序可以保密，且仲裁员专业及成本低。因此，以色列的商业机构越来越偏爱将仲裁作为解决国际商业争端的一种方法。

（一）国内仲裁

仲裁是以色列经验较丰富的一种非诉讼纠纷解决程序。法律为以色列仲裁程序建立了一个相对全面的立法框架。在以色列，仲裁被用于解决许多争议。争议双方往往会选择这种灵活的替代方案，尤其是在需要特定专家知识、快速裁决或者保密的争端中。如果双方就其条款和仲裁员的身份达成一致，则可私下启动仲裁程序。同时，也可由以色列商事仲裁协会或以色列律师协会的仲裁协会组织仲裁并提供便利。

以色列在劳工、体育和钻石等领域广泛使用仲裁。由于仲裁的程序简单、处理速度快、成本低，因此在实际纠纷解决过程中，仲裁是常用的争议解决方式，比诉讼更具优势。

然而，仲裁在商业纠纷中并不被广泛使用。在国内纠纷中，法院诉讼仍是众多商业主体解决纠纷的首选方式。[1] 其中，临时仲裁（ad hoc arbitration）比机构仲裁更常用。因为仲裁机构数量有限，没有一个机构管理大量的仲裁。在许多司法管辖区会设有临时仲裁解决商业纠纷。此外，以色列在解决商业纠纷中，最著名的仲裁机构是以色列商业仲裁中心（The Israeli Institute of Commercial Arbitration，IICA）。IICA 是以色列主要的仲裁中心，适合且方便商业机构进行仲裁。IICA 由以色列商会联合会于 1991 年成立，并有一套单独的国内和国际仲裁规则。其以相对较低的成本提供专业、快速和高质量的两种替代性争端解决方案——仲裁和调解。在其多年的运作期间，IICA 受理了数千个仲裁案件，包括房地产、企业纠纷、媒体、建筑、商业交易等领域的案件，因而在各种业务和领域中获得了丰富的经验。仲裁员和调解员名单中包括来自不同背景的人：退休法官、律师、会计师、工程师、评估师、经济学家等。[2]

---

[1] See *Global Practice Guides*, Accessed Jan. 20, 2022. https://practiceguides.chambers.com/practice-guides/international-arbitration-2021/israel.

[2] See *The Israeli Institution of Commercial Arbitration*, Accessed Jan. 20, 2022. http://eng.borerut.com/about/.

根据以色列2019～2021年国家报告，以色列的法院系统是世界上最超负荷的法院系统之一。[1] 根据以色列司法当局于2018年发布的报告，以色列大多数案件（约85%）是向治安法院（the peace courts），即司法部门中的下级法院提交的。以色列法官的案件负担异常沉重，远远超过欧洲或美国的法官。治安法院每位法官平均受理1500起案件，地区法院（the district courts）每位法官平均受理420起案件。法庭诉讼并不迅速，可能需要几年的时间才能完成。尽管诉讼耗费大量时间和成本，争议当事人仍然倾向于向法院诉讼而不是仲裁。这种趋势反映在国内商业合同中，当事人宁愿选择法院专属管辖权条款，而不选择仲裁条款。商业合同当事人更喜欢法院诉讼而不是仲裁的原因之一，是作为一项权利，法院对于仲裁裁决不批准上诉。这种情况与其他国家形成了鲜明对比。在其他国家中，法院审查裁决的能力有时被视为一种权益，而非一种负担。根据2008年以色列《仲裁法》修正案规定，法院只有在认为裁决中存在根本的法律错误，可能会导致司法不公时，才必须批准上诉许可。尽管该修正案为仲裁裁决的上诉这项权利提供了可能性，但对裁决上诉条件的规定使上诉在实际上仍然难以落实。

（二）国际仲裁

随着"一带一路"建设的持续推进，"一带一路"沿线国家或者地区商事主体之间的经济贸易投资活动日益频繁。相应地，跨国、跨境商事纠纷也相应增加。国家商事仲裁因其专业、高效、灵活、尊重上市活动规律、裁决可执行力强等特点，已经成为当今解决国际商事和投资争议、消除贸易投资障碍的重要途径，在国际商事争议解决中扮演重要角色。国际商事仲裁也在为"一带一路"建设营造稳定、可预期的法治营商环境，保障和推动"一带一路"倡议顺利实施的过程中，发挥了不可或缺的独特作用。

近年来，中国和以色列双边贸易量不断增加，如何解决争端的问题也随之而来。从一家与中国公司发生纠纷的以色列公司角度来看，在以色列法院诉讼是不切实际的。以色列和中国之间并没有执行法院判决的互惠条约，这意味着以色列公司在中国执行法院判决是不现实的。而在中国法院提起诉讼也不切实际，因为中国的法院诉讼程序必须以中文进行。因此，国际仲裁已成为中国和以色列合同

---

〔1〕 See Daphna Kapeliuk-Klinger, *National Report for Israel* (2019 *through* 2021), in Lise Bosman ed., ICCA International Handbook on Commercial Arbitration, p. 1(2021).

纠纷首选的争议解决机制。

国际仲裁在以色列变得尤为普遍。国际仲裁逐渐受到以色列的欢迎。由于参与国际商业和贸易,以色列人经常选择国际仲裁作为解决争端的方法。通常而言,两个国内当事人之间的合同将诉诸法院进行诉讼。但当其中一方不是国内当事人时,以色列当事人通常会诉诸国际仲裁。虽然大多数涉及以色列参与者的国际仲裁纠纷都发生在以色列境外,但越来越多的国际仲裁案件发生在以色列。2020~2021年,以色列特定行业的国际仲裁活动没有增加。然而,能源和基础设施领域的复杂国际仲裁越来越多,尤其是在大型基础设施纠纷中。此外,随着越来越多的科技公司和初创企业涉足国际舞台,涉及技术纠纷的仲裁也越来越多。

ICC和伦敦国际仲裁院(The London Court of International Arbitration,LCIA)是以色列进行国际仲裁的主要仲裁机构。由于以色列并不十分熟悉和了解所有的仲裁机构,他们通常会选择最常见的ICC或LCIA。以色列当事人较少选择国际争端解决中心(International Centre for Dispute Resolution,ICDR)等。ICC是一家在全世界范围内相对知名的仲裁机构,其仲裁院的所在地在巴黎,负责管理世界各地的仲裁案件。LCIA是现存最古老的国际仲裁机构,是世界上解决商业纠纷的最主要国际性仲裁机构之一。LCIA为仲裁和其他替代性争端解决机制提供了高效、灵活和公正的管理。

(三)中国和以色列合同仲裁的优势

易于执行裁决是中国和以色列合同仲裁的主要优势。中国和以色列是《纽约公约》的签署方。签署方必须执行其他155个签署方的裁决,但例外情况非常狭隘,如无效的仲裁协议或违反正当程序。因此,在由以色列商事仲裁协会管理的仲裁中作出的裁决将通过《纽约公约》在中国强制执行。

第一个关键优势是,近年来由于我国最高人民法院总体上更加积极和支持的政策以及内部事先报告制度,使执行法院对外国裁决的执行注重确保执行法院遵守《纽约公约》的精神。在该制度下,当向中级人民法院提出执行外国裁决的申请并且该法院倾向于拒绝执行时,必须将其调查结果报告高级人民法院进行审查,如果高级人民法院同意中级人民法院的裁定,应当报最高人民法院批准。高级人民法院或最高人民法院作出的应当执行裁决的决定,对下级法院具有约束力。

第二个关键优势是,能够在中立的法庭仲裁争议,从而避免在彼此的母国法院提起诉讼。在国际仲裁实践中,尽管没有法律强制,在各方当事人国籍不同时,独任或首席仲裁员应当在现实可行的情况下尽可能与任一当事人国籍不同。因此，在中国、以色列仲裁实践中，通常会任命一名中立国籍的仲裁员，以避免任何偏见。

第三个关键优势是，当事人可以同意仲裁程序以英语进行。以色列的官方语言为希伯来语，若双方当事人同意仲裁程序以英语进行，则任何一方都不必使用另一方的语言进行仲裁。

第二节　以色列仲裁法律制度概述

由于历史背景等原因，以色列的法律体系是几种传统法律体系的结合，现代民法典主要是以大陆法系为基础，同时也融合了普通法的元素。受英国托管统治时期的法律、奥斯曼帝国法律体系以及犹太法律的影响，以色列形成了正如以色列高等法院的前法官"哈伊姆－科恩"所称的独特"以色列法律精神"。历史上，在奥斯曼帝国时期，以色列的土地（当时称为巴勒斯坦）是由土耳其法律统治的。20世纪初，英国委任统治期间，英国的立法和判例法被引入以色列的法律体系。如今，仍然具有法律效力的英国《委任统治条例》与新编纂的以色列《民法》相结合，构成了发达的以色列普通法体系。

以色列的仲裁法律历史始于奥斯曼帝国统治时期。1926年，在英国托管下，土耳其法律终止适用。然而，在1968年，以色列议会重新通过了一些之前奥斯曼帝国的仲裁法律，保留了特殊情况下法院参与仲裁程序的能力。[1]

关于国内仲裁方面，1968年以色列《仲裁法》是以色列仲裁的法定框架。该法废除了1926年英国在托管巴勒斯坦期间制定的《仲裁条例》。《仲裁条例》借鉴了1889年英国《仲裁法》，且未将1934年和1950年英国《仲裁法》的修改纳入其中。在1968年以色列《仲裁法》颁布后，涉及仲裁法律程序的《仲裁事项程序条例》也随之制定。

以色列《仲裁法》经过4次修正。1974年，该法纳入了依据国际公约，执行外国仲裁协议和裁决有关的规定。2008年，该法增加了关于法院对仲裁裁决进行监

---

〔1〕 See Annabelle Attias, *Legal Origin and Court Involvement: A U.S.-Israeli Comparison of Commercial Arbitration*, Journal of Dispute Resolution, Vol. 2020, Issue 1, p. 175, 179－180(2020).

督的规定,即赋予各方当事人同意对其裁决上诉的选择。上诉有两种形式:一是通过法院提起;二是向仲裁员提起。在向法院提起上诉的情况下,上诉并非一种权利,只有当仲裁裁决产生可能导致不公的根本性法律错误时,法院应当准许上诉。2018 年,该法进行了两次修正。第三修正案是关于向仲裁员提出上诉的程序规定。第四修正案则涉及法院对仲裁事项的管辖权。在修订之前,拥有实质性管辖权的法院是地区法院;然而,修订之后,地方法院等其他法院也可能拥有管辖权。

关于国际仲裁,以色列《仲裁法》并非以 1985 年或 2006 年的《示范法》为蓝本。虽然以色列法院在裁判中已经适用了《示范法》中包含的规则,但仍与《示范法》之间存在着差异。2021 年,以色列司法部根据《示范法》提出了一项国际商事仲裁法提案。如果获得以色列议会立法程序通过,新法律将适用于国际商事仲裁,而以色列《仲裁法》将适用于国内仲裁。此外,以色列将加入已通过《示范法》的名单中,这将加强以色列在国际仲裁领域的地位,这也是以色列提高商业仲裁便利性的重要一步。[1]

以下将主要结合以色列《仲裁法》介绍以色列仲裁的相关规则。[2]

一、仲裁协议

仲裁协议的形式既可以表现为合同中的仲裁条款,也可以是一项单独的协议。仲裁协议是触发仲裁的依据,也是法院承认与执行依此协议作出的仲裁裁决的前提。以色列《仲裁法》第二章就仲裁协议的内容进行了具体规定。

(一)仲裁协议的形式和内容要件

1. 仲裁协议的形式要件

当事人对仲裁的合意是仲裁的基石。仲裁合意有两种基本的表现形式,分别是仲裁条款(arbitration clause)和将争议提交仲裁的协议(submission agreement),前者是针对未来可能发生的争议而拟定的,后者是针对现存争议而签订的。以色列《仲裁法》并没有区分这两者。该法第 1 条将仲裁协议定义为“协议各方之间将

---

〔1〕 See Gal Livshits, *International Commercial Arbitration Bill*, BARNEA (10 May 2021), https://barlaw.co.il/client-updates/international-commercial-arbitration-bill.

〔2〕 See Daphna Kapeliuk-Klinger, *National Report for Israel* (2019 *through* 2021), in Lise Bosman ed., ICCA International Handbook on Commercial Arbitration, ICCA & Kluwer Law International 2020, Supplement No. 114, October 2019, p. 1 – 41.

业已发生的或将来可能发生的争议提交仲裁的书面协议，无论协议中是否指定了仲裁员”。以色列《仲裁法》将仲裁条款和将争议提交仲裁的协议同等对待。

以色列《仲裁法》第1条规定，仲裁协议应当采用书面形式，包括书面协议、书信往来、电子邮件、传真或电子方式。如果协议能够反映当事人将争议提交仲裁的意思表示，则其将被视为仲裁协议，并不要求出现明确的“仲裁协议”等字眼。

以色列《仲裁法》不承认口头仲裁协议。然而，根据以色列《合同法》，口头仲裁协议被视为合同，因而其将受合同法律保护。

以色列《仲裁法》并不要求签名。但是签名可被视为当事人同意的证据。当仲裁协议的当事人是一个法律实体时，将由该法律实体所适用的法律决定签名的约束力。

2. 仲裁协议的内容要件

以色列《仲裁法》没有具体列明关于协议内容的基本要素，然而，仲裁协议需要满足以色列《合同法》规定的合同成立的要件。合同的订立是通过“要约”和“承诺”达成的。关于要约和承诺的判定，以色列法院采取了一种宽松的做法，侧重分析当事人是否表示出受到合同关系约束的意图。换言之，要约和承诺可以通过当事人的语言或者行为体现。此外，还需要合同的“明确性”和“建立法律关系”的意图。对于“要约、承诺、明确性、建立法律关系”这4个要素，法院都采取广义解释。

以色列《仲裁法》第2条规定，除非仲裁协议中出现相反的意图，否则该协议将默认包括以色列《仲裁法》第一附则所列的条款。第一附则列举了与仲裁员人数、仲裁程序和仲裁员权力有关的程序性条款。

在国际仲裁中，仲裁协议的关键要素包括：(1)达成仲裁的同意；(2)提交仲裁的争议范围；(3)仲裁机构及其规则的使用；(4)仲裁地点；(5)仲裁员的聘任方式、人数和资格条件；(6)仲裁语言；(7)法律选择条款。[1] 为了规避法院排除仲裁协议的适用，以及仲裁程序中产生的大量翻译费用等其他程序性支出，仲裁协议应当清晰明确，因而以下仲裁条款建议在以色列进行仲裁时使用：“由本合同引起的或与本合同有关的所有争议应通过仲裁解决，由双方指定的独任仲裁员裁

---

〔1〕 See Gary B. Born, *International Arbitration: Law and Practice* (*Second Edition*), p. 1 – 44 (2015).

决。如果双方未能达成协议,将指定由仲裁员×××审理。仲裁地点为×××。仲裁员受×××实体法的约束/不受其约束。仲裁员应受/不受程序规则和证据规则的约束。”

(二)仲裁协议当事人

就性质而言,仲裁协议属于合同一类,这意味着,仲裁当事人应具备完整的民事行为能力,这是保证仲裁协议有效成立的主体要件。以色列《仲裁法》没有对自然人或法人提交仲裁作出任何限制。就自然人而言,原则上任何能够签订合同的人都可以成为仲裁协议的当事人。但也存在以下例外:根据以色列《行为能力和监护法》第4条至第6条和第8条至第9条,未成年人(18周岁以下)及受监护人须经其监护人同意才可订立仲裁条款。[1]

就法人而言,一般而言,当法人代表按照其决议和公司法行事时,法人将受仲裁协议约束。然而,根据以色列《破产条例》,当仲裁协议的一方当事人进入到破产程序中,其不能将争议提交仲裁,仲裁程序可能被中止。[2] 然而,在经监察委员会(committee of inspection)同意,或者在没有监察委员会的情况下,经破产管理署的官方接管人(official receiver)同意,受托人可同意将债权人争议提交仲裁。[3] 应当注意,在进入破产程序时,法院可以中止在法院或仲裁中进行的程序。

除自然人和法人外,国家和国家机构也可以诉诸仲裁。2009年《总检察长指导说明》中指出,总检察长有权代表政府签订仲裁协议。[4]《总检察长指导说明》进一步规定,除非总检察长批准国家为仲裁当事人的仲裁条款,否则该仲裁条款无效。以色列《仲裁法》第36条规定,“国家应享有与任何自然人相同的地位”,条件是争议属于商业性质,不属于国家的政府职能范围。

同时,《总检察长指导说明》对可能导致国家和国家机构成为或不能成为仲裁当事人的争议情况和因素进行了非穷尽性列举。

首先,关于国家和国家机构不能成为仲裁当事人的争端争议介绍:(1)与政府当局行动有关的争议;(2)争议涉及具有先例价值的重要法律问题,或者涉及应当

---

〔1〕 Arts. 4 -6 and 8 -9 of the Capacity and Guardianship Law, 1962.

〔2〕 Art. 22 of the Bankruptcy Ordinance 1980.

〔3〕 Art. 125(a)(6) of the Bankruptcy Ordinance 1980.

〔4〕 See *Guidance Note of the Attorney General*, dated 12 October 2009, Resolution by Arbitration of Disputes to which the State is a Party.

通过法院透明程序解决的其他敏感问题;(3)当事项不明确时,应由法院通过先例解决的争议;(4)涉及公众或可能对公众产生影响的争议;(5)可能影响第三方或者涉及仲裁当事人之外的第三方加入的争议。

其次,是关于国家和国家机构能成为仲裁当事人的争议情况介绍:(1)属于民商类、技术专业类的争议;(2)涉及不适宜公开审判事项的争议,譬如,涉及损害国家安全、外交关系的敏感信息;(3)基于对仲裁当事人身份和性质的考虑,譬如当事人间的长期关系,通过仲裁解决争议有明显优势;(4)基于效率考虑——如果争端涉及技术、专业事项,由具有相关领域专业知识的人审理更有优势;(5)基于快速解决争端的必要性、受争端程度及财务影响的考虑。

最后,关于涉及多方当事人的仲裁。以色列《仲裁法》对多方仲裁没有规定。只有仲裁协议的一方当事人可以对协议的另一方提起仲裁程序。只有在争议各方当事人同意的情况下,才有可能合并仲裁。

然而,以色列最高法院的一项决定[1]将仲裁协议的主体扩展为3个"延伸圈"。第一圈层包括直接当事人,他们能够直接通过解释仲裁协议表明同意参与仲裁。第二圈层,根据以色列《仲裁法》第4条的规定,包括仲裁协议直接当事人的承继人。第三个延伸圈涉及在仲裁协议中没有直接同意参加仲裁的主体,并且也非直接当事人的承继人。他们可能试图通过形式手段规避参与其实质上已经同意的仲裁程序。一个典型案例,是指通过揭开公司面纱,使一家公司的控股股东可以加入仲裁之中,尽管公司是仲裁协议的当事人。

(三)可仲裁性

仲裁协议中约定提交仲裁的事项,必须是国家法律所允许采用仲裁方式解决争议的事项。以色列《仲裁法》第3条规定:"当事人之间就不能成为协议标的的事项达成的仲裁协议无效。"如果仲裁协议无效,则仲裁庭对当事人之间的争议便无管辖权。

确立的不可仲裁的事项可归纳为以下4类:第一,有关人身关系的事项,如结婚、离婚和收养事项。第二,涉及物权、知识产权的事项。但是,在特定情况下,对由合同产生的权利义务关系调整的事项可以进行仲裁。譬如,因侵犯知识产权(如专利权)而导致的损害赔偿请求,可以提交仲裁。第三,部分公司事项不能提

---

〔1〕 LA 3925/12 Hen Ronen v. Adv. Yuval Cohen (2013).

交仲裁。法院对公司清算或破产具有专属管辖权。第四,在劳动争议中,可仲裁事项也存在例外。雇员的离职权利等法定权利不能被仲裁。

除解释合同外,填补合同空白的问题也可以提交仲裁。虽然以色列《仲裁法》没有明确规定仲裁员可以填补合同中的空白,但是当双方当事人明确授权仲裁员填补空白时,仲裁员可以为之。即使没有明确的授权,仲裁员也能够以与法院同样的方式去填补合同空白。

(四)仲裁协议的可分性

仲裁协议的可分性,是指仲裁条款虽然从属于主合同,但与主合同是相互独立或可分离的两个契约。这意味着如果主合同无效,作为从合同的仲裁条款或仲裁协议,具有寻求司法外救济权利的性质,具有法律自主性,其有效性不受主合同的影响。[1]

以色列《仲裁法》没有规定仲裁协议与主合同是独立的。然而,判例法倾向接受可分性原则,至少在协议不是自始无效的情况下是如此。因此,当主合同被撤销时,仲裁协议可能仍然有效。[2]

“Tyco 建筑服务公司(新加坡)诉 Elbex 视频有限公司(以色列)案”[3]中,最高法院认为,根据可分性原则和当事人约定由仲裁员决定合同有效性的意思自治,即使合同因所附条件未实现而未生效,附条件合同中的仲裁条款仍然有效。2001 年,新加坡公共工程部和监狱管理局发布了一份国际招标书,要求安装闭路电视系统,供新加坡的监狱使用。在招标条款中,要求投标人与一家本地公司建立一个联合战略合作。以色列公司 Elbex 同意帮助新加坡公司 Tyco 和以色列公司 Megason 在投标过程中建立合作关系。作为交换,Tyco 将在投标中只提出 Elbex 公司的系统,如果中标,则只使用 Tyco 的系统。在 Elbex 的帮助下,Tyco 和 Megason 建立了合作关系并最终获得了招标。

2001 年 1 月 18 日,Elbex 向 Megason 发送了一份关于系统的价格建议。2002 年 8 月 13 日,Megason 向 Elbex 发送了一份采购订单。采购订单写明“需要(A)客户对 Elbex 提交的 CDR 的完全批准;(B)根据所附的分合同协议”。主协议与分

〔1〕 参见吴益民:《仲裁协议的独立性问题刍议》,载《江西师范大学学报》1996 年第 3 期。

〔2〕 LA 7030/08 *Ahisamach v. Atura Investments* (2008).

〔3〕 See Israel No. 5, Tyco Building Services (Singapore) v. Elbex Video, Ltd. (Israel) and others, Supreme Court, Civil Motion for Leave to Appeal 4986/08, 12 April 2010.

协议都规定了新加坡法律的适用，其中分协议还载有一项仲裁条款“因本分合同引起的或与之有关的任何争议，包括有关其成立、有效性或终止的任何问题”提交新加坡国际仲裁中心（SIAC）仲裁。

2003 年 8 月 10 日，Elbex 在以色列对 Tyco 和 Megason 提起诉讼，要求两公司就各种违约行为赔偿 10,000,000 新以色列舍客勒。Elbex 声称，除其他外，Tyco 和 Megason 对 Elbex 产品收取过高的价格，没有及时答复新加坡当局的要求，并使用了非 Elbex 产品。Tyco 公司和 Megaso 公司要求中止诉讼程序，并将该纠纷提交给 SIAC 仲裁。

2008 年 4 月 27 日，特拉维夫 – 雅法地区法院驳回了该申请，认为双方之间不存在仲裁协议，因为（A）项下的先决条件，即新加坡当局批准 Elbex 的最终计划没有得到满足，因此采购订单没有生效。

随后，最高法院根据以色列《仲裁法》第 5 条对该案作出裁决，支持中止诉讼程序。根据第 5 条规定，如果当事人之间有仲裁协议；该仲裁协议涵盖法院审理的争议且一方当事人在案情实质审理之前提出申请，法院可行使自由裁量权中止法院诉讼程序，以支持仲裁。

最高法院认为，仲裁协议是有效的。虽然合同订单是以新加坡当局批准 Elbex 的最终计划为条件的，而新加坡当局从未给予批准，未满足条件（A）。但仲裁协议可被视为与主合同分离，主合同的终止或无效不影响仲裁协议的效力。附条件合同中的仲裁条款的效力与被指为非法或违反公共利益的合同中的仲裁条款的效力相同。在任何一种情况下，仲裁条款在主合同无效的情况下仍然存在，理由依据是：第一，合同条款之间的分离能力；第二，基于双方当事人的同意，无论是一开始还是追溯性的，仲裁员确实拥有审理合同有效性问题的管辖权。在该案中，双方当事人授权仲裁员对“因本分包合同产生的或与之相关的争议，包括有关其存在、有效性或终止的任何问题”进行裁决。

然而，仲裁条款的措辞对该条款的独立性具有重要意义。如果仲裁条款仅仅提及“因合同产生的纠纷”，那么仲裁范围就可能被限于有关合同解释或履行的争议，而不包括有关主合同有效性等问题。这样，关于主合同有效性等争议就不由仲裁庭来解决而需由法院来解决。而如果采用了广义的措辞“凡因执行本合同所发生的或与本合同有关的一切纠纷”，就足以将合同有效与否等所有纠纷纳入了仲裁事项。[1]

(五)仲裁协议的效力

仲裁的出现,打破了法院对司法权的垄断。“如果说诉讼是公力救济的产物,是对自力救济的否定的话,那么,从某种意义上讲,仲裁则是对自力救济的否定的否定。”[2]美国等商事仲裁经验先进的国家,其法院尽可能减少对仲裁的司法干预。而以色列法律支持的立场是,当事人不能通过自己的协议排除法院的管辖权。这一立场植根于普通法的法院对法律问题管辖权的“不容剥夺原则”,以色列法院在判决中确认了这一原则,且该原则符合以色列在保障公民获得法院公正审判权的做法。获得法院公正审判权是一项宪法权利,因而为了保障这一重要权利,以色列法院需要明确的证据证明当事人同意缔结仲裁协议。[3] 口头达成的仲裁协议和不具备当事人真实意思表示的仲裁协议无效。

当一方当事人违反仲裁协议,向法院提起诉讼的,另一方当事人可以向法院申请中止仲裁程序。以色列《仲裁法》对法院执行仲裁协议的管辖权有两种规定:第5条是一般规定,适用于国内仲裁。第6条涉及外国仲裁。

首先,关于国内仲裁协议,受以色列《仲裁法》第5条管辖,该条规定:

“(a)如果当事人将原本约定提交仲裁的争议向法院提起诉讼,并且作为仲裁协议当事人的一方向法院申请中止诉讼程序,则法院应中止协议当事人之间的诉讼程序,前提是申请人已经并仍然为提起仲裁和继续仲裁做一切准备。

“(b)中止诉讼程序的申请可以在答辩书或其他文件中提交,但不得晚于申请人首次对诉讼实质内容提出答辩的日期。

“(c)如果法院认为有特殊理由,不应通过仲裁处理争议,可以不中止诉讼。”

第5条(c)款中的“特殊理由”一词是一个宽泛概念,须经法院解释。有三类特殊理由:第一类涉及仲裁协议,第二类涉及程序效率,第三类体现了司法政策。其中,第一类以仲裁协议为重点的“特殊理由”类别包括:仲裁协议不可能执行。

第二类与程序效率有关的“特殊理由”类别包括强制执行仲裁协议会导致争议无法迅速、有效解决。其中,一个原因是导致仲裁程序的立即延期。如果延期

---

〔1〕 参见吴益民:《仲裁协议的独立性问题刍议》,载《江西师范大学学报》1996年第3期。

〔2〕 汪祖兴:《试论仲裁的公正性与中国仲裁的监督机制》,载《现代法学》1998年第6期。

〔3〕 CA 7608/99 Looky Executing Projects (Bldg) 1989 Ltd. v. Mitzpe Kinneret 1995 Ltd. (2002).

是由申请中止的一方造成的,那么该方的申请将被驳回。另一个原因是避免进行多重诉讼。诉讼当事人不是仲裁协议当事人的,法院可以驳回中止诉讼程序的申请。同样,如果寻求的救济不属于仲裁协议的范围,法院也可以驳回中止申请。

第三类涉及司法政策的"特殊理由"范畴包括与法律制度直接相关的原因。当法院认为应当根据实体法裁定某一事项时,或者当争议涉及公共利益时,法院可行使其裁量权拒绝诉讼中止申请。

其次,关于外国仲裁协议。外国仲裁程序的中止受以色列《仲裁法》第6条管辖。该条纳入了1958年《纽约公约》第2条第3款的执行规定,该条暗示否认了法院的自由裁量权,并指示法院"将争议提交仲裁",除非法院发现该条列举的任何例外情况,即"仲裁协议不生效、无效、或不能执行"。

尽管国际上许多国家接受了第2条第3款中的强制性转介规则,而以色列法院并没有完全承认这一规则。虽然人们期望法院在这个问题上采取明确的立场,并采取统一的做法,拒绝行使裁量权,并当符合《纽约公约》第2条第3款规定时,就将争议强制提交仲裁,但是只有少量判决遵循此路径。以色列法院的大多数裁判路径,并不符合《纽约公约》的共同预期,即缔约方之间基于相互信任承认和执行仲裁裁决。以色列法院倾向通过各种解释方法来行使自由裁量权,其在适用《纽约公约》第2条第3款时一般结合国内原则,或者对该条规定增加例外适用。

一般而言,中止诉讼程序是一般规则,拒绝中止是例外。在实践中,法院确实承认根据《纽约公约》第2条第3款提交仲裁的强制性,除非存在例外情况。但是,最高法院裁定,在特殊情况下,即使没有《纽约公约》规定的任何例外情况,最高法院也可自由裁量,不中止诉讼程序。譬如,涉及公共利益的案件。在"以色列梯瓦制药公司案"中,法院裁定,与制药行业临床试验有关的争议属于公共利益,作为公共政策问题,不应被中止诉讼程序。[1] 当事人以色列梯瓦制药公司和一家外国公司Proneuron公司于2005年达成了一项协议(以下简称2005年协议)。根据2005年协议,Proneuron公司授权梯瓦制药公司开发和商业化一种用于治疗神经退行性疾病的产品。2005年协议包括一条仲裁条款,根据该条款,双方同意将其争端提交给英国进行国际仲裁。仲裁将受以色列法律管辖,并以保密程序

---

〔1〕 LA 1817/08 Teva Pharmaceuticals Industries Ltd. v. Pronauron Biotechnologies Inc. (2009).

进行。

后双方之间出现争议,Proneuron 公司认为,梯瓦制药公司在人体上进行了不适当的临床试验,遂意图终止 2005 年协议。Proneuron 随后向特拉维夫地方法院提出申请,要求作出合同终止的宣告性判决。梯瓦制药公司则根据 2005 年协议中的仲裁条款,申请中止诉讼。以色列《仲裁法》第 6 条规定,当事人将约定提交仲裁的争议向法院提起诉讼,且以色列为缔约方的国际公约适用于该仲裁,当该公约规定了中止诉讼的条款时,法院应在不违反这些条款的情况下行使第 5 条规定的权力。

地区法院认为,《纽约公约》关于中止诉讼的条款适用于该争端。该公约规定,缔约方的法院应中止诉讼程序,并将争议提交仲裁,除非是该公约第 2 条第 3 款列举的例外情况之一。在确定什么是构成《纽约公约》第 2 条第 3 款规定的“罕见和特殊”情况时,地区法院借鉴了以色列《仲裁法》第 5 条,即如果存在“特殊原因”,法院可以不批准中止诉讼程序。

地区法院指出,虽然判例法确立了仲裁条款通常必须得到尊重,司法诉讼程序必须中止,但涉及公共政策则并非如此。例如,在涉及宪法问题的情况下,在案件争议涉及公众利益的情况下,或者在值得公开审判的情况下,法院可以决定不中止司法程序。地区法院强调,公众的福祉是最高法律,公共利益在国内仲裁和《纽约公约》规定的国际仲裁中都要考虑。法院认为,在该案中,梯瓦制药公司正在进行严重危及参与者健康和生命的临床试验。因此,通过法院的公开程序彻底调查这样一个关键问题,是一项最高级别的公共利益。并且,法院提出了两个理由支持:首先,法院解释《纽约公约》要求严格遵守国际仲裁协议,以确保一个公正的法庭审理争议,防止当地法院偏袒当地诉讼人的利益。然而,在该案的情况下,《纽约公约》规则背后的逻辑并不适用。该案中是外国诉讼人寻求在以色列法院审理该案件。因此,法院认为,遵守《纽约公约》的中止诉讼规则的必要性降低了。其次,法院指出,由当地公开的法院而非由遥远而保密的仲裁来处理争议,对梯瓦制药公司也是有利的。法院认为,公开的司法程序可以帮助梯瓦制药公司向世界证明清白,并消除对其活动合法性的怀疑。因此,梯瓦制药公司关于中止诉讼并将争议提交英国仲裁的申请被驳回。

随后,梯瓦制药公司向以色列最高法院提出了上诉申请,2009 年 10 月 11 日,以色列最高法院以 2 票对 1 票的多数票确认了下级法院的判决。法院认为,尽管

《纽约公约》第 2 条第 3 款中的例外情况都不适用,但可以以公共政策为由拒绝中止。虽然必须尊重当事人关于通过仲裁解决争端的协议,但公共政策是一种利益,可能与尊重当事人协议的利益相一致。对公共政策的重视程度必须在每个案件中加以审查。

持反对意见的法官认为,法院不能在《纽约公约》第 2 条第 3 款规定的例外情况之外增加例外情况。在《纽约公约》第 2 条第 3 款规定的例外情况之外,法院不能再增加例外情况。最后,在该判决中,最高法院按照首席法官的意见,驳回了梯瓦制药公司要求进一步审理的请求。另外,多数法官和少数法官之间的分歧主要集中在该案是否属于《纽约公约》拒绝中止的"罕见和特殊情况"。

二、仲裁员

(一)仲裁员的资格要件

国家商事仲裁意思自治原则的首要体现为当事人有权选择自己信任的权威人士作为争议的裁判者,这种选择应当得到最大限度的承认和尊重。

首先,关于仲裁员的资格。以色列《仲裁法》对担任仲裁员并无特别的资质要求。因此,任何具有法律行为能力的自然人都有可能被指定为仲裁员,并不存在对国籍、居住地或以色列律师资格的限制。外国人可以被指定为在以色列进行仲裁的仲裁员。

法官不能被指定为仲裁员,除非在小额索赔法庭(small claims court)审理诉讼案件时,当事各方可以约定由法官担任仲裁员,适用以色列《仲裁法》。[1] 此外,在民事案件中,争议当事人可以约定,审理其案件的法官可作为友好调解人(amiable compositeur)行事。[2] 在这种情况下,虽然法官不担任仲裁员,但其不受实体法的约束,因而在某种程度上就像一名仲裁员。

其次,除资格要件外,仲裁员还有义务披露可能对其独立性或公正性造成影响的信息。以色列《仲裁法》第 30 条规定仲裁员有忠实义务,这一义务意味着仲裁员应当向当事各方披露可能对其提出异议的任何理由。正如法官一样,仲裁员有义务将可能对其公正性或独立性提出质疑的任何理由通知当事各方。这在最

---

〔1〕 Art. 65 of the Courts Law, [Combined Version] 5744 - 1984.
〔2〕 Art. 79A of the Courts Law, [Combined Version] 5744 - 1984.

高法院的判决中得到了确认,[1]判决确立了广泛的披露义务,包括仲裁员与当事各方以及与其他重要事项的联系。不仅如此,法院认为当事人也有义务披露这些联系。

(二)仲裁员的委任

以色列《仲裁法》没有具体规定在采用三人制合议仲裁庭时,当事人共同任命仲裁员的具体方法。以色列《仲裁法》第一附则则规定了任命第三名仲裁员作为首席仲裁员的方法。关于仲裁员的委任,主要有以下几种方法。

(1)当事人的委任:当事人可以在仲裁协议中指定仲裁员。然而,这种做法并不建议,尤其是当仲裁协议是在争议产生之前订立的情况下。当双方当事人任命独任仲裁员时,可以经双方同意指定仲裁员。但当双方当事人约定三人制合议仲裁庭组成时,最常见的委任方法是各方当事人指定一名仲裁员,再通过双方当事人协议,由已选定的两名仲裁员选任或第三方选任的方式,指定第三位仲裁员担任首席仲裁员。

(2)第三人委任:当事人可以约定将仲裁员的委任委托给第三人进行。

(3)法院指定:以色列《仲裁法》第8(a)条规定:“当事各方同意将争议提交仲裁,而仲裁员尚未根据协议指定时,法院可根据一方当事人的申请指定仲裁员。无论仲裁员是由当事各方还是其中一方、由以指定的仲裁员还是由第三方指定,法院都可以这样做。”该条授权法院在仲裁员未任命的情况下,可以指定仲裁员。

事实上,法院有权干预双方当事人的协议,指定1名仲裁员审理案件,即使双方当事人另有协议。然而,这种权力很少行使。以色列《仲裁法》第12条规定,如果因仲裁员辞职、死亡或被免职而出现仲裁员空缺的情形,法院可以指定替代仲裁员,除非仲裁协议另有规定。值得注意的是,法院拥有根据一方当事人的申请,指定仲裁员或驳回申请的自由裁量权。

同时,公断人的委任方式与仲裁员相同。以色列《仲裁法》第9条规定,当仲裁员向当事人和公断人书面通知未能就最终裁决形成多数意见时,由公断人

---

〔1〕 LA 296/08 Art B Ltd (in liquidation) v. the Estate of Jack Lieberman (2010).

(umpire)[1]履行职责。公断人就任后,应替代其他仲裁员作出决定。

(三)仲裁员的人数

仲裁庭的组成一般适用"非平衡性规则"。而根据以色列法律,当事人可以自由约定仲裁员的人数,无论是平衡的还是非平衡的。当事人通常通过仲裁协议约定仲裁员的人数。没有约定时,根据以色列《仲裁法》第一附则的规定,通常的做法是指定1名独任仲裁员。当事人对仲裁员人数没有约定时,由1名仲裁员独任审理。双方当事人也可以约定偶数名仲裁员。但是,除非当事人另有约定,在当事人约定偶数名仲裁员的情况下,应一方当事人的请求,已选定的仲裁员应当另外指定1名仲裁员。增设的仲裁员应当是首席仲裁员。这一机制避免了在偶数名仲裁员对裁决意见不一致的情况下出现僵局的结果。

(四)对仲裁员的质疑

对法官提出质疑的标准也应适用于仲裁员。对仲裁员的质疑标准,必须基于客观证据,证明存在影响仲裁独立性和公正性的实质性风险。

以色列《仲裁法》第30条规定:"经同意任命的仲裁员,应在各方当事人之间忠实地履行职责。如果仲裁员违背了当事人对其的信任,除依照本法获得救济外,受害方有权获得违约赔偿。"

以色列《仲裁法》第11条规定了对仲裁员提出质疑的理由。该条规定授权法院以下列理由之一解除仲裁员的职务:

(1)仲裁员不再获得当事人信任。由于仲裁员必须忠实于当事人,一方当事人认为仲裁员不再值得信任时,可以向法院申请撤换仲裁员。此种情况就属于仲裁员的独立性或公正性受到损害。只有在有充分理由和确凿的证据证明严重缺乏公正性的情况下,譬如,与一方当事人或其代表进行私下沟通,才能证明仲裁员难以继续获得当事人的信任。仅仅出于怀疑并不足以成为质疑仲裁员的理由。同样,个人的偏见和感觉也不足以成为理由。提出质疑的申请必须以客观因素为基础,以便法官可以从事实中推断出信任的不足。

(2)仲裁员在仲裁过程中的行为造成司法拖延。仲裁的目的是公正、迅速地解决纠纷。当仲裁员拖延仲裁程序导致司法延误时,法院可以解除仲裁员的

---

〔1〕 公断人,是指由仲裁员指定,打破仲裁僵局,当仲裁的程序或实体事项无法形成多数意见时,解决仲裁员之间争议的第三方。公断人应与首席仲裁员相区分,首席仲裁员是仲裁员之一。

职务。

(3)仲裁员不能履行其职责。法院对“不能履行其职责”一词作了广义解释。

关于仲裁员回避的具体程序,以色列《仲裁法》没有对此作出详细规定。当事人可以在仲裁过程中和在仲裁员作出裁决之前的任何时候,向法院提出申请,对仲裁员提出质疑。如果当事人在作出裁决前没有要求撤换仲裁员,唯一的补救办法是申请撤销裁决。一旦当事人有对仲裁员提出质疑的理由时,应当提出异议申请。申请的延迟可能会因迟滞而导致申请人禁止反言。

虽然以色列《仲裁法》第18条规定:“除非法院或仲裁员作出指示,否则向法院提出申请不应中止仲裁程序,但在对仲裁员提出异议的情况下,仲裁程序一般中止。”因此,一般对仲裁员的回避申请会导致仲裁程序的中止。

仲裁机构一般没有关于仲裁员回避的规则。因此,回避程序是向法院提出的。关于回避的裁决,像任何其他关于仲裁的司法裁决一样,必须是书面的且经过论证的。以色列《仲裁法》第38条规定:“根据《法院法》第19(b)条,可对法院根据仲裁法作出的决定可提出上诉。”

(五)仲裁员的解除

仲裁员可以通过以下3种方式解除其职权:

(1)应仲裁员的请求,经当事人或者法官同意;

(2)经双方当事人同意,该仲裁员应停止在其案件中行事;

(3)应一方当事人的回避请求,对仲裁员提出质疑并解除其职务。该请求根据以色列《仲裁法》第11条提交至法院。

一名被终止授权的仲裁员将按照其最初任命时的任命程序被替换,除非仲裁协议中表现出相反的意图。但是,根据以色列《仲裁法》第12(b)条,如果仲裁员被免职,法院认为有特殊理由,可以不指定替代的仲裁员,而是决定不通过仲裁方式处理本应仲裁的争议。应当指出,这种行为在某种程度上违反了当事人自由选择争议解决方式的基本原则。

(六)仲裁员的责任

虽然仲裁员可以免于因过失而导致的侵权责任,[1]但其也不能免于根据以色列《仲裁法》第30条规定的违约责任。当事人和仲裁员之间的法律关系被认为是

---

〔1〕 Art. 8 of the Torts Ordinance, 1968.

一种合同关系，在这种关系中，仲裁员承诺忠实地对待当事人。仲裁员背弃对其信任的，受害方除依照本法规定获得救济外，还应有权获得违约赔偿。此外，当事人的救济方式还包括申请撤销裁决。

三、仲裁程序

（一）仲裁地点

仲裁地点（seat）的确定与仲裁程序的中止和裁决的执行有关。以色列《仲裁法》在仲裁地的确认上，对国内仲裁（在以色列进行的仲裁）和外国仲裁（在以色列境外进行的仲裁）有不同规定。界定仲裁是“国内仲裁”还是“外国仲裁”的依据是仲裁地点，以色列《仲裁法》第1条将“外国裁决”定义为“在以色列境外作出的裁决”。

以色列《仲裁法》中没有关于仲裁地点选择方法的规定。双方当事人可以自由约定仲裁地点。在没有约定的情况下，由仲裁员决定仲裁地点。

以色列《仲裁法》并不要求裁决书中指明仲裁地。这是因为，在以色列《仲裁法》起草之初时，其并不打算涵盖涉及外国仲裁的事项。

仲裁地点确定的法律效果是选择适用有关国内或外国仲裁的法律规定。这些条款涉及程序的中止和仲裁裁决的效力。仲裁地是作出裁决的地方。因此，当仲裁所在地在以色列时，裁决被视为国内裁决，而当仲裁所在地在以色列境外时，裁决被视为国际裁决。

以色列《仲裁法》没有区分法律意义上的仲裁地与地理意义上的仲裁地。但是，在经当事人协议约定的情况下，仲裁庭可以在仲裁地以外的其他地点开庭。由此可见，仲裁庭与实际开庭地并不一定一致。

（二）一般仲裁程序

一般而言，当事人通常可以自由约定仲裁程序如何进行，这是意思自治原则的体现。如果没有达成约定，以色列《仲裁法》第一附则为一般仲裁程序提供了一个示范框架。该缺省规则规定，仲裁员不受法院的程序规则或证据规则的约束，希望仲裁程序受国家规则保障的当事方必须同意这一点。

以色列《仲裁法》第一附则规定了以下缺省规则。

1. 仲裁应由独任仲裁员进行，除非按照规定应由多数仲裁员组成；

2. 在由偶数名仲裁员进行的仲裁中，应其中一名仲裁员的要求，仲裁员应委任另一名在已选定仲裁员之外的人选作为仲裁员，且被委任者将担任首席仲裁员。

3. 在由单数名仲裁员进行的仲裁中,应当从现有仲裁员中选出首席仲裁员。

4. 首席仲裁员可以决定仲裁会议的地点和时间,以及其他任何与仲裁程序相关的事项。

5. 应通过多数表决作出仲裁员的决定和仲裁裁决。在最终裁决未经多数表决通过的情况下,以首席仲裁员的意见为准。持反对意见的仲裁员可以在裁决书中记载其不同观点。

6. 当仲裁员向当事人和公断人书面通知未能就最终裁决形成多数意见时,由公断人履行职责。公断人就任后,应替代其他仲裁员作出决定。

7. 当其他仲裁员、公断人或替代仲裁员加入仲裁时,仲裁应从当前阶段继续进行,除非仲裁员另有要求。

8. 仲裁员可指示各方当事人回答询问,披露、出示文件以及其他事项(仲裁员权限)。

9. 如果仲裁员向当事人下达了与仲裁行为有关的裁定,而当事人无正当理由拒不履行,在向当事人发出警告后,仲裁员可以驳回原告的诉讼请求或者视被告人没有提交答辩状并作出裁决。

10. 仲裁员不得在一方当事人缺席的情况下进行开庭审理,除非已经以书面或口头形式警告一方当事人,如果当事人不出席会议,将在其缺席的情况下继续审理。

11. 仲裁员在向证人取证前,应当警告证人必须如实作证,否则应当承担法律规定的处罚。

12. 如果争议的裁决需要专家意见,仲裁员可在仲裁程序的任何阶段,在给予当事人陈述案情的机会之后,将该事项提交其指定的专家意见。意见书的副本应当送交给各方当事人,当事人可以提出反对意见并可以要求对专家进行审查。如果仲裁员事先通知各方当事人,且当事人并未反对,仲裁员可以不就其他专家提供的相关证据进行审理。

13. 仲裁员应在合理时限内将仲裁文件交予当事人查阅和复制。

14. 仲裁员应当公正与勤勉。仲裁员不受实体法、证据规则和适用于法院的程序规则的约束。仲裁员应说明其裁决的理由。

15. 仲裁员应在开始处理争议之日起,或者当事人书面通知要求其处理争议之日起3个月内作出裁决,以较早日期为准。该期限至多延长3个月。

16. 仲裁员可以通过陈述案情的方式,向法院提出仲裁过程中,或者全部或部分裁决中产生的法律问题。

17. 仲裁员可作出确认性裁决、强制性或禁止性禁令、强制履行令、临时裁决和法院有权作出的其他救济形式。

18. 仲裁员可就当事人的全部或部分费用(包括律师费及其支出)作出指示,包括要求保证金或提供担保。除非仲裁员另有指示,各方当事人应平均承担仲裁员的费用和支出。

19. 仲裁员应当自仲裁结束之日起保留仲裁档案7年。

20. 关于仲裁文书的送达,以挂号信的方式向仲裁员或当事人送达,以发出回执记载的时间或受送达人在送达回执上签收的日期视为送达日期。

关于文书的提交与仲裁的审理,以色列《仲裁法》对审理前书状的交换并没有规定。一般而言,仲裁员召集各方当事人进行初步会议,听取他们的主张,以确定争议事项。书状可以书面提交,也可以口头提交。商事仲裁是在交换书状后进行的。然而,在某些情况下,诉状是口头进行的。虽然仲裁通常可以进行口头,但当事人可以约定"书面审理",而不进行开庭审理,仲裁员在审议所提交的书状和证据后作出裁决。

根据自然正义规则,除非当事人另有约定,仲裁员不得在没有当事人的情况下进行审理。仲裁员不得在未经对方当事人审查或提交证据的情况下听取一方证人的陈述。

(三)证据规则

以色列《仲裁法》并不强制仲裁员遵循任何特定的证据规则。因此,双方当事人可以自由约定适用的证据规则。当事人未达成任何协议的,以色列《仲裁法》第一附则规定,仲裁员不受适用于法院的证据规则的约束。在这种情况下,仲裁员可以接受其认为的合适形式的证据,如传闻证据、口头证词和否定文件。仲裁员仍需确定当事各方提交的证据的可受理性、相关性、重要性和分量,并充分考虑提交给其的所有相关指控事实。

第一,关于证人的规定。以色列《仲裁法》第14条规定,除非当事各方和仲裁员另有约定,证人的证词,包括当事一方的证词,应当经宣誓或经确认作证。在仲裁中作伪证,如同在法庭上作伪证一样,构成刑事犯罪。以色列《仲裁法》第13条

(a)款赋予仲裁员与法院同样的权力,传唤证人作证和出示文件。虽然仲裁员有权传唤证人作证,但其无权强迫证人作证。然而,以色列《仲裁法》授权法院协助仲裁员收集证据和传唤证人。该法第16条具体规定了法院在仲裁程序方面的各种权力。这些权力包括:(1)传唤证人并确定其报酬和费用;(2)对经仲裁员、法院传唤而不予理会的证人或拒绝作证的证人,采取强制、处罚措施;(3)立即取证或在管辖权范围之外取证;(4)向当事人替代送达通知或者文件;(5)扣押财产、禁止离境、为出示财产提供担保、任命接管人、强制禁令和禁止性禁令。

询问证人时通常遵循诉讼中的对抗性模式,包括主问(examination-in-chief)、盘问(cross examination)和复问(re-examination)。主问有时由证人的书面陈述代替。

第二,关于书面证据的规定。除非双方当事人另有约定,以色列《仲裁法》第一附则规定,仲裁员可指示双方当事人书面质询,并披露和出示文件。如果一方当事人无正当理由不遵循规则,仲裁员在警告该方当事人后,可以视情况驳回该请求或抗辩。

(四)仲裁庭委任的专家

以色列《仲裁法》第一附则规定,当争议涉及需要专门知识的事项时,仲裁员可以指示将该事项提交指定的专家提出意见。专家应提交书面意见,其副本必须送达当事人,当事人可以反对并向专家提出问题。但是,当事人双方也可以达成协议,排除专家的意见。

双方均同意各自任命一名专家,由该专家向法庭提交一份专家报告的情况并不少见。虽然这一程序对双方来说成本更高,但以色列的许多当事人更喜欢这种方式,而不是由仲裁员指定的专家。

(五)临时保全措施

与《示范法》中关于临时措施的详细规定不同,以色列《仲裁法》没有提及关于仲裁员采取临时措施的权力。而第16条只是规定了法院有权就仲裁采取与其他法院诉讼程序相同的临时措施。

第一,关于仲裁员采取临时措施的权力。以色列《仲裁法》没有关于仲裁员采取临时保全措施的权力。且判例法也没有对此问题给出答案。一般理解为,仲裁员并未被授权采取临时保全措施的权力,该权力只赋予法院。但是,当双方当事人约定仲裁员享有此权力时,仲裁员能够采取临时措施,只要这些措施不适用于第三人,并且不涉及赋予法院的强制性权力。譬如,仲裁员不能发布命令,限制仲裁一方当事人离开该国。

除非双方当事人另有约定,第一附则规定仲裁员可要求任何一方当事人提供与仲裁程序有关的担保。

第二,关于法院采取临时措施的权力。以色列《仲裁法》第16条规定,法院有权就仲裁采取与其他法院诉讼程序相同的临时措施。法院申请临时措施,包括临时扣押财产、临时禁令以及限制离境。

在以色列境外的仲裁采取临时保全措施,也可以由以色列法院批准。因此,当仲裁所在地在以色列境外时,一方当事人可向以色列法院申请以色列法院管辖权范围内的财产扣押临时命令。

(六)代理和法律援助

以色列《仲裁法》对代理并无具体规定,当事人可以由他们的律师代理,但也可以在没有任何代理的情况下自己出庭。根据以色列《律师公会法》(1961年)第20条第1款的规定,只有律师可以在法院、仲裁员和具有司法管辖权的机构中代表当事人。

(七)缺席

以色列《仲裁法》第15条规定,当事一方在正式传唤后未出席听证的,仲裁员可以在其缺席的情况下审理并作出裁决。但是,在这种情况下,如果仲裁员确信当事人是出于正当理由缺席的,仲裁员可以在裁决发出之日起30日内应当事人的请求,撤销裁决并重新开庭。

(八)裁决和程序的保密性

第一,关于仲裁裁决和程序的保密性。以色列《仲裁法》没有关于仲裁程序保密性的任何规定,也没有关于裁决的保密性的规定。最高法院的一项裁决认为,仲裁文件享有特权,不得在进一步诉讼中披露。[1] 法院将权衡所涉及的不同利益:当事人的隐私权、促进仲裁作为解决争议的方法的利益、披露文件的利益。一般而言,法院将倾向披露文件的利益。

第二,与仲裁有关的法庭程序的保密性。在法院进行的关于承认和执行仲裁裁决的审理是公开的,但在涉及国家利益的特殊案件中,法院可以不公开审理。

---

〔1〕 LA 4781/12 Y. M. Eini Bakery Ltd v. Bank Leumi LeIsrael Ltd. (2013).

承认和执行裁决的法院判决是公开的,甚至一些判决在线上公开。

四、仲裁裁决

(一)裁决的类型

以色列《仲裁法》将“裁决”定义为终局裁决(final award)和部分裁决(partial award)。中间裁决(判决)和部分裁决(判决)的区别在于,中间裁决(判决)是就先决问题作出的裁决(判决),所谓先决问题,是指“当事人请求裁判的争议事项必须以另一事项的先行确定为其裁判的前提条件时,这一须先行确定的事项”;部分裁决(判决),是指在案件审理程序尚未终结时,针对案件部分诉讼标的(仲裁标的)作出的,独立的、确定的、终局的和有实质既判力的判决(裁决)。

仲裁员可就某些问题作出部分裁决,如赔偿责任问题,而在最后裁决中,仲裁员必须对提交给其的所有请求作出裁决。如果仲裁员未能就所有问题作出裁决,可以撤销仲裁裁决或者将发回重审。

部分裁决可以依照法律作为终局裁决处理,可以予以确认或撤销。部分裁决应区别于临时决定(interim decision),如扣押财产的临时决定。临时裁决不被视为裁决,除非载入部分裁决或终局裁决,否则法院不能确认或撤销临时裁决。

除非当事人另有约定,仲裁员可作出宣告性裁决、强制性或禁止性禁令、强制履行令和法院有权准予的任何其他救济。仲裁员也可以对仲裁的部分标的作出部分裁决。

(二)裁决的作出

除非当事人另有约定,当仲裁庭由一名以上仲裁员组成时,任何决定应由其多数成员作出。不能形成多数意见时,应以首席仲裁员的意见为准。以色列《仲裁法》第一附则规定,除非当事各方另有约定,少数仲裁员可对裁决提出不同意见书。

以色列《仲裁法》第 20 条规定,仲裁裁决应以书面形式作出,并由仲裁员签字。在仲裁庭进行仲裁的情况下,该条规定,如果裁决表明其他仲裁员不能或不愿意在裁决书上签字,则由多数仲裁员签字即可,但须说明缺少签名的理由。

以色列《仲裁法》正文没有规定作出裁决的时限,但当事人可以就此事达成协议。以色列《仲裁法》第一附则规定,当事各方未约定时限时,仲裁员应在开始处理争议之日起或当事一方书面通知要求其处理争议之日起 3 个月内作出裁决,以较早日期为准。第一附则还授权仲裁员可将这一期限再延长 3 个月,因此提交裁决的最长时间为6个月。

此外,以色列《仲裁法》第19条规定,仲裁员或一方当事人可就仲裁员的任何行为向法院申请延长任何法定或约定期限,包括作出裁决的时间,即使已经超出时限。

(三)裁决的形式

以色列《仲裁法》第20条规定,仲裁裁决应当以书面形式作出,并由仲裁员签名。除非当事人另有约定,裁决应说明其依据的理由。在仲裁员受实体法约束的情况下,裁决中的论证理由、论证方式可能与不受实体法约束的情况不同。[1]

裁决书必须注明签字日期,但不要求注明作出裁决的地点。

(四)管辖权

管辖权自裁原则(competence-competence principle),是指仲裁庭有权决定自己的管辖权,其逻辑在于仲裁条款最初的目的就是排除法院的干预,如果再由法院决定仲裁条款的效力,将违背仲裁的初衷,因此应由仲裁庭决定仲裁条款的效力。关于法律是否纳入管辖权自裁原则,以色列仲裁法律的一般规则是,仲裁员不得就其自己的管辖权作出裁决,除非当事人明确授权其这样做。以色列《仲裁法》并不赋予仲裁员这种权力。因此,仲裁员不能就仲裁协议的效力或构成其管辖权事由的事项作出决定,除非当事各方授权其这样做。

因此,法院有权决定仲裁员的管辖权。如果当事各方没有明确授权仲裁员就自己的管辖权作出裁决,而一方当事人却对仲裁员的管辖权提出异议,则该当事人必须就此事项向法院提出申请。然后法院将就仲裁员的管辖权作出裁决。裁决可以在部分裁决中作出,也可以在最终裁决中作出。仲裁员的裁决可能会在法庭上受到质疑。

对仲裁员管辖权的异议,可以在仲裁程序开始前和结束后向法院提出。在向法院提出异议时,当事人可以选择是否立即进行,或者是在指定仲裁员之前,抑或是在仲裁程序开始之前,或者等到仲裁员作出裁决之后。因此,通过在仲裁程序开始前提出异议,或者在裁决作出后,因缺乏管辖权申请撤销裁决两种途径进行救济都是足够的。

如果提出异议的一方不希望等到裁决作出后再提出异议,可以先向法院申请

---

〔1〕 LA 1096/12 Igud Arim Leinyaney Biyuv v. Mekorot (2012).

确认性裁决,裁定该仲裁员对该仲裁事项无管辖权。这一措施似乎是法院对仲裁过程的一种干预,因而并未经常采用。

(五)适用的法律

除非当事人另有约定,仲裁员并不受实体法约束。以色列《仲裁法》第一附则规定,仲裁员应尽其最大努力根据提交给其的材料作出决定。仲裁员不受实体法、适用于法庭的证据规则或程序规则的约束。因此,除非当事各方另有约定,仲裁员不受特定法律的约束,而是由仲裁员的正义感来指导其解决争议。仲裁员不需要根据法律冲突规则适用法律规则。换言之,仲裁员可以作为一个“友好调解员”。但是,仲裁员不得作出违反公共政策或强制性法律规则的裁决,即使其被免除适用任何实体法,否则其作出的裁决可能被撤销。

当双方当事人约定仲裁员应根据实体法作出裁决,但不同意对裁决提出上诉,而且仲裁员作出的裁决是错误的时候,该裁决属于上诉法院不予支持的裁决,受害方无权申请撤销裁决。

当双方当事人同意仲裁员受实体法约束时,但仲裁员作为一个外行并不熟悉实体法,在仲裁过程中出现法律问题时,除非当事人另有约定,仲裁员可以通过陈述案件向法院提出申请。陈述案情在仲裁员的自由裁量权范围内,当事人不能强迫仲裁员提出这样的申请,因而这种程序很少被仲裁员使用。

根据以色列《仲裁法》第29B条,当双方当事人同意对裁决向法院提出上诉时,他们必须同意仲裁员应遵守实体法。如果仲裁员在适用法律时犯了可能导致冤狱的根本性错误,法院可准许对裁决提出上诉。值得注意的是,法院很少允许上诉。

(六)仲裁中的和解

当事人可以要求仲裁员按照约定的条款,以裁决书的形式对和解情况进行记录。以色列《仲裁法》没有关于仲裁员有权拒绝记录和解情况的规定。一般来说,仲裁员应该在裁决书中记录和解。然而,当仲裁员认为和解违反了公共政策时,其有权不批准和解请求。

按照和解约定条款作出的裁决不需要说明理由。然而,其他关于裁决书形式的条件,如签名和日期必须具备。

按照和解约定条款作出的裁决与仲裁员作出的裁决具有同样的效力。它具有既判力,可以根据一般裁决作出的规则,而被强制执行和撤销。但是,用于撤销依据当事人和解作出的裁决的理由需要被限制,仅限于和解过程的错误,如当事一方故意误导。

(七)仲裁裁决的更正和解释

第一,关于仲裁裁决的更正。以色列《仲裁法》第22条规定,在下列情况下,当事人可以向仲裁员申请更正或补充裁决:(1)裁决书有笔误、过失、遗漏,对任何人或财产的描述或任何日期、数字、计算或类似的错误;(2)裁决在与争议实质无关的事项上有瑕疵的;(3)裁决书未包含支付利息的条款;(4)裁决书未对当事人费用,包括律师费作出任何规定。

更正或补充仲裁裁决的理由是穷尽列举的。只有经过一方当事人的申请,仲裁员才可以更正其裁决。向仲裁员提出的申请必须不迟于裁决提交之日起30日内,仲裁员必须在通知对方当事人后30日内对申请作出决定。

除当事人申请更正裁决外,当一方当事人向法院申请撤销裁决时,法院也可以根据第22条规定的前两项理由更正裁决,即使当事人并没有要求仲裁员更正裁决,或者要求仲裁员更正裁决但仲裁员没有这样做。

第二,关于仲裁裁决的解释。以色列《仲裁法》没有任何规定允许仲裁员解释裁决。一旦裁决交付给双方当事人,仲裁员就履行完其职责(functus officio),但有法律规定的除外。

第三,关于更正裁决的形式和程序。首先,仲裁法对更正裁决的形式没有具体的规则规定,仲裁员可以在最终裁决中附加一个额外的裁决。其次,向仲裁员提出补正裁决的申请应当自裁决书送达当事人之日起30日内提出。仲裁员应当自通知其他当事人申请之日起30日内作出决定。

(八)仲裁费用和成本

仲裁费用的种类分为当事人费用和仲裁员费用。当事人的费用包括当事人在仲裁中的支出和律师费。仲裁员费用包括与进行仲裁有关的费用和开支,如差旅费、场地和设备租金、秘书费用和仲裁员指定的专家费用。

以色列《仲裁法》第一附则规定,除非当事人另有约定,仲裁员可要求交纳押金或提供担保,以支付仲裁费用。以色列《仲裁法》第33条规定,如果仲裁员没有及时得到报酬,仲裁员可以推迟诉讼程序或作出裁决。仲裁机构往往要求为仲裁费用提供担保,包括仲裁员的费用。

首先,关于仲裁费用的确定。在临时仲裁中,当事人和仲裁员可以就费用的计算方法达成协议。仲裁员的费用可以是一个固定数额,也可以按时计算,一般由仲裁员决定费用的结算方法。在机构仲裁中,一般由仲裁机构决定费用的计算。

其次,当事人和仲裁员可以就确定费用和费用的方法达成协议。仲裁员的费用可以是固定金额,也可以根据在仲裁过程中花费的时间而定,比如按照每小时收费。在后一种情况下,除非另有约定,由仲裁员决定其费用及其支付方式。在机构仲裁中,费用由机构决定。如果仲裁员没有作出其他指示,根据以色列《仲裁法》第一附则的规定,仲裁费用应由双方当事人均摊。

尽管仲裁员可以决定费用,但当事人认为费用过高时,可以向法院申请减少费用。根据以色列《仲裁法》第32条规定,如果当事人在仲裁协议中没有事先约定仲裁费用,法院可以减免费用或责令退还超额部分的费用。法院只能对在裁决交付后提出的减少费用的申请作出决定。

以色列《仲裁法》第31条规定,当一方当事人不支付仲裁员费用时,另一方当事人先行垫付,以便仲裁员继续进行仲裁和作出裁决。在这种情况下,在先行垫付金额的一方当事人有权得到对方的偿还。

此外,除非双方当事人另有约定,以色列《仲裁法》第一附则规定仲裁员可以确定双方当事人的费用,包括律师费。仲裁员也可以要求另一方补偿胜诉一方所产生的当事人费用。

最后,最终裁决通常包含仲裁员对费用承担的决定。以色列的法律制度遵循英国关于费用的规则,根据这一规则,败诉的一方向对方支付法律费用。因此,仲裁费用通常由败诉方承担。但是,仲裁员有权作出其他决定。如果裁决书中没有关于当事人费用的规定,包括律师费,当事人可以根据以色列《仲裁法》第22条向仲裁员申请更正裁决。

(九)裁决的送达与登记

以色列《仲裁法》没有关于裁决送达的具体规定。仲裁员可以自行将裁决交付各方当事人,也可以将裁决邮寄送达给各方当事人。仲裁裁决不需要在以色列的法院登记。

(十)在以色列作出的国内和国际裁决的执行

根据以色列《仲裁法》第21条规定,除仲裁协议另有约定外,终局裁决在当事人之间具有既判力。当裁决送达当事人之后,就可以进行裁决的确认和撤销程序。一旦裁决得到确认,就可以执行。已确认的裁决不能再被撤销,除非是法律规定可以撤销的不得上诉的最终判决[第24(10)条及第27(b)条]。经确认后的裁决可在获得法院许可的情况下提出上诉,但上诉法院的裁决将对双方具有约束力。

法院在当事人没有提出撤销裁决申请的情况下,是否可以主动撤销裁决,这是值得商榷的。在获得准许后,可向最高法院就裁决确认令或拒绝确认令提出上诉。

国内裁决须经法院确认程序。请求确认裁决的一方当事人必须向法院提出申请,并同时通知另一方当事人,如果其在7日内不申请撤销裁决,裁决将得到确认。如未向法院提出撤销裁决申请,法院的司法常务官应自动确认裁决。

裁决一经确认,除上诉程序外,其在其他方面都被视为法院的判决。当撤销裁决的申请被驳回时,法院应确认裁决。裁决一经确认,即可提交执行机关执行。在因申请撤销裁决或确认裁决而提交的动议中,法院可命令扣押相关当事人的财产、限制离境或要求其为执行裁决提供担保。

五、仲裁裁决的救济

在以色列,人们认为司法对仲裁的干预不一定是损害仲裁的独立性,相反是对仲裁准确性的保障。因而,针对仲裁终局性的特征,以色列特设了上诉机制,以纠正可能的错误。对仲裁裁决上诉有两种途径:一是向仲裁员提出上诉;二是向法院提出上诉。

(一)对仲裁裁决提出上诉

1. 向仲裁员提出上诉

当事人可以约定,仲裁裁决可以向仲裁员或者法院提出上诉。以色列《仲裁法》第21(a)条规定了向仲裁员提出上诉的条件。当事人可以约定向仲裁员提出上诉。双方可以在签订仲裁协议时或者签订仲裁协议后就上诉事项达成协议。第21(c)条规定了向仲裁员提出上诉的理由只有两种情形:裁决的内容违反公共政策;或者其他可以使法院撤销终审的、不可上诉判决的理由。

如果仲裁协议的双方当事人约定可以向仲裁员上诉裁决,则审理该案的仲裁员必须说明作出裁决的理由。此外,除非双方另有约定,第二附则的规定适用于第一附则的规定,只要第一附则的规定不与第二附则的规定相抵触。第二附则规定:

A. 仲裁应当以协议书或者仲裁协议约定的其他方式记录。协议书应反映诉讼程序和当事各方的意见。

B. (1)上诉应在裁决书送达当事人之日起45日内提出,并应说明理由;当事人在上诉中未就仲裁员的身份达成一致,或当事人预定指定的仲裁员不同意指定时,任何一方当事人可在上述期限内根据第8条向法院申请指定仲裁员,上诉应在指定仲裁员后15日内提出。

(2)其他当事人可在上诉书送达之日起30日内提交对上诉的合理答复。上诉人可在答辩书送达之日起15日内提交复辩书。

C. 如果已经提起上诉,其他当事人可以在上诉书送达之日起30日内提起反上诉。反上诉的被申请人可在反上诉书送达之日起15日内提交对反诉书的合理答复。

D. 上诉仲裁员可以在各方当事人在场的情况下进行审理,听取辩论并要求提交书面材料。但是,其不得听取证人的证词。上诉的决定应基于第一仲裁员收到的材料、诉状和在上诉中提交的书面材料。

E. 上诉仲裁员应在根据B(2)款提出复辩书之日起3个月内作出裁决。

F. 上诉仲裁员应说明其裁决的理由。

G. 仲裁协议中约定的条款,包括关于限制仲裁员批准延长期限的规定,也应适用于仲裁员的上诉,除非各方当事人另有约定。

2. 向法院上诉

以色列《仲裁法》第29(b)条规定,如果当事人约定仲裁员受实体法约束,可以同意将其裁决上诉到法院。如果法院发现在适用法律方面存在可能导致冤狱的根本性错误,可以准许上诉。因此,只有在法院准许的情况下,才能审理上诉。这实际上意味着,法院只在极少数情况下审理裁决上诉。简单的法律错误或者可能不会造成司法不公的错误都不是允许上诉的理由。同意对裁决进行上诉的当事人事先不能知道法院是否会受理。当双方当事人同意对裁决向法院提出上诉时,仲裁审理必须记录在议定书中,仲裁员必须说明裁决的理由。

如果就仲裁裁决向法院提出上诉,法院不得受理撤销裁决的申请,但在上诉中,当事人可以根据以色列《仲裁法》第24条规定的撤销裁决的理由作出论证。

在实践中,以色列法院往往不准许对仲裁裁决提出上诉。到目前为止,法院对于这个问题还没有作出任何重大决定。法院对仲裁裁决的一般态度是,它们的角色应当是支持仲裁。因此，正如法院严格解释撤销裁决的理由一样，他们的倾向是拒绝准许就裁决提出上诉。

（二）撤销仲裁裁决

1. 撤销裁决的理由

以色列《仲裁法》第 24 条中对撤销裁决的理由提供了封闭式列举。法院可根据下列任何理由撤销裁决：

法院可以根据以色列《仲裁法》第 24 条规定的撤销裁决的理由拒绝执行。

（1）没有有效的仲裁协议；

（2）裁决是由未正式委任的仲裁员作出的；

（3）仲裁员擅自行事或者超越仲裁协议赋予的权限的；

（4）当事人没有给予适当机会陈述案情或者出示证据的；

（5）仲裁员对提交其裁决的事项未作出裁决的；

（6）仲裁中规定仲裁员应当说明裁决理由，而仲裁员未说明的；

（7）仲裁协议中约定仲裁员应当依法作出决定，而仲裁员没有依法作出决定的；

（8）在裁决期限届满后作出的；

（9）裁决内容违反公共政策的；

（10）其他可以使法院撤销终审的、不可上诉判决的理由。

法院对撤销裁决拥有自由裁量权。因此，法院会审查撤销申请所依据的裁决的效力，如果法院认为不存在司法不公，将维持和确认裁决。一经确认，裁决便可以执行，且法院不得受理撤销裁决的申请，但根据该法第 24（10）条提出的申请除外。

以色列《仲裁法》第 26 条规定，如果法院认为没有造成司法不公，则可驳回撤销裁决的申请。在分析撤销裁决的理由时，可以将这 10 种理由区分为不同类别的理由，且所有理由都围绕着法治的理念。这些理由可以分为 3 类，每一类都聚焦于法治的不同方面——合同类、程序类和实质类。

（1）合同类

合同类理由涉及当事人同意通过仲裁解决争议的合意。承认仲裁程序和仲裁裁决源于双方当事人的仲裁协议，第 24 条第 1 项至第 3 项旨在确保合同自由的基本理念。因此，为了确保合同自由规则，仲裁法授权法院撤销与合同自由相抵触的裁决——没有仲裁协议、仲裁员不是根据当事人的协议指定的、仲裁员未经授权行事或超越其权限。这些合同上的理由是仲裁作为合同的产物这一概念所固有的。

(2)程序类

程序类理由包括涉及开展仲裁程序和作出裁决的理由。这些是法律第24条第4项至第8项中列出的理由,涉及下列情形:当事人没有给予适当机会陈述案情或者出示证据的;仲裁员对提交其裁决的事项未作出裁决的;仲裁中规定仲裁员应当说明裁决理由,而仲裁员未说明的;仲裁协议中规定仲裁员应当依据实体法作出决定,而仲裁员没有依法作出决定的。最后一个理由特别有意义。仲裁法的默认规则使仲裁员不受实体法的约束,这是双方当事人不能减损的权利。因而,判例法认为,适用法律的错误并不等于仲裁员未能根据实体法作出决定。如果当事人同意仲裁员受实体法的约束,但仲裁员在适用法律时犯了错误,仲裁员的裁决将不会被撤销。只有在仲裁员必须适用实体法但无视其这样做的义务的情况下,裁决才会被撤销。因而需对第24条第7项进行限制解释,必须尊重仲裁程序的目的和宗旨,并促进争议当事方使用仲裁。正如最高法院所述:“法律的明确目标是支持将争议提交仲裁,同时授权当事各方约定的仲裁员作出最后决定。撤销裁决的理由是基于这一目标而确定的。当事各方授权仲裁员根据实体法作出裁决时,是为了使仲裁员有义务将法律视为裁决争议的依据。为此目的,他们选择了仲裁员,指望他和他的知识依法作出决定,而他们则服从他的决定,即使他在适用法律方面有错误。”[1]

(3)实质性类

实质类理由与裁决本身的内容有关。这一类有两个理由:(1)裁决违反了公共政策;(2)存在法院会撤销最终的、不可上诉的判决的理由。这些理由是法院审查裁决实质内容并有权将其撤销的唯一理由。因此,在这些理由中,法院对裁决的监督作用在于确保裁决符合法治的基本概念。

“公共政策”并没有一个明确定义。它被描述为“各种事件和情况都会涉及的,贯穿于整个法律体系,并无处不在的事物”。[2] 公共政策涉及广大公众,因而

---

[1] LA 113/87 Ayalon Highways v. Shtang (1987).

[2] LA 1795/93 Pension fund of Eged members v. Yaakov (1993).

其涉及范围并不能被严格限制。公共政策也不是一个形式主义的术语,它深入了法律制度本身的基本构件。

以色列法院的倾向是严格解释撤销裁决的理由,从而达到确认裁决的目的。法院的倾向是尽可能地尊重裁决,并限制其对仲裁员决定的干预。即使从法律方面或从证据方面来看,仲裁员的结论显然是错误的,也不足以构成撤销裁决的理由。只有当仲裁程序从根本上存在缺陷时,或在当事人的协议没有得到满足的情况下,才可以撤销裁决。只有在裁决明显违反公共政策的情况下,才有可能因其内容而撤销裁决。

因此,撤销裁决不同于上诉审查,那些声称"仲裁员没有考虑在诉讼过程中提出的事实和法律论据,包括证据的可信度问题,是上诉的要求,就其性质而言,不适合法律规定的对仲裁裁决的司法控制"。〔1〕法院撤销裁决的权力是自由裁量的。即使存在任何撤销裁决的理由,如果法院认为申请人没有遭受误判,也有权拒绝撤销裁决的申请。

2. 撤销裁决的程序

撤销裁决的申请必须在裁决送达申请人之日起45日内提出。但是,如果撤销裁决的申请是基于该法第24条第1项规定的理由,即没有有效的仲裁协议,则没有时限限制。此外,如果申请所依据的理由是该法第24条第10项所规定的理由,即法院有理由推翻不可上诉的最终判决,则45日的期限自发现事实之日起算。法院也可以基于特殊理由延长这些期限,即使期限已经届满。

(三)其他申诉途径

根据以色列《仲裁法》第24条的规定,当一方当事人提出撤销裁决的申请时,法院可以撤销全部或部分裁决,补充、更正判决或发回仲裁员审理。撤销裁决实际上并不是对裁决提出质疑的唯一救济办法,而是最后的救济办法。只有当法院不能部分撤销、补充、更正判决或发回仲裁员审理时,法院才会撤销整个裁决。法院的基本逻辑是,不应过于草率地撤销可能花费很长时间才作出的仲裁裁决。当法院决定将裁决发回仲裁员时,除非法院另有指示,仲裁员应在3个月内作出裁决。当法院驳回撤销裁决的申请时,即确认裁决。一旦裁决得到确认,除上诉外,其法律效果与法院作出的判决相同。经确认的裁决可由执行机关执行。

---

〔1〕 LA 1129/00 Cohen v. Diamond Express Company (2000).

第三节 以色列主要仲裁机构及仲裁规则

根据以色列中央统计局的数据,截至2020年4月26日,以色列人口总数约920万人。其中,犹太人口为680.6万(约占总人口的74%),阿拉伯人口为193万(约占总人口的21%),“其他人口”为45.4万(约占总人口的5%)。[1] 这种基于种族的普遍分歧掩盖了真正的内部分歧。“阿拉伯人”群体包括穆斯林、基督教徒、德鲁兹教徒、切尔卡西亚人和贝都因人,这些人群之间存在文化、宗教甚至语言的差异。大多数的犹太人也因文化背景而分裂,群体之间往往存在不和谐的因素。伴随来自摩洛哥、德国、也门、北美、俄罗斯和埃塞俄比亚等不同国家和地区的移民源源不断地涌入以色列,以色列的犹太人口彼此之间一直存在矛盾。

正是因为相互冲突的理想、文化、信仰、传统和社会规范交织在一起,为替代性争端解决方式的出现创造了条件。以色列社会极具对抗性和诉讼性,每年能够提出上百万的诉讼。为了解决纠纷,以色列已经建立了若干正式和非正式机制,包括法院系统、调解和仲裁服务以及在特定情景下使用的内部纠纷解决程序。

以色列的法院系统高度发达,设有多个层级的法院来处理各种法律问题。法院系统包括3个主要组成部分:宗教法院系统、民事法院系统和劳动法院系统,其中,宗教法院(如拉比法院,“Rabbinical Courts”)负责处理与结婚、离婚和个人身份有关的事项。而民事法院系统的管辖范围是除劳动争议外的所有商业诉讼。民事法院系统包括三级法院:地方法院、地区法院和最高法院。

法院判决以英美普通法为基础,选任法官的依据是专业能力,包括迅速结案的能力。即便如此,法院系统也只包括大约600名法官,每个法官会被分配一个不可能完成的案件量。

因此,仲裁作为一种解决纠纷的替代方法,具有较高效率和便捷性,通常广泛应用于商业纠纷。鉴于以色列的宗教属性,自20世纪以来,以色列仲裁不仅用于解决商业纠纷,而且用于解决劳工和宗教争议,以及解决合作和互助社(cooperative and friendly societies)产生的争端。在商业领域之外,大多数仲裁都

---

〔1〕 参见张倩红主编:《以色列蓝皮书:以色列发展报告(2020)》,社会科学文献出版社2020年版,第27页。

是在仲裁机构的引导下进行的，而非通过临时仲裁。商业领域之外的仲裁机构主要包括：劳动和管理部门、合作和互助社和宗教团体。在劳动争议领域，各方必须通过仲裁来解决经济纠纷。在公共服务纠纷领域，当事人可自愿申请仲裁法庭处理涉及社团业务的法律和经济纠纷。此仲裁裁决除受仲裁法的约束外，还将被登记为集体协议。在宗教领域，当拉比法院或其他宗教法院被当事人要求解决其他类型的纠纷，如因借款、合同或合伙关系而产生的纠纷时，法院其实是在充当仲裁员的角色。尽管仲裁员一般受实体法约束，但拉比法院认为，自己有义务遵守宗教法，即使当事方人没有具体要求。同时，一方当事人可以就裁决向上一级拉比法院提出上诉。[1]

目前，以色列在商事和国际仲裁领域，主要有几个仲裁机构，包括以色列商事仲裁中心、以色列调解和仲裁中心、耶路撒冷仲裁中心，以及譬如以色列钻石交易所内部的仲裁机制，以下将主要介绍几个重要的仲裁机构及其规则。

一、以色列商事仲裁中心

以色列商事仲裁中心（Israeli Institute of Commercial Arbitration，IICA）成立于1989年，由以色列商会创立，是以色列第一个仲裁和争端解决机构，也是以色列在仲裁领域唯一的公共机构，至今已受理过数千个国内和国际仲裁案件。自20世纪90年代初成立以来，IICA已确立了以色列主要仲裁机构的地位。

IICA为通过仲裁和调解方式解决争端提供了一个可靠有效的组织框架：第一，根据争议类型任命仲裁员。根据争端的类型，如会计、不动产、税收、商业、国际争端，从仲裁员名单中（包括退休法官、资深律师、会计师、工程师和其他背景的专家）委任仲裁员。第二，通过明确的仲裁规则管理仲裁流程，确保仲裁费用合理公平，尤其是在仲裁员道德规范、仲裁效率、上诉方面有细致规定。

1991～2007年，IICA只保留了一套希伯来语仲裁规则（一般规则），主要适用于国内仲裁。随着涉及非以色列当事人的纠纷日益增多，2007年，IICA通过了一套专门的国际争议解决规则（国际规则）。

最新版本的《以色列商事仲裁中心仲裁规则》（以下简称《IICA仲裁规则》）自2020年1月1日起生效，适用于任何当事人同意将争议提交至以色列商事仲裁中

---

〔1〕 Smadar Ottolenghi, *Arbitration Institutions in Israel*, The Arbitration Journal, Vol. 38, No. 3, p. 53, 53 (1983).

心并按照其规则进行仲裁的案件。该规则的主要内容如下所述。

(一)仲裁请求

仲裁申请人向 IICA 提交的仲裁请求应包含以下内容:(1)当事人的姓名、地址、身份证明号码和联系方式(包括电子邮件地址);(2)如果申请人有律师代理,则提供其法律顾问的姓名、地址和详细联系信息;(3)争议简介,应写明事实、法律依据和寻求的救济;(4)申请人可表明对某一专业领域的仲裁员的偏好。

仲裁申请必须附有副本,其中包括双方当事人同意通过仲裁解决争议的内容。譬如:与争议有关的仲裁协议、协议中的仲裁条款、包括双方同意将争议提交仲裁解决的法院审理记录、公司章程中的仲裁条款、将双方提交仲裁的法院裁决。双方可通过仲裁协议或法院命令的方式启动仲裁程序。主要流程如图 2-1 所示。

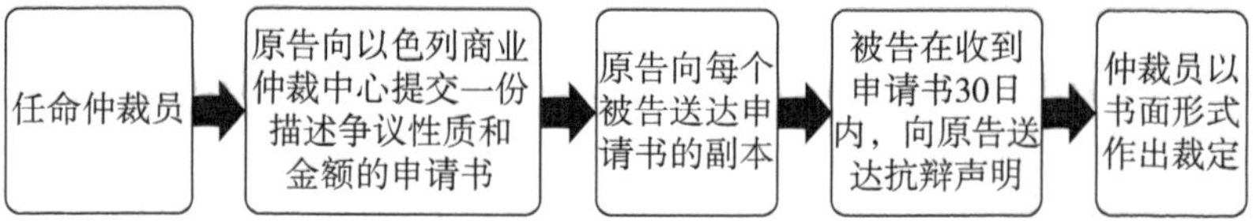

图 2-1　以色列商事中心仲裁流程

当事人提交仲裁申请后,IICA 将把仲裁申请书及其附录的副本发送给被申请人。收到仲裁请求的一方可在 15 日内对请求作出答辩。在答辩中应说明其是否打算提出反诉,如果打算提出反诉,则应同样适用关于提出仲裁请求的规定。

(二)仲裁庭的组成

仲裁员由 IICA 主席任命,任命方式有以下两种:(1)在收到当事人的申请书后,可以从 IICA 的仲裁员名册中挑选仲裁员。当事人可根据技能、经验和专业领域,从中选择最合适的仲裁员。(2)根据当事人的共同请求,从推荐的仲裁员名册中选择,且该名册是根据当事人的争议事实专门编制的。在第一种方式任命方式下,双方需在提交仲裁申请之日起 30 日内提出商定的仲裁员人选,可以是独任仲裁员或多名仲裁员,并提交给院长批准,以便任命其为仲裁员。

被任命的仲裁员将以书面形式表明自身的独立性,即与争议事项没有个人利益和参与,也不存在任何偏见。如果一名仲裁员无法履行其职责,将根据《IICA 仲裁规则》指定另一名仲裁员,除非双方另有约定。另一名仲裁员到任后,将从当前阶段继续进行仲裁。

在仲裁开始前,如果当事人对仲裁员的公正性或独立性持有合理的质疑,或者认为仲裁员不具备约定的仲裁资格，当事人应在指定仲裁员或组成仲裁庭通知发出之日起10日内，以书面形式向仲裁中心提出质疑。质疑书应签名，并包含质疑的理由。另一方申请人可在收到质疑书之日起10日内作出回复。主席应在考虑到质疑的理由和对质疑的答复，并收到仲裁员观点后，对质疑作出裁决。此外，在仲裁开始后，主席有权应一方当事人的要求或根据其自由裁量权，在其认为有正当理由的情况下，解除仲裁员的职务，并以书面形式说明理由。

（三）初步会议

仲裁员任命后，仲裁中心将向各方当事人发送初步会议日期的通知。在初步会议上，双方将讨论如何进行仲裁，仲裁员将有权根据《IICA仲裁规则》和其自由裁量权决定仲裁程序。在预备会议之日起30日内，申请人将向仲裁中心提交一份申索陈述书（statement of claim），不同于仲裁请求申请书（request for arbitration），除列举出争议简介外，申索陈述书还要列明申请所需的事实和论据。申请书必须附上诉讼理由所依据的重要文件的副本。

被申请人应在收到申索陈述书后30日内向仲裁院提交答辩陈述书，答辩陈述书应详细说明被申请人是否承认相关事实或法律观点。答辩陈述书也必须附上其答辩所依据的重要文件的副本。在收到答辩陈述书的15日内，申请人可以提交对答辩陈述的回复。如果被申请人希望提出反诉，以作为其答辩陈述书的一部分，应需将文书命名为“反诉状”。对反诉进行回复的申请人应在收到反诉之日起30日内提交一份题为“反诉答辩通知书”的文件。

如果双方同意在不交换书状的情况下争议提交给仲裁院裁决，他们应签署一份仲裁协议，并附上不交换书状的快速仲裁程序请求。

（四）仲裁地点

仲裁的法律地点是以色列特拉维夫。仲裁会议一般在仲裁中心的办公室举行，除非双方同意，经仲裁院院长批准，才能够在其他地方进行仲裁。仲裁员也可通过视频会议或任何其他通信方式举行会议。

（五）仲裁语言

当事人有权约定仲裁所使用的语言。如果当事人没有约定，仲裁将以希伯来语进行。如果双方未能就仲裁语言达成一致，且其中一方希望以希伯来语以外的语言进行仲裁，将由仲裁员决定仲裁语言。

(六)适用的实体法

当事人可就适用于仲裁的实体法达成协议。如果双方有约定,仲裁员将根据约定的法律作出裁决。在没有约定的情况下,仲裁员不受实体法的约束,其将根据所掌握的材料作出最佳判断,作出裁决。

(七)程序规则

双方当事人有权约定是否适用法院的证据和程序规则。如果双方没有约定,仲裁员将不受证据和程序规则的约束。作为原则,仲裁员将以其认为最有利于作出公正、有效的仲裁裁决的方式开展仲裁。在整个仲裁过程中,仲裁员将努力鼓励双方达成和解协议。

(八)仲裁程序

1. 仲裁记录。仲裁会议将作记录。经双方同意或根据仲裁员的指示,将对仲裁审理过程进行录音,并随后进行笔录。除非仲裁员另有决定,否则录音和笔录的费用将由双方平均承担。

2. 时间安排。仲裁员拥有自由裁量权,能够制定进行仲裁的时间安排。仲裁员有权自行决定或根据一方当事人的请求延长相关期限。主席有权延长任何规定的任何期限。

3. 证人。仲裁员有权应一方当事人的要求或根据审理需要,发出关于传唤和询问证人作证的指示,包括有权裁定证人费用和开支。在仲裁中作证的证人的义务和权利将与在法庭上作证的证人相同。仲裁员应提醒证人必须如实作证,否则会受到法律惩罚。仲裁员可指定一名专家提供书面或口头的专家意见,无论专家是否代表一方被传唤为证人。

4. 缺席仲裁。如果一方当事人未出席仲裁会议,或未遵守规则规定的提交书状的最后期限,仲裁员可在发出通知后,驳回全部或部分申请,或在一方当事人缺席的情况下继续审理,并根据其判断作出裁决。

5. 仲裁的保密性。当事人和仲裁员应当承诺为仲裁程序保密,包括仲裁审理、为仲裁准备和提交的相关文件以及仲裁裁决,除非法律另有规定。

(九)临时措施

应一方当事人的请求,仲裁庭可以下令采取其认为适当的临时措施。临时措施的申请可以在仲裁程序的任何阶段提出,申请内容应包括:当事人提出申请的理由与证据、与申请有关的所有文件以及证明、申请人的宣誓书。

仲裁员可以要求临时措施的申请人提供必要的担保,包括现金担保、银行担保、第三方担保、扣押申请人的财产、提供抵押以确保第三方的权利。仲裁员可审查任何关于临时措施的决定,以撤销、更正该决定。

（十）仲裁裁决

仲裁员可作出仲裁裁决,包括确认性裁决、强制性或禁止性禁令。仲裁裁决应由仲裁员以书面形式作出,并附有论证理由和签名。如果仲裁裁决包括金钱给付义务,仲裁裁决应包括关于支付差额或利息的指示。仲裁裁决,无论是否包括金钱义务,都将包括关于支付仲裁费用和律师费的指示,所有这些均由仲裁员自行决定。仲裁裁决将在收到最后总结之日起 30 日内作出。

（十一）和解

经双方当事人同意,仲裁员可以通过和解的方式对双方当事人之间的部分或全部争议进行裁决,在这种情况下,仲裁员不必说明裁决的理由。在仲裁期间,仲裁员可以向当事人提出和解建议,而不被视为对仲裁判断发表了任何意见。当事人双方达成协议的,当事人可以向仲裁员申请使双方达成的协议具有仲裁裁决的效力。即使当事各方约定了包括向法院上诉的途径,以和解方式作出的仲裁裁决也不得上诉。

（十二）上诉

世界各国普遍认为,缺乏上诉机制是仲裁的缺陷之一。《IICA 仲裁规则》的一个独特特点是其解决了上诉的问题。2004 年,IICA 修订了规则,允许仲裁当事人就上诉级别达成协议,以审查仲裁员的裁决。IICA 被认为是全球为数不多的采用机构程序对仲裁裁决提出上诉的机构之一。

尽管以色列《仲裁法》第 24 条规定了可以撤销裁决的理由,但解释范围很窄,众所周知,法院不轻易干预仲裁裁决。为了克服此缺陷,IICA 决定设立由 1 名仲裁员或 3 名仲裁员组成的小组担任上诉机构,其管辖范围是审议对原始仲裁裁决的上诉。根据仲裁中心新的仲裁规则,2020 年 1 月 1 日起,当事人可在仲裁程序开始前约定,仲裁裁决可向上诉法院提起上诉。当事各方还可约定由 1 名仲裁员或由 3 名仲裁员组成的小组审理上诉。根据《IICA 仲裁规则》第 10 条,主席将任命仲裁员或仲裁员小组以作为上诉机构。

关于上诉的程序。当事人应在作出仲裁裁决之日起 45 日内向仲裁中心提出。

上诉应以书面形式提出,并详细说明争议各方及其律师的姓名和地址、上诉的理由、上诉的论据和作出仲裁裁决的日期。仲裁裁决应附在上诉书中,并构成上诉书的一个组成部分。被上诉人应在上诉书送达之日起 30 日内对上诉书作出答复,并详细说明理由和论点,其也可以提出反上诉。

双方将有权提议 1 名商定的仲裁员来审理上诉。提议的仲裁员的身份将提交给主席,供其批准,以便任命其为仲裁员。如果没有这样的提名或同意,主席将从仲裁院的仲裁员名单中指定 1 名仲裁员,并尽可能考虑到仲裁员的资格、经验、专长及其与争议主题有关的专业知识,以及各方对仲裁员专长领域的偏好在向仲裁员组成的小组提出的上诉中,小组的决定将经过多数同意。

上诉法庭可审查仲裁文件记录,并依赖其中的任何信息。上诉各方无权提出书面或口头补充证据,除非上诉法庭决定接受新的证据和证词,理由应予记录。上诉法庭可在当事方在场的情况下举行审理,听取口头辩论或接受书面总结,并根据补充书状和论点对上诉作出裁决。

上诉法庭有权全部或部分驳回上诉,或全部或部分同意上诉,并补充、更正仲裁裁决或者发回原始仲裁员。法院上诉法庭的仲裁裁决应说明其理由。上诉法庭将在提交最后书状之日起 3 个月内对上诉作出裁决。在特殊情况下,仲裁中心主席有权延长这一期限。

二、耶路撒冷仲裁中心

以色列目前是巴勒斯坦最大的贸易伙伴,据估计,巴勒斯坦是以色列仅次于美国的第二大贸易伙伴。商业争端是国际贸易的自然副产品,巴以贸易关系也不例外。然而,复杂的以色列—巴勒斯坦关系为有效解决商业争端带来了一些独特的挑战:一方面,在双边贸易中,大部分都是以色列对巴勒斯坦地区出口销售,而巴勒斯坦对以色列流入劳动人口,这种现实往往导致以色列在商业谈判中拥有更大话语权。当出现贸易争端时,以色列人希望选择以色列法院解决纠纷,而巴勒斯坦人被迫同意参与可能对其不利的诉讼程序。另一方面,由于双方都对对方的法律体系缺乏信任,且尽管《奥斯陆协定》试图规定相互承认和执行司法判决和裁决的机制,但实际上在巴勒斯坦地区执行以色列法院判决几乎是不可能的(在以色列地区可以执行巴勒斯坦判决)。

因此,鉴于这两个因素,双方在商业争端解决方面都面临“双输”的事实:巴勒斯坦一方可能面临作出不利判决的风险,而以色列一方面临其裁决不会得到执行的风险。因而,以色列和巴勒斯坦商人之间的交易都需要以现金形式或者以强有力的担保方式(如银行保函或信用证)为基础开展商业活动,这在一定程度上造成了高昂的交易成本,形成了贸易壁垒。[1]

国际仲裁在为来自不同文化和法律传统的当事人之间提供公平、中立和可靠的争端解决机制方面有着悠久的历史。在此背景下,耶路撒冷仲裁中心为巴勒斯坦——以色列商业争议的解决提供了一个非政治的、公正、专业、可执行和具有成本效益的平台,有利于消除目前阻碍双边贸易的壁垒,并将改善双方之间的关系。

耶路撒冷仲裁中心是建立在以色列和巴勒斯坦双方的共同利益之上的。耶路撒冷仲裁中心的架构被设计成平等和赋权的代表,且试图通过仲裁程序来确保平等和赋权。耶路撒冷仲裁中心的法律形式是一个合资企业,其所有权由以色列国际商会和新巴勒斯坦国际商会平等持有。耶路撒冷仲裁中心的建立得到了 ICC 的支持,ICC 为理事会的遴选、仲裁机构的管理、内部会计制度的建立等各个方面提供了指导和国际支持。

(一)耶路撒冷仲裁中心的基本架构

为了避免关于企业"国籍"的选择,耶路撒冷仲裁中心是以色列国际商会和巴勒斯坦国际商会通过合资协议建立的一个合资企业,而非以设立一个新的法律实体形式建立。合资协议规定了耶路撒冷仲裁中心的运营条款,由 3 个机构组成:秘书处、耶路撒冷仲裁中心法院、耶路撒冷仲裁中心理事会。

秘书处行使管理和监督仲裁程序的功能。其设在东耶路撒冷的审理中心,由 1 名非本地的秘书长和 2 名副手组成,其中,一名是以色列人,另一名是巴勒斯坦人。秘书处的所有成员都是专业律师,具有很强的国际仲裁背景,且都具有国际商会仲裁的专业知识。

耶路撒冷仲裁中心法院,是仿效 ICC 的结构、程序、规则设立的。法院的功能是负责批准仲裁员的裁决法院,以及向耶路撒冷仲裁中心理事会提出政策建议。根据仲裁中心的平等和公正原则,法院由 9 名主要仲裁专家组成,其中包括 2 名巴勒斯坦人、2 名以色列人和 5 名国际成员。

耶路撒冷仲裁中心理事会则负责制定管理政策和批准法院关于法律政策问

---

[1] See Catherine A. Rogers, *The Jerusalem Arbitration Center*, Proceedings of the Annual Meeting (American Society of International Law), Confronting Complexity, Vol. 106, p. 270 - 272(2012).

题的建议。在理事会的人员构成中,巴勒斯坦和以色列成员人数相等。理事会有3名共同主席:其中,1名以色列人,1名巴勒斯坦人和1名国际人士。

耶路撒冷仲裁中心的审理中心(总部)位于东耶路撒冷。由于以色列人和巴勒斯坦人都将东耶路撒冷视为其首都的一部分,以此为地址,双方都能有平等的主人翁感,而不必在政治问题上采取立场。除此之外,还设有两个代表处以向秘书处提交文件,一个在特拉维夫,另一个在拉马拉,这两个地方分别是巴勒斯坦国际刑事法院和以色列国际刑事法院的所在地。

(二)《耶路撒冷仲裁中心仲裁规则》

《耶路撒冷仲裁中心仲裁规则》自2013年11月18日起生效,以《ICC仲裁规则》为基础。其主要条款有:

一是关于耶路撒冷仲裁中心的管辖金额。该规则第4条第5款规定:“如果秘书长认为申请所涉的争议金额超出了内部规则中规定的管辖标的额,则秘书长可将此问题提交法院立即作出裁决。如果法院发现所涉金额超出了管辖金额,则应将争议移交国际商会仲裁院。”在耶路撒冷仲裁中心的早期运行中,其管辖金额应限于价值不超过700万美元的请求。

二是关于耶路撒冷仲裁中心的地域管辖权。该规则第6条第3款第2项(c)载有一项规定,即为了进行仲裁,耶路撒冷仲裁中心必须确认“商业争端与以色列、约旦河西岸、加沙地带和东耶路撒冷有关”。

除此之外,该规则第6条第3款第4项规定:“在某些情况下,如果法院认为特殊情况需要,可以决定寻求国际商会仲裁院的具体批准,让耶路撒冷仲裁中心仍旧管辖仲裁。”第9条第8款规定:“法院可根据其自由裁量权,决定将1名或多名仲裁员的任命交予国际商会仲裁院。”

三是关于仲裁地点和时限。该规则第15条第1款第2项规定了仲裁的法律地点,除非各方当事人另有约定,否则应视为各方当事人已同意仲裁地点为法国巴黎,并且需要遵守法国《民事诉讼法》第1522条。第15条第2款规定,各方当事人明确放弃其撤销裁决的权利。第6条第3款第7项规定,除非各方当事人另有约定,否则实际的审理地点应为东耶路撒冷的耶路撒冷仲裁中心,且需遵守《ICC仲裁规则》。第15条第3款规定,在特殊情况下,经与各方当事人协商,仲裁庭可决定通过视频会议进行部分或全部审理。第26条第1款规定,仲裁庭必须在12个月内作出最终裁决。

三、以色列钻石交易所的内部仲裁

犹太人从事钻石业起源于中世纪。随着反犹太主义的兴起，散居在欧洲各地的犹太人从事的行业类型受到严格限制，而钻石贸易恰好是一个没有受到严格限制的行业，再加上犹太人随时面临被统治者驱逐的风险，钻石小巧、价值高且便于携带的特点，使很多犹太人热衷于从事钻石贸易，到19世纪末，犹太钻石工人约占世界钻石工人的1/5，犹太代理商占整个钻石行业的3/4。以色列是世界上最主要的钻石加工和交易中心之一。21世纪以来，以色列钻石出口额平均每年达80亿美元，约占以色列商品出口额的12%。[1]

以色列钻石业在自然资源严重匮乏的条件下取得成功，得益于以色列政府、以色列钻石交易所、以色列钻石协会以及以色列钻石制造商协会为主体的管理体系。其中，以色列钻石交易所是世界上规模最大、制度最完善、安全级别最高的钻石交易所。钻石交易所的一个显著特点及优势就是实施会员民事责任和内部仲裁制度。

钻石交易所实施内部仲裁制度的原因主要如下：一是犹太商人的交易传统以及仲裁的保密性。以犹太商人为主导的钻石行业分布在世界各地，包括纽约、安特卫普、拉马特甘等地，并且具有许多不同寻常的特征，譬如由同种族的商人组成的社区、代际传承的家族企业、拒绝法院介入同行纠纷、警察仅处理盗窃等犯罪行为。[2] 二是禁止互讼的宗教传统衍生出以信用机制代替法院执行的机制。莉萨·伯恩斯坦(Lisa Bernstein)针对纽约钻石交易所写的一篇论文，就探讨过这种情形。纽约钻石市场本身有一套替代法院系统的方法。他们请当地犹太教贤明公正的拉比来仲裁。如果某位钻石商认为，另一位钻石商欺骗他，他可以把争议提交给拉比。要是拉比作出对他有利的裁决，但另一方拒绝赔偿，后者便无法在钻石业立足了，因为没有人会再信任他。除经济制裁外，更有社会制裁，大部分朋友、亲戚、将来的姻亲，都会将他视为骗子。这个例子显示，受信任的私人仲裁者可以替代法院系统，机制的运行不是直接执行合同，而是制造必要的公共信息，让信誉机制去执行。第三者不用细究争议以判别孰是孰非，只需要知道拉比的裁

[1] 参见张倩红主编：《以色列蓝皮书：以色列发展报告(2020)》，社会科学文献出版社2020年版，第127、128页。

[2] 参见张倩红主编：《以色列蓝皮书：以色列发展报告(2020)》，社会科学文献出版社2020年版，第134页。

决结果。这或许是一些特殊行业有时由严密的族群所控制的一个原因。如果通过信誉和社会压力的私人执行成本,比法院系统的执行成本还低且更可靠,那么在前者系统下的商人就会比在后者系统下的商人享有竞争优势。[1]

根据以色列《钻石交易所道德行为守则》,以色列钻石交易所的成员在钻石交易所内的活动有争议的,将把争议提交到钻石交易所的仲裁机构,作为解决争议的第一步和主要步骤。除经交易所董事会法律委员会批准的少数例外可以申请法院处理外,申请会员时已确认所有的交易纠纷都到仲裁委员会解决。担任仲裁员的以色列钻石交易所成员将试图通过调解解决提交给他们的争端,只有在调解努力失败的情况下才着手对此事进行裁决。参与仲裁程序的钻石交易所成员,无论是仲裁员、当事人还是证人,都将对所有程序保密。钻石交易所的成员将尊重仲裁机构对他们的案件的裁决,无论他们认为这是最终的或决定寻求另一个解决争议的钻石交易所。

一般而言,交易所会员大会选举产生 100 个仲裁员,每次纠纷随机产生仲裁员。仲裁分三个阶段:

(1)选两个仲裁员进行第一轮仲裁。

(2)如当事人对仲裁结果不满意,则另选 3 名仲裁员进行第二轮仲裁。

(3)如当事人对仲裁结果仍不满意,并且案件标的超过一定数额,则另选 5 名仲裁员进行第三轮仲裁。其中 2 名仲裁员从董事中随机产生。[2]

四、其他仲裁机构

以色列解决争议调解的主要机构还有以色列调解和纠纷解决中心(Israeli Center for Mediation and Arbitration)。该中心成立于 1996 年,隶属于以色列司法部,其主要成员是退休的高级法官和经验丰富的专家。商事调解通常包括财产纠纷、就业纠纷、合同纠纷。

相比诉讼,商事调解耗时少、费用低,根据案件的复杂程度,商事调解通常需要 1 ~ 2 日。在调解之前,双方可将主要问题的简短陈述送交调解人。调解人在了解案件情况并向双方说明调解工作流程后,会与双方召开调解会议。除在调解和

---

〔1〕 Bernstein Lisa, *Opting out of the Legal System: Extralegal Contractual Relations in the Diamond Industry*, The Journal of Legal Studies, Vol. 21, No. 1, p. 115 – 157 (1992).

〔2〕 参见杨祖德:《关于钻石交易所管理制度的国外考察报告》,载《政府法制研究》1998 年。

仲裁中使用的典型机制外，该中心还努力使各方达成相互理解和修订协议。衷心的专家将审查所有复杂的关系，并将协助起草双方之间的新协议。该中心的活动是在严格遵守道德准则下进行的，所有程序都保证在保密的情况下进行和执行。

第四节　以色列法院对仲裁裁决和仲裁协议的承认与执行

“承认”是正式承认仲裁裁决具有终局性和约束力，即具有既判力。“执行”会使仲裁裁决与一国的法院判决具有相同的效力。因此，承认和执行仲裁裁决和仲裁协议是最终强制执行的先决条件。随着“一带一路”倡议的稳步推进，中国与沿线国的国际民商事交往将不断深入。与此同时，跨国民商事纠纷将日益增多，相互承认和执行外国仲裁的需求也将急剧提升。

一、以色列法院对仲裁裁决的承认与执行

在以色列法律体系中，多部法律和双边条约规定了以色列法院对仲裁裁决的承认与执行。一是以色列《仲裁法》，对以色列法院关于仲裁裁决的承认与执行作出了基础性规定。二是以色列《仲裁程序条例》，确认仲裁裁决的程序。三是《纽约公约》，为以色列法院承认与执行外国仲裁裁决提供了直接的法律依据。四是《执行纽约公约条例（外国仲裁）》，主要规定了向法院申请执行外国裁决的程序。

（一）以色列《仲裁法》

在以色列，国内仲裁和国际仲裁没有单独的立法框架。以色列《仲裁法》没有界定仲裁为国内仲裁还是国际仲裁的判断标准。但是，以色列《仲裁法》第 1 条对“仲裁裁决”和“外国仲裁裁决”均作出了明确定义。“仲裁裁决”，是指由仲裁员作出的裁决，包括临时裁决。这一定义意味着，临时裁决可以像最终裁决一样被强制执行。以色列《仲裁法》第一附则规定了关于以色列仲裁的默认规则。法律授权仲裁员作出决定部分仲裁标的的临时裁决。双方可以约定排除使用这一规则，并要求仲裁员只作出一项最终的仲裁裁决。原则上，临时裁决可以像任何最终裁决一样被强制执行。“外国仲裁裁决”，是指在以色列以外地区作出的仲裁裁决。由此可推知，地域标准（仲裁地）是界定外国仲裁裁决的标准，只有在以色列以外地区为仲裁地所作出的裁决才能被视为外国仲裁裁决。但在以色列仲裁实践中，一些法院判决未能承认在以色列境外进行的仲裁的国际性质。因此，法律中与国内仲裁相关的那些条款也适用于此类案件。

1. 国内仲裁

对于以色列国内仲裁,国内裁决须由法院进行确认程序。要求确认裁决的一方当事人必须向法院提出确认申请,同时应当通知另一方当事人。如果另一方当事人在7日之内不申请撤销裁决,则将视为予以确认。如当事人未向法院提出该等申请,则需要由法院司法常务官(registrar of the court)自动确认该裁决。以色列《仲裁法》第23条规定了仲裁裁决的确认程序。一旦裁决得到确认,除上诉外,它将被视为法院的判决。撤销裁决的动议被驳回的,法院应当确认该裁决。此外,法院不受理对仲裁裁决确认的异议,除非通过第29B条所述的申请撤销,或作为对仲裁裁决的确认上诉的一部分。

裁决一经确认,即视为法院判决,可提交执行部门执行。如果提出撤销裁决或者确认裁决,法院可以要求财产保全,防止其出境或者为仲裁裁决的执行提供保障。以色列《仲裁法》第24条规定了拒绝执行的理由,设置了一个可以撤销仲裁裁决的理由清单。撤销裁决的理由清单是详尽的,当事人不能同意限制或扩大它。根据一方当事人的申请,法院可以下列撤销仲裁裁决的理由而拒绝执行:(1)缺少有效的仲裁协议;(2)裁决是由未适当任命的仲裁员作出的;(3)仲裁员无权或超出仲裁协议赋予其的权力;(4)一方没有得到适当的机会陈述案情或者出示证据;(5)仲裁员没有决定提交给其的事项;(6)仲裁中规定仲裁员应陈述裁决的理由,而仲裁员没有这样做;(7)仲裁协议中规定,仲裁员应依法作出决定,而仲裁员没有这样做;(8)裁决是在裁决期限届满后作出的;(9)裁决的内容违反公共政策;(10)法院有理由撤销最终的、不可上诉的判决。

以色列《仲裁法》第26条规定了申请撤销仲裁裁决的限制性条件:(1)如果存在该法第24条所述的理由之一,但法院认为没有造成司法不公的,法院可驳回撤销仲裁裁决的申请。(2)如果仲裁裁决可以被部分撤销、补充、修改或移交给仲裁员,法院不会撤销全部裁决。(3)在作出裁决之前,除非当事人在裁决前书面通知仲裁员,否则不得保留当事人答辩的权利。根据该条第1款可知,法院撤销裁决的权力是酌情决定的。即使存在第24条的任何理由,法院在认定没有造成司法不公的情况下,也可以拒绝撤销裁决。因此,即使法院认为没有误判,即使有撤销的理由,也可以确认裁决。一经确认,即可执行仲裁裁决。根据该条第2项规定可知,撤销并不是质疑仲裁裁决的唯一补救措施。事实上,全部撤销仲裁裁决是当事人最后的补救措施。

关于撤销仲裁裁决的时间规定,详见以色列《仲裁法》第 27 条。撤销裁决的申请必须在裁决送达申请人之日起45 日内提出。但是,当撤销裁决的申请是基于第 24 条第 1 项规定的理由,即没有有效的仲裁协议时,则没有时间限制。此外,如果申请基于第 24 条第 10 项规定的理由,即存在法院本应撤销不可上诉的最终判决的理由,则 45 日的时限自发现事实之日起算。如果法院认为有特殊原因,即使期限已经届满,仍然可以对期限进行延长。当提交确认裁决的申请时,对确认申请提出异议的期限为 15 日。一旦裁决被法院确认,就不可能撤销。唯一例外是基于第 10 条理由的申请,即使裁决得到确认,也可以提出申请。

2. 国际仲裁

关于国际仲裁,以色列没有专门针对国际仲裁的仲裁法。以色列《仲裁法》只对外国仲裁裁决的承认和执行事项进行了规定,不同于国内仲裁协议和裁决的规定。对于承认与执行外国仲裁裁决的条件、在印度尼西亚申请承认与执行外国仲裁裁决的具体程序等,以色列《仲裁法》均没有明确和具体的规定。在没有公约和条约可以适用的情况下,根据以色列《仲裁法》第 29A 条规定,确认或撤销适用以色列是一方缔约方的国际公约并就有关事项进行规定的外国仲裁裁决的申请,将按照规定提交和处理。换言之,若该外国仲裁裁决由以色列缔约的国际公约规定,那么一方当事人任何对于确认或撤销外国仲裁裁决的请求,都将根据相关条款进行处理。虽然该条只提及了“确认或撤销外国裁决”的申请,但实际上应当解读为有关执行或者拒绝执行外国裁决的申请。

在以色列仲裁实践中,关于执行外国仲裁裁决的判例法很少。且与执行外国仲裁协议的情况不同,以色列法院对执行外国仲裁裁决的态度是严格遵守《纽约公约》的规定,而不是对拒绝执行的理由进行广泛的解释。

对于不适用《纽约公约》的外国裁决的承认,以色列《仲裁法》第 39A 条进行了规定。即使仲裁受外国法律管辖,或者裁决是外国裁决,抑或是没有公约涉及第 6 条或第 29A 条的适用,或者适用的公约没有就有关事项进行规定,该法规定不得依照该法阻止确认或撤销裁决或者该法规定的任何其他程序。以色列最高法院已将这一规定适用于巴勒斯坦权力机构作出的仲裁裁决。[1] 根据该仲裁裁决,以色列最高法院认为,执行在巴勒斯坦权力机构作出的仲裁裁决应通过以色

---

〔1〕 CA 3051/11 Fadal Godat Gaber v. Agbria Sharim Mustaffa Ahmad (2011).

列《仲裁法》第3条作出。因为巴勒斯坦权力机构并非《纽约公约》的缔约方。

2009年11月,以色列最高法院裁定,对仲裁裁决的判决有权得到承认和执行。[1] 该案件涉及加利福尼亚州联邦地区法院对加利福尼亚州作出的仲裁裁决作出的判决,但最高法院没有就可能以这种方式执行的判决类型提出任何资格。法院对法律论据的分析表明,判定债务人并没有辩称,在执行程序中可能依赖的只是仲裁裁决,而不是判决。因此,以色列最高法院的判决理由没有在这个问题上确定一个适当的有约束力的先例。有以色列学者认为,只有仲裁裁决才应该是承认和执行程序的主体。关于仲裁裁决的外国判决不应得到承认或执行。

(二)以色列《仲裁程序条例》

以色列《仲裁程序条例》全文共11条,内容基本上与以色列《仲裁法》相对应。该条例第8条规定了确认仲裁裁决的程序。请求法院确认裁决的一方,应根据附表中的表格3,以通知的形式提出申请,并应附上由仲裁员签署的仲裁裁决副本及若干份将交付每个答辩人的副本。对于仲裁裁决的申请撤销,该条例第9条规定,全部或部分撤销裁决、修改或移交仲裁员的申请,应以动议的方式提出;该申请应指明其所依据的法律第24条所规定的理由,并应附有宣誓书,以核实其中所包含的事实。该条例第10条规定,答辩人可在第8条规定的通知送达之日起7日内,对申请撤销裁决提反对意见,但不得迟于以色列《仲裁法》第27条所规定的日期;未按上述规定提出异议的,法院或其司法常务官应确认裁决,且无须听取当事人的意见。

(三)《纽约公约》

就法律渊源而言,以色列于1959年成为《纽约公约》的缔约方之一。并且,以色列没有对《纽约公约》作出任何声明或保留。值得注意的是,以色列没有根据《纽约公约》第1条第3款作出声明,[2] 将外国仲裁裁决的承认和执行在对等的基础上限制在其他缔约方领土上作出的裁决。在一些案件中,法院证实了这一问题。也有一些裁决强调不需要互惠,适用《纽约公约》的条件只需以色列是缔约方

---

〔1〕 CA 10854/07 Cf Shira Bracha Pickholz v. Jaime Sohacheski, Nevo electronic database (17 March 2010).

〔2〕《纽约公约》第3条规定,各缔约方应承认公断裁决具有拘束力,并依原引裁决地之程序规则及下列各条所载条件执行之。承认或执行适用本公约之公断裁决时,不得较承认或执行内国公断裁决附加过苛之条件或征收过多费用。

即可。

1.《纽约公约》转为国内法的实施

根据以色列法律,条约不能被直接适用。若非在以色列国内法中通过初级或次级立法,即通过议会颁布或行政法规来执行,以色列的私主体是不能依赖该条约的,法院也不能适用该条约。[1] 起初,以色列 1968 年《仲裁法》并没有执行《纽约公约》关于承认和执行外国仲裁裁决的规定。事实上,它在重要方面甚至偏离了《纽约公约》。例如,以色列 1968 年《仲裁法》第 24 条授权以色列法院基于"有理由可以撤销最终的、不可上诉的判决"而撤销一项仲裁裁决。为了更好地履行以色列关于外国仲裁裁决的国际义务,以色列 1974 年《仲裁法》进行了修正。通过该修正案,增加了第 29A 条关于外国仲裁裁决的规定。至此,《纽约公约》才正式被纳入以色列法律。《纽约公约》被通过成为以色列法律之后,1923 年的《日内瓦仲裁条款议定书》和 1927 年的以色列作为缔约方的《日内瓦公约》就不再有任何关系。

尽管以色列法院努力遵守《纽约公约》,但其在执行仲裁协议和执行或承认仲裁裁决的两个阶段,对于《纽约公约》的适用和转化都是不完善的。通过对法律和判例的研究可知,在以色列法律专业方面,关于涉外因素的事项没有受过足够的培训。因此,在以色列仲裁实践中,国际案件往往可以被视为完全的国内案件,不适用有关法律冲突的规则,亦不适用外国法律。由于以色列的法律制度是一种对抗式的法律制度,法院判决总体上取决于当事各方的诉状。如果这些诉状忽略了案件中的外国因素,法院往往只能在其决定中提到这一事实。

除《纽约公约》外,以色列还是 1965 年《华盛顿公约》的缔约方。关于外国仲裁裁决的执行的判例法很少。但是,法院严格遵守《纽约公约》的规定,并没有广泛解释拒绝执行的理由。

2. 拒绝承认和执行外国仲裁裁决的理由

根据以色列仲裁法的规则,如果当事人没有抓住第一次机会提出反对诉讼程序的意见,则其不能再对仲裁裁决的承认提出质疑。法律不保护躺在权利上睡觉的人。因此,有学者认为,如果能够证明裁决债务人参加了仲裁,且对无书面仲裁

---

[1] Cf Talia, Einhorn, *Israel*, in Dinah Shelton ed., International Law and Domestic Legal Systems: Incorporation, Transformation and Persuasion, p. 302 (2011).

协议迫使其参加仲裁这一事实无异议,则其应被视为放弃《纽约公约》第5条赋予其的抗辩权。〔1〕换言之,该裁决债务人不能通过《纽约公约》第5条规定的理由而主张拒绝对仲裁裁决的承认执行。这一规定可以通过在仲裁、协议或类似的文件或材料中提交诉状来实现。同时,该规定同样适用于当事人对所有关于管辖权或程序问题的抗辩。

以色列法院在决定是否成立拒绝承认或执行外国裁决的理由时,往往会尊重先前的司法决定。特别是由仲裁所在地的法院或与案件或当事各方有密切联系的法院作出的决定。然而,以色列司法实践中,在尊重仲裁庭的裁决及其对某些事项的决定权方面,存在相互矛盾的裁决。

在一个案例中,由于仲裁协议规定在丹麦进行仲裁,以色列的法院程序被中止。〔2〕仲裁员决定,根据仲裁协议,他们被授权解决争端并作出一项裁决。而后,裁决债务人请求继续法院程序。其认为以色列法院应无视未经授权而作出的仲裁裁决。特拉维夫地区法院认为,在这个阶段,以色列法院不会对仲裁员的权力作出判断。为了能够向法院提起诉讼,裁决债务人必须首先求助于丹麦的主管法院,并向其申请撤销仲裁裁决。

另一个案件涉及一家以色列公司和一家瑞士公司。〔3〕该公司签订了一份受瑞士法律管辖的合同,其中包括一项仲裁条款,根据瑞士法律将所有争议提交给瑞士国际商会的仲裁。瑞士公司根据协议启动了仲裁程序,而以色列公司在以色列启动了法庭程序。特拉维夫地区法院书记官长认为,向法院提出的索赔不在仲裁协议之内。在以色列,司法常务官无权作出这样的决定。因此,以色列最高法院以技术性理由接受了瑞士公司对于司法常务官作出的决定的上诉申请,并将上诉视为已提交。〔4〕此后,以色列公司提交了在瑞士提出的仲裁诉讼程序,并根据与其在以色列提出的法庭诉讼程序相同的诉讼理由提出了反诉。经仲裁员裁定,

---

〔1〕 See Gary Born, *International Commercial Arbitration*, Wolters Kluwer Law & Business, 2009, p. 3420.

〔2〕 See Elsar Ltd. v. A/S Linak, Civil Case (District Court, Tel-Aviv) 2502/07, Nevo electronic database (26 February 2012).

〔3〕 See Novartis Pharma Services, Inc. v. Promedico Ltd., Civil Case (District Court, Tel Aviv) 2200/06, Various Civil Applications 24300/06, Pador electronic database.

〔4〕 See Novartis Pharma Services, Inc. v. Promedico Ltd., Application Permission to Appeal 8216/07 (19 November 2007).

认为其有权接受以色列索赔要求。根据仲裁员这一决定,瑞士公司随后试图中止以色列法院的诉讼程序,但地区法院[1]和最高法院[2]都驳回了这一申请。最高法院再次重申,如果情况发生变化,可以重新提出申请。而在仲裁裁决中,仲裁员一致认为,以色列公司的主张是没有根据的。这家瑞士公司再次请求中止以色列法庭诉讼程序。随后,瑞士公司的申请被地方法院驳回,[3]上诉申请被最高法院驳回。[4] 以色列法院认为,法院已经作出了仲裁员无权决定以色列公司索赔的决定。因此,以色列法院将无视这一决定。有学者认为该决定是错误的。一旦以色列公司对仲裁程序提出相同的问题,以色列法院就应认为,它因此放弃了其可能不得不在以色列法院就该索赔提起诉讼的任何权利。

此外,没有相关案例要求以色列法院强制执行在仲裁地被法院撤销的裁决。然而,在个别几个案件中,以色列法院被要求撤销仲裁地法院拒绝撤销的仲裁裁决。在一个案例中,以色列最高法院拒绝承认瑞士法院的裁决。裁决债务人认为仲裁员决定了他们无权决定的问题,而最高法院不顾裁决债务人的反对意见而确认了裁决。最高法院认为,由于以色列法院已经作出裁决,认为仲裁员无权决定这些问题,那么仲裁庭以及后来瑞士联邦法庭作出的决定将不再重要。[5]

(1)当事人无同意仲裁能力或仲裁协议无效

以色列没有公布关于解释《纽约公约》第5条第1款a项的判例法。因此,无法判断法院是否会遵循第5条第1款a项所规定的法律规则的选择顺序。实践中,关于仲裁协议有效性的报告案例都是在以色列中止法庭诉讼程序的申请中提出的。然而,在决定仲裁协议的有效性时,法院都没有适用冲突规则。除非当事人各方开始为至少一方当事人的利益而请求适用外国法律,否则很难预见以色列

---

〔1〕 See Novartis Pharma Services, Inc. v. Promedico Ltd., Civil Case (District Court, Tel Aviv) 2200/06, Pador electronic database (6 July 2008).

〔2〕 See Novartis Pharma Services, Inc. v. Promedico Ltd., Application Permission to Appeal 7985/08 (4 January 2009).

〔3〕 See Novartis Pharma Services, Inc. v. Promedico Ltd., Civil Case (District Court, Tel Aviv) 2200/06, Various Civil Applications 7167/09, 19809/09, Pador electronic database (22 December 2009).

〔4〕 See Novartis Pharma Services, Inc. v. Promedico Ltd., Application Permission to Appeal 392/10 (4 March 2010).值得注意的是,在最高法院作出裁决前不久,瑞士关于以色列公司撤销仲裁裁决的申请被瑞士联邦法庭驳回。

〔5〕 See Novartis Pharma Services, Inc. v. Promedico Ltd., Application Permission to Appeal 392/10 (4 March 2010).

法院遵循《纽约公约》选择法律规则的顺序。

在一个案例中,以色列最高法院指出,该协议受新加坡法律的约束。然而,没有一方试图证明新加坡法律下的相关规则,因此,该案件最终被视为国内案件。[1]

另一个案件涉及一家美国公司和一家以色列经销商之间的分销合同。[2] 该合同受加利福尼亚州法律管辖,其中包含一项仲裁条款,将所有争议提交给加利福尼亚州洛杉矶的仲裁。以色列经销商在以色列提起诉讼,美国公司申请延期。法院检查了分销合同是否属于以色列《标准合同法》所指的标准条款合同。经查,法院裁定仲裁条款无效,并停止了中止法庭程序。

还有一案例涉及在某以色列公司和某法国公司之间签订的受法国法律管辖的集装箱合同案例中。法院根据 1973 年以色列《合同法》的规定解释该合同,以决定争端是否受仲裁条款的管辖。[3]

(2)仲裁庭组成不当或不遵守仲裁程序的行为

在一个案件中,裁决债务人对一项强制执行程序提出质疑。该强制执行程序由以色列的裁决债权人发起,裁决债务人试图根据这种抗辩和公共政策抗辩来撤销裁决。该案件涉及在乌克兰一家以色列公司和乌克兰内政部之间进行的仲裁程序。该合同规定了在乌克兰工商会国际商事仲裁法庭(International Commercial Arbitration Court at the Ukrainion Chamber of Commerce and Industry,ICAC)的主持下进行仲裁。

根据 ICAC 的规则,各方应指定 1 名仲裁员。所选出的仲裁员有 30 日的时间共同选择仲裁庭主席。如果在30 日内没有达成协议,将由乌克兰工商会主席任命仲裁庭主席。在这种情况下,其必须任命 1 名独立仲裁员,并尽可能任命非任何一方国家的公民。在 30 日的期限届满之前,以色列当事方得到通知,乌克兰工商会主席已经任命了仲裁庭主席,即 1 名乌克兰公民。后来,以色列方挑选的仲裁员(一名奥地利律师)被主席威胁。仲裁庭主席称,除非其签署仲裁裁决,否则不

---

〔1〕 See TYCO Building Services v. Elbex Video Ltd., Application Permission to Appeal 4986/08 (12 April 2010).

〔2〕 See Nutro Products Inc. v. Pat Vet Ltd., Various Civil Applications 8839/06, Civil Case (District Court, Tel Aviv) 2217/05, Pador electronic database (18 April 2008).

〔3〕 See Daria Engineering Ltd. v. Alstom International SAS, Civil Case (District Court, Tel Aviv) 57234-03-11, Pador electronic database (17 February 2013).

能保证其安全返回祖国。在该裁决的基础上，在乌克兰进行了进一步的仲裁程序，并根据第一个裁决作出了第二次裁决。根据该裁决，以色列一方必须向乌克兰政府部门支付一定数额的款项。以色列一方拒绝参加这些程序，因为以色列不再信任该仲裁的客观性和公正性。司法部试图在以色列强制执行第二个裁决。以色列地区法院拒绝执行该裁决，并根据以色列《仲裁法》第5条第1款d项中的仲裁庭组成不当、不遵守仲裁程序以及违反公共政策为由，裁定撤销。

没有公报的案件表明当事人各方明确采用了不符合仲裁所在国的强制性法律的仲裁程序。同样，也没有公报的案件显示仲裁法庭将当事人在合同中选择为管辖法律以外的法律主体适用于争端的案情。

(3)违反公共政策

在执行外国仲裁裁决的诉讼程序中，以色列公布的3个案例成功地凭借违反公共政策进行抗辩，拒绝了外国仲裁裁决的承认与执行。

案例一是“贿赂墨西哥官员案”。[1] 该案涉及在墨西哥作出的外国仲裁裁决。根据该案，裁决债务人要向裁决债权人支付40万美元以贿赂墨西哥官员。作为回报，墨西哥官员将结束在墨西哥对裁决债务人逃税、洗钱、贩毒等发起的刑事调查。[2] 仲裁员指出，在仲裁过程中，其了解到在墨西哥经常需要贿赂官员以解决这些问题。给成功干预被调查者的人支付金钱是非常常见的。裁决债权人试图在以色列强制执行该裁决，而裁决债务人则申请将其撤销。耶路撒冷地区法院以违反公共政策为由撤销了该裁决。法院认为，即使不合法的所有行为都发生在外国(墨西哥)，但是执行这一裁决将应受到以色列公共政策的谴责。

第二个案例上文曾提及。该案件涉及在乌克兰一家以色列公司和乌克兰内政部之间进行的仲裁程序。唯一一个来自奥地利的非乌克兰仲裁员作证说，其曾受到威胁称，除非其签署了仲裁裁决裁决，否则不能保证其能安全返回奥地利。

---

[1] See Nisan Albert Gad v. David Siman Tov, Originating Summons (District Court, Jerusalem) 2103/03, Nevo electronic database (8 January 2004). An application to appeal the decision was dismissed-David Siman Tov v. Nisan Albert Cohen, Application Permission to Appeal 3476/04, Nevo electronic database (1 June 2005).

[2] See Nisan Albert Gad v. David Siman Tov, Originating Summons (District Court, Jerusalem) 2103/03, Nevo electronic database (8 January 2004).

在这种情况下,以色列法院拒绝执行该外国裁决,并以公共政策为由进行撤销。[1]

第三个案例,涉及由“仲裁庭”作出的国内仲裁裁决。该仲裁庭由黑社会团伙的成员组成,其试图解决非法经销商之间的争端。以色列最高法院认为,这种行为是不可接受的。原因在于,该行为把法院变成了强制执行罪犯之间内部妥协的工具,帮助其向当局隐瞒此类交易。而公共政策则要求黑市法庭作出的决定不会被法院命令所粉饰。

(四)《执行纽约公约条例(外国仲裁)》

1978 年,以色列出台《执行纽约公约条例(外国仲裁)》。该条例一共 8 条,具体内容较少,主要规定了向法院申请执行外国裁决的程序。其参照适用《纽约公约》规定下仲裁裁决的中止诉讼和确认程序,并对以色列《仲裁程序条例》的一般适用规定起到了补充作用。此外,该条例必须根据《纽约公约》进行解释。如果仲裁裁决依据的是《纽约公约》以外的其他公约,则不能适用该条例。

为了在以色列执行外国仲裁裁决,该条例第 3 条规定了申请执行所要提交的相关文件。申请执行外国仲裁裁决的一方必须要在申请中附带以下内容:(1)是根据以色列法律经过认证的原仲裁裁决;(2)根据以色列法律已经确认的原始仲裁协议或其副本;(3)如果不是用英语、法语、阿拉伯语或者希伯来语书写的仲裁裁决,则都必须进行翻译。翻译必须由以色列法律授权认证的翻译人员进行翻译,或者由使用该文件的语言的外交或领事代理人确认。

在以色列收到强制执行外国仲裁裁决的申请后,该外国裁决将被以色列司法系统接受,并被视为以色列法院作出的判决(上诉除外)。在以色列执行外国仲裁裁决的另一种方式是以仲裁裁决为基础,定期提起诉讼,其中所要求的救济是执行仲裁裁决的执行决定主体。

此外,该条例第 4 条规定,如果申请撤销裁决或暂停裁决,以色列法院可酌情将诉讼程序推迟至另一日期,延期听证对执行的申诉。基于确认仲裁裁决一方的要求,法院也可以命令另一方提供适当的担保。国内仲裁裁决的严格期限为 45

---

[1] See Vivance Ltd. (formerly Supercom Ltd.) v. The Department for Provision of Resources of Ukraine Ministry of Interior, Originating Summons Arbitration (District Court, Central District) 12254 - 11 - 08, and The Department for Provision of Resources of Ukraine Ministry of Interior v. Vivance Ltd. (formerly Supercom Ltd.), Originating Summons Arbitration (District Court, Central District) 13403 - 09 - 08, Nevo electronic database (15 April 2012).

日。对于外国裁决，以色列法院允许在提出承认外国裁决的请求10日后提出反对意见。

二、以色列法院对于仲裁协议的承认与执行

在以色列执行仲裁协议，根据以色列《仲裁法》规定，一方当事人违反仲裁协议向法院提起诉讼的，另一方当事人可以向法院申请中止诉讼程序。以色列《仲裁法》规定了法院执行仲裁协议的管辖权，分为两种不同的安排：一般安排适用于国内仲裁；具体安排适用于国际仲裁。

（一）国内仲裁协议的执行

在以色列进行的仲裁，其中止程序受以色列《仲裁法》第5条管辖。该条授予法院在发现"不应在仲裁中决定此事的特殊原因"的情况下拒绝中止诉讼程序的自由裁量权。"特殊原因"是一个广义的术语，应当以法院的解释为准。法院适用的特殊理由大致可分为3类：第一类是关于仲裁协议的；第二类是关于程序效率的；第三类是体现司法政策的原因。侧重仲裁协议的类别包括法院以无法执行为由拒绝中止诉讼的案件。涉及程序效率和涉及执行仲裁协议的第二类特殊原因，会阻碍快速有效解决争议目的的案件。其中一个原因是仲裁程序的延迟。如果延迟是由申请中止的一方造成的，那么中止程序的动议将被拒绝。另一个引用的原因是避免在仲裁和法庭上进行多重程序。部分诉讼当事人不是仲裁协议当事人的，法院可以驳回中止申请。涉及司法政策的"特殊原因"类别包括与法律制度直接相关的原因，例如证明争议应在公共法院而非私人仲裁中审理的公共政策原因。

（二）国际仲裁协议的执行

国际仲裁程序的中止受以色列《仲裁法》第6条的管辖。如果将同意提交仲裁的争议提交法院，且以色列作为缔约方参加的国际公约适用于该仲裁，以及该公约规定了中止诉讼的规定，那么法院将根据第5条规定行使自己的权力。该条纳入了《纽约公约》第2条第3款的强制执行条款。[1] 该条款否认法院的任何自由裁量权，并指示其"将当事人提交仲裁"，除非它发现该协议"无效或无法执行"。尽管国际广泛接受《纽约公约》第2条第3款中的强制移交规则，但以色列法院尚

---

〔1〕《纽约公约》第2条第3款规定，缔约方一方法院在发现当事人就本条含义达成协议的诉讼时，应根据一方的请求将当事人提交仲裁，除非法院发现该协议无效或无法执行。

未完全承认这一点。尽管有时法院的言辞暗示承认这一原则,但对判例法的仔细分析表明,事实上,以色列法院在各种情况下都未能就该问题采取统一的论述。因此,不可能对所有法律决定构建一个单一的叙述,以显示对此事的明确和一致的处理方法。虽然人们可以期望法院在这个问题上采取明确的立场,并采取统一的方法,在满足第 2 条第 3 款的条件后拒绝酌情权并强制提交仲裁,但并非所有决定都遵循这种方法。

在司法实践中,以色列法院针对提交仲裁的强制性特征采取了不同的方法。司法意见主要集中在法院在执行仲裁协议时缺乏自由裁量权的不同方法。

第一种方法坚持严格适用《纽约公约》的相关规定,并承认提交仲裁的强制性特征。属于这种方法的裁决可分为两类:遵循《纽约公约》第 2 条第 3 款字面适用的裁决,以及为法院适用该条留有余地的裁决。根据字面适用的裁决认为,法院在此事上缺乏任何自由裁量权,因为《纽约公约》要求强制移交。遵循广义方法的裁决广泛适用于该条规定的强制提交仲裁的三个例外。通过扩大这一例外的边界,法院显示出一种倾向,即在法院程序的所有当事方并非都是仲裁协议的当事方的情况下,赋予自己拒绝中止程序的自由裁量权,即使没有授予它自由裁量权。

第二种方法使用了一种据称暗示承认法院缺乏自由裁量权的言辞,但却避免据此行事。这种思路一开始就指出,法院在适用《纽约公约》第 2 条第 3 款时没有任何自由裁量权。但随后,在适用《纽约公约》时它忽略了这一陈述,并继续对该条施加进一步的条件或补充,如要求中止诉讼的申请人证明其准备进行仲裁,或者中止申请受国内诚信原则的约束。值得注意的是,以色列法院并没有质疑其决定的适当性。换言之,法院甚至没有考虑这样一个事实,即这些进一步的条件和补充违反了《纽约公约》的统一性原则,从而损害了《纽约公约》执行的确定性。

第三种方法明确赋予法院比《纽约公约》第 2 条第 3 款规定的有限裁量权更广泛的裁量权。以色列最高法院在《纽约公约》第 2 条第 3 款的例外中增加了第 4 个例外,即公共政策例外。

在具有里程碑意义的案件“Hotels. com 诉 Zuz Tourism Ltd. 案”中[1],以色列最高法院格鲁尼亚(Grunis)法官认为,《纽约公约》第 2 条第 3 款中的例外清单并非详尽无遗。因为“可能在例外情况下,法院不会中止诉讼程序,即使上述例外情

[1] LA 4716/04 Hotels. com v. Zuz Tourism Ltd. (7 September 2005).

况均不适用。但是,这些情况很少见”。[1]

在“Teva Pharmaceutical Industries Ltd. 诉 Pronauron Biotechnologies, Inc. 案”中[2],一项关于涉嫌疏忽进行的药物实验的索赔被提交给法庭,违反了当事人之间的仲裁协议。在决定中止诉讼动议时,最高法院认为公共政策是驳回中止动议的理由,即使《纽约公约》第 2 条第 3 款规定的任何例外都不存在。鲁宾斯坦(Rubinstein)法官认为,就此事举行公开听证会符合公众利益,因为该争端的影响比争端各方的影响更广泛。由于适用的实体法是以色列法律,拒绝中止动议不会对双方的期望造成任何损害。普罗卡西亚(Procaccia)法官与鲁宾斯坦(Rubinstein)法官意见一致,认为可能有特殊原因可以证明拒绝中止诉讼程序是合理的。普罗卡西亚法官认为,当争议事项超出当事人的利益时,法院有权不中止诉讼程序。占少数的丹斯克(Danziger)大法官认为,争议事项可能对第三方产生影响这一事实并不是违反公约严格规定的正当理由。在他看来,公共政策理由与外国仲裁协议的执行无关。

在后来的裁决“Siemens Ag 诉 Israel Electric Company Ltd. 案”中[3],以色列最高法院阿密特(Amit)法官再次强调,即使没有《纽约公约》第 2 条第 3 款中的任何例外情况,法院也有权拒绝中止诉讼程序存在。在该案中,阿密特大法官认为,当一方声称另一方存在欺诈行为时,在公开法庭而非仲裁中审理该索赔符合公共利益。

毫无疑问,否认提交仲裁的强制性特征违背了《纽约公约》的明确措辞,从而损害了其全球适用的统一性。法院未能以所有缔约方法院所期望的相同方式适用《纽约公约》第 2 条第 3 款的原因,以及否认法院缺乏自由裁量权的理由是什么?以色列学者达英娜·卡佩利乌克(Daphna Kapeliuk)的观点是,法院的态度源于对剥夺其自由裁量权的情绪化倾向。换言之,法院对剥夺其自由裁量权感到不安。这一论点亦得到了最高法院法官斯特拉斯伯格·科恩(Strassberg-Cohen)在

---

〔1〕 “[T]here may be exceptional cases in which the court may refrain from staying proceedings, even if none of the exceptions above apply. However, these cases will be rare.”

〔2〕 LA 1817/08 Teva Pharmaceutical Industries Ltd. v. Pronauron Biotechnologies, Inc. (20 April 2008).

〔3〕 LA 3331/14 Siemens Ag v. Israel Electric Company Ltd. (13 August 2014).

“Mediterranean Shipping 诉 Credit Lyonnais 案”中[1]的认同。因此,尽管法院意识到其缺乏自由裁量权,但其意识并未转化为严格适用《纽约公约》的决定,这仅仅是因为法院选择了不这样做。

第五节　以色列现行仲裁制度的主要特色

仲裁制度是一种私人、迅速、经济地解决争端的有效方式,双方自愿将其争议提交给仲裁员以适用保密的、个性化程序规则,同时仍然产生最终的、有约束力的裁决效果。

世界上大多数国家,立法机构都意识到仲裁对当事人和负担过重的法院系统都具有裨益,制定了仲裁法律,允许当事人转向仲裁解决纠纷。为了保证仲裁的独立性和自主性,大多数国家都对法院对仲裁的干预设置了极高的门槛。在美国,最高法院一再保护仲裁员根据其认为的最佳判断作出裁决的权力,只允许法院对仲裁程序进行司法审查。

然而,在以色列,尽管司法审查与美国法院类似,但以色列司法机关对仲裁的干预以及法院的自由裁量权范围是较宽广的。结合以色列的法律背景,以色列没有正式的宪法,只有一些基本法律构成其法律架构和法理学的支柱。此外,以色列没有联邦制度或陪审团制度。加之犹太法律传统,为维持国家的犹太属性以及调和世俗和宗教政党之间的矛盾,因而司法机构在以色列法律改革中具有重大作用。按照普通法原则,以色列法院承担了立法的作用,即由司法部门制定具有约束力的规范。遵循先例是以色列法律的核心。以色列前首席大法官阿哈隆·巴拉克确定了 3 种类型的司法先例:解释性的、填补空白的和发展法律的司法先例。其一,当法院面临不同的解释时,法官必须在这些解释中选择最适用的一种。其二,当立法者没有制定适用的相关法律时,法官必须填补法律的空白,此为功能性司法立法。其三,当一个法官的判决与现有法律标准相悖,以纠正现有规范的缺陷时,新的法律才得以发展。

与其他普通法体系不同,在法律改革中,以色列没有永久性的立法委员会。如果需要特定领域的专门知识,司法部部长一般任命一个特设立法委员会起草法

---

〔1〕 LA 1407/94 Mediterranean Shipping v. Credit Lyonnais (1994).

案,司法部立法司负责法律改革的集中工作,这种机制有效地消除了设立单独法律改革委员会的需要。虽然以色列的司法机关有其灵活性,但也没有明确和正式的宪法支撑,其司法制度也缺乏一致性和效率性。

正因如此,独特的司法环境也造就了以色列特色的仲裁制度。以色列《仲裁法》有几项独特的规定:

第一,关于公共政策的规定,允许将公共应急服务部门雇员与国家之间产生的争议直接向以色列高等法院提出仲裁上诉,以防止罢工对公共安全造成影响的风险。

第二,以色列《仲裁法》通过默认规则的形式,为当事人在机构仲裁和临时仲裁程序中保留了对裁决的上诉权。如果当事人认为关于案件实质问题的裁决是错误的,其可以对此判决提出上诉。上诉为当事人提供了由新的仲裁员审理的机会,该仲裁员可以根据仲裁机构规则任命,也可以在临时仲裁的情况下,由法官审理。例如,IICA 的规则规定,新的仲裁员将由仲裁中心的主席任命。这种默认设置上诉权利的规则具有重大意义,因为其表明仲裁当事人也具有上诉的权利。

第三,为了确保仲裁程序的顺利进行,以色列立法机构还赋予仲裁员类似法官的权力,如在当事人缺席的情况下作出裁决。当事一方在正式传唤后未出席听证的,仲裁员可以在其缺席的情况下审理并作出裁决。但是,在这种情况下,如果仲裁员确信当事人是出于正当理由缺席的,仲裁员可以在裁决发出之日起 30 日内应当事人的请求,撤销裁决并重新开庭。而类似美国等国家的仲裁机构则更有能力和自由去构建自己的仲裁规则,以提高仲裁的自主性和效率。正因如此,以色列议会为仲裁程序和仲裁员分配了更多正式权力,但也在一定程度上限制了仲裁的独立性。

第六节　中方参与以色列仲裁的建议

中国与以色列两国长期保持稳固的经贸合作关系。2022 年正值中国和以色列建交 30 周年。中国、以色列两国领导人一致同意以两国建交 30 周年为契机,深化双边关系发展,推动中以创新全面伙伴关系持续健康稳定发展。在此背景下,中以两国的经贸互动将更加频繁,而纠纷也会随之而来。本节内容旨在为中国当事人提供参与以色列仲裁的建议,以期帮助中国当事人更好地维护自身利益。

一、中方选择该国仲裁机构的建议

国际仲裁主要有两种形式:一是机构仲裁,二是临时仲裁。尽管以色列临时仲裁多于机构仲裁,但是我国法律目前尚未允许临时仲裁。多数中国企业对临时仲裁不熟悉且不愿选择,以色列企业也不愿意选择中国境内的仲裁机构。在双方协商一致的情况下,可以优先考虑国际知名仲裁机构。若选择以色列仲裁机构,IICA 将成为首选。

IICA 是以色列在仲裁领域唯一的公共机构。该仲裁中心是综合性仲裁机构,适合全种类争议。其至今已受理过数千个国内和国际仲裁案件,仲裁经验丰富。IICA 为仲裁和调解方式解决争端提供了可靠有效的组织框架,通过明确的仲裁规则管理仲裁流程。

关于仲裁语言,中国当事人应当提前与对方当事人进行约定。《IICA 仲裁规则》规定,当事人有权约定仲裁所使用的语言。如果当事人没有约定,仲裁将以希伯来语进行。如果双方未能就仲裁语言达成一致,且其中一方希望以希伯来语以外的语言进行仲裁,将由仲裁员决定仲裁语言。因此,提前约定好中国当事人熟悉的语言作为仲裁语言,可以避免在仲裁过程中希伯来语或者仲裁员决定的其他语言的适用。

关于保密制度,IICA 规定了较严格的保密制度。由于各个国家保密制度规定有所不同,因而处于不同国家和地区的仲裁机构也规定了不同的保密制度。以色列商事仲裁机构的当事人和仲裁员应当承诺为仲裁程序保密,包括仲裁审理、为仲裁准备和提交的相关文件以及仲裁裁决,除非法律另有规定。因此,保密制度也可以作为中国企业选择仲裁机构时的参考。

关于上诉问题,IICA 允许仲裁当事人就仲裁裁决提出上诉。世界各国普遍认为,缺乏上诉机制是仲裁的缺陷之一。《IICA 仲裁规则》的一个独特特点是其解决了上诉的问题。2004 年,IICA 修订了规则,允许仲裁当事人就上诉级别达成协议,以审查仲裁员的裁决。IICA 被认为是全球为数不多的采用机构程序对仲裁裁决提出上诉的机构之一。IICA 设立由 1 名仲裁员或 3 名仲裁员组成的小组担任上诉机构,其管辖范围是审议对原始仲裁裁决的上诉。2020 年 1 月 1 日起,当事人可在仲裁程序开始前约定,仲裁裁决可向上诉法院提起上诉。当事各方还可约定由 1 名仲裁员或由 3 名仲裁员组成的小组审理上诉。

二、中方选择该国仲裁员的建议

充分了解所选仲裁员资格。在仲裁员的选任资格方面,以色列《仲裁法》对担任仲裁员并无特别的资质要求。任何具有法律行为能力的自然人都有可能被指定为仲裁员,并不存在对国籍、居住地或以色列律师资格的限制。此外,外国人可以被指定为在以色列进行仲裁的仲裁员。在这种情况下,仲裁员的专业水平与业务能力参差不齐,仲裁员对于外国法律的了解也有限。仲裁员的能力直接决定了仲裁的质量。因此,中方在选任仲裁员时应当对所选择的仲裁员进行充分的了解与考察。此外,值得注意的是,尽管法官不能被指定为仲裁员,但是在小额索赔法庭审理诉讼案件时,当事各方可以约定由法官担任仲裁员。约定法官担任仲裁员的,适用以色列《仲裁法》。

严格审查仲裁员是否尽到披露义务。除选任资格要件外,在选任仲裁员时还要充分考察仲裁员是否尽到披露义务。以色列的仲裁员有义务披露可能对其独立性或公正性造成影响的信息。以色列《仲裁法》第 30 条规定,仲裁员有忠实义务。这一义务意味着仲裁员应当向当事各方披露可能对其提出异议的任何理由。正如法官一样,仲裁员有义务将可能对其公正性或独立性提出质疑的任何理由通知当事各方。仲裁员这一披露义务在最高法院的判决中得到了确认。该判决确立了仲裁员广泛的披露义务,包括仲裁员与当事各方以及与其他重要事项的联系。因此,中国当事人在选任仲裁员时,一定要审查仲裁员是否对可能影响其独立性或公正性的信息尽到了披露义务。

明确仲裁员的指定方式。首先,当事人可以在仲裁协议中指定仲裁员。但是,在实践中并不建议双方当事人通过仲裁协议指定仲裁员,尤其是当仲裁协议是在争议产生之前订立的情况下。其次,当双方当事人任命独任仲裁员时,可以经双方同意指定仲裁员。指定独任仲裁员时,双方应充分协商,利用意思自治选任。最后,当双方当事人约定三人制合议仲裁庭组成时,最常见的委任方法是各方当事人指定一名仲裁员,再通过双方当事人协议,由已选定的两名仲裁员选任或第三方选任的方式,指定第三位仲裁员担任首席仲裁员。

三、中方参与该国仲裁的建议

中国作为以色列第三大贸易伙伴,2020 年双边贸易额达到 175.4 亿美元,创历史新高。截至 2020 年年底,我国企业对以色列的直接投资存量 38.7 亿美元。同年,我国在以色列新签订的工程承包合同额达 19.6 亿美元,同比增长 41.1%。

两国的自由贸易协定有望在未来几年进一步推动两国的经贸合作。中国、以色列两国经贸合作越来越频繁与深入,但同时也将伴随更多的涉外纠纷。因此,对于纠纷的解决途径以及在仲裁这一争议解决方式中如何维护自身合法权益成为中国当事人应当注意与思考的问题。

(一)积极行使程序性权利

以色列《仲裁法》以及《仲裁程序条例》为双方当事人在仲裁中设置了各项程序性权利。从申请仲裁到仲裁裁决的执行,程序性权利可以保障当事人之间的纠纷能够通过仲裁得到公正解决。通过对程序性权利的行使可以有效对抗对方当事人以及不正当的仲裁庭行为。因此,中国当事人有必要熟悉以色列法律规定的程序性权利,以维护自身利益。

1. 对仲裁员的质疑

以色列《仲裁法》第11条规定了对仲裁员提出质疑的理由:一是仲裁员不再获得当事人信任。一方当事人认为仲裁员不再值得信任时,仲裁员的独立性或公正性受到损害,当事人可以向法院申请撤换仲裁员。二是仲裁员在仲裁过程中的行为造成司法拖延。三是仲裁员不能履行其职责。法院对“不能履行其职责”一词作了广义解释。

对仲裁员的质疑标准,必须基于客观证据,证明存在影响仲裁独立性和公正性的实质性风险。只有在有充分理由和确凿的证据证明严重缺乏公正性的情况下,譬如,与一方当事人或其代表进行私下沟通,才能证明仲裁员难以继续获得当事人的信任。仅仅出于怀疑并不足以成为质疑仲裁员的理由。同样,个人的偏见和感觉也不足以成为理由。提出质疑的申请必须以客观因素为基础,以便法官可以从事实中推断出信任的不足。

关于仲裁员的回避,以色列《仲裁法》没有规定具体程序。仲裁机构一般没有关于仲裁员回避的规则。因此,回避程序是向法院提出的。关于回避的裁决,像任何其他关于仲裁的司法裁决一样,必须是书面的且经过论证的。

需要注意的是,当事人可以在仲裁过程中和在仲裁员作出裁决之前的任何时候,向法院提出申请,对仲裁员提出质疑。如果当事人在作出裁决前没有要求撤换仲裁员,唯一的补救办法是申请撤销裁决。一旦当事人知道对仲裁员提出质疑的理由时,应当提出异议申请。申请的延迟可能会因迟滞而导致申请人禁止反言。

2. 临时措施

临时措施，是指在仲裁程序开始前或者进行过程中，法院或仲裁庭根据一方当事人的申请，针对另一方当事人的财产或持有的证据或正在从事的行为所采取的临时性强制措施。

与部分国家不同，以色列《仲裁法》没有提及关于仲裁员采取临时措施的权力。该法第 16 条只是规定了法院有权就仲裁采取与其他法院诉讼程序相同的临时措施。通常理解为，法律没有授权仲裁员采取临时保全措施的权力，只授权于法院。但是，这并不代表仲裁员绝对无权采取临时措施。双方当事人可以约定仲裁员享有采取临时措施的权力。除非双方当事人另有约定，仲裁员可要求任何一方当事人提供与仲裁程序有关的担保。但是仲裁员的该权力不能用于对抗第三人，并且不涉及赋予法院的强制性权力。譬如，仲裁员不能发布命令，限制仲裁一方当事人离开该国。

3. 取证

证据在仲裁中有举足轻重的地位。证据是否充分在很大程度上影响仲裁员对于该案的判断。以色列《仲裁法》规定，仲裁员在向证人取证前，应当警告证人必须如实作证，否则应当承担法律规定的处罚。证人的证词，包括当事人的证词，应经宣誓或确认，除非仲裁员和各方当事人约定不经宣誓或确认。对于难以取得的证据，法律赋予了法院辅助性权力。法院可以协助取证，包括立即取证和在管辖权范围之外取证。因此，在仲裁庭取证遇到困难时，经仲裁庭同意，当事人可以请求法院辅助取证。

4. 仲裁裁决的撤销

仲裁裁决的撤销制度为当事人提供了主动救济的路径。在仲裁裁决被承认与执行之前，若中国当事人对裁决有异议，应当在以色列《仲裁法》第 27 条规定的时间内提出撤销仲裁裁决的申请。以色列《仲裁法》第 24 条设置了 10 个撤销仲裁裁决而拒绝执行的理由。撤销裁决的理由是穷尽式规定，当事人不能同意限制或扩大它。该法第 26 条规定了申请撤销仲裁裁决的限制性条件。需要注意的是，对于仲裁裁决的撤销，是由法院酌情决定的。此外，撤销并不是质疑仲裁裁决的唯一补救措施。仲裁裁决的全部撤销才是当事人最后的补救措施。

5. 仲裁裁决的承认与执行

关于仲裁裁决的承认与执行，需要提示中国当事人的是以色列对于外国仲裁裁决承认与执行的实践情况。在以色列仲裁实践中,关于执行外国仲裁裁决的判例很少。且与执行外国仲裁协议的情况不同,以色列法院对执行外国仲裁裁决的态度是严格遵守《纽约公约》的规定,而不是对拒绝执行的理由进行广泛解释。

然而,尽管其努力遵守《纽约公约》,但在执行仲裁协议和执行或承认仲裁裁决的两个阶段,对于《纽约公约》的适用和转化都是不完善的。在以色列法律专业方面,关于涉外因素的事项没有受过足够的培训。因此,在以色列仲裁实践中,国际案件往往可以被视为完全的国内案件,不适用有关法律冲突的规则,亦不适用外国法律。案件中的外国因素往往只能在决定中被提及。

(二)关于公共政策的界定

近年来,越来越多的外国仲裁裁决案件被以色列法院以违反公共政策为理由拒绝承认和执行。但是,对于何为公共政策,至今尚未形成各国认可的统一定义。甚至同一个国家在不同时期、不同阶段对于公共政策的定义都有不同。因此,每个国家对于是否违反公共政策的判断标准是不一致的。以“Nisan Albert Gad v. David Siman Tov 案”为例,仲裁员了解到,在墨西哥贿赂官员解决问题是较常见的一种现象,但是在以色列就属于严重违反公共政策。因此,以色列以违反公共政策为由拒绝执行该外国仲裁裁决。可见,对于公共政策的解释方面,还应当引起中国当事人的重视。要充分了解以色列的政治、经济、宗教及文化、法律等方面,综合把握以色列的公共政策。

中国当事人在参与涉及以色列经贸活动中,应当对以色列的政治、经济、宗教及文化、法律等方面予以全面了解。在签订合同时,应当进行尽职调查,提前了解和掌握可能面临的风险,谨慎且理性地作出投资决定。在合同订立过程中,对于争议解决条款的拟定应当具有可操作性,不宜规定得太过死板。例如,双方当事人对于仲裁员的指定不建议通过仲裁协议提前规定。争议发生后,两国当事人应当首先进行协商解决,尽量运用仲裁和诉讼之外的其他争议解决机制。在穷尽其他解决方法时,最后诉诸仲裁或诉讼。在诉讼过程中,对于仲裁员的选定、仲裁程序的把握均决定了仲裁的质量和效率,积极行使权利才能有效保障当事人的合法权益。

总而言之,首先,中国当事人应当对以色列的《仲裁法》及相关条例有基本的了解。对于基础规则的掌握可以有效地避免中国当事人在仲裁过程中不必要的麻烦,提高仲裁的效率和质量。其次,中国当事人应当对以色列对于外国仲裁裁决和仲裁协议的承认和执行现状有整体的了解。最后,中国当事人应当积极地行使自身程序性权利、充分利用当事人意思自治,从实体和程序两方面切实保障中国当事人的合法权益。

CHAPTER 03 >>

第三章

新西兰

新西兰(New Zealand)是南太平洋的一个国家,政治体制实行君主立宪制混合英国式议会民主制,现为英联邦成员之一。新西兰位于太平洋西南部,领土由南岛、北岛两大岛屿组成,以库克海峡分隔,南岛邻近南极洲,北岛与斐济及汤加相望。首都惠灵顿以及最大城市奥克兰均位于北岛。新西兰是一个发达的资本主义国家,也是全球最美丽的国家之一。世界银行将新西兰列为世界上最方便营商的国家之一,[1]其经济严重依赖外贸,以农牧业为主,农牧产品出口约占出口总量的50%。羊肉和奶制品出口量居世界第一位,羊毛出口量居世界第三。[2]

中国和新西兰于1972年12月22日建交。建交以来,两国友好合作关系不断发展。2004年4月,新西兰政府正式承认中国完全市场经济地位,是第一个承认中国市场经济地位的发达国家。2008年4月,中国与新西兰签署自由贸易协定。同年10月,协定正式实施,新西兰成为第一个与中国签署并实施双边自由贸易协定的发达国家。到2014年,中国已跃居新西兰第一大

---

〔1〕 参见世界银行:《2020营商环境报告》。

〔2〕 参见《新西兰国家概况》,载中华人民共和国外交部官网2021年8月,https://www.fmprc.gov.cn/web/gjhdq_676201/gj_676203/dyz_681240/1206_681940/1206x0_681942/。

贸易伙伴、出口市场和进口来源地,新西兰对华出口占其出口总额的近1/4。2014年11月20日,中国、新西兰发布《中华人民共和国和新西兰关于建立全面战略伙伴关系的联合声明》,双方建立全面战略合作伙伴关系,两国交往日益深入。[1] 2017年,新西兰参加了第一届"一带一路"国际合作高峰论坛。2017年3月,中国总理李克强访问新西兰时,与时任国家党总理比尔·英格利希(Bill English)见证了两国签署"一带一路"合作备忘录。新西兰成为第一个加入"一带一路"倡议的发达国家。[2]

国际仲裁制度作为全球认可度较高的争议解决方式,是国际商事纠纷解决的重要途径之一。随着中国、新西兰两国友好关系的不断深入,以及日益增多的经贸往来,有必要对于新西兰的仲裁制度进行系统介绍,这对于在新开展投资经营和对新贸易的中国企业来说具有现实意义。因此,本章将针对新西兰仲裁相关规定、主要的仲裁机构及其仲裁规则进行相关介绍。

第一节 新西兰仲裁立法、司法的基本情况

一、新西兰立法与司法概况

新西兰法主要部分以英格兰法为基础(在1840年1月14日所适用的判例法和成文法尽可能适用于新西兰)。从那时起,新西兰的法律主要来源就是新西兰议会通过颁布的新西兰法律法规和新西兰法院的司法判例。在一个更根本的层面上,新西兰法律的基础是3个相关的原则是:议会主权、法治和分权。尽管如此,现今的新西兰法律与英格兰法仍存在许多差异之处,体现了其独特性。

新西兰的司法系统分为4个层级,由低到高分别是:地方法院(district court);高等法院(high court);上诉法院(court of appeal);最高法院(supreme court)。此外,还有众多专门法院,共同构成了新西兰完整的司法系统。

以下将简要对其法律和司法体系现状进行介绍。

---

〔1〕 参见《背景资料:新西兰》,载新华网,http://www.xinhuanet.com//world/2014-11/19/c_1113322570.htm。

〔2〕 参见《中国与新西兰政府签署"一带一路"合作协议》,载国家发展和改革委员会官网,https://www.ndrc.gov.cn/fzggw/jgsj/kfs/sjdt/201703/t20170328_1086195.html?code=&state=123。

(一)新西兰的法律体系

新西兰采用普通法法系,即除成文法外另补充适用法官在先例基础上制定的判例法,尤其特别的是,新西兰法院会在适当情况下补充适用包括毛利习惯法(tikanga)在内的习惯法。其法律的主要来源是新西兰国会颁布的法规和新西兰法院的裁决。作为前英国殖民地,新西兰的法律一开始主要依据英国法律,在许多方面虽然相似但还是有一些重要差异。

新西兰法律有3个主要来源:英国普通法、1947年以前英国议会制定的某些法规(特别是《权利法案》)和新西兰国会的立法。但在解释普通法的过程中,如果新西兰法院要考虑当地条件,或新西兰法律已经立法规定某个问题,则可以不遵守普通法。

新西兰的主要法律有:

1. 宪法

新西兰如英国一样是少数没有成文的宪法的国家之一。虽然没有一个正式的文件或一系列文件可以认定为成文宪法,但却有一些来源构建着新西兰的宪法框架,这些来源主要是:制定法、习惯、法治原则、总督的特许令和《怀唐基条约》。

《怀唐基条约》是由英国皇室与新西兰毛利原住民于1840年所签订的,可以视作是新西兰的立国文献,同时对今日的新西兰法律也产生着影响。它不仅与其他后续出现的法律文件共同建构了新西兰今天的宪政秩序,也提供了规范新西兰国家与毛利原住民族间种种权利义务关系之法律基础。该条约一方面赋予英国合法统治新西兰的权利,另一方面也给予毛利原住民保存其土地与文化权利的重要承诺。

1986年所通过的宪法法案也构成了新西兰宪政秩序极为重要的一部分,它是对新西兰宪政的一次原则性及正式性的宣示。这部法案最重要的决议包括:英国女王是新西兰的国家元首,新西兰总督由女王任命,并且是她的职务代理人。确立了国会立法的权力,并对新西兰政府的3个分支机构的权力分配作了详细的规定。

新西兰宪法同样以一系列的宪法惯例组成,主要是一些习惯和风俗。这些惯例维系立法和行政之间的关系。新西兰内阁系统也是基于这些惯例,如国会运转的一些程序。这些惯例并不具有强制力,但是仍然被遵守着,因为它使政治程序准确而高效。

总督特许令专利特许证或专利证书，是由国家或政府元首签发的法律文书。以一页公开信模式授权、设立、确立了某官方组织；以至授予某人重要地位。这也是新西兰宪法的重要组成部分。

2. 制定法

这是由政府提案众议院通过的以书面形式公布的法律章程，是新西兰具有最高法律效力的法律渊源。制定法可明确否定既定的普通法规则，使这些规则不会应用在法律范围内，同时可以撤销以前的法规（优先于或取代以前的法规，以便使它们不再作为法律适用）。

制定法类型包括公众法案、本地法案和个人法案。公众法案适用于一般公众，如 1988 年《陆上运输法》。本地法案适用于某一界定的区域，如 1988 年奥克兰市议会（新市场土地的归属）法。个人法案适用于某一特定的人、公司或一群人，如柯克帕特里克信托基金共济会于 1998 年授权的法案。

1840 年 1 月 14 日被引进或适用于新西兰的大部分英国的法规，除上述提及的宪法性法规这一重要的例外以外，现在都已经被此后的新西兰的法规所取代。在新西兰立法机关尚未将整个法律编纂成法典时，英国法律实际上已为专门的法律领域提供了制定法规的基础。因此，尽管新西兰采用了英格兰刑法，并于 1893 年将该法编纂成法典，现在的法典就是 1961 年第 43 号法令的《刑法》，其他犯罪则由 1927 年第 35 号法令的《违警罪法》（1965 年重印）和其他法规加以规定。此外，新西兰将私法领域的合同和侵权行为编纂成法典未获通过，但各个领域的法规已经沿用了英格兰实践中编纂成商法的做法。在新西兰适用的英国不动产与财产转让制度已在 1842 年进行了广泛的修改，并将以后的修改并入了 1952 年第 51 号法令的《财产法》（1970 年重印），该法令已成为调整新西兰境内财产的普通法则的一个综合性法规。已在 1970 年采用规定土地所有权登记的托仑斯制度或土地转让制度，以及有关法规，则见诸 1952 年第 52 号法令的《土地转让法》。1969 年第 52 号法令的《遗产管理法》将各种有关死者遗产的法令条款合并在一起，而 1956 年第 61 号法令的《信托法》大体上仿照了英国相应的法规。议会立法已广泛地被授权立法或辅助立法所补充。地方政府根据法律来制定规章。如果根据新西兰《议会法》作出的法规超过了授权范围，则法院可宣布该法规无效。对于新西兰《议会法》应参考 1908 ~ 1957 年《新西兰法规汇编重印本》，同时，参考新西兰法规年鉴（1958 年开始刊行）。1957 年起，有些法令已印成新西兰法规年鉴，法律规章用《法律规章汇编》（S. R）每年出版一卷。

3. 国际条约

国际多边条约和一些重要的双边条约将由内阁作出利弊分析,之后递交众议院进行审查通过,国会批准后成为新西兰正式的法律渊源。一些非重大意义的双边条约,由相关部长向内阁推荐,一旦通过,内阁便具有履行条约的权利。对于多边条约,政府向条约方提交正式的文书作为签订完成的步骤。而互换外交文件,之后由国内法保障实施则为双边条约的最终程序。新西兰外交与贸易部负责所有条约的记录。

新西兰作为南半球的一个重要的发达国家,在国际社会中积极地扮演各种角色。其作为世界贸易组织、粮农组织、国际原子能机构、世界银行、国际能源机构、国际劳工组织、世界卫生组织、世界知识产权组织等重要组织的成员,对于这些组织的规章也负有遵循的义务。所以无论是新西兰与一些组织签署的文件还是与一国或多国订立的双边或多边条约(如《南极矿物资源活动规制条约》)都是新西兰法律的渊源之一。

4. 判例法

新西兰的判例法系统由等级严密的法院系统支撑,法院在审理案件之时首先考虑制定法的相关规定,当无成文法可依时,便会参照先前的判例。上级法院的判例是下级法院的直接判决依据。最高法院作为新西兰的终审法院,其判例对下级所有法院均有效。

自1841年高等法院建立以来,其不仅行使相当于英国普通法法院所行使的普通法管辖权,而且也行使英国衡平法院所行使的衡平法管辖权。普通法和衡平法原则上同英国的做法一样,两者保持区别。但是,二者的原则如有冲突时,衡平法规将优先适用。有关原则已由新西兰法院依照先例规则或具有约束力的判例的运用而加以发展。新西兰法院坚持这样的观点,即普通法的规则在整个英联邦尽可能保持一致是合乎需要的。所以,新西兰法院极为尊重英国上议院和上诉法院的裁决,对英联邦的其他国家的高等法院,特别是澳大利亚高等法院的判决也日益重视。

关于新西兰的最高法院、上诉法院及枢密院的判决,以《新西兰判例汇编》为名出版。1898~1953年出版了第2辑判例汇编,即《判例汇编公报》。1906~1952年出版了一辑《治安官法庭判例汇编》,但现在的判例以《治安官法庭判决录》为名出版(1939年创刊)。

(二)新西兰的司法体系

新西兰法院是执行国家法律,处理当事人双方或多方纠纷的机构。新西兰的法院体系由低到高有4层司法管辖权,区分为:地区法院(District Court);新西兰高等法院(High Court of New Zealand);上诉法院(Court of Appeal);最高法院(the Supreme Court)。6人组成的最高法院是最高司法机关;上诉法院则听取高等法院对法律问题的上诉;高等法院处理严重的刑事犯罪和民事争议,并听取下级法院的上诉;地方法院则在58个辖区处理法律争端。

此外,还有一些处理专门事务和纠纷的法院,如家庭法院、青少年法院、(劳动)雇佣法院、毛利土地法院,它们与地区法院并行,案件上诉可以到高等法院或上诉法院。一般的民事裁判庭,如纠纷裁判庭(也称小额钱债裁判所)、房屋租赁裁判庭,附属于地区法院。它们是具有准司法性质的机构,当事人可自己选择去裁判庭或直接去地区法院。

需要说明的是,新西兰法院实行的是等级制,即法院按其管辖权大小由低到高逐级上诉,上一级的法院对下一级的法院审理的案件也有审核权。但也有例外情况,如行政诉讼裁判庭也可以直接上诉到上诉法院。另外还有一个单独的毛利(当地土著民族)土地法院和毛利上诉法院,该法院根据《1993年毛利土地法》对毛利人土地案件拥有管辖权(见图3-1)。

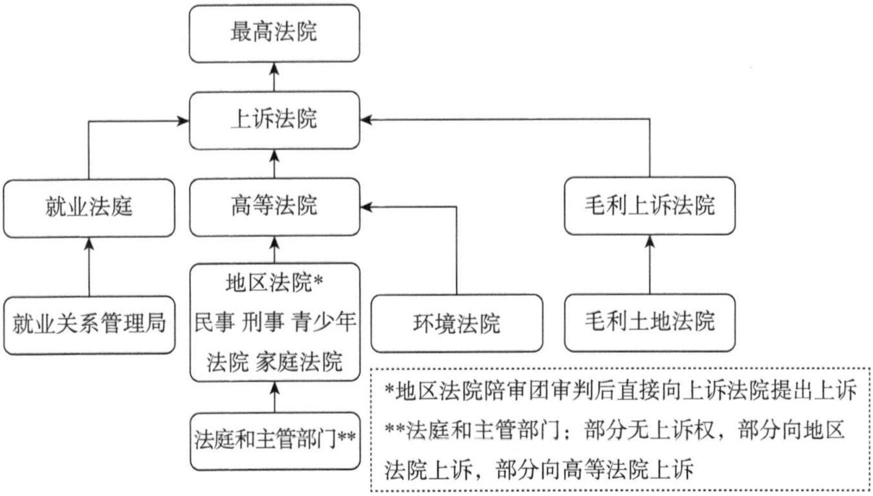

图3-1　新西兰司法系统结构

二、新西兰与仲裁相关的立法、司法情况

新西兰由于其外向型经济结构,对外商投资较重视,因此,国内有较完善的国际商事仲裁解决法律制度体系。主要有1996年《仲裁法》及其数个修正案,以及一些关于争端解决的公约。新西兰已经是《纽约公约》和《华盛顿公约》的缔约方,所以该两项公约的许多内容可以作为新西兰仲裁的法律渊源,其国内1996年《仲裁法》有许多内容也吸收了这两项公约当中的许多内容。

(一)1996年新西兰《仲裁法》

新西兰法制健全,传统解决商业纠纷的方法,包括双方协商、第三方调停及仲裁、法院诉讼等。

新西兰在开发和制定非法院争端解决机制方面处于世界领先地位,是所有主要争端解决国际公约的签约国,包括《华盛顿公约》和《纽约公约》等,有利于国际投资贸易纠纷的解决和仲裁结果的执行。

根据新西兰法律,合同双方可自行选择适用哪个国家的法律去解决商务纠纷,前提是该法律出于善意、合法,并没有公共政策原因去规避这项选择(如规避新西兰的强制性法令)。因此,合同双方不必选择新西兰法律或对方国家的法律。若合同中没有指定管辖的法律,法庭可能会选择与合同最有关的一个司法系统。因此,不在合同中指定管辖法律可能会导致不确定性。

新西兰的商务合同中允许仲裁。仲裁条款应当规定纠纷到何种程度时进入仲裁、仲裁人的数目和选择方式、仲裁城市或国家、仲裁语言、仲裁规则(属于ICC,还是美国仲裁委员会,或是LCIA)。仲裁条款也可规定临时成立仲裁委员会。

在新西兰开展的仲裁需要遵从1996年《仲裁法》,该法的主要依据是联合国国际贸易法律范例委员会制定的仲裁条款。在《示范法》的总体框架下,涉及了仲裁的各个方面,这部法律推动了新西兰仲裁的国际化与现代化进程:

1. 对新西兰国内仲裁规定了现代化的立法模式。从而代替基于英国立法而且不完整的1908年《仲裁法》。1996年《仲裁法》的框架涉及了仲裁的各个方面。

2. 仲裁法在两个主要方面反映了现代仲裁的特征:

(1)贯彻了当事人的意思自治的原则。即当事人有权选择其争议应当如何解决,当事人还可以排除对法律问题点的上诉。

(2)对司法进行了一定程度的制约。即法院应当支持仲裁,而不应对仲裁漠

不关心,尽可能执行裁决而不是鼓励当事人到法院对裁决提出异议。对裁决的上诉或复审权利进行限制。

(3)就国际仲裁而言,1996年《仲裁法》对在新西兰本土进行的国际仲裁也作出了相应规定,但主要按照《示范法》。

从法律结构上来看,这部仲裁法分为两个部分,即国内仲裁与国际仲裁。国内仲裁,是指在新西兰进行新西兰当事人之间的仲裁。国际仲裁,是指在新西兰进行仲裁的当事人在订立仲裁协议时,其营业地不在同一个国家,或该当事人具有其他国际因素。无论是国内仲裁还是国际仲裁,《仲裁法》第一部分的一般规定均予以适用,所谓第一部分主要是《示范法》的内容。第二部分属于额外的选择性条款,使用国内仲裁,但当事人可以排除适用;同样,虽然它不适用于国际仲裁,但在国际仲裁中当事人可以选择适用。[1]

3. 关于第一部分

一般的仲裁都适用第一部分的规定。第一部分条款的基础是上述《示范法》。但这一部分中值得一提的有以下两点:

(1)《示范法》的第18条规定了当事人地位平等,均有充分陈述意见的机会;

(2)第19条规定了当事人的意思自治,当事人可以约定仲裁庭进行仲裁的程序。无约定时,有仲裁庭决定其认为的仲裁程序。

4. 关于第二部分

这一部分属额外的选择性条款。在国际仲裁案件中,这些选择性条款只有在当事人选择使用时才能适用。在国内仲裁中,只有在当事人明确排除适用时才予以排除适用。以下两点值得说明:

(1)仲裁庭的默示权利

1996年新西兰《仲裁法》第二部分第3条规定,除非当事人另有约定,否则当事人同意授予仲裁庭如下权利:

①采用询问程序;

②按照其自己知识和专业作出判断;

③责令当事人对申诉或答辩作出进一步的具体陈述;

---

〔1〕 朱建林:《新西兰仲裁法》,载《仲裁与法律通讯》1996年第3期。

④责令当事人提供费用保证金;

⑤规定或变更仲裁程序中各个阶段必须完成的期限;

⑥责令一方当事人出示其持有或有权拥有的文件;

⑦责令当事人回答提问;

⑧责令任何证据的出示方式,口头或宣传等;

⑨责令任何一方当事人在仲裁程序中进行任何合理的行为,以便作出适当快捷的裁决;

⑩作出临时,中间或部分裁决。

(2)对法律问题点的上诉

1996 年新西兰《仲裁法》第二部分第 5 条规定了司法在仲裁中的作用。在国内仲裁中,除非当事人约定排除,否则当事人有权对法律问题点进行上诉。相反,在国际仲裁中,对法律问题点不许上诉,除非当事人约定可以上诉。

为了更深入地贯彻仲裁程序的当事人意思自治、较少司法干预以及仲裁裁决的执行等原则和特点,2017 年 3 月 9 日,附有新西兰仲裁员、调解员协会推荐的《新西兰仲裁法修法提案》(Arbitration Amendment Bill 2017)被递交至新西兰国会,主要提出了“关于信托合同中仲裁条款的效力”“与仲裁有关的司法程序的保密要求”“限制撤销仲裁裁决的条件”等修法意见。具体而言,主要具有以下修法意见:

第一,认可信托合同中仲裁条款的效力。

根据该提案,信托合同的当事人可以选择仲裁作为争议的解决方式。事实上,由于部分信托合同都具有十分私人的性质,因此,仲裁这种具有非公开审理特点的争议解决方式受到信托合同当事人的青睐。但是,信托合同中仲裁条款的效力却经常引起争议,主要原因有两点:首先,由于信托合同是委托人与受托人订立的,信托合同中约定的受益人并没有参与合同的订立,故受益人并没有仲裁的意思表示,更没有签署书面的仲裁协议,受益人与受托人发生争议时,仲裁条款是否有效始终具有不确定性。其次,信托合同约定的受益人可能缺乏民事行为能力,如信托合同约定的受益人可能是无行为能力或限制行为能力的未成年人,而仲裁庭不同于法院,并没有权力为这些缺乏民事行为能力的人指定一位可以代表他们的代理人,这就会引起诸多不便。而该提案中的相关修改,充分体现了仲裁的保密性与大多数信托案件的私密性相契合的特点。

第二,规定与仲裁有关的司法程序的保密性要求。

通过在"看得见的正义"和"保密性原则"中作一个利益权衡,该提案改变了之前的立场,将在新西兰法院进行的仲裁司法审查程序改为以"不公开为原则,公开为例外",其中,具体规定了两类公开的情形:其一,当事人同意公开,且法院判断该信息(包括当事人身份信息)不属于当事人在合理情况下会选择保密的信息;其二,法院认为该等判决具有法律上的重大利益。

第三,限缩撤销仲裁裁决的适用条件。

该提案限缩了关于撤销仲裁裁决、不予执行仲裁裁决的适用范围。根据该提案的规定,即便仲裁协议中的部分约定与仲裁法的强制性规定不符,根据该仲裁协议作出的仲裁裁决也并不必然会被撤销或不予执行。

而最终通过并公布的《新西兰仲裁法 2019 年修正案》(以下简称《2019 年修正案》)修法内容主要包括如下内容:

第一,在"附表 1""仲裁适用一般规则"(Rules applying toarbitration generally)第 16 条第 3 款后加入第 4 款:为避生疑问,未能及时处理根据第 3 款提出的请求,即放弃以后对仲裁庭关于其管辖权的裁决提出异议的任何权利[In Schedule 1, after article16(3), insert:(4) To avoid doubt, it is declared that the failure to pursue a request made under paragraph (3) in a timely manner operates as a waiver of any right to later object to a ruling of the arbitral tribunal as to its jurisdiction.]。

第二,将"附表 1""仲裁适用一般规则"(Rules applying toarbitration generally)第 34(2)(A)(iv)条修改为:(iv)仲裁庭的组成或仲裁程序与当事人的约定不一致,除非此种约定与当事人不得背离的本法规定相抵触;无此种约定时,与本法不符;或[In Schedule 1, replace article 34(2)(a)(iv) with:(iv) the composition of the arbitral tribunal or the arbitral procedure was not in accordance with the agreement of the parties, unless such agreement was in conflict with a provision of this Act from which the parties cannot derogate, or, failing such agreement, was not in accordance with this Act; or]。

除上述对"附表 1"部分法条进行修改外,《2019 年修正案》还对"附表 2""仲裁适用附加可选规则"(Additional optionalrules applying to arbitration)的部分法条进行了调整,并删除了第 1 条关于"仲裁员默认指定"(Defaultappointment of arbitrators)中的部分条款。总体而言,《2019 年修正案》在原仲裁法的基础上并未采取该提案中关于信托合同仲裁条款和仲裁程序保密性的修法建议,而是较谨慎地在原有基础上进行了必要的立法技术上的修补,还包括增加限制撤销仲裁裁决的条件和上述《示范法》关于仲裁庭组成需符合当事人约定的规定。

通过以上对比可以发现,《2019 年修正案》仅采纳了《新西兰仲裁法修法提案》中关于“限制撤销仲裁裁决的条件”的部分意见,其余大部分修法意见(主要包括信托合同仲裁条款效力和仲裁程序的保密性要求)均未被最终采纳。由此可见,此次新西兰《仲裁法》修改,特别是在新西兰尤为引发关注的信托合同仲裁条款效力内容,采取了相对保守和限制的态度。此外,根据新西兰现行的 1996 年《仲裁法》,任何与仲裁有关的司法程序系以“公开为原则,不公开为例外”,这就导致一些非常重视保密性、旨在基于仲裁保密性的特点才选择仲裁解决争议的当事人的期待无法实现。由于英格兰、新加坡、中国香港特别行政区等国家和地区都对与仲裁有关的司法程序规定了一定的保密性要求,这就导致新西兰现行法律目前在该方面显得有些落后。虽然该提案针对“仲裁程序保密性问题”专门提出修改条款,但该条仍未得以采纳,令人感到遗憾。[1]

(二)《纽约公约》

1958 年 6 月 10 日在纽约召开的联合国国际商业仲裁会议上签署了《纽约公约》。该公约处理的是外国仲裁裁决的承认和仲裁条款的执行问题。新西兰是该公约的缔约方之一,其国内仲裁法吸收了该公约当中的许多内容。

《纽约公约》的诞生极大地促进了国际商事仲裁事业的发展,是国际商事仲裁能够存在和发展的基石。作为目前国际上关于承认和执行仲裁裁决的最重要公约,《纽约公约》为一国裁决在他国执行提供了重要保障。

《纽约公约》主要解决了两个问题:

(1)国外仲裁条款的承认和执行:强制各国法院不得审理拥有仲裁条款的争议,而应该将这种争议移交仲裁解决。

(2)国外仲裁裁决的承认和执行:如果仲裁裁决得不到法院承认从而得到强

---

〔1〕《新西兰仲裁立法的最新发展》,载上海国际经济贸易仲裁委员会、上海国际仲裁中心,http://www.shiac.org/SHIAC/arbitrate_informations_detail.aspx? id=234,最后访问日期:2022 年 1 月 20 日。

制执行,那裁决将等同废纸,而条约主要通过限定法院拒绝承认执行仲裁裁决的条件,从而保证了绝大部分仲裁裁决可以得到执行。

20 世纪中叶的国际经贸几乎完全由发达国家掌控。之后的半个多世纪,世界经济格局发生了翻天覆地的变化,国际经贸浪潮席卷全球。随着经济的发展和国际交往的日渐频繁,仲裁作为争议解决方式开始呈普及趋势,仲裁裁决的承认与执行,特别是在域外的承认与执行问题得到普遍关注。而《纽约公约》的主要目的就是解决关于涉外仲裁裁决的承认及执行问题。因此,许多国家或地区为发展对外经贸,纷纷选择加入该公约。

截至 2020 年 4 月 2 日,已有 163 个国家和地区加入或扩展使用该公约,而且该项数字每年都在递增。《纽约公约》短短 16 条的规定却能得到国际社会的广泛认可,反映了当前国际社会普遍把仲裁作为解决国际商事争议的一种有效方式,同时也反映出《纽约公约》是当前有关承认及执行外国仲裁裁决最有影响力的国际公约。

《纽约公约》能在国际商事领域保持如此强盛的"生命力",源于它所奉行的宗旨——发展国际经贸、促进商事纠纷解决、便于仲裁裁决在世界范围内的强制执行。《纽约公约》第 1 条便开宗明义地写道:"仲裁裁决,因自然人或法人间之争议而产生且在申请承认及执行地所在国以外之国家领土内作成者,其承认及执行适用本公约。本公约对于仲裁裁决经申请承认及执行地所在国认为非内国裁决者,亦适用之。"可以说,《纽约公约》开启了国际仲裁的"纽约时刻",大大促进了国际仲裁的国家间合作与国际商事仲裁的发展。

(三)1965 年《华盛顿公约》

《华盛顿公约》,1965 年 3 月 18 日缔结于华盛顿,1966 年 10 月 14 日生效。该公约是在国际复兴开发银行(世界银行)主持下缔结的,为解决一缔约方与其他缔约方居民间的投资争议的多边国际公约。

《华盛顿公约》包括一个序言和 10 章,共 75 条。其目的在于提供解决国家和外国私人投资者争议的调节和仲裁的便利,促进相互信任的气氛,并鼓励私人资本的国际流动。公约决定在华盛顿成立 ICSID,作为解决缔约方与其他缔约方居民争议和实施公约的常设机构。1966 年,ICSID 成立,该中心具有独立的法人资格,并享有公约规定的特权和豁免权。

《华盛顿公约》争议的解决方法有调解与仲裁两种。对于解决案件的法律,公约允许当事人协议选择,如无此协议,则适用争端缔约方的法律以及可以适用的国际法规则。ICSID受理的案件,有排他管辖的效力,同时,ICSID受理案件以后,也不得借口法律无明文规定或含义不清而暂时不作出裁决。裁决结果对双方有拘束力,不得进行上诉或采取任何除本公约规定外的补救措施。各方应遵守和履行裁决。此外,公约还就国家主权豁免、公平与善意原则、用尽当地救济原则等内容作了规定。

《华盛顿公约》是成员广泛、影响力较大的一个公约,新西兰同样是此公约的缔约方。

三、新西兰仲裁法律制度的特点

(一)仲裁有时是解决问题的唯一方式

在所有贸易关系中,都有可能发生分歧。如何尽可能以高效、可行、低成本的方式解决这些分歧非常重要,且倘使关系不因困难而受到破坏,那也是极为有益的。谈判是解决争端时最先采用也是通常综合来看最好的方式。有些时候,解决问题的唯一方式就是由第三方作出一个对双方当事人都有约束力和执行力的裁决,这便是仲裁的意义所在。

(二)仲裁具有广泛接受的特点

已有137个国家接受了承认仲裁裁决的《纽约公约》,对于仲裁裁决给予本国法院判决同等的执行力。《示范法》也已得到广泛的讨论,许多国家以其为基础建立本国的仲裁程序。地方立法环境会影响仲裁的效用。地方法可以禁止或承认仲裁,受其影响的法院可能拒绝支持仲裁协议或改变仲裁协议,此时事情就不可能仲裁。即便仲裁获得支持,个别法院的裁决也有赖管辖权和某些前提的解释。例如,何为仲裁协议何为"商事"。

(三)仲裁制度应用的主要因素

在新西兰,作为仲裁制度的应用,主要根据以下几个因素判断是否适用:(1)仲裁协议具有约束力的制度;(2)了解仲裁地法律协助或阻碍仲裁的方式的办法;(3)当事人不能达成协议时仲裁员的指定方法;(4)仲裁程序法;(5)当事人无另外协议时程序的适用方法;(6)费用控制方法;(7)合格仲裁员库;(8)仲裁裁决的执行制度;(9)严重失当或不公正裁决的处理方法。

依据新西兰1996年《仲裁法》的相关规定,仲裁制度的应用主要需要从以下方面着手。

1. 有约束力的仲裁协议

在其国内法中采纳《纽约公约》或其先前规则，为仲裁协议的承认提供了基础。在许多国家，仲裁协议可以是口头的。

2. 提供有利的仲裁程序法律环境

仅仅具备一个国际仲裁中心、一套仲裁规则甚至是仲裁法，尚不足以提供仲裁程序顺利进行的环境。有些事情一两年内或许可行，但当法院或者仲裁庭不能提供公正满意的结果时，当事人及其律师最终就会避开程序。

3. 指定仲裁员

指定仲裁员过程中，有仲裁员的适当性、能力资格和程序质量问题。对此，可以通过坚持对被指定的所有仲裁员进行培训或为当事人提供限定的人员选择范围予以解决。

当事人可以选择一名仲裁员进行临时仲裁，或请仲裁机构管理包括指定仲裁员在内的程序。临时仲裁形式灵活，可根据当事人的需要提供专门设计的程序。独任仲裁员可提供快捷的服务，并且只要有需要可以随时进行调查和听证。

4. 选择仲裁地的法律

仲裁地点对于当事人非常重要。任何一方当事人都更愿意选择自身辖域的仲裁，这样他们及其顾问对于熟悉的事物更应付自如。

5. 仲裁法的适用

1996 年新西兰《仲裁法》赋予了仲裁双方相当大的自治权，仲裁双方可以协议选择仲裁所依据的法律。有时由于当事人协议适用某国法律或仲裁员裁决合同由某国法律调整，解决争议适用的法律并非仲裁地的法律。

6. 仲裁制度的完善

仲裁制度是否完善也是当事人是否选择仲裁制度的影响因素之一，包括：

(1) 当事人不能达成协议时程序的适用。一方当事人不接受或不认可仲裁规则时，在未被指定并且指定被认可之前，仲裁员无权行使管辖权。

约束反对方的一种方式是当事人无另外协议时，规定适用仲裁地可以接受的规则。这样，希望程序进行的一方，便可知道协议中的仲裁条款能够得到执行。由此可见，以立法形式订立明确的规则要比将事情留给非官方机构解决有益。

(2) 一定程度的协调。一定程度的协调，还有一个更大的优点，即在反对方为己方利益而挑选法院时，可使其逃避仲裁这一争议解决程序的努力更显徒劳。适用这些条件的就会使当事人很快明白,如果他们将仲裁程序弃之不顾,就不能抵制有效裁决的执行。

(3)控制成本。许多人不愿意选择国际仲裁,原因在于其成本与争议标的额不成比例。通过设立仲裁组织控制仲裁成本并将收费公开,在部分意义上可以解决这一问题。临时仲裁员应在其合同中列明收费制度,仲裁员或第三仲裁员应受相同制度的约束。

(4)合格仲裁员库。仲裁机构须明确规定要成为其仲裁员所应达到的要求,因为仲裁机构很难在提供仲裁服务的同时又要处理其与仲裁员的其他关系。

仲裁员组织大致包括职业仲裁人协会、培训制度和纪律制度,3 项内容由同一组织负责有很大压力。而解决办法就是坚持采用客观的外部标准,使每个新的仲裁员都要通过由外部机构组织的资格考试。此外,技能的保持和持续的职业发展也至关重要。

必须为新仲裁员提供一定的空间,使其能够进入这一职业领域并在不损害当事人利益的前提下得到指定。尽管良好的仲裁员经验丰富,但他们不可能一直获得指定。

(5)不良裁决的处置。无论在何种制度下,都有可能存在仲裁员的裁决失当从而不可执行的情况。避免这种可能的方法,是由机构进行监督或要求仲裁员掌握最新的专业技能,进行及时的培训。

仲裁协会进行监督的典型做法是检查仲裁裁决,将裁决返回仲裁员公布或进行审查评论。有的国家,就事实问题或法律问题设有仲裁裁决的上诉程序,但这些程序不可能适用于国际仲裁。如果采用《示范法》,就可以为仲裁裁决的撤销和不予执行提供有益的测度。它将撤销和不予执行仲裁裁决的理由限定于仲裁程序核心的自然公正方面,从而为当事人提供了一定保护。

第二节　新西兰主要仲裁机构

仲裁机构是受理仲裁申请、审理仲裁案件、作出仲裁裁决的主体,对于有效化解纠纷、解决争端具有重要意义。仲裁机构的目的宗旨、内部结构、运行机制、仲裁规则等要素是仲裁机构的核心要素,直接关系仲裁案件的审理效率与公平正义,影响仲裁机构权威性与认可度。新西兰的主要仲裁机构包括新西兰仲裁员和调解员协会、新西兰国际仲裁中心。二者是新西兰的专业性仲裁机构,具有成熟可靠的内部结构和仲裁规则,使仲裁审理的效率与公平正义得到有效保障,是新西兰国内、国际仲裁的主要机构。

一、新西兰仲裁员和调解员协会

新西兰仲裁员和调解员协会(Arbitrators' and Mediators' Institute of New Zealand,AMINZ)是新西兰的主要仲裁机构。该协会最初是特许仲裁员协会下设的分支机构,于1989年成为一个独立的组织。协会成员包括在新西兰执业的大多数来自私营和公共部门的仲裁员、调解员,涉及商业、农村、家庭、海事、体育、就业、环境等广泛领域。除承担仲裁与调解工作外,AMINZ还承担部分管理、研究工作,包括为希望被认证为仲裁员的人开设助理和研究员级别的课程,举办认证仲裁员的考试,定期举行会议和培训课程。作为新西兰的主要仲裁机构,AMINZ对自身宗旨、角色的定位,对内部权力、各类会议机制、主要职位与机构的设置直接影响仲裁过程与结果,是仲裁机构高效有序运行、公正作出裁决的基础。因此,理解AMINZ的基本情况是适用该协会的仲裁规则、理解该协会仲裁案件审理程序的前提。

(一)AMINZ的宗旨与角色

AMINZ的目标和宗旨包括以下方面:第一,通过使用争端解决程序促进、鼓励和推动争端解决的实践和理论,并扩大争端解决程序的效用;第二,在争端解决程序的所有领域制定和保持专业的实践标准;第三,支持、保障和促进从事争议解决的专业和从业人员的地位和利益;第四,安排阅读、发表论文、举办讲座或其他与争端解决及其程序有关的类似活动,以及通过其他方式获取和传播与争端解决及其程序有关的信息;第五,为在争端解决领域执业或有意在该领域执业的人员提供入门和高级培训和教育,并促进与争端解决和争端解决程序有关的法律和实践研究,以及促进协会成员的实践活动;第六,通过考试或其他方式测试候选人能否获得协会专业成员资格;第七,为仲裁员、调解员和其他争议解决从业人员技能和资格的测试、分类、鉴定、认证、分级提供便利;第八,建立合格或得到认可的仲裁员、调解员以及其他争端解决从业人员的名单和小组,并规定此类名单和小组的准入和撤销;第九,为协会成员之间的交流提供机会,包括安排社会活动等。

AMINZ在争议解决领域为自身设定了多重角色,主要包括:第一,支持从事争议解决的专业人员及提升其解决争议的能力;第二,为从事和有意从事争议解决的专业人员提供教育和培训,如开设仲裁技能强化课程;第三,制定道德守则和投诉程序供其成员遵守,使成员以诚信、尊重、信任的方式参与仲裁和调解;第四,为从事争议解决的专业人员提供包括测试在内的专业发展途径;第五,根据立法提名相关人员承担争议解决任务,如参与仲裁、调解、谈判、专家见证、家庭纠纷解决、农场债务解决等;第六,提供可使成员保持接触沟通的线上线下互联机制;第七,开展各种活动,如开设技能强化课程、仲裁研讨会等;第八,确定通过网站推广具有适当资格的专业人员名单与小组;第九,寻找主题专家协助外部组织的培训,培训内容涉及沟通、咨询、调解等方面;第十,在倡导争议解决方面发挥主导作用。

(二)AMINZ 的内部权力

AMINZ 在内部享有以下权力:第一,通过购买、租赁或其他方式获得或处置土地、建筑物以及协会的理事会认为适当的不动产和动产,并在此类土地上建造建筑物,以及改建、增加、维护在此类土地上建造的建筑物。第二,通过征费、认捐以及其他方式筹集资金,并接受任何形式的捐赠和礼物。第三,将协会不须立即使用的资金用于适当的投资。第四,加入与本协会具有近似目标的学会、机构、协会、公司,或与其建立联系、合并、合作、认购其资金,以更好地实现本协会的目标或利益。第五,出售、改进、维护、管理、交换、租赁、抵押、处置、利用或以其他方式处理协会的财产、资产和权利。第六,以协会理事会认为合适的方式和担保(如有)筹集或借入资金,特别是以协会全部或部分财产、资产和权利(包括现在和将来)作为担保,以协会理事会认为适当的权利、条款和条件购买、赎回或清偿此类证券并重新发行。第七,提供担保、债券和赔偿,并制作、提取、接受、背书、贴现、执行和签发本票、汇票、汇票、债券等任何可流通或可转让的票据。第八,取得或以其他方式获得并持有其他协会或公司的股份或与其进行合作交流,此类协会或公司应当具有与本协会完全或部分类似的宗旨或从事协会理事会认为能够直接或间接促进协会宗旨的业务。第九,建立、支持或协助建立、支持协会、机构、基金、信托及类似机构,以利于协会的工作人员、前工作人员及其家属、亲属,为其发放养老金和津贴、支付保险费,或出于慈善仁爱等目的认捐或担保资金。第十,按协会认为合适的条件聘用官员和工作人员。第十一,作出协会理事会认为有利于实现协会目标的行为或事项。

(三)AMINZ 的理事会、年度大会、特别大会

AMINZ 的理事会承担协会日常事务管理的职责。除协会规则或根据协会规

则制定的细则明确要求由协会大会行使的权力外,理事会享有其他所有必要的权力。理事会的核心职责是确保协会资金的适当收集和支付,保存所有通常和适当的会计记录,汇编和核实协会的会议记录和其他记录,编制、审计和向年度大会提交前一年的报告和财务报表。

理事会可行使一切必要或有利于实现协会目标的权力。在不减损协会赋予的权力的前提下,理事会可行使的权力包括以下方面:第一,制定、修改、废除协会细则的权力,行使该权力需要以不违背协会规则的方式,并且为本协会规则所规定的目的和为协会的事务与日常工作所需的其他目的;第二,将理事会具有的权力和职能委托给执行委员会或其成员的分委员会;第三,在理事会认为合适的情况下,任命协会的其他成员加入执行委员会或小组委员会;第四,以理事会认为合适的方式和条件作出有担保或无担保的借款,并为此提供和处分各种债券、债权、抵押权、股票,以及将协会的全部或部分不动产或动产进行抵押;第五,在新西兰现行有效的法律允许受托人投资信托基金的前提下,使用协会不急需用于协会目的的资金对证券进行投资和再投资;第六,在理事会认为必要的情况下,按照理事会认为合适的条件,聘用、雇佣和终止聘用、雇佣协会的工作人员和代理人。

AMINZ 的年度大会在理事会指定的时间和地点举行,但在任何情况下都应在财政年度结束后 6 个月内举行。年度大会的会议内容是接收年度报告、财务报表、审计员报告,选举官员,处理可能提交给大会的任何其他事务。

AMINZ 的特别大会可由会长或理事会在任何时候召开。召开特别大会的,应首先向会长交付由任意 10 名协会成员签署的书面请求书,在会长缺席的情况下应向协会当时实际地址或邮政地址的理事会交付该书面请求书;在收到请求书后 30 日内,应当立即召开协会特别大会,并说明召开该会议的目的。

(四)AMINZ 的主要职位与机构

在 AMINZ 的运行机制中,仲裁法庭、登记官、仲裁秘书、协会主席、仲裁庭对协会正常运行、仲裁案件审理具有重要作用。如果根据仲裁协议或法律规定协会将履行任何角色或职能,如任命和指定仲裁庭,则协会仲裁法庭将代表协会行事。如果协会主席根据仲裁协议或法律规定被赋予指定任命权,其将在与协会仲裁法庭协商后作出任命或指定。协会行使的权力或职责应视为包括了协会主席被赋予的权力或职责。

在法律允许的范围内,协会将把与仲裁程序有关的职责和职能委托给协会理事会批准的仲裁登记官,但是指定仲裁庭的权力除外。登记官可以是协会的执行董事或其他雇员,但不得是协会理事会的主席或任何其他现任成员。

仲裁庭可任命一名仲裁庭秘书,仲裁庭秘书承担与仲裁庭成员相同的独立性、公正性和保密性义务。仲裁庭秘书在仲裁庭的具体指示、持续管理和监督下工作,协助管理仲裁程序,不承担仲裁庭委托的决策职能。仲裁庭秘书应执行仲裁庭可能指派的以下任务:协助仲裁庭审查证据和争议问题,包括审查提交的材料和证据,编写摘要、备忘录,以及对具体事实或法律问题进行研究;在仲裁庭的指导和监督下,协助仲裁庭编写并向各方传达其关于程序和实质问题的决定,包括编写程序性命令和裁决的初稿;向仲裁庭及其成员提供其他支持,包括在仲裁庭秘书可能出席的听证和评议期间。

协会主席、仲裁法庭、登记官应根据《AMINZ 仲裁规则》和法律法规的强制性规定,以公平和有效的方式履行各自的职能,并符合该规则确立的仲裁目标。协会主席、仲裁法庭、登记官根据《AMINZ 仲裁规则》作出的决定对仲裁各方是决定性的并具有约束力,他们不需为其作出的决定提供理由,除非协会仲裁法庭另有决定。

仲裁庭具有以下职责:第一,在双方之间公平公正地行事,给予各方合理机会来陈述自己的情况和处理其他各方的情况;第二,采用适合仲裁情况的程序,避免产生不必要的拖延和费用,为最终解决争端提供公平、有效和迅速的手段。仲裁庭应拥有最广泛的自由裁量权来履行上述职责,但须遵守仲裁庭认为应当适用的强制性法律规则。

二、新西兰国际仲裁中心

新西兰国际仲裁中心(New Zealand International Arbitration Centre,NZIAC)是为解决跨太平洋地区的国际贸易、商业、投资和跨境争端而设立的仲裁机构,拥有受到认可的仲裁员和调解员,对外提供全面的争议解决程序,包括仲裁程序、调解程序、仲裁和调解相结合的机制。NZIAC 是亚太区域仲裁小组(Asia Pacific Regional Arbitration Group,APRAG)的成员。作为新西兰的主要仲裁机构以及具有国际性特征的仲裁机构,NZIAC 为机构角色定位设定了目标,并归纳总结了其作为仲裁机构的优势。关于机构角色定位的目标体现其对经济贸易、公平正义、仲裁制度的贡献,是指引其发展的价值标准。关于 NZIAC 作为仲裁机构的优势,体现其在地理位置、政治条件、法治环境、仲裁规则方面的优越性,表明其对于地区和国际争端解决具有重要地位。

(一)NZIAC 的目标

NZIAC 对机构角色定位设定了 4 项关键目标,分别是:第一,支持和促进跨太平洋地区国际争端解决的增长和发展;第二,促进和支持跨太平洋地区的贸易、投资和可持续经济发展与增长;第三,为解决跨太平洋地区的国际贸易、商业、投资和跨境争端提供有效和确定的仲裁地点;第四,促进新西兰成为公平、安全和中立的国际争议解决中心和跨太平洋地区国际仲裁地。上述 4 项关键目标是 NZIAC 价值观点、宗旨定位的外在体现,对于仲裁机构选择、仲裁机构发展具有指导作用。

(二)NZIAC 的优势

NZIAC 认为,其作为仲裁机构的优势是具有理想的地理条件、支持性的法律环境、稳健创新的仲裁规则。第一,新西兰为该仲裁中心提供了理想、中立、独立的地理条件。新西兰作为现代化国家,拥有开放的经济和商业环境、稳定的政治环境,拥有良好的基础设施、通信、技术和法治环境,提供了国际争端解决的基础。新西兰作为国际仲裁和调解的独立司法管辖区,其腐败感知指数和世界司法项目法治指数均在全球处于领先地位,在全球范围内得到认可。第二,新西兰为该仲裁中心提供了支持性的法律环境。新西兰自 1983 年以来一直是 1958 年《纽约公约》的签署方,并且及时跟进全球仲裁立法动态,处于现代仲裁立法发展的前列。新西兰为仲裁提供独立的司法支持,根据当事人意思自治的基本原则适用仲裁法;减少司法对仲裁程序的参与;为仲裁的保密性提供了法律保护。同时,新西兰拥有完善的设施和技术资源来保障仲裁的进行,其仲裁费用通常低于大多数其他司法管辖区。第三,NZIAC 制定了稳健创新的仲裁规则。仲裁裁决的延迟和国际仲裁的费用使许多跨境争议仲裁对当事方来说并不经济。NZIAC 希望为国际商事争议的当事方提供公平、迅速、经济的争议解决程序,因此制定了稳健创新的仲裁规则,涵盖紧急临时救济、快速程序、提前驳回索赔和抗辩的简易程序、仲裁费用等方面,并且规定了将仲裁和调解结合在同一流程中的机制,确保作出公正且具有约束力的裁决。

第三节 新西兰《仲裁法》与仲裁规则的核心内容

一、新西兰《仲裁法》主要规定

新西兰《仲裁法》是关于新西兰仲裁事务的基本性法律,为制定仲裁规则、推进仲裁程序、作出仲裁裁决提供基本依据。新西兰《仲裁法》,一方面,需要对仲裁事务作出规定,约束当事方对仲裁的约定和仲裁机构对仲裁的审理,保障公平正义,维护秩序和稳定;另一方面,需要保持调整范围的有限性和调整方式的原则性,为仲裁当事人、仲裁机构留出协商自治的空间,保障仲裁制度区别于诉讼制度,维护仲裁制度的特殊价值。

因此,理解和研究新西兰仲裁制度,需要以理解和研究新西兰《仲裁法》为前提和基础。新西兰《仲裁法》的主要内容包括立法基本情况、管辖与仲裁条款的适用、对仲裁协议的规定、对仲裁庭组成与仲裁员任免的规定、临时措施与初步命令等特殊事项、仲裁基本程序、仲裁裁决的作出与执行等。上述内容构成新西兰《仲裁法》的主干,均可能直接或间接影响仲裁当事方的利益与社会公平正义,是仲裁立法必须作出规范和调整的事项。

(一)新西兰《仲裁法》基本情况

新西兰《仲裁法》于1996年制定,于1997年7月施行,于2019年完成最新一次修正。新西兰《仲裁法》规定的立法目的包括以下方面:第一,鼓励使用仲裁作为解决商业和其他争端的方法;第二,促进以联合国国际贸易法委员会于1985年6月21日通过的《示范法》为基础的仲裁制度的国际一致性;第三,促进新西兰国内仲裁制度与国际仲裁制度之间的一致性;第四,重新定义和明确对仲裁程序和仲裁裁决进行司法审查的限制;第五,促进对仲裁协议和仲裁裁决的承认和执行;第六,履行新西兰政府在《仲裁条款议定书》(1923年)、《执行外国仲裁裁决公约》(1927年)、《纽约公约》(1958年)中的义务。

(二)仲裁立法的适用与管辖权

新西兰《仲裁法》规定的仲裁规则适用于在新西兰进行的仲裁,但在具体适用案件、适用条款上存在差异。第一,对于仲裁地点位于或将要位于新西兰的仲裁案件,新西兰相关法律中符合规定的条款(如有)均适用于该仲裁案件。第二,对于符合新西兰相关法律定义的国际仲裁和受《仲裁条款议定书》(1923年)或《执行外国仲裁裁决公约》(1927年)涵盖的仲裁案件,在仲裁双方当事人均同意的情况下,可以适用新西兰立法中的部分条款;新西兰立法中规定的其他每项仲裁都可适用相关法律中的部分特定条款,除非仲裁双方当事人另有约定。第三,对于仲裁地点不位于新西兰的仲裁案件,新西兰相关法律中的部分条文经必要修改后,可适用于该仲裁案件。第四,对于尚未决定仲裁地点是否位于新西兰的仲裁案件,新西兰相关法律中的部分条文经必要修改后,可适用于该仲裁案件。

对于仲裁立法与其他法律法规冲突的情况,新西兰《仲裁法》规定,当适用于仲裁案件中的该法相关规定与其他法规不一致时,其他法规在不一致的范围内具有优先适用的效力。除此以外,如果该法的规定适用于根据其他法规进行的仲裁,则其他法规的规定应被理解为仲裁协议。

某一争端是否具有可仲裁性代表着解决该争端时能否适用新西兰《仲裁法》,新西兰《仲裁法》仅在争端具有可仲裁性时方可适用,对于不具有可仲裁性的争端不适用新西兰《仲裁法》。新西兰《仲裁法》对争端的可仲裁性的规定是,当事人根据仲裁协议同意提交仲裁的任何争端都可以通过仲裁来解决,除非仲裁协议违反公共政策或者其他法律规定此类争端不能通过仲裁解决。即使法律赋予高等法院或地区法院对任何事项享有管辖权,并且未表明可通过仲裁对该事项进行裁决,这一事实本身也并不表明关于该事项的争议不能通过仲裁进行裁决。

国际性仲裁在适用仲裁立法与仲裁规则上不同于国内仲裁,将涉及更广泛的仲裁立法与仲裁规则,因此,有必要在适用仲裁立法前首先对某一仲裁是否属于国际性仲裁作出判断。根据新西兰《仲裁法》,国际性仲裁应当符合以下条件之一:第一,在缔结仲裁协议时,仲裁协议当事人的营业地位于不同国家;第二,仲裁地、商业和其他主要义务的履行地、与争端有最密切联系地之一位于当事人营业地所在国之外;第三,当事人明确同意仲裁协议的标的涉及一个以上的国家。如果一方当事人有一个以上的营业地,则上述所称的营业地应当是与仲裁协议关系最密切的地方。如果一方当事人没有营业地,则上述所称的营业地应参照该当事人的惯常住所确定。

(三)仲裁协议

仲裁协议是当事人为解决争议、处理纠纷而达成的关于仲裁的一系列约定,对当事人具有约束作用,有利于保障当事方以一致认可的方式处理争议,是仲裁制度中的重要内容。新西兰《仲裁法》对仲裁协议的形式、仲裁协议与起诉的关系、仲裁协议与法院临时措施的关系等方面作出了约束。新西兰《仲裁法》对仲裁协议形式的规定是,仲裁协议可以采用口头形式或书面形式,在不违反相关法律规定的情况下,仲裁协议可以采用合同中仲裁条款的形式,也可以采用单独协议的形式。此外,在合同中提及的具有仲裁条款的文件也构成仲裁协议,前提条件是这种提及使该条款成为合同的一部分。

根据新西兰《仲裁法》规定的仲裁协议与起诉的关系,对仲裁协议约定事项提起诉讼的,如果一方当事人在不晚于其提交关于争议实质内容的第一份声明时提出请求,则法院应中止诉讼程序,并将各方当事人提交仲裁,除非法院认定协议无效、无法实施、无法履行,或者各方当事人之间就商定提交的争议事项实际上不存在任何争议;如果已经起诉,在该争议等待法院审理期间,仍可启动或继续进行仲裁程序,并可作出仲裁裁决。

新西兰《仲裁法》规定了仲裁协议与法院临时措施的关系。一方当事人在仲裁程序之前或仲裁程序期间向法院请求采取临时措施并由法院批准这种措施,不构成与仲裁协议的抵触和冲突。高等法院或地区法院拥有与仲裁庭相同的权力,可根据相关法律规定为该法院的诉讼程序准予采取临时措施,相关法律规定在经过必要的修改后相应地适用。如果一方当事人向法院申请临时禁令或其他临时命令,而仲裁庭已经就与申请有关的事项作出裁决,法院应将该裁决或在裁决过程中作出的任何事实认定视为对该申请的结论性意见。

此外,针对消费领域存在的消费者仲裁协议,为了化解消费纠纷、解决消费争端,保障经营者与消费者合法利益,新西兰《仲裁法》作出了专门规定,主要内容是消费者身份的认定条件、消费者仲裁协议的效力、消费者仲裁协议的强制适用。新西兰《仲裁法》所称的消费者身份具有 3 项条件:一是属于自然人主体;二是该自然人不是以商业贸易意图订立合同;三是合同相对方以商业贸易意图订立合同。关于消费者仲裁协议的规定不适用于租赁和保险合同。消费者仲裁协议产生效力的条件是一方以消费者身份订立合同,并且该合同中含有仲裁协议;该生效条件适用于在新西兰订立的含有仲裁协议的任一合同,即使合同中有条款规定该合同受新西兰法律以外的法律管辖;该生效条件应被视为对仲裁协议的一项要求。在以下情况下,仲裁协议可以对消费者强制适用:第一,消费者在与该合同有关的争议发生后,通过与合同相对方签订单独的书面协议,证明消费者已经阅读和理解仲裁协议,并同意受仲裁协议约束;第二,上述单独书面协议披露了相关法律规定的不适用于该仲裁协议的条款。

（四）仲裁庭的组成与仲裁员的任免

新西兰《仲裁法》对仲裁员的人数作出了原则性规定，先赋予并尊重当事人对仲裁员人数的决定权，仲裁员人数可由当事人自由决定；若当事人未决定仲裁员人数，则按照该法规定的人数任命仲裁员，在国际仲裁中仲裁员人数应为3人，在其他所有情况下仲裁员人数应为1人。

新西兰《仲裁法》对仲裁员的任命作出了详细规定。第一，除非仲裁各方当事人有约定，否则任何人不因其国籍而不能担任仲裁员。第二，各方当事人可自由约定指定一名或多名仲裁员的程序，但须遵守该法其他相关规定。第三，如果仲裁当事人没有就指定仲裁员的程序作出约定，则按照该法规定以下方式确定仲裁员：在有3名仲裁员和2名当事人的仲裁中，每一方当事人应指定一名仲裁员，由被指定的2名仲裁员指定第三名仲裁员；如果一方当事人在收到另一方当事人的请求后30日内未能指定仲裁员，或者2名仲裁员在被指定后30日内未能就第三名仲裁员达成一致，则应根据一方当事人的请求，由指定机构进行指定；在有独任仲裁员的仲裁中，如果各方当事人无法就仲裁员达成一致，则应根据一方当事人的请求，由指定机构指定该仲裁员；如果各方当事人约定了指定程序，但一方当事人未能按照该程序的要求行事，或者当事人或2名仲裁员无法达成该程序所期望的协议，或者第三方未能履行该程序委托给它的职能，则任何一方均可要求被指定机构采取必要的措施，除非关于指定程序的约定规定了确保指定仲裁员的其他手段。第四，在一个仲裁中，如果当事人约定由2名或4名以上的仲裁员进行仲裁，或有3名仲裁员和2名以上的当事人，并且未约定指定仲裁员的程序，则指定机构可根据一方当事人的请求指定必要数量的仲裁员。第五，对委托给指定机构的决定不得上诉；指定机构在指定仲裁员时，应适当考虑各方当事人的协议对仲裁员的资格要求，以及尽可能确保指定1名独立公正的仲裁员，如果是在进行国际仲裁时指定独任或第三名仲裁员，还应考虑指定1名与各方当事人国籍不同的仲裁员是否可取。第六，如果指定机构不能在收到请求后30日内根据上述规定指定1名仲裁员，或在指定机构使用的任命程序方面出现争议，一方可以向高等法院申请指定1名或多名仲裁员。以上所称的指定机构，是指司法部长根据新西兰《仲裁法》指定的机构。

新西兰《仲裁法》对于仲裁员任命异议的事由作出了规定。新西兰《仲裁法》

规定的异议事由包括以下两项:第一,因他人可能被任命为仲裁员而与其接触的人应披露可能导致对其公正性或独立性产生合理怀疑的情况,仲裁员从被指定之时起,在整个仲裁程序中均应毫不迟疑地向各方当事人披露此类情况,除非该仲裁员已将上述情况告知各方当事人。第二,只有在存在对仲裁员的公正性或独立性产生合理怀疑的情况下,或在该仲裁员不具备各方当事人约定的资格时,才能对该仲裁员提出异议;一方当事人只有在指定仲裁员后才知道异议理由时,才能对其指定的仲裁员或其参与指定的仲裁员提出异议。

新西兰《仲裁法》规定了对仲裁员提出异议的程序,保障当事人针对仲裁员任命提出合理质疑。各方当事人可自由约定仲裁员任命的异议程序,但须遵守该法的规定。在无约定的情况下,打算对仲裁员任命提出异议的一方当事人,应在得知仲裁庭的组成或得知上述异议情况后 15 日内,向仲裁庭发出书面声明,说明提出异议的理由;除非受到异议的仲裁员退职或另一方当事人同意异议,否则仲裁庭应就异议作出决定。如果根据各方当事人约定的程序或该法规定的程序提出的异议不成功,提出异议的一方可在收到驳回异议的裁决通知后 30 日内请求高等法院对异议作出裁决,对该裁决不得上诉;在该请求未决时,仲裁庭和被异议的仲裁员可继续进行仲裁程序并作出裁决。

新西兰《仲裁法》规定了对仲裁员无法履职的处理方式。如果 1 名仲裁员在法律上或事实上无法履行该职务,或因其他原因未能无迟延采取行动,则该仲裁员的职务在退职时终止,或在当事人同意时终止。否则,如果对异议情况中的任一情况仍有争议,任何一方均可要求高等法院就终止职务作出决定,并且不得对该决定上诉。仲裁员根据上述规定退职或一方当事人根据上述规定同意终止仲裁员的职务,不代表其接受相关异议理由。

新西兰《仲裁法》对指定替代仲裁员作出了规定。当发生以下情形时应当根据相关规则指定 1 名替代仲裁员:指定替代仲裁员的情形是 1 名仲裁员的任职因异议或无法履职而终止、因任何其他原因退职、因各方当事人同意撤销该仲裁员的职务以及该职务终止的其他情况。除仲裁各方当事人另有约定外,在更换独任仲裁员或首席仲裁员的情况下,以前举行的任何听证会都应重新进行;在更换独任仲裁员或首席仲裁员以外的其他仲裁员的情况下,以前举行的任何听证会可由仲裁庭酌情重新进行;仲裁庭在更换仲裁员之前作出的命令或裁决,不能仅因为仲裁庭的组成发生了变化而无效。

新西兰《仲裁法》规定了仲裁庭对其管辖权作出裁决的权限。仲裁庭可以对其管辖权作出裁决,包括对仲裁协议的存在或有效性提出的任何异议。作为合同组成部分的仲裁条款应被视为独立于合同其他条款的协议,仲裁庭关于合同无效的决定不应导致仲裁条款在法律上无效。对于仲裁庭无管辖权的抗辩,应在提交答辩书之前提出。一方当事人不因其已指定或参与指定一名仲裁员而无权提出该种抗辩。对于仲裁庭超越权限的抗辩,应在被认为超越权限的事项提出后立即提出。在此情况下,如果仲裁庭认为提出抗辩的延迟是合理的,可以接受较晚提出的抗辩。仲裁庭可将上述抗辩作为初步问题在关于案情的裁决中加以裁定。如果仲裁庭将此类抗辩作为初步问题进行裁决,任何一方当事人可在收到该裁决通知后 30 日内请求高等法院对该事项进行裁决,对该裁决不得上诉;在此类请求尚未准许时,仲裁庭可继续进行仲裁程序并作出裁决。为免疑义,未能及时根据上述规定提出请求的,视为放弃对仲裁庭关于其管辖权作出的裁决提出异议的权利。

(五)临时措施与初步命令

新西兰《仲裁法》专门规定了临时措施与初步命令,为仲裁当事人提供及时、有效的保护。临时措施,是指仲裁方在就争端作出裁决前,要求一方当事人采取某些行动的措施。临时措施主要包括以下几项:第一,在对争端作出裁决之前,维持或恢复原状;第二,采取行动,防止或避免采取可能对仲裁程序造成伤害或损害的行动;第三,提供一种保存资产的手段,以便进行后续裁决;第四,保留可能与争端解决有关的重要证据;第五,为费用提供担保。初步命令,是指指示一方当事人不得阻挠临时措施的命令。

新西兰《仲裁法》赋予仲裁庭批准临时措施的权力,除各方仲裁当事人另有约定外,仲裁庭可根据一方当事人的请求准予采取临时措施。准予采取临时措施需要满足以下条件:第一,对于维持或恢复原状、防止或避免损害、提供保存资产手段的临时措施,申请人必须使仲裁庭相信,如果不批准该措施可能会造成无法通过损害赔偿金充分补偿的伤害,该伤害显著超过了批准该措施可能对被申请人造成的伤害,并且申请人有胜诉的合理可能。第二,对于保留重要证据的临时措施,申请人也必须使仲裁庭相信上述内容,但仅限于仲裁庭认为适当的范围内。第三,对于为费用提供担保的临时措施,申请人必须使仲裁庭确信,申请人如果败诉则有能力支付被申请人的费用。

新西兰《仲裁法》赋予仲裁庭发布初步命令的权力,除各方当事人另有约定外,一方当事人在提出采取临时措施的请求时,可以不通知其他当事人而申请初步命令。仲裁庭发出初步命令需要满足以下条件:第一,仲裁庭认为事先向被申请人披露临时措施的请求有可能使该措施的目的落空,仲裁庭可以发布初步命令。第二,初步命令的申请人必须满足准予采取临时措施的条件,其中对危害的评估应当是发出或不发出该初步命令可能造成的危害。

仲裁庭发布初步命令的程序是在对初步命令的申请作出裁定后,立即通知所有当事人关于临时措施的申请、关于初步命令的申请、仲裁庭发出的初步命令、一方当事人与仲裁庭之间上述申请与命令的所有通信,并给予每个被通知人机会,让其在可行的最早时间内陈述被通知人的情况。仲裁庭必须迅速对有关初步命令的异议作出决定。初步命令在仲裁庭发布之日起20日后失效。在每个被申请人被通知并有机会陈述被申请人情况下,仲裁庭可以批准临时措施、采纳或修改初步命令。在效力方面,初步命令对当事人有约束力,但并不构成裁决,也不能由法院强制执行。仲裁庭准许临时措施或发出初步命令后,在根据一方当事人的申请,或在特殊情况下事先通知各方后,仲裁庭可以修改、暂停或取消该措施或命令。

新西兰《仲裁法》针对临时措施与初步命令规定了担保,对于临时措施,仲裁庭可要求临时措施的申请人提供与该措施有关的适当担保;对于初步命令,除仲裁庭认为提供担保不适当或无必要外,仲裁庭必须要求初步命令的申请人提供与该命令有关的适当担保。

新西兰《仲裁法》针对临时措施与初步命令规定了重大情况披露制度。仲裁庭可要求一方当事人迅速向仲裁庭披露据以请求或准予采取临时措施的情况发生的重大变化。初步命令的申请人必须向仲裁庭披露所有可能与仲裁庭确定是否发出或延长该初步命令有关的情况,该义务一直持续到每个被通知人都有机会陈述其情况为止。

根据新西兰《仲裁法》对临时措施与初步命令的费用和损害赔偿的规定,临时措施或初步命令的申请人应对给任何一方当事人造成的任何费用和损害负责。如果仲裁庭后来确定,在当时的情况下,不应该批准或发布该措施或命令,则该措施或命令将被取消。仲裁庭可以在仲裁程序中的任何时候裁定此类费用和损害赔偿。

新西兰《仲裁法》对临时措施与初步报告的承认、执行以及拒绝承认、执行作出了详细规定。仲裁庭准予采取的临时措施必须被承认为具有约束力，除非仲裁庭另有规定，否则在向主管法院提出申请后必须执行，而无论准予采取临时措施的国家。要求承认或执行该法规定的临时措施的申请人必须迅速将该临时措施的修改、中止或取消情况通知法院。在仲裁庭尚未就提供担保作出决定，或关于提供担保的决定是保护第三方权利所必需的情况下，如果法院认为适当，可以命令申请人提供适当的担保。

新西兰《仲裁法》规定的拒绝承认或执行临时措施的情形包括：第一，被申请人提出请求。该请求应当是合理的，并且当事人未遵守仲裁庭关于提供与其准予的临时措施有关的担保的决定，或该临时措施已被仲裁庭中止或取消，或在得到授权的情况下该临时措施被仲裁地国的法院中止或取消，或该临时措施根据其依据的法律被中止或取消。第二，法院认为，临时措施不符合法律赋予法院的权力，但是法院决定在必要的范围内重新制定临时措施以满足执行该临时措施的权力和程序，并且不修改临时措施内容的除外。法院上述理由作出的裁定，仅对承认和执行临时措施的申请有效。法院在作出裁定时，不得对临时措施的内容进行审查。

（六）仲裁程序的进行

新西兰《仲裁法》规定，仲裁程序规则按照以下方式确定：在不违反该法规定的情况下，各方当事人可自由约定仲裁庭进行仲裁的程序。如果各方当事人没有这种约定，仲裁庭可以在不违反该法规定的情况下，以其认为适当的方式进行仲裁。此外，法律赋予仲裁庭确定证据的可接受性、相关性、实质性、重要性的权力。证人、律师、专家或在仲裁庭出庭的其他人应享有与法院诉讼程序中的证人和律师相同的特权和豁免权。

新西兰《仲裁法》对仲裁地点的确定方式是首先赋予并尊重当事人自由约定仲裁地点的权利。如当事人未对仲裁地点作出约定，则应由仲裁庭根据案情、各方当事人便利程度确定仲裁地。但是，除各方当事人另有约定外，仲裁庭可在其认为适当的任何地点进行仲裁，以便其成员进行协商，听取证人、专家或当事人的意见，检查货物、其他财产或文件。

根据新西兰《仲裁法》对仲裁程序启动的规定，仲裁程序从被申请人收到申请方将该争端提交仲裁的请求之日开始，当事人另有约定的除外。

新西兰《仲裁法》对仲裁语言的规定是,各方当事人可自由约定仲裁程序中使用的一种或几种语言;如果各方当事人没有作出约定,仲裁庭应当确定在程序中使用的一种或多种语言。除另有规定外,这种约定或决定应适用于一方当事人的任何书面陈述、任何审理过程以及仲裁庭的任何裁决、决定或其他通信。仲裁庭可命令书面证据附有当事人约定的或仲裁庭确定的语言的译文。

在当事人约定或仲裁庭确定的期限内,申请人应陈述支持其申请的事实、争议点和寻求的救济或补救措施,被申请人应就这些细节陈述答辩,当事人对以上陈述的必要内容另有约定的除外。当事人可在陈述时提交他们认为相关的所有文件,也可增加将提交的文件或其他证据。除各方当事人另有约定外,任何一方当事人均可在仲裁程序过程中对申请或答辩进行修改或补充,除非仲裁庭因考虑到修改的延迟而认为不宜允许该种修改。

新西兰《仲裁法》规定了仲裁程序中的听证和书面程序制度。除各方当事人有相反约定外,仲裁庭应决定是否举行口头听证以出示证据或进行口头辩论,或者是否应在文件和其他材料的基础上进行仲裁程序。但是,除各方当事人约定不举行听证会,否则如果一方当事人提出进行听证的要求,仲裁庭应在程序的适当阶段举行听证。仲裁庭为检查货物、其他财产或文件而进行的任何审理和任何会议,应充分提前通知各方当事人。一方当事人向仲裁庭提供的所有陈述、文件或其他信息均应传达给另一方当事人。仲裁庭在作出决定时可能依赖的任何专家报告或证据文件也应告知各方。在仲裁庭为检查货物、其他财产或文件而进行的听证会和会议中,或在根据文件或其他材料进行的任何程序中,各方当事人可以亲自出庭,也可由他们选择的其他人代为出庭。

新西兰《仲裁法》针对仲裁当事人单方缺席情况规定了处理方式。除各方当事人另有约定外,在没有充分理由的情况下,如果申请人未能按照规定递交申请书,仲裁庭应终止程序;如果被申请人未能按照规定送交答辩书,仲裁庭应继续进行程序,不将未送交答辩书视为承认申请人的指控;如果一方当事人未出席听证会或未提供书面证据,仲裁庭可继续进行诉讼,并根据收到的证据作出裁决;如果申请人未能提出申诉,仲裁庭可作出裁决驳回该申诉,或发出指示以迅速确定该申诉。

新西兰《仲裁法》规定了仲裁庭指定专家的制度,以保障专家能够适当参与仲裁,为仲裁提供专业意见。除各方当事人另有约定外,仲裁庭可指定一名或多名专家,就有待仲裁庭确定的具体问题向其通报。仲裁庭可要求一方当事人向专家提供相关信息,或出示相关文件、提供货物或其他财产供专家检查。如果一方当事人提出要求或仲裁庭认为有必要,专家应在提交书面报告或口头报告后参加听证会,各方当事人有机会提出问题和提出专家证人以便对存在争议的问题作证。

新西兰《仲裁法》规定了法院协助取证制度,旨在保障仲裁庭克服取证困难,及时获得案件证据,查明案件事实。仲裁庭或经仲裁庭批准的一方当事人可向法院请求协助取证。法院可在其权限内根据取证规则执行该取证请求。为了协助取证,法院可采取以下措施:第一,高等法院可发出传票命令或由地区法院发出证人传票,强迫证人到仲裁庭作证或出示文件。第二,高等法院或地区法院可命令证人在仲裁庭、法院官员、仲裁庭指定的其他人员面前宣誓或确认。第三,为仲裁程序的目的,高等法院或地区法院拥有与在该法院程序内相同的权力,可以为以下目的作出命令:一是查找文件和质询;二是签发委托书或要求在管辖范围外取证;三是扣留、保存、检查仲裁程序中存在争议的财产或物品,并为上述目的授权他人进入一方当事人拥有的土地或建筑物,或授权采集样本或进行观察试验,以获得充分、必要、有利的信息和证据。

(七)仲裁裁决的作出

新西兰《仲裁法》规定了适用于争端实质的规则。仲裁庭应根据各方选择的适用于争端实质内容的法律规则来裁决争端。除当事方另有说明外,对某一国家法律制度的指定应被解释为直接指该国的实体法,而非该国法律冲突规则。在当事方未作指定的情况下,仲裁庭应适用根据适当的法律冲突规则确定的法律。仲裁庭在得到各方当事人的明确授权后方可以公正、善意、友好的方式作出决定。仲裁庭应根据合同条款进行裁决,并应考虑到适用于该交易的贸易惯例。

新西兰《仲裁法》对仲裁员的决策方式作出了原则性规定,在有 1 名以上仲裁员的仲裁程序中,除各方当事人另有约定外,仲裁庭作出的任何决定都应以多数仲裁员的意见为准。但是,如果各方当事人或仲裁庭所有成员作出授权,仲裁程序问题可由首席仲裁员决定。

新西兰《仲裁法》对仲裁和解的规定是,在仲裁程序中,如果当事人对争端达成和解,仲裁庭应终止仲裁程序,并在当事人要求且仲裁庭不反对的情况下,按照约定的条件以仲裁裁决的形式记录和解情况。关于约定条件的裁决应符合该法对裁决书形式与内容的要求,并应表明其为一项裁决。该裁决与其他裁决具有同等地位和效力。

新西兰《仲裁法》对裁决书的形式和内容作出规范,以此保障裁决书的规范性与权威性。第一,裁决应以书面形式作出,并由仲裁员签名;在有多名仲裁员的仲裁程序中,只要说明仲裁员未签名的原因,则有仲裁庭多数仲裁员签名即可。第二,裁决书应说明所依据的理由,但是各方当事人同意不说明仲裁理由,或裁决书系根据该法规定的按约定条件作出的裁决除外。第三,裁决书应说明日期和仲裁地点,裁决被视为在该地点作出。第四,裁决作出后应将仲裁员签署后的裁决书副本送交各方当事人。第五,除仲裁协议另有约定或裁决书另有指示外,裁决书指示支付的款项应自裁决之日起按与判决债务相同的利率计算利息。

新西兰《仲裁法》对仲裁程序的终止情形作出了规定与提示。总体而言,仲裁终止的情形可划分为两类:一是仲裁程序因仲裁庭作出最终裁决而终止;二是仲裁程序因仲裁庭在某些情形下发出终止仲裁的命令而终止。仲裁庭应当发出终止仲裁程序命令的情形包括:第一,请求权人撤回权利主张,但是被申请人对此表示反对并且仲裁庭承认被申请人在获得争端的最终解决方面有合法利益的除外;第二,当事方就终止仲裁程序达成协议;第三,仲裁庭认为由于其他原因无必要或不可能继续进行仲裁程序。仲裁庭的授权随着仲裁程序的终止而终止。但需要注意的是,除仲裁各方当事人另有约定外,一方当事人的死亡并不终止仲裁程序或仲裁庭的权力。

(八)仲裁裁决的执行

根据新西兰《仲裁法》的规定,无论仲裁裁决在哪一国家作出,均被承认为具有约束力的仲裁裁决;在不违反该法相关规定的情况下,经向法院提出书面申请,该裁决应被作为一项判决予以执行,或通过诉讼予以执行。以裁决为依据或申请执行裁决的一方必须提供以下文件:第一,经正式认证的裁决原件或裁决副本;第二,如果仲裁协议是以书面形式记录的,则应提供仲裁协议的原件或经正式认证的仲裁协议副本;第三,如果裁决或协议不是用英语作出的,则应提供经正式认证的文件英文译本。

根据新西兰《仲裁法》的规定,无论仲裁裁决在哪个国家作出,如果当事方向承认或执行该仲裁决议的法院提供证据证明存在法定情形,或法院认为,根据新西兰法律该争议不能通过仲裁解决,或承认、执行该裁决将违反新西兰的公共政策,则该仲裁裁决的承认或执行可以被拒绝。

上述所称的违反新西兰公共政策，一般包括裁决的作出受到欺诈或腐败的诱导或影响，在仲裁程序中发生了与作出仲裁裁决相关联的违反自然正义规则的行为。上述当事方向法院提供证据证明的法定情形主要包括以下方面：第一，仲裁协议的一方当事人无行为能力；或上述协议根据各方当事人所适用的法律无效，或在未就该问题作出任何说明的情况下，根据作出裁决的国家的法律无效。第二，援引裁决所针对的一方没有得到关于指定仲裁员或仲裁程序的适当通知，或无法提出该方的观点。第三，裁决所处理的争议不属于提交仲裁的条款所规定的，或裁决所包含的决定超出了提交仲裁的范围，但如果关于提交仲裁的事项的决定可以与未提交仲裁的事项分开，裁决中包含关于提交仲裁事项决定的部分就可得到承认和执行。第四，仲裁庭的组成或仲裁程序不符合当事人的协议，或者在没有达成协议的情况下不符合仲裁发生地国的法律。第五，该裁决尚未对当事人产生约束力，或已被作出该裁决的法院或根据其法律撤销或中止。

如果当事人已向上述法院提出撤销或中止执行仲裁裁决的申请，受理承认或执行申请的法院如认为适当，可延期作出裁决，还可根据申请承认或执行仲裁裁决的一方当事人申请，命令另一方当事人提供适当担保。

二、新西兰仲裁员和调解员协会主要仲裁规则

AMINZ 为公正解决争端、高效审理仲裁案件制定了一系列有关仲裁的规则，包括《AMINZ 仲裁规则》《AMINZ 仲裁上诉规则》《AMINZ 紧急仲裁议定书》《AMINZ 仲裁费用规则》等。AMINZ 制定的仲裁规则中，《AMINZ 仲裁规则》居于核心地位，是该协会审理仲裁案件、解决争端的基本依据，其他仲裁规则在其对应的特定方面具有重要指导作用。

《AMINZ 仲裁规则》确立的仲裁程序的目标是公平、迅速、经济地以适当方式解决争端，并且该方式与争端及其对各方的重要性相称；在该规则未明确涵盖的事项中，协会将促进这一目标，目的是在不无故拖延的情况下，以适当的费用为各方当事人作出可执行的裁决。为此，在《AMINZ 仲裁规则》下，仲裁当事方承诺将毫不迟延地遵守仲裁协议、该仲裁规则以及仲裁庭（以及紧急仲裁员和 AMINZ 仲裁上诉法庭）的命令、指示、裁决、裁定，诚信行事以确保仲裁的公平、有效和迅速，并促使其法律顾问和其他代表合理行事以保证能够履行上述承诺。

《AMINZ 仲裁规则》的关键内容包括仲裁庭的组成与仲裁员的任免、快速仲裁制度、仲裁程序合并、对仲裁庭的异议、紧急仲裁制度、基本仲裁程序等。

(一)仲裁庭的组成与仲裁员的任免

如果仲裁当事方对仲裁员人选作出约定,则 AMINZ 将指定双方约定的仲裁员。在仲裁当事方未能就仲裁员人选作出约定的情况下,AMINZ 将任命一名由 AMINZ 仲裁法庭提名的仲裁员,如果仲裁协议或法律规定仲裁庭应由一名以上仲裁员组成,则 AMINZ 将任命仲裁当事方提议的仲裁员,或 AMINZ 仲裁法庭提名的其他仲裁员。

AMINZ 仲裁法庭提名仲裁庭成员应适用以下程序:首先,在通知日 14 日内,AMINZ 仲裁法庭将向仲裁当事方提供一份由 5 名潜在仲裁员组成的名单,名单至少包括申请人和被申请人各自提名的 1 名仲裁员,以及根据《AMINZ 任命政策》提名的其他必要的仲裁员。如果仲裁当事方未提名仲裁员或其提名的仲裁员不符合《AMINZ 任命政策》的标准,则 AMINZ 仲裁法庭将在适当情况下作出替代性提名。其次,在收到该名单的 14 日内,仲裁当事方应指出两位以内其反对的被提名人,将其余被提名人按优先顺序排列,标示首选被提名人与最不首选被提名人,并将该名单退回给登记官。最后,在上述期限届满后,AMINZ 仲裁法庭将根据仲裁当事方的偏好从名单中进行指定。如果 AMINZ 仲裁法庭无法按照上述程序进行指定,则应着手按照《AMINZ 任命政策》进行指定;在该情况下,可能指定 1 名不在名单上的仲裁员或一方提出异议的仲裁员。

AMINZ 对仲裁庭的任命不受仲裁当事方对仲裁庭组成的分歧的影响,不受仲裁通知、答复、回复中任何缺陷的影响,也不受被申请人或申请人迟延或未提供答复、答辩的影响。

仲裁庭的所有成员都应填写提名确认书所附表格中的意愿声明和公正性与独立性声明。登记官在收到所有被提名仲裁员填写的声明后将确认仲裁庭的任命。如果仲裁员表明其不愿意或不能被任命或提供上述声明,AMINZ 将在 7 日内指定必要的其他仲裁员。如果仲裁庭成员需要被替换,AMINZ 将在 14 日内提名 1 名替代仲裁员,此类替代提名将根据紧急情况的需要进行。

对于仲裁庭的组成,如果仲裁当事方的营业地处于不同国家,除所有仲裁当事方另有约定外,独任仲裁员或首席仲裁员不得与任何当事方具有相同国籍。即使仲裁当事方作出相反的约定,任何一方均不得单方面提名独任仲裁员或首席仲裁员。

如果仲裁庭需要由 1 名以上的仲裁员组成,案件有 1 名以上的申请人和被申请人,并且该申请人和被申请人没有同意被提名人进入仲裁庭,那么 AMINZ 仲裁法庭将提名该方的仲裁员进行任命,不考虑个别申请人或被申请人的陈述或提名。

AMINZ 仲裁法庭的成员只有在被一方提名的情况下才能被任命为仲裁员。如果 AMINZ 仲裁法庭的成员被任命为仲裁员,他们将不再参与 AMINZ 仲裁法庭与仲裁相关的任何决定或职能。如有必要,AMINZ 理事会将为这些职能任命 1 名替代者。

仲裁庭应保持公正和独立,任何成员都不得为仲裁当事方提供建议或成为其律师和代表,任何成员也不得就仲裁或争端与仲裁当事方或其法律代表有任何直接接触,除非该接触是仲裁程序的一部分并通过登记官进行。

如果对仲裁庭成员所作声明的准确性或完整性产生怀疑,该仲裁员应立即向协会、仲裁当事方、仲裁庭其他成员披露该情况;AMINZ 仲裁法庭将与仲裁庭的其他成员协商,考虑该情况是否有必要撤换和替代该名仲裁员。

除《AMINZ 仲裁规则》其他部分概述的权力外,仲裁庭在每一仲裁案件中考虑仲裁当事方就该问题提交的材料后,有权根据一方当事人申请或自行决定进行以下工作:第一,允许仲裁当事方对仲裁通知、答复、答辩、索赔要点、答辩要点和反诉、辩护进行补充、修改、修正;第二,截断或延长仲裁协议、该规则或仲裁庭的命令、紧急仲裁员的裁决所规定的时限;第三,指导仲裁程序,分流仲裁程序,排除累积的或无关的证词及其他证据,并指导仲裁当事方将其陈述集中于可以处理全部或部分程序问题的决定之上;第四,对明显没有法律依据、未能披露任何可合理论证的诉讼理由、无法胜诉的索赔要求,立即予以驳回;第五,进行必要或有利的询问和调查,包括确定相关问题、查明适用于仲裁的相关事实和法律、仲裁当事方在争端中的是非问题;第六,命令出示或提供文件、货物、样品、财产、场地或仲裁当事方控制的其他物品供仲裁庭、仲裁当事方、专家检验;第七,命令遵守法律义务、支付损害赔偿、履行协议约定或法律规定的义务;第八,在给予双方当事人合理机会推进仲裁后,如果仲裁已被放弃,则命令中止仲裁。

(二)快速仲裁

《AMINZ 仲裁规则》规定了快速仲裁制度,在满足下列条件下,可以适用快速仲裁制度。第一,仲裁法庭由一名独任仲裁员组成;第二,申请人已在仲裁通知中提出进行快速仲裁;第三,仲裁请求和相反仲裁请求的争议总金额不超过

2,000,000.00 美元(不包括消费税);第四,仲裁请求和相反仲裁请求中提出的问题没有引起重大的事实分歧或复杂的法律问题。

在收到申请适用快速仲裁的仲裁通知后 14 日内,AMINZ 仲裁法庭将根据上述的标准考虑该仲裁是否适宜适用快速仲裁制度作出裁定,并将通知仲裁当事方。

如果适用快速仲裁制度,则适用以下规定:第一,在指定仲裁庭之前,AMINZ 仲裁法庭可对双方提交材料或采取行动规定更短的期限;第二,仲裁庭可以决定是否只在书面上对争议进行裁决;第三,临时裁决及简要理由应在双方最后一次提交争端实质内容后 1 个月内作出;包括决定费用问题和争端实质理由在内的最终裁决应在双方最后一次提交争端实质内容后两个月内作出。

如果仲裁庭认为上述快速仲裁的适用标准不再有效,或快速仲裁制度不适当,则仲裁庭可以命令按照适当的程序进行仲裁。

(三)仲裁程序的合并

如果仲裁当事方已经参与了相互关联的争端或有近似主题的仲裁程序,AMINZ 可以在收到仲裁员根据该规则作出的意愿声明和公正性与独立性声明后,任命同一仲裁庭解决争端。如果存在由相同仲裁员组成的仲裁庭,并且仲裁庭根据争端事项和涉及的当事方认为争端有足够的关联性,则仲裁庭可根据任意一方的申请作出以下指令:第一,按照仲裁庭认为公正的条件合并仲裁程序,包括作出一项涵盖所有争议的单一裁决;第二,仲裁程序同时进行或相继进行,并根据相同的证据和双方的所有意见同时作出裁决;第三,暂停一项或其他仲裁程序,直到另一项仲裁得到决定。按照上述规定合并仲裁,除各方当事人另有约定外,应将仲裁案件合并到先开始的仲裁案件中。

(四)对仲裁庭的异议

在下列情形下,AMINZ 仲裁法庭可主动或根据仲裁庭其他所有成员的书面请求或一方当事人的正式异议撤销对包括紧急仲裁员在内的任何仲裁员的任命:第一,仲裁员书面通知其计划离职;第二,仲裁员不愿、不能或不适宜工作;第三,存在对该仲裁员的公正性或独立性产生合理怀疑的情况。

一方根据上述规定提出的异议应在该情况出现后 14 日内提出,如果该仲裁员系紧急仲裁员,则应在该情况出现后 2 日内提出。AMINZ 仲裁法庭应给予仲裁庭、受影响的仲裁员和仲裁当事人回应异议理由的合理机会。如果所有仲裁当事方同意异议，AMINZ 仲裁法庭将撤销该仲裁员的任命，并且无须说明理由。

如果 AMINZ 仲裁法庭同意该异议，则将撤销该仲裁员的任命并说明理由，并考虑案件情况尽快提名 1 名替代仲裁员。被撤销任命的仲裁员有权获得由 AMINZ 仲裁法庭支付的截至任命撤销之日公平合理的服务费用，但是 AMINZ 仲裁法庭认为，存在特殊情况需要为薪酬提供替代依据的除外。在任命替代仲裁员之前，仲裁法庭的其余成员将继续进行仲裁。如果独任仲裁员或首席仲裁员被替换，以前举行的任何听证会都应重新举行。如果任何其他仲裁员被替换，仲裁庭应酌情决定是否重新举行听证会。仲裁庭在根据更换仲裁员之前作出的任何命令或裁决，不因仲裁庭组成人员受到异议而完全无效，仲裁庭可酌情撤销或更改替换仲裁员之前作出的命令或裁决。此外，双方同意及时对仲裁庭的管辖权基于任何理由提出异议，并在引起异议的事件发生后 28 日内发出异议通知。在该期限届满后，双方将放弃提出异议的权利。

（五）紧急仲裁

仲裁当事方可在提交仲裁通知后、指定仲裁庭之前，向协会申请任命 1 名紧急仲裁员，以裁定临时措施或初步命令。对紧急仲裁员的申请应以电子信息方式提出，如果申请作出初步命令则必须在向协会提交申请的同时将申请的副本发给其他当事方，但是发出通知会阻碍该申请的全部目的的除外。除特殊情况外，在指定仲裁庭后提出的临时措施或初步命令申请将由该仲裁庭处理。

申请指定紧急仲裁员必须说明以下内容：第一，如果答复尚未送达，则应在答复中包含申请人已知或明显的信息；第二，申请人对被任命为紧急仲裁员的人有何倾向；第三，申请临时措施或初步命令并将其作为紧急事项而不等待仲裁庭处理的理由；第四，该申请是否已通知其他当事方，如果未通知其他方则需说明理由。

AMINZ 仲裁法庭将尽快对申请作出决定，如果批准该申请则将在 48 小时之内任命 1 名紧急仲裁员，该时限的起算点以收到申请或申请方支付紧急仲裁员费用和开支预付款二者孰晚为准。

AMINZ 仲裁法庭将根据《AMINZ 任命政策》任命紧急仲裁员。紧急仲裁员将作为独任仲裁员审理仲裁案件，并且不会被提名为仲裁庭的成员或成为仲裁庭的成员。紧急仲裁的地点按照仲裁协议的规定进行，如果没有规定则紧急仲裁的地位为新西兰奥克兰。

紧急仲裁员应以适合案件实际情况的方式推动紧急仲裁程序,同时应考虑到:申请的临时措施和初步命令、仲裁当事方的意见、紧急救济的理由和申请人提交的材料。紧急仲裁员可在不通知其他当事方和不要求口头听证的情况下批准临时措施或初步命令。紧急仲裁员应在申请日后的14日内对申请作出决定和书面裁决,并说明裁决理由。

紧急仲裁员应被视为适用法律下的仲裁庭,紧急仲裁员作出的裁决在按照仲裁规则被变更、解除、撤销前对仲裁当事方具有约束力,仲裁当事方同意不迟延地遵守该裁决。

紧急仲裁员作出的裁决可由仲裁庭主动或根据仲裁当事方的申请确认、变更、解除、撤销。

如果在紧急仲裁员作出裁决前已经任命仲裁庭,紧急仲裁程序不被中止;在紧急仲裁员就临时措施或初步命令作出裁决前,仲裁庭不会作出解除紧急仲裁员任命的命令,也不会解除、撤销、更改紧急仲裁员作出的命令或裁决。

紧急仲裁员作出的临时措施或初步命令将自动失效,并不再具有任何效力,但在仲裁庭被任命后60日内得到仲裁庭确认的除外。

(六)仲裁程序

《AMINZ仲裁规则》鼓励双方商定关于仲裁的联合建议,供仲裁庭审议。联合建议可包含以下内容:第一,缩小争议问题的范围;第二,举行问题听证会作为初步步骤,使双方能够概括介绍各自情况;第三,确定申请仲裁要点、答辩要点、对反诉答辩的提交时间,并确定交换证人陈述、证明文件和支持意见的时间;第四,披露文件资料;第五,任命和使用专家;第六,仲裁地点、听证会的地点和时间;第七,对临时措施或初步命令的要求;第八,对临时或部分裁决的要求;第九,对仲裁费用的处理。仲裁庭在下达程序令时将考虑上述建议以及提交的相关文件。

仲裁庭应确定证据的可接受性、相关性、重要性、证明力。仲裁庭可主动或根据仲裁当事方的申请,命令按仲裁庭确定的合理时间、方式和形式,提供仲裁庭认为与争议相关的、重要的文件和其他材料。除当事方另有约定外,在不违反本规则的情况下,仲裁庭应考虑到在通知日有效的国际律师协会证据规则,但不受其约束。

申请人应在仲裁庭确定的期限内提交其主张权利的要点,并全面详细地列出下列内容:第一,支持该权利主张的事实陈述;第二,支持该权利主张的法律依据或论据;第三,申请人对相关事实和法律问题的主张;第四,对救济的主张,以及可量化的权利主张。

被申请人应在仲裁庭确定的期限内提交其答辩要点,如有反诉也应一并提交,并全面详细地列出下列内容:第一,支持辩护和反诉的事实陈述;第二,支持辩护和反诉的法律依据或论点;第三,被告人对辩护和反诉所涉及的事实背景和法律问题的主张;第四,对救济的主张,以及可量化的反诉主张。

仲裁当事方提交的申诉要点、答辩要点、反诉要点均应附上以下文件:第一,提交当事方依据的文件资料;第二,如果当事方计划使用事实证人的证言,则应根据相关规定提供经证人宣誓的材料;第三,如果当事方计划使用专家证人的意见,则应根据相关规定提供经专家宣誓的材料;第四,仲裁当事方的法律权限。

仲裁当事方可以修改其提交的申请要点、辩护要点、反诉要点或提交的其他材料,但仲裁庭认为,迟延或以其他方式进行该修改可能对其他当事方造成损害的除外。对申请或反诉的修正,不得使修正后的申请或反诉超出仲裁协议的范围。

在仲裁当事方同意或仲裁庭作出指示的情况下,当事方可在仲裁庭确定的时间内提交进一步的答复、答辩或其他材料,相关当事人可以补充证据和法律权限。

如果申请仲裁方未能在规定的时间内提交申请要点,仲裁庭可以下令终止仲裁程序或发出其他适当指示。

如果被申请仲裁方未能提交其答辩要点,或申请仲裁方未能提交针对反诉的答辩要点,或仲裁当事方未能利用机会按照仲裁庭指示的方式陈述案情,仲裁庭可以以其认为合适的方式继续进行仲裁。

在不违反仲裁当事方的任何协议的前提下,仲裁庭将根据仲裁当事方和仲裁庭的便利程度,确定仲裁地点以及开庭地点和时间。

仲裁庭还将决定开庭的次数、地点和方式。开庭的目的包括举证、交叉询问证人、口头陈述或仲裁庭认为对裁定争端来说适当的其他目的。

除仲裁当事方另有约定或仲裁庭另有指示外,仲裁当事方应交换证人陈述,概述每一证人提供的证据。仲裁当事方必须确认其他各方的哪些证人需要出庭接受对其证据的交叉质询。

除非仲裁庭另有指示,证人陈述将由证人确认,如有任何更正将被视为原文。可适当对每位证人提供的证据进行交叉询问,或由仲裁庭进行询问。

如果仲裁当事方计划运用专家意见,该当事方应根据相关规定提交经该专家宣誓的报告。

此类专家报告均应包含以下内容:第一,专家的姓名、资格、专长、经验;第二,指定方对专家的指示细节,包括任何背景摘要和向专家提出的问题;第三,向专家提供的信息细节,以及专家为准备和完成报告而获得的调查及其他信息的细节;第四,充分说明专家使用的方法,以及在得出结论时所使用的报告或依据;第五,提供独立性声明,并披露与当事方、当事方律师、仲裁庭成员原有的关系,包括当事方先前作出的任命;第六,确认报告中的结论是专家对向其提出的问题的真实观点。

如果仲裁当事方指定多名专家就同一问题发表意见,仲裁庭可召集专家在仲裁当事方及其律师不在场的情况下举行会议,以确定下列信息:第一,专家们参与决定的问题、提供的信息、研究方法、得出结论所运用的报告与依据等方面存在的差异;第二,专家意见一致的领域;第三,专家意见存在分歧的领域以及专家得出不同结论的原因。

在召集专家举行会议后,仲裁庭可要求专家就上述问题及其认为与专业知识相关的其他事项向仲裁庭和仲裁当事方提供联合报告。专家将在听证中就其结论接受交叉询问。

仲裁庭可以指定自己的专家,就指定专家一事,仲裁庭应与仲裁当事方就拟提交给专家的问题和拟参与的专家进行协商;仲裁当事方应向专家提供仲裁庭要求的信息,包括查阅文件、材料和现场;仲裁庭应向仲裁当事方提供该专家报告。

仲裁当事方可按仲裁庭指示的方式就该专家报告作出陈述,可就该报告及与报告结论相关的事项对专家进行交叉询问。

三、新西兰国际仲裁中心主要仲裁规则

NZIAC 秉持的目标是以与争议金额和所涉问题复杂性相称的方式,对争端作出公平、迅速、经济的裁决。为向全球提供高效、公正的仲裁服务,NZIAC 制定了一系列仲裁规则,涵盖仲裁员指定、紧急临时救济、快速程序、仲裁合并、保密、代理、调解、仲裁秘书、专家证据等方面。在 NZIAC 制定的仲裁规则体系中,《NZIAC 仲裁规则》居于核心与主干地位,是仲裁活动的基本依据;此外,NZIAC 根据争端金额的差异设置了不同的仲裁规则,以满足多样化的仲裁需要,实现最优仲裁效果。《NZIAC 仲裁规则》是在 NZIAC 进行仲裁的必备规则,其目标是通

过法律允许且与案件事实相关的手段确定案件事实，并在考虑到问题复杂性且不产生非必要费用的情况下，在仲裁开始后合理的最短时间内为有效确定仲裁中的问题而作出命令或裁决。《NZIAC 仲裁规则》的关键内容主要包括规则适用、仲裁程序启动、仲裁庭组成与仲裁员任免。

（一）《NZIAC 仲裁规则》的适用

对于被提交给 NZIAC 申请仲裁的案件，仲裁将按照《NZIAC 仲裁规则》进行，但仲裁当事方对《NZIAC 仲裁规则》以书面形式同意修改的除外。

除仲裁当事方以书面形式作出约定外，《NZIAC 仲裁规则》适用于权利主张金额大于或等于 250 万新西兰元的所有仲裁；如果仲裁当事方提出的权利主张所涉金额低于 250 万新西兰元，或申请仲裁方只寻求宣告性救济，则仲裁适用相关的 NZIAC 快速国际仲裁规则，即如果权利主张所涉金额低于 25 万新西兰元，或索赔人仅寻求宣告性救济，则适用《NZIACEIA60 仲裁规则》；如果权利主张金额大于或等于 25 万新西兰元但小于 100 万新西兰元，将适用《NZIACEIA90 仲裁规则》；如果权利主张金额大于或等于 100 万新西兰元但小于 250 万新西兰元，将适用《NZIACEIA120 仲裁规则》。

如果仲裁当事方在指定仲裁庭后和送达申请书前提出申请，由仲裁庭确定该事项的特殊紧迫性，仲裁将适用《NZIACEIA120 仲裁规则》。在确定特殊紧迫性时，仲裁庭应考虑以下因素：第一，仲裁当事方之间的任何协议；第二，仲裁当事方面临的紧急金融压力，特别是争端结果对其偿付能力造成直接风险；第三，所涉法律或事实问题的复杂性。

除仲裁当事方书面同意在仲裁中适用该规则的某一版本外，仲裁应适用提出仲裁申请之日有效的规则版本。如果仲裁当事方同意适用该规则的某一版本，则视为当事方已书面同意适用仲裁申请之日有效的 NZIAC 仲裁费和支出表。

如果《NZIAC 仲裁规则》与仲裁地适用法律中的强制性规定有任何冲突，且仲裁当事方不能遭受权利减损，则以强制性规定为准，《NZIAC 仲裁规则》与该强制性规定相一致。如果《NZIAC 仲裁规则》与仲裁地适用法律中允许仲裁当事方遭受权利减损的任意性规定有任何冲突，则以《NZIAC 仲裁规则》为准并且构成不受该冲突法律约束的协议。

（二）仲裁程序的启动

如果仲裁当事方在争端发生前已同意将争端提交仲裁，申请人必须向其他仲裁当事方发出仲裁通知,通知应当包括以下内容:第一,申请人要求将争端提交仲裁;第二,仲裁当事方及其代表人的完整名称与包括电子方式在内的联系方式;第三,援引的仲裁协议;第四,确定法律文书或产生争端的关系、与争端相关的关系;第五,简要说明争端的性质;第六,寻求的救济或补救措施;第七,申请仲裁方对仲裁庭组成的建议。仲裁通知不因未严格遵守上述内容要求而无效。未遵守上述内容要求的仲裁通知可由申请人在收到缺陷通知后5个工作日内予以纠正。如果仲裁当事人在争端发生前未同意将争端提交仲裁,仲裁当事人可通过签署仲裁协议将争议提交仲裁,申请仲裁方在完成仲裁申请之前不需要向其他当事方送达仲裁通知。

申请人可在仲裁通知书送达其他当事方之日起10个工作日后,或在双方商定了被提名仲裁员或双方按规定签署了仲裁协议的情况下,通过填写仲裁申请书向NZIAC申请指定仲裁庭。仲裁申请书必须包括仲裁协议、仲裁通知、记载当事方就仲裁庭的组成达成协议的文件。在没有就仲裁庭的组成达成协议的情况下,仲裁申请书应当包括关于仲裁庭组成的建议,对该建议的回应、记录当事方就倾向的仲裁庭专门知识达成协议的任何文件;如果未达成该协议,仲裁申请书应当包括关于当事方倾向的仲裁庭专门知识的建议,以及对该建议的答复。

仲裁当事方必须在提交仲裁申请之前或之后立即向NZIAC支付初步款项。在仲裁当事方全额支付预付款之前,NZIAC不会作出与任命仲裁庭相关的任何行政或程序步骤。任一仲裁当事方都可以支付全部预付款,以确保立即指定仲裁庭。

仲裁申请方可就一个以上合同产生的或与之有关的争端或分歧提起一项仲裁,但需要满足下列条件:第一,所有合同的当事人是一致的;第二,仲裁协议是兼容的;第三,仲裁当事方同意根据该规则进行单一仲裁。

(三)仲裁庭的组成与仲裁员的任免

除仲裁当事方另有约定外,NZIAC在收到正式仲裁申请书和初步付款后,将指定一名独任仲裁员承担仲裁庭工作。任命仲裁员的权力仅属于NZIAC,任何其他方不得根据仲裁协议指定仲裁员。如果仲裁当事方或仲裁员同意任命他人为仲裁员,该协议将被视为出于所有目的提名1名仲裁员。该情况下的任何被提名人只能由NZIAC任命为仲裁员,但其需要首先满足仲裁规则的相关要求。如果NZIAC认为被提名人不适合、不独立或不公正,可以拒绝作出任命。

如果 NZIAC 拒绝根据仲裁规则指定仲裁当事方或仲裁员的代理人，或当事方、仲裁员的提名人拒绝接受仲裁员的任命。仲裁当事方可在 NZIAC 通知其被提名人不适合或不能接受仲裁员任命之日起 5 个工作日后，书面请求 NZIAC 任命仲裁员。

在仲裁当事方约定仲裁庭由 3 名仲裁员组成，且当事方为两方的仲裁中，各方均须提名 1 名仲裁员。由该 2 名仲裁员提名首席仲裁员。如果一方未能在送达仲裁通知或签署仲裁协议后的 10 个工作日内提名 1 名仲裁员，则仲裁员的选择和任命将由 NZIAC 根据任一仲裁当事方的书面申请作出。如果在任命第二名仲裁员后的 10 个工作日内，2 名仲裁员未就担任首席仲裁员的人选达成一致，则由 NZIAC 根据任一仲裁当事方的书面申请进行选择和任命。在仲裁当事方约定仲裁庭由 3 名仲裁员组成，且有多位当事方的仲裁中，多个申请人或多个被申请人的各个团体必须各提名 1 名仲裁员。这两名仲裁员必须提名首席仲裁员。如果多个申请人或多个被申请人没有在送达仲裁通知或签署仲裁协议后联合提名 1 名仲裁员，该仲裁员的选择和任命将由 NZIAC 根据任一仲裁当事方的书面申请作出。如果在任命第二名仲裁员后的 10 个工作日内，2 名仲裁员未就担任首席仲裁员的人选达成一致，则由 NZIAC 根据任一仲裁当事方的书面申请进行选择和任命。

在有多个当事人的仲裁中，如果在仲裁通知书送达后的 10 个工作日内，当事方没有同意争议双方分别作为申请人和被申请人代表形成仲裁庭，则 NZIAC 将应任一仲裁当事方的要求，选择和任命仲裁庭并指定其中 1 位仲裁员为首席仲裁员。

仲裁当事方及其代表不得与任何仲裁员、任何一方提名的仲裁员进行与仲裁相关的单方面交流，除非是为了向被提名仲裁员说明争端的一般性质，或询问候选人的相关资格、独立性、公正性和可行性，或在一方提名的仲裁员进行选择时讨论首席仲裁员的候选人是否合适。

在紧急状况下的程序中，如果要指定独任仲裁员并且当事方寻求紧急临时救济，则将由 NZIAC 选择和任命仲裁庭。NZIAC 将尽最大努力在收到紧急临时救济申请后的一个工作日内任命仲裁庭。如果要指定 3 名仲裁员并且当事方在指定首席仲裁员之前寻求紧急临时救济，则首席仲裁员将由 NZIAC 挑选和指定。NZIAC 将尽最大努力在收到紧急临时救济申请后的一个工作日内任命首席仲裁员。根据《NZIAC 仲裁规则》指定的首席仲裁员有权决定紧急临时救济的请求,无须与仲裁庭其他成员协商。为在当事方寻求紧急临时救济时尽快任命仲裁员,NZIAC 将维持一个专家仲裁员小组。根据临时措施的紧迫性和临时性,仲裁员可以其认为适当的方式确定紧急临时救济,不需要召开会议或举行听证,可根据现有文件对紧急临时救济的申请作出决定或裁决。仲裁员将尽最大努力在任命后的 5 个工作日内作出决定,并可作出《NZIAC 仲裁规则》允许的任何命令或裁决。

在决定紧急临时救济以后,对于有独任仲裁员的仲裁,被指定的仲裁员将继续承担仲裁庭的职责;对于有 3 名仲裁员的仲裁,被指定的首席仲裁员将继续担任该职务,仲裁庭的其他成员将根据《NZIAC 仲裁规则》指定。

如果仲裁员在对紧急临时救济申请作出决定前受到异议,NZIAC 将尽最大努力在收到异议后的 3 个工作日内对异议作出裁决。NZIAC 将尽最大努力在收到异议后的 1 个工作日内将异议告知仲裁当事方和受到异议的仲裁员,允许仲裁当事方和受到异议的仲裁员在收到异议后的 1 个工作日内作出答复;NZIAC 将审议该异议,在仲裁当事方和受到异议的仲裁员可以答复的期限届满后一个工作日内作出决定。

在对紧急临时救济申请作出决定后,为该目的指定的仲裁员可由仲裁当事方协议撤换,撤换不导致该仲裁员作出的紧急临时救济命令或裁决失效。

NZIAC 可以要求仲裁当事方提供其认为必要的信息,以履行仲裁员选择和任命职能。NZIAC 在作出适当任命时将考虑该信息但不受该信息约束。NZIAC 的考虑范围包括:第一,仲裁当事方的书面协议或联合提名;第二,仲裁当事方书面商定的仲裁员选择方法或标准;第三,包括争端法律关系的性质在内的所有相关情况;第四,争端的性质和情况;第五,争端涉及的金额或价值;第六,仲裁当事方的数量、地点、语言;第七,仲裁员是否有足够时间按照规定的仲裁员义务迅速裁决案件;第八,它认为在这种情况下相关的任何其他因素。

NZIAC 任命仲裁员的决定是最终决定,对仲裁当事方具有约束力。仲裁当事方不得向 NZIAC 上诉,NZIAC 不需要说明或传达作出决定的理由。

不属于经 NZIAC 批准的仲裁员的人,如果因可能被任命为仲裁员而展开接触,必须向登记官提供下列信息:第一,关于其过去和现在的专业职位以及仲裁员经验的书面简历;第二,收费标准表;第三,登记官认为相关的任何其他信息。因可能被任命为仲裁员而展开接触的人,必须向登记官提供一份书面声明,该声明应尽其所知披露下列情况:第一,过去或现在是否存在可能引起当事方对其公正性或独立性产生合理怀疑的情况;第二,候选人是否做好准备、愿意并能够投入足够的时间、勤奋和努力以确保迅速进行仲裁。

进行仲裁的仲裁员必须是公正且独立于各方的,被任命至仲裁庭的仲裁员不得为仲裁当事方担任律师、代表或顾问。所有仲裁员从被任命之时起承担持续的义务,应当及时向仲裁当事方和 NZIAC 披露可能引起当事方对仲裁员公正性、独立性产生合理怀疑的情况。该义务持续至仲裁结束。

在下列情况下,NZIAC 可主动或根据仲裁庭所有其他成员的书面请求、仲裁当事方提出的书面质疑撤销仲裁员的任命,并指定 1 名替代仲裁员。第一,仲裁员以书面形式通知 NZIAC、仲裁当事方、仲裁庭成员其计划辞去仲裁员的职务;第二,仲裁当事方同意撤销该仲裁员的授权;第三,存在对仲裁员公正性或独立性产生合理怀疑的情况;第四,仲裁员因事实或法律原因,或由于身体虚弱,不能或不愿履行该职务,或事实上未能在规定时限内履行其职务。

仲裁当事方只能根据其作出指定之后知道的原因对其提名的仲裁员提出异议。要求更换仲裁员的仲裁当事方必须在知道异议情况后的 5 个工作日内通知仲裁庭、仲裁当事方和 NZIAC,异议通知必须说明请求更换仲裁员的理由。其他仲裁当事方和受到异议的仲裁员可对异议作出回应,但其必须在收到异议通知书后 5 个工作日内将其答复告知 NZIAC、其他受到异议的仲裁员和仲裁庭。

如果仲裁当事方均同意该异议,或受到异议的仲裁员自愿退出,NZIAC 将在收到异议通知后的 10 个工作日内尽最大努力指定 1 名替代仲裁员。NZIAC 更换仲裁员并不意味着认可异议通知中所列理由的有效性。如果仲裁当事方不同意该请求并且受到异议的仲裁员不退出,则在仲裁员和当事方都有机会对异议作出回应后,由 NZIAC 决定是否指定 1 名替代仲裁员。NZIAC 将尽最大努力,在收到质疑通知后 15 个工作日内就更换仲裁员的请求作出决定。该决定是行政性的、终局的,对仲裁当事方和仲裁员都有约束力,不得就该决定向 NZIAC 上诉,NZIAC 不需要说明作出决定的理由。

如果 1 名仲裁员辞职或被替换,《NZIAC 仲裁规则》规定的所有时限将根据其辞职或被撤职至任命替代仲裁员期间的时间延长,但新组成的仲裁庭决定重复先前程序的除外。在决定重复先前程序时,延长的时间为从当事方采取最早行动之日起到任命替代仲裁员为止的时间。如果在更换仲裁员之前仲裁庭已经批准了临时措施或发布了中间裁决、临时裁决或部分裁决,则相关程序不再重复,此类命令和裁决将继续有效。

第四节 新西兰仲裁法的特色制度

现行1996年新西兰《仲裁法》于1997年7月1日生效,该法基本采纳了《示范法》,对新西兰国内仲裁规定了现代化的立法模式。2017年3月9日,附有新西兰仲裁员、调解员协会推荐的《新西兰仲裁法修正案》被递交至新西兰国会。这部仲裁法体现了现代仲裁精神,规定了一些具有特色的仲裁制度。

一、对仲裁协议形式的规定

有关仲裁协议的形式,1996年新西兰《仲裁法》规定,仲裁协议可以口头或书面形式订立,既可以是合同中仲裁条款的形式,也可以是单独协议的形式。甚至合同中对于仲裁条款的引用也被视为是有效的,被引用的仲裁条款将被视为是合同的一部分。可以说,1996年新西兰《仲裁法》对于仲裁协议的形式规定相当宽松。不仅允许各种形式的书面仲裁协议(专门协议、单独条款、对于仲裁条款的引用),还承认口头的仲裁协议的效力。

二、尽最大可能尊重意思自治

新西兰仲裁法的一个鲜明特征就是支持意思自治,在1996年新西兰《仲裁法》中给予了仲裁双方相当程度的自由空间。

一般的仲裁都适用第一部分的规定。第一部分条款的基础是《示范法》。《示范法》第18条规定了当事人地位平等,均有充分陈述意见的机会;第19条规定了当事人的意思自治,当事人可以约定仲裁庭进行仲裁的程序。无约定时,由仲裁庭决定其认为的仲裁程序。

在1996年新西兰《仲裁法》中,仲裁双方的自由度是很高的,可仲裁事项、仲裁程序、仲裁员的选任、仲裁时适用的法律、对于法律问题点的上诉与否等,都属于可约定的范围。

三、仲裁裁决的效力

对于仲裁裁决的效力,1996年新西兰《仲裁法》第二部分第36条规定得较详细,出现以下情形之时,仲裁裁决将被拒绝执行:

1. 仲裁协议的一方处于某种无行为能力状态;或者该协议根据双方当事人所

适用的法律无效,或者在没有就该问题作出任何说明的情况下,根据裁决地所在国的法律无效。

2. 被援引裁决的一方当事人没有得到关于指定仲裁员或仲裁程序的适当通知,或者无法陈述该方当事人的案情。

3. 该裁决涉及提交仲裁的条款未考虑或未涵盖的争议,或包含提交仲裁的范围之外的事项的决定。

4. 仲裁庭的组成或仲裁程序不符合各方当事人的协议或者不符合仲裁地的法律。

5. 该裁决尚未对各方当事人具有约束力,或已被作出该裁决的法院或根据其法律撤销或中止。

可以看出,新西兰仲裁法对于仲裁裁决的承认给予了较详尽的规定,除超出裁决范围或被争议地法律宣告无效外,给予了仲裁裁决较好的支持。

四、替代仲裁员制度

1996 年新西兰《仲裁法》中确定了替代仲裁员制度,规定当事人可以任命一名替代仲裁员,以防其任命的仲裁员死亡、不履行职责或被撤销任命。如果没有替代仲裁员,一旦当事人任命的仲裁员因为某种原因无法履职,当事人就得重新经历一遍任命程序,毋庸置疑比较耗时。但是通过候补仲裁员制度,就可以省去重新任命的时间,从而使案件尽快进入审理阶段。

五、仲裁的合并制度——双决定主体

1996 年新西兰《仲裁法》第 2 篇第 1 条是关于合并仲裁的规定:“若多个仲裁程序的仲裁庭人员组成完全相同,各仲裁程序中有至少一方当事人提出申请,仲裁庭可依其认为合理的方式合并诸多仲裁程序。当事人申请合并仲裁的,仲裁庭有权拒绝作出合并程序决定,则任意仲裁程序中的当事人可以向高等法院申请合并仲裁,高等法院可以作出合并仲裁的命令。”

新西兰仲裁法详细规定了合并仲裁的申请条件,即只需一方当事人向仲裁庭申请启动合并仲裁程序,这一申请条件是有权机关决定启动合并程序的前置条件,也就是说如果各方当事人均不同意将各自的仲裁程序合并到一起,则法院或仲裁庭无法决定合并。此外,合并仲裁还有一个必要条件,即多个仲裁程序同属于一个仲裁庭,这就将可以合并的案件范围缩小了,假如当事人因几个有关联的争议打算申请合并仲裁程序,就必须选择同一个仲裁庭,而这在仲裁实践中往往

是较难达到的条件。最后,按照仲裁法规定,仲裁庭有权决定合并仲裁,但仲裁庭究竟如何判断几个案件是否可以合并仲裁,仲裁法并未涉及。这样的规定实际上模糊了仲裁合并的界限,也许是为了将合并的决定权交到仲裁庭手中,同时最大限度地照顾意思自治。

值得注意的是,1996 年新西兰《仲裁法》规定当事人必须先向仲裁庭申请启动合并程序,如果仲裁庭驳回了当事人的申请,当事人还有权向高等法院提出合并仲裁的申请。新西兰仲裁法关于合并仲裁的规定独具特色:一方面,赋予仲裁庭自由裁量权,尊重仲裁的独立性;另一方面,这样的规定为当事人提供诸多便利,节约当事人的仲裁成本,避免司法资源的浪费,简化了仲裁程序。

六、仲裁保密制度

在最初的新西兰仲裁法中,对于仲裁当中的任何信息是完全禁止披露的,虽然这一举措很好地保持了仲裁的保密性,但实际上运行过程中却不能处理各种各样需要信息披露的情况,带来了诸多不便,以至于后来该保密条款实质上被普遍违反了。因此,新西兰《仲裁法》中的保密条款在 2007 年进行了修订,之后该法中的保密条款设置了例外情况的豁免,且被拓展到许多日常中有必要披露的情况。

新西兰仲裁法的保密条款被规定在第 14 条中,明确了仲裁程序保密信息的范围,其所谓的保密信息是与仲裁程序或者裁决有关的信息。其中包括了申索陈述书;答辩;其他所有的诉状、陈述;一方当事人给仲裁庭的其他信息;提交给仲裁庭的任何证据;任何在仲裁庭所作出口头证据的笔记;在仲裁庭前提交的意见书;任何口头证据的抄本或者庭前提交的意见书的抄本;以及仲裁庭的裁决书。

在新西兰仲裁法中,仲裁程序不公开是原则,公开是例外。关于例外情形,该仲裁法中规定了仲裁庭或者上诉法院可以根据社会公共利益决定相关资料的公开,但该程序的应用十分谨慎。但公开必须至少由一方当事人提出申请,否则不得公开。

如果仲裁庭或者上诉法院认为,某些程序或诉讼必须公开审理,并且仲裁庭或者上诉法院认为公开的公共利益将大于不公开的私人利益,此时才可发布命令公开相关程序及内容。另外,为了保护仲裁双方当事人的利益,仲裁法中规定只有双方均进行了详尽陈述之后,法院才可决定是否公开。这样充分保护了仲裁双方当事人的申辩权利,避免公开造成对于双方当事人利益的侵害。

七、较完善的临时措施制度

临时措施是目前仲裁中较先进的措施，所谓临时措施，是指在仲裁程序中发布的旨在保护一方或者双方利益不受侵害的裁决或命令。在实践中，仲裁庭基于当事方的申请发布临时措施命令或裁决的做法是屡见不鲜的。1996 年新西兰《仲裁法》当中同样规定了这一措施，引用《示范法》第 17 条，该法规定：

“(1)除非当事人另有约定，仲裁庭经一方当事人请求，可以准予采取临时措施。

(2)临时措施是以裁决书为形式的或另一种形式的任何短期措施，仲裁庭在发出最后裁定争议的裁决书之前任何时候，以这种措施责令一方当事人实施以下任何行为：

(a)在争议得以裁定之前维持现状或恢复原状；

(b)采取行动防止目前或即将对仲裁程序发生的危害或损害，或不采取可能造成这种危害或损害的行动；

(c)提供一种保全资产以执行后继裁决的手段；或

(d)保全对解决争议可能具有相关性和重要性的证据。”

关于采取临时措施所应当具有的条件，该法规定，必须具备以下几个条件，才能够采取临时措施。

(1)一方当事人请求采取第 17(2)(a)、(b)和(c)条所规定的临时措施的，应当使仲裁庭确信：

(a)不下令采取这种措施可能造成损害，这种损害无法通过判给损害赔偿金而充分补偿，而且远远大于准予采取这种措施而可能对其所针对的当事人造成的损害；

(b)根据索赔请求所依据的案情，请求方当事人相当有可能胜诉。对这种可能性的判定不影响仲裁庭此后作出任何裁定的自由裁量权。

(2)关于对第 17(2)(d)条所规定的临时措施的请求，该条 1(a)和(b)款的要求仅在仲裁庭认为适当的情况下适用。

从以上规定可以看出，新西兰仲裁临时措施的发布主体为仲裁庭，但须经一方当事人请求，仲裁庭无权自主决定临时措施。但并非当事人提出就可采取临时措施，只有当仲裁庭确信不下令采取这种措施可能造成损害，这种损害无法通过判给损害赔偿金而充分补偿，而且远远大于准予采取这种措施而可能对其所针对的当事人造成的损害,并且请求一方当事人很有可能胜诉之时,仲裁庭才会准予采用临时措施。

另外,第17E条规定了临时措施的采取所应当提供的担保:

(1)仲裁庭可以要求请求临时措施的一方当事人提供与这种措施有关的适当担保。

(2)仲裁庭应当要求申请初步命令的一方当事人提供与这种命令有关的担保,除非仲裁庭认为这样做不妥当或者没有必要。

第17G条规定了采取临时措施造成对方不应有的损害时,另一方所应当提供的补偿:

如果仲裁庭之后裁定根据情形本不应当准予采取临时措施或下达初步命令,则请求临时措施或申请初步命令的一方当事人应当就该措施或命令对其所针对的当事人造成的任何费用和损害承担赔偿责任。仲裁庭可以在仲裁程序的任何时候判给这种费用和损害赔偿金。

从上文可以看出,新西兰仲裁法在临时措施担保上采取较严格的态度,出于对于保护仲裁当事人利益的考虑,新西兰仲裁法主张,担保的提供方应当提供担保,不提供担保为例外。且当临时措施对于其中一方当事人造成损害时,另一方当事人应当提供补偿,并且不限于在仲裁裁决作出之后才能请求相应赔偿。这样的安排,既考虑了不采取临时措施可能造成的损害,又在临时措施担保较为严格的安排上维护了被采取措施一方的利益。

第五节　新西兰司法对于仲裁的监督与支持

新西兰作为走在国际前列的国际非诉讼争端解决手段的国家,其国内司法为仲裁提供了良好的司法支持。

一、新西兰法院对仲裁的支持和监督

新西兰法院为仲裁裁决提供了相当程度的支持和监督,对于仲裁当中遇到的问题如保密问题、对于仲裁员的质疑、仲裁庭管辖权限、法律问题点的争议等都可以向新西兰国内的地区法院或者高等法院上诉。

根据1996年新西兰《仲裁法》作出的裁决具有法律效力,可以得到新西兰高等法院或地区法院的执行。若一方当事人想要拒绝仲裁裁决的执行,则必须向执

行法院提交证据说明拒绝执行的理由,否则仲裁裁决将具有强制执行的效力。

二、外国仲裁裁决的承认与执行

新西兰已经加入《纽约公约》,成为该公约的缔约方,所以适用于《纽约公约》第5条的拒绝承认和执行外国仲裁裁决的条件亦对新西兰适用。同时,新西兰也是《华盛顿公约》的缔约方。因此,《华盛顿公约》第54条关于仲裁裁决与执行的规定也在新西兰适用。

此外,新西兰仲裁法同样是参照《示范法》制定的,其中引用了相当多《示范法》条款。因此,新西兰被视为UNCITRAL标准法国家。

不仅如此,1996年新西兰《仲裁法》中同样规定了有关仲裁裁决承认与执行的相关条款。1996年新西兰《仲裁法》第一部分第35条中规定:

仲裁裁决,无论是在哪个国家作出的,都必须被视为具有约束力;

在当事人向法院提出书面申请后,必须根据该条的规定,以裁决或诉讼的形式通过登记强制执行。执行的法院通常为区域法院,如果超过超出了区域法院的司法管辖权,则执行法院将为高等法院。

如果当事人想要拒绝仲裁的强制执行,新西兰《仲裁法》第一部分第36条规定,提起拒绝申请的一方必须向法院提交证明以下情况的证据:

(1)仲裁协议的一方处于某种无行为能力状态;或者该协议根据双方当事人所适用的法律无效,或者在没有就该问题作出任何说明的情况下,根据裁决地所在国的法律无效。

(2)被援引裁决的一方当事人没有得到关于指定仲裁员或仲裁程序的适当通知,或者无法陈述该方当事人的案情。

(3)该裁决涉及提交仲裁的条款未考虑或未涵盖的争议,或包含提交仲裁的范围之外的事项的决定,前提是如果提交仲裁的事项的决定可以与未提交仲裁的事项的决定分开,则包含提交仲裁的事项的决定的裁决部分可以得到承认和执行。

(4)仲裁庭的组成或仲裁程序不符合各方当事人的协议,如果没有这种协议,不符合仲裁地的法律。

(5)该裁决尚未对各方当事人具有约束力,或已被作出该裁决的法院根据其法律撤销或中止。

或者虽然没有外国法院的裁决或法律禁止,但新西兰执行法院认定以下两种

情况时,也可能会导致仲裁裁决执行的拒绝:

①根据新西兰法律,争端的主题不能通过仲裁解决;

②承认或执行该裁决将违反新西兰的公共政策。

由以上规定可知,无论是新西兰国内的仲裁法,还是其加入的公约,其司法系统对于国内外仲裁裁决的执行提供了非常好的支持,其国内仲裁法明确了对于国内国外仲裁裁决的支持。不分国家和地域,只要是得到正式承认的仲裁裁决均可以获得新西兰法院的执行。且其拒绝执行仲裁裁决的理由也在其仲裁法中被明确列出。可以看出,新西兰的营商环境相对友好,新西兰是已经连续多年蝉联世界营商环境得分第一名的国家。

中国与新西兰在1988年11月22日在新西兰首都惠灵顿签署了《中华人民共和国政府和新西兰政府关于促进和保护投资协定》,该协定已于签订之日生效。该项协定旨在促进两国间的进一步经济合作,特别是在平等互利、不歧视原则的基础上,为缔约一方的居民和公司在缔约另一方境内的投资创造良好的条件。该条约第13条规定,缔约一方的居民或公司与缔约另一方之间就在缔约另一方境内的投资发生的争议,应尽量由当事双方友好协商解决。如争议在6个月内未能通过协商解决,当事任何一方可根据接受投资缔约一方的法律和法规,将争议提交该缔约一方有管辖权的法院。因征收补偿款额引起的争议,在有关的居民或公司诉诸法院后6个月内仍未解决,可将争议提交由双方组成的国际仲裁庭。如一方已将相关争议提交法院诉讼,则不再适用仲裁解决程序。

综上所述,新西兰在其国内仲裁法和缔约公约及条约上对于外国仲裁裁决的承认和支持相对友好,建立了比较完善的仲裁裁决司法支持制度,无愧于多年蝉联的全球最佳营商环境经济体称号。

目前,已有多起外国仲裁裁决在新西兰获得了支持,新西兰对于国外裁决的执行情况取得了较好效果。

(一)“陈某诉林某珠合同纠纷案”

2016年4月11日,新西兰上诉法院就“陈某诉林某珠合同纠纷案”作出判决,支持了上诉人请求,即完全承认与执行福建省高级人民法院民四庭作出的(2011)闽终字第451号民事判决。至此,福建省福州市中级人民法院作出的经福建省高级人民法院(2011)闽终字第451号民事判决维持的(2009)榕民初字第953号民事判决成为有史以来第一个在新西兰法院获得承认与执行的中国商事判决。

2007年7月,陈某与林某明达成由陈某收购林某明所有的"新西兰奥克兰市171 Murphys RD Flit Bush Auckland"地块30%股权的协议(未签订书面协议)。2007年7月10日,陈某将上述股权转让款人民币2000万元转入林某明指定的账户。同日,林某明就上述收款向陈某出具了收条。林某明在该收条中承诺,于2007年10月8日共同至新西兰办理相关股份转让手续。此后经陈某多次催促,林某明一直未履行办理有关股权转让手续。2008年10月20日,陈某向林某明发出了关于限期履行办理股权转让手续的函,要求林某明于2008年10月30日前办妥股权转让手续,否则陈某将解除股权转让协议。但林某明一直推脱未予履行。陈某于2009年向福建省福州市中级人民法院提起了诉讼,要求解除双方的地块股权转让协议,并要求林某明返还人民币2000万元的本金并赔偿相应的利息损失。一审诉讼期间,林某明因病去世,法院依法追加其继承人林某珠(新西兰公民)等为该案被告。一审法院福州市中级人民法院判决:(1)解除陈某与林某明之间于2007年7月10日达成的关于"新西兰奥克兰市171 Murphys RD Flit Bush Auckland"地块股份转让的协议;(2)林某珠等人应于判决生效之日起10日内在继承林某明遗产的范围内返还陈某转让款人民币2000万元并偿付利息(以2000万元为基数,利息从2009年5月14日起按中国人民银行同期同类逾期贷款利率计算至判决确定的还款之日止)。如果未按判决指定的期间履行给付金钱义务,应当依照中国2007年《民事诉讼法》第229条的规定,加倍支付迟延履行期间的债务利息。案件受理费人民币141,800元由林某珠等负担。

二审判决认定,原审判决结果正确,但基于林某明在诉讼中已经死亡的事实,对原判第2项予以相应变更,即林某珠等3名继承人应于该判决生效之日起10日内在继承林某明遗产的范围内返还陈某转让款2000万元人民币并偿付利息(以人民币2000万元为基数,利息从2009年5月14日起按中国人民银行同期同类逾期贷款利率计算至实际还款之日止)。

2014年3月11日,陈某在新西兰高等法院申请执行上述中国法院生效判决。2014年7月23日,新西兰高等法院裁定予以准许,但法官因失误,遗漏了利息部分,仅将执行总金额确定为人民币2000万元。陈某后上诉至新西兰上诉法院,请求:执行中国法院判决的全部金额(包括本金及利息以及加倍支付迟延履行期间的债务利息)以及支持高等法院判决作出后到付款日的利息等。

新西兰上诉法院支持了陈某的上诉请求。

该案一方面展示中国法院涉外商事审判的卓越水平及国际影响,另一方面也展示了新西兰法院作为普通法法院在审查中国金钱给付判决承认与执行的开放态度。

(二)“河北华能实业发展有限责任公司、石某买卖合同纠纷案”

在首例“新西兰承认中国法院判决案”(2016 年新西兰上诉法院作出的有关陈某要求执行中国福建省高级人民法院针对被告人林某珠的金钱判决)后,2020 年 5 月,又一例判决在新西兰申请与执行,即河北省高级人民法院作出的二审终审判决(2019)冀民终 817 号在新西兰申请承认与执行。

2012～2015 年,河北华能实业发展有限责任公司(以下简称华能公司)与秦皇岛市博恩贸易有限公司(以下简称博恩公司)分别签订 4 份《煤炭买卖合同》及相关补充协议。每份煤炭买卖合同及相关补充协议签订之时,华能公司、博恩公司与唐山海港德泰新材料技术有限公司(以下简称德泰公司)分别签订《财产(项目)抵押协议书》,约定德泰公司以原材料等有处分权的资产设定抵押,为博恩公司履行上述煤炭买卖合同及其相关补充协议约定的义务提供抵押担保,担保范围为主合同中的华能公司的债权与博恩公司应支付的违约金(包括罚息)、损害赔偿金以及华能公司为实现债权产生的其他费用。

同时,石某分别向华能公司出具了 4 份个人无限连带责任保证书,针对上述华能公司对博恩公司的债权总额(人民币 103,426,379.28 元),其愿以个人所有财产及权益,以无限连带责任的方式向华能公司提供担保,该个人无限连带责任保证书未载明日期。

华能公司与博恩公司因上述合同发生争议,华能公司将博恩公司起诉至河北省石家庄市中级人民法院,一审法院判决:博恩公司应偿还华能公司煤炭欠款人民币 176,636,379.28 元及利息;华能公司对德泰公司提供的抵押物优先受偿。

后华能公司上诉至河北省高级人民法院,要求石某对博恩公司的全部债务承担连带保证责任,河北省高级人民法院最终作出(2019)冀民终 817 号民事判决书(以下简称案涉 817 号判决):维持上述两项一审判决并同时判决“石某对博恩公司应返还的 103,426,379.28 元预付款承担连带保证责任”。

华能公司随后发现石某在新西兰拥有财产,遂向新西兰法院申请承认与执行案涉 817 号判决,要求石某履行上述案涉 817 号判决之债务。

通观该案,法官认定新西兰奥克兰高等法院对该案享有管辖权,一方面系基于其对普通法的梳理，另一方面则离不开中国法专家出具的专家意见，中国法专家在该案中起到了“外国法查明”的作用。随着中国企业和个人越来越频繁地参与到国际商事交易中，不可避免地将滋生越来越多的跨境纠纷，外国法查明在跨境诉讼、国际仲裁等案件中，亦将扮演越来越重要的角色。

这些新西兰高等法院承认中国法院判决的案例，新西兰高等法院是根据《1934 年相互执行判决法》《2010 年诉讼法》规定的承认与执行外国判决条件对金钱类案件进行分析的，其分析主要包括如下要点。

1. 外国法院享有管辖权

外国法院必须对外国判决具有管辖权，申请承认与执行的法院与纠纷本身或者判决书的义务人不需要具有真实的和实质性的关联。只要与纠纷本身有关，或者是通过被告主动参与诉讼或者被告的同意都可获得管辖权。

2. 针对一定金钱款项的判决

非金钱判决并排除可承认和执行的范围之外。被排除的判决范围包括解除婚姻、子女抚养义务的履行、遗嘱有关的认证或判决等。

3. 判决是最终裁决

具体而言：(1) 如果某个外国法院仍可改变或者撤销其作出的判决，即并不是最终裁决，则并不具有可执行性；(2) 如果某个外国判决在作出该判决的法院管辖范围内不具有可执行性；(3) 外国判决指向的义务须是一个具体的债务或者是确定的数额。

4. 没有可以提出的抗辩

如果存在以下抗辩，该外国判决不可执行：(1) 该判决与以前的判决不一致；(2) 申请人为判决的权利主体；(3) 该判决是通过欺诈获取的；(4) 该判决基于外国刑法、税收或其他公法；(5) 违反公共政策；(6) 存在与国内诉讼相冲突的判决；(7) 不符合时效规定，在判决作出之日起 6 年之外提出；(8) 判决作出的程序不合法。

新西兰上诉法院法官在审理过程中，首先明确基于普通法下国际礼让原则，如果该外国判决不违背新西兰本国公共政策，可对外国法院判决进行承认与执行。当法官认为对该案法院判决的承认与执行不违反公共政策保护的原则，最终会支持中国法院判决。

第六节　小结与建议

新西兰以其在国际商贸等领域的传统实践与社会文化，培养、推进了与其涉外型、商业型法律研究与探索的不断发展，其外向型的经济结构决定了其涉外法律制度相对发达。作为处在非诉讼手段国际争端解决制度建设前列的国家，新西兰已经多年被联合国评为世界最佳营商环境经济体，这一点从其完善的仲裁制度与积极履行国际争端解决公约的情况便可以看出端倪。总体而言，新西兰目前的仲裁制度基本与国际标准或通行做法接轨。其国内的仲裁立法是根据《示范法》制定的，吸纳了不少国际趋势性做法，并在之后的发展过程中多次进行了修订，以便符合时代的发展趋势。尤其是在对于国内、国外对于仲裁裁决的承认和执行方面，新西兰设置了相对较宽松的条件和门槛，无论任何国家和地区作出的有效仲裁裁决均能够在新西兰国内得到法院执行，并且其司法系统对于仲裁的监督和支持也是比较到位的，关于仲裁的许多问题能够向地区法院或者高等法院上诉获得裁定。经过多次修正案，其国内的仲裁法——1996 年新西兰《仲裁法》已经达到了比较成熟的地步。尽管在 2019 年最新修正案中，“关于信托合同中仲裁条款的效力”“与仲裁有关的司法程序的保密要求”等具体意见都未得到最终采纳，但相对来说，其仲裁法仍然是比较完善的。可以说在新西兰仲裁立法和主要仲裁机构的仲裁规则中，很多方面都在努力体现尊重意思自治的原则，以及确保商事仲裁符合社会交易对效率要求的努力。

一、注意新西兰国内法律及其司法制度体系特点

一国的涉外或国际仲裁制度，仍属于该国的司法或争议解决制度的体系之内，不可避免具有该国法律或实践的特殊性，新西兰也不例外。新西兰整体属于英美法系，其作为英国早期的殖民地，带有较浓烈的英国法色彩。尽管越来越多的独立制定的法律替代了原来英国的成文法，但其法律特点中仍然带有较为强烈的英国法的影子。

此外，作为判例法国家，其大多数法律由其法院判例组成，我国作为成文法国家，对于判例法国家的法律传统相对陌生，如果需要在新西兰开展诉讼仲裁活动，需要注意其法律特点，注重对于先例的考察和应用。

另外，需要注意的是，新西兰法院体系有其自己的特点。不同于我国仅仅依

靠管辖区域和审级来划分法院的做法。新西兰的四级法院系统中，尤其是初级法院有许多针对专门法律事务的法院，如青少年法院、环境法院等，比较有特色的是专门解决毛利人事务的毛利法院。这些法院的审级也各不相同，如青少年法庭相当于最低一级的地区法院，而就业法庭则相当于第二审级的高等法院，因为审级的不同使得其对应的上诉法院也不一样。首先，要注意其普通性法院与专门性法院的区分；其次，要留意法院设定及管辖权划分与行政、地域并不对应；最后，在法院诉讼的语言、文化和庭审程序等都可能存在其特殊性。

相比其他国家而言，新西兰的涉外仲裁制度已体现出足够的开放性和务实性，在借鉴国际示范文本、通行做法与实践基础上，其以 1996 年《仲裁法》为基础的国内仲裁法律制度应该说还是比较成熟的。尤其是其在对于仲裁裁决的司法支持较好的情况之下，建议对于与新西兰有商业往来，或是进驻新西兰的我国商事主体必要时综合考虑之后是可以选择在新西兰仲裁的。同时，新西兰也是《纽约公约》的缔约方，通过该国仲裁获得的最终裁决，是可以依据公约或新西兰仲裁法在新西兰得到基本执行的。同时，仲裁机构也提供调解等可选争议解决方式，当事方可根据实际情况，务实选取使用。

需要注意的另一个细节是，将争议提交新西兰仲裁机构解决时，如果没有约定仲裁使用的工作语言，仲裁庭一般会根据仲裁规则而使用新西兰官方语言也就是英语进行仲裁，这就可能需要当事人聘请专门翻译人员或专业人士。因此，如选择接受仲裁条款而在新西兰仲裁，务必提前做好充分预案考虑、设定备选方案等，可能更具有实战应对效率、以利维护正当权益。

二、重视司法对于仲裁的协助和监督程序，灵活运用各种仲裁措施

在传统的新西兰仲裁制度中，司法系统一直扮演重要角色，在 1996 年新西兰《仲裁法》中，司法体系在仲裁中的作用随处可见，确保司法介入保证仲裁公平、公正、有效地展开，如仲裁法规定对仲裁裁决的撤销在初审时即属于上诉法院而不再是地方法院的权限，使对此的上诉到达新西兰高等法院，都体现出司法支持力度。

另外，在 1996 年新西兰《仲裁法》中规定了诸多法院对于仲裁监督和支持的制度，如对于仲裁员选任人员的争议可以进行上诉，对于法律问题争议点可以进行上诉，对于临时措施的争议也可以进行上诉等。利用好这些司法支持制度可以较好地保证我方在新西兰仲裁或进行商事纠纷主体之利益。

三、注重协商与事先约定的仲裁条款,注重仲裁法律的选取

1996年新西兰《仲裁法》给予了双方当事人相当程度的意思自治,尽管社会公共利益等条款对意思自治进行了一定的限制,但若无明显实体和程序违法的情况下仍然是以意思自治为主。所以对于仲裁条款和仲裁相关事项的约定就显得尤为重要。新西兰国内仲裁法对于仲裁相关程序和事项给予了双方当事人相当的自由,仲裁所使用的语言、仲裁所依据的法律、仲裁庭组成人员的选择甚至仲裁程序都是可以约定的。这就意味着我国商事主体在进行仲裁相关条款的约定时要慎重,在对各方面进行详尽了解之后选择最能够保护自己利益的法律,也可以对于仲裁程序作有利的约定,即使无法确定哪一国法律对自己比较有利,也应当尽量选择自己较熟悉的法律体系,这样才能有利于应对仲裁相关法律问题和降低仲裁成本。

CHAPTER 04 >>

第四章

奥地利

奥地利共和国(The Republic of Austria,以下简称奥地利)是位于中欧南部的联邦制共和国。东邻匈牙利和斯洛伐克,南接斯洛文尼亚和意大利,西连瑞士和列支敦士登,北与德国和捷克接壤。1938年被纳粹德国吞并,1955年宣布永久中立,获得独立并建立今天的奥地利第二共和国。奥地利于1995年加入欧盟,又于1999年加入欧元区。奥地利国土面积83,879平方公里。2021年人口约891万人,其中外国人149万人,占16.7%。奥地利首都是维也纳,官方语言为德语。

中国与奥地利于1971年5月28日建交。2021年是中国、奥地利建交50周年。近年来,中奥两国关系保持较好快速发展的态势,双方各领域的经贸合作不断深化。为此有必要对以奥地利仲裁法律制度为中心的国际商事争议解决制度作出研究。

第一节　奥地利法律制度概述

一、奥地利立法与司法概况

奥地利立法权由国民议会和联邦议会共同行使。国民议会制定法律,主持新政府的就职仪式,可通过不信任表决罢免联邦政府及其成员。联邦议会代表各州的利益,有权将国民议会通过的法律提案驳回,但如国民议会坚持原案,联邦议会不得再提异议。国民议会共183席,按比例代表制产生,任期5年。联邦议会共61席,由各州按人口比例选派,议长由各州轮任,任期半年。

奥地利国家司法的最高层级法院共有3家,分别为宪法法院、最高行政法院和最高法院。这3家法院之间各自独立,没有优先关系或者从属关系。宪法法院主要处理有关宪法的诉讼;最高行政法院处理公法上的行政诉讼;最高法院是民事案件和刑事案件的终审法院。在奥地利的司法系统中,“普通法院”是一个与“公法法院”相对应的术语。普通法院系统分为区法院、州法院、高等法院和最高法院四级,管辖地域按司法传统范围进行划分,负责审理民商事(含破产、知识产权案件等)和刑事案件。民事案件实行三审终审制,刑事案件实行两审终审制。刑事案件主要依据行为人所犯罪行轻重及可能的量刑状况确定管辖法院。奥地利区法院相当于我国的基层人民法院,负责普通民事案件和刑事案件的第一审审理,审理案件时适用一名法官独任审判。奥地利的州法院和专区法院负责民事案件和较重刑事案件的一审以及对当事人不服区法院审判案件的二审。奥地利高等法院是州法院和专区法院刑事判决和民事判决的上诉审法院。上诉审法院由3名法官组成合议庭进行审判。奥地利最高法院的任务是通过对普通法院系统的司法工作发挥全面指导作用,力求保障法律的统一性、确定性和法律的发展。奥地利属于大陆法系国家,虽然最高法院的判决先例不具有法律约束力,但这些判例仍具有权威性,在赋予法律具体内容、明确法律规定的含义和保护公民合法权利等方面发挥着巨大作用。

二、奥地利《民事诉讼法》关于仲裁的规定

奥地利法规视仲裁为解决商事争议的手段之一。缔结仲裁协议之后,各方有权就争议取得和解。在奥地利仲裁应用的范围相当广,在商业领域中极少有不能通过仲裁途径解决的问题。奥地利第一个仲裁法规定在1895年奥地利《民事诉讼法》第577条至第599条。它们赋予仲裁庭实际上与民事法庭相同的地位,仲裁裁决被视为民事法庭的判决。在此后,奥地利《仲裁法》经过多次修改。最近两次修改发生在2006年和2014年。2006年的改革源于联合国国际贸易法委员会通过的1985年《示范法》。《示范法》成为世界范围内国际商事仲裁的参考标准。因此,有人觉得有必要审查奥地利仲裁规约并使其符合《示范法》的规定,至少部分是为了维持奥地利作为国际仲裁地的地位。奥地利《仲裁法》改革工作组在2002年起草并发布了一份可能的新奥地利《仲裁法》草案,该草案主要基于《示范法》和

德国仲裁法。2006 年该草案由奥地利议会通过并于 2006 年 7 月 1 日开始生效。因此,自 2006 年 7 月以来,奥地利是世界范围内将《示范法》纳入其立法的 67 个国家之一。

奥地利现行有效的仲裁法规定在奥地利《民事诉讼法》第 4 章第 577 条至第 618 条。该仲裁法 2014 年 1 月 1 日生效,大大缩短了在奥地利法院撤销仲裁裁决的程序。根据旧立法,必须通过三审(一审法院、上诉法院、最高法院)才能在撤销仲裁裁决事项上获得具有约束力的最终裁决。根据新立法,奥地利最高法院是唯一有权撤销仲裁裁决或审理仲裁员质疑的法院。

根据奥地利《民事诉讼法》第四章第 577 条,奥地利《仲裁法》适用于仲裁地点在奥地利领域内的一切仲裁。仲裁地点不在奥地利或者尚未确定的,仍然适用奥地利《仲裁法》的相关规定,这些规定涉及以下问题:法院干预仲裁的限制(第 578 条)、收到书面通知(第 580 条)、仲裁协议的形式(第 583 条)、仲裁协议与法院诉讼之间的冲突(第 584 条)、法院对临时措施的受理(第 585 条)、仲裁庭发布的临时措施的执行(第 593 条)、法院协助(第 602 条)、申请确认仲裁裁决的存在或不存在(第 612 条)、承认和宣布执行外国仲裁裁决(第 614 条)。根据奥地利《仲裁法》第 577 条第 3 款的规定,只要当事人一方的营业地、住所或常住地位于奥地利,即使仲裁庭所在地尚未确定,奥地利《仲裁法》的某些规定也适用,这些规定主要管辖法院对仲裁庭组成的干预。

三、关于仲裁的国际公约

在仲裁领域,奥地利已经缔结了一系列管理仲裁机构以及执行仲裁裁决的多边国际协定。鉴于这些国际规范在仲裁以及仲裁从业人员的日常实践方面发挥着重要作用,本文就适用于奥地利的最常见的协议进行介绍。

(一)《纽约公约》

《纽约公约》是最成功的国际协议之一,它是由于对 1923 年《关于仲裁条款的日内瓦议定书》和 1927 年《执行外国仲裁裁决的日内瓦公约》不满而成立的。《纽约公约》认识到国际仲裁作为解决国际商事纠纷的手段日益重要,因此寻求为承认仲裁协议以及法院承认和执行外国和非国内仲裁裁决提供共同的立法标准。《纽约公约》主要宗旨是,外国和非国内仲裁裁决不会受到区别对待,并要求各缔约方确保这类裁决在其法域内同国内裁决一样得到承认并普遍能够强制执行。公约的一个附带宗旨是,要求各缔约方法院为充分执行仲裁协定而拒绝当事人在违反其将有关事项提交仲裁庭处理的约定的情况下诉诸法院。

奥地利于1961年5月2日加入《纽约公约》。1961年7月31日,《纽约公约》在奥地利交存批准书90日后对奥地利生效。根据奥地利《强制执行法》第86条第1款的规定,《纽约公约》的规定优先于有关承认国际裁决的国内法规则。因此,奥地利根据《纽约公约》执行任何外国仲裁裁决,只要它符合公约的规定,即一方在申请时需向法院提供:a. 经正式认证的裁决原件或经正式认证的副本;b. 双方承诺将有关确定的法律关系的所有或部分争议提交仲裁的原始协议或其正式认证的副本。如果该裁决或协议不是用德语作出的,申请人应提供经认证的德语文本。

(二)《欧洲国际商事仲裁公约(1961年)》(以下简称《欧洲公约》)

《欧洲公约》是在1961年4月21日于日内瓦签订的条约,自1964年1月7日起生效。对奥地利来说,《欧洲公约》于1964年6月2日,即在其交存批准书90日后。根据《欧洲公约》第1条的规定,该公约适用于自然人或法人之间进行的国际贸易所引起的争议的仲裁协议以及根据该仲裁协议进行的仲裁程序和作出的裁决,并且在达成协议时,该自然人或者法人在不同的缔约方境内有其惯常居住地或所在地。

(三)《华盛顿公约》

1965年3月18日《华盛顿公约》缔结于华盛顿,1966年10月14日该公约生效。《华盛顿公约》是在国际复兴开发银行(世界银行)主持下缔结的、为解决缔约方与其他缔约方居民间的投资争议的多边国际公约。

《华盛顿公约》包括一个序言和10章,共75条。其目的在于提供国家和外国私人投资者争议的调节和仲裁的便利,促进相互信任,并鼓励私人资本的国际流动。公约决定在华盛顿成立ICSID,作为解决缔约方与其他缔约方居民争议和实施公约的常设机构。1966年,ICSID成立,该中心具有独立的法人资格,并享有公约规定的特权和豁免权。

《华盛顿公约》争议的解决方法有调解与仲裁两种。对于解决案件的法律,公约允许当事人协议选择,如无此协议,则适用争端缔约方的法律以及可以适用的国际法规则。ICSID受理的案件,有排他管辖的效力,同时,解决投资争端国际中心受理案件以后,也不得借口法律无明文规定或含义不清而暂时不作出裁决。裁决结果对双方有拘束力,不得进行上诉或采取任何除该公约规定外的补救措施。

各方应遵守和履行裁决。此外,公约还就国家主权豁免、公平与善意原则、用尽当地救济原则等内容作了规定。

《华盛顿公约》成员广泛、影响力较大。该公约于 1972 年 6 月 24 日对奥地利生效,即在其批准书交存 30 日后。从那时起,奥地利投资者多次利用 ICSID 作为争端解决平台。

第二节 奥地利代表性仲裁机构

维也纳国际仲裁中心(Vienna International Arbitral Centre,VIAC)是奥地利代表性仲裁机构,是奥地利联邦经济商会(Austrian Federal Economic Chamber,AFEC)的常设国际仲裁机构,是一家在全球范围内提供服务的常设仲裁机构。奥地利为欧洲仲裁的中心,其代表性仲裁机构 VIAC 依托于位于欧洲中心的、作为商业和公共服务交汇点的维也纳,重点关注中东欧(CEE)、东南欧(SEE)和独立国家联合体(CIS)地区,[1]同时也是在全球处于领先地位的仲裁机构之一。

仲裁、投资仲裁、调解均为 VIAC 所涉领域,经过多年的发展,VIAC 已处理了 1600 多起涉及多行业的国际争端,也已形成了一套专门的商事纠纷仲裁规则[2],在欧洲乃至全球仲裁之中发挥着重要作用。下面将从产生历史、机构现状、机关设置、精神与原则四个方面对此代表性仲裁机构进行介绍和分析。

一、机构产生的历史

1974 年之前,奥地利全国大部分仲裁案件尚由 9 个联邦省的多个区域经济商会根据统一的仲裁规则通过常设仲裁庭处理,但奥地利在国际仲裁上的优势已经逐步显现。一方面,早在 19 世纪,奥地利就引入了现代的、最新的仲裁法,1883 年,立法者也为企业家建立了合作组织的仲裁机构,这些都缔造了奥地利作为仲裁地从传统上就享有的盛誉。另一方面,得益于奥地利中立国家的传统地位,政治中立和现代法律框架,尤其在第二次世界大战结束后的冷战期间,奥地利发展

---

〔1〕 See Alice Fremuth-Wolf, Klaudia Dobosz, *Vienna International Arbitral Centre* (*VIAC*), published in the 6th edition of Arbitration World International Series, p. 330 – 331.

〔2〕 载 VIAC 网, About us-Mission Statement, https://www.viac.eu/en/about-us/mission-statement,最后访问日期:2022 年 1 月 20 日。

成为东西欧当事人最常选择的仲裁中心之一。[1] 正是基于这两个原因,自20世纪60年代起,奥地利作为东西方之间当事人解决纠纷的仲裁地,其重要性不断提高。

为了满足日益增长的仲裁需要,AFEC于1974年设立了一个管理国际争端的常设仲裁中心,即VIAC,并于1975年1月1日开始运行。从功能、结构、法律上来说,VIAC整合到AFEC之中,并非一个独立的法律实体,但具有很强的独立性,其自身和其成员不受AFEC任何指令约束,且这种独立性受AFEC法案的保障。[2]

在2018年新的VIAC规则(包括仲裁规则、调解规则)生效之前,VIAC仅管理至少有一方当事人在奥地利境外或本身具有国际性特点的国际争端。自2018年1月1日之后,VIAC还接管了之前由区域仲裁院处理的国内纠纷,进一步巩固了其在奥地利作为领先仲裁机构的地位。[3]

二、机构现状:以近3年统计数据为例的分析[4]

从最新统计数据出发,2020年内VIAC共收到新案件40件,既存未决案件41件,争议总额达428,000,000欧元。分析2020年统计数据,可以看出VIAC仲裁案件在当事人国籍、仲裁员国籍、所处理争议的性质方面的特点。

(一)当事人来源国家与地区

在2020年的案件中,当事人来源国共有72个,其中43%案件当事人来自中东欧、东南欧国家和独立国家联合体成员,32%案件当事人来自奥地利,18%来自西欧和英国,7%来自非欧洲地区,其中包括1个涉及中国当事人的案件(见图4-1)。

---

〔1〕 See Manfred Heider, Michael Nueber et al., *Dispute Resolution in Austria: An Introduction*, Kluwer Law International, 2015, p.5.

〔2〕 See Alice Fremuth-Wolf, Klaudia Dobosz, *Vienna International Arbitral Centre (VIAC)*, published in the 6th edition of Arbitration World International Series, p.329.

〔3〕 载VIAC网,About us-Mission Statement, https://www.viac.eu/en/about-us/mission-statement,最后访问日期:2022年1月22日。

〔4〕 本部分数据来自《VIAC Annual Report 2020》以及VIAC网:Service-Statistics,载https://www.viac.eu/en/service/statistics,最后访问日期:2022年1月22日。

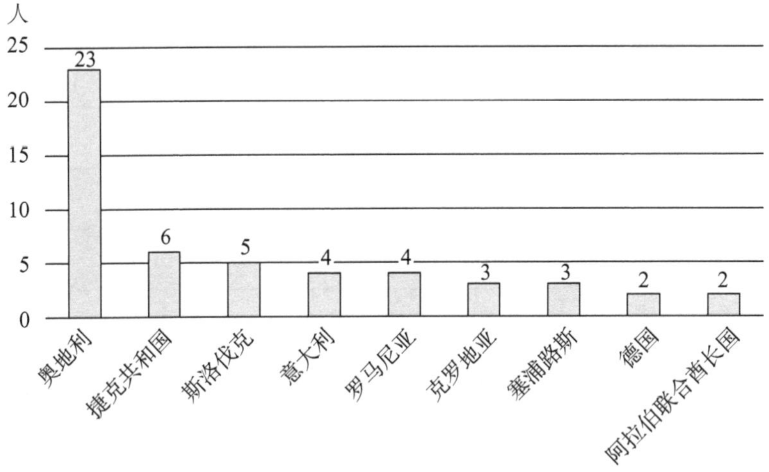

图 4－1　2020 年案件当事人来源地

注：仅列举案件数量≥2 的当事人来源地。

结合 2018 年、2019 年的数据进行补充，可以发现除图 4－1 所列举来源地以外，在 2018 年的案件中，包含 5 个涉及俄罗斯当事人、4 个涉及波兰当事人的案件，还包含 2 个涉及中国香港特别行政区当事人的案件。在 2019 年案件中，来自美国、波兰和俄罗斯的当事人数量分别位于第二、第三、第四。

在最近 3 年中，奥地利均是排名第一的当事人来源地，绝大多数案件当事人来自欧洲，大部分案件当事人来自中东欧、东南欧国家和独立国家联合体成员。然而 VIAC 指出，虽然 2020 年来自中东欧、东南欧、独立体地区的当事人占比较大，且比 2019 年的比例增加了 1/4 以上，但其大部分的国际案件根本不涉及奥地利当事人。

（二）仲裁员、调解员来源国家与地区

2020 年案件中所提名或指定的 44 名仲裁员、调解员来自 12 个不同国家，有 48% 国籍为奥地利，32% 国籍为中东欧、东南欧和独立国家联合体成员，20% 国籍为西欧和英国，没有欧洲以外的仲裁员或调解员。

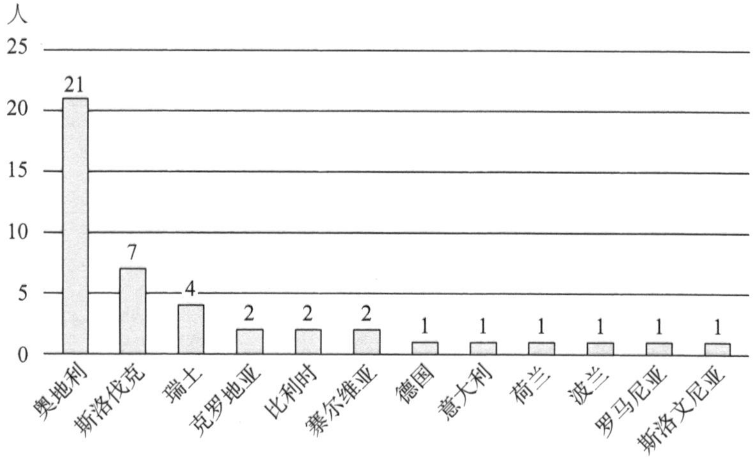

图 4－2　2020 年仲裁员、调解员国籍

结合 2018 年、2019 年数据进行补充，可以发现除图 4－2 中所示国籍外，案件仲裁员、调解员国籍国还包含了捷克共和国（2018 年）、澳大利亚（2018 年）、英国（2018 年）、挪威（2018 年）、俄罗斯（2018 年）、匈牙利（2019 年）、哥伦比亚（2019 年）、拉脱维亚（2018 年、2019 年）。

由此可见绝大多数案件仲裁员、调解员来自欧洲，大部分来自中东欧、东南欧和独立国家联合体成员，这反映了 VIAC 在这些地区的重要性。来自奥地利的仲裁员、调解员人数较多的原因在于，在绝大多数案件中，仲裁地点位于奥地利。因此，选择熟悉仲裁法的仲裁员。在所统计的案件中没有中国仲裁员、调解员出现。

（三）独任仲裁员仲裁/仲裁庭仲裁

2020 年，由独任仲裁员仲裁案件与由仲裁庭仲裁案件的比例几乎为 1∶1。在 2019 年的案件中，此比例确切的为 1∶1。在 2018 年，仲裁庭仲裁案件占 55%，独任仲裁员仲裁案件占 45%（见图 4－3）。

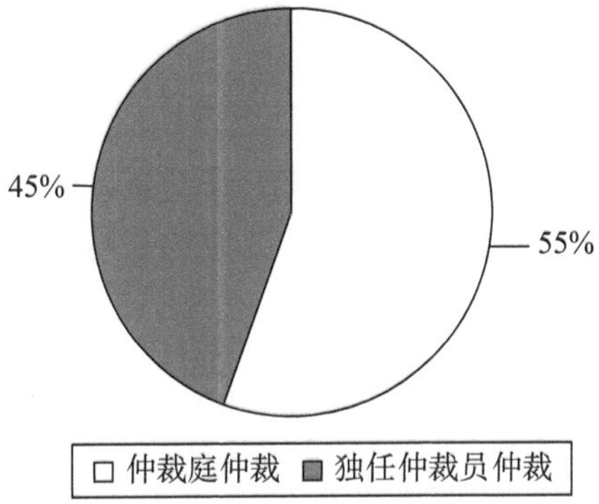

图 4－3 独任仲裁员仲裁/仲裁庭仲裁

(四)所处理争议的性质

在2020年所处理案件中,占比前五的分别是商业合同类案件(32%)、企业所有权案件(26%)、批发与零售贸易案件(13%)、建筑业案件(7%)、制造业案件(7%)。各争议性质案件分布情况见图4－4。

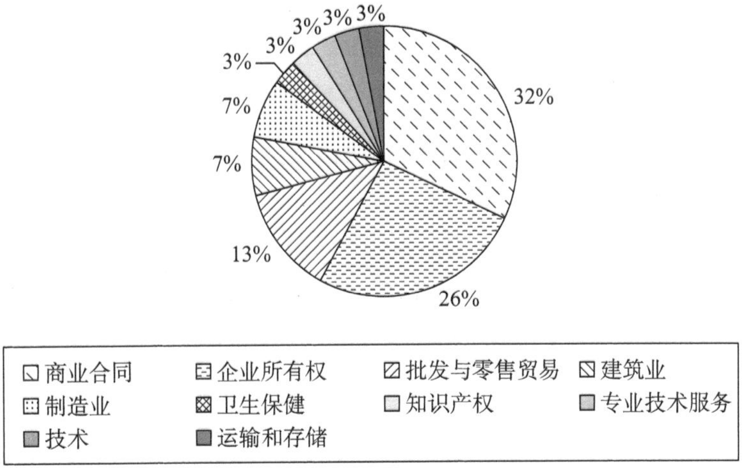

图 4－4 2020年案件争议性质

结合2018年、2019年数据进行补充,除上述案件类型外,专业技术服务案件在2018年案件中占比居于前五,金融服务与银行业案件在2019年案件中占比居于前五,但商业合同类、企业所有权类案件依然占比较高。

可见,近3年争议案件类型较丰富,商业合同类、企业所有权类案件为VIAC较常见的案件类型。

(五)机构其他重要目标:性别比例均衡情况

提高仲裁的多样性、差异性是VIAC的一个重要目标,无论在其官方网站上还是在其年度报告中,都对男性、女性仲裁员的数量与比例进行了统计与说明。2020年案件中男/女仲裁员比例见图4-5。

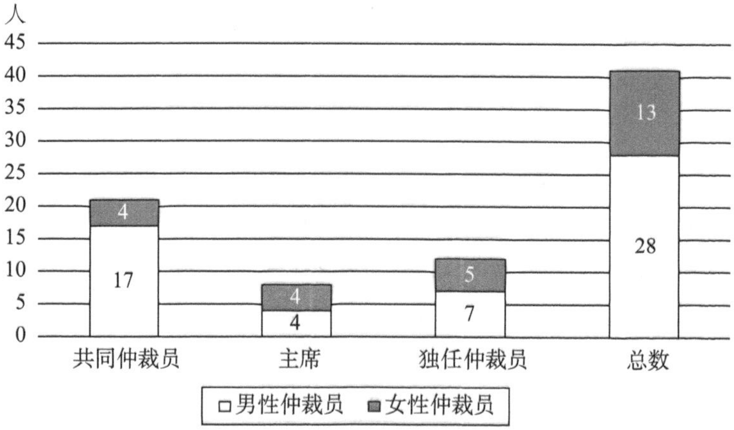

图4-5　2020年案件中男/女仲裁员比例

在2020年案件中,由共同仲裁员提名的男性与女性主席比例持平,是仲裁员性别比例均衡的进展。

2020年案件之中,从当事人提名独任仲裁员和共同仲裁员的情况来看,在性别比例均衡上还有待提高。因此,VIAC理事会努力在任命中达成平衡,在2020年理事会任命的仲裁员中,62%为女性(见图4-6、图4-7)。

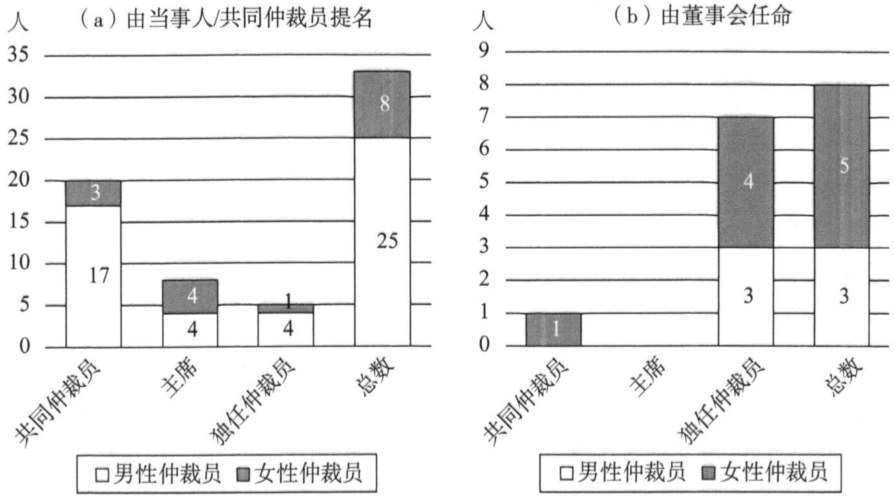

图 4－6、图 4－7　2020 年案件中男/女仲裁员比例

三、机构机关设置

VIAC 主要设置了理事会、咨询委员会和秘书处 3 个机关，以管理法律、行政、咨询等事务。

（一）VIAC 理事会（Board）

1. 基本规定

《VIAC 仲裁和调解规则（2021）》（以下简称《维也纳规则（2021）》）第 2 条等内容主要对 VIAC 理事会进行了基本规定，少部分信息源于 VIAC 网站，[1] 具体包含以下方面：

理事会成员的权利、义务、责任与限制。理事会的决策权主要与仲裁员的任命和对仲裁员的异议有关。其义务与责任在于，理事会成员应尽其所知和所能履行职责，应独立履行职责，不受任何指示的约束，并有责任对履行职责过程中获得的所有信息进行保密。对其限制在于，正在或曾经以任何身份参与 VIAC 仲裁的董事会成员，不得出席或以任何方式参加与其程序有关的审议或决定，但这不应减损理事会法定人数的存在。

---

〔1〕 载 https://www.viac.eu/en/service/news-archive/viac-board－2020－2022，最后访问日期：2022 年 2 月 1 日。

理事会成员的任命与任期。理事会成员由奥地利联邦商会扩大主持委员会(the Extended Presiding Committee of the Austrian Federal Economic Chamber)根据VIAC主席的建议任命,任期最长为5年,成员可以连续任职。

理事会的内部架构。理事会应由至少5名成员组成,理事会成员应从其中选出1名主席和最多两名副主席。如果主席无法履行其职责,应根据理事会内部规则由1名副主席承担其职责。

理事会的规则。理事会可以制定和修改自己的内部规则。

2. 理事会会议

《维也纳规则(2021)》附件二规定了关于理事会内部规则的相关事项,主要是关于理事会会议的规定,具体规定了以下方面:

理事会会议的召集与主持。会议由主席召集并由主席或副主席主持。

理事会会议的出席要求。会议法定人数要求1/3以上成员出席。可以通过电话、视频会议以及互联网的方式出席会议。

理事会会议的决定作出方式。会议决定应以有资格投票的出席成员的简单多数来决定,如果出现票数相同的情况,主持人具有优先投票权。决定可以以通信方式的决议作出,在这种情况下,主席应向成员提交书面提案并规定书面投票的时间限制,每个成员都有权要求就该书面提案举行会议。理事会没有义务说明其决定所依据的理由。

另外,如果副主席无法行使职责,其职责应由根据担任理事会成员的时间长短而定的最资深成员承担,或由担任理事会成员时间最长的副主席承担。

3. 理事会现状

关于理事会的现状信息源于VIAC网站:在目前的2020~2022年任期之中,理事会由15名成员、1名名誉主席和1名名誉成员组成,他们是仲裁领域的杰出成员,包括律师、学者和法官。

(二)咨询委员会(Advisory Boards)

1. 基本规定

关于VIAC咨询委员会的基本规定位于《维也纳规则(2021)》第3条,该条规定,理事会可以设立咨询委员会,咨询委员会由理事会可能邀请的仲裁员和/或调解专家组成,以顾问身份协助理事会工作。

2. 咨询委员会现状

VIAC 网站分别介绍了国内咨询委员会、国际咨询委员会与调解咨询委员会。国内咨询委员会目前由 22 名国内仲裁专家组成,他们为奥地利仲裁的发展和传播作出了贡献。[1] 国际咨询委员会目前由来自世界各地的 30 名国际仲裁专家组成,他们以顾问身份协助理事会。[2] 调解咨询委员会目前由 16 名调解专家组成,旨在加强奥地利和其他地方的调解,并定期交流和讨论国内和国际调解问题。[3]

(三)秘书长、副秘书长和秘书处

1. 基本规定

《维也纳规则(2021)》第 4 条规定了秘书长、副秘书长和秘书处的相关问题,少部分信息源于 VIAC 网站,[4] 具体规定了以下几个方面:

其一,秘书长、副秘书长和秘书处的权利、义务、责任与限制。秘书处的权利为,有权在秘书长和副秘书长的领导下管理 VIAC 的行政事务,并协助当事人及仲裁员进行活动,包括保留听证设施或其他程序方面的工作,但保留给理事会的事务除外。其义务与责任在于,秘书长与副秘书长应尽其所知和所能履行其职责,不受任何指示的约束,并有责任对在履职过程中获得的所有信息进行保密。对其限制在于,正在或曾经以任何身份参与 VIAC 仲裁的秘书处成员,不得出席或以任何方式参加与其程序有关的审议或决定。

其二,秘书长和副秘书长的任命与任期。秘书长和副秘书长由奥地利联邦商会扩大主持委员会根据 VIAC 理事会的建议任命,任期最长达 5 年,可以连续任职。任期届满后,如果没有延长任命,秘书长和副秘书长应继续任职,直至新的任命作出。

其三,关于秘书长和副秘书长履职不能时的规定,如果已经任命了副秘书长,在秘书长不能履行其职责时,或经秘书长授权,副秘书长可作出属于秘书长职权范围内的决定。如果秘书长和副秘书长不能行使其职责,理事会成员应从其中任

---

[1] 载 https://www.viac.eu/en/about-us/domestic-advisory-board,最后访问日期:2022 年 2 月 15 日。

[2] 载 https://www.viac.eu/en/about-us/international-advisory-board,最后访问日期:2022 年 2 月 15 日。

[3] 载 https://www.viac.eu/en/about-us/mediation-advisory-board,最后访问日期:2022 年 2 月 15 日。

[4] 载 https://www.viac.eu/en/about-us/secretariat,最后访问日期:2022 年 2 月 15 日。

命1名成员来履行有关职责,在被任命者担任秘书长期间,被任命者在理事会的成员资格应予暂停。

2. 现状信息

VIAC网指出了秘书处使用的语言:意大利语、法语、波兰语、西班牙语、俄语、捷克语和斯洛伐克语均为秘书处成员目前使用的语言,可以被用于回答一般询问,但出于组织原因,案件将仅以两种通信语言,即德语和英语中的一种进行。

四、机构精神原则[1]

VIAC网上对机构精神原则进行了介绍,主要包含两个方面:

其一,现代、经济、灵活。依托《维也纳规则(2021)》,VIAC提供了解决争议的现代框架,其规则重视程序的灵活性与高性价比,以激励仲裁员提供高质量且迅速的决策。同时也为当事方提供久经考验的法规和经验丰富的独立委员会,以维护仲裁程序的公正性。

其二,精神引领作用的发挥。无论在该地区之内还是之外,VIAC都在不断发展各仲裁领域的最优实践,VIAC与从业者、商业用户和学者们不断交流,走在仲裁实践的前沿,包括其行业领先的多元化承诺、创新促进和更环保的案例管理与解决方案。

第三节　奥地利代表性仲裁机构的仲裁规则

VIAC作为奥地利代表性仲裁机构,其最新仲裁规则包括《VIAC仲裁规则(2021)》(以下简称《维也纳仲裁规则(2021)》)与《VIAC投资仲裁规则(2021)》(以下简称《维也纳投资仲裁规则(2021)》),以下分别对其内容进行介绍。

一、《维也纳仲裁规则(2021)》介绍

(一)规则整体结构

《维也纳仲裁规则(2021)》对VIAC仲裁程序的方方面面进行了细致地规定,规则的整体结构如图4-8所示:

---

[1] About us-Mission Statement, 载VIAC网, https://www.viac.eu/en/about-us/mission-statement, 最后访问日期:2022年2月10日。

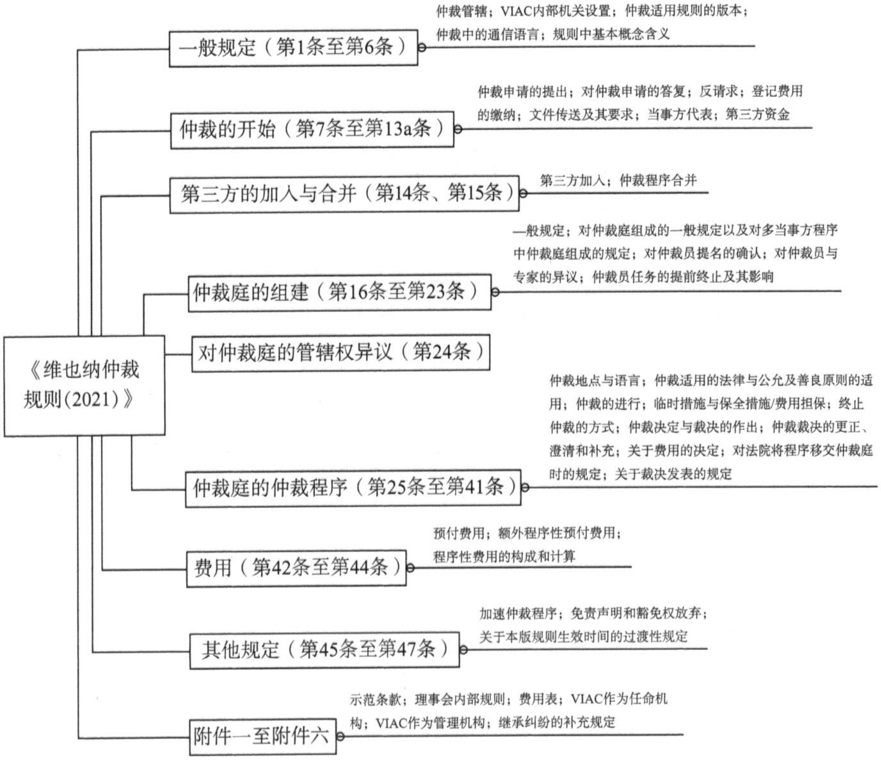

图 4-8 《维也纳仲裁规则(2021)》整体结构

以下进行具体介绍。

(二)一般规定

《维也纳仲裁规则(2021)》第 1 条至第 6 条为第一部分一般规定,其中,第 2 条至第 4 条为对 VIAC 内部机关设置的规定,前文已有介绍,不在此重复介绍,其余部分就仲裁管辖、仲裁适用规则的版本、仲裁中的通信语言、规则中基本概念含义作出了以下规定和说明。

1. 仲裁管辖

一方面,第 1 条第 1 款规定了 VIAC 可以进行管辖的情况:VIAC 负责管理国内和国际仲裁以及根据其他替代性争端解决方法进行的程序,其管辖的前提为,若各方当事人已就《VIAC 仲裁规则》(以下简称《维也纳仲裁规则》)、《VIAC 调解规则》(以下简称《维也纳调解规则》)、《VIAC 投资仲裁规则》(以下简称《维也纳投资仲裁规则》)、《VIAC 投资调解规则》(以下简称《维也纳投资调解规则》)的适用达成协议、已另行商定或其同意可以被预知,则 VIAC 应作为管辖机构解决纠纷。

另一方面,第 1 条第 3 款规定,如果双方当事人仲裁协议不符合并从根本上偏离《维也纳仲裁规则》,理事会也可以拒绝管辖。

2. 仲裁适用规则的版本

第 1 条第 2 款规定,除非各方当事人另有约定,如果各方当事人在争端发生之前或之后达成同意适用《维也纳仲裁规则》解决其争端,则应适用仲裁开始时的有效规则版本(对于何时认定为仲裁开始见第 7 条第 1 款)。

3. 仲裁中通信语言

第 5 条规定,当事人与理事会、秘书处的通信应使用德语或英语。

4. 规则中基本概念的含义

第 6 条明确,在《维也纳仲裁规则》中:

当事人(party or parties),是指 1 个或多个申请人、被申请人,或 1 个或多个在申请书中加入仲裁的第三方。

申请人(claimant),是指 1 个或多个申请人。

被申请人(respondent),是指 1 个或多个被申请人。

第三方(third party),是指在未决仲裁中既非申请人,也非被申请人的 1 个或多个第三方,他们被要求加入仲裁。

仲裁庭(arbitral tribunal),是指 1 名独任仲裁员或由 3 名仲裁员组成的小组。

仲裁员(arbitrator),是指 1 名或多名仲裁员。

共同仲裁员(co-arbitrator),是指仲裁成员组成的小组中除主席以外的任何成员。

裁决(award),是指任何最终、部分或临时裁决。

第三方资助(third party funding),是指与非仲裁程序当事人或当事人代表达成的任何协议,以资助或向当事人任何其他物质支持,通过捐赠或赠款的方式直接或间接资助部分或全部费用,以换取完全或部分取决于诉讼结果的报酬、费用报销[1]作为回报。

如果《维也纳仲裁规则》中使用的术语涉及自然人,则所选择的形式应适用于所有性别。在实践中,这些规则中的术语应以特定于性别的方式使用。

规则中提及"条款"(Articles)而不作进一步说明,是指《维也纳仲裁规则》的有关条款。

(三)仲裁的开始

本部分内容规定于《维也纳仲裁规则》第7条至第13a条,主要规定了仲裁申请的提出、对仲裁申请的答复、反请求、登记费用的缴纳、文件传送及其要求、当事方代表、第三方资金的内容。

1. 仲裁申请的提出与对仲裁申请的答复

第7条对仲裁申请的提出进行了规定:

第一,第7条第1款规定了提交仲裁申请书标志着仲裁程序的开始,程序应在VIAC秘书处或奥地利区域经济商会收到硬拷贝形式或电子形式的仲裁申请日开始,自此仲裁程序进入未决状态,秘书处应将收到的申请书通知其他各方当事人。

第二,第7条第2款规定了仲裁申请书应包含四方面的信息:(1)当事人的全名、地址(包括电子邮件地址)、其他联系方式以及关于当事人国籍的信息和观点(第2.1款);(2)对案件事实的陈述及具体请求(第2.2款),如果请求并非一定金额,应说明在提交申请时每项请求的货币价值(第2.3款);(3)按照第17条的规定,提供有关仲裁员人数的具体情况(第2.4款),如果已决定争议由3名仲裁员进行裁决,需在申请书中提名1名仲裁员或要求理事会提名1名仲裁员(第2.5款);(4)有关仲裁协议及其内容的具体情况(第2.6款)。

第三,第7条第3款规定了申请书不符合规定时的做法。如果申请书不符合规定、缺少申请书或证物副本,秘书长可要求申请人在规定的期限内弥补缺陷,如申请人按规定期限进行了弥补,申请书应被视为在首次收到的日期提交;如未弥补,秘书长可以宣布终止仲裁程序,但这并不妨碍申请人之后另行提出同样的申请。

第四,第7条第4款规定,如果没有根据第3款发出补救命令,或如果申请人

---

[1] 原有措辞"in return for any premium payment(或以换取任何保费)"被删除,自2021年7月1日起具有追溯效力,以更正编辑错误。

遵守了此命令,则秘书长应将申请转交被申请人。

第 8 条对仲裁申请的答复进行了规定:

第一,在答复时限上,第 8 条第 1 款规定秘书长应要求被申请人在收到申请书后 30 日内向秘书处提交对申请书的答复。

第二,在答复内容上,第 8 条第 2 款规定答复应包含三方面的信息:(1)被申请人的全名、地址(包括电子邮件地址)、其他联系方式以及关于当事人国籍的信息和观点(第 2.1 款);(2)对申请方请求、申请书所依据事实以及被申请人的具体请求的观点(第 2.2 款);(3)按照第 17 条的规定,提供有关仲裁员人数的具体情况(第 2.3 款)。如果已决定争议由 3 名仲裁员进行裁决,需在申请书中提名 1 名仲裁员或要求理事会提名 1 名仲裁员(第 2.4 款)。

2. 反请求

第 9 条规定,被申请人对于申请人提出的请求,可以在同意程序中提出反请求。第 7 条关于申请提出的规定、第 10 条关于注册费的规定、第 11 条关于文件传送的规定适用于反请求的提出。

然而,在两种状况下,仲裁庭可将反请求退回给秘书处,由其在单独的程序中进行处理,即(1)当事人不完全相同的;(2)在对申请书进行答复后提交的反请求将导致主要仲裁程序严重延误的。

在被申请人提出反请求之后,仲裁庭应给予申请人对其已受理的反请求提交答复的机会,答复适用第 8 条规定。

3. 登记费用

第 10 条第 1 款规定,申请人应在秘书长规定的期限内,按附件 3 规定的数额缴付扣除任何费用后的登记费。在加入第三方(参见第 14 条)的情况下,加入请求方应支付登记费。

第 2 款规定,如果涉及两个以上的当事人,每增加一个当事人,登记费应增加 10%,最多可增加 50%。

第 3 款规定,登记费不退还,不得从付款方的预付费用中扣除。

第 4 款规定,申请书和加入第三方的请求,只有在全额支付登记费后,才应被转交给其他各方。秘书长可以合理延长支付登记费的期限,如果在最后期限前没有支付,秘书长可以宣布终止仲裁程序,但这并不妨碍申请人在之后另行提出同样的申请。

第5款规定,如果根据《维也纳调解规则》进行的程序是在同一当事方之间根据《维也纳仲裁规则》进行的仲裁程序之前、期间或之后启动的,则对随后启动的程序不再收取登记费。

4. 文件传送及其形式要求

第11条规定了秘书长应在何种情况下将案件卷宗转交给仲裁庭,即在秘书处已经根据第7条的要求收到申请(反请求)书,仲裁庭的所有仲裁员已经被任命,以及根据第42条规定的费用预付款已全部支付的情况下。

第12条是关于书面通信、时间限制和档案处理的规定,对当事人之间、当事人与仲裁机构之间文件传送的形式加以规定,主要包括以下几个方面:

第一,第1款、第2款规定文件传送的形式与份数。仲裁申请书,包括证据,应以电子形式和硬拷贝形式提交,其份数应通过能够向每一方当事人提供副本的数量确定。在向仲裁庭传送卷宗后,所有的书面通信和证据应按仲裁庭规定的方式被发送给各方当事人和每位仲裁员。秘书处应接受仲裁庭与各方当事人之间所有书面通信的电子形式。

第二,第3款、第4款规定书面通信发送的方式与地址。书面通信应以硬拷贝形式,通过挂号信、带确认收据的信件、快递服务,或以电子形式,或通过任何其他能提供发送记录的通信方式发送。书面通信应寄往最后告知的收件人地址,且一旦一方当事人指定了代表,书面通信应寄往最后告知的代表的地址。

第三,第5款规定书面通信被视为收到的日期。书面通信应被视为在以下日期收到:(1)收件人已实际收到该书面通信;(2)如果书面通信是按照上述第二点的规定发送的,则可推定为收到。

第四,第6款规定针对多名被申请人的申请书无法转达给所有申请人的情况,经申请人的要求,仲裁应只针对收到申请书的被申请人进行,针对其余被申请人的申请应在另外的程序中处理。

第五,第7款、第8款为关于时限的规定。时限应在收到触发时限开始的相关书面通信之日的次日开始计算,如果此日为法定假日或接收地的非工作日,时限应从下一个工作日开始计算;在一个时间段内的法定假日或非营业日不应中断时限的延续或延长时限;如果时限的最后一日是法定假日或接收地的非营业日,则时限应在下一个营业日结束。与任何书面通信有关的时限,如果在时限的最后一日以上述第二点规定的方式发出,即为满足时限。如果认为有足够的理由延长时限则可以延长。

第六,第9款为关于档案处理的规定。诉讼程序终止后,秘书处可以处理案件的全部档案,但决定除外。

5. 代表

第13条规定,在仲裁庭的程序中,各方可以由其选择的人员进行代表或提供咨询。秘书长或仲裁庭可以在任何时候要求提供该代表有权代表该方的证据。

6. 第三方资金

第13a条中规定了披露第三方资金的要求。一方当事人应在其仲裁申请或对仲裁申请的答复中,或在缔结第三方供资安排时立即披露任何第三方供资的存在以及第三方供资者的身份。如果一方当事人在组成仲裁庭之前披露了第三方资金,秘书长应将这种披露告知任何被提名任命或已经任命的仲裁员,以便仲裁员声明(参见第16条第3款)的完成。

(四)第三方的加入与合并

本部分内容规定于《维也纳仲裁规则》第14条、第15条中,针对仲裁过程中第三方加入和仲裁程序合并的情况作出了具体规定。

1. 第三方加入

第14条是关于第三方加入的规定。其中该条第1款规定,第三方加入仲裁及其加入方式,应由仲裁庭根据一方当事人或第三方的请求,在听取所有当事人和拟加入第三方的意见,考虑所有相关情况后决定。第三方的加入具体又包含两种情况:

其一,第14条第2款规定,第三方请求加入,请求中应包含以下信息:(1)第三方的全名、地址(包括电子邮件地址)以及其他联系方式;(2)请求加入的理由;(3)请求加入的方式。

其二,第14条第3款规定,如果将第三方加入的请求在仲裁申请中提出,首先,根据第3款第3.1款,它应被提交给秘书处,第7条及以下的规定应类推适用,秘书长应将申请书转交给拟加入的第三方及其他各方以征求意见。其次,根据第3款第3.2款,如果尚未指定仲裁员,第三方可以根据第18条参与仲裁庭的组成。最后,根据第3款第3.3款,如果仲裁庭根据第1款拒绝批准与申请书一起提出的将第三方加入的请求,则仲裁庭应将申请书退回给秘书处,以便作为单独的程序处理;在这种情况下,如果第三方按照第3款第3.2款的规定参与了仲裁庭的组成,理事会可以撤销任何已确认的仲裁员提名或任命,并命令按照第 17 条及其后各条重新组成仲裁庭。

2. 仲裁程序的合并

第 15 条是关于仲裁程序合并的规则。根据一方当事人的请求,在以下两种情况下可以合并两个或多个仲裁程序:(1)当事人同意合并;(2)被提名或指定的仲裁员是同一个人,且仲裁地点为同一个。

理事会应在听取各方当事人和已指定的仲裁员的意见后,对合并请求作出决定。理事会应在其决定中考虑所有相关情况,包括仲裁协议的兼容性和仲裁程序的各自阶段。

(五)仲裁庭的组建

本部分规定于《维也纳仲裁规则》第 16 条、第 23 条,涵盖一般规定,对仲裁庭组成的一般规定以及对多当事方程序中仲裁庭组成的规定,对仲裁员提名的确认,对仲裁员与专家的异议,仲裁员任务的提前终止及其影响五方面内容。

1. 一般规定

第 16 条是对仲裁庭组建及仲裁员的一般规定,包括以下五个方面:

其一,第 1 款规定,各方当事人应自由指定他们希望提名的仲裁员。在当事人没有约定特定额外资格要求的前提下,任何具有完全法律行为能力的人都可以担任仲裁员。仲裁员与各方当事人有合同关系,应向各方当事人提供服务。

其二,第 2 款规定,仲裁员的履职义务。仲裁员应独立于各方当事人,公正地、尽其所知所能地履行其职责,不受任何指示约束,有义务对其在履职过程中获得的所有信息进行保密。

其三,第 3 款、第 4 款规定,仲裁员声明与披露义务。打算接受任命的仲裁员应在任命前签署并向秘书长提交一份声明,以 VIAC 提供的表格确认其:(1)公正性和独立性;(2)能够参加仲裁;(3)资格;(4)接受职务;(5)服从《维也纳仲裁规则》。仲裁员应以书面声明的方式披露所有可能导致对其公正性、独立性或可利用性产生怀疑的情况或与各方当事人的协议相冲突的情况,立即披露此类情况的义务在整个仲裁过程中均适用。

其四,第 5 款规定,理事会成员可以被各方当事人或共同仲裁员提名为仲裁员,但不得由理事会指定为仲裁员。

其五,第 6 款规定,秘书长在确定仲裁员费用时,可以考虑任何或所有仲裁员的行为。

2. 仲裁庭的组成

针对仲裁庭如何组成,第 17 条首先规定了一般情况下仲裁庭的组成:

各方当事人可以约定由一名独任仲裁员或由 3 名仲裁员组成的小组进行仲裁。各方当事人还可以约定仲裁员的指定方式,如无约定,则适用以下规则:

在当事人未就仲裁员人数达成协议的情况下,理事会应确定争议案件是由 1 名独任仲裁员还是由 3 名仲裁员组成的小组来裁决,确定时应考虑案件的复杂性、争议的金额以及各方当事人对快速地、高性价比地进行裁决的需要。

如果争议由独任仲裁员裁决,各方当事人应在收到秘书长要求后 30 日内共同提名独任仲裁员并说明仲裁员的姓名、地址(包括电子邮件地址)和其他联系方式;如未在此期限内提名,则由理事会指定独任仲裁员。

如果争议由 3 名仲裁员组成的小组裁决,每一方当事人(申请书中的申请人和对申请书进行答复的被申请人)都应提名 1 名仲裁员;如一方未提名,秘书长应要求该方在收到其要求后 30 日内提交其被提名人的姓名、地址(包括电子邮件地址)和其他联系方式;如未在此期限内提名,则由理事会指定该仲裁员。

如果争议由 3 名仲裁员组成的小组裁决,共同仲裁员应在收到秘书长要求后 30 日内共同提名 1 名主席并说明其姓名、地址(包括电子邮件地址)和其他联系方式;如未在此期限内提名,则由理事会指定主席。

一旦被提名的仲裁员得到秘书长或理事会的确认,各方当事人即受其提名的仲裁员的约束。

另外,根据第 18 条的规定,在多当事方程序中,仲裁庭的组成应根据第 17 条进行,并有以下补充规定:

如果争议由 3 名仲裁员组成的小组裁决,申请人一方和被申请人一方应各自联合提名一名仲裁员。如果联合仲裁员没有在规定的时间内被提名,理事会应指定违约未提名方的仲裁员;在特殊情况下,在给予各方当事人发表意见的机会后,理事会可以撤销已经作出的任命并任命新的联合仲裁员或所有仲裁员。

一方当事人参与联合提名仲裁员,不构成对多当事方仲裁的同意;如果对多当事方仲裁的可接受性存在争议,仲裁庭应在听取所有当事方的意见以及考虑所有相关情况后,根据请求作出决定。

3. 对仲裁员提名的确认

根据第 19 条的要求，仲裁员被提名后，根据第 16 条第 3 款、第 4 款的规定，秘书长应获得仲裁员声明，并将声明的副本转发给各方当事人。如果对仲裁员的公正性、独立性以及执行任务的能力不存在质疑，秘书长应确认所提名的仲裁员，并在随后的理事会会议上通知理事会。

如果秘书长认为有必要，理事会应决定是否确认被提名的仲裁员，在理事会作出决定之前，秘书长可以要求待确认提名的仲裁员和各方当事人提出意见，并将所有意见转达给各方当事人和仲裁员。

经确认，被提名的仲裁员应被视为已被任命。

如果秘书长或理事会拒绝确认被提名的仲裁员，秘书长应要求有权提名该仲裁员的一方、多方或共同仲裁员在 30 日内提名不同的仲裁员或主席，第 16 条至第 18 条类推适用。如果秘书长或理事会再次拒绝确认新提名的仲裁员，则提名权失效，理事会应任命该仲裁员。

4. 对仲裁员与专家的异议

第 20 条规定了对仲裁员提出异议的方式。该条第 1 款规定，只有在存在对其公正性或独立性产生合理怀疑的情况下或在仲裁员不符合各方当事人约定的资格时，才可以对其提出异议。当事人只可因在其提名或参与提名后得知的原因对其提名的仲裁员提出异议。

该条第 2 款规定，一方当事人对指定的仲裁员提出异议，应在其知道异议理由之日起 15 日内向秘书处提出，应具体说明质疑的理由并提供证明质疑的确凿材料。

该条第 3 款规定，如果被提出异议的仲裁员不辞职，理事会应就异议作出决定，在决定作出前，秘书长应要求被提出异议的仲裁员和另一方当事人提出意见，也可以要求其他人提出意见，所有意见都应转达给各方当事人和仲裁员。

该条第 4 款规定，仲裁庭，包括被提出异议的仲裁员，在异议未决时可以继续进行仲裁，但不得在理事会对异议作出决定之前作出裁决。

此外，第 23 条规定可以对专家提出异议，规定第 20 条第 1 款、第 2 款应类推适用于对仲裁庭所指定的专家提出的异议，仲裁庭应就该异议作出决定。

5. 仲裁员任务的提前终止及其影响

根据第 21 条的规定，在下列情况下，仲裁员的任务提前终止：(1) 当事方同意;(2)仲裁员辞职;(3)仲裁员死亡;(4)当事人提出仲裁员异议成功;(5)仲裁员被理事会免职。

如果1名仲裁员被暂时阻止履行职责,或因其他原因未能履行职责(包括不拖延程序的职责),任何一方均可请求解除该仲裁员的职务,并向秘书处提交该请求。如果理事会发现无能力的状况不仅是暂时的,或者仲裁员没有履行其职责,即使没有当事人的请求,理事会也可以解除仲裁员的职务。理事会应在给予各方当事人和受影响的仲裁员发表意见的机会后,就职务的解除问题作出决定。

在仲裁员任务被终止后,第22条进一步规定,如果根据第21条一名仲裁员的任期提前终止,应替换该仲裁员。替代仲裁员的指定应按照各方当事人约定的指定程序进行。如无此类协议,秘书长应要求:(1)(在需提名独任仲裁员的情况下)当事人;(2)(在需提名仲裁庭主席的情况下)剩余的共同仲裁员;(3)(在仲裁员由一方当事人提名或由当事人代表方提名时)提名方或代表方,在30日内提名替代仲裁员——在(1)(2)所述情况下经一致同意——并说明被提名替代仲裁员的姓名、地址(包括电子邮件地址)和其他联系方式。第16条至第18条以类推方式适用。如果当事人对替代仲裁员提出异议成功,提名替代仲裁员的权利应失效,理事会应指定替代仲裁员。

如果一名仲裁员的任务根据第21条提前终止,新的仲裁庭应在征求各方当事人的意见后,决定是否以及在多大程度上重复以前的仲裁阶段。

仲裁员任务的提前终止和指定替代仲裁员所涉及的费用应以第42条第12款和第44条第11款为依据。

(六)对仲裁庭的管辖权异议

本部分规定于《维也纳仲裁规则》第24条。关于仲裁庭没有管辖权的异议不得在被申请人第一次就此案发表意见之后提出。当事人不因其已根据第17条提名了仲裁员或根据第18条参与了仲裁员提名而不能提出此种异议。对仲裁庭超越其权限的反对意见应在涉嫌超越权限范围的事件出现后立即提出。在这两种情况下,之后不再被允许提出异议,但如果仲裁庭认为提出的延迟有充分的理由,之后提出的异议可以被接受。

仲裁庭应对自己的管辖权问题作出决定,关于管辖权的决定可以与关于案件的决定一起作出,也可以在一项单独的裁决中作出。若仲裁庭拒绝管辖,则应根据一方当事人的请求,就当事人的支付责任问题作出决定。

（七）仲裁庭的仲裁程序

本部分规定于《维也纳仲裁规则》第 25 条至第 41 条，共涉及仲裁地点与语言，仲裁适用的法律与公允及善良原则的适用，仲裁的进行，临时措施与保全措施/费用担保，终止仲裁的方式，仲裁决定与裁决的作出，仲裁裁决的更正、澄清和补充，关于费用的决定，对法院将程序移交仲裁庭时的规定，关于裁决发表的规定十方面内容。

1. 仲裁地点与语言

第 25 条规定了仲裁地点，规定各方当事人可以自由商定仲裁地点；如当事人无约定，仲裁地应为维也纳。

仲裁庭可以在其认为适当的任何地点进行商讨或采取程序性行动，但这不会导致仲裁地的改变。

第 26 条规定了仲裁中使用的语言，如果当事人没有就仲裁语言达成协议，在文件传送完成后，仲裁庭应在适当考虑到所有情况（包括合同语言）的前提下立即确定语言。

2. 仲裁适用的法律与公允及善良原则的适用

第 27 条规定，仲裁庭应根据当事方商定的法律或规则来裁决争端。除非各方当事人另有约定，否则任何关于一国法律或法律体系的约定应被解释为直接约定适用该国家实体法，而非该国法律冲突规则。

如果各方当事人没有确定适用的法律或规则，仲裁庭应适用其认为适当的法律或规则。

只有在各方当事人明确授权的情况下，仲裁庭才能够作为友好公断人（amiable compositeur）按照公平合理的原则（ex aequo et bono）解决争议事项。

3. 仲裁进行的相关规定

第 28 条是对仲裁进行一般要求的规定，要求仲裁庭应按照《维也纳仲裁规则》和各方当事人的协议，以有效且高性价比的方式进行仲裁，但在其他方面可以自行决定。仲裁庭应公平对待各方当事人，应给予当事人在程序的每个阶段发表意见的权利。

经事先通知，仲裁庭可以认为申请书、证据的提交、取证的请求等仅在程序的某一时间点之前可予受理。

在程序的任何阶段，仲裁庭都有权为当事人达成和解提供便利。

第 29 条是关于案件事实确认的规定。仲裁庭认为有必要的,可以主动收集证据,询问当事人或证人,要求当事人提交证据并召集专家。如果因收集证据特别是指定专家而产生费用,应适用第 43 条。

即使如果任何一方当事人没能参加,仲裁也应继续。

第 30 条是关于仲裁形式与口头听证(oral hearing)的规定。除非各方当事人另有约定,否则仲裁庭应决定程序应以口头还是书面形式进行。当事人没有约定排除口头听证的,仲裁庭应在程序的适当阶段应任何一方当事人的请求举行。在适当考虑各方当事人的意见和案件具体情况后,仲裁庭可以决定亲自或以其他方式进行口头听证。无论在任何情况下,当事人都应有机会确认和评论其他当事人的请求、申请书以及取证的结果。

口头听证的日期应由独任仲裁员或主席确定,听证会不对公众开放。独任仲裁员或主席应编写并签署会议记录,其中至少应包括听证会及其结果的摘要。

第 31 条规定了当事人在仲裁进行中“反对的义务”(duty to object),即如一方当事人知道仲裁庭违反《维也纳仲裁规则》的规定或适用于程序的其他规定的,应立即向仲裁庭提出异议,否则应视为该当事人放弃异议权。

第 32 条是关于仲裁程序结束的规定。一旦仲裁庭确信各方当事人已有充分的机会提交材料和提交证据,就应立即宣布程序对于裁决书中要裁决的事项来说已经结束。仲裁庭可以在任何时候重新开始程序。

裁决书应在关于其中要裁决事项的最后一次听证或关于这些事项的最后一份经授权呈件提交后的 3 个月内作出,以二者中的较晚者为准来确定裁决时限。秘书长可以根据仲裁庭提出的合理要求或主动延长这一时限,超过裁决时限不会导致仲裁协议无效或仲裁庭的管辖权被剥夺。

4. 临时措施与保全措施/费用担保

第 33 条对仲裁进行中的临时措施与保全措施进行了规定。其中:

该条第 1 款规定了仲裁庭采取临时措施与保全措施的权力。除非各方当事人另有约定,案卷一经转交给仲裁庭,仲裁庭即可应一方当事人的请求,对另一方当事人采取临时或保全措施,也可修改、暂停或撤销任何此类措施。在仲裁庭作出关于此类措施的任何决定之前,应听取其他当事方的意见,也可以要求任何一方当事人提供与此类措施有关的适当担保。当事人应遵守此类命令,无论其是否可以在国家法院强制执行。

该条第 2 款规定了采取措施应采用的形式。根据该条规定发出的任何临时或保全措施的命令应采取书面形式。在有 1 名以上仲裁员的仲裁中,经主席签名即可;如果主席无法签名,由另 1 名仲裁员签名即可,但签名的仲裁员应记录主席未签名的原因。

该条第 3 款规定了对措施命令内容的要求。除非当事人另有约定,临时措施或保全措施的命令应说明所依据的理由,应指明发布日期和仲裁地点。

该条第 4 款规定了措施命令的保留。临时和保全措施的命令应以与裁决相同的方式保留。

该条第 5 款规定,上述 4 款规定不妨碍当事人向任何国家主管机关申请采取临时或保全措施。向国家主管机关请求下令采取此类措施或执行仲裁庭已经下令的此类措施,不构成对仲裁协议的违反或放弃,也不影响仲裁庭的权力。当事人应立即将此类请求以及国家机关命令的所有措施通知秘书处和仲裁庭。

该条第 6 款规定了费用担保的提供。仲裁庭可应一方当事人的请求,命令提出采取措施请求或反请求的任何一方当事人提供费用担保,条件是请求方有理由证明潜在费用请求的可收回性有足够大的风险。在就费用担保请求作出决定时,仲裁庭应给予所有当事人陈述意见的机会。

第 7 条规定,如果一方当事人未遵守仲裁庭关于费用担保的命令,仲裁庭可根据请求全部或部分中止或终止程序。

5. 终止仲裁的方式

根据第 34 条的规定,仲裁程序在以下情况下终止:

首先,该条第 1 款规定,通过作出最终裁决终止。

其次,该条第 2 款规定,在下列情况下,由仲裁庭的命令决定:(1)根据第 2.1 款,申请人撤回其申请,除非被申请人反对且被申请人在获得争议的最终解决方面存在合法利益;(2)根据第 2.2 款,当事人同意终止仲裁并将此告知了仲裁庭与秘书长;(3)根据第 2.3 款,仲裁程序已不可能继续,特别是尽管仲裁庭发出了书面命令提到了终止仲裁的可能性,但仲裁各方仍不继续进行仲裁;(4)根据第 2.4 款,一方当事人未遵守仲裁庭关于费用担保的命令。

最后,下列情况下,通过秘书长的声明可以终止仲裁:(1)根据第 3.1 款,因未遵守补救命令(参见第 7 条第 3 款)或付款命令(参见第 10 条第 4 款,第 42 条第 11 款、第 12 款);(2)根据第 3.2 款,在第 2.1 款至第 2.3 款规定的情况中,档案尚未传送给仲裁庭。

6. 仲裁决定与裁决作出的相关规定

第 35 条是对仲裁庭决定的规定。仲裁庭的每项裁决和其他每项决定都需要其小组成员的多数裁决;如果不能形成多数,则应由主席决定。

如果得到共同仲裁员的授权,主席可以单独决定程序问题。

第 36 条是对仲裁裁决书的规定。具体包括:

该条第 1 款规定,裁决应采用书面形式。应说明裁决所依据的理由,除非所有当事人以书面形式或在口头听证中同意裁决可以不说明理由。

该条第 2 款规定,裁决书应指明其发布日期和仲裁地点。

该条第 3 款规定,裁决书的所有正本均应由所有仲裁员签名。如果裁决书中写明有一名仲裁员拒绝签字或因在合理时间内无法克服的障碍而无法签字,则多数仲裁员签字即可。如果裁决是多数裁决而非一致裁决,则应根据持异议的仲裁员的要求予以说明。

该条第 4 款规定,裁决书的所有正本应由秘书长签署,并加盖 VIAC 的印章以确定它是 VIAC 的裁决,由 1 名或多名根据《维也纳仲裁规则》指定的仲裁员作出和签署。

该条第 5 款规定,秘书长应将裁决书以硬拷贝形式传送给各方当事人。如果在合理时间内以硬拷贝形式发送裁决书不可能或不可行,或经各方当事人同意,秘书处可以发送电子形式的裁决书副本,在稍后阶段发送硬拷贝形式的裁决书副本。第 12 条第 3 款、第 4 款、第 5 款适用。秘书处应保留一份裁决书的原件和发送证明文件。

该条第 6 款规定,经一方当事人请求,独任仲裁员或主席(在主席无法行事的情况下由另 1 名仲裁员),或在他们无法行事的情况下,秘书长应确认该裁决为最终裁决,并对所有正本具有约束力。

该条第 7 款规定,通过同意维也纳规则,各方当事人承诺遵守裁决的条款。

第 37 条是对根据商定条件作出裁决与和解记录的规定。

该条第 1 款规定,应各方当事人的请求,仲裁庭可以根据反映各方当事人达成的和解内容的商定条款作出裁决。

该条第 2 款规定,当事人可以要求仲裁庭记录他们所达成的和解的内容。在这种情况下,根据第 34 条第 2.2 款终止程序。

7. 仲裁裁决更正、澄清和补充的相关规定

在裁决作出后，第 39 条规定了对裁决的更正、澄清和补充。

首先，该条第 1 款规定，在收到裁决书后 30 日内，任何一方当事人可以向仲裁庭秘书处提出以下申请：(1) 根据第 1.1 款，纠正裁决中任何计算、打字、印刷或类似错误；(2) 根据第 1.2 款，澄清裁决的具体部分；(3) 根据第 1.3 款，对在仲裁中提出但未在仲裁中得到解决的要求作出补充裁决。

其次，该条第 2 款规定，仲裁庭应就上述申请作出决定，在决定作出前应听取其他当事人的意见。仲裁庭应规定发表意见的时限，该时限不应超过 30 日。秘书长可以确定预付费用以支付仲裁庭的额外开支、费用以及行政费用(参见第 42 条第 12 款)，额外的仲裁员费用和额外的行政费用由秘书长根据自己的判断确定。

再次，该条第 3 款规定，仲裁庭可以在裁决书下达之日起 30 日内主动根据上述该条第 1.1 款作出更正或根据上述该条第 1.3 款作出补充。

最后，第 36 条适用于裁决书的补充。更正和澄清应以增编的形式发布，并构成仲裁裁决书的一个组成部分。

8. 关于费用的决定

第 38 条是关于费用决定的规定。具体包括以下方面：

该条第 1 款规定，程序终止时，经一方当事人请求，仲裁庭应在最终裁决书中或以单独的裁决书列出秘书长根据第 44 条第 1.1 款确定的仲裁费用，根据第 44 条第 1.2 款确定当事人适当费用数额，并根据第 44 条第 1.3 款确定其他额外费用。

该条第 2 款规定，仲裁庭还应确定程序费用的承担或分摊。除非各方当事人另有约定，否则仲裁庭应根据自己的裁量权来决定费用的分配；在作出费用决定时，可以考虑任何或所有当事方及其代表的行为，特别是他们对进行有效和高性价比的程序的贡献。

该条第 3 款规定，尽管有第 1 款、第 2 款的规定，但经一方当事人请求，仲裁庭可以在仲裁程序的任何阶段根据第 44 条第 1.2 款、第 1.3 款就费用作出决定并下令支付。

9. 对法院将程序移交仲裁庭时的规定

第 40 条规定，当国家法院将程序移交给仲裁庭时，《维也纳仲裁规则》关于仲裁程序的规定应比照适用。秘书长和理事会可以采取任何必要措施使仲裁庭能够遵守移交程序的要求。秘书长可以确定费用预付款以支付仲裁庭的额外开支、

费用以及行政费用(参见第42条第12款),额外的仲裁员费用和额外的行政费用由秘书长根据自己的判断确定。

10.关于裁决发表的规定

第41条规定,理事会和秘书长可以在法律杂志或VIAC自己的出版物上发表匿名的裁决摘要或摘录,除非有一方当事人在收到裁决后的30日内对发表表示反对。

(八)费用

《维也纳仲裁规则》第42条、第44条对仲裁费用进行了规定,包括预付费用、额外程序性预付费用与程序性费用的构成和计算三方面。

1.预付费用

第42条对预付费用进行了规定。

该条第1款规定,秘书长应就请求和反请求分别确定VIAC预期行政费用、预期仲裁员费用和预期开支的预付费用(包括增值税)。

该条第2款规定,为计算预付费用,以抵销方式提出的请求(参见第44条第6款)应作为单独的请求处理,但这些请求可能需要仲裁庭考虑额外的事项。

该条第3款规定,对于合并仲裁的请求,秘书长可以根据案情单独确定预付费用。

该条第4款规定,预付费用应在收到付款请求后30日内,在向仲裁庭转交案卷之前由各方当事人平均分担。

该条第5款规定,在多当事方仲裁中,除非秘书长根据案件情况另有决定,否则预付费用的一半由申请人共同支付,另一半由被申请人共同支付。

该条第6款规定,如果提出反请求或以抵销方式提出的请求确定了单独的预付费用,秘书长可以决定每一方应支付与其请求相应的预付费用。

该条第7款规定,如果秘书长之前根据第1款至第3款确定了预付费用,而这些费用应以根据第5款、第6款确定的预付费用取代,任何一方以前支付的任何预付费用应计入其根据第5款、第6款确定的预付费用份额。

该条第8款规定,通过同意《维也纳仲裁规则》,当事人共同承诺根据该条规定承担各自的预付费用份额的条款。

该条第9款规定,如果分配给一方的预付费用没有收到或没有在规定的时限内全部收到,秘书长应通知另一方或多方当事人,并要求其在收到请求后30日内支付未付款项,但这不影响未付款方根据该条规定承担其预付费用份额的义务。

该条第10款规定,如果一方当事人未能按照规定履行其应承担的付款义务,而另一方/各方按照该条第 9 款支付了各自的金额，经付款方/各方的请求，在仲裁庭认为其对争议有管辖权的情况下，可以通过裁决或其他适当形式，命令未付款方向付款方/各方偿还其应得的部分。这不影响仲裁庭根据第38 条确定费用最终分配的权利和义务。

该条第 11 款规定，仲裁庭原则上应只处理已全额支付预付款的请求或反请求；如果没有在秘书长规定的期限内付款，仲裁庭可以全部或部分中止仲裁程序，或秘书长可以就相关请求中止仲裁程序。这不妨碍当事人在之后另行提出同样的请求。

该条第 12 款规定，如果秘书长作出相应决定认为有必要额外预付费用，则应适用上述该条第 1 款至第 11 款所规定的程序。在支付额外的预付费用之前，仲裁庭原则上不应处理导致费用增加或导致额外预付费用的请求。如果未在秘书长规定的期限内付款，仲裁庭可以全部或部分中止仲裁程序，或由秘书长终止仲裁程序。

2. 额外程序性预付费用

第 43 条规定了额外程序性预付费用的支付。

该条第 1 款规定，如果仲裁庭认为有必要采取某些程序性步骤并会产生费用，如指定专家、口译员或笔译员、对程序进行逐字记录、实地考察或转移开庭地点，那么仲裁庭应通知秘书长并安排支付这些可能产生的费用。

该条第 2 款规定，只有在预付费用得到充分支付后，仲裁庭才能采取上述该条第 1 款规定的程序性步骤。

该条第 3 款规定，仲裁庭应决定未按规定支付所需的预付费用会对程序产生哪些后果（如有）。

该条第 4 款规定，与上述第 1 款提及的程序性步骤有关的所有命令应由仲裁庭以当事人的名义、为当事人执行。

3. 程序性费用的构成和计算

第 44 条针对程序性费用的构成和计算，规定了以下规则：

该条第 1 款规定了费用的构成。仲裁费用包括：(1) 根据第 1.1 款，VIAC 的行政费用、仲裁员费用和合理费用（如仲裁员或仲裁庭秘书的差旅费、生活费、通信费、租金、法庭记录员费用），包括增值税；(2) 根据第 1.2 款，当事人的费用，即当事人为其法律代表所支付的合理费用；(3) 根据第 1.3 款，与仲裁有关的其他费用，特别是第 43 条第 1 款所列的费用。

该条第 2 款规定了费用的确定。秘书长应根据收费表(附件 3),按争议金额计算行政费用和仲裁员费用,并在程序结束时将这些费用与上述第 1.1 款规定的费用一起确定。在仲裁程序结束前,秘书长可以根据程序所处的阶段向仲裁员支付预付费用。仲裁庭应在裁决书中决定并确定上述第 1.2 款、第 1.3 款所述的费用和其他开支(参见第 38 条)。

该条第 3 款规定了争议金额的确定。在确定争议金额时,如果各方当事人只提出了部分请求,或如果一方明显低估了其请求或没有对其进行估值,秘书长可以偏离各方当事人对争议金额的确定。

该条第 4 款规定了费用的增减。如果仲裁涉及两个以上的当事人,每增加一个当事人,附件 3 所列的行政费用和仲裁员费用应增加 10% ,最多可增加 50% ;然后,这一增加的数额将成为下述第 8 款相关费用进一步增加或减少的基础。

该条第 5 款规定,对于反请求,秘书长应分别计算和确定行政费用和仲裁员费用。

该条第 6 款规定,对于主要以抵销方式提出的请求,秘书长可以单独计算和确定行政费用和仲裁员费用,但以这些请求要求仲裁庭考虑的额外事项为限。

该条第 7 款规定,对于加入第三方的请求,秘书长可以根据案情分别计算和确定行政费用和仲裁员费用。

该条第 8 款规定,附件 3 中所列的仲裁员费用适用于独任仲裁员。仲裁员小组的总费用为独任仲裁员费用的 2.5 倍。秘书长可以根据自己的判断,在收费表(附件 3)的基础上最多增加 40% 的仲裁员费用,尤其是对于特别复杂的案件或特别高效的程序;反之,秘书长最多可以减少 40% 的仲裁员费用,特别是对于低效的程序。

该条第 9 款规定,附件 3 所列的费用包括用于支付所有的部分和临时决定的费用,如关于管辖权的裁决、部分裁决、关于专家质疑的决定、保全措施或临时措施的命令、其他决定,包括撤销程序的额外程序步骤以及程序性命令。

该条第 10 款规定,在计算行政管理费用和仲裁员费用时,对于争议数额的削减,只有在削减是在向仲裁庭转交案卷之前作出的情况下,才应考虑削减争议的数额。

该条第 11 款规定,如果仲裁程序或仲裁员的任务提前终止,秘书长可以根据终止时程序所处的阶段自行决定减少行政费用和仲裁员费用。如果根据《维也纳仲裁规则》进行的仲裁程序是在同一当事人之间根据《维也纳调解规则》进行的程序之前、期间或之后开始的并且涉及相同的主题事项,秘书长可以通过类比适用该款来计算仲裁员费用。

该条第12款规定，如果根据《维也纳调解规则》进行的程序是在同一当事人之间根据《维也纳仲裁规则》进行的仲裁程序之前、期间或之后启动的，则前一程序的管理费应从随后启动程序的管理费中扣除。

该条第13款规定，附件3所列费用不包括增值税，增值税可能适用于仲裁员费用，仲裁员在接受任务时，如果其费用需要缴纳增值税，则应将增值税的预期数额告知秘书长。

（九）其他规定

《维也纳仲裁规则》第45条至第47条是其他规定部分，规定了加速仲裁程序、免责声明和豁免权放弃、关于该版规则生效时间的过渡性规定三方面内容。

1. 加速仲裁程序

第45条是对加速仲裁程序的规定。

该条第1款规定，加速仲裁程序的补充规则适用于各方当事人在仲裁协议中明确列入这些规则的情况，或各方当事人随后就其适用达成协议的情况。当事人对进行加速仲裁程序的协议不应迟于对仲裁申请的答复。

该条第2款指出，除非关于加速仲裁程序规则另有规定，否则应适用《维也纳仲裁规则》的一般规定，但有以下不同之处：

根据该条第3款的规定，根据第42条支付预付费用的时限应减少到15日。

根据该条第4款的规定，反请求或抵销请求只能在提交对仲裁申请答复的时限到期之前受理。

根据该条第5款的规定，加速仲裁程序应由1名独任仲裁员进行，除非各方当事人约定由仲裁员小组进行。

根据该条第6款的规定，如果争议将由独任仲裁员裁决，各方当事人应在收到秘书长的请求后15日内共同提名独任仲裁员；如果各方未能在此期限内提名独任仲裁员，委员会应指定独任仲裁员。

根据该条第7款的规定，如果争议将由仲裁员小组裁决，仲裁申请人应在其申请书中提名一名仲裁员，被申请人应在收到秘书长的要求后15日内提名1名仲裁员，各方当事人提名的仲裁员应在收到秘书长的请求后15日内提名1名主席。如果在此期限内没有提名仲裁员，委员会应指定仲裁员。

根据该条第8款的规定，仲裁庭应在文件传送后6个月内作出最终裁决，除非程序提前终止。秘书长可以根据仲裁庭提出的合理要求或主动延长这一时限,超过裁决时限不会导致仲裁协议无效或剥夺仲裁庭的管辖权。

根据该条第9款的规定,仲裁的管理方式应使仲裁庭能在文件传送后6个月内作出最终裁决。除非仲裁庭另有决定,否则应适用以下规定:

根据该条第9.1款的规定,在提交仲裁申请和对仲裁申请的答复后,双方将只交换一次书面材料。

根据该条第9.2款的规定,各方应在其书面材料中提出所有事实论据,所有书面证据应附在书面材料中。

根据该条第9.3款的规定,在一方当事人要求或仲裁庭认为有必要的情况下,仲裁庭应举行一次口头听证,在听证会上收集所有证据并处理所有法律问题。

根据该条第9.4款的规定,口头听证后,不得提交书面材料。

2. 免责声明和豁免权的放弃

AFEC第46条规定,仲裁员、仲裁庭秘书、秘书长、副秘书长、理事会及其成员以及AFEC及其雇员对与仲裁有关的任何行为和非行为的责任被排除,除非这种行为或非行为构成故意不当为或重大过失。

一方同意根据《维也纳仲裁规则》将争议提交仲裁,应被视为放弃了该方在与仲裁有关的程序中可能享有的任何管辖豁免权。放弃与执行仲裁裁决有关的豁免权必须单独表述。

3. 关于该版规则生效时间的过渡性规定

根据第47条的规定,该版规则于2021年7月1日生效,应适用于2021年6月30日后开始的所有仲裁程序。

(十)附件

包含6个附件,分别为:附件一示范条款、附件二理事会内部规则、附件三费用表、附件四VIAC作为任命机构、附件五VIAC作为管理机构、附件六继承纠纷的补充规定。

二、《维也纳投资仲裁规则(2021)》介绍

(一)规则整体介绍

投资仲裁(Investment Arbitration),是解决外国投资者与东道国之间争议的程序。促进投资从而促进缔约方的经济发展是投资保护协议的预期效果。具有最低法律确定性的适当法律框架,包括提供法律保护、有助于投资争端非政治化的国际争端解决机制的可用性机制，对于私人投资至关重要。[1]

《维也纳投资仲裁规则(2021)》适用于因合同、条约、法规或其他文书而产生的涉及国家、国家控制的实体或政府间组织的投资争议的仲裁，是 VIAC 提供的一套专门仲裁规则，以适应投资仲裁中主权方参与、涉及公共利益与公共政策问题等独特特征。

如果争议各方当事人先前已同意或一方先前已表示同意按照《维也纳投资仲裁规则(2021)》以外的其他仲裁规则进行仲裁，则在当事人随后表示同意根据《维也纳投资仲裁规则(2021)》将争议提交仲裁时，争议可改为按照本规则提交仲裁。

《维也纳投资仲裁规则(2021)》在总体上与《维也纳仲裁规则》有很多类似之处，其规则的整体结构如图 4 – 9 所示：[2]

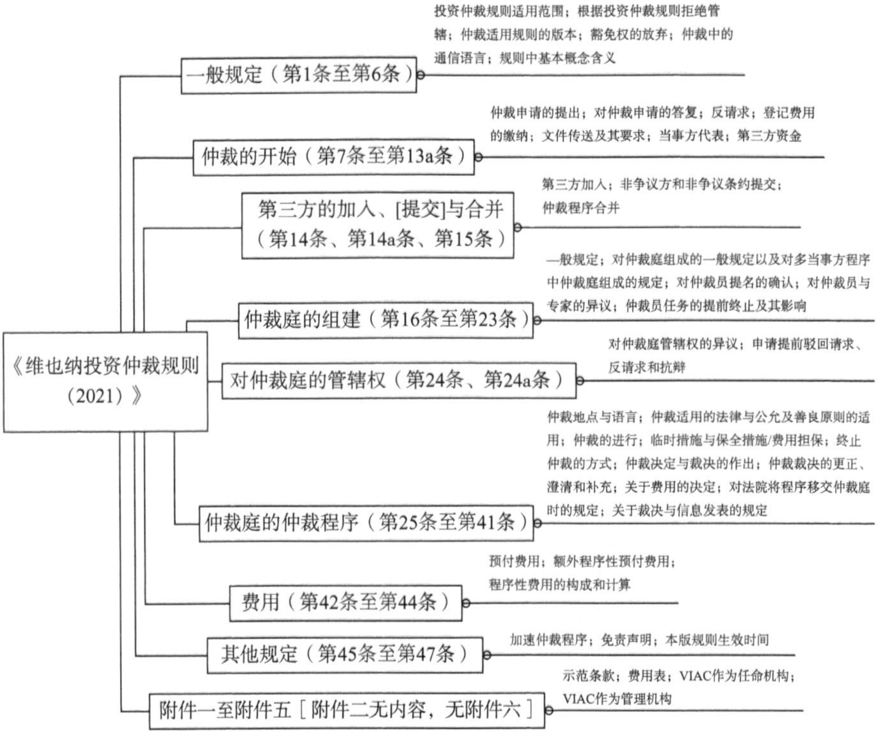

图 4 – 9　《维也纳投资仲裁规则(2021)》整体结构

〔1〕 Investment Arbitration-General-What is investment arbitration?，载 VIAC 网，https://www.viac.eu/en/investment-arbitration/general，最后访问日期：2022 年 2 月 1 日。

〔2〕 其中添加“[　]”的部分为明显与《维也纳仲裁规则》不同的部分。

以下进行具体介绍,对于与《维也纳仲裁规则》相同的部分仅标出而不再展开介绍,与其不同的部分将会着重强调。

(二)一般规定

《维也纳投资仲裁规则(2021)》第1条至第6条为一般规定部分,其中关于适用范围的规定是《维也纳仲裁规则》中所没有的,根据《维也纳投资仲裁规则(2021)》拒绝管辖的规定不同于《维也纳仲裁规则》,而是以单独一条进行规定的,豁免权放弃的规定是规定在《维也纳仲裁规则》其他部分之中的,而在《维也纳仲裁规则》中是以单独一条进行规范的。

1.《维也纳投资仲裁规则(2021)》适用范围

根据第1条,一方面,当事人可以通过协议约定仲裁和协议的适用。根据VIAC《维也纳投资仲裁规则(2021)》将争议提交仲裁的协议可以在合同、条约、法规或其他文书中表达,也可以由一方通过合同、条约、法规或其他文书发出要约并在随后由另一方以任何方式接受(包括另一方开始仲裁)。另一方面,当事人同意按照《维也纳投资仲裁规则(2021)》将争议提交仲裁的,视为当事人同意由VIAC进行仲裁。

2.根据《维也纳投资仲裁规则(2021)》拒绝管辖

第2条规定与《维也纳仲裁规则》第1条第3款规定内容相同,不同的是以单独一条进行了规定,如果双方当事人仲裁协议不符合并从根本上偏离《维也纳投资仲裁规则(2021)》,理事会也可以拒绝管辖。

3.投资仲裁适用规则的版本

同《维也纳仲裁规则》第1条第2款。

4.豁免权的放弃

第4条规定与《维也纳仲裁规则》第46条第2款规定内容相同,但在此也是以单独一条进行了规定,一方同意根据《维也纳仲裁规则》将争议提交仲裁,应被视为放弃了该方在与仲裁有关的程序中可能享有的任何管辖豁免权。放弃与执行仲裁裁决有关的豁免权必须单独表述。

5.投资仲裁中通信语言

同《维也纳仲裁规则》第5条。

6.规则中基本概念的含义

《维也纳投资仲裁规则(2021)》第6条中解释的概念基本涵盖了《维也纳仲裁规则》第6条中的概念,并增加了对两个概念的说明:

非争议方(non-disputing party),是指在未决仲裁中既非申请人也非被申请人的,并且已根据第14a条要求或被邀请提交书面材料的一个或多个第三方。

非争议缔约方(non-disputing treaty party),是指将争端提交仲裁所依据条约的一个或多个缔约方,他们在未决仲裁中既非申请人也非被申请人,并且已根据第14a条提出或已被邀请提出书面意见。

此外,《维也纳投资仲裁规则(2021)》第6条还指出,理事会(Board)、秘书长(Secretary General)和秘书处(Secretariat)应具有《维也纳仲裁规则》第2条和第4条规定的含义和职能。

(三)仲裁的开始

在《维也纳投资仲裁规则(2021)》第7条至第13a条部分规定了仲裁的开始,其中,第7条为仲裁申请的提出,第8条为对仲裁申请的答复,第12条为关于书面通信、时间限制和档案处理的规定,第13a条为第三方资金中存在的与《维也纳仲裁规则》不同的规定。

1. 仲裁申请的提出与对仲裁申请的答复

第7条对仲裁申请的提出进行了规定。

第一,第7条第1款规定了提交仲裁申请书标志仲裁程序的开始,程序应在VIAC秘书处[1]收到硬拷贝形式或电子形式的仲裁申请时开始,自此仲裁程序进入未决状态,秘书处应将受到的申请书通知其他各方当事人。

第二,第7条第2款规定了仲裁申请书应包含的信息:(1)当事人的全名、地址(包括电子邮件地址)、其他联系方式以及当事人国籍(the nationalities of the parties)[2](第2.1款、第2.2款);(2)对案件事实的陈述及具体请求(第2.3款),如果请求并非一定金额,应说明在提交申请时每项请求的货币价值(第2.4款);(3)按照第17条的规定,提供有关仲裁员人数的具体情况(第2.5款),如果已决定争议由3名仲裁员进行裁决,需在申请书中提名1名仲裁员或要求理事会或主席[3]提名1名仲裁员(第2.6款);(4)有关仲裁协议及其内容的具体情况,包括提及各方同意根据《维也纳投资仲裁规则(2021)》将争议提交仲裁的文

[1] 《维也纳仲裁规则》中为"VIAC秘书处或奥地利区域经济商会"。

[2] 《维也纳仲裁规则》中为"关于当事人国籍的信息和观点(any comment on the parties' nationalities)"。

[3] 《维也纳仲裁规则》中仅有"理事会"。

书,以及各方如何受仲裁协议约束的声明[1](第2.7款)。

第三,第7条第3款规定,如果申请书不符合规定,[2]秘书长可要求申请人在规定的期限内弥补缺陷,如申请人按规定期限进行了弥补,申请书应被视为在首次收到的日期提交;如未弥补,秘书长可以宣布终止仲裁程序,但这并不妨碍申请人之后另行提出同样的申请。

第四,第7条第4款规定,如果没有根据第3款发出补救命令,或如果申请人遵守了此命令,则秘书长应将申请转交被申请人。秘书长可以推迟向被申请人发送索赔声明,直到申请人按照第12条第1款的要求提交副本。[3]

第8条对仲裁申请的答复进行了规定。

第一,在答复时限上,第8条第1款规定,秘书长应要求被申请人在收到申请书后60日[4]内向秘书处提交对申请书的答复。

第二,在答复内容上,第8条第2款规定答复应包含以下信息:(1)被申请人的全名、地址(包括电子邮件地址)、其他联系方式以及当事人国籍(the nationalities of the parties)[5](第2.1款、第2.2款);(2)在不影响第24条第1款的情况下,针对第7条第2.7款下的仲裁申请中包含的任何陈述或其中涵盖的事项发表评论(第2.3款);[6](3)对申请方请求、申请书所依据事实以及被申请人的具体请求的观点(第2.4款);(4)按照第17条的规定,提供有关仲裁员人数的具体情况(第2.5款),如果已决定争议由3名仲裁员进行裁决,需在申请书中提名1名仲裁员或要求理事会或主席[7]提名1名仲裁员(第2.6款)。

2. 反请求

同《维也纳仲裁规则》第9条。

3. 登记费用

同《维也纳仲裁规则》第10条。

---

[1] 《维也纳仲裁规则》中无此部分规定。

[2] 《维也纳仲裁规则》中为“如果申请书不符合规定、缺少申请书或证物副本”。

[3] 《维也纳仲裁规则》中无此部分规定。

[4] 《维也纳仲裁规则》中为30日。

[5] 《维也纳仲裁规则》中为“关于当事人国籍的信息和观点(any comment on the parties' nationalities)”。

[6] 《维也纳仲裁规则》中无此部分规定。

[7] 《维也纳仲裁规则》中仅有“理事会”。

4. 文件传送及其形式要求

第 11 条规定了秘书长将案件卷宗转交给仲裁庭的前提,同《维也纳仲裁规则》第 11 条。

第 12 条关于书面通信、时间限制和档案处理的规定有所不同:

第一,该条第 1 款、第 2 款规定文件传送的形式与份数。仲裁申请书以及对仲裁申请的答复[1],包括证据,应以电子形式和硬拷贝形式提交,其份数应通过能够向每一方当事人提供副本的数量确定。如有必要,秘书长可要求以两种形式提交仲裁申请书和对仲裁申请进行答复。[2] 在向仲裁庭传送卷宗后,所有的书面通信和证据应按仲裁庭规定的方式被发送给各方当事人和每位仲裁员。秘书处应接受仲裁庭与各方当事人之间所有书面通信的电子形式。

第二,该条第 3 款、第 4 款规定书面通信发送的方式与地址。书面通信应以硬拷贝形式,通过挂号信、带确认收据的信件、快递服务,或以电子形式,或通过任何其他能提供发送记录的通信方式发送。书面通信应寄往最后告知的收件人地址,且一旦一方当事人指定了代表,书面通信应寄往最后告知的代表的地址。

第三,该条第 5 款规定书面通信被视为收到的日期,书面通信应被视为在以下日期收到:(1)收件人已实际收到该书面通信;(2)如果书面通信是按照上述第二点的规定发送的,则可推定为收到。

第四,该条第 6 款规定,针对多名被申请人的申请书无法转达给所有申请人的情况,经申请人的要求,仲裁应只针对收到申请书的被申请人进行,针对其余被申请人的申请应在另外的程序中处理。

第五,该条第 7 款、第 8 款为关于时限的规定。时限应在收到触发时限开始的相关书面通信之日的次日开始计算,如果此日为法定假日或接收地的非工作日,时限应从下一个工作日开始计算;在一个时间段内的法定假日或非营业日不应中断时限的延续或延长时限;如果时限的最后一日是法定假日或接收地的非营业日,则时限应在下一个营业日结束。与任何书面通信有关的时限,如果在时限的最后一日以上述第二点规定的方式发出,即为满足时限。如果认为有足够的理由延长时限则可以延长。

---

〔1〕《维也纳仲裁规则》中仅有"仲裁申请书"。

〔2〕《维也纳仲裁规则》中无此部分规定。

第六,该条第9款为关于档案处理的规定。诉讼程序终止后,秘书处可以处理案件的全部档案,但决定除外。

5. 代表

同《维也纳仲裁规则》第13条。

6. 第三方资金

第13a条与《维也纳仲裁规则》有所不同。一方当事人应在其仲裁申请或对仲裁申请的答复中,或在缔结第三方供资安排时立即披露任何第三方供资的存在以及第三方供资者的身份。如果一方当事人在组成仲裁庭之前披露了第三方资金,秘书长应将这种披露告知任何被提名任命或已经任命的仲裁员,以便仲裁员声明(参见第16条第3款)的完成。如果认为有必要,仲裁庭可以命令披露第三方资助安排的具体细节和/或第三方资助者在程序结果中的利益,和/或第三方资助者是否已承诺承担不利成本责任(adverse costs liability)。[1]

(四)第三方的加入、提交与合并

除与《维也纳仲裁规则》同样对第三方的加入与合并进行规定外,《维也纳投资仲裁规则(2021)》第14a条还规定了非争议方和非争议条约提交(Non-disputing party and Non-disputing treaty submissions)相关规则,这在《维也纳仲裁规则》中没有规定。

1. 第三方加入

第14条第1款规定,在已经根据合约提交仲裁的争端之中,[2]第三方加入仲裁及其加入方式,应由仲裁庭根据一方当事人或第三方的请求,在听取所有当事人和拟加入第三方的意见,考虑所有相关情况后决定。第三方的加入具体又包含两种情况,同《维也纳仲裁规则》第14条第2款、第14条第3款的规定。

2. 非争议方和非争议条约提交

根据第14a条第1款的规定,如果争端已根据条约或法规提交仲裁,非争议方要求对根据条约或法规提交仲裁的争议范围内的事实或法律问题提出书面意见的,仲裁庭应在听取各方当事人意见并考虑所有相关情况后作出决定。

根据该条第2款的规定,非争议缔约方有权就争端中争议条约的解释问题提

[1] 《维也纳仲裁规则》中无此部分规定。

[2] 《维也纳仲裁规则》中无此部分表述。

出书面意见,并据此将争议提交仲裁。仲裁庭也可以邀请非争议缔约方提交此类书面材料。

根据该条第3款的规定,仲裁庭可以决定根据本条提交的材料的格式、长度和范围。仲裁庭可以考虑当事方的意见,向非争议方或非争议缔约方提供在程序中提交的相关呈件和文件的访问权限。

根据该条第4款的规定,当事人有权对根据该条提出的书面意见提出意见。

3. 仲裁程序的合并

第15条规定,根据一方当事人的请求,在以下两种情况下可以合并由VIAC管辖的[1]两个或多个仲裁程序:(1)当事人同意合并;(2)被提名或指定的仲裁员是同一个人,且仲裁地点为同一个。

理事会应在听取各方当事人和已指定的仲裁员的意见后,对合并请求作出决定。理事会应在其决定中考虑所有相关情况,包括仲裁协议的兼容性和仲裁程序的各自阶段。

(五)仲裁庭的组建

《维也纳投资仲裁规则(2021)》第16条至第23条是关于仲裁庭组建的规定,其中第17条为仲裁庭的组成,第19条为对仲裁员提名的确认,第20条为对仲裁员的异议与《维也纳仲裁规则》存在差别。

1. 一般规定

同《维也纳仲裁规则》第16条。

2. 仲裁庭的组成

第17条是对一般情况下仲裁庭组成的规定:

各方当事人可以约定由1名独任仲裁员或由3名仲裁员组成的小组进行仲裁。各方当事人还可以约定仲裁员的指定方式,如无约定,则适用以下规则:

在当事人未就仲裁员人数达成协议的情况下,争议应由3名仲裁员组成的小组裁决。如果争议金额不超过1000万欧元,应由独任仲裁员裁决,除非理事会在充分考虑当事人的意见后认为根据案件的复杂性或案件的其他相关情况需要指

[1] 《维也纳仲裁规则》中无此部分表述。

定一个由3名仲裁员组成的小组。[1]

如果争议由独任仲裁员裁决,各方当事人应在收到秘书长要求后30日内共同提名独任仲裁员并说明仲裁员的姓名、地址(包括电子邮件地址)和其他联系方式;如未在此期限内提名,则由理事会指定独任仲裁员。

如果争议由3名仲裁员组成的小组裁决,每一方当事人(申请书中的申请人和对申请书进行答复的被申请人)都应提名1名仲裁员;如一方未提名,秘书长应要求该方在收到其要求后30日内提交其被提名人的姓名、地址(包括电子邮件地址)和其他联系方式;如未在此期限内提名,则由理事会指定该仲裁员。

如果争议由3名仲裁员组成的小组裁决,共同仲裁员应在收到秘书长要求后30日内共同提名1名主席并说明其姓名、地址(包括电子邮件地址)和其他联系方式;如未在此期限内提名或一方在其仲裁申请或对仲裁申请的答复中要求,[2]则由理事会指定主席。

如果主席由理事会指定,秘书长应向各方发送一份主席候选人名单,允许他们从名单中选出1名候选人并按优先顺序排列其余候选人。理事会将指定排名最先的候选人。如果2名或2名以上候选人同时排名最先,则理事会应选择其中1名。[3]

一旦被提名的仲裁员得到理事会[4]的确认,各方当事人即受其提名的仲裁员的约束。

仲裁员的国籍应当与当事人的国籍不同,当事人另有约定的除外。[5]

另外,第18条规定的多当事方程序中仲裁庭的组成与《维也纳仲裁规则》中第18条的规定相同。

3. 对仲裁员提名的确认

根据第19条的要求,仲裁员被提名后,根据第16条第3款、第4款的规定,秘书长应获得仲裁员声明,并将声明的副本转发给各方当事人。如果对仲裁员的公

---

〔1〕《维也纳仲裁规则》中的规定为:“理事会应确定争议案件是由一名独任仲裁员还是由三名仲裁员组成的小组来裁决,确定时应考虑到案件的复杂性、争议的金额以及各方当事人对快速地、高性价比地进行裁决的需要。”

〔2〕《维也纳仲裁规则》中仅有“如未在此期限内提名”。

〔3〕《维也纳仲裁规则》中无此部分规定。

〔4〕《维也纳仲裁规则》中的规定为:“秘书长或理事会”。

〔5〕《维也纳仲裁规则》中无此部分规定。

正性、独立性以及执行任务的能力不存在疑问，理事会应确认所提名的仲裁员。[1]

在理事会作出决定之前，秘书长可以要求待确认提名的仲裁员和各方当事人提出意见，并将所有意见转达给各方当事人和仲裁员。[2]

经确认，被提名的仲裁员应被视为已被任命。

如果理事会[3]拒绝确认被提名的仲裁员，秘书长应要求有权提名该仲裁员的一方、多方或共同仲裁员在30日内提名不同的仲裁员或主席，第16条至第18条类推适用。如果理事会[4]再次拒绝确认新提名的仲裁员，则提名权失效，理事会应任命该仲裁员。

4. 对仲裁员与专家的异议

《维也纳投资仲裁规则(2021)》第20条规定对仲裁员提出异议的方式，与《维也纳仲裁规则》第20条大体一致，区别仅为《维也纳仲裁规则》第20条第2款的规定——“一方当事人对指定的仲裁员提出异议，应在其知道异议理由之日起15日内向秘书处提出，应具体说明质疑的理由并提供证明质疑的确凿材料”——并不存在于《维也纳投资仲裁规则(2021)》之中。

第23条对专家提出异议的规定同《维也纳仲裁规则》第23条。

5. 仲裁员任务的提前终止及其影响

第21条对仲裁员任务提前终止的规定同《维也纳仲裁规则》第21条。

第22条对其影响的规定同《维也纳仲裁规则》第22条。

(六)仲裁庭的管辖权

与《维也纳仲裁规则》相比，《维也纳投资仲裁规则(2021)》不仅规定了前者进行规定的对仲裁庭管辖权的异议(但规定稍有不同)，其中，第24a条还规定了前者未规定的申请提前驳回请求、反请求和抗辩相关规则。

1. 对仲裁庭的管辖权异议

根据第24条的规定，关于仲裁庭没有管辖权的异议应在仲裁庭组建之后提

---

[1] 《维也纳仲裁规则》中的规定为：“如果对仲裁员的公正性、独立性以及执行任务的能力不存在质疑，秘书长应确认所提名的仲裁员，并在随后的理事会会议上通知理事会。”

[2] 《维也纳仲裁规则》中的规定为：“如果秘书长认为有必要，理事会应决定是否确认被提名的仲裁员，在理事会作出决定之前，秘书长可以要求待确认提名的仲裁员和各方当事人提出意见，并将所有意见转达给各方当事人和仲裁员。”

[3] 《维也纳仲裁规则》中的规定为：“秘书长或理事会”。

[4] 《维也纳仲裁规则》中的规定为：“秘书长或理事会”。

出,不得在被申请人第一次就此案发表意见之后提出。[1]

当事人不因其已根据第17条提名了仲裁员或根据第18条参与了仲裁员提名而不能提出此种异议。对仲裁庭超越其权限的反对意见应在涉嫌超越权限范围的事件出现后立即提出。在这两种情况下,之后不再被允许提出异议,但如果仲裁庭认为提出的延迟有充分的理由,之后提出的异议可以被接受。

仲裁庭应对自己的管辖权问题作出决定,关于管辖权的决定可以与关于案件的决定一起作出,也可以在一项单独的裁决中作出。若仲裁庭拒绝管辖,则应根据一方当事人的请求,就当事人的支付责任问题作出决定。

2. 申请提前驳回请求、反请求和抗辩

第24a条第1款规定,一方当事人可以以书面形式向仲裁庭申请提前驳回请求、反请求或抗辩,理由可以是:(1)请求、反请求或抗辩明显不在仲裁庭的管辖范围内;(2)请求、反请求或抗辩显然不可受理;(3)请求、反请求或抗辩显然没有法律依据。

该条第2款规定,当事人应在仲裁庭组成或对仲裁申请书的答复提交后45日内(以较早者为准)提出申请。当事人应当详细说明支持其申请的事实和法律依据。申请的当事人向仲裁庭提出申请时,应当将其申请副本抄送其他各方当事人。

该条第3款规定,仲裁庭可自行决定允许提前驳回的申请继续进行。允许申请继续进行的,仲裁庭应当在给予对方当事人就申请提出书面意见的机会后,决定是否全部或部分准予提前驳回申请。

该条第4款规定,在收到根据上述第3款提交的最后一份书面意见后60日内,除非秘书长在特殊情况下延长此期限,否则仲裁庭应在命令或裁决中对提前驳回的申请作出决定。

(七)仲裁庭的仲裁程序

《维也纳投资仲裁规则(2021)》第25条至第41条是对仲裁庭仲裁程序的规定,其中第25条为仲裁地点,第26条为仲裁语言,第27条为仲裁适用的法律与公允及善良原则的适用,第30条为关于口头听证的规定,第32条为关于仲裁程序结束的规定,第41条为关于裁决与信息发表的规定,这与《维也纳仲裁规则》存在区别。

---

[1] 《维也纳仲裁规则》中的规定仅为:“不得在被申请人第一次就此案发表意见之后提出”。

1. 仲裁地点与语言

第25条规定，各方当事人可以自由商定仲裁地点；如当事人无约定，仲裁地应由仲裁庭决定。[1]

仲裁庭可以在其认为适当的任何地点进行商讨或采取程序性行动，但这不会导致仲裁地的改变。

第26条规定，如果当事人没有就仲裁语言达成协议，在文件传送完成后，仲裁庭应在适当考虑到所有情况的前提下[2]立即确定语言。

2. 仲裁适用的法律与公允及善良原则的适用

第27条规定，仲裁庭应根据当事方商定的法律或规则来裁决争端。除非各方当事人另有约定，否则任何关于一国法律或法律体系的约定应被解释为直接约定适用该国家实体法，而非该国法律冲突规则。

如果各方当事人没有确定适用的法律或规则，仲裁庭应适用其认为适当的法律或规则，包括任何相关条约、任何国家的相关国内法、任何相关国际习惯和法律的一般原则。[3]

只有在各方当事人明确授权的情况下，仲裁庭才能够作为友好公断人(amiable compositeur)按照公平合理的原则(ex aequo et bono)解决争议事项。

3. 仲裁进行的相关规定

第28条同《维也纳仲裁规则》第28条对仲裁进行一般要求的规定。

第29条同《维也纳仲裁规则》第29条关于案件事实确认的规定。

第30条关于仲裁形式与口头听证的规定与《维也纳仲裁规则》有些许差别。

该条第1款规定，除非各方当事人另有约定，否则仲裁庭应决定程序应以口头还是书面形式进行。当事人没有约定排除口头听证的，仲裁庭应在程序的适当阶段应任何一方当事人的请求举行。在适当考虑各方当事人的意见和案件具体情况后，仲裁庭可以决定亲自或以其他方式进行口头听证。无论在任何情况下，当事人都应有机会确认和评论其他当事人的请求、申请书以及取证的结果。

该条第2款规定，口头听证会的日期应由主席确定，否则唯一的听证会(the

---

[1] 《维也纳仲裁规则》中为“应为维也纳”。

[2] 《维也纳仲裁规则》中为“仲裁庭应在适当考虑到所有情况(包括合同语言)的前提下”。

[3] 《维也纳仲裁规则》中无此部分表述。

sole Hearings)不得向公众开放。[1] 独任仲裁员或主席应编写并签署会议记录,其中至少应包括听证会及其结果的摘要。

第31条同《维也纳仲裁规则》第31条对当事人在仲裁进行中“反对的义务”(duty to object)的规定。

第32条是关于仲裁程序结束的规定。一旦仲裁庭确信各方当事人已有充分的机会提交材料和提交证据,就应立即宣布程序对于裁决书中要裁决的事项而言已经结束。仲裁庭可以在任何时候重新开始程序。

裁决书应在关于其中要裁决事项的最后一次听证或关于这些事项的最后一份经授权呈件提交后的6个月[2]内作出,以二者中的较晚者为准来确定裁决时限。秘书长可以根据仲裁庭提出的合理要求或主动延长这一时限,超过裁决时限不会导致仲裁协议无效或仲裁庭的管辖权被剥夺。

4. 临时措施与保全措施/费用担保

同《维也纳仲裁规则》第33条。

5. 终止仲裁的方式

同《维也纳仲裁规则》第34条。

6. 仲裁决定与裁决作出的相关规定

第35条同《维也纳仲裁规则》第35条关于仲裁庭决定的规定。

第36条同《维也纳仲裁规则》第36条关于仲裁裁决书的规定。

第37条同《维也纳仲裁规则》第37条关于根据商定条件作出裁决与和解记录的规定。

7. 仲裁裁决更正、澄清和补充的相关规定

同《维也纳仲裁规则》第39条。

8. 关于费用的决定

同《维也纳仲裁规则》第38条。

9. 对法院将程序移交仲裁庭时的规定

同《维也纳仲裁规则》第40条。

---

[1] 《维也纳仲裁规则》中为“口头听证的日期应由独任仲裁员或主席确定,听证会不对公众开放”。

[2] 《维也纳仲裁规则》中为“3个月”。

10. 关于裁决与信息发表的规定

《维也纳投资仲裁规则(2021)》在此方面的规定不同于《维也纳仲裁规则》[1],第41条第1款规定,当事人同意根据《维也纳投资仲裁规则(2021)》将争议提交仲裁,即视为同意VIAC可以公布仲裁程序的某些信息。VIAC可能会出于公共利益发布信息。此类信息应仅限于当事人的国籍、仲裁庭成员的身份和国籍、仲裁开始的日期、开始仲裁的文书以及程序是未决的还是已经结束的。该条第2款规定,VIAC还可以在其网站、法律期刊或自己的出版物上发布匿名摘要或决定和裁决的摘录,除根据上述第1款可能发布的信息外,此类摘要或摘录应匿名化。

(八)费用

《维也纳投资仲裁规则(2021)》第42条同《维也纳仲裁规则》第42条关于预付费用的规定,第43条同后者中第43条关于额外程序性预付费用的规定,第44条关于额外程序性预付费用与程序性费用的构成和计算三方面的规定中,除未出现《维也纳仲裁规则》第44条第10款的规定——"在计算行政管理费用和仲裁员费用时,对于争议数额的削减,只有在削减是在向仲裁庭转交案卷之前作出的情况下,才应考虑削减争议的数额"外,其他部分规定相同。

(九)其他规定

《维也纳投资仲裁规则(2021)》第45条同《维也纳仲裁规则》第45条关于加速仲裁程序的规定,第46条同《维也纳仲裁规则》第46条第1款中关于免责声明的规定,第47条关于版本规则生效时间的规定为该版规则于2021年7月1日生效。[2]

(十)附件

《维也纳投资仲裁规则(2021)》中包含4个附件,分别为示范条款、费用表、VIAC作为任命机构、VIAC作为管理机构,无《维也纳仲裁规则》中附件二理事会内部规则、附件六继承纠纷的补充规定。

---

[1] 《维也纳仲裁规则》第41条规定为:"理事会和秘书长可以在法律杂志或VIAC自己的出版物上发表匿名的裁决摘要或摘录,除非有一方当事人在收到裁决后的30日内对发表表示反对。"

[2] 《维也纳仲裁规则》中为"本版规则于2021年7月1日生效,应适用于2021年6月30日后开始的所有仲裁程序"。

第四节　奥地利仲裁制度

一、仲裁协议

根据2013年《奥地利仲裁法》第581条第1款的规定：仲裁协议，是指各方当事人通过仲裁庭解决他们之间确定的契约性或者非契约性的法律关系中已经发生或者可能发生的全部或者部分争议的协议。仲裁协议可以采取独立协议或合同附件的形式订立。涉及当事人之间某一确切的法律关系的纠纷都可以订立仲裁协议，但是法律依据必须是可确定的，仲裁条款如果涉及当事人之间可能发生的所有争议该条款是无效的。此外，如果当事人打算通过提交一些法律问题给州法院和提交一些法律问题来仲裁从而分割管辖权，那么仲裁协议是无效的。

(一)缔结仲裁协议的能力和可仲裁性

1.缔结仲裁协议的能力

《奥地利民事诉讼法》第四章仲裁法的规定中没有直接规定缔结仲裁协议能力的条款，但是由于仲裁协议是程序性协议，适用于《奥地利民事诉讼法》中关于一般行为能力的规定。根据《奥地利民事诉讼法》第1条和第2条的规定，14周岁以下的未成年人和精神病患者需要其法定代理人签订仲裁协议并且由主管的法院批准该协议。14周岁以上的未成年人可以根据《奥地利民法典》第151条、第246条和第247条就可以自由处置的资产的交易达成仲裁协议。年满18周岁没有精神障碍的个人，可以不受人身限制地订立仲裁协议并且不需律师代理。对于非奥地利公民或者外国法人实体缔结仲裁协议的能力由该公民或者外国法人所在国的法律规定。

在遗嘱处分中制定仲裁条款，当事人需要有遗嘱能力。遗嘱能力是关于遗嘱处置的一种特殊形式的能力，在该人没有完全能力的情况下给予。此外，遗嘱处分必须符合正式的形式要求，比如，必须由立遗嘱人手写并在正文末尾签名，或者如果遗嘱处分不是由遗嘱人本人手写，则签名需要立遗嘱人和三名见证人的签名。

关于商业组织缔结仲裁协议的能力。股份公司或者有限责任公司等公司可以由法定代表人代理缔结仲裁协议，这种情况下，公司即受仲裁协议约束。公司章程可以对法定代表人的代表权利进行限制，可以约定法定代表人无权订立仲裁协议。但是,这样的规定实践中在公司章程中很少见。对于合伙企业,如普通合伙企业和有限合伙企业可以在合伙协议中授权合伙人签订仲裁协议。合伙企业受仲裁协议约束,但是仲裁协议的效力不及于普通合伙人或者有限合伙人。奥地利法律规定一种特殊的合伙形式,称为“GesBr”(Gesellschaft bürgerlichen Rechts),通常用于形容合资企业。这种类型的合伙不构成法人实体,因此不受仲裁协议的约束。如果合伙人以 GesBr 的名义签订仲裁协议,该仲裁协议由该合伙人承担。

2. 可仲裁性

可仲裁性,是指法律事务能够成为仲裁协议的主体并因此成为仲裁程序的主体。在 2006 年奥地利《仲裁法》修改之前,可仲裁性包括有关各方达成和解的所有事项,然而,这种模糊的定义使得难以界定哪些事项可以进行仲裁。2006 年奥地利《仲裁法》修改之后,关于可仲裁性的事项包括法院管辖权范围内的任何涉及经济利益的请求协议的对象以及有关不涉及经济利益的仲裁协议的请求,但其在当事人有权就争议问题缔结和解协议的范围内。任何可以在普通法院判决的财产要求即涉及金钱索赔的事项,都可以成为仲裁协议的标的。如果仲裁协议不涉及财产要求即关于非金钱索赔的事项,并且争议标的可以通过和解解决,则具有法律效力。

(1)关于金钱索赔

根据奥地利关于仲裁的相关规定只有可由国内法院裁决的金钱索赔事项才可仲裁。因此,对于不受国内法院管辖的事项或者属于行政当局管辖的事项,独立行政小组、宪法法院和行政法院均不可仲裁。

对“金钱索赔”一词应当进行广义理解。它包括所有基于金钱关系的索赔,而且还包括所有针对支付、资产或者具有财物价值的权利的索赔。该概念不仅包括直接针对支付的索赔,还包括可以继承或者出售的其他索赔。在 2005 年奥地利《反垄断法修正案》出台之前,对反垄断和竞争事务的可仲裁性存在一些限制,然而,根据新的立法,这些事项被视为金钱索赔,因此可以仲裁。

(2)关于非金钱索赔

根据奥地利《仲裁法》第 582 条第 1 款的规定,如果当事人有权就争议事项达成和解,则非金钱索赔是可仲裁的。双方达成和解的能力对于非金钱债权的可仲裁性具有决定性意义。而双方达成和解的能力由奥地利国内实体法进行界定。

(3)关于不可仲裁的事项

根据奥地利《仲裁法》第582条第2款的规定,关于家事法事项的请求以及基于涉及《奥地利住宅租赁法》以及《奥地利住宅公共利益法》的合同提出的请求,包括有关缔约、存在、终止和法律性质的所有争议,以及由房屋所有权(共同公寓所有权)产生或与其相关的所有争议,均不能成为仲裁程序的对象。即使涉及这些事项的一些要求是金钱性质的,当事人也不能通过仲裁解决。可以看出奥地利的立法者在这方面有意限制私人自治。

同时,根据奥地利《仲裁法》以外其他成文法的规定,某些争议不得提交仲裁,或者在特定情况下才可提交仲裁,此类规定不受奥地利《仲裁法》的影响。

(二)仲裁协议的实质要件和形式要件

1. 仲裁协议的实质要件

仲裁协议的实质要件主要有关仲裁协议的内容。仲裁协议应当具备3项基本内容:双方当事人的信息、具体争议事项或者可能引起法律争议的法律关系以及当事人请求仲裁的意思表示。缺少上述基本内容会导致仲裁协议的无效。仲裁协议可以包含确定仲裁地点、仲裁员人选以及仲裁员人数的条款。同时,当事人可以在仲裁协议中约定仲裁程序进行适用的语言和关于费用偿还的问题,也可以在仲裁协议中就仲裁机构的仲裁规则的适用或者关于具体的程序规则的适用进行约定。

2. 仲裁协议的形式要件

根据奥地利《仲裁法》第583条第1款的规定,仲裁协议应当是书面的。协议如载于当事各方签字的文件中,或载于往来的书信、电传、电报或提供协议记录的其他电信手段中即为书面协议。依据奥地利《仲裁法》第583条第2款的规定,合同中对任何包含仲裁条款的文件的引用也构成书面仲裁协议。前提是仲裁条款成为合同的一部分。

根据奥地利《仲裁法》第583条第3款的规定,当事人参与仲裁程序而未在此前提出形式瑕疵,或者至迟未在参与程序时提出存在瑕疵,则当事人参与仲裁程序即可弥补任何形式要件上的不足。然而,奥地利最高法院裁定,仲裁员的任命不构成诉讼出庭。此外预付费用不应被视为参与诉讼程序。

3. 关于企业和消费者的仲裁协议

奥地利《仲裁法》第617条对消费者和企业签订仲裁协议规定了严格的限制。

根据奥地利《仲裁法》第 617 条第 1 款的规定，企业与消费者的仲裁协议只有在各自的争议已经发生的情况下才能有效地达成。此外，消费者参与的仲裁协议必须包含在消费者个人签署的文件之中，该文件不得包括提交仲裁程序外的其他合意。同时，根据奥地利最高法院的相关判例，有限责任公司的某些类型的股东必须被视为消费者，因此，奥地利《仲裁法》第 617 条的规定也适用于公司纠纷，对于被视为消费者的股东来说，公司章程中的仲裁条款是无效的。

总之，奥地利《仲裁法》第 617 条用 11 个条款规范与消费者有关的仲裁程序的内容。根据奥地利《仲裁法》第 617 条第 3 款的规定，企业和消费者之间签订仲裁协议，消费者在签订该协议前需得到有关仲裁程序和诉讼程序重要不同点的法律意见。此外，奥地利《仲裁法》第 617 条第 4 款规定，企业和消费者之间的仲裁协议须注明仲裁地。仅在消费者同意或在仲裁地取证存在困难的情况下，仲裁庭方可在其他地点庭审或取证。在这种情况下，奥地利《仲裁法》第 617 条第 5 款进一步规定，如消费者在签订仲裁协议时或者在提出请求时，住所或惯常居所不在仲裁地所在国，仅在消费者依仲裁协议提出主张的情况下，协议方为有效。奥地利《仲裁法》第 617 条第 6 款至第 11 款规定了撤销消费者参与的仲裁裁决的理由，并规定了涉及撤销消费者参与的仲裁裁决的程序性问题。

二、仲裁庭

仲裁庭是具体负责审理和裁决仲裁案件的组织。仲裁庭产生于当事人的仲裁协议，直接反映当事人的意志，没有当事人的具体仲裁协议，就不会有具体的仲裁庭的存在。

(一)仲裁庭与国家法院之间的关系

根据奥地利《仲裁法》第 578 条的规定，只有在奥地利法律明确规定的情况下，州法院才能处理与仲裁相关的事项。奥地利《仲裁法》第 584 条是管理仲裁庭与州法院之间关系的核心条款。一般来说，任何法院都不予受理已经达成仲裁协议的案件。但如果被告在法院驳回起诉前就争议事项提交抗辩或者未告知此方面存在瑕疵，也未向法院进行口头抗辩，则法院有权管辖已经达成仲裁协议的案件。在这种情况下，即使法院程序尚未结束，仲裁程序仍可以开始或者持续，直至作出裁决。可以认为法院对案件的审理不构成仲裁程序进行的障碍。但是根据奥地利《仲裁法》第 584 条第 3 款的规定，在仲裁程序进行过程中，关于已经提出的请求，不得向法院或仲裁庭提出其他的法律程序，以相同请求为由提出的任何诉讼应予驳回。如果在参与仲裁程序的同时一并就仲裁庭的管辖权向仲裁庭提出异议,而仲裁庭不能在合理期限内作出决定,则不适用此规定。

如果仲裁庭以不存在仲裁协议或者管辖不可行为由认定其对争议事项无管辖权,则法院不应以仲裁庭对争议事项有管辖权为由驳回当事人在法院提出的诉讼。

关于奥地利《仲裁法》第 584 条的规定也适用于仲裁地点不在奥地利境内的情形。

(二)仲裁庭的组成

仲裁庭的组成即当事人对审理案件的仲裁员的确定。根据奥地利《仲裁法》第 586 条的规定,各方当事人可以自由约定仲裁员的人数。如果当事人决定仲裁员的人数为偶数,则其应再确定一名人士作为首席仲裁员。除非当事人另有约定,应当委托 3 名仲裁员。

1. 仲裁员的资格

在奥地利,凡是具有完全行为能力的人,包括本国人和外国人,都可以被指定为仲裁员。但是法人,如企业,不能作为仲裁员。因此在仲裁协议中指定法人担任仲裁员时可以理解为有权代表该法人的自然人在程序中担任仲裁员。此外,州法院法官不能担任仲裁员。当事人可以约定仲裁员必须具备特定资格。此类资格可以包括专业能力、语言技能或者其他能力。根据奥地利《仲裁法》第 587 条第 8 款的规定,法院在委任仲裁员时,应适当考虑当事人之间对仲裁员的资格要求的协议,以及其他确保委任独立公正的仲裁员的因素。

2. 仲裁员的委任

奥地利《仲裁法》第 587 条规定了仲裁员的委任程序,但是双方当事人可以自由就委任仲裁员的程序达成一致。奥地利《仲裁法》第 587 条第 2 款规定,当事人双方有四个星期的时间来商定仲裁员人选。一旦一方向另一方提交书面委任请求,该时限即开始生效。如一方当事人在收到另一方发出的相应通知之日起 4 个星期内未委任仲裁员,或如当事人在仲裁员委任之后 4 个星期之内未收到两位仲裁员就第三名仲裁员的委任发出的通知,则经当事人一方请求,应由法院委任仲裁员。根据奥地利《仲裁法》第 587 条第 4 款的规定,委任仲裁员的书面请求也必须说明所提出的请求以及当事人所依据的仲裁协议。

关于 3 名仲裁员的仲裁程序,奥地利《仲裁法》遵循国际仲裁中广为接受的规则:每一方指定自己的仲裁员,由两方指定的仲裁员指定仲裁庭主席。在仲裁员为3名以上的仲裁中,各方应委托同等人数的仲裁员。这些仲裁员应再行委托1名仲裁员作为首席仲裁员。

奥地利《仲裁法》第587条第3款规定,当事人未能遵守约定的委任程序或者当事人或仲裁员无法如该程序所预期的达成一致,或者第三人在收到书面通知之后3个月内不行使该程序赋予其的职能,则任何一方当事人可以请求法院采取必要的措施,除非关于委任程序的约定提供了确保委任的其他方式。

奥地利《仲裁法》第587条第5款规定在多方仲裁中委任仲裁员。同样在这种情况下,多方当事人必须遵守4个星期的时间来指定他们的仲裁员。

奥地利法院的委任程序是非争议事项,依照奥地利非诉管辖法的一般规定。自2014年1月1日起,奥地利《仲裁法》第615条规定了奥地利最高法院是唯一有权根据奥地利《仲裁法》第587条的规定委任仲裁员的法院。对奥地利最高法院关于委任仲裁员的决定不得进一步上诉。

3. 仲裁员的回避

奥地利《仲裁法》第588条第2款规定,只有存在引起对仲裁员的公正性或者独立性产生正当怀疑的情况或者仲裁员不具备当事人约定的资格时,才可以申请仲裁员回避。当事人只有根据其作出指定或参与指定之后知悉的理由,才可以对其所指定的或者参与制定的仲裁员提出回避。

奥地利《仲裁法》第589条规定了回避程序。基本上当事人可以自由就要求仲裁员回避的程序达成一致。如果当事人没有就要求仲裁员回避的程序达成一致,拟提出回避的一方当事人应当在得知仲裁庭组成信息后或者在得知回避事由后的4个星期内向仲裁庭提交回避理由的书面陈述。除非该被要求回避的仲裁员退出或者另一方当事人同意该要求,仲裁庭应对回避要求作出决定。如果根据当事人达成一致的程序或者根据法定的回避程序提出回避要求而没有成功,提出方可以在收到驳回回避要求决定的通知后4个星期内请求法院对此作出决定。法院的此种决定不得上诉。如果尚未对此类请求作出决定,包括被要求回避的仲裁员在内的仲裁庭仍可以继续仲裁程序直至作出裁决。

4. 仲裁员职责的提前终止

在一般情况下,仲裁程序一结束,仲裁员的职责就会自动终止。但是如果当事人同意终止仲裁员职责或者仲裁员辞职,仲裁员的职责亦将终止。在仲裁员无法履行职责或者不能尽速行事且存在下述情况时,任何一方当事人均可以要求法院终止仲裁员的职责:第一,仲裁员不辞职;第二,当事人不能就终止达成一致或者当事人约定的程序并未就终止仲裁员职责作出决定。法院终止仲裁员的决定当事人不得上诉。如果仲裁员的职责提前终止,应当按照原来适用于委任被替代的仲裁员的规则委任替代仲裁员。但仲裁员替换之后,除非当事人另有约定,仲裁庭可以依照当前程序取得的结果,特别是庭审的现有记录,以及依据任何现有的其他文件进行仲裁程序。

三、仲裁程序的进行

一般而言,由当事人就如何进行仲裁程序的具体规则达成一致。当然,这也可以通过约定仲裁机构的仲裁规则来实现。根据奥地利《仲裁法》第594条第1款的规定,在没有当事人协议或者奥地利《仲裁法》中无相应规定的情况下,仲裁庭有权按照其认为适当的方式进行仲裁。但是,仲裁庭在任何情况下都必须遵守奥地利《仲裁法》的强制性规定。事实上,奥地利《仲裁法》的大部分规定都是非强制性的,因此仲裁庭在进行程序时相对灵活。在奥地利仲裁程序进行过程中,应当保证当事人各方得到平等相待,并应被给予充分的机会陈述其案情。如果仲裁员在仲裁程序进行过程中不履行或者不及时履行其接受委任应当承担的义务,则应就其不当拒绝或者延迟引起的所有损害赔偿对当事人承担责任。

(一)仲裁地

当事人各方可以自由地就仲裁地点达成协议,也可以约定由仲裁机构确定仲裁地。如果未达成此种协议,仲裁地点应由仲裁庭确定,但是应当考虑到案件的情况,包括当事人各方的便利程度。仲裁庭也可以在其认为适当的任何地点进行仲裁程序,特别是为方便其成员间进行磋商、作出决定、举行口头聆讯和取证。

(二)仲裁答辩

在当事人双方约定的或者仲裁庭确定的期间内,申请人应当提出其仲裁要求,并且应当陈述争议点以及支持其请求的各种事实,被申请人应逐项作出答辩。当事人可以提交相关所有证据或说明将要提交的证据。在仲裁程序进行中,除非当事人另有协议,任何一方当事人均可以修改或者补充其请求或答辩,除非仲裁庭考虑到提出修改或者补充的时间过晚而不宜提出这种改动。

(三)仲裁审理

除非当事人有任何相反的协议外,仲裁庭应当决定是否举行开庭,或者是否以书面方式进行程序。如果当事人未约定排除开庭，则经一方当事人提出申请，仲裁庭应当在仲裁程序的适当阶段举行口头聆讯。

仲裁庭有权决定取证方式的可采纳性、进行此类取证和自由评估此类证据。任何开庭和仲裁庭为进行取证的任何会议应当充分提前通知当事人。当事人一方向仲裁庭提供的一切陈述书、文件或者其他通信均应交送另一方当事人。仲裁庭可能在其决定中提及的任何专家报告或者证据应送交当事人各方。

在当事人双方约定或者仲裁庭确定的期间内，申请人如果不提交申请书，仲裁庭应当终止程序。如果被申请人没有在约定的或者规定的期限内提交其答辩，除非当事人另有约定，仲裁庭应当继续仲裁程序，但不得将被申请人此种行为本身视为对申请人主张的承认。与此同理，一方当事人缺席，仲裁庭可以继续进行程序并根据其所收到的证据作出判决。如果仲裁庭认为延迟具有正当理由，可以批准补充未进行的审理。

（四）仲裁庭聘任的专家

除非当事人另有约定，仲裁庭可以聘任 1 名或者多名专家就仲裁庭确定的某个特定问题提供报告。仲裁庭还可以要求当事人向专家提供任何相关的材料，或出示或让其接触任何相关的文件或财产，以供检验。除非当事人另有约定，经一方当事人提出申请或者仲裁庭认为有必要，专家在提出其报告后，应当参加开庭。在开庭过程中当事人可以向专家提问，当事人可以让其专家就争议的问题发表意见。仲裁庭指定的专家适用奥地利《仲裁法》的回避规则。另外，除非当事人另有约定，任何一方当事人均有权提供其专家作出的报告。

（五）适用于争议实体的规则

仲裁庭应根据当事人选择适用于争议实体的法律规范对争议作出决定，除非另有明文约定，对一个国家的法律或者法律制度的选定应认为指的是该国的实体法而非其冲突法。如果当事各方没有任何选择，仲裁庭应适用其认为适当的法律规定。仲裁庭仅在当事人明示授权时，才能按照公平善意的原则作出决定。

四、仲裁裁决的作出与程序的终止

（一）仲裁庭作出的决定

在超过 1 名仲裁员的仲裁程序中，除非当事人另有约定，仲裁庭的任何决定应按其所有成员的多数作出。如经当事人或仲裁庭的其他成员授权，程序上的问题可以由首席仲裁员单独作出决定。如果 1 名或者多名仲裁员无正当理由拒绝参加对决定的表决,则除非当事人另有约定,其他仲裁员可以在其缺席的情况下作出决定。在这种情况下,需考虑这些仲裁员是否占全体出席和缺席仲裁员的大多数。仲裁庭拟在拒绝参与表决的仲裁员缺席的情况下作出裁决,当事人应提前得到通知。在其他类型决定的情况下,如果仲裁员没有出席表决,应事后补充告知当事人此情况。

(二)和解

在仲裁程序之中,如当事人自信和解并且可就争议事项达成和解协议的话,则可以申请仲裁庭对和解作出决定,但和解的内容不应当违反奥地利法律制度的基本原则。仲裁庭将记录和解情况,和解记录由各方当事人和首席仲裁员签名,即可生效。在和解协议的内容不与奥地利的法律制度的基本原则相抵触的情况下,当事人可以要求仲裁庭根据和解协议以裁决书的形式作出和解裁决。此类裁决应当按照奥地利《仲裁法》第 606 条的规定作出,与其他案件实体问题的裁决具有同等效力。

(三)仲裁裁决

奥地利《仲裁法》第 606 条规定了奥地利法律下仲裁裁决的某些形式要求。首先,仲裁裁决必须以书面形式作出。其次,仲裁裁决必须由参与仲裁的仲裁员签署。但是除非当事人另有约定,在具有 1 名以上仲裁员的仲裁程序中,仲裁庭的大多数成员的签字就足够了。但是如果缺少签名,首席仲裁员或者任何其他仲裁员必须在仲裁裁决上注明某仲裁员不签署裁决的理由。此外,裁决必须包含其依据的理由,但是,这也取决于当事人的协议。此外,奥地利《仲裁法》第 606 条第 3 款规定,裁决必须载明作出日期以及仲裁地点。只有符合这些要求的决定才被视为有效的仲裁裁决。最后,仲裁员必须向当事人交付一份经签署的仲裁裁决书。裁决和送达之后的文件是当事人和仲裁员共同的文件,仲裁庭应与当事人就可能的保存方法进行协商。首席仲裁员(在首席仲裁员无法行使的情况下,由其他仲裁员)可以经任何一方当事人的申请确认某一版本的裁决书的法律效力和可执行性。

裁决作出之后,其所依据的仲裁条款并不失去效力。仲裁裁决在当事人间产生的效力等同于终审的、具有约束力的法院判决。

(四)仲裁程序的终止

奥地利《仲裁法》第 608 条列举了如何根据奥地利法律终止仲裁程序的不同

方式。在一般情况下，仲裁程序在仲裁裁决、和解裁决作出后或者仲裁庭按照奥地利《仲裁法》第608条第2款的规定发出确认仲裁程序终止的裁定后终止。当然，仲裁庭的授权随着仲裁程序的终止同时终止。一般来说，在申请人没有根据奥地利《仲裁法》第597条提交仲裁请求的情况下，仲裁庭可以终止仲裁程序。此外，如果当事人撤回其请求，仲裁庭将终止程序。在这种情况下，被申请人有权反对终止并证明其能够在争议的最终解决上具有合法利益。奥地利《仲裁法》第608条第2款进一步规定，仲裁庭在当事人就终止程序达成一致并且通知仲裁庭的情况下终止程序。最后，仲裁庭终止程序的另一个理由是仲裁的进行已经变得不可能。如果是因为双方当事人未进行仲裁而导致仲裁程序无法进行，在当事人不进行仲裁程序时，仲裁庭必须事先向当事人发出书面警告，如果当事人仍不进行仲裁程序，仲裁庭可以发出确认仲裁程序终止的裁定。当然如果一方的不作为是因为该方无法控制的事件（如本国的战争）造成的，仲裁庭不能提前终止仲裁。仲裁程序是否无法继续进行的评估仅应由仲裁庭作出，仲裁庭终止程序的命令不得上诉。

（五）仲裁费用的规定

除非当事人另有约定，仲裁程序结束以后，仲裁庭应该决定各方当事人承担仲裁费用的义务。在行使自由裁量权时，仲裁庭应当考虑该案件的所有情况，尤其是仲裁程序的结果。该费用包括所有当事人进行适当的请求或者答辩而产生的合理费用。在奥地利《仲裁法》第608条第2款第3项规定的情况下，只有一方当事人通知仲裁庭已达成仲裁程序终止的约定，同时申请仲裁庭作出此类决定的情况下，则可以作出此类决定。如果没有仲裁协议，仲裁庭声明不具有管辖权，仲裁庭可以根据被申请人提出的有关申请人承担仲裁费用的义务的申请作出决定。在裁定仲裁费用承担责任的同时，仲裁庭应确定金额，只要这样做是可能的，且双方之间的费用未抵消。在任何情况下，关于承担责任与金额的决定都应依照本法第606条的规定，以裁决书的形式作出。如果未就承担责任与金额作出决定，或者金额仅可在程序终止后方可确定，则此后的决定应以单独仲裁裁决的形式作出。

（六）仲裁裁决的更正和解释

除非当事人约定了不同的时间期限，否则每一方当事人可以在收到裁决书后的4个星期内，要求仲裁庭更正裁决书中的任何计算错误、书写或者印刷错误或者其他类似性质的错误。即使没有一方当事人的请求，仲裁庭也有权在作出裁决之日起4个星期内更正裁决。如果当事人同意,当事人每一方都可以请求仲裁庭解释裁决的某些部分。如果仲裁庭未就当事人在仲裁程序中提出的请求作出裁定,当事人各方均可请求仲裁庭就遗漏的请求作出补充裁决。奥地利《仲裁法》第610条第2款进一步规定,仲裁庭在对请求作出决定之前,必须将请求告知另一方并听取对方的意见。仲裁庭对仲裁裁决的更正和解释作出决定的期限为4个星期,对作出补充仲裁的请求作出决定的期限为8个星期。然而,不遵守这些时限对仲裁庭没有影响。仲裁庭拒绝补充仲裁的决定不得上诉。

仲裁裁决的更正和解释也必须以仲裁裁决的形式进行。此外,解释和更正构成初始仲裁裁决的一部分,而补充裁决构成新的仲裁裁决。由于解释和更正是初始裁决的一部分,因此对初始仲裁裁决提出异议的期限并非从涉及对初始裁决的更正或者解释的后续仲裁裁决发布之日起重新开始。

第五节 奥地利司法协助与监督

一、法院协助

(一)法院协助取证

奥地利《仲裁法》第602条是该法中关于法院协助的核心条款。根据规定,可以区分出3种向法院提出的法律协助请求。首先,仲裁庭本身可以直接请求法院提供法律协助。其次,仲裁庭可能会授权仲裁员申请法院协助。最后,一方当事人经仲裁庭批准,可以向法院申请法律协助。但是,对法律协助的请求只能在仲裁庭无权采取行动事宜的时候,即只有国家法院有权在取证的过程中适用强制措施。因此,法院有权将证人带到法庭或者迫使拒绝作证的证人支付罚款。尽管奥地利《仲裁法》第602条基于《示范法》第27条,但这方面的法院协助不限于取证。仲裁庭、仲裁庭授权的仲裁员或者当事人有权参与法院的取证并提出问题,但是当事人只有在法官允许的情况下才可以直接向证人或者专家提出问题。此外,根据奥地利《民事诉讼法》第289条的规定,法院有权驳回当事人或者仲裁庭提出的不适当或者不可受理的问题。此外,只要奥地利法律不禁止,法院可以执行所有类型的请求,但是法院没有义务评估法律协助请求是否有根据和合理。

根据奥地利《仲裁法》第577条第2款的规定,如果仲裁庭所在地在奥地利境外或者尚未确定,奥地利《仲裁法》第602条的规定也可以适用。因此,位于奥地利境外的仲裁庭可能会要求奥地利法院提供法院协助，以保护位于奥地利的资产。

（二）临时措施

临时措施，是指仲裁庭经当事人一方的申请，可在聆听对方当事人陈述之后，裁定任何一方当事人就争议的标的采取仲裁庭可能认为有必要的任何临时性保全措施，以避免将来执行无法进行或者被妨碍，或者存在不可挽回的损害。奥地利《仲裁法》第593条涉及仲裁庭发布临时措施的管辖权。该条款还规定临时措施由法院执行。当事人可以排除仲裁庭下令采取临时措施的管辖权。或者当事人也可以保留仲裁庭下令采取临时措施的管辖权，但使管辖权受到额外的条件的约束，或者排除某些临时措施的适用，或者仅允许采取一组特定的措施。

首先，所有的临时措施都需要仲裁一方当事人提出申请，仲裁庭不能主动采取临时措施。其次，在下令采取临时措施之前，仲裁庭必须听取对方当事人的陈述。临时措施只能针对仲裁当事人，对第三人无效。仲裁庭还可以要求一方当事人提供与临时措施相关的适当担保，仲裁庭在决定必须提供何种类型的担保方面拥有广泛的自由裁量权。例如，仲裁庭可以决定仅在请求方事先承诺在其败诉时支付固定或可确定数额的违约金的情况下才决定采取临时措施。最后，临时措施必须以书面形式发布，并且必须将签署的临时措施的决定副本交付给各方当事人。除非当事人另有约定，必须说明临时措施依据的理由。还必须说明该措施作出的日期和仲裁庭的所在地，该临时措施被视为在当日和该仲裁地点作出。

仲裁庭的临时措施经一方当事人的申请由法院强制执行。值得注意的是，奥地利法律不管执行条约的互惠性规定，即允许执行国内和国外仲裁庭的临时措施。因此，临时措施的执行制度比仲裁裁决的执行更为宽松，比外国法院判决的执行更为宽松。执行临时措施的法院是对方当事人首次提出答辩时在本国境内的住所地、居住地或者惯常居住地的地区法院，或者在其他情况下在自身的行政区域内能够行使权限范围内的临时性法令的法院。如果临时措施规定了奥地利《仲裁法》未规定的保护措施，法院经对方当事人申请并聆讯其之后，可以采取奥地利法上与仲裁庭的措施最相近的保护措施。此时，法院可以经申请，修改仲裁庭的措施以保障其目的的实现。

奥地利《仲裁法》第593条第4款规定了法院必须拒绝执行临时措施的原因。在此过程中，法律一方面区分了设在奥地利的仲裁庭下令采取的临时措施，另一方面区分了外国仲裁庭下令采取的临时措施。如果仲裁地在奥地利境内,临时措施存在缺陷,构成撤销本国仲裁裁决的理由的时候,法院应当拒绝执行。如果仲裁庭非位于奥地利境内,临时措施存在缺陷构成拒绝承认或者执行外国仲裁裁决的理由时,法院应当拒绝执行临时措施。如果临时措施的执行与已经向本国法院提出的申请或者早先作出的措施相抵触,或者与外国早前作出且应承认的措施相抵触的时候,法院应当拒绝执行。如果临时措施是奥地利法律未规定的措施,且未申请奥地利法规定的适当的保护措施的时候,法院应当拒绝执行临时措施。

法院在执行临时措施前可以聆讯对方当事人的意见。如果对方当事人未得到此种聆讯,其可依据奥地利《强制执行法》第 397 条的规定针对执行令提出异议。

当仲裁庭确定的临时措施的时间届满,法院应当撤销执行。如果仲裁庭对措施的范围作出限定或者撤销了临时措施,法院应当撤销执行。案件存在奥地利《强制执行法》第 399 条第 1 款第 1 项至第 4 项所述情况时,如果这种情况已经向仲裁庭提出,并且仲裁庭作出的相关决定没有承认障碍或者对方当事人已经提供担保,不必要再执行临时措施的时候,法院应当撤销执行。

二、法院对仲裁裁决的监督

(一)法院对仲裁裁决的有限监督

法院对仲裁裁决的监督主要是通过撤销仲裁裁决来实现的。在奥地利,仲裁协议被视为部分放弃《欧洲人权公约》第 6 条规定的某些权利。因此,仲裁裁决受司法管辖控制的程度非常有限。基本上,仲裁裁决应该是终局的并具有约束力。但是特别严重违反实体法或者程序法的行为可能构成法院撤销仲裁裁决的原因。

奥地利立法严格遵守《示范法》。奥地利《仲裁法》第 611 条受该法第 34 条的启发,该条款也适用于仲裁庭对其管辖权作出裁决的裁决。当事人无权提前放弃对仲裁裁决提出异议的权利。预先排除申请撤销仲裁裁决的权利的约定将会被视为违反善意道德而无效。当事人申请撤销仲裁裁决应当详细说明提出撤销仲裁裁决的理由,法院不得考虑当事人未主张的理由。如果没有当事人明确提出异议,即使是严重的违规行为也不会产生任何后果。但是当裁决缺乏可仲裁性和裁决与奥地利法律制度的根本原则(公共秩序)相冲突时,由法院依职权审查。

向法院申请撤销仲裁裁决的申请的提出期限必须在提出申请的当事人收到裁决或者补充裁决之日起算。仲裁裁决的撤销不影响所依据仲裁协议的效力。在就同一标的的仲裁裁决被终局性地撤销两次之后，如此后有关标的的裁决仍需要撤销，则经一方当事人申请，法院可以同时宣布有关该标的的仲裁协议无效。

（二）法院撤销仲裁裁决的情形

1. 有缺陷的仲裁协议

在不存在有效的仲裁协议，或者尽管存在有效的仲裁协议，但是仲裁庭拒绝管辖，或者依据对当事人具有约束力的法律该当事人缺乏达成仲裁协议的行为能力时，仲裁裁决应当予以撤销。

2. 违反正当程序

如果一方当事人没有得到任命仲裁员或者仲裁程序的适当通知，或者由于其他原因无法陈述其案件，则仲裁裁决应被撤销。奥地利《仲裁法》第 611 条第 2 款的规定必须与奥地利《仲裁法》第 594 条第 2 款的规定相关联，后者认为，当事人各方应当受到公平对待。因此，每一方都应被授予发表意见的权利。对于当事人由于其他原因无法陈述案件的情形，奥地利最高法院认为，对案件相关事实的不完整调查和不充分讨论不一定构成撤销裁决的充分理由。只有当一方在诉讼的所有阶段都被完全剥夺了为其案件进行辩论的任何可能性的时候，才可以认定其权利受到侵犯。然而，关于仲裁庭口头聆讯当事人的义务，最高法院采取了更为严格的标准，除非当事人另有约定，否则根据奥地利《仲裁法》第 598 条的规定，如果当事人提出要求，仲裁员应在诉讼的适当阶段举行口头聆讯。由于该规定具有强制性，因而违反此规定构成撤销裁决的理由。

3. 仲裁庭超越管辖权

仲裁裁决涉及仲裁协议未规定或者未涵盖的事项，或者包含超越仲裁协议范围的事项或者超越当事人请求的法律保护的内容，仲裁裁决应当撤销。如果提交仲裁事项的决定可以与未提交仲裁事项的决定分开，则仅撤销未提交仲裁事项部分的决定。

4. 仲裁庭的组成不合法

如果仲裁庭的组成不符合奥地利《仲裁法》的规定或者当事人的协议，仲裁裁决应被撤销。

5. 违反程序性公共秩序

如果仲裁程序的进行方式与奥地利仲裁法律制度的根本原则(公共秩序)相抵触,则仲裁裁决应当被撤销。根据奥地利最高法院的规定,该原则只能狭义适用。事实上,只有在严重违反程序法的情况下,才能算违反程序性公共政策。例如,无视仲裁员的独立性和公正性,完全不取证以及基于一方有争议的指控作出武断的决定、相互矛盾和难以理解的仲裁裁决,无视一项决定或者具有约束力的法院关于管辖权的裁决以及无法律行为能力的人参与仲裁程序。

6. 符合依奥地利《民事诉讼法》第530条第1款第1项至第5项提起重审法院判决的上述要件

仲裁判决依据奥地利《民事诉讼法》第530条第1款第1项至第5项规定的要求而被撤销。理由包括:判决所依据的文件是全部或者部分伪造的;对方的证人、鉴定人在询问中作伪证,并据此作出判决的;判决是由于可依法惩处的行为而作出的;法官因公务上的刑事疏忽而有罪,损害了申请人在作出判决中的或者与判决所依据的案件有关的先前决定中的利益;判决所依据的法院的判决被撤销。

三、对外国仲裁裁决的承认与执行

如果仲裁地在奥地利境外,则该裁决将被视为外国仲裁裁决,因此需接受承认和执行程序。根据奥地利《仲裁法》第614条第1款的规定,外国仲裁裁决的承认和执行仅在国际法或者欧盟法律不适用的范围内受到奥地利《强制执行法》规定的管辖。如果仲裁协议遵循奥地利《仲裁法》第583条的规定以及仲裁协议准据法关于形式要件的规定,则仲裁协议的形式要件应认为已经满足。根据奥地利《仲裁法》第614条第2款的规定,只有在法院要求的情况下才需要根据《纽约公约》第4条第1款第b项的规定提交仲裁协议原件或经认证的副本。

外国仲裁裁决的承认和执行程序的细节由奥地利《强制执行法》第79条至第86条规定。外国仲裁裁决的承认和执行一般是由义务人有合法居所或者住所地的地方法院管辖。如果标的涉及不动产,由保留土地登记册的地区法院管辖。如果外国仲裁裁决的标的依照外国法律可以强制执行,并且有国际互惠条约的规定,则外国仲裁裁决可以被宣布为可强制执行。当对方因外国法院或者行政机构仲裁程序中的错误而无法参加仲裁程序、承认外国仲裁裁决将强制执行根据奥地利法律不可受理的事项或者承认外国仲裁裁决将会违反奥地利法律制度的根本原则时,法院必须拒绝承认和执行外国仲裁裁决。当事人可以对法院是否承认外国仲裁裁决的决定提出上诉。承认外国仲裁裁决的请求可以和执行外国仲裁裁决的请求合并。法院必须同时对两项申请作出裁决。值得注意的是,即使当事人对法院是否承认外国仲裁裁决的决定提出上诉,执行程序也会立即开始。

第六节　中方仲裁参与方式

随着中国当事人日益深入地参与世界经济和"一带一路"建设的推进,中国与"一带一路"沿线国家的经济联系日益紧密,了解中国当事人如何在"一带一路"国家中适用法律、参加仲裁也越发重要。总体而言,中国当事人可以以两种方式参与仲裁,即作为仲裁员和作为当事人,以下分别进行介绍。

一、中方成为仲裁员

(一)奥地利《民事诉讼法》对仲裁员标准的规定

根据奥地利《民事诉讼法》的规定,凡是具有完全行为能力的人,包括本国人和外国人,都可以被指定为仲裁员。但法人,如企业,不能作为仲裁员,在仲裁协议中指定法人担任仲裁员时可以理解为有权代表该法人的自然人在程序中担任仲裁员。因此,具有完全民事行为能力的中国当事人有依法在奥地利担任仲裁员的机会。

然而,担任仲裁员依然存在一定的限制。一是法律对身份的限制,如州法院法官不能担任仲裁员;二是当事人约定对仲裁员资格的限制,如当事人可以约定仲裁员必须具备一定的专业能力、语言技能或者其他能力等特定资格;三是出于对独立公正仲裁考虑的限制,如根据奥地利《仲裁法》第587条第8款的规定,法院在委任仲裁员时,除应适当考虑当事人之间对仲裁员的资格要求的协议外,还应该考虑其他确保委任独立公正的仲裁员的因素。中国仲裁员应尽量避开法律限制的因素并使自己具备相应的特定资格。

(二)在VIAC程序中担任仲裁员的方法

其一,VIAC有权将任何被提交的有关仲裁从业者的信息介绍进行保留、在其网站上发布,并可以视情况将其删除,以此为仲裁从业者提供了在其网站上展示自身信息的机会,也为当事人选择仲裁员提供了信息和帮助。当事人可以自由提名他们选择的仲裁员,VIAC 理事会在指定仲裁员时也是如此。[1] 因此,想在 VIAC 程序中担任仲裁员的中国人可以将其受教育情况、仲裁经验、了解法律情况、语言掌握情况等信息提交给 VIAC,在其网站上的展示有利于当事人对仲裁从业者的情况进行了解并进行选择。

其二,在当事人对其进行提名或 VIAC 理事会对其进行指定后,中国仲裁员应遵守《维也纳仲裁规则》《维也纳投资仲裁规则》相关规定,按要求在相应期限内履行声明与披露义务,并公正尽责地履行其作为仲裁员的义务。

二、中方参与仲裁

(一)中方适用奥地利《民事诉讼法》的方式

根据奥地利《民事诉讼法》第四章第 577 条,奥地利《仲裁法》适用于仲裁地点在奥地利领域内的一切仲裁。因此,中国当事人要想适用奥地利《仲裁法》进行仲裁,将仲裁地点确定为奥地利较为稳妥。

仲裁地点不在奥地利或者尚未确定的,仍然适用奥地利《仲裁法》的相关规定,这些规定涉及以下问题:法院干预仲裁的限制(第 578 条)、收到书面通知(第 580 条)、仲裁协议的形式(第 583 条)、仲裁协议与法院诉讼之间的冲突(第 584 条)、法院对临时措施的受理(第 585 条)、仲裁庭发布的临时措施的执行(第 593 条)、法院协助(第 602 条)、申请确认仲裁裁决的存在或不存在(第 612 条)、承认和宣布执行外国仲裁裁决(第 614 条)。

根据奥地利《仲裁法》第 577 条第 3 款的规定,只要当事人一方的营业地、住所或常住地位于奥地利,即使仲裁庭所在地尚未确定,奥地利《仲裁法》的某些规定也适用,这些规定主要管辖法院对仲裁庭组成的干预。

(二)中方参与 VIAC 仲裁的方式

首先,根据《维也纳仲裁规则》相关规定,中国当事人要想以 VIAC 作为仲裁机构解决争议,需首先对其《维也纳仲裁规则》《维也纳投资仲裁规则》的适用达成一致,达成一致的标准为达成协议、另行商定或其同意可以被预知。此外需注意仲裁协议不得不符合并从根本上偏离《维也纳仲裁规则》,否则 VIAC 可以拒绝管辖。

其次,中国当事人应按规定提交仲裁申请以开启仲裁程序,需注意仲裁申请

---

[1] Arbitration-List of Practitioners, 载 VIAC 网, https://www.viac.eu/en/arbitration/list-of-practitioners,最后访问日期:2022 年 3 月 1 日。

的内容应符合《维也纳仲裁规则》《维也纳投资仲裁规则》相关规定。

最后,中国当事人应对仲裁程序开启后的规定进行关注,按时补全秘书长等工作人员要求弥补的材料,按时缴纳登记费用等仲裁必须费用,并遵守相关规则依法完成仲裁程序。

第七节　整体评价及对中方参与仲裁的建议

一、奥地利仲裁环境整体评价

奥地利优良的法律和商业环境为其仲裁的发展提供了极强的推动力。

一方面,奥地利是一个"仲裁友好"(arbitration-friendly)的国家。其一,奥地利作为一个中立国家,历来在纠纷解决方面具有较高的重要性;其二,奥地利拥有完善而现代的、有利于仲裁的法律体系,其仲裁法以联合国国际贸易法委员会的《示范法》为基础;其三,奥地利的仲裁是高效的,奥地利最高法院是对仲裁裁决质疑时的一审和终审法院,质疑提出的理由被严格限制为与《示范法》相类似的具体列举的请求;其四,奥地利法院对仲裁提供支持,在需要时为仲裁员提供司法协助,同样地,在没有法律规定的情况下,法院不会介入仲裁程序;其五,仲裁庭发布的临时措施可以由奥地利法院强制执行。

另一方面,奥地利首都维也纳也是仲裁的首选地点之一。它是全球排名前7的国际仲裁地点之一,是全球范围内备受瞩目的商业和公共服务集合点。它位于欧洲的中心,拥有密集的航班线路与世界各地相连接,是中东欧、东南欧的旅游枢纽,酒店和餐馆平均价格大大低于欧洲其他主要国家首都,这些都为仲裁提供了良好的软、硬件措施。〔1〕

二、VIAC 整体评价及对中国当事人参与仲裁的建议

奥地利作为欧洲仲裁的中心,其代表性仲裁机构 VIAC 作为中欧和东欧首要国际仲裁机构起到至关重要的作用,其仲裁程序和仲裁制度有独特优势,主要表现为:〔2〕

〔1〕 The 7 best Reasons for Choosing VIAC,载 VIAC 网,https://www.viac.eu/en/about-us/7-best-reasons-for-choosing-viac,最后访问日期:2022 年 2 月 15 日。

〔2〕 The 7 best Reasons for Choosing VIAC,载 VIAC 网,https://www.viac.eu/en/about-us/7-best-reasons-for-choosing-viac,最后访问日期:2022 年 2 月 15 日。

性价比高。VIAC 仲裁程序进行中有明确可计算的收费表使成本可预测,与其他机构相比,VIAC 的仲裁员费用和行政服务费用并不高,现代的、主要适用电子化的程序管理更是大大节省了时间和交付成本。此外,VIAC 还提供了快速程序的选择,可以保证以较低的成本更快地作出裁决。

高度贴合当事人需要。VIAC 仲裁规则是一套在发展过程中不断更新的现代规则,其中同时体现了对当事人需要与选择的尊重和 VIAC 对职权行使的重视。如程序的进行可由当事人和仲裁庭决定;当事人可以选择仲裁的语言和适用的实体与程序法;对于当事人选择仲裁员也没有任何限制,只有在各方当事人无法达成一致的情况下可以由 VIAC 指定仲裁员从而确保程序不会停滞;规则允许第三方以灵活的方式加入诉讼、合并诉讼;仲裁庭有权命令采取临时措施和保全措施,对于费用担保的请求也是可受理的;仲裁员须在程序结束后将预计的最终裁决日期通知秘书处和各方当事人;当事人可以选择快速仲裁程序,在 6 个月内获得最终裁决;VIAC 在仲裁程序之前、期间或之后同样可以管理调解和其他非诉讼纠纷解决程序。通过这些规则,在当事人选择与 VIAC 职权行使之间达成了灵活的平衡,以保障仲裁程序的顺利进行和对当事人需要最大限度的契合。

卓越的服务和丰富的经验。自成立以来,VIAC 已经成功管理了上千个仲裁案件,通过其提供的仲裁、调解和其他非诉讼纠纷解决服务,VIAC 能够为当事人提供适应其需求的、卓越的服务。在仲裁员的选择上,有很多在各自领域经验丰富的仲裁员可供选择,VIAC 指定的仲裁员也是世界上领先的仲裁员。在程序管理上,VIAC 的理事会和秘书处有能力以高水平保障程序高效运行,秘书处在整个仲裁过程中能够为仲裁员和当事人提供有效支持。

完善的辅助性服务。VIAC 有良好的仲裁硬件环境,如可以提供听证室和讨论室、音频视频设备,还可以为进一步的后勤组织工作提供协助,如对法庭报告员或口译员的确认和提供、对餐饮服务的提供等。

与学术和其他法律实践紧密关联。VIAC 与奥地利仲裁协会有密切的关系,与其他主要仲裁机构保持友好的关系,也是奥地利和各国法律学校的研究合作伙伴。这有利于其仲裁实践在与理论的结合中不断发展。

因此,VIAC 制度设计上的科学性和在仲裁领域的重要地位决定了其对于中国当事人来说也不失为一种选择,然而笔者发现,地域等因素也为中国当事人参与仲裁带来了一定困难,需要当事人在选择时予以了解和注意。

中国当事人在 VIAC 进行仲裁可参考的先例较少,根据前文对近三年案件当事人来源国家的统计可以看出,当事人主要来自中东欧、东南欧和独立国家联合体成员。

VIAC 中国仲裁员较少。通过观察 VIAC 网站上公布的仲裁从业者名单可以发现,相比他国仲裁员尤其是欧洲国家仲裁员,中国籍仲裁员人数较少,这就导致对于意图选择中国仲裁员的当事人来说选择稍少。

出于案件争议性质的考虑,可以发现近 3 年商业合同类、企业所有权类等案件类型在 VIAC 更常见,相比其他案件类型,VIAC 可能对这些案件的经验更为丰富。

出于仲裁语言的考虑,在 VIAC 程序中当事人与理事会、秘书处通信应使用德语或英语,当事人需就语言问题考虑清楚。

总之,若当事人选择在奥地利仲裁或适用 VIAC 仲裁程序,需要在仲裁协议中明确约定或以其他方式达成合意,并遵守各法律规则中的要求,依法开启并完成仲裁程序。

CHAPTER 05 >>

第五章

肯尼亚

肯尼亚,全称肯尼亚共和国(The Republic of Kenya),位于非洲东部,赤道横贯中部,东非大裂谷纵贯南北。东邻索马里,南接坦桑尼亚,西连乌干达,北与埃塞俄比亚、南苏丹交界,东南濒临印度洋,海岸线长536公里。国土面积582,646平方公里,全国人口4756.4万(2019年人口普查结果)。首都内罗毕(Nairobi),官方语言为斯瓦希里语和英语。1890年,英、德瓜分东非,肯尼亚被划归英国。1895年,英国政府宣布肯尼亚为其“东非保护地”。1920年,改为殖民地。1960年3月,肯尼亚非洲民族联盟(以下简称肯盟)和肯尼亚非洲民主联盟成立。1963年5月,肯尼亚举行大选,肯盟获胜;6月1日成立自治政府;12月12日宣告独立。1964年12月12日,肯尼亚共和国成立,但仍留在英联邦内。

肯尼亚是一个有潜力的市场,其政府在2030年远景规划中,将能源、基础设施和建筑业、农业、制造业、采矿业、旅游业、批发和零售业、金融服务业和信息产业等列为重点发展领域。中国、肯尼亚两国始于1963年的经贸合作关系在“一带一路”建设推进下发展迅速,中国已成为肯尼亚最大的贸易伙伴。当前,中国、肯尼亚双方人员、商贸交往愈加频繁,利益融合不断加深,因此,对双方司法仲裁、商事纠纷调解制度的了解和认知需求迫切。

第一节　肯尼亚国际商事仲裁历史沿革与制度概括

仲裁法律制度一直是肯尼亚法律框架的一部分。首先,2010 年颁布的肯尼亚《宪法》为肯尼亚的仲裁实践奠定了宪法基础。其次,肯尼亚还批准了若干促进国际商业仲裁的国际法律文书,如《纽约公约》和《华盛顿公约》。最后,肯尼亚还颁布了若干关于国际商法的法律,如《仲裁法》。《仲裁法》是《示范法》的复制品。因此,肯尼亚在国际商业仲裁方面拥有一个充满活力和进步的框架。

一、国际商事仲裁制度早期历史

肯尼亚的仲裁深受传统影响。这种传统主要是口头的,在殖民主义出现和引入成文法之前就已经存在。

人类学和法学研究表明,肯尼亚是一个集体居住的社会,其成员在家庭聚会或宗族会议上解决他们的争端和冲突。他们的争议解决程序是不成文的,所有的社会冲突都以同样的方式解决,其中既没有正式的概念,也没有犯罪和民事过错之间的区别。这样传统的争端解决方式一直延续到现代,现如今,部落族群的大多数仲裁(其争端主要与土地、牲畜和继承有关)都是由部落长老进行的。然而,由长者解决争端的习惯做法已经现代化,并由 1967 年的《治安法庭法》正式颁布,根据该法,所有与受益人有关的问题都将被纳入《治安法庭法》。

土地所有权、土地分割、边界的确定、占用或耕种土地的要求以及对土地的侵犯等问题都被提交给长老小组来解决。1990 年的《土地纠纷法庭法》也加入了纠纷解决机制,该法废除了 1981 年的《治安法官管辖权(修正案)》,并为肯尼亚的每个行政区设立了土地纠纷法庭,以解决土地纠纷。因此,实际上,该法案将长老小组转变为长老法庭,并将其决定作为地方法院的判决提交和登记。尽管这些法规没有在其条款中引入"仲裁"一词,但很明显,自愿将争端提交给社群的长者,并在法院的协助下执行裁定结果的争端解决程序,是法定仲裁的形式。更重要的是,这些法规将治安法院的管辖排除在争端的裁定之外,但没有排除对结果执行的管辖。

二、早期仲裁立法

肯尼亚的合意法定仲裁起源于殖民时期。1897 年枢密院令(将肯尼亚设为保护国)将 1889 年 8 月 12 日在英国生效的衡平法理论和普遍适用的法规延伸到肯尼亚。因此,1914 年肯尼亚颁布的《仲裁法》是基于 1889 年的英国《仲裁法》。随后的 1968 年肯尼亚《仲裁法》也同样以 1950 年的英国《仲裁法》为基础。1930 年通过的《仲裁(外国裁决)条例》使某些外国裁决得到执行,并成为 1968 年肯尼亚《仲裁法》的一部分。同样,1927 年在日内瓦制定的《关于执行外国仲裁裁决的公约》也在 1968 年《仲裁法》中被采纳,该法在 1992 年被修订,规定适用 1958 年的《纽约公约》。

之后,1968 年的《仲裁法》(肯尼亚法律第 49 章)被废除,并颁布了新的法律,即 1995 年的《仲裁法》。1995 年《仲裁法》经 2009 年第 11 号《仲裁法(修正案)》修正,于 2010 年 4 月 15 日生效。需要指出的是,1995 年《仲裁法》仍被保留并作为主要仲裁法规。

肯尼亚《民事诉讼法》(肯尼亚法律第 21 章)规定了另一条合意仲裁的途径。该法规规定,诉讼中的当事人可以协议通过法院的转介令将有争议的问题提交仲裁。仲裁的选择不是由法院强加的,而是由法规保证的,并由当事人协议行使的。在转介令下达后,法院不再处理该诉讼(但转介令规定的方式和范围除外,如确定交付裁决的时限)。虽然这一程序是根据肯尼亚《民事诉讼法》进行的,但肯尼亚的做法已经发生了变化,法庭中的争议方能够选择不适用肯尼亚《民事诉讼法》,并通过一致协商同意获得移交令,以便其争议能够根据 1995 年的现代化《仲裁法》进行仲裁(在“Iris Properties Ltd. & Another v. Nairobi City Council 案”中,高等法院批准了一项同意令——根据 1995 年《仲裁法》,现有诉讼中的各方可将争议事项提交进行仲裁)。

第二节 肯尼亚仲裁法律框架

国际仲裁是在国际法律框架内进行的,该框架包括国际公约、国家仲裁立法和机构仲裁规则,所有这些都为大多数国际商事仲裁提供了支持机制。肯尼亚的国际商事仲裁的国际法律制度已经建立并逐步完善,其目标是通过提供一个有效的法律框架,使商事活动得以进行,从而便利国际贸易和投资。

肯尼亚国际商事仲裁的法律框架可分为国内法框架和国际法框架两部分。国内法律框架包括肯尼亚 2010 年《宪法》、1995 年《仲裁法》、《内罗毕国际仲裁中心法》、《投资争端公约法》、《民事诉讼法》;国际法律框架包括肯尼亚根据 2010 年

《宪法》第2(5)、(6)条批准的并构成肯尼亚法律的一部分的各种国际文书。随着坚实的法律框架的建立,肯尼亚近几年来经历了国际仲裁实践和发展的显著增长。

一、国内法律框架

(一)肯尼亚2010年《宪法》

2010年通过的肯尼亚共和国现行《宪法》对肯尼亚的仲裁法律制度产生了巨大影响。《宪法》第159条规定,应当推进和解、调解、仲裁和传统纠纷解决机制等其他纠纷解决机制的发展,只要它们不与权利法案相抵触,不与正义和道德相抵触,不与宪法或任何成文法相抵触。第159条还规定,法院和法庭在行使司法权力时,应遵循包括和解、调解、仲裁和传统争端解决机制在内的其他争端解决方式的原则。

可见,宪法承认仲裁等替代性争端解决机制。其效果是,肯尼亚法院现在更加重视仲裁条款和法院授权的仲裁。上诉法院进一步澄清,仲裁裁决的终局性概念不得被视为与宪法规定的诉诸法院的权利相冲突。相反,它应被视为重申了司法部门促进替代性争端解决机制的宪法义务。

而无论如何,仲裁作为一种争端解决机制并不是强加给当事人的,支持仲裁的当事人自治原则是基于这样的假设:商事活动关系中的当事人有权选择自己的方式来解决争端,而不求助于法院或限制求助于法院。

(二)1995年《仲裁法》

1. 概述

肯尼亚的第一部仲裁法是1914年《仲裁法》,它是1889年英国《仲裁法》的翻版。这项法律的主要特点是,它赋予肯尼亚法院对肯尼亚仲裁程序的最终控制权。1914年《仲裁法》被1968年《仲裁法》所取代,后者以英国1950年的《仲裁法》为基础。其目的是确保仲裁程序从错综复杂的法庭程序中解脱出来。人们往往认为这些程序实质上妨碍了解决争端的效率,并减缓了贸易增长的步伐。然而,1968年《仲裁法》被认为不足以完成这一任务,因为它为法院干预仲裁程序提供了大量的余地。因此,肯尼亚采取了措施减少法院对仲裁的影响,包括通过《示范法》。这导致了1968年《仲裁法》的废除,并被1995年《仲裁法》和1997年《仲裁规则》取而代之。2009年,以1995年《仲裁法》为基础通过了《仲裁法(修正案)》。

1995年《仲裁法》是肯尼亚仲裁事务的实体法。该法支持法院不干涉的概念,并鼓励法院支持仲裁程序。该法第2节规定了该法的范围,并规定该法应适用于国内仲裁和国际仲裁。然而,值得一提的是,1995年《仲裁法》中没有明确规定国际商事仲裁的字样,但可以从中“推断”出它的存在,这是因为该法第3(1)条将“仲裁”定义为“任何仲裁(无论是否由常设仲裁机构管理)”。更重要的是,该法第2条规定,除非在特定情况下另有规定,该法的规定应适用于国内仲裁和国际仲裁。第3(3)条将“国际仲裁”定义为:在缔结仲裁协议时,仲裁协议各方的营业地位于不同的国家,以下地点之一位于仲裁协议所在国家之外:(1)由仲裁协议确定或根据仲裁协议确定的仲裁的司法地点;(2)履行商业关系的大部分义务的任何地点或与争端主题最密切相关的地点;(3)当事人明确约定,仲裁协议的主题事项涉及一个以上的地方。因此,在国际仲裁的定义中纳入商业关系这一短语,可以理解为肯尼亚1995年《仲裁法》考虑到了国际商业仲裁。

此外,该法还纳入了源自《示范法》的国际仲裁标准原则,如“Kompetenz Kompetenz”(第17条,自裁管辖学说,又称为“管辖权之管辖权”理论、仲裁管辖原则)、仲裁员的独立性和公正性标准(第13条)、当事人的平等待遇和一般义务(第19条和第19A条)、当事人的自主权(第20条)以及裁决的最终性(第32A条)等原则。

2.1995年《仲裁法》的内容

如前所述,1995年《仲裁法》是肯尼亚的主要仲裁法规。与其前身不同,该法不以英国仲裁法为基础。肯尼亚通过颁布1995年《仲裁法》并在《肯尼亚公报》上公布的方式,采用并重新制定了《示范法》的实质性条款。该法分为8个部分,涵盖了仲裁的所有阶段。

第一部分,标题为“初步程序”,包含有关适用范围和解释的规定,该法同时适用于国内和国际仲裁。第3(1)条载有仲裁术语的定义,如“仲裁”“仲裁协议”“仲裁裁决”“仲裁庭”“当事人”。第3(2)条给出了“国内仲裁”和“国际仲裁”的定义。第3(6)条的规定体现了以提交方式纳入的原则。第3(6)条规定,根据该法提交当事方的协议将包括该协议中提到的任何仲裁规则,而提交索赔和辩护将分别延伸到反诉和反诉的辩护。

第二部分,包含“一般规定”,主要规定了仲裁协议的形式要求、一方当事人可被视为放弃反对权的情况,以及法院何时可以批准中止法律程序并将当事人提交仲裁。第二部分还规定了使仲裁协议与法院批准的临时保护措施相协调的原则，并规定了法院干预仲裁的程度。

第三部分，标题是“仲裁庭的组成和管辖权”，其规定了仲裁员的指定和人数的确定、异议的理由、异议程序、仲裁任务的终止和仲裁员的替换。这一部分的最后几节包含了仲裁庭对自己的管辖权进行裁决和给予临时保护措施的权力。

第四部分，涉及“仲裁程序的进行”，从第 19 条开始，该条颁布了要求平等对待各方当事人的原则。随后是关于当事人自由决定程序规则的规定，以及在当事人未能就程序达成一致的情况下，仲裁庭有权以适当的方式进行仲裁的规定。该部分下的其他条款规定了仲裁地点的选择、程序的语言、诉状的交付、证人的听证以及仲裁庭或一方当事人请求法院协助取证的自由。

第五部分，标题为“仲裁裁决和仲裁程序的终止”，包括选择适用于争端实质的规则、仲裁庭的决策、仲裁裁决的形式和内容、仲裁费用和开支的裁决、程序的终止以及仲裁裁决的纠正和解释。

第六部分“针对仲裁裁决向高等法院提起诉讼”中，第 35 条规定了撤销裁决的程序和理由。

第七部分的第 36 条规定了对裁决的承认和执行，第 37 条规定了拒绝承认或执行的理由。

第八部分对该法进行了总结，其中包括就国内仲裁中出现的法律问题向高等法院和上诉法院提出的上诉以及与肯尼亚首席大法官为该法规定的所有法庭程序制定法院规则的权力有关的杂项规定。

法院认为，《仲裁法》是一部自我涵盖（或自给自足）的法规。这意味着，人们不需要超越其规定来确定与仲裁裁决或程序有关的问题。在“肯尼亚国家石油公司诉 Prisko 石油网络有限公司案”中，上诉法院指出，民事诉讼法律法规不适用于须经仲裁程序的事项，除非《仲裁法》中对此有规定。同样，在“Anne Mumbi Hinga 诉 Victoria Njoki Gathara 案”中，上诉法院认为，1997 年《仲裁规则》第 11 条并没有引进民事诉讼法律法规来规范《仲裁法》下的仲裁。它指出，如果适用民事诉讼法律法规的效果是剥夺裁决的终局性和快速执行（而这两者都是仲裁的主要目标），那么该适用是不合适的。只有在《仲裁法》对某一问题保持沉默的情况下，才可以求助于民事诉讼法律法规来填补任何空白，但不能与《仲裁法》的宗旨和目标相冲突。

3. 1995 年《仲裁法》的一些问题

第一,尽管肯尼亚 1995 年《仲裁法》复制了《示范法》的实质性条款,但该法的 8 个部分并不对应《示范法》的 8 个章节(如上文提到的该法第八部分的杂项规定并不是《示范法》的一部分)。

第二,该法的长标题“废除和重新制定《仲裁法》并对相关目的作出规定的议会法案”,可能对公众产生误导。“废止”和“重新制定并修正”这两个词引起了人们的疑惑,虽然该法第 42(1)条确认废止 1968 年《仲裁法》,但基于《示范法》的 1995 年《仲裁法》并不是基于 1968 年《仲裁法》重新制定并修正的,这两个法律在内容和结构上都有所不同。也就是说,1995 年的《仲裁法》实质上是新的立法。

第三,与《示范法》一样,该法没有对仲裁进行定义,只指出其适用于“任何仲裁”,无论是否由常设仲裁机构管理。虽然这遵循了《示范法》的措辞,但“任何仲裁”一词可能会引起这样的评价:肯尼亚法律规定的仲裁不限于商业活动。于是这便与《示范法》不同,后者主要是为国际商事仲裁制定的。事实上,该法并没有宣布自己仅限于商业仲裁,上述法定定义没有描述仲裁的性质,所以在肯尼亚,仲裁通常被理解为一种裁决程序,其基本属性是:仲裁是一种解决争端的程序;它是根据当事人的协议进行的;仲裁员由当事人指定(或按其商定的方法),裁决在当事人之间具有约束力和可执行性。

第四,该法以与《示范法》第 7(1)条和第 1(3)条相对应的术语定义了“仲裁协议”和“国际仲裁”,并提出了重要意见,即仲裁协议不限于合同关系,而是扩展到其他法律关系。涉及侵权行为和不作为的争端也属于该定义的范围。该法将以下情况定性为“国内仲裁”(《示范法》对此未作规定):仲裁协议明确或默示地要求在肯尼亚进行仲裁;在仲裁程序开始时或仲裁协议缔结时,各方是肯尼亚国民或惯常居住在肯尼亚;公司仲裁方必须在肯尼亚注册或管理和控制;协议在肯尼亚的实质性履行,或与肯尼亚的争端密切相关,也属于国内仲裁的范围。

第五,肯尼亚《证据法》第 2 条排除了该法在仲裁程序中的适用。然而 1995 年《仲裁法》第 28 条规定,高等法院在执行协助取证的请求时,“根据其取证规则”,通常包括适用《证据法》的规定,从而陷入了一个难题。因此,建议在适用该法第 28 条时,法院应以仲裁法的程序性要求为指导,而不是严格遵守不适用于仲裁的《证据法》。

第六,该法没有将“强制性”和“非强制性规定”一分为二,尽管它保留了《示范法》的核心原则和规定。例如,涉及法院干预程度(第10条)、临时措施(第7条)、当事人的平等待遇(第19条)、当事人的程序自由(第20条)以及裁决的承认和执行(第36条和第37条)。2006年《示范法》修正案纳入了第17H条、第17I条、第17J条,但没有纳入第35条和第36条的修改。

从整体而言,涉及法人团体和肯尼亚当事方(包括国家当事方)的国际仲裁往往是在肯尼亚境外根据外国机构的仲裁规则进行的,如ICC的规则。因此,根据1995年《仲裁法》在肯尼亚进行的国际仲裁是罕见的。

(三)《内罗毕国际仲裁中心法》

《内罗毕国际仲裁中心法》(以下简称2013年NCIA法案)是一项新法案,以努力在肯尼亚培育国际商业仲裁。值得注意的是,该法设立了一个“仲裁院”,该法院将拥有专属的原始和上诉管辖权,以审理争端以及根据该法或任何其他成文法提交给它的所有事项,其决定为最终决定。这些规定在保证保密性和不被普通国家法院干涉方面很有用。同样重要的是,其规定除法院的任何其他程序规则外,应适用《联合国国际贸易法委员会仲裁规则》,并作必要的修改。

1. 概述

根据世界银行的数据,肯尼亚是最新进入中产阶级经济精英阶层的国家之一。尽管一些经济专家质疑这种重新分类的真实性和准确性,但新确立的地位似乎是肯尼亚在2030年之前实现其经济蓝图愿景的早期实现。肯尼亚也是其所处区域的商业中心和进入东非的战略商业入口。它在大多数经济指标上都明显领先于其区域内的同行。

世界银行将肯尼亚归类为新兴发展中国家,这与2013年NCIA法案的颁布密切相关。该法案的颁布,或许可以解释为政府对随经济发展而不可避免增加的商业复杂性和纠纷的愈加重视,这也可能是对以下事实的认可:在全球化的商业世界中,只有那些提供有效、高效、可预测、公正、迅速、成本效益高、可靠、一致和可执行的争端解决机制的经济体才会吸引跨国商人和企业投资。为了吸引这些备受追捧的外国直接投资,以促进和维持该国新发现的经济地位,并寻求更好的发展,肯尼亚的争端解决格局必须不断发展。

2. 2013 年 NCIA 法案的内容

与大多数概念和法律事项一样,可以说2013 年 NCIA 法案是以肯尼亚《宪法》为基础的——《宪法》第 159(2)条承认,仲裁是司法权力在解决争端时被赋予和行使的一种手段。

也许可以从2013 年 NCIA 法案的长标题中看出,其目的的最直接来源——这是一项议会法案,规定设立一个国际商事仲裁区域中心和一个仲裁院,并规定其他争端解决机制。该法设立了内罗毕国际仲裁中心(Nairobi Centre for International Arbitration,NCIA),作为一个永久延续并拥有公章的法人团体,其总部将设在内罗毕。

该法第 5 条概述了中心的职能,包括:促进、便利和鼓励按照该法进行的国际商事仲裁;在其主持下管理国内和国际仲裁以及其他争端解决技术;制定包含调解和调解程序的规则;为仲裁员和学者组织国际会议、研讨会和培训方案;在与实现中心目标相关的领域,与其他区域和国际机构保持积极合作;应双方要求,通过为双方提供必要的技术和行政协助,提供临时仲裁;为仲裁裁决的执行和翻译提供建议和协助;为调解员和仲裁员提供培训和认证;就仲裁和其他替代性争端解决机制向公众进行教育;与其他区域和国际机构签订战略协定,以获得技术援助,使中心能够实现其目标;提供听证、笔录等配套技术服务设施。

该中心由该法第 6 条规定的理事会管理。理事会由总统、总检察长或其代表、司法部首席秘书长或其代表任命的主席、高等法院首席书记官长或其代表、肯尼亚国家工商会代表、肯尼亚法律学会、肯尼亚私营部门联盟,以及特许仲裁员协会等成员组成。该法第 21 条设立了仲裁院,由 1 名庭长、1 名副庭长、书记官以及其他不超过 15 名成员组成(所有成员均为主要国际仲裁员)仲裁院应具有专属的原始和上诉管辖权,以根据《仲裁法》或任何其他成文法审理和裁定提交给它的所有争议。仲裁院的裁决是终局的。关于仲裁院审理事项的适用法律,该法第 23 节规定适用《联合国国际贸易法委员会仲裁规则》,并根据仲裁院的议事规则进行必要的修改。

3. 与《宪法》的冲突

(1)是“法院”,还是“仲裁庭”

肯尼亚《宪法》第 159 条将司法权赋予两个机关,即法庭和仲裁庭,由其设立或根据其设立,第 162 条规定了肯尼亚的法院系统及其等级结构,第 163 条至第

172 条具体规定了高级法院的管辖权、法官的任命以及他们的免职。

而 2013 年 NCIA 法案“意图”建立一个“法院”。但根据《宪法》第 162 条、第 163 条、第 164 条、第 165 条，要么直接设立法院，要么规定通过议会法案设立特别法院。在肯尼亚，在《宪法》直接设立的法院之外，只有工业法院和环境与土地法院可以通过议会法规设立。

也就是说，读者只需要对《宪法》这一条款进行简单解读便不可避免地会得出一个结论，即根据 2013 年 NCIA 法案第 21 条设立的“仲裁院”不是根据肯尼亚《宪法》第 162 条设立或设想的法院之一。《宪法》没有为通过法规设立仲裁院留下空间。因此，可以说，根据 2013 年 NCIA 法案设立的仲裁院是违宪的。有人认为，根据 2013 年 NCIA 法案设立的法院不一定是宪法严格意义上的法院，使用“法院”一词是一个疏忽，它很可能是指仲裁庭。因此，在这时，重要的是考虑到法院的突出必要特征，并在此基础上衡量这一主张，与根据 2013 年 NCIA 法案设立的仲裁院相比较。

(2)管辖权

在肯尼亚法律规范的等级结构中，肯尼亚《宪法》居于最高位阶的位置，任何与之不一致的法律在不一致的范围内都是无效的。肯尼亚高等法院是第一个被赋予管辖权的法院，以确定任何立法或行为是否符合肯尼亚《宪法》。

而 2013 年 NCIA 法案设立了一个名为“仲裁院”的法院。如前所述，严格来说，它不是《宪法》第 162 条所设立或设想的法院之一，笔者认为，该所谓“仲裁院”只能是一个仲裁庭。2013 年 NCIA 法案第五部分规定了根据该法设立的“仲裁院”的组成和管辖权。该法案第 22(1)条规定，“法院应拥有专属的原始和上诉管辖权，以审理和裁定根据本法或任何其他成文法提交的所有争端”。第 22(2)条接着补充说，“法院对提交给它的事项的决定是最终的”。此规定似乎表明，根据该法设立的“仲裁院”不受高等法院或肯尼亚《宪法》设立的任何或所有法院，包括肯尼亚最高法院的监督或上诉管辖权的约束。

《仲裁法》和实践中的一个普遍接受的基本原则是，仲裁裁决是最终的，对当事人有约束力，除非当事人后来同意上诉或仲裁协议中规定了上诉。这确实是终局性和当事人自主性属性的本质，它使仲裁有别于其他争端解决形式，并使仲裁成为一种有吸引力的争端解决机制。这种终局性始终取决于仲裁庭的实质性结论，而不是程序公正性、对自然正义规则的遵守、公共政策的不正当性和腐败、违反宪法和可能使仲裁裁决无效的严重违规行为等问题。从本质上讲,只要涉及争议的实质,仲裁裁决就是最终的,如果要向法院或其他地方上诉,必须且只能通过当事人一致同意。

但法院干预有时是必要的,在任何情况下,裁决总是受到高等法院的审查,特别是关于腐败问题。它是防止滥用程序的一种保障,也是一种质量保证程序,它是一种必要的监管监督。换言之,它是一种必要的“麻烦”。检验一项裁决是否符合上述先决条件的最常见方式是通过高等法院的质疑程序或由受害方申请撤销或拒绝承认和执行裁决来判断。因此,像 2013 年 NCIA 法案第 22 条所寻求的那样,立法以取消高等法院对仲裁院裁决的肯尼亚《宪法》监督管辖权,很可能是违宪的,根据肯尼亚《宪法》第 2(4)条,该条款可以因违反宪法第 165 条而被宣布为无效。

(3)仲裁庭成员的任命方式和纪律要求

肯尼亚《宪法》第 166 条对根据或依照《宪法》设立的法院的司法官员的任命作了详细规定;肯尼亚《宪法》第 10 条规定理事会通过竞争方式吸收司法官员,并让候选人接受公众监督;肯尼亚《宪法》第 166(2)条规定了任命高级法院法官的资格。

而根据 2013 年 NCIA 法案设立的仲裁法庭的成员,除其主席和副主席外,均由根据该法案第 6 条设立的理事会任命。成员将由理事会通过竞争方式任命,任期 5 年,并有资格再被任命 5 年。主席和其副手似乎不需要通过竞争方式招纳。从该法的措辞来看,主席和副主席这两位坐在法院顶层的人物,似乎不必像对“仲裁院”其他普通成员的要求那样是“主要国际仲裁员”。将法院最顶尖的成员排除在竞争性选拔之外和/或要求他们成为主要的国际仲裁员(而“法院”的成员应该如此),这背后的理由并不清楚。可知的是,人们往往期望法院最顶尖的成员应被要求拥有更高的资历。

法院院长是法院名义上和监督上的负责人,要对理事会负责,从某个方面上看,这严重削弱了法院的独立性。根据肯尼亚《宪法》设立的法官,在行政上可以对首席大法官和司法机构的各部门负责人负责,但在履行肯尼亚《宪法》规定的任务方面不对任何人负责,甚至不对国家司法委员会负责。毋庸强调,独立性和公正性是任何法院或自尊且有效的争端解决系统的基本要求。因此,2013 年 NCIA 法案这种缺乏公正性的做法与肯尼亚《宪法》原则背道而驰。

此外,2013 年 NCIA 法案在仲裁法庭成员的惩戒或罢免机制方面也存在一些不足。虽然肯尼亚《宪法》明确规定了上级法院法官的免职方式和理由，但2013 年 NCIA 法案却有意或明显地对仲裁院成员的免职或纪律问题保持坚定的沉默。

4. 与《仲裁法》的冲突

在 2013 年 NCIA 法案颁布之前，1995 年《仲裁法》（2009 年修订）是专门和直接管理肯尼亚仲裁的唯一法律规范。随着 2013 年 NCIA 法案的颁布，国内和国际仲裁的监管制度都是以两部法规为依据的，而当两部具有同等地位的竞争性法律试图监管一个问题时，必然会出现冲突。

仲裁总体上受普遍的一般原则制约，对两部法规之间明显和潜在冲突的任何讨论，都必须在国内和国际仲裁所依据的原则的一般主题领域内进行。

（1）当事人的自主权和仲裁的灵活性

当事人自主权和仲裁的灵活性是仲裁区别于其他争端解决方式的两个属性，特别是使仲裁相对诉讼更具吸引力。当事人自主权作为一个突出的主题贯穿了1995 年《仲裁法》。一般而言，当事人可以自由商定仲裁的进行方式，但必须遵守公共政策和公平审判方面的保障措施。但 2013 年 NCIA 法案赋予“仲裁院”决定其程序的权力和适用的规则，并决定仲裁法庭程序的程序和证据事项。该法没有提到当事人选择自己喜欢的程序的权利。事实上，该法中明显缺乏可贵的当事人自主权和仲裁灵活性原则。这种缺失的结果是，选择 NCIA 仲裁机制的当事人有可能被剥夺了当事人自主权这一非常重要的特征。

2013 年 NCIA 法案第 3 条明确规定，该法不受任何其他法规的约束。它规定，如果上述法案与任何其他法案的规定有任何不一致之处，则应以该法案为准。因此，1995 年《仲裁法》服从或从属于 2013 年 NCIA 法案。还可以推断出，1995 年《仲裁法》的规定只能在不与 2013 年 NCIA 法案相冲突或不相矛盾的情况下适用。因此，1995 年《仲裁法》的适用因 2013 年 NCIA 法案第 3 条而被明确禁止。

尽管 2013 年 NCIA 法案第 23 条提到了联合国国际贸易委员会的仲裁规则，该规则广泛规定了当事人的自主权和仲裁的灵活性，但由于 2013 年 NCIA 法案第 3 条的回溯效力，这些规则便变得失去光彩，该条规定任何其他法律都要服从于该法的明确规定。

（2）保密性

仲裁的保密性是吸引重视商业秘密的商人参与仲裁的另一个属性。仲裁过程和文件的保密性是对仲裁机构的基本吸引力。在肯尼亚,经常使用的特许仲裁员协会的仲裁规则也强调了仲裁的保密性。2013 年 NCIA 法案建立了一个仲裁中心,试图与基加利、毛里求斯和非洲及其他地区的其他仲裁中心竞争,一方面,对保密性作出规定;另一方面,迅速将其取消。2013 年 NCIA 法案第 15 条强调了记录、文件、材料和信息的保密性,并责成其所有理事、代理人、雇员或任何其他掌握这些信息的人以最大限度的保密性对待这些信息,除非在法律、法院或履行职责的情况下需要披露。

虽然 2013 年 NCIA 法案第 22(2)条旨在使仲裁院和中心免受地方法院的干扰,但该法案的第 15 条却暗中承认这些地方法院有能力指导公布其掌握的信息,这是与保密性要求相背离的。

(3)特定专业知识

仲裁的一个吸引点是,当事人能够选择一位拥有特殊或特定技能和专长的中立仲裁员来裁决其争议。这节省了成本,并避免了因任命仲裁员而可能导致的不确定性,因为仲裁员可能不得不聘请专家来帮助其思考所提交的仲裁事项,这也有助于避免因仲裁员对错综复杂的行业实践和惯例的误解,而在最终的裁决中产生歧义或作出荒唐的行为。《示范法》启发了 1995 年《仲裁法》,其规定指定机构应考虑到当事人商定的特殊专长。

而 2013 年 NCIA 法案似乎完全剥夺了当事人从专业仲裁员中可以得到的利益。根据该法设立的仲裁院由固定数量的成员(15 人)组成,他们在小组中任职,其强制性的专业知识仅在仲裁领域。除法院成员外,没有任命其他人员的余地,因此无法获得当事方所希望的、小组成员中可能不具备的某些专门知识。因此,争议解决的成本必然会增加,因为法庭将不得不在他们可能缺乏专业知识的技术领域聘请专家。当事人还必须通过专家提供详细的证据,以维护他们在争议的技术方面的立场,这将破坏仲裁程序的成本效益,并导致根据 2013 年 NCIA 法案进行的仲裁失去专家仲裁员的好处,毋庸置疑,其可能因此而失去竞争力或吸引力。

(4)法院援助和裁决的终局性

在某些情况下,法院对仲裁的协助和干预被认为是实现仲裁目的的关键,如承认和执行裁决、收集证据、对程序的一般监督、对包括管辖权在内的中间法律事项的上诉、对仲裁员的撤换和任命等。在仲裁中特意适用国家法院,是因为国家法院拥有国家的强制力,使仲裁庭的决定生效。因此,在适当情况下,法院是支持仲裁的有益干预者。法院诉讼和仲裁之间的关系在某种程度上是互惠共生的。

仲裁裁决的终局性是一个被普遍接受的概念，但只限于仲裁庭对案情的认定范围。程序上的公正性和裁决的获得方式会受到质疑程序的影响，该质疑程序主要发生在法院（在肯尼亚是在高等法院）。但如果在正确的情况下援引质疑程序，并且如果法院适当地行使质疑程序，并不都是对仲裁的最终结果不利的。事实上，质疑程序的存在使仲裁庭保持高度警惕，并确保在仲裁中不会出现任何不测。法律不断提醒和警告仲裁员，任何违反公平审判的基本保障措施的行为都可能导致法院的干预。这是一个质量保障机制，它为仲裁程序的公正性提供了保障，即使是高度发展的仲裁管辖区，如英国，仍然保持着法院对仲裁的一些控制，同时给予当事人和仲裁庭他们所希望和要求的自由度。

2013 年 NCIA 法案第 22(2) 条规定，根据该法设立的仲裁法庭的裁决为最终裁决。该法没有规定任何执行条款，而是将其留给根据该法第 25 条制定的规则。在没有适当的上诉、质量保证机制和强制执行力的情况下，完全排除法院与仲裁的互动，不仅是愚蠢的，而且有可能产生反作用。它最终可能会留下一个规则可能无法充分照顾到的空白，特别是在执行仲裁院的裁决和决定方面，排除质疑和执行程序将会招致是否符合肯尼亚《宪法》的质疑。

（四）肯尼亚《民事诉讼法》

肯尼亚《民事诉讼法》及其规则的首要目标是促进肯尼亚《民事诉讼法》管辖的民事纠纷得到公正、迅速、适当和负担得起的解决。1995 年《仲裁法》第 59 条规定，所有通过诉讼中的命令提起的仲裁，以及根据该命令提起的所有诉讼，均应按照规则所规定的方式进行管辖。如果在任何诉讼中，所有具有行为能力的利害关系方同意将此类诉讼中他们之间的任何分歧事项提交仲裁，他们可以在判决宣布前的任何时间向法院申请转介令。

（五）《投资争端公约法》

这是一项议会法案，旨在对《华盛顿公约》的规定给予法律批准。

二、国际法律框架

国际商事仲裁的法律框架是在 20 世纪前几十年建立的，包括 1923 年的《关于仲裁条款的日内瓦议定书》和 1927 年的《执行外国仲裁裁决的日内瓦公约》，以及与这些公约相平行的国家仲裁立法、有效的机构仲裁规则。目前的国际商事仲裁法律制度在很大程度上是在 20 世纪下半叶发展起来的，当时来自世界各地的国家都加入了国际仲裁公约(特别是《纽约公约》),并颁布了专门为促进仲裁程序而设计的国家仲裁法规,同时,大多数国家的国家法院都对这些公约和协定给予了有力的执行,并对其条款进行了扩展或阐述。

(一)多边条约

肯尼亚是有投资条款的条约的缔约方,这些条约包括:2007年签署但尚未生效的《东南非共同市场投资协定》,以及已经生效的《科托努协定(2000年)》《东非共同体条约》《东南非共同市场条约》《非盟条约》。此外,肯尼亚还加入了一些多边和政府间协定,其中包括《纽约公约》、《华盛顿公约》、《服务贸易总协定》(GATS)、《多边投资担保机构公约》(MIGA)、《与贸易有关的投资措施协定》(TRIMs)以及《与贸易有关的知识产权协定》(TRIPs)。其中尤为值得关注的是以下条约。

1.《纽约公约》

肯尼亚于1989年2月10日加入了《纽约公约》,但有对等保留,[1]并声明根据该公约第1(3)条,肯尼亚政府将对承认和执行仅在另一缔约方境内作出的仲裁裁决适用该公约。该公约被纳入1995年《仲裁法》第36(2)条,并规定承认根据其他公约(肯尼亚必须是公约的签署方并且与该仲裁裁决有关)作出的裁决。因此,肯尼亚是《纽约公约》的签署方,仲裁裁决在与肯尼亚有互惠协议的国家很容易得到承认与执行。

2.《华盛顿公约》

肯尼亚是《华盛顿公约》的缔约方(肯尼亚于1966年5月24日签署了该公约)。《投资争端公约法》对该公约的规定进行了内化。该公约建立了ICSID,为解决投资者与国家的投资争端提供了一种机制。

3.《示范法》

联合国国际贸易法委员会于1985年6月21日第18届年度会议上通过了《示

[1] 联合国大会于1958年6月10日在纽约通过的《纽约公约》,肯尼亚于1989年2月10日加入了该公约,并提出了对等保留。该公约原则上适用于所有仲裁裁决(第1条第1和2款)。然而,第1条第3款允许各方作出保留。当加入本公约时任何成员都可以在对等的基础上声明,其将适用本公约,只承认和执行在另一缔约方境内作出的裁决。其还可以声明,其将只对因法律关系(无论是否为合同关系)而产生的分歧适用本公约,这些法律关系根据作出这种声明的成员的法律被视为商业关系。上述的效果就是通常所说的对等保留和商业保留这两种保留。

范法》。大会 1985 年 12 月 11 日第 40/72 号决议建议所有缔约方适当考虑《示范法》,以实现仲裁程序法的统一和国际商业惯例的具体需要。肯尼亚《仲裁法》内化了《示范法》,同时肯尼亚也是常设仲裁院(Permanent Court of Arbitration,PCA)的成员,于 2006 年加入了 1907 年的 PCA 公约。

4.《东非共同体条约》《东南非共同市场条约》

在区域上,肯尼亚是东非共同体的成员(东非共同体是一个由 6 个国家组成的区域政府间组织,包括布隆迪、肯尼亚、卢旺达、南苏丹、坦桑尼亚和乌干达)。东非法院是根据《东非共同体条约》第 9 条设立的,该条约第 32 条授予东非法院管辖权,以审理和裁定共同体或其任何机构为缔约方的合同或协议中所载的仲裁条款引起的争端,以及当事方已将管辖权授予法院的商业合同或协议中所载的仲裁条款引起的争端。2012 年《东非法院仲裁规则》适用于根据《东非共同体条约》第 32 条进行的仲裁程序,除非各方另有约定。《东非法院仲裁规则》第 36 条规定,根据第 32 条将争端提交仲裁,应视为各方已承诺毫不拖延地执行所产生的裁决,仲裁裁决的执行应符合寻求执行的国家的执行程序。

肯尼亚也是东部和南部非洲共同市场的成员。东南非共同市场法院于 2003 年制定了仲裁规则,用于裁定属于《东南非共同市场条约》第 28 条规定的争端(该争端由合同中所载的仲裁条款引起,该仲裁条款赋予东南非共同市场或其任何机构以管辖权)。

(二)双边投资条约

肯尼亚与布隆迪(2009 年)、中国(2001 年)、芬兰(2008 年)、法国(2007 年)、德国(1996 年)、伊朗(2009 年)、意大利(1996 年)、日本(2016 年)、韩国(2014 年)、科威特(2013 年)、利比亚(2007 年)、毛里求斯(2012 年)、荷兰(1970 年)、卡塔尔(2014 年)、土耳其(2014 年)、斯洛伐克(2011 年)、瑞士(2006 年)、阿拉伯联合酋长国(2014 年)和大不列颠及爱尔兰联合王国(2009 年)等签署了一系列关于投资和促进的双边投资条约。大多数肯尼亚的双边投资协定都有仲裁条款,允许 ICSID 进行仲裁。许多双边投资协定还允许根据《联合国国际贸易法委员会仲裁规则》或双方商定的任何其他特设仲裁法庭进行特设仲裁。例如,肯尼亚与英国的双边投资协定第 8 条规定了 ICSID 下的投资仲裁;与布隆迪的双边投资协定第 8 条规定了 ICSID 的仲裁和联合国国际贸易法委员会下的特别仲裁;与德国的双边投资协定第 11 条规定了 ICSID 下的特别仲裁或仲裁。

(三)准则和决议

此外,肯尼亚还通过了一些准则和决议,其中,包括《世界银行投资指南》、《各国经济权利和义务宪章》以及《联合国工商业与人权指导原则》。

(四)国家豁免权

根据肯尼亚法律第179章的《特权和豁免法》,主权和外交豁免的理论适用于肯尼亚,并且该理论是一项公认的国际法原则。国家对其他国家的法律诉讼具有豁免权。法院对国家豁免权辩护的态度是,国家享有管辖和执行豁免权。为了确定辩护是否适用,这个问题要逐案确定。在“Unicom Limited v. Ghana High Commission [2016] eKLR案”中,法院面临租赁协议的交易性质是否应适用豁免权的问题。针对该案法院指出,在签订该协议时,被告似乎并没有“以政府身份行事,可以要求豁免。虽然交易的目的是为被告提供住宿,但这并不影响交易的性质”。

第三节 肯尼亚主要仲裁机构

肯尼亚设立了若干机构,通过了仲裁(特设仲裁和机构仲裁)和其他形式的替代争端解决机制。

一、特设仲裁和机构仲裁

临时仲裁是肯尼亚最常见的仲裁形式。这是一种根据仲裁协议进行的仲裁,没有指定一个机构来设立或管理仲裁。规则由各方当事人商定或在仲裁庭的协助下商定。机构仲裁是由一个仲裁机构根据自己的一套规则进行管理的。但在某些情况下二者区别变得模糊。例如,在特许仲裁员协会(肯尼亚分会)指定仲裁员的情况下,临时仲裁的当事人选择该协会的仲裁规则,并可以使用该协会的一些设施,如会议室,但没有行政支持。

特设仲裁在国内仲裁中很普遍。当事人采用特定的程序进行诉讼,通常自己安排行政支持,包括任命仲裁员和支付法庭的所有费用。而如果仲裁是由一个仲裁机构根据自己的规则进行的,则该机构为仲裁作出所有的行政安排,在开庭之前,仲裁庭和当事人之间没有直接的沟通。

在国内或非国际仲裁中,机构有可能指定仲裁员,并让仲裁庭在此后直接与各方当事人联系,这也是肯尼亚的常见做法。

1995年《仲裁法》第3(5)条承认当事人有决定争议问题的自由,包括他们授予第三方包括机构作出决定的权利。同时,该法关于仲裁程序启动的第22条和第42(3)条明确规定,仲裁应被视为在各方当事人约定的日期开始,如果没有商定,则在被申请人收到仲裁请求的日期开始。因此,根据肯尼亚法律,争议各方有机会与自己选择的仲裁员进行仲裁。在许多情况下,如果各方未能就仲裁员达成一致意见,往往由一个机构,如特许仲裁员协会(肯尼亚分会)主席作出选择。

二、仲裁机构

肯尼亚有各种当地的仲裁机构,主要的有NCIA、特许仲裁员协会、斯特拉斯莫尔争议解决中心和拟议的法律协会仲裁中心。其中,值得关注的是以下仲裁机构。

(一)NCIA

NCIA是根据2013年NCIA法案设立的国际商事仲裁区域中心,其建立过程涉及国际社会的努力以及肯尼亚政府的地方努力。国际社会在亚非法律协商组织(以下简称亚非法协)的支持下,付出努力建立了NCIA,亚非法协确定肯尼亚为东非地区服务的区域仲裁中心的东道国。NCIA是亚非法协主持下的第五个区域仲裁中心,也是继开罗国际商事仲裁区域中心和拉各斯国际商事仲裁区域中心之后在非洲的第三个区域仲裁中心。

该中心的职能包括:促进、便利和鼓励按照2013年NCIA法案进行国际商事仲裁;管理在其主持下的国内、国际仲裁及其他争议解决技术;在与实现中心目标有关的领域与其他区域和国际机构保持积极的合作;与其他区域和国际机构缔结战略协定,以获得技术援助,使中心能够实现其各项目标。

NCIA于2016年正式启动,并于2016年11月根据2015年《NCIA仲裁规则》记录了首次仲裁请求,在2016年12月4~6日举行了其首届会议。这次会议是NIAC的启动仪式,区域首席大法官、总检察长、法官、其他司法官员、著名的国际从业者、专业人士和学者出席了会议。作为履行职能的一部分,在2018年,NCIA根据《NCIA仲裁规则》登记了6起纠纷,总价值达100万美元。这使得仲裁机构处理的纠纷总数达到20起左右,其中大部分是国内纠纷。该机构还签署了多项关于替代争议解决战略伙伴关系的谅解备忘录。其中,最重要的合作包括2017年3月在中非联合仲裁中心(China-Africa Joint Arbitration Centre,CAJAC)倡议下与北京国际仲裁中心签署的 NCIA 合作备忘录,以及为了扩大仲裁合作、培训和法律交流,于 2017 年 3 月与 CAJAC 上海中心和 CAJAC 深圳中心的合作。根据促进国际商事仲裁实践的需求和其他争端解决形式的授权,NCIA 于 2018 年 6 月在内罗毕举行了第一届全国替代争端解决会议。值得肯定的是,肯尼亚国家政府热衷于促进 NIAC 的使用,作为其吸引外国直接投资努力的一部分。

(二)特许仲裁员协会(肯尼亚分会)(CIArb-Kenya Branch)

特许仲裁员协会(肯尼亚分会)成立于 1984 年。它是肯尼亚主要的私人仲裁机构,也是英国特许仲裁员协会的分支机构之一。该协会成立于 1915 年,总部设在英国的伦敦,其旨在促进和推动通过仲裁与其他形式的替代性争端解决方法来解决争端,如调解和裁决。目前,注册会员超过 300 人,有大量知识渊博和经验丰富的仲裁员。同时,该协会有一个小型的秘书处,一个图书馆和会议室可供租用,用于仲裁和替代性争端解决会议,并留存有一份仲裁员和调解员的名单。该机构根据其核心任务促进国际商事仲裁,其核心任务包括通过协商、调解、裁决和仲裁促进国内和国际商事纠纷的高效、有效地解决。

会员资格向公认的学科(如建筑、工程、工料测量、法律、保险、会计和财产估价)的候选人开放。该协会为候选人提供培训课程,通过入门课程考试,首先可以获得准会员资格。此后,候选人进入高级培训课程,这使他们有资格成为该协会的正式成员和研究员。肯尼亚分会还维持一个持续的专业发展计划,并举办关于仲裁、建筑索赔和裁决、采购、谈判技巧与工业纠纷解决的午餐会谈、讲习班及研讨会等。分会还公布了《特许仲裁员协会(肯尼亚分会)仲裁规则》。自 2005 年以来,其《特许仲裁委员会(肯尼亚分会)调解规则》一直是草案形式。分会定期出版通信,并在其图书馆中保存有关于仲裁的司法裁决档案。分会与英国特许仲裁员协会保持密切关系,分会的一些本地会员也是英国协会的会员。

第四节　肯尼亚仲裁程序的基本要素

一、仲裁当事人

(一)概述

1995 年《仲裁法》第 3 条规定,当事人,是指仲裁协议的当事人,包括通过当事人或在当事人之下提出要求的人。该法没有界定通过或根据一方当事人提出要求的人的范围,这一点由普通法规定。因此,衍生的当事人包括受让人、因法律的实施而产生的继受人(如个人代表),以及采用包含仲裁协议的合同的破产受托人。在肯尼亚,一般做法是,只有经协议各方和寻求加入的各方同意,才允许合并和加入各方。

失去合同能力的人,如未成年人和精神残疾者,不得自行订立仲裁协议。法定监护人和代表可以为这些人行事并代表他们。此外,法人团体可以成为仲裁方。

一方当事人的死亡并不能解除仲裁协议或撤销其指定的仲裁员的权利。仲裁协议仍可由死者的个人代表执行或对其执行。

(二)破产

1995 年《仲裁法》第 38 条明确规定,如果在破产者为一方当事人的合同中规定,与合同有关的任何分歧将提交仲裁,并且破产托管人采用了该合同,则该条款应可对托管人强制执行。如果一个人被判定为破产,并且在破产开始之前已经签订了仲裁协议,该协议的另一方可以向高等法院申请将该事项提交仲裁;如果没有债权人委员会,则由破产托管人申请;如果有债权人委员会,则破产托管人在征得债权人委员会同意后可以申请。法院在听取申请后,可将争议提交仲裁。然而,该条款只适用于:对破产人的责任。根据肯尼亚《破产法》第四附表第 6 条的规定,管理人有权将影响公司的任何问题提交仲裁。

(三)国家实体

肯尼亚的《仲裁法》适用于肯尼亚政府和半官方机构,1995 年《仲裁法》没有将这些实体排除在其范围或规定之外。然而,由肯尼亚政府提起的和针对肯尼亚政府的诉讼受《政府诉讼法》管辖,根据该法,由政府提起的或针对政府的民事诉讼由总检察长提起。因此,在此类诉讼中需要向政府送达的所有文件、通知、诉状、命令和指令均需送达总检察长;但一个重要的要求是,对政府提起诉讼的相关书面通知应在提起诉讼前不少于 30 日送达。任何“政府为一方当事人的民事诉讼或仲裁”中,应以与主体之间相同的方式裁定费用,“法院或仲裁员”可“在与政府为一方当事人的任何仲裁有关的程序中”作出的裁决中,命令政府支付费用或向政府支付。《政府诉讼法》第 27 条赋予政府以任何成文法(如 1995 年《仲裁法》)规定的主体可享有的权利和抗辩的利益,尽管在这些法律中没有具体指明政府主体。

半官方机构须遵守《仲裁法》,并以其注册名称出现在仲裁程序中。它们在此类诉讼中由其官员和自己选择的律师代表。

肯尼亚《诉讼时效法》和其他与诉讼时效有关的成文法适用于仲裁程序,正如它们适用于诉讼一样。当仲裁的一方当事人向另一方当事人送达指定或同意指定仲裁员的通知时,仲裁程序即被视为开始。

(四)多方当事人参与的仲裁

多方当事人和多份合同在仲裁实践中带来了不同的问题。多方仲裁可能涉及一个合同的几个当事人,或者涉及与争议事项有利益关系的不同当事人的几个合同。可以用两个简单而明显的例子和相关问题加以验证。

第一个例子是涉及 A、B 和 C 的多方纠纷,其中,A 和 B 之间有一个仲裁协议,这里的问题是 C 是否可以参与纠纷的仲裁。第二个例子涉及 A 和 B 以及 B 和 C 之间的独立仲裁程序,这些程序基于不同的协议,但有 A、B 和 C 的共同利益。这里的问题是,根据管辖法律是否允许合并 A 和 B 以及 B 和 C 之间的独立仲裁程序。

在肯尼亚,第一个例子中的情况是由 1995 年《仲裁法》第 3 条规定的。如前所述,1995 年《仲裁法》第 3 条规定,在仲裁当事人的定义中不仅包括仲裁协议的当事人,还包括通过该当事人或在该当事人之下提出索赔的人。这可归结为确定哪方主体受仲裁协议的约束。在没有肯尼亚的说明性先例的情况下,肯尼亚的法院或仲裁庭很可能被说服采用以下结论:“仲裁协议对协议各方以及通过他们或在他们之下提出要求的人具有约束力。这类派生方包括受让人、法律运作的继承人,如个人代表、采用包含仲裁协议的合同的破产受托人,以及针对保险人的权利的法定受让人。衍生方有义务和权利对任何索赔进行仲裁,并可以利用原方在未决仲裁程序中已经提出的任何索赔,以抵抗转让或转移前产生的任何时间限制。”

关于第二个例子,对于是否允许合并单独的仲裁程序的问题,1995 年《仲裁法》没有提及。然而,在实践中,在所有当事方同意的情况下,合并和并入当事方是可能的。1998 年《特许仲裁员协会(肯尼亚分会)仲裁规则》第 16C(1)条规定:“除非所有当事方在任何时候另有约定,或在仲裁协议中表达了相反的意图,否则仲裁庭可根据任何当事方的申请或自己的动议(但在任何一种情况下,都必须在听取或接受有关当事方的任何陈述后才能作出决定):(1)允许其他当事方在明确同意的情况下加入仲裁，并作出单一的最终裁决，以确定他们之间的所有争议。”

在肯尼亚，最常见的例子产生于涉及雇主、主要承包商和专业分包商的建筑案件中，该类案件的合同有不同的仲裁条款。在发生纠纷时，总承包商希望加入一个或多个分包商，可能会引起合并、文件保密和仲裁条款冲突等问题。虽然在肯尼亚国内法院可以加入额外的当事人或合并单独的诉讼，但在仲裁中，如果当事人不同意或不同意加入或合并，则可能不允许加入或合并。在国际仲裁中，国际仲裁委员会关于多方仲裁的最终报告中承认了这个问题：“多方当事人仲裁的困难都是由一个原因造成的。仲裁是以合同为基础的；只有缔约方的共同意愿才能使一个人有权在仲裁庭上对另一个人提起诉讼，并责成该另一个人出庭。这类人的数量越多，就越应注意确保没有一个人在违背其意愿的情况下加入诉讼中。”

这个问题并不是不可克服的。根据事先包含多个当事方条款的仲裁协议，各方同意的合并是可能发生的。共同经营的各方可以获得法院援助，以对抗非共同经营的各方或实体。

二、仲裁协议

（一）仲裁条款和提交协议

根据定义和形式，仲裁协议可以是合同中的一个条款，据此将未来的争端提交仲裁，也可以是一个单独的协议，据此将现有争端提交仲裁（通常称为“提交协议”）。在1995年《仲裁法》的背景下，应该记住的是，仲裁协议并不局限于由合同引起的争议，也可以延伸到非合同的法律关系。也就是说，仲裁协议的构造可能会超越合同的普通解释原则，而到达非合同索赔和争端产生的其他法律关系的原则。

（二）形式要求

遵循《示范法》的主旨，1995年《仲裁法》第4条规定了肯尼亚仲裁协议的形式。仲裁协议必须是书面形式。被视为形成书面形式的有如下情形：（1）包含在各方签署的文件中；（2）有提供协议记录的电讯，无论是信件、电子邮件还是电报；（3）在交换诉状的情况下，一方声称有协议存在，而另一方没有否认。如果合同是书面形式的，并且这种提及使该仲裁条款成为合同的一部分，则合同中对载有仲裁条款的文件的提及即构成仲裁协议。应纳入仲裁协议的其他内容，包括指定仲裁员的程序和出现任何分歧时的默认指定机构。对协议的存在没有争议的诉状交换将满足书面的要求。

在肯尼亚的仲裁实践中,通过在主合同中提及其他文件而将其纳入合同的做法得到了认可,据此,该合同的条款可以通过提及一个以上的文件来确定。对其他文件的调查可能导致发现仲裁条款,这通常发生在被纳入的文件是包含仲裁条款的标准格式合同的情况下。在“Kamconsult Limited 诉 Telkom Kenya Limited & Another 案”中,被申请人否认了仲裁协议的存在,因为它没有包含在任何一方签署的文件中。高等法院支持仲裁庭的决定,即仲裁协议是标准合同条件中的一个条款,通过在被申请人接受的委托书(要约)中被提及,因此被纳入标准合同条件中。法院承认以提及方式纳入的原则,指出构成仲裁协议所需的不是在纳入的文件上签字,而是以提及方式将其纳入被申请人的委托书和申请人接受该委托的函件中。

然而,如果标准格式的措辞不适合当事人试图纳入该条款的合同,那么所谓的纳入可能全部或部分无效。

以提及方式纳入的概念在立法中得到了牢固的确立。在必要和适当的情况下,肯尼亚法院会考虑到其他完善的司法管辖区在肯尼亚法律没有规定或规定不充分的仲裁事项上的相关经验。归根结底,关键要求是,无论协议采取何种形式,它都必须符合合同和法律要求,使其作为仲裁协议的存在和认可生效。因此,仲裁协议并不是独立存在的,它的合法性取决于《仲裁法》和承认其存在和有效性的正式规定。

(三)仲裁条款的可分性

在肯尼亚的仲裁实践中,合同中的仲裁条款的可分离性或可分割性理论已经确立。人们普遍认为,仲裁条款或协议独立于基础合同而存在。因此,合同被指称为无效或有缺陷,并不会使得该合同中的仲裁条款或协议失效。这一点从1995年《仲裁法》第4(1)条可以看出,其规定,仲裁协议可以是合同中的仲裁条款,也可以是单独的协议。

1995年《仲裁法》第17(1)条进一步强调了仲裁条款或协议的独立性,该条授权仲裁庭就其自身的管辖权和对仲裁协议的存在或有效性的任何异议作出裁决。该法第17(1)(a)、(b)条分别承认仲裁条款是独立于合同其他条款的协议,以及合同无效并不使仲裁条款失效的原则。《特许仲裁员协会(肯尼亚分会)仲裁规则》也明确承认了仲裁条款或协议的独立性。

高等法院可根据因该裁决而感到不满的一方在裁决后30日内提出的申请，就仲裁庭对争端具有管辖权的肯定性裁决进行审查。但是，没有规定其可以审查仲裁庭没有管辖权的否定结论。

（四）示范仲裁条款

一份肯尼亚特定的将未来争端提交仲裁的仲裁协议，其内容如下：

"双方之间因本协议引起的或与本协议有关的任何事情或事项而产生的任何争议，以及非合同索赔，应通过仲裁最终解决，由[指定机构]指定一名[或多名]仲裁员，在双方没有达成协议的情况下，进行仲裁。诉讼程序应根据1995年《仲裁法》和《特许仲裁员协会（肯尼亚分会）仲裁规则》进行，该规则在此被纳入本条款的参考。仲裁程序应在[指定地点]进行，并以[指定语言]进行。"

对于现有的争端，以下样本是可以调整的："鉴于……[双方]之间出现了与……[合同]有关的争议，而双方已同意将这些争议提交仲裁进行最终解决。因此，现在达成如下协议：①仲裁应由[仲裁员]进行，或[由各方当事人选定的仲裁员，或在没有约定的情况下，由指定机构选定的仲裁员]或[由3名仲裁员组成的法庭，每一方当事人选定1名，第三名仲裁员由各方当事人自己或由各方当事人指定]，或在没有约定的情况下，由[指定机构]选定；②仲裁庭应确定以下争端[列出]；③仲裁应根据1995年《仲裁法》和《特许仲裁员协会（肯尼亚分会）仲裁规则》进行，本条款中提及了该规则。仲裁应在[指定地点]并以[指定语言]进行。"

如果需要，可以酌情在上述任何一个样本中加入免责协议："双方当事人还同意在'仅有文件的基础上'进行仲裁，并放弃在裁决中说明理由的权利，也放弃根据[指明赋予上诉权的法规章节]寻求法院对初步法律问题作出裁决或对裁决提出上诉的任何权利。"

三、仲裁地点

当事人首先有机会决定仲裁的司法地点和任何审理或会议的地点。如果他们未能达成决定，则由仲裁庭决定这些事项。在这样做时，仲裁庭有义务考虑到"案件的情况"和"当事人的便利"。这在国内仲裁中基本上是不言自明的。当事人选择仲裁的司法所在地和地点时，其合理的推论和期望是，它是进行仲裁的地方，是确定适用法律的地方，也是作出裁决的地方。

在国际仲裁中，"案件的情况"和"当事人的便利"可能超越了对当事人、证人和仲裁员的地理位置、交通和费用的考虑,也超越了仲裁地点选择的其他法律影响和后果。在这方面,因所选地点而产生的考虑事项将包括裁决的作出、承认和执行,适用的法律和程序是否符合《示范法》《纽约公约》和其他相关国际法律文书的规定。

此外,1995 年《仲裁法》第 32(4)条(经修订)要求仲裁裁决除其他外,根据该法第 21(1)条说明仲裁的司法地点,因为该裁决被视为在该司法管辖区作出。重要的是,该法第 37(1)(a)条的规定,为承认和执行裁决,将考虑该法域的法律。

四、仲裁员

(一)成为仲裁员的资格

1. 要求

法律没有规定仲裁员的最低资格,也就是说没有任何法律规则规定关于谁可以被任命为仲裁员。然而,在这方面,仲裁当事人有 3 种自由:选择自己的仲裁员的自由、决定仲裁员人数的自由、商定指定程序的自由。

当事人选择仲裁员的自由包含了排除或取消某人或某类人的任命资格的自由。其含义是,由不合格的人进行的程序或作出的裁决将使程序和裁决无效。尽管《仲裁法》没有规定司法官员不具备担任仲裁员的资格,但任命一名在职法官或治安法官对争端进行仲裁是罕见的。同时,一个人的国籍不会使该人失去担任仲裁员的资格。事实上,《仲裁法》没有以国籍为由排除一个人担任仲裁员,除非各方另有约定。然而,如果指定仲裁员的商定程序失败,并要求高等法院作出指定,法院必须考虑对仲裁员的任何资格要求以及可能影响仲裁员独立性和公正性的其他因素,以及对于独任或第三名仲裁员,指定一名与双方当事人国籍不同的仲裁员是否明智。

关于仲裁员资格和素质的争议通常围绕着被提名人是否适合、公正和独立地仲裁某一特定争议而产生。针对这些疑惑提出了这样的问题:谁是合适的、公正的和独立的仲裁员?该问题的产生是当事人自由选择任何人作为仲裁员的直接结果,也是仲裁程序适应当事人目的的内在要求。仲裁程序在处理各种争议时具有可变性和适应性,因此,可以任命仲裁员的专业学科也具有多样性。在自由选择仲裁员的同时,也存在因不谨慎的选择而给当事人带来问题的实际风险,导致对所选仲裁员的撤换提出质疑,并因此损失仲裁时间和增加费用。

因此,选择合适的仲裁员,需要专业人士和争议领域的其他有识之士的相关建议,他们可以就合适的仲裁员提供指导,以减少不合适的任命的风险。最终,被指定的人必须是有能力的。

关于公正性和独立性,一般主张是,仲裁员应该是中立的和无私的,要求以这种方式行事的人必须保持中立,不能支持任意一方当事人的事业。但是偏袒或偏见往往很难被证明。基本上,可能引起对偏见的看法和指责,从而有理由质疑和罢免仲裁员的情况差异很大,以至于无法以列举的方式表明。

2. 肯尼亚法案的规定

肯尼亚法律遵循《示范法》,试图通过两个条款、至少部分地处理这个问题。1995 年《仲裁法》第 13(1)条规定,未来的仲裁员有义务披露可能影响其独立性和公正性的情况。这一责任从任命之时到最终履行仲裁任务都是连续的。经 2009 年《仲裁法(修正案)》修正的 1995 年《仲裁法》第 13(3)条规定了可提出异议的"唯一"理由,即对仲裁员的公正性或独立性存在合理的怀疑,或其不具备各方当事人商定的资格,或其在身体上或精神上无法主持程序,或对其能力存在合理的怀疑。此外,已经指定了仲裁员或与另一方共同指定仲裁员的一方,只能以指定时已知的理由质疑该指定。管理国际仲裁实践的各种机构规则都引入了独立性和公正性的概念,但略有不同。

有观点认为,公正性和独立性要求中最重要的因素是披露,这里存在的困难是客观和主观之间的微妙区别:所披露的事实是否会在一个合理的第三方心中产生怀疑,以及它们是否会在各方心中产生怀疑。

(二)仲裁员的任命

当事人可以通过协议,按照约定的程序指定自己的仲裁员。如果仲裁协议没有规定,或者当事人未能就指定程序达成一致,1995 年《仲裁法》和 2009 年《仲裁法(修正案)》规定了相关准则——在指定 1 名仲裁员的情况下,各方当事人可以自由商定仲裁员的人选。在有 2 名仲裁员的仲裁中,每一方可以指定 1 名仲裁员[经 2009 年修正的 1995 年《仲裁法》第 12(2)(b)条]。在需要指定 3 名仲裁员的情况下,每一方当事人指定 1 名仲裁员,2 名仲裁员在各自指定后立即指定第三名仲裁员。

在违约情况下,如果一方当事人没有按照约定的指定程序行事,或者违约方没有在通知后的 14 日内作出所需的指定,遵守规定的一方可以指定其的仲裁员作为唯一的仲裁员,其裁决对双方当事人都有约束力[经 2009 年修正的 1995 年

《仲裁法》第12(3)和(4)条]。在违约情况下,高等法院可以出于良好的理由,经各方同意或根据任何一方的申请,指定1名独任仲裁员[经修订的1995年《仲裁法》第12(5)和(6)条,以及2009年法引入的新的第12(7)条]。法院对1995年《仲裁法》第12条所述事项的裁决是最终的,不可上诉[2009年《仲裁法(修正案)》第12(8)条]。

简单来说,即1995年《仲裁法》第12条规定了仲裁员的任命,并规定双方可自由商定任命仲裁员和任何主席的程序。如果有争议或双方无法达成一致,高等法院将干预仲裁员任命(或批准)事宜。在“Pan African Paper Mills (East Africa) Limited (In Receivership) vs. First Assurance Company Limited案”各自保险单下的案件中,由保险单引起的所有分歧均应提交双方书面指定的仲裁员决定。然而,原告为就仲裁员的任命达成协议所作的努力没有成功,因此提出了申请。被告没有就仲裁员的任命问题作出答复。法院认为,考虑到当事各方协议要求仲裁员具备的资格,法院可以批准任命独任仲裁员的命令,其表示,其将确保任命一名独立和公正的仲裁员。

(三)仲裁员人数

1995年《仲裁法》没有规定仲裁员的人数,因为关于人数的决定是仲裁当事人的权利。然而,在没有当事人协议的情况下,提到的是由当事人指定的单一仲裁员。没有任何规定要求当事人必须指定单数的仲裁员。事实上,在肯尼亚有一个明显的趋势,即在当事人未能就单一仲裁员达成一致的情况下,由2名仲裁员进行仲裁。毫无疑问,对大型仲裁员小组的时间和费用的考虑确实影响了当事人决定和偏好选择人数较少的仲裁员小组。当事人授权2位仲裁员在他们意见不一致的情况下指定第三方来解决仲裁员之间的分歧是符合法律规定的。

(四)对仲裁员的异议

1. 根据

根据1995年《仲裁法》第12(9)条的规定,高等法院在任命仲裁员时必须考虑到可能确保任命独立和公正的仲裁员的任何考虑因素。1995年《仲裁法》第13条规定,当一个人因可能被任命为仲裁员而被接触时,必须披露任何可能引起对其公正性或独立性怀疑的情况。根据1995年《仲裁法》第13(3)条的规定,只有在存在对仲裁员的公正性和独立性产生合理怀疑的情况下,才可对仲裁员提出质疑,这些情况包括:不具备当事人约定的资格条件的;其在身体上或精神上无能力进行诉讼;或者有理由怀疑其这样做的能力。《特许仲裁员协会(肯尼亚分会)规则》第5条规定了仲裁庭的独立性和公正性,并要求未来的仲裁员向指定机构披露可能对其公正性和独立性产生合理怀疑的情况。同样,2013年NCIA法案第8条要求根据上述规则进行任何仲裁的任何仲裁员必须公正和独立,不得为任何一方担任辩护人,不得在任命之前或之后就争端的是非曲直或结果向任何一方提供咨询。任何根据《NCIA仲裁规则》进行仲裁的仲裁员都必须签署一份声明,表明除仲裁员声明中披露的情况外,不存在他或她所知的可能对其公正性或独立性产生任何合理怀疑的情况。

2. 程序

当事人首先可以自由商定质疑仲裁员的程序。在出现分歧的情况下,提出异议的一方有15日的时间,从仲裁庭组成开始,或者从知道提出异议的理由开始,向仲裁庭递交一份理由说明。除非被质疑的仲裁员退出或其他仲裁方同意质疑,否则由被质疑的仲裁庭自己对质疑作出决定。这一程序使被质疑的仲裁员能够就质疑作出决定,或参与决定。被质疑的管理机构可以根据这一程序对质疑作出决定。此后,如果异议不成功,异议方有30日的时间来申请(通常是向高等法院)对异议的最终和不可上诉的决定。当申请在高等法院待决时,仲裁可以继续进行,直至作出裁决。但在申请被裁定之前,裁决不应生效;如果申请成功,裁决将无效[经2009年修正的1995年《仲裁法》第14(8)条]。高等法院对该项质疑的决定应为最终决定,不得上诉。

关于质疑的决定的理由通常是以书面形式传达的。由于特许仲裁员协会(肯尼亚分会)等指定机构在行使法律或仲裁协议赋予的指定权后不再参与仲裁程序,因此它们通常不参与仲裁庭或法院的异议程序。

(五)仲裁员授权的终止

根据《仲裁法》第15条的规定,仲裁员的授权在3种情况下终止:仲裁员无法行事或未能适当和合理地迅速进行程序、主动退出审理或双方书面同意终止任命。一方当事人可根据任何理由向高等法院申请决定终止任命。高等法院的决定应为最终决定,不得上诉。

仲裁程序的终止也将导致仲裁授权的终止。在仲裁授权终止的情况下,可以按照指定被替换的仲裁员的相同程序指定替代仲裁员。除非各方当事人另有决定,在更换独任仲裁员或仲裁庭主席时,所有的审理都要重新进行;否则,可由仲裁庭酌情进行新的审理,仲裁庭以前作出的命令或裁决不因仅仅改变仲裁庭的组成而失效。仲裁员的权力是个人的,并在其死亡时终止[2009 年《仲裁法(修正案)》引入的第 16(4)条]。

(六)仲裁员的责任

1995 年《仲裁法》没有涉及仲裁员的责任。2009 年《仲裁法(修正案)》引入的第 16B 条填补了这一遗漏,该条赋予仲裁员在履行其职责时善意的作为或不作为以豁免权。该豁免权延伸至在经仲裁员授权行事的仲裁员的服务人或代理人。《特许仲裁员协会(肯尼亚分会)仲裁规则》也涵盖了这一立场,其中规定:“分支机构、其官员或任何仲裁庭都不对任何一方在根据本规则进行的任何仲裁中的任何行为或不行为负责。”该法给予证人和在仲裁庭出庭的人与法院诉讼程序中的证人和律师相同的特权和豁免权。

五、仲裁的适用范围

(一)可仲裁性

可仲裁性是当事人、仲裁员和法院在着手确定有关仲裁的问题之前必须解决的一个难题。它具有使仲裁协议无效或影响仲裁庭的管辖权的作用。此外,它可能成为撤销或拒绝承认或执行仲裁裁决的依据。肯尼亚《仲裁法》规定了可仲裁性,一些法律特别规定了可能无法仲裁的主题事项。例如,一些法规明确排除了对某些事项的仲裁,或规定了受害方的法定补救措施;协议之前要有正式的决定或需要官方许可;在诉讼时效之外进行的仲裁是不可仲裁的等。

公共政策是确定某一事项是否可仲裁的另一个考虑因素。然而,对于什么是公共政策并没有一致的指导。法院对什么可被视为违反公共政策给予了有限的指导。从理论上讲,为了确定什么是可仲裁的,什么是不可仲裁的,我们必须区分哪些是人与人之间互动中自然产生的权利和哪些是由国家为促进集体利益而强加的权利。

1. 什么是不可仲裁的事项

与《示范法》一样,《仲裁法》没有定义可仲裁性或以列举方式呈现可仲裁或不可仲裁的争端。相反,1995 年《仲裁法》第 3 条将所有合同性和非合同性争议视为适当的仲裁对象——“当事人可以将他们之间因确定的法律关系而产生或可能产生的所有或某些争议提交仲裁,无论是否是合同关系”。

这个定义很宽泛,足以推断出当事人之间的任何争议都是可以仲裁的,而无论其性质如何。然而,这个定义赋予仲裁的广泛权力是有限制的。1995 年《仲裁法》第 35(2)(b)条和第 37(1)(b)条规定了对可通过仲裁处理的内容的限制。这两条规定是肯尼亚可仲裁性概念的基础。它们重复了《纽约公约》第 2 条第 1 款和第 5 条第 2 款。1995 年《仲裁法》第 35(2)(b)条规定,如果根据肯尼亚法律,争端的主题事项不能通过仲裁解决,而且裁决与肯尼亚的公共政策相冲突,则高等法院可撤销仲裁裁决。1995 年《仲裁法》第 37(1)(b)条在拒绝承认或执行仲裁裁决的理由中也有同样的规定。参与仲裁的人,即当事人、仲裁员和法院,必须考虑其争端的主题是否可以仲裁,这一点从这两条规定中可以推断出来。在签订任何仲裁协议之前,当事人应确定标的物是否可以仲裁。任何一方都不应该在知道仲裁裁决可能在以后被撤销或法院可能因不可仲裁而拒绝承认或执行仲裁裁决的情况下签订仲裁协议。

仲裁员必须首先考虑摆在他们面前的争端的性质,并确定它是否可以仲裁,因为如果摆在他们面前的争端是不可仲裁的,他们就没有管辖权。当然,这两条规定具体涉及法院行使管辖权的问题。如果法院认为一项裁决来自不可仲裁的争端,法院必须撤销该裁决或拒绝承认或执行该裁决。挑战在于划定这两项规定下的可仲裁性范围。为了解决这一挑战,必须回答以下两个问题:(1)根据肯尼亚法律,什么不能通过仲裁解决?(2)什么是违反肯尼亚的公共政策?

这种识别十分具有挑战性,因此,毫不奇怪的是,每当仲裁的一方对某一特定事项的可仲裁性提出异议时,这种遗漏就会使人求助于法院。在“Karuna Holdings Ltd. 诉 Lonrho Agri-Business (EA) Ltd. 案”中,高等法院驳回了质疑仲裁庭关于包括欺诈和时效在内的各种问题的裁决的原诉传票,认为这些问题是可以仲裁的。

2. 公共政策和可仲裁性

除肯尼亚法律规定的明示或暗示的情况外,在许多其他情况下,争议是不可仲裁的,因为它违背了公共政策。《布莱克法律词典》将公共政策定义为立法机构或法院认为对国家和整个社会具有根本意义的原则和标准。这一定义不包括可能违反公共政策的情况。而法院没有为分析可仲裁性或公共政策的概念制定连贯的法理学准则。

法院参照公共政策考虑和一般法律,运用可仲裁性的概念,来确定通过协议提交仲裁的争端事项是否确实能够在法院系统之外解决。肯尼亚关于可仲裁性的立场受 1995 年《仲裁法》第 3(1)条管辖。该法第 3(1)条在相关部分将仲裁协议定义为涵盖“所有或某些已经产生或可能产生的……与确定的法律关系(无论是否为合同关系)有关的争端”。如前所述,该条款将肯尼亚《仲裁法》中的可仲裁性概念扩展至合同和非合同索赔中产生的争议。1995年《仲裁法》中也没有与《示范法》第1(5)条相对应的条款,其规定,该法不影响其他国家将可仲裁性限制在特定争端或管理特定国家的仲裁行为的法律中。因此,就可仲裁性问题向法院提起诉讼的途径是开放的,根据1995年《仲裁法》第35(2)(b)条,如果高等法院发现根据肯尼亚法律不能通过仲裁解决,或裁决与公共政策相冲突,则可以撤销裁决。

成文法可能是明确的,也可能暗示什么是可仲裁的,什么是不可仲裁的,而在公共政策的标题下,对于什么是可仲裁事项的分析并不直截了当。法院对公共政策的定义是在个案的基础上处理的,因此我们只能在案例法中找到答案。

在“Gherulal Parakh 诉 Mahadeodas Mayiyev 案”中,印度最高法院就公共政策问题发表了意见——“公共政策学说只是普通法的一个分支……它受先例的制约;其原则已在不同的标题下具体化,尽管允许对不同情况进行阐述和适用,但只能适用于对公众造成伤害的明确和不可否认的情况。虽然理论上允许在特殊情况下制定新的公共政策,但为了社会的稳定,这种做法是不可取的。”

在“Christ for all Nations v. Apollo Insurance Co. Ltd. 案”中,有人指出:虽然公共政策是一个非常广泛的概念,无法精确定义……根据1995年《仲裁法》第35(2)(b)(ii)条,如果证明一项裁决不符合肯尼亚的公共政策,则可将其撤销:(1)不符合肯尼亚《宪法》或其他成文或不成文的法律;(2)不利于肯尼亚的国家利益;(3)违反正义和道德。这位法官认为第一类是明确的。在第二类中,其列举了一些例子,包括国防和安全利益、与友好国家的良好外交关系以及肯尼亚的经济繁荣。在第三类中,其同样列举了一些例子,包括考虑到裁决是否是由腐败或欺诈引起的,或是否建立在违反公共道德的合同上。然而,法官很谨慎,警告说这些例子并不详尽。

在“肯尼亚机场管理局诉世界免税品有限公司(World Duty Free Company Ltd. t/a Kenya Duty Free Complex)[2018] eKLR 案”中,法院在确定一项裁决与公共政策相抵触后撤销了该裁决,因为该裁决所依据的协议是通过贿赂和腐败取得的。

Ransley J. 在“Mahican Investment v. Giovanni Gaida 案”中采用了上述案件中

公共政策的定义，并指出："没有一个包罗万象的定义可以详尽地界定公共政策的内容。我只想说，在任何被指控违反公共政策的案件中，什么是违反公共政策的问题将由法官决定。"

没有一个详尽的清单来说明哪些行为会被认为是违反公共政策因而不可仲裁的。因此，在公共政策标题下，什么是可仲裁的，什么是不可仲裁的，其界限是模糊的。在一个国家和一个时期可能被视为违反公共政策的东西，在不同国家和不同时期可能不一样。因此，有必要建立一个理论框架，以评估在公共政策标题下什么是可仲裁的，什么是不可仲裁的。

此外，关于欺诈是否可以仲裁的问题，在肯尼亚尚未得到权威性的检验。有案例表明，在对一项索赔进行辩护时提出的欺诈指控，是可以与双方当事人提出的相关事项一起仲裁的。而在上诉中，高等法院指出，欺诈只能根据证据来确定，不能指望仲裁员仅仅根据诉状中的指控来确定。"Mercantile France Co. Ltd. 诉 Wambugu 案"中，法院认为，仲裁员有足够的证据来确定欺诈问题，而不需要专家证据。被告向上诉法院提出上诉，但没有继续下去。

《特许仲裁员协会（肯尼亚分会）仲裁规则》第 16B（5）条授权仲裁庭对根据该规则进行的仲裁中出现的恶意、不诚实或欺诈问题进行裁决。但由于其不具有普遍适用性。因此，各方当事人有必要首先根据这些规则提交仲裁，以便赋予仲裁庭决定这些事项的管辖权和权力。

（二）填补空白和调整合同

在肯尼亚，仲裁庭没有为当事人填补合同空白的一般权力。肯尼亚的《合同法》是从英国《合同法》原则发展而来的，它认为可执行的合同是一个在所有要件上都完整的合同。因此，仲裁庭可以像法院一样适用合同法原则，而越权原则将很容易帮助受害方撤销基于仲裁员提出的条款的合同的仲裁裁决。然而，条款可以被暗示，以使合同具有商业效力，合同可以被纠正，以实现当事人的意图。但根据《仲裁法》，适用于争端实质内容的规则将使仲裁庭能够根据"正义和公平的考虑"对争端的实质内容作出决定，而无须严格适用法律规则——但只有在当事人明确授权的情况下。此外，虽然法庭有权根据特定合同的条款进行裁决，但它可以考虑到适用于特定交易的贸易惯例。

所述肯尼亚《仲裁法》的立场类似《示范法》第 28（3）、（4）条的规定，该两条规定分别允许仲裁庭在当事人明确授权的情况下，以公平和善意的方式进行裁决，并在考虑到贸易惯例的情况下,根据合同进行裁决。因此,可以说,《仲裁法》超越了普通的合同原则,这些原则防止法院为当事人订立合同,或者不承认当事人有权力扩大法院可以这样做的权力。

《特许仲裁员协会(肯尼亚分会)仲裁规则》更进一步地明确授权仲裁法庭:“根据一方当事人的申请,命令更正或修改(当事人之间的)任何协议以及仲裁协议、提交的材料或参考资料,但仅限于所有当事人共有的任何明显的错误、失误或遗漏所需的范围。”

以建筑合同为例,价格波动条款允许法庭接受基于合同履行期间的价格波动的估值。

鉴于上述情况,可以坚持认为,根据肯尼亚《合同法》和《仲裁法》,一份本质上有效但包含价格调整机制的长期合同是可以执行的。但也有可能的是,如果争议不是关于权力的存在,而是关于行使权力纠正错误或遗漏,而纠正错误或遗漏将实现合同的目的,那么当事人协议赋予仲裁庭的填补空白的职能的有效性可以得到法院的承认。

第五节　肯尼亚仲裁程序的基本框架

一、仲裁程序概况

(一)强制性条款

原则和程序在关于根据1995年《仲裁法》进行仲裁的规定中是相互交织的。当事人可以自由选择所要遵循的程序,该法第20(1)条强调了当事人自治的原则,根据该原则,首先,在不违反该法规定的情况下,当事人可以自由商定进行仲裁的程序。如果他们未能这样做,那么第二种情况是,该法第20(2)条规定并授权仲裁庭以其认为适当的方式进行仲裁,从而成为程序的主导,以避免不必要的延误或费用,并为当事人提供公平和合理的机会来陈述他们的案件,从而确立了类似的仲裁庭自治原则。在这种情况下,仲裁庭将有权确定任何证据的可接受性、相关性、实质性和重要性,并确定在什么时候已经公平和充分地提出或作出了有关任何事项的论点或意见。《NCIA 仲裁规则》第14(1)(b)条规定,仲裁庭有责任采用适合仲裁情况的程序,避免不必要的拖延或费用,并为最终解决当事人的争议提供公平和有效的手段。同样作为一项原则声明,1995年《仲裁法》第19条要求平等对待各方当事人,同时在遵守该法第 20 条的前提下,每一方当事人都有公平合理的机会陈述自己的案件。

(二)确定程序

根据 1995 年《仲裁法》第 19 条和第 20 条,各方当事人和仲裁庭应履行的职能中的相关义务和责任表明,他们需要在进行仲裁程序的方式上相互合作并保持一致。现如今,2009 年《仲裁法(修正案)》引入的第 19A 条规定,各方当事人有义务为适当和迅速进行仲裁程序做一切必要的事情。相互合作不仅会促进时间表的确定、关于程序的协议顺利得到执行,也可以确保当事人普遍遵守仲裁指令。

(三)交换书面诉状

根据肯尼亚的诉讼和仲裁实践中的对抗性程序,如果需要,在听取当事人和证人的意见之前,当事人之间会解决和交换诉状。在肯尼亚这样的普通法司法管辖区,诉状被认为是可取的,它可以帮助各方确定他们之间的争议问题,并使每一方尽可能充分地事先了解各自要面对的问题。

(四)口头听证

在肯尼亚的仲裁中,口头听证既不是自动的,也不是强制性的,如果根据提供给仲裁庭的文件和其他材料可以解决争端,当事人可以自由地选择不进行听证。

听证和书面陈述受 1995 年《仲裁法》第 25 条第 1 款至第 5 款的管辖,其要点是,除非当事人有相反的协议,否则:以提交证据、口头辩论,或仅以文件为基础的口头听证的决定,由仲裁庭作出,以及如果一方当事人要求,可在程序的任何适当阶段举行口头听证。

二、证据

(一)概述

根据 1995 年《仲裁法》第 20(3)条的规定,仲裁庭以适当方式进行程序的权力的另一个方面,是确定提交给仲裁庭的任何证据的可接受性、相关性、实质性和重要性。这一规定的适用往往给一些仲裁员和律师带来麻烦,为了他们的利益,必须在此说明,肯尼亚的《证据法》不适用于肯尼亚的仲裁,因此,仲裁员不受证据的技术规则约束。然而,有必要知道一些可接受的、相关的和重要的证据知识,以告知和指导接受一方希望提供、而反对方则反对的证据。对可接受的证据的重视和对冲突证据的解决,也有利于对肯尼亚证据法的基本原则有一定的了解。

虽然《仲裁法》对这一问题没有明确规定,但在根据《特许仲裁员协会(肯尼亚分会)仲裁规则》进行的仲裁中,仲裁庭有权力和管辖权来:“接受并考虑其认为相关的书面或口头证据,无论是否经过宣誓,如果它决定这样做,则对当事人和证人进行宣誓或取证。”

2009年《仲裁法(修正案)》引入的第20(3)条扩大了1995年《仲裁法》第20条规定的仲裁庭的权力,该条授权仲裁庭额外确定关于任何事项的争论或提交的材料在哪一点上是公平和合理的。其意义无疑是为了避免接受不相关的证据和减少过度的争论。

(二)证人

证人,一般是指在现场,亲自看到或感知到某一事物,并对其所看到、听到或以其他方式观察到的东西作证的人。1995年《仲裁法》中没有关于证人的实质性规定。唯一具体提到证人的是该法第20(4)条,该条给予提供证据的“每个证人”和在仲裁庭出庭的“每个人”与在法院出庭的证人和律师相同的特权和豁免权。2009年《仲裁法(修正案)》引入的新的第20(5)条授权仲裁庭指示一方当事人或证人接受宣誓或确认的审查,并进行或采取必要的宣誓或确认。这意味着,在法庭上询问证人和接受其他证词的程序,可以比照适用于仲裁程序。

1995年《仲裁法》第25(4)条的规定隐晦地提及了事实证人和当事人指定的专家证人,该款要求向仲裁庭提供“所有陈述、文件或其他信息”以及“仲裁庭可能依赖的任何专家报告或证据文件”,并向当事人通报。仲裁员无权强迫证人出庭。当在仲裁中出现问题时,一方当事人可要求仲裁庭认可由法院发出的传票,以送达证人。在“Epco Builders Limited 诉 Adam Marjan & Another 案”中,仲裁员仅在申请人的要求下而不是在仲裁庭的要求下发出证人传票,这个意愿得到了高等法院的支持。

在正常的口头听证过程中,证人会像法庭程序一样接受主审、交叉审问和重新审问。各类证人通常在仲裁员面前宣誓作证。

(三)书面证据

《仲裁法》允许当事人在提交申诉书和答辩书时,提交他们希望在仲裁中依赖的所有相关文件。他们还可以增加他们希望提交的文件或其他证据。尽管证人通常向仲裁庭提出口头证据并出示书面证据,但通常做法是,当事人通过协议交换书面证据,并在实际开庭前向仲裁庭提交这些证据。在这种情况下,免去了对证人的询问,而是对证人进行交叉询问,并就其书面陈述或证据重新进行询问。

（四）文件披露

1995年《仲裁法》对文件的发现或披露问题未作规定。然而，在适用《特许仲裁员协会（肯尼亚分会）仲裁规则》的情况下，该规则第9（2）条规定，仲裁庭可以命令一方当事人向其和另一方当事人提供该当事人打算用来支持其申诉、反诉或辩护的文件和其他证据的摘要。此外，根据该规则第9（3）条的规定，在诉讼期间的任何时候，仲裁庭可以命令各方当事人出示其认为必要或适当的其他文件、证物或其他证据。但是，当事人可以自由商定披露规则。因此，在肯尼亚的仲裁实践中，书面声明的使用已经生根发芽，并变得越来越普遍。

（五）特权的范围

肯尼亚的特权是由《证据法》和普通法规定的。《证据法》第134条规定了律师的特权，并明确规定，除非得到其客户的明确同意，否则律师任何时候都不允许披露在其工作过程中和为其工作目的而进行的任何交流。除非这种交流是为了达到非法目的而进行的，并且律师观察到的事实表明，自其开始工作以来，已经发生了任何犯罪或欺诈行为。《证据法》第137条保护当事人与其辩护人之间的任何交流。肯尼亚《证据法》第137条规定，如果当事人提供自己作为证人，则视为放弃特权，在这种情况下，其可能被迫披露法院认为有必要知道的与律师的任何沟通，以解释其提供的任何证据。除此之外，只有在当事人同意的情况下才能放弃特权。

（六）法院在为仲裁提供证据方面的协助

1995年《仲裁法》第28条规定，仲裁庭或经仲裁庭批准的当事方可请求高等法院协助取证，高等法院可在其权限范围内并根据其取证规则执行该请求。法院的协助包括向证人发出传票以确保其出庭，在证人不在法院管辖范围内的情况下，在法院官员或任何其他官员面前对经宣誓的证人进行讯问等。

三、法庭指定的专家

仲裁当事人可以传唤自己的证人在仲裁程序和审理中作证；但在当事人另有约定的情况下，仲裁庭可以指定一名或多名专家就具体问题向其报告，并要求当事人向专家提供任何相关信息或查阅任何相关文件、物品或其他财产。在各方当事人同意并就专家报告中要处理的问题达成一致时，仲裁庭便可以这样做。

同样，各方当事人可以就专家证据的提交方式达成一致；根据一方当事人的要求或仲裁庭的决定，提供书面或口头报告的专家可以接受各方当事人的询问，各方当事人也可以提出专家证人就争议点作证。因此,仲裁庭在接受和处理事实证人、当事人指定的专家和仲裁庭指定的专家的证据方面没有重大区别。每个人都可以在法庭上就其证词接受询问、交叉询问和重新询问。

虽然1995年《仲裁法》在这一点上并不明确,但各方没有理由不同意在开庭前将专家的书面意见提供给对方,以方便对方在开庭前和开庭时考虑和审查该意见。事实上,第27(3)条规定,当事人有权审查专家所拥有的、为编写报告而提供给他的任何文件、货物或其他财产。从1995年《仲裁法》第27(2)条可以看出,仲裁庭指定的专家报告可以是书面的或口头的。

四、临时保护措施

(一)仲裁员的权力

《示范法》关于临时措施的规定不是肯尼亚《仲裁法》的一部分。因此,后者没有规定仲裁庭可给予的临时保护措施。1995年《仲裁法》第18条规定,除非当事人另有约定,仲裁庭可根据当事人申请命令任何一方当事人,就仲裁庭认为的争端的必要事项采取临时保护措施,无论是否有要求提供与该措施相关的适当担保的附属命令;或命令任何一方就任何索赔或任何争议金额提供担保;或命令索赔人提供费用担保。肯尼亚的仲裁法庭在征得各方同意的情况下,确实会发出临时禁令,以保护争议中的动产和不动产不被处置、转移、耗散或浪费掉。

(二)法院的作用

向仲裁庭申请让仲裁方提供银行担保等,可能会引起争议并遭到强烈反对。因此,肯尼亚的仲裁庭是否会自由地接受命令仲裁方提供担保的请求,或在没有法院协助的情况下发出扣押令,是值得怀疑的。

由于没有明确规定仲裁庭可能授予的命令,临时措施的请求很容易受到反对方的抵制,因此有必要根据1995年《仲裁法》第18(2)条诉诸法院,以协助行使该法第18(1)条赋予的权力。《仲裁法》赋予高等法院执行仲裁庭下达的强制性保护令的权力,谨慎的一方可能更倾向于直接寻求法院的帮助,为处置易腐烂的货物或保存其他有争议的财产发出临时命令。除1995年《仲裁法》第18条的规定外,该法第7(1)条加强了法院对临时措施的批准和执行的协助,根据该条规定,在仲裁程序之前或期间,一方当事人请求和高等法院批准临时措施,与仲裁协议并无抵触。1995年《仲裁法》第7(2)条的规定暗示,仲裁庭可就向其提出的与强制令和其他临时措施有关的任何事项作出裁决。根据该条规定,高等法院将把仲裁庭在向高等法院申请禁令和其他临时命令时就这些事项作出的任何裁决或事实认定视为结论性的。

然而，关于高等法院在仲裁协议有外国仲裁地的情况下给予临时保护措施的管辖权，存在相互矛盾的决定。一个恰当的案例是"Skoda Export Limited（Skoda）诉 Tamoil Limited East Africa Limited（Tamoil）案"，该案涉及双方就在肯尼亚建造一条石油管道进行招标的协议。双方就协议出现了争议，斯柯达是捷克共和国的全资公司，它向肯尼亚高等法院申请在争议提交仲裁之前采取临时保护措施。然而，高等法院驳回了斯柯达的申请，理由是双方之间的协议规定伦敦为仲裁地点，双方之间的任何争议都将由英国法律和英国法院管辖。因此，高等法院认为，肯尼亚的高等法院没有管辖权批准所寻求的临时保护措施，上述命令应从英国法院获得。

此裁决可与"CMC 控股有限公司（以下简称 CMC）及另一公司诉捷豹路虎出口有限公司案"相提并论，在该案中，CMC 寻求临时保护措施以阻止捷豹路虎有限公司终止双方缔结的特许经营和分销协议。与"Skoda 诉 Tamoil 案"一样，该分销协议受英国法律和英国法院管辖，其仲裁地点在伦敦。捷豹路虎有限公司辩称，《仲裁法》不适用，肯尼亚的法院没有处理临时保护措施申请的管辖权。然而，法院在驳回这一论点时认为，肯尼亚《宪法》第 1（5）条规定，国际法的一般规则应构成肯尼亚法律的一部分，因此赋予了法院审理和裁定该事项的管辖权。卡莫（Kamau）女士认为，任何合同都不能排除肯尼亚法院的管辖权。

因此，可以看出这一领域的法律相当不确定。

（三）临时措施的考虑因素和形式

批准临时保护措施涉及对以下因素的分析：仲裁协议的存在，争议的主题事项是否受到威胁，根据案件的情况采取适当的保护措施，以及临时保护措施的期限，以避免侵犯仲裁庭的决策权。在肯尼亚，最好是以临时裁决的形式给予临时措施，并作为仲裁裁决来执行。这些措施包括维持现状的命令、行动禁令（这些行动将造成无法弥补的损失或损害仲裁程序），或命令保全资产或证据。

五、仲裁的时效期限

肯尼亚法律《诉讼时效法》没有规定仲裁的启动期限。然而，该法第 4 条规定，基于合同的诉讼和强制执行裁决的诉讼不得在诉讼理由产生之日起 6 年后提起。此外，该法第 34 条规定了"仲裁时效法的适用"，并规定，当仲裁一方向另一方送达通知,要求其指定仲裁员或同意指定仲裁员,或在提交的文件规定应提交给提交文件中指定的人,要求其将争端提交给如此指定的人时,仲裁即被视为已开始。如果规定了应开始仲裁的期限,但双方都没有采取任何措施,则仲裁权可能被剥夺。法院认为关于时效的规则是实质性的。

六、代理和法律援助

在肯尼亚,仲裁当事人可以亲自出庭或行动,或由他们选择的任何其他人代理仲裁程序。因此,仲裁当事人的代理不限于法律界人士。《特许仲裁员协会(肯尼亚分会)仲裁规则》也允许任何一方在仲裁中由其选择的人员代表或协助。

(一)来自肯尼亚的律师进行的仲裁行为

肯尼亚没有特定的规则来规范律师在根据《特许仲裁员协会(肯尼亚分会)仲裁规则》进行的仲裁程序中的行为。但是,对于根据《NCIA 仲裁规则》进行的仲裁程序,《NCIA 仲裁规则》第 21(2)条规定,一方代表的行为应符合中心可能不时发布的守则、标准或准则。国际律师协会《国际仲裁中当事人代表准则》第 26 条和第 27 条规定了仲裁庭在发现当事人代表有不当行为时可采取的措施,以及仲裁庭在处理不当行为问题时应考虑的问题,这可用于指导仲裁庭处理与律师行为有关的任何问题。

(二)来自其他司法管辖区的律师在肯尼亚法律事务中出庭

肯尼亚法律制度对外国律师有限制。肯尼亚《律师法》禁止他们在肯尼亚执业,并称他们为“没有资历的人”。然而,根据《律师法》第 11 条的规定,总检察长可以根据其绝对的自由裁量权,为任何特定的诉讼事项或与之相关的事项,允许被允许的人作为律师执业。有权在英联邦国家的高级法院出庭的从业人员,如果此人已经或打算来肯尼亚为该诉讼或事项出庭、代理或提供建议,并且没有因为该法案而被取消资格或被暂停资格,则可以被接纳。此外,来自布隆迪、卢旺达、坦桑尼亚和乌干达的公民,如果具有《律师法》第 13 条规定的专业和学术资格,可以被接纳为律师,并在法律事务中出庭。根据 1995 年《仲裁法》第 25(5)条的规定,外国律师可以在仲裁程序中代表当事人,该条允许当事人由其选择的任何人员代表。

七、缺席

在 1995 年《仲裁法》第 26 条规定的某些情况下,仲裁庭可以在违约方缺席的情况下继续进行仲裁。当事人可以就默认程序达成一致,否则,如果没有充分的理由,(1)申请人未能在约定或规定的期限内提交申请书,仲裁庭有权终止程序;(2)被申请人未能在规定的期限内提交答辩书,仲裁庭可继续进行程序;(3)一方当事人未出庭或未出示书面证据的,仲裁庭可以继续审理,并根据现有证据作出裁决;(4)申请人未提起诉讼的,仲裁庭可以作出驳回诉讼的裁决,或为迅速确定诉讼作出指示。

2009年《仲裁法(修正案)》授权仲裁庭发出并要求遵守其强制性命令或指示,并规定了遵守的时限。不遵守可导致驳回申诉,阻止违约方依赖构成命令主题的任何指控或材料,并允许法庭从不遵守中得出不利的推论,就法庭面前的材料作出裁决,或就不遵守引起的仲裁费用作出适当的命令。

该法没有规定"适当的通知"是仲裁庭采取行动的前提条件;但毫无疑问,由于在听证会和仲裁会议之前提前发出通知的正常做法以及根据1995年《仲裁法》第19条给予当事人公平合理的陈述机会的要求,这种疏忽的影响有所减轻。《特许仲裁员协会(肯尼亚分会)仲裁规则》第7(2)条要求仲裁庭确定仲裁中的会议和听证会的日期、时间与地点,并向所有当事人发出充分的通知,除非另有约定,否则通知时间不得少于14日。

八、仲裁裁决

1995年《仲裁法》第32条规定了仲裁裁决的形式和内容,并要求裁决为书面形式,由仲裁庭签署。对于有1名以上仲裁员的仲裁,如果说明不签其他名字的原因,那么只需要多数人的签名。仲裁裁决需要说明理由,除非当事人同意不说明理由,或根据1995年《仲裁法》第31条作出和解裁决。此外,仲裁裁决应说明裁决的日期和仲裁的司法地点。

(一)裁决类型

《仲裁法》通过提及和纳入仲裁裁决的定义来承认临时仲裁裁决,但没有法定提及"中间"或"部分"裁决。没有受到质疑的临时仲裁裁决可通过法院的行政机制以与仲裁裁决相同的方式执行。在实践中,中间裁决和其他临时仲裁裁决更多的是程序性的决定,以方便仲裁程序的进行。因此,最终在法院系统下由法院执行和实施的裁决是关于争端实质的最终裁决。另外,被成功质疑的临时命令或裁决可以在发布最终裁决之前被撤销,理由是没有通知作出临时裁决的程序,或仲裁庭缺乏管辖权。

(二)制定裁决

1. 作出决定

在有1名以上仲裁员的仲裁程序中,除非各方当事人另有决定,否则仲裁庭的决定可以由多数成员作出。如果不能达到多数,各方当事人可以商定仲裁庭的决策方式,如将分歧点提交给另一名仲裁员。程序问题可由主席经各方当事人或全体成员授权决定。在肯尼亚的仲裁实践中,反对意见是很罕见的。

2. 时间限制

进行仲裁和作出裁决的时间限制,可由各方当事人或仲裁庭协议确定。经当事人同意并经仲裁庭同意,这种时限可以延长。如果没有达到时限且一方当事人拒绝同意延长时间,则若仲裁庭不打算延长时间,程序可以继续进行。受损方可寻求法院干预以延长时间。如果双方或所有的当事人都拒绝延长时间,那么仲裁员批准不想要的延长时间是不寻常的,在这种情况下,没有什么能阻止当事人通过协议终止仲裁庭的任命。在当事人拒绝延长时间的情况下,仲裁员获得法院命令去做当事人不希望其做的事情或支付费用,也是不正常的。

在有时间限制的法院命令的仲裁中,仲裁庭的任务将在规定的时限到期后结束,除非法院批准延长时间,否则在时限之外作出的裁决可以被质疑为无效。

(三)仲裁的形式

仲裁裁决必须以书面形式作出,并由1名或多名仲裁员签名,这是一项法定要求。在适用的情况下,大多数仲裁员的签名就已足够了,但要说明拒绝签名的原因。裁决必须包含决定的理由,除非当事人放弃这个要求,或者根据商定的条件达成了和解。没有关于提供理由的固定标准,《仲裁法》也没有规定任何理由。

裁决的日期和仲裁的司法地点也必须在裁决中说明。如果省略了这些形式和内容的细节,那么便不是《仲裁法》要求的仲裁裁决。可以想象,未签署的裁决会因无效或不符合执行的法律要求而受到质疑。仲裁庭有权在裁决之日起30日内主动纠正笔误和排印错误。

(四)仲裁裁决的终局性和当事人自主权

1. 相关规定

采用《示范法》的结果,是严重限制了肯尼亚法院对仲裁程序的干预。1995年《仲裁法》中没有规定既判力,肯尼亚《民事诉讼法》第7条对此作了规定,它是仲裁庭应适用的一项普遍原则。1995 年《仲裁法》第 35 条明确规定了一方可以就法律问题提出上诉的理由。但事实问题是不能上诉的。这与当事人自主权和仲裁裁决的终局性的概念是一致的,这两者都是《仲裁法》中反复出现的主题。

1995 年《仲裁法》第 32A 条简明扼要地强调了仲裁裁决的最终性:“除非当事人另有约定,否则仲裁裁决是最终的,对当事人有约束力,除该法规定的方式外,不得对裁决进行追诉。”

因此,只有在各方在仲裁程序开始前以书面形式表达了他们的意图时,才允许就裁决的实质内容提出上诉,肯尼亚上诉法院只受理由法规或成文法认可的上诉。

在国内和国际层面上,对于仲裁裁决的神圣原则,似乎存在法律和法学上的一致意见。这一原则是选择仲裁作为比传统法院诉讼更优选的争端解决方式的核心所在。没有它,仲裁的本质和这一最突出的特点就会丧失。

肯尼亚《仲裁法》试图通过以下方式促进仲裁裁决的终局性和约束性:(1)仔细规定并限制可撤销仲裁裁决的情况;(2)允许法院将适当属于仲裁员职权范围的裁决部分与不属于仲裁员职权范围的部分分开;(3)授权高等法院暂停寻求撤销仲裁裁决的程序,以便为仲裁员提供机会,纠正任何本应由法院干预的错误;(4)规定了严格的时间框架,在此框架内寻求高等法院的干预;(5)规定了严格的时限,要求高等法院对仲裁裁决进行干预的申请必须在这个时限内提出;(6)维护仲裁员对临时措施的事实结论的最终性;(7)赋予仲裁员对自己的管辖权进行裁决的权利;(8)除非常有限的情况外,没有明确规定对高等法院的裁决感到不满的一方有权向上诉法院提出上诉。

仲裁裁决的终局性原则以及随之而来的对法院干预的限制对国际或跨国商业人士来说是如此神圣和重要,其重点也可以从当地使用的标准仲裁条款/协议和国际仲裁中流行的条款/协议中得到启发。这样的例子比比皆是:比如,联合国国际贸易法委员会《示范法》第 5 条,肯尼亚《仲裁法》在很大程度上借鉴了该条;再如,FIDIC 标准合同格式。

2. 相关案例

肯尼亚法院出现的一些判例似乎强调了 1995 年《仲裁法》第 32A 条关于仲裁裁决的终局性的实质。法院对高等法院受理对仲裁裁决的质疑进行了批评,其措辞如下:因此,我们重申,任何法院都无权干预仲裁程序或裁决,除非是在《仲裁法》具体规定的情况下或当事人事先约定的情况下,同样,也无权对裁决向高等法院或上诉法院提出上诉,除非是在《仲裁法》第 39 条规定的情况下。

在另一项裁决中,上诉法院也重申了仲裁裁决的终局性原则,并指出:《仲裁法》其下的规则废除并取代了自 1968 年以来管辖仲裁事项的肯尼亚法律第 49 章及其下的规则。对这两部法律的比较强调了后一部法律所带来的一个重要信息:争端的终局性和对诉诸法院的严格限制。《仲裁法》第 6 条、第 10 条、第 12 条、第 15 条、第 17 条、第 18 条、第 28 条、第 35 条和第 39 条在这方面特别相关。

肯尼亚上级备案法院(Kenyan superior courts of record)似乎已经确定,仲裁裁决应该是最终的,至少在其对争端的是非曲直的决定中是如此。

在实践中,肯尼亚的法院将努力维护和促进上述原则,这在上诉法院对“Nyutu Agrovet Limited 诉 Airtel Networks Limited 案”(该案正在等待上诉)的裁决中可以看到。然而,在有限的规定情况下,肯尼亚的法院将干预受制于仲裁程序和进程的事项或争端。总的趋势是将这种法院干预限制在那些有必要支持仲裁程序或由于公共政策的情况下。

(五)管辖权

1. 仲裁员的权力

仲裁庭有权对与自己的管辖权有关的问题作出裁决。关于这种请求的决定可以采取初步裁决的形式,也可以列入关于案情的裁决中。

2. 提出反对的时机

必须在提交答辩书之前提出关于仲裁庭缺乏管辖权的抗辩,但关于仲裁庭超越其权限的抗辩必须在仲裁程序中出现该问题时立即提出。但这似乎没有严格的时间限制,因为如果仲裁庭对拖延的原因感到认可,仍然可以受理后来提出的抗辩。当事人没有理由不在最早的机会或在 1995 年《仲裁法》第 17(2)条规定的时限内,即在提交答辩书之前提出关于可仲裁性的抗辩。

3. 法院的作用

(1)法院的职责

仲裁协议的效力,特别是关于仲裁协议的各方是否可以向法院起诉以确定争议的问题,经常在肯尼亚法院得到检验。1995 年《仲裁法》第 6 条涉及法律程序的中止和对仲裁的引用,这也许是该法在法院诉讼中最常援引的条款。

1995 年《仲裁法》第 6 条要求法院在涉及仲裁协议事项的诉讼中,中止诉讼并将各方提交仲裁。然而,在“Victoria Furnitures Ltd. v. African Heritage Ltd. & Another 案”中,法官拒绝中止诉讼,因为其发现该案:①涉及法律问题;②存在多重诉讼;③仲裁只适合于部分争议。更重要的是,法官还发现,由于申请人不符合 1995 年《仲裁法》第 6(1)条的规定,因此不具备申请中止或提交仲裁的资格,因此不存在仲裁问题。这一权力的行使受到限制:移交申请必须由仲裁方提出;申请必须不晚于申请人出庭或以其他方式承认索赔或在程序中采取任何其他步骤的时间。

法院的移交权并不是绝对的,因为如果法院认为:仲裁协议无效、无法实施或无法履行或当事人之间不存在可仲裁的争议,则法院有酌情权不批准申请——在“TMAM 建筑集团(非洲)诉总检察长案”中,高等法院驳回了总检察长根据 1995 年《仲裁法》第 6(1)条提出的中止诉讼和提交仲裁的申请,认为该申请不合格,因为总检察长没有提供任何争端的证据。法院认为“如果一方当事人完全不能拿出最细微的证据来支持对纠纷的指控……则绝对无权要求中止诉讼和提交仲裁……”同样地,在“Beckett 诉 UAP Provincial Co. Ltd. 案”中,法院拒绝中止诉讼程序,认为“由于当事人之间没有争议,所以没有什么可提交仲裁的”。

援引法院移交权力的时间限制被严格执行,因此,如果申请人做了任何能够被理解为法院诉讼程序中的一个步骤,就可能失去申请转介令的权利。在法院受理此类申请的众多案例中,调查是简要的,并不超出法院对有效仲裁协议的存在的确信。人们期望肯尼亚法院尊重和接受当事人在协议中明确规定的国内或国外的地点选择,以此维护仲裁协议的存在和有效性。

在收到裁决通知后的 30 日内,受侵害方可申请在高等法院就仲裁庭对该事项拥有管辖权的肯定初步裁定提出异议。法律没有规定法院可以审查法庭对管辖权的否定结论。

当事人在仲裁庭成立之前向法院起诉的,在批准或拒绝转介令之前,可以提出仲裁管辖权问题供法院审议。如果管辖权质疑只能在仲裁庭成立并知道其组成之后提出,那么 1995 年《仲裁法》第 17(1)条提供的机会可供有此意愿的一方在仲裁庭前提出该问题。如果仲裁程序正在进行,而法院被要求就管辖权问题作出决定,即使在高等法院的申请仍未解决的情况下,各方仍可根据 1995 年《仲裁法》第 17(8)条继续并结束程序。然而,在这种程序中作出的裁决在申请被决定之前不生效,如果申请成功,裁决将无效。在这种情况下,继续进行仲裁程序是不可取的,因为肯尼亚法院倾向下达命令中止仲裁程序,直到法院确定管辖权问题。仲裁程序会因为法院经常拖延对此类问题的裁决而被大大拖延。

(2)决定一切职权的职权(Kompetenz-Kompetenz 原则)

如前所述,从 1995 年《仲裁法》第 17 条的规定中可以看出,仲裁庭在面临对其管辖权或申诉可受理性的质疑时,有对该质疑作出裁决的管辖权。否则,在这种情况下,1995 年《仲裁法》中没有任何内容可以阻止仲裁员出于自己的意愿或为了心安而退出仲裁员的行列。

这实质上确定了“Kompetenz-Kompetenz”原则,即仲裁庭可对其自身管辖权作出裁决。此类裁决可能包括仲裁协议的存在或有效性等事项。当事人指定或参与指定仲裁员的事实并不妨碍对仲裁庭的管辖权提出质疑。此外,1995 年《仲裁法》规定,关于仲裁庭没有管辖权的抗辩应在不迟于提交答辩书时提出,这意味着这一问题应在仲裁程序开始时提出。当一方当事人提出管辖权问题时,仲裁庭有两种选择:可以作为初步问题对该事项作出裁决;如果仲裁庭将其作为初步问题裁定其拥有管辖权,任何一方对该裁定感到不满,可向高等法院提出申请,在收到该裁定的通知后 30 日内,高等法院对该事项的决定应为最终决定,不得上诉。

(六)可适用的法律

只有在当事人明确授权的情况下,仲裁庭才能根据“公正和公平的考虑”,不参照法律规则来决定实质性争议。而在国内仲裁中,更常见的是按照仲裁协议、国内管辖法律和实践规则进行程序,而不是由当事人选择排除或适用“正义和公平的考虑”,关于这一概念的适用,没有任何指导准则。

1995 年《仲裁法》第 29 条规定,仲裁庭有权根据当事人选择的适用法律规则来确定争议。如果当事人未能就法律的选择达成一致,仲裁庭有权适用其认为适合该争议的法律规则。但是,除非当事人另有约定,对所选国家的法律或法律制度的选择应被理解为该国的实体法,而不是其冲突法规则。

(七)和解

仲裁当事人可以请求仲裁庭将按约定条件达成的和解纳入仲裁裁决中。仲裁庭如果不反对该请求,便可以这样做。违反公共利益的和解条款是可以被反对的。

按约定条件作出的裁决与任何其他仲裁裁决的要求相同,具有相同的地位和效力,但不需要包含和解所依据的理由。

虽然1995年《仲裁法》对这一点未作规定，但仲裁当事人没有理由不能或不应该在仲裁期间在仲裁员的协助下协商解决其争议。然而，谨慎的做法是，当事人的请求、仲裁庭的同意以及协助的方式都要记录在案并纳入诉讼记录。

可以想象，根据协议条款作出的裁决（具有与任何仲裁裁决相同的地位和效力）会因公共政策等理由而被撤销。同样或类似的理由也可以使仲裁员拒绝以仲裁裁决的形式记录这种和解的做法正当化。

（八）纠正、澄清和裁决的效力

1995年《仲裁法》第34条规定，允许仲裁员在裁决日期后30日内自行纠正任何笔误或印刷错误或任何其他类似性质的错误。

《仲裁法》还允许一方当事人在收到裁决书后30日内，经通知对方，可要求仲裁庭纠正仲裁裁决中的任何计算错误、任何笔误或排印错误或任何其他类似性质的错误，以澄清或消除有关仲裁裁决中某一点或某一部分的任何含糊之处。仲裁庭在收到对更正请求的评论后，有30日时间进行任何更正或澄清。

另外，根据1995年《仲裁法》第32（4）条的规定，未注明日期、未签字和未说明仲裁地的裁决不能算是仲裁裁决。这里的要求不是"纠正"而是"送达"仲裁裁决。由于在送达仲裁裁决之前，仲裁任务并没有完成，因此仲裁方有权要求送达仲裁裁决。除非各方当事人另有约定，仲裁裁决是最终的，对各方当事人具有约束力，除该法规定的方式外，不得追诉。

（九）补充裁决

一方当事人在收到裁决书后的30日内，可要求仲裁庭就仲裁程序中提出的要求作出补充仲裁裁决，以包括在仲裁程序中提出但在裁决中遗漏的要求。如果仲裁庭认为该申请是合理的，需要在60日内作出补充裁决。补充裁决也必须符合根据1995年《仲裁法》第32条作出的仲裁裁决的相同要求。除非当事人另有约定，补充裁决的费用由仲裁庭确定和分摊。

在特殊情况下，仲裁庭可以使用其固有的权力来延长申请更正的30日期限。特殊情况可能包括拖延的时间、拖延的原因、申请的可论证性以及如果批准申请可能对被告造成的损害。支持上述主张的已决案件包括"Pangea Development Holdings Ltd. v. Hacienda Development Ltd. & Another［2019］eKLR案""Mobinets SAL Ltd. v. Safaricom Ltd.［2020］eKLR案"等。

(十)费用和成本

1. 概况

仲裁费用和开支的裁决受1995年《仲裁法》管辖,包括当事人的仲裁费用和其他费用、仲裁庭的费用和开支以及与仲裁有关的任何其他费用。仲裁的费用和开支由仲裁庭在其裁决或任何附加裁决中确定和分摊。

2. 保证金

1995年《仲裁法》没有提及仲裁保证金的支付问题。《特许仲裁员协会(肯尼亚分会)仲裁规则》对此提供了指导,该规则授权仲裁庭要求各方当事人交纳“适当的金额”作为费用的预付款,并要求各方当事人在仲裁程序中交纳补充保证金。通常要求各方当事人交纳同等数额的仲裁保证金。

根据《特许仲裁员协会(肯尼亚分会)仲裁规则》的规定,如果在提出请求后30日内没有全额支付保证金,仲裁庭将通知各方,让愿意支付所需保证金余额的一方支付;如果不支付,仲裁庭可以暂停或终止程序。

3. 仲裁员的费用和开支

仲裁员决定他们自己的费用。通常的做法是按小时收费;但不禁止当事人和仲裁员商定一次性付款或按索赔的百分比付款。根据《特许仲裁员协会(肯尼亚分会)仲裁规则》的规定,仲裁员的费用是参照仲裁庭所做的工作,按商定的特定费率从仲裁开始计算。仲裁庭的费用包括专家协助的费用。特许仲裁员协会(肯尼亚分会)建议制定不同等级的仲裁员费率表。

仲裁庭发生的费用是可以收回的。这些费用包括:差旅费、生活费、仲裁室租金、邮资,电报、传真、电话、复印、录音和转录服务费、专家和顾问的报告费,并按成本收取。裁决的费用总额在裁决书中具体说明,除非当事人另有约定,否则裁决书将说明哪一方有责任支付。

4. 为当事人提供法律援助的费用

如果由于争端的规模和复杂性或争端的性质所需的特殊资格等原因,可能会出现或产生法律援助的费用,最好在仲裁程序开始时就这些事项达成协议。

通常的期望是,仲裁费用和开支的水平将是合理的,并参照已完成的工作来计算,尽管1995年《仲裁法》没有明确规定。该法允许在裁决中确定、分摊和说明费用和开支,这将使仲裁员能够在当事人在某些索赔中获胜而在其他索赔中失败的情况下分摊费用和开支。在裁决或附加裁决的费用既不由仲裁庭确定也不由其分摊的情况下,每一方当事人都要负责自己的费用,并对仲裁庭的费用和开支承担同等份额。

通过传票和原诉传票向高等法院申请仲裁事项的费用受根据1995年《仲裁法》制定的1997年《仲裁规则》第8条的约束。根据该规则,法院可指示诉讼费用由谁承担,并可命令仲裁员在裁决中纳入已征税的费用或法院可能确定的代替征税的金额。需要注意的是,2009年《仲裁法(修正案)》引入的第32B(4)、(5)条使高等法院能够受理与仲裁员费用和开支有关的申请并作出最终决定。

5. 利息相关

2009年《仲裁法(修正案)》具体涵盖了利息收费,根据该法,仲裁裁决可以包括从裁决中规定的日期和利率开始支付单利或复利的条款。

6. 费用的分配

仲裁员对有关费用和开支的命令有自由裁量权,除非当事人的协议另有规定。该自由裁量权的行使原则与高等法院的诉讼相同,即费用随事件发生而发生。如果仲裁员有意偏离这一原则,其将谨慎地在作出裁决前给各方当事人一个机会就费用问题向仲裁庭提出意见。

《特许仲裁员协会(肯尼亚分会)仲裁规则》对仲裁费用提供了指导,根据该规则,裁决书将说明任何一方是否应支付任何其他方的全部或部分费用,以及这些费用是在一方与一方之间还是在律师与客户之间进行评估。

(十一)裁决通知和登记

如果裁决被当事人接受并自愿执行(如大多数临时仲裁),仲裁程序就结束了;在这种情况下,在自愿执行裁决之前在法院登记并不常见。然而,任何一方都可以向高等法院提交裁决,并支付相应的费用。在预计接受和自愿执行裁决会遇到阻力的情况下,这样做是可取的。对于未提交或未登记的仲裁裁决的执行或实施,法院不能提供协助。

除非当事人或法院的协议规定了时间限制,否则提交裁决没有法定时限。裁决提交后,所有申请都必须通过提交裁决的"案由传票"提出,并在听证日期前至少7日送达所有当事人。提交裁决的一方有义务向所有当事人发出通知,说明日期、案由和提交裁决的登记处,并提交一份送达宣誓书。

希望撤销裁决的一方在收到裁决书之日起3个月后,或在仲裁庭根据1995年《仲裁法》第34条处理任何更正或澄清请求之日起3个月后,则不再有权利这样做。除非高等法院另有命令，否则提交的裁决必须是经正式认证的仲裁裁决原件或经正式认证的副本。

(十二)在肯尼亚作出的国内和国际裁决的执行(另参见本章第六节——外国仲裁裁决在肯尼亚的承认与执行)

胜诉的一方可寻求法院的协助，迫使其对手执行裁决。胜诉方将要求法院承认并执行裁决。在法院可以执行裁决之前，需要承认裁决，这意味着法院认为仲裁庭的决定是有效的，并且对双方都有约束力。此后，法院执行裁决，这是强制一方遵守裁决条款的过程。

1. 执行仲裁裁决的相关立法

2010年颁布的肯尼亚《宪法》是肯尼亚共和国的最高法律，授权法院和法庭以包括仲裁在内的替代性争端解决形式的原则为指导。1995年《仲裁法》以及1997年的《仲裁规则》规定了国内仲裁程序的执行。1985年《外国判决(相互执行)法》(肯尼亚法律第43章)也适用于仲裁程序中的裁决，如果该裁决是根据其作出地国家的现行法律作出的，可以与该国指定法院作出的判决一样的方式执行。此外，1958年《纽约公约》已被纳入1995年《仲裁法》第36(2)条，对国际仲裁裁决的执行作出了规定。此外，还有1996年《投资争端公约法》，该法对根据1965年《华盛顿公约》作出的裁决的承认和执行进行了规定。

2. 执行许可

当1995年《仲裁法》第35条允许的撤销仲裁裁决的3个月期限届满而未提出撤销申请时，提出裁决的一方可通过传票单方面申请将裁决作为法令执行。许可申请和执行申请之间的区别(以及这是否是两个独立的申请)并不像从法定条款中可以预期得那样明显。然而，由于这两份申请的目的和效果是可以区分的，因此可以推断，我们设想的是两份不同的和单独的申请—— 一份是许可，另一份是执行。

同样，由于根据1995年《仲裁法》第36条(经修订)，仲裁裁决的执行需要“向高等法院提出书面申请”，而《仲裁法》下的1997年《仲裁规则》第9条要求“通过内庭传票”提出，因此可以解释为，根据该规则第6条要求执行许可的单方面传票同样可以在内庭向法官提出。

但是，从1997年《仲裁规则》第6条可以看出，在以前的申请得到处理之前，撤销仲裁裁决的申请的悬而未决可以成为拒绝执行裁决的许可申请的一个理由。

因此，如果在申请撤销裁决的3个月期满前批准了执行许可，受害方仍可申请撤销裁决，或根据1995年《仲裁法》第35(3)条的规定对许可申请的决定提出上诉。

如果能够说服高等法院或上诉法院就法律问题给予特别上诉许可，那么违反1995年《仲裁法》第35(3)条及其下的1997年《仲裁规则》第6条便是一个合理的理由，可以对准予执行裁决的命令提出上诉。在《仲裁法》的明确规定没有否认上诉权的情况下，上诉法院一直倾向于受理和执行肯尼亚《民事诉讼法》规定的所有民事事项中的一般上诉权。

3. 强制执行

1995年《仲裁法》对“国内裁决”和“外国裁决”的承认和执行没有作出区分。2009年的修订法案废除了1995年《仲裁法》的第36条，并用可以区分这两种裁决的条款来取代它。

根据2009年《仲裁法(修正案)》引入第36(1)条的规定，“国内裁决”被承认为具有约束力，在向高等法院提出申请后，可以强制执行，但须遵守该条和1995年《仲裁法》第37条规定的拒绝裁决的理由。根据2009年《仲裁法(修正案)》引入第36(2)条的规定，“国际裁决”被确认为具有约束力，并根据《纽约公约》或肯尼亚签署的与仲裁裁决有关的任何其他公约执行。

依赖仲裁裁决或申请执行仲裁裁决的一方必须向高等法院提交仲裁裁决原件或经正式核证的副本，以及仲裁协议原件或经正式核证的副本。如果仲裁裁决或仲裁协议不是用英语作出的，该方应提供经正式认证的英语译本。《纽约公约》第5条规定了拒绝承认或执行的理由，这些理由在1995年《仲裁法》第37条中重复。这些理由与撤销裁决的理由类似。

在两种情况下可以拒绝承认和执行。第一，应一方当事人的请求，向高等法院证明：(1)仲裁方不具备缔结仲裁协议的法律行为能力或仲裁协议不具有法律效力；(2)申请人没有得到关于仲裁员任命或程序的适当通知，或无法陈述其案情；(3)裁决所处理的争议超出了提交仲裁的条件或包含关于无关事项的决定；(4)仲裁庭的组成或仲裁程序违反了当事人的协议或仲裁所在国的法律；(5)仲裁裁决尚未对当事人产生约束力，或已被国家法院或根据作出裁决的法律撤销或中止；(6)裁决是通过欺诈、贿赂、腐败或不正当影响诱使或实现的。第二，可能被拒绝承认和执行的情况是，高等法院认为，根据肯尼亚的法律，争议是不可仲裁的，或者如果承认该裁决的执行将违反肯尼亚的公共政策。

现行法律没有关于对执行决定提出上诉的规定。根据《特许仲裁员协会(肯尼亚分会)仲裁规则》第9(4)条的规定,仲裁裁决是最终的,对所有当事方都有约束力。

(十三)裁决的公布

没有法律规定规范或要求公布仲裁裁决。然而,在司法公告中提到了裁决的公布,但没有对该术语进行明晰。《仲裁法》自始至终关注的是裁决的作出和送达。1995年《仲裁法》第32条规定,裁决应以书面形式作出,说明仲裁的法定地点,并由仲裁员签字。根据2009年《仲裁法(修正案)》引入的第32B条,在作出裁决后,需要向每一方当事人交付签署的副本。因此,裁决似乎是在签署和交付时作出的,而《仲裁法》中没有具体提及其公布。任何导致裁决不确定的情况都可能导致其被撤销。

《特许仲裁员协会(肯尼亚分会)仲裁规则》要求在各方当事人同意的期限内作出并公布裁决,如果没有达成协议,则在决定的合理期限内作出裁决。《特许仲裁员协会(肯尼亚分会)仲裁规则》第9(3)条规定,当仲裁庭作出并公布其裁决时,将通知各方当事人,并说明在适当支付其费用后如何以及在哪里可以接受该裁决。因此,令人困惑的是,根据上述规则进行的公布并不等同于向当事人交付裁决书,因为仲裁员在被支付相关费用之前,不得发布以其他方式作出和签署并已通知当事人的裁决。

除非法院命令另有指示,否则所有关于仲裁事项的司法裁决都属于公共领域并具有公共记录。特许仲裁员协会在其图书馆中保存有此类裁决的档案,供其成员使用。在公众的要求下,也会制作和出售副本。

九、裁决和程序的保密性

(一)仲裁裁决和程序的保密性

虽然仲裁程序的私密性是仲裁所声称的优势之一,但仲裁听证会的私密性、程序或仲裁裁决的保密性并没有法定依据。

《特许仲裁员协会(肯尼亚分会)仲裁规则》第7(3)条允许各方对仲裁的隐私和保密性作出规定。因此,根据该规则,除非各方当事人另有约定,否则仲裁程序是保密的和不公开的,除向仲裁各方披露外,不允许披露诉状、文件内容、证人证词、会议记录、听证会和裁决。当事人代表、证人、当事人协议接纳的观察员以及仲裁员对当事人负有同等的保密和隐私义务。因此,保密和隐私问题有可能在仲裁协议中得到明确处理。如果在肯尼亚的仲裁实践中可以找到明确的或隐含的保密和隐私义务,其范围也是没有明确界定的。保密性和隐私的概念可能受到质疑并可能被推翻的情况,包括经同意允许披露,或在法院成功申请排除,或为了司法或公共政策的利益有必要披露。

(二)与仲裁有关的法庭程序的保密性

在承认和执行裁决的法律程序中提交的文件将是一个公共记录事项,有关的听证会和判决可以公开。

审慎的做法是,希望在仲裁听证、程序、文件和裁决中保持机密和隐私的仲裁当事人应通过明确的协议做到这一点,并说服法院强制执行该协议。在仲裁协议对这些事项保持沉默的情况下,应当可以申请并提交维护保密性和隐私或不披露(如商业和国家机密)的理由,供法院审议。

十、诉诸法律的手段

(一)就仲裁裁决的实质内容提出上诉

在肯尼亚,法院通过上诉程序干预仲裁裁决或程序的范围非常有限。向高等法院提出上诉的权利仅适用于国内裁决,并规定了具体事项,如对仲裁员的任命提出质疑,以及终止、撤销仲裁庭的管辖权。

1. 向法院提出一般上诉

对于就仲裁裁决(包括临时裁决)的是非曲直向法院提出上诉,一般不存在障碍。然而,向上诉法院上诉的权利必须由法定机构明确授予,不能推断或暗示。上诉事项的性质和实质内容以及所依据的法律章节将决定上诉程序和有管辖权受理上诉的特定法院。《仲裁法》没有规定对仲裁裁决提出上诉的一般权利,以及可以提出上诉的有限情况,这无疑表明了对仲裁事项的上诉干预的限制。

仲裁当事人可事先约定就法律问题诉诸高等法院或上诉法院的法定途径。必须补充的是,如果根据《仲裁法》,按照 1997 年《仲裁规则》第 11 条援引《法院规则》,则申请或上诉将酌情受《高等法院规则》或《上诉法院规则》规定的时限和程序管辖。否则,各方当事人可以通过协议排除上诉权;而且,如前所述,在关于撤销裁决的决定尚未作出时,上诉不可能进行。

2. 向另一个仲裁法庭提出上诉

在国内仲裁中,1995 年《仲裁法》第 39(2)(b)条规定了指定"另一个仲裁庭"的可能性。高等法院可将仲裁裁决移交给该仲裁庭审议。该条允许国内仲裁的各方通过协议向高等法院提出上诉,以确定裁决所产生的任何法律问题,并由法院确定该问题或确认、更改或撤销仲裁裁决,或将该事项发回仲裁庭重新审议,或在已指定另一个仲裁庭的情况下,发回该仲裁庭审议。将“另一个仲裁庭”的移交解释为对上诉法庭的移交是没有根据的。

1995 年《仲裁法》没有说明由谁来指定这个其他的仲裁庭,也没有说明可能引起指定的情况或这样一个仲裁庭的程序要求和权力。事实上,在肯尼亚使用这一条款无疑是一种新的做法,因为按照惯例,一般是将没有得到确认的裁决发回给同一法庭重新审议,或者干脆撤销。

3. 根据 1995 年《仲裁法》第 39 条对法律问题的上诉

向高等法院提出上诉的权利只有在当事人达成协议的情况下才存在,即使如此,也只是在法律问题上。同样,从高等法院向上诉法院提出的上诉,只有在当事人达成协议或得到高等法院或上诉法院的许可后才能进行。其条件是上诉法院确信该上诉提出了一个影响当事人权利的具有普遍重要性的法律问题。这一立场在“Hinga 诉 Gathara 案”中得到了重申,上诉法院认为该案当事人无权对高等法院拒绝撤销仲裁裁决的决定提出上诉。1995 年《仲裁法》第 35 条(撤销裁决)和第 37 条(拒绝承认和执行)中提到的诉诸法院的规定没有区分这些规定对国内、国际或外国裁决的适用。除这些规定外,1995 年《仲裁法》第 39 条关于诉诸法院的其他重要规定仅涉及国内仲裁中具体产生的法律问题。

然而,“Hinga 诉 Gathara 案”的裁决与上诉法院在“Shell 诉 Kobil 案”中的裁决相冲突,在该案中,需要确定的问题是,当事人寻求根据 1995 年《仲裁法》第 35 条申请撤销裁决,上诉法院是否有管辖权审理和裁定针对高等法院就该申请所发出的命令所提出的上诉许可申请。上诉法院认为,1995 年《仲裁法》第 35 条并没有剥夺高等法院或上诉法院的管辖权,即允许一方对高等法院根据该条作出的决定提出上诉。它进一步指出,如果这是一个意图,那么没有什么可以阻止议会在 1995 年《仲裁法》第 35 条中具体规定:不得对高等法院根据该条作出的决定提出上诉。

对于 1995 年《仲裁法》第 39 条所适用的两种情况,上诉法院在“肯尼亚壳牌有限公司诉 Kobil 石油有限公司案”中进行了区分和阐述。它们是:第一,法律问题是在国内仲裁过程中产生的,并且各方同意将其提交给高等法院裁决;第二,国内裁决提出了一个法律问题,并且各方同意将其提交给高等法院。

在“Nyutu Agrovet Limited(Nyutu)诉 Airtel Networks Limited(Airtel)案”中，上诉法院作出了具有里程碑意义的裁决，法院明确驳回了“肯尼亚壳牌有限公司诉 Kobil 石油有限公司案”中的立场，并重申了“Hinga 诉 Gathara 案”中的立场。“Nyutu 诉 Airtel 案”涉及双方之间的分销协议，即分销 Airtel 的电话产品。法院作出了有利于 Nyutu 的裁决，Airtel 公司向高等法院提出申请，要求撤销该裁决，理由是该裁决涉及双方协议和仲裁员职权范围以外的事项。高等法院允许该申请，并撤销了该裁决。此后，Nyutu 向上诉法院提出上诉，反对高等法院撤销裁决的决定。上诉法院在多数裁决中认为，其没有权利对高等法院撤销裁决的决定向上诉法院提出上诉。上诉法院进一步指出，只有在双方当事人在协议中同意的情况下，或者在上诉法院确信涉及具有普遍重要性的法律问题，对该问题的裁决将对一方或多方当事人的权利产生重大影响的情况下，才能提出这种上诉。Nyutu 向上诉法院申请证明该案件具有普遍的公共重要性，并因此获得向最高法院上诉的许可。该申请被批准，目前该问题正等待最高法院的裁决。最高法院将就这一问题作出最终的、有约束力的决定。

高等法院在“Nyutu 诉 Airtel 案”中的裁决受到了批评。案涉法官不认为 1995 年《仲裁法》第 35 条和第 39 条单独或共同具有否认对高等法院的裁决提出上诉的权利的效果。在“Nyutu 诉 Airtel 案”中，法院声称尊重和维护仲裁程序的终局性，但却无意中赋予了高等法院而不是仲裁员以终局性，并且其认为，肯尼亚壳牌公司的多数裁决代表了法律的正确立场。这表明，肯尼亚的法院在仲裁中的一方是否可以对高等法院的裁决提出上诉的问题上并不一致。

尽管上诉法院提出了批评，但“Nyutu 诉 Airtel 案”的原则仍然得到了维护(如果没有被最高法院推翻)。这在“Micro-House Technologies Limited 诉肯尼亚合作学院案”和“Dhl Exel Supply Chain Kenya Limited 诉 Tilton Investments Limited 案”中可以看出。

在“Nyutu 诉 Airtel 案”之后，法院一直在促进仲裁程序方面的当事方自主权，在“Aftraco 有限公司诉肯尼亚 Telkom 有限公司案”中可以看到这一点。在该案中，有两个独立和平行的仲裁程序，就同一诉讼财产进行仲裁。法院的任务是确定它是否有管辖权，以批准有关仲裁程序的合并命令，如果它确实有管辖权，是否有充分的理由下令合并程序。法院认为，由于《仲裁法》中没有支持合并的规定，因此法院有管辖权对该申请进行裁决。因此，这种申请不属于 1995 年《仲裁法》

第10条的限制范围。然而,考虑到仲裁程序的合意性,法院拒绝干预并命令合并争议,由单一的仲裁法庭进行裁决。法院认为,根据上诉法院的调查结果,除非各方同意,否则合并命令不能满足该事项的司法目的。

(二)撤销仲裁裁决(撤销之诉、撤销裁决之诉)

1. 撤销的理由

1995年《仲裁法》第六部分涉及针对仲裁裁决向高等法院提起诉讼的问题,其中该法第35条规定了撤销裁决的理由和程序。简言之,这些理由是:(1)协议一方无行为能力;(2)仲裁协议无效;(3)对仲裁员的任命或仲裁程序缺乏适当的通知,或一方当事人无法陈述自己的情况;(4)裁决处理的争议不在参考范围内,或纳入了对无关事项的决定;(5)仲裁庭的组成或其程序违反了仲裁协议;(6)裁决的作出是由欺诈、贿赂、不正当影响或腐败诱使或实现的(2009年《仲裁法(修正案)》新增)。高等法院认定,争议不可仲裁或裁决违反肯尼亚的公共政策,也将导致裁决被撤销。

在“肯尼亚壳牌有限公司诉Kobil石油有限公司案”中,上诉法院指出,1995年《仲裁法》第35条的有趣之处在于,它没有像该法第12条和第17条那样,明确禁止向上诉法院提出上诉。因此,即使仲裁裁决被证明受到事实错误或法律错误的影响,肯尼亚法院也不会撤销该裁决(除非法律错误在记录表面上是明显的)。即不要求法院考虑争端的实质,只要求考虑为证明所申诉的事项而提出的证据。根据1995年《仲裁法》第35条的规定,法律错误不是撤销裁决的规定理由。

在肯尼亚,法院以公共政策为由干预仲裁裁决的范围相当广泛,因为其性质未被定义。由于1995年《仲裁法》没有规定什么是公共政策或违反公共政策的行为,因此必须由法院在每个案件中决定所指控的违反公共政策的行为是否应成为撤销裁决的理由。同样,由于公共政策的内容和解释可能因司法管辖区而异,可以想象,在一个国家通过公共政策考验的裁决在另一个国家可能会失败。能够预期的是,肯尼亚法院在确定一项裁决是否与公共政策相抵触时,将从实体和程序的角度考虑法律和正义的原则。在“Christ for AllNations诉Apollo Insurance Co. Limited案”中,Ringera法官指出,“公共政策是一个最广泛的概念,无法精确定义”,并将其比作“一匹不羁的马”,“一旦骑上它,你永远不知道它会把你带到哪里”。法院认为,不符合肯尼亚公共政策的裁决,是指不符合肯尼亚《宪法》或肯尼亚其他法律的裁决,有损于肯尼亚的国家利益(包括国防、安全、与友好国家的良好外交关系和肯尼亚的经济繁荣等利益)，并有违正义和道德(包括腐败、欺诈或基于违反公共道德的合同的裁决)。

由于1995年《仲裁法》第35条规定的理由是法律的规定，似乎不能根据不符合该法的当事方协议或与该法中当事方不能减损的规定相冲突而撤销裁决。根据《示范法》第34条的规定，1995年《仲裁法》第35条被理解为创造了针对裁决的单一司法追索方法(除拒绝承认或执行外)。

2. 撤销的程序

在肯尼亚，仲裁裁决采取两种主要形式之一，即临时仲裁裁决或最终仲裁裁决。因此，撤销裁决的申请可以在作出临时裁决的程序的任何阶段提出，或在针对最终裁决的程序结束时提出。在最终裁决的情况下，自申请人收到裁决书之日起3个月后，或在更正或澄清裁决的请求被处理后3个月后，不得提出撤销裁决的申请。在“Hinga诉Gathara案”中，Hinga申请撤销一项仲裁裁决，理由是其没有被通知裁决的交付。然而，在驳回撤销裁决的申请时，法院认为，未能通知Hinga裁决的交付并不是《仲裁法》规定的撤销理由之一。此外，法院认为，一方当事人不能在裁决书交付3个月后申请撤销裁决，即使是出于正当理由。法院认为，“在达成仲裁协议时，当事人放弃了大部分的上诉和质疑裁决的权利，以换取一个终局性的结果”。

撤销裁决的申请必须有一份宣誓书来支持，具体说明申请所依据的理由。申请书和宣誓书都必须送达对方当事人和仲裁员。

考虑到所有参与者在仲裁过程中投入的时间和资源，向仲裁庭发回裁决是弥补程序缺陷的一种实际而合理的方式，使裁决得以被执行而不是被撤销。根据1995年《仲裁法》第35(4)条的规定，允许法院向仲裁庭发回案件，以使仲裁庭有机会补救或消除被投诉的事项。否则，被撤销的裁决可能无法在裁决被撤销的管辖区强制执行。

根据仲裁协议的可分离性原则，以仲裁协议无效以外的理由撤销裁决，不应取消该协议。

3. 放弃撤销的理由

如前所述，1995年《仲裁法》并没有将一些条款指定为强制性条款、将其他条款指定为非强制性条款。因此，违反该法的规定是否会导致裁决被撤销，很可能取决于所指控的侵权行为或缺陷是否重要，这在很大程度上是由法院决定的问题。在这方面,可以考虑禁止反言和放弃的原则,以防止明知有违规行为但仍参与仲裁程序的一方在事后对该违规行为提出申诉。1995 年《仲裁法》关于放弃的第 5 条(经 2009 年《仲裁法(修正案)》修正)规定:“一方当事人明知本法中当事人可以减损的任何规定或仲裁协议中的任何要求没有得到遵守,但仍继续进行仲裁,或者无故拖延对这种不遵守行为提出异议,或者如果规定了时间而没有在该时限内提出异议,则被视为放弃了异议权。”

对 1995 年《仲裁法》第 4 条(仲裁协议的形式)、第 10 条(法院干预的范围)和第 35 条(撤销)的理解可能会使法院在适当情况下拒绝撤销裁决的申请。

如果管辖这些事项的规定被裁定为当事人不能减损的规定,则放弃或禁止反言和适用时限的做法可能难以成立。

(三)其他法律追诉手段

除在有限的情况下对国内裁决进行撤销和上诉外,在肯尼亚没有其他针对仲裁裁决的法律追诉手段。

十一、调解/调停

(一)调解/调停的适用

肯尼亚尚未采用联合国国际贸易法委员会《国际调解示范法》。调解和调停都是非诉讼纠纷解决方法,多被称为通过争议方的协议而不是裁决来解决争议的程序。调解和调停是类似的方法,在肯尼亚,这两个词是同义的,用来描述一个促进性的过程,通过这个过程,争议各方聘请一个公正的第三方(调解人/调停人)来帮助他们达成一个商定的争端解决方案。

尽管调解是肯尼亚各社区公认的解决纠纷的传统方法,但该程序并没有受到法规的约束。肯尼亚的法院鼓励在诉讼前进行和解,特别是在婚姻、贸易、劳工和工业纠纷中,但由于没有具体的法定要求,调解只不过是向有意愿的使用者提供的一个选择。在肯尼亚,没有迹象表明调解/调停作为一种争端解决程序已经普遍流行或普遍使用。也许仲裁制度更出名,也更常用,特别是在商业、合同、建筑和工程纠纷中。

特许仲裁员协会(肯尼亚分会)公布了《特许仲裁员协会(肯尼亚分会)调解规则》草案,其中包含约 27 条,涵盖了整个调解过程,主要包括:调解的启动(第 4 条)、调解员的选择和任命(第 7 条)、质疑的理由和程序(第 10 条和第 11 条)、调解员的作用和权限(第 14 条和第 15 条)、调解程序的基本规则(第 20 条)、保密

(第21条)、和解(第22条),以及调解程序的终止或重新开始(第24条)。这些规则可供有意愿的当事人使用,但它们不具有法律效力,也没有被特许协会正式颁布过。

(二)仲裁范围内的调解/调停

虽然肯尼亚没有关于调解的法规,但并不禁止仲裁中的各方选择调解/调停,如果调解失败,则可恢复到仲裁或诉讼。在肯尼亚,"med-arb"或"arb-med"的概念还没有普及。因此,调解员在调解期间成为仲裁员,或仲裁员在同一当事方之间担任调解员或调解人的情况并不多见。因此,可以准确地说,在仲裁之前或期间发生的调停和调解事件源于仲裁协议而不是调停/调解法。事实上,在肯尼亚的仲裁实践中,经常会遇到规定当事人在仲裁前尝试友好解决的仲裁协议。

第六节　外国仲裁裁决在肯尼亚的承认与执行

一、国际商业仲裁概述

国际仲裁是在一个复杂和极其重要的国际法律框架内进行的,该框架主要包括:当代国际公约、国家仲裁立法和机构仲裁规则,所有这些都为大多数国际商业仲裁和国际投资仲裁提供了专门和支持性的执行制度。国际商业和投资仲裁的国际法律制度的建立和逐步完善,其明确目标是通过提供一个稳定可预测和有效的法律框架来促进国际贸易和投资,以便在其中开展这些商业活动。这样做的理由是,通过执行国际仲裁协议消除耗时和昂贵的诉讼的威胁和不确定性,促进国际交易的顺利进行。

据观察,国际商事仲裁的基本法律框架是在20世纪前几十年建立的,包括1923年的《关于仲裁条款的日内瓦议定书》和1927年的《执行外国仲裁裁决的日内瓦公约》,以及与这些文书相平行的国家仲裁立法,还有有效的机构仲裁规则。此外,目前的国际商事仲裁法律制度在很大程度上是在20世纪下半叶发展起来的,全球各地的国家都加入了国际仲裁公约,并颁布了专门为促进仲裁程序而设计的国家仲裁法规。同时,大多数国家的国家法院都对这些立法文书给予了有力的执行,并对其条款进行了扩展或阐述。

正是由于认识到这一事实,肯尼亚作为国际贸易和选择国际投资目的地的主要参与者,建立了一个承认和促进国际商业仲裁的法律框架。在肯尼亚,仲裁事项一般由《仲裁法》和其中的1997年《仲裁规则》管辖。然而,值得一提的是,尽管肯尼亚关于仲裁的国内法中没有明确规定国际商事仲裁的字样,但可以从1995年《仲裁法》中推断出它的存在。这是因为1995年《仲裁法》第3(1)条将“仲裁”定义为任何仲裁,无论是否由常设仲裁机构管理。更重要的是,该法第2条规定,除非在特定情况下另有规定,该法的规定应适用于国内仲裁和国际仲裁。1995年《仲裁法》第3(3)条将国际仲裁定义为:在缔结仲裁协议时,仲裁协议各方的营业地位于不同的国家,或以下地点之一位于当事人营业地所在国家之外:由仲裁协议确定或根据仲裁协议确定的仲裁的司法地点和(或)商业关系的大部分义务的任何履行地或与争议标的关系最密切的地方;或当事人明确约定仲裁协议的标的涉及一个以上的国家。

在国际仲裁的定义中纳入商业关系这一短语,可以理解为肯尼亚《仲裁法》考虑到了国际商业仲裁。除为国内和国际仲裁颁布1995年《仲裁法》外,肯尼亚还在1995年颁布的立法中加入了1958年《纽约公约》和《华盛顿公约》,这两项公约都涉及国际商业仲裁。1995年《仲裁法》第36(2)条规定,应根据《纽约公约》或肯尼亚签署的与仲裁裁决有关的任何其他公约的规定,承认国际仲裁裁决具有约束力并加以执行。

联合国大会于1958年6月10日在纽约通过的《纽约公约》,肯尼亚于1989年2月10日加入了该公约,并提出了对等保留。《纽约公约》是承认和执行外国仲裁裁决的一项重要公约,这也是赋予此类仲裁裁决合法性而不受国家动界的限制的一个重要因素。这通常是通过为承认仲裁协议以及法院承认和执行外国和非国内仲裁裁决提供共同的立法标准来实现的。

《纽约公约》原则上适用于所有仲裁裁决(第1条第1款和第2款)。然而该公约第1条第3款允许各国在加入本公约时作出保留,任何国家或地区都可以在对等的基础上声明,它将适用本公约,只承认和执行在另一缔约方境内作出的裁决。

协议中的仲裁条款的重要性在于,在通过仲裁解决争端之前,任何已开始的法院诉讼程序都将被中止。经肯尼亚高等法院许可,仲裁裁决可以按照执行任何法院命令或法令的相同方式执行。

二、法院对仲裁的干预程度

肯尼亚《仲裁法》尽可能地试图反映国际商业仲裁的国际最佳做法。例如,

1995 年《仲裁法》第 10 条规定,除非本法有规定,否则法院不得干预本法所管辖的事项。然而,该法规定了一些例外情况,在这些情况下,法院将在当事人未能达成一致的情况下决定问题或以其他方式协助仲裁庭。该法第 6 条赋予高等法院中止法律程序的权力,并在事先有协议将问题提交仲裁的情况下将问题提交仲裁。该法第 11(1)条授权高等法院在各方未能达成一致的情况下决定仲裁员的人数。

关于仲裁员的任命,1995 年《仲裁法》第 12 条赋予法院在各方未能就任命仲裁员的程序达成一致时任命仲裁员的权力。该法第 7 条赋予高等法院权力,在一方当事人提出要求时给予临时保护措施。然而,该条规定,如果仲裁庭已经对这种申请作出裁决,那么高等法院将把这种裁决视为该申请的决定性结果。该法第 14(1)条授予高等法院对仲裁程序中的一方当事人质疑仲裁员的申请作出裁决的权力。此外,该法第 15(2)条授予高等法院权力,在当事方无法采取行动的情况下,决定终止未能采取行动或无法采取行动的仲裁员的任务。

其中 1995 年《仲裁法》第 17 条还规定,高等法院有权对仲裁庭的管辖权问题作出最终决定。该法第 28 条规定,仲裁庭或经仲裁庭批准的一方当事人可向高等法院请求协助取证,高等法院可在其权限范围内并根据其取证规则执行该请求。

1995 年《仲裁法》第 35 条赋予高等法院在该条款规定的情况下撤销仲裁裁决的权力。该法第 35(1)条的大意是,只有根据第 35 条第 2 款和第 3 款提出撤销裁决的申请,才能针对仲裁裁决向高等法院提起诉讼。这里的意思是,除非不满意的一方向法院提出申请,否则法院不会在此类事项上采取行动。申请人必须证明的撤销仲裁裁决的理由是:一方当事人无行为能力;仲裁协议无效;对仲裁员的任命或仲裁程序缺乏适当的通知,或申请人无法陈述案情;裁决处理的争议不在仲裁职权范围内或是超出职权范用的事项;仲裁庭的组成或仲裁程序违反了当事人的协议,除非这种协议与该法的规定相冲突,而且当事人不能减损这种协议;欺诈、不当影响或腐败影响了裁决的作出。

除上述情况外,如果高等法院认为,根据肯尼亚法律争议的主题不能通过仲裁解决或者裁决与肯尼亚的公共政策相冲突,也可以撤销仲裁裁决。

肯尼亚颁布了一项新法案,以努力在肯尼亚培育国际商业仲裁。2013 年 NCIA 法案规定建立一个国际商业仲裁区域中心和仲裁院,并规定了替代性争端解决机制和相关目的。该法建立了一个机构——NCIA。该中心的职能包括:促进、推动和鼓励根据该法进行国际商业仲裁;在其主持下管理国内和国际仲裁以及替代性争端解决技术;并确保仲裁被保留为争端解决的首选程序。同样值得注意的是,该法设立了一个被称为仲裁院的法院。该法院将拥有专属的原始和上诉管辖权,以审理并根据该法或任何其他成文法对提交给它的所有争端进行裁决,其决定为最终决定。这些规定在保证保密性和不被普通国家法院干涉方面很有用。同样重要的是,该法规定,除法院的任何其他程序规则外,应适用《联合国国际贸易法委员会仲裁规则》,并作必要的修改。

三、国际商业仲裁实践面临的挑战

(一)国际商事仲裁的法律和制度框架不完善

在肯尼亚,没有足够的法律制度和基础设施来有效地组织和进行国际商业仲裁。这使当地的国际仲裁员无法在国际商业仲裁中展示其技能和专业知识。

(二)当事人指定国际仲裁员

尽管有具备国际争端解决相关知识、技能和经验的个人,以及专门从事或致力于促进替代性争端解决的主管机构,但在非洲做生意的外国人普遍倾向回到自己的所属国或自己属意的国家来任命仲裁员。

在国际争端中,大多数争端方更倾向任命其非本国人作为仲裁员。因此,甚至出现了一些非洲人去找非洲人当仲裁员的情况。事实上,人们注意到,在ICSID的仲裁程序中几乎没有非洲仲裁员。

四、肯尼亚国际仲裁的总结与回顾

面对全球化,重要的是国际贸易和投资的进行应尽量减少领土障碍的干扰,如不必要的国内法院的干预。有人断言,在解决国际交易各方之间的争端时,仲裁比在国内法院诉讼有明显的优势。外国法院对商人来说可能是一个陌生的环境,因为其不熟悉可能遵循的程序、适用的法律,甚至是外国法官的心态。国际商事仲裁与之相反,来自不同法律体系的当事人可以规定一个双方都能接受的程序。

总体来说,有必要采用各种机制,帮助培养并向外界展示——肯尼亚是一个具备丰富知识和专长的国际商业仲裁员的地方。此外,还需要为实现在非洲高效和有效地组织和进行国际商业仲裁而建立适当的法律制度和基础设施。这包括制定关于国际商业仲裁的全面法律,以及在肯尼亚建立世界级的仲裁中心以补充NCIA。还有替代性争端解决中心(Centre of Alternative Dispute Resolution),这是肯尼亚特许仲裁员协会的一项倡议,于2013年5月成立。其目标是在该国建立并维持一个区域性的争端解决中心。CADR 是在肯尼亚培育国际商业仲裁的一个积极步骤。这将为当地的国际商事仲裁员提供展示他们在国际商事仲裁方面的技能和专业知识的论坛，也将吸引来自非洲以外的国际客户。

有人指出，国际商事仲裁中心或机构应该有基本的最低标准。这些标准包括：现代仲裁规则；现代和高效的行政和技术设施；文件的安全性；工作人员的专业知识；一定程度的永久性。有必要在非洲和肯尼亚建立区域中心来培训国际商业仲裁员。特许仲裁员协会肯尼亚分会在整个非洲培训仲裁员，并在尼日利亚、赞比亚、乌干达甚至马拉维等国培训仲裁员。

现有机构还需要寻求与更多的国际商业仲裁机构合作，因为这将成为现有机构的有效营销工具。例如，特许仲裁员协会（肯尼亚分会）与坎帕拉国际法研究所和加州州立大学非洲和平与冲突解决中心保持密切关系，在当地和国际上开设调解和其他形式的非诉讼纠纷解决课程。

所有非洲中心和机构都需要做同样的工作，以促进非洲的国际商业仲裁。肯尼亚的《仲裁法》认识到需要将法院对仲裁的干预限制在基本的最低限度。法院和仲裁程序之间的关系可以在实践上和理论上变得更加密切。通过鼓励所有或至少相当数量的商业法官和律师参加仲裁培训，从而确保他们从作为代表律师或实际仲裁员的仲裁经验中受益。这也将提高外国人对非洲仲裁机构和法院作用的信心。在肯尼亚有效和可靠地应用国际商业仲裁，能够鼓励投资者满怀信心地开展业务，因为他们知道他们的争端将得到迅速解决。

根据前述阐述与分析，笔者认为有必要在肯尼亚制定一个明确的框架，在此框架内进一步培育国际商业仲裁。正如所强调的，肯尼亚已经有了仲裁机构。这些机构在肯尼亚的存在表明人们接受替代性争端解决模式，当下也需要培育肯尼亚本土的国际商业仲裁，而不是将商业争端出口到外国解决。从基础层面来讲，只有制定了正确的框架，肯尼亚才有能力进行成功的国际商业仲裁。

五、肯尼亚国际仲裁机构：肯尼亚国际仲裁中心 NCIA

肯尼亚国际仲裁中心的总部设立在内罗毕。该中心是一个以法人的名义成立的永久继承的法人团体，主要用于：

（1）起诉和被起诉；

（2）取得、购买或以其他方式获得、持有、抵押、租赁或处置动产或不动产；

（3）借款；

(4)进行或执行所有其他必要的、可由一个法人团体合法进行或执行的行为,以适当履行2013年NCIA法案规定的职能。

1. 该中心的职能

(1)促进、便利和鼓励根据2013年NCIA法案进行国际商业仲裁;

(2)在其主持下管理国内和国际仲裁以及替代性争端解决技术;

(3)确保保留仲裁作为争端解决的首选程序;

(4)制定包括调解和调停程序在内的规则;

(5)为仲裁员和学者组织国际会议、研讨会和培训计划;

(6)与其他牵头机构和非国家行为者合作,协调和促进关于替代性争端解决的国家政策、法律和行动计划的制订,并促进其实施、执行、持续审查、监测和评价;

(7)在与实现中心目标有关的领域与其他地区和国际机构保持积极的合作;

(8)与其他公共和私营机构合作,促进、开展、推动和协调有关仲裁数据的研究和传播,并作为这些数据的储存库;

(9)建立一个专门从事仲裁和替代性争端解决的综合图书馆;

(10)提供临时仲裁,应各方要求为其提供必要的技术和行政援助;

(11)为仲裁裁决的执行和翻译提供咨询和协助;

(12)为争议方提供程序和技术咨询;

(13)提供培训并认证调解员和仲裁员;

(14)对公众进行有关仲裁和其他替代性争端解决机制的教育;

(15)与其他地区和国际机构签订战略协议,以获得技术援助,使中心能够实现其目标;

(16)提供听力、转录和其他技术服务设施;

(17)根据2013年NCIA法案的规定持有、管理和使用基金;

(18)履行2013年NCIA法案或任何其他书面法律可能赋予它的其他职能。

2. 理事会成员

(1)中心由理事会负责管理,理事会成员如下:

①1名非执行主席,由总统根据内阁秘书的建议从根据(5)项任命的成员中任命;②总检察长或其代表;③当时负责财政事务的部委的首席秘书或其代表;④高等法院的首席书记官或其代表;⑤3名由东非地区国内仲裁机构提名、由内阁

秘书任命的非公职人员成员；⑥由以下机构分别提名的人员各 1 名：肯尼亚全国工商会、肯尼亚法律协会、肯尼亚制造商协会、特许仲裁员协会肯尼亚分会；⑦书记官长。

(2)理事会业务和事务的处理

①理事会的业务和事务的进行和管理应按附表的规定进行。

②除附表规定的情况外，委员会可自行规定其程序。

(3)书记官

①中心应设 1 名书记官，由中心通过竞争方式招聘和任命，其服务条款和条件由中心在任命书中确定，或以书面形式随时确定。

②任何人都没有资格获得上述规定的任命，除非该人至少拥有法律、金融、仲裁、经济或保险领域的公认机构的学位，并且在相关的实践领域有至少 10 年的经验。

③书记官是中心的首席执行官，负责中心的日常管理，并担任理事会的秘书。

④书记官长的任期为 4 年，有资格连任一次，任期 4 年。

(4)书记官的其他职能

就法院的诉讼程序而言，书记官应按照法院的指示行事，特别是应负责：①建立和维护登记册；②接受、传送、送达和保管符合该规则的文件；③执行法院的决定；④证明任何命令、指示或决定是法院的命令、指示或决定；⑤安排保存法院的诉讼程序记录和会议记录以及法院指示的其他记录；⑥承担法院为其利益而指定的与法院诉讼有关的任何其他职责。

(5)理事会工作人员

理事会可按其决定的服务条款和条件，并根据薪金和薪酬委员会的建议，任命根据 2013 年 NCIA 法案适当履行其职能所需的官员和其他工作人员。

(6)理事会的授权

①理事会可通过决议，在一般情况下或在任何特定情况下，授权任何委员会或中心的任何成员、官员、雇员或代理人根据 2013 年 NCIA 法案或任何其他成文法行使理事会的任何权力或履行其任何职能或职责。

②中心可以通过使用公章的文书，任命一个人作为其代理人（无论其是在肯尼亚还是在肯尼亚以外的地方），被任命的人可以根据文书中规定的条款，采取任何行动，执行文书中授权他采取或执行的任何权力或职能。

③中心可在肯尼亚境内或境外任命其认为必要或合适的代理人,代表中心履行任何职责。

六、域外仲裁裁决应注意的问题

对于考虑到跨境投资风险的任何一方当事人,其权利(包括任何判决或仲裁裁决的执行)能否得到执行显然是一个重要考虑。对于外国当事人来说,做好早期规划以及在决定合同中的争议解决条款时考虑到执行的问题,十分重要。

仲裁的主要优点之一,是能通过《纽约公约》使风险最小化。《纽约公约》要求签署方的法院(包括32个非洲国家)实施仲裁协议(除非法院发现仲裁协议无效、不能执行或无法实施),并且承认与执行仲裁裁决,除非存在公约规定的少数例外情形。

由于肯尼亚已经成为《纽约公约》的成员,因而外国裁决在实践中能够容易得到执行。但是,需要注意的是,当肯尼地法院在适用《纽约公约》第5条拒绝执行裁决的理由时可能会有所不同,尤其是该公约第5条第2款(b)项中的“公共政策”抗辩理由。因此,不仅是在执行阶段,甚至在更早的争议阶段,听取当地律师的建议非常必要,因为《纽约公约》第5条第2款拒绝执行裁决的理由要取决于执行地国的法律和采取的方法。

特别是,在非洲商法协调组织(L’Organisation pour l’Harmonisation en Afrique du Droit des Affaires,OHADA)的一个成员境内执行在另一成员境内作出的仲裁裁决时,需要适用OHADA的法律制度。对于希望在一个没有加入《纽约公约》的OHADA成员(如乍得)内申请执行仲裁裁决的当事人来说,明智的做法就是考虑在另一个OHADA成员境内选择仲裁地。

对其他非洲国家来说,因历史的联系会带来有关判决和仲裁裁决执行的互惠安排。例如,葡萄牙和安哥拉之间的《民事程序条约》可以适用于葡萄牙仲裁裁决在安哥拉的承认和执行,这使得承认和执行程序更为简易、清楚和快捷。

(一)肯尼亚国际法律框架

国际商事仲裁的法律框架是在20世纪头几十年建立的,包括1923年的《关于仲裁条款的日内瓦议定书》和1927年的《执行外国仲裁裁决的日内瓦公约》。目前的国际商事仲裁法律制度在很大程度上是在20世纪下半叶发展起来的,当时来自世界各地的国家或地区都加入了国际仲裁公约。肯尼亚于1989年2月10日加入了《纽约公约》,但有对等保留。1995年《仲裁法》第36(2)节规定承认根据其他公约(肯尼亚必须是公约的签署方并且与该仲裁裁决有关)作出的裁决。肯尼亚是《纽约公约》的签署方,这一事实使得仲裁裁决在与肯尼亚有互惠协议的国家很容易得到执行。

肯尼亚是《华盛顿公约》的缔约方(肯尼亚于 1966 年 5 月 24 日签署了该公约)。《投资争端公约法》对该公约的规定进行了内化。该公约建立了 ICSID,为解决投资者与国家的投资争端提供了一种机制。

联合国国际贸易法委员会于 1985 年 6 月 21 日第 18 届年度会议上通过了《示范法》。大会 1985 年 12 月 11 日第 40/72 号决议建议所有缔约方适当考虑《示范法》,以实现仲裁程序法的统一和国际商业惯例的具体需要。肯尼亚《仲裁法》内化了《示范法》,同时肯尼亚也是 PCA 的成员,于 2006 年加入了 1907 年的 PCA 公约。

在区域上,肯尼亚是东非共同体的成员(东非共同体是一个由 6 个伙伴国家组成的区域政府间组织,包括布隆迪、肯尼亚、卢旺达、南苏丹、坦桑尼亚和乌干达)。东非法院是根据《东非共同体条约》第 9 条设立的,它已经制定了根据该条约第 32 条审理纠纷(涉及商业合同或与国家或国家间的纠纷)的仲裁规则。肯尼亚也是东部和南部非洲共同市场的成员。COMESA 法院制定了仲裁规则,用于裁定属于《东南非共同市场条约》第 28 条规定的争端(由合同中所载的仲裁条款引起,该仲裁条款赋予东南非共同市场或其任何机构为当事方的管辖权)。东南非共同市场仲裁规则于 2003 年制定。

肯尼亚与布隆迪、芬兰、法国、德国、意大利、韩国、日本、荷兰、瑞士联邦和英国等签署了一系列关于投资和促进的双边投资条约。大多数(如果不是全部的话)肯尼亚的双边投资协定都有仲裁条款,允许 ICSID 进行仲裁。许多双边投资协定还允许根据《联合国国际贸易法委员会仲裁规则》或双方商定的任何其他特设仲裁法庭进行特设仲裁。例如,肯尼亚与英国的双边投资协定第 8 条规定了 ICSID 下的投资仲裁;与布隆迪的双边投资协定第 8 条规定了 ICSID 的仲裁和联合国国际贸易法委员会下的特别仲裁;与德国的双边投资协定第 11 条规定了 ICSID 下的特别仲裁或仲裁。

(二)国际仲裁明确条款

1995 年《仲裁法》的规定适用于国内仲裁和国际仲裁。该法表明,满足下列情况的仲裁是国际性的:

(1)仲裁协议的当事人在缔结该协议时,其营业地位于不同的州。

(2)下列地点之一位于当事人营业地所在国之外:由仲裁协议确定或根据仲裁协议确定的仲裁的司法地点;履行商业关系的大部分义务的任何地点或与争端主题最密切相关的地点。

(3)当事人明确约定,仲裁协议的主题事项涉及一个以上的地方。

1995 年《仲裁法》的第 2 条明确规定,它适用于国内和国际程序,但在执行国际仲裁裁决时,适用《纽约公约》。

1995 年《仲裁法》第七部分“承认和执行裁决”第 36 条列明:

(1)根据《纽约公约》或肯尼亚签署的与仲裁裁决有关的任何其他公约的规定,国际仲裁裁决应被承认为具有约束力并得到执行。

(2)除非高级法院另有命令,依赖仲裁裁决或申请执行仲裁裁决的一方必须提供:仲裁裁决书原件或经正式认证的副本以及仲裁协议的原件或经正式认证的副本。

(3)如果仲裁裁决或仲裁协议不是用英语作出的,当事人应提供经正式认证的英文译本。

(4)在该条中,“纽约公约”一语,是指联合国大会于 1958 年 6 月 10 日在纽约通过的《纽约公约》,肯尼亚于 1989 年 2 月 10 日加入了该公约,并作出了互惠保留。

“承认和执行裁决”第 37 条同时列明拒绝承认或执行的理由包括:

(1)仲裁裁决的承认或执行,无论在哪个国家作出,只有在以下情况下才可以拒绝:

①在被援引的一方的要求下,如果该方向高等法院提供证据,表明:仲裁协议的某一当事方在某种程度上没有能力;或仲裁协议根据双方当事人的法律是无效的,或者在没有任何法律指示的情况下,根据作出仲裁裁决的国家的法律是无效的;或援引仲裁裁决所针对的一方没有得到关于指定仲裁员或仲裁程序的适当通知,或因其他原因无法陈述其案情;或仲裁裁决所处理的争端不属于提交仲裁的条款所设想的或不属于该条款的范围,或者它包含对提交仲裁的范围以外的事项的裁决,但如果对提交仲裁的事项的裁决可以与未提交仲裁的事项分开,仲裁裁决中包含对提交仲裁的事项的裁决的部分可以得到承认和执行;或仲裁庭的组成或仲裁程序不符合当事方的协议,或者在当事方没有任何协议的情况下,不符合

仲裁发生地国家的法律;或者仲裁裁决尚未对当事人产生约束力,或已被作出该仲裁裁决的国家的法院撤销或中止;或仲裁裁决的作出受到欺诈、贿赂、腐败或不正当影响的诱导或影响。

②如果高级法院认为,根据肯尼亚法律,争端的事项不能通过仲裁解决或承认或执行该仲裁裁决将违反肯尼亚的公共政策。

(2)如果向法院提出了撤销或中止仲裁裁决的申请,高等法院如果认为适当,可以推迟裁决,也可以根据要求承认或执行仲裁裁决的一方的申请,命令另一方提供适当的担保。

(三)有关当事人自主选择的规定

当事人自主权是仲裁程序的关键。而在特殊情况下,国家或其他司法管辖区的强制性法律必须优先于当事人选择的法律。《仲裁法》没有规定这些情况,所以必须由法院和法庭在个案的基础上确定。如果当事人选择的法律与公共政策相抵触,则强制性法律可能优先于后者。

对于仲裁协议,肯尼亚没有规定具体的法律选择规则。但是,法院和仲裁庭会优先考虑当事人商定的法律选择规则,以及仲裁协议的管辖法律。

对于仲裁庭,《仲裁法》没有对当事人选择仲裁员的自主权施加任何限制,根据1995年《仲裁法》第11(1)条,当事人可以自由选择仲裁员的数量。然而,如果当事人愿意,他们可以在协议中规定任何限制。如果不能确定仲裁员的人数,仲裁员的人数应为1名。同时,肯尼亚的相关法律还规定,该法规定了在当事人选择仲裁员的方法失败时的默认程序。1995年《仲裁法》第12(2)条规定,如果是有3名仲裁员的仲裁,每一方将指定1名仲裁员,2名仲裁员将指定第三名仲裁员。如果有2名仲裁员,每一方将指定1名仲裁员,如果是独任仲裁员,双方都要指定。根据1995年《仲裁法》第12(3)条的规定,除非当事人另有约定,否则,如果仲裁协议的双方当事人都应指定一名仲裁员,而一方当事人表示不愿意这样做,或未能在仲裁规定的时间内这样做,那么已正式指定仲裁员的一方可向违约方发出书面通知,建议由其指定的仲裁员担任唯一的仲裁员。如果违约方在14日内没有指定仲裁员,另一方可自由指定其仲裁员为独任仲裁员,该仲裁员的裁决对双方都有约束力,如同其是通过协议指定的一样。违约方可在14日内向高等法院申请撤销对该独任仲裁员的任命。法院只有在确信违约方未能或拒绝及时指定其仲裁员有充分理由的情况下,才可以撤销该指定。如果法院撤销指定,它可以经各方当事人同意或经任何一方当事人申请,指定一名独任仲裁员。对法院根据上述规范作出的任何决定,不得上诉。

除当事人对仲裁庭的选择外,根据1995年《仲裁法》第12(9)条,高等法院在任命仲裁员时必须考虑到可能确保任命独立和公正的仲裁员的任何考虑因素。1995年《仲裁法》第13条规定,当一个人因可能被任命为仲裁员而被接触时,必须披露任何可能引起对其公正性或公正的怀疑的情况。根据1995年《仲裁法》第13条的规定,质疑仲裁员的理由之一是仲裁员的公正性和独立性。《特许仲裁员协会(肯尼亚分会)仲裁规则》第5条规定了仲裁庭的独立性和公正性,并要求未来的仲裁员向指定机构披露可能对其公正性和独立性产生合理怀疑的情况。同样,《NCIA仲裁规则》第8条要求根据上述规则进行任何仲裁的任何仲裁员必须公正和独立,不得为任何一方担任辩护人,不得在任命之前或之后就争端的是非曲直或结果向任何一方提供咨询。任何根据《NCIA仲裁规则》进行仲裁的仲裁员都必须签署一份声明,表明除仲裁员声明中披露的情况外,不存在他或她所知的可能对其公正性或独立性产生任何合理怀疑的情况。

(四)其他程序性规则

肯尼亚法律没有规定特别的程序步骤,当事人可以自由选择所要遵循的程序。如果各方未能达成一致,1995年《仲裁法》第20(2)条规定并授权仲裁庭以其认为适当的方式进行仲裁,从而使仲裁庭成为程序的主导。在这种情况下,仲裁庭将有权确定任何证据的可接受性、相关性、实质性和重要性,并确定在什么时候已经公平和充分地提出或作出了有关任何事项的论点或意见。《NCIA仲裁规则》第14(1)(b)条规定仲裁庭有责任采用适合仲裁情况的程序,避免不必要的拖延或费用,并为最终解决当事人的争议提供公平和有效的手段。

律师方面,肯尼亚没有特定的规则来规范律师在根据《特许仲裁员协会(肯尼亚分会)仲裁规则》进行的仲裁程序中的行为。但是,对于根据《NCIA仲裁规则》进行的仲裁程序,该规则第21(2)条规定,一方代表的行为应符合中心可能不时发布的守则、标准或准则。国际律师协会《国际仲裁中当事人代表准则》第26条和第27条规定了仲裁庭在发现当事人代表有不当行为时可采取的措施,以及仲裁庭在处理不当行为问题时应考虑的问题,这可用于指导仲裁庭处理与律师行为有关的任何问题。但应注意,外国律师方面有一定的限制,肯尼亚法律第16章《肯尼亚律师法》禁止他们在肯尼亚执业,并称他们为“没有资历的人”。然而,根据

《肯尼亚律师法》第 11 条的规定，总检察长可以根据其绝对的自由裁量权，为任何特定的诉讼事项或与之相关的事项，允许被允许的人作为律师执业。有权在英联邦国家的高级法院出庭的从业人员，如果此人已经或打算来肯尼亚为该诉讼或事项出庭、代理或提供建议，并且没有因为该法案而被取消资格或被暂停资格，则可以被接纳。此外，来自布隆迪、卢旺达、坦桑尼亚和乌干达的公民，如果具有肯尼亚《律师法》第 13 条规定的专业和学术资格，可以被接纳为律师，并在法律事务中出庭。根据 1995 年《仲裁法》第 25(5)条，外国律师可以在仲裁程序中代表当事人，该条允许当事人由其选择的任何人员代表。

在司法层面，国家法院有权处理仲裁期间出现的程序性问题，但只有在一方当事人或仲裁庭提出申请的情况下。根据法律规定，一方当事人经仲裁庭批准，可向高等法院请求协助取证。

(五)裁决的强制执行

肯尼亚于 1989 年 2 月 10 日加入了《纽约公约》。肯尼亚提出了一项保留，并声明根据该公约第 1(3)条，肯尼亚政府将对承认和执行仅在另一缔约方境内作出的仲裁裁决适用该公约。该公约被纳入该法第 36(2)条，并规定国际仲裁裁决应被承认为具有约束力，并按照该公约的规定执行。并且，肯尼亚是《东非共同体条约》的缔约方。该条约第 32 条授予东非法院管辖权，以审理和裁定共同体或其任何机构为缔约方的合同或协议中所载的仲裁条款引起的争端，以及当事方已将管辖权授予法院的商业合同或协议中所载的仲裁条款引起的争端。2012 年《东非法院仲裁规则》适用于根据《东非共同体条约》第 32 条进行的仲裁程序，除非各方另有约定。《东非法院仲裁规则》第 36 条规定，根据《东非共同体条约》第 32 条将争端提交仲裁，应视为各方已承诺毫不拖延地执行所产生的裁决，仲裁裁决的执行应符合寻求执行的国家的执行程序。

(六)国家之间的仲裁

肯尼亚也是有投资条款的条约的缔约方，这些条约包括：2007 年签署但尚未生效的《东南非共同市场投资协定》，以及已经生效的《科托努协定(2000 年)》《东非共同体条约》《东南非共同市场条约》《非盟条约》。

此外，肯尼亚还加入了一些多边和政府间协定，其中包括《纽约公约》、1965 年《华盛顿公约》、《服务贸易总协定》(GATS)、《多边投资担保机构公约》(MIGA)、《与贸易有关的投资措施协定》(TRIMs)以及《与贸易有关的知识产权协定》

(TRIPs)。

此外,肯尼亚还通过了一些准则和决议,其中包括《世界银行投资指南》、《各国经济权利和义务宪章》以及《联合国工商业与人权指导原则》。

对于肯尼亚管辖范围内的国家法院在管辖权和执行方面对国家的豁免权的辩护的态度,根据肯尼亚法律第 179 章的《特权和豁免法》,主权和外交豁免的理论适用于肯尼亚,并且该理论是一项公认的国际法原则。国家对其他国家的法律诉讼具有豁免权。法院对国家豁免权辩护的态度是,国家享有管辖和执行豁免权。为了确定辩护是否适用,这个问题要逐案确定。在“Unicom Limited v. Ghana High Commission [2016] eKLR 案”中,法院面临着租赁协议的交易性质是否应适用豁免权的问题。针对该案法院指出,在签订该协议时,被告似乎并没有“以政府身份行事,可以要求豁免。虽然交易的目的是为被告提供住宿,但这并不影响交易的性质”。

第七节　中方参与肯尼亚仲裁

由于历史原因,非洲大陆法律制度复杂多样,既有大陆法系国家,也有普通法系国家,还有些非洲国家如南部非洲一些国家采用混合法律制度,有些国家特别是那些北非国家,却受伊斯兰法律制度影响更深。不仅如此,在非洲广大农村地区,目前还适用一些传统的法律制度,特别是在婚姻家庭事项、土地法等领域。

非洲这种复杂多样的法律制度使其成为名副其实的“法律万花筒”。这对于中国企业和个人来说,了解非洲法律制度就存在很大困难。例如,肯尼亚虽拥有独立的法院系统,但从实践来看,因当地法院能力有限、缺乏透明度,以法院诉讼的形式解决投资争议,效果通常不尽如人意。因而结合非洲诸多国家诉讼效率低下的问题,通过诉讼解决与非洲当事人之间的争议不是一种很好的选择。调解和调停由于不能达成有约束力的、可通过司法机构强制执行的解决结果,对于中非之间民商事争议的解决也并非上策。相较而言,仲裁因其快捷、经济、灵活、便于执行的特点,在国际民商事争议解决日益受到当事人的青睐。考虑到非洲国家的实际情况以及中非之间民商事往来的现实,通过仲裁解决中非之间的民商事争议对于中国企业和个人来说不失为一种最佳方式。

一、中方可以选择在肯尼亚进行仲裁

目前,很多中国企业和个人对非洲国家的仲裁制度和仲裁机构并不了解,他们在选择通过仲裁方式解决与非洲当事人的民商事争议时,大都选择到ICC、瑞典斯德哥尔摩商事仲裁院、LCIA解决争议,很少选择在非洲进行仲裁。当然,一些发达国家的仲裁机构,如ICC、瑞典斯德哥尔摩商事仲裁院、LCIA等,历史悠久,声誉显赫,在国际商事争议解决中具有良好的口碑和声望,成为当事人解决纠纷的首选也是理所当然。但从另一角度来看,中国当事人如果将与非洲国家当事人之间的民商事争议提交给欧洲发达国家的商事仲裁机构解决,就不得不考虑费用的问题。毫无疑问,欧洲发达国家的仲裁机构会提供更为优质、高效的仲裁服务,但其收费显然也会相对很高,这是很多当事人在提交仲裁时必须要考虑的问题。此外,如果中方当事人将在非洲发生的争议提交欧洲的仲裁机构解决,还必须考虑其他费用,如到欧洲国家参加仲裁的交通费、通信费、食宿费、翻译费等,这也是一笔不小的开支。

对于与非洲相关的交易,有两种可选择的仲裁方式:

(1)境外仲裁,这是在位于相关非洲国家之外的仲裁机构进行仲裁(如在伦敦、巴黎,或者另一非洲国家)。

(2)国内仲裁,这是在作为交易所在地的非洲国家内进行仲裁,且由当地法院对仲裁进行监督。

对于国内仲裁,关键要考虑当地法律是否支持仲裁。在许多非洲国家,国内仲裁是一种需要认真考虑的选择,这些国家的国内法为仲裁提供了必要的立法和司法支持。而在其他一些非洲国家,由于缺乏有经验的司法人员和支持性立法,采用境外仲裁是更好的选择。不管是选择境外仲裁还是国内仲裁,仲裁最主要的优点在于仲裁裁决能够得到执行,尤其是在新兴市场国家。这一好处就需要我们在有关交易和融资合同中列入仲裁条款。

实际上,近年来肯尼亚为吸引外资以及为外国投资者创造良好的营商法律环境,多次修改《仲裁法》,完善仲裁机构,以便为当事人提供良好的争议解决环境。还有一些非洲国家如毛里求斯、埃及等更明确提出,要在非洲建设地区性国际商事仲裁中心,吸引当事人到它们的仲裁机构解决纠纷,这既可以为投资者创造良好的营商环境,也可通过创建商事仲裁解决中心,带动本国相关行业的发展。因此,目前肯尼亚的仲裁环境已有极大改善,中国企业和个人完全可以将在当地发生的相关争议提交非洲当地的仲裁机构解决,这样既可以取得非洲当事人的信任和配合,也可节省很多开支。2009 年 11 月在埃及召开的第四届中非合作论坛部长级会议上通过的《沙姆沙伊赫行动计划》明确提出:“在解决中非企业合同纠纷时,鼓励利用各国和地区性仲裁机构。”

二、中方在肯尼亚选择仲裁需要考虑的几点因素

中国企业和个人在与非洲当事人发生争议后,如果通过仲裁解决争议,应注意,如前所述,非洲国家的法律制度差异悬殊,非洲各国情况不能一概而论。就仲裁法律制度而言,有的非洲国家沿用的还是独立后继承的原宗主国的仲裁法律制度,有的非洲国家却锐意改革,根据联合国国际贸易法委员会《示范法》制定和修改了本国的仲裁法;就仲裁环境而言,有的非洲国家十分重视仲裁设施的完善,设立了设施现代、功能齐全的仲裁机构,有的非洲国家仲裁机构设备陈旧、人员缺乏、服务水平低下;就参与仲裁全球合作而言,有的非洲国家很早就加入了 1958 年《纽约公约》,以便为仲裁裁决的承认与执行提供便利条件;有的非洲国家至今未加入任何有关仲裁的国际公约,导致仲裁方面的国际合作无法执行。

正因上述复杂情况,中国企业和个人在肯尼亚选择仲裁时,应结合肯尼亚本土的仲裁规则和现实情形,重点考虑如下几个因素。

(一)肯尼亚是否有支持仲裁的法律制度

2010 年颁布的肯尼亚《宪法》是肯尼亚共和国的最高法律,授权法院和法庭以包括仲裁在内的替代性争端解决形式的原则为指导。1995 年《仲裁法》以及 1997 年的《仲裁规则》规定了国内仲裁程序的执行。1985 年《外国判决(相互执行)法》(肯尼亚法律第 43 章)也适用于仲裁程序中的裁决,如果该裁决是根据其作出地的现行法律作出的,可以与该国指定法院作出的判决一样的方式执行。此外,1958 年《纽约公约》已被纳入 1995 年《仲裁法》第 36(2)条,对国际仲裁裁决的执行作出了规定。此外,还有 1996 年第 31 号《投资争端公约法》,该法对根据《华盛顿公约》作出的裁决的承认和执行进行了规定。

希望通过仲裁解决争议的非洲国家的投资者(无论是来自非洲大陆内还是之外),必须考虑仲裁所在地所适用的仲裁法的实体和程序方面、当地法院的态度和权力(是支持国内仲裁还是境外仲裁)以及裁决的可执行性。仲裁是一种民间争议解决方式,仲裁的启动完全取决于当事人的意思自治——当事人双方是否在合同中约定有仲裁争议解决方式,或是否在争议发生后达成提交仲裁的议定书。当

事人通过仲裁解决争议的意愿能否得到尊重和实现在很大程度上取决于仲裁地的法律制度,因为仲裁程序的进行大部分情况下都是根据仲裁地的法律进行的。如果仲裁地所在国的法律制度对仲裁不友好,当事人的仲裁意愿就会落空,或在仲裁程序中受到过多的法院干预。

虽然非洲 54 个国家都制定有仲裁法或在民事诉讼法规定了仲裁制度,但其规定的细节、实践和经验可能有很大不同。此外,该大陆还有两个有关仲裁的标准化法律文件:《示范法》和非洲商法统一组织的《仲裁统一法》。因而判断一国是否具有仲裁友好型法律制度,一般要看该国仲裁法律制度是否采纳了《示范法》或是在《示范法》的基础上制定的。20 世纪 90 年代以来,非洲国家为吸引外资、扩大国际贸易、增强投资者和商人在该地区进行投资贸易的信心,纷纷根据国际上较为先进的仲裁立法,特别是《示范法》为模本制定新的仲裁法。

截至目前,已有 10 个非洲国家采纳了《示范法》,其中,肯尼亚于 1995 年采纳了《示范法》并在其实践层面推广适用,肯尼亚也由此在对仲裁实践进行现代化并减少法院对仲裁的干预方面取得了不同程度的成功。由此可以认为,肯尼亚的《仲裁法》一般是使用者 – 友好型的(user-friendly),代表了国际公认的一些原则。在对根据《示范法》制定的非洲国家仲裁法进行解释时,中国当事人也可参考其他采纳《示范法》的国家(如德国和新加坡)的法理。

但需要注意的是,虽然国家可整体采纳《示范法》,但其在制定仲裁法时偏离它的情况也很突出。例如,在埃及,与《示范法》不同,该国仲裁法要求当事人提前约定是否希望授权仲裁庭可以采取临时措施。因而即使是在采纳《示范法》的肯尼亚,中方也必须仔细审查当地仲裁法,以确保他们了解任何额外的程序障碍或差异。

还有一些具有相同法律传统或语言背景的非洲国家通过制定条约或统一法的形式对成员的仲裁制度作出规定。例如,早在 1987 年 4 月,7 个非洲阿拉伯国家和 7 个亚洲阿拉伯国家在约旦首都安曼签署了《阿拉伯商事仲裁公约》。根据该公约第 2 条的规定,该公约适用于任何国籍的自然人之间或法人之间的商事争议,如果商事交易与某一缔约方或缔约方的居民有联系,或如果自然人或法人的营业总部在某一缔约方境内。1993 年 10 月,14 个非洲国家在毛里求斯签署了《非洲商法协调条约》,根据该条约成立了 OHADA。该组织的成员主要是具有大陆法传统的法语非洲国家。该组织为成员创设了两套仲裁法体制:一套是根据《非洲商法协调条约》进行的仲裁，另一套是根据《仲裁统一法》进行的仲裁，它取代了有关国内和国际仲裁的国内立法。虽然《仲裁统一法》没有采纳《示范法》，但它反映了《示范法》的一些基本原则。OHADA 设立了一个超国家的司法机构——司法与仲裁共同法院（La Cour Commune de Justice et d'Arbitrage，CCJA），该法院根据自己的仲裁规则管理争议解决程序，并为仲裁提供监督和指导。

其中，《国际商法协调条约》对仲裁程序的进行、仲裁裁决的承认和执行规定了非常便利的条件。如果当事人的住所或居所在某一 OHADA 的成员境内，或合同义务将主要在某一成员境内履行，当事人就可选择通过该条约进行仲裁。因而如果中国企业或个人选择的仲裁地在一个对仲裁有较多限制的非洲国家内，就很可能导致仲裁无法进行，或受到法院过多干预。

（二）肯尼亚司法机构在实践中是否支持仲裁

非洲一些国家的法院熟悉仲裁，而且当地法律一般规定法院可以中止因违反仲裁协议而提起的诉讼，无论仲裁地是在本国境内还是境外。但很难了解的是，特别是在那些存在较少法院案例的国家，法院会在多大程度上行使自由裁量权以中止诉讼。

肯尼亚司法机构在实践中是否支持仲裁也是必须考虑的重要因素。即使有良好的仲裁法律制度，如果肯尼亚司法机构在实践中不支持仲裁，它就可通过曲解法律制度，干预仲裁程序的进行，甚至让当事人想通过仲裁解决争议的愿望付之东流。法律毕竟只是存在于纸面之上，具体如何实施却要取决于法院。因此，对于面临争议的中国当事人来说，考虑在肯尼亚当地采取措施以保护投资非常重要。英国法院受理的一个案件凸显了这一点。在该案中，当在伦敦根据《LCIA 仲裁规则》进行的仲裁还在进行中时，案件的一方当事人就其在赞比亚铜矿中的利益在赞比亚法院成功获得了临时性保护救济。

根据肯尼亚《仲裁法》的规定，当事人有权根据 1995 年《仲裁法》第 35 条对仲裁裁决提出质疑，并要求将其撤销。对于法院来说，如果要撤销裁决，一方当事人必须证明：仲裁协议的一方当事人没有某种能力；仲裁协议根据当事人所遵守的法律是无效的，如果没有指明该法律，则根据肯尼亚的法律；提出申请的一方没有得到关于指定仲裁员或仲裁程序的适当通知或因其他原因无法陈述其案情；仲裁裁决所处理的争议不属于提交仲裁的范围，或不包含对提交仲裁的事项的裁决；仲裁庭的组成或仲裁程序不符合当事人的协议（除非该协议与《仲裁法》的规定相抵触,而当事人不能减损该规定)或在没有这样的协议的情况下,裁决不符合《仲裁法》;裁决是由欺诈、贿赂、不正当影响或腐败所诱导或影响的。但如果关于提交仲裁的事项的决定可以与未提交仲裁的事项分开,则只可撤销仲裁裁决中载有关于未提交仲裁的事项的决定的部分。另外,如果法院认为,根据肯尼亚法律,争端的主题不能通过仲裁解决,或者裁决与肯尼亚的公共政策相抵触,也可以撤销。

从形式上来说,也应注意对仲裁裁决提出上诉的程序,根据1995《仲裁法》第39条的规定,向高等法院提出的上诉将要求该方在仲裁裁决书交付后30日内提出。根据1995年《仲裁法》第39条,向上诉法院提出的上诉将要求受害方在决定发出后的14日内提交上诉通知,并在此后的60日内提交上诉记录。最高法院在"Nyutu Agrovet Limited 诉 Airtel Networks Kenya Limited & Another Petition No. 12 of 2016 案"中以多数意见认为,根据1995年《仲裁法》第35条就高等法院的裁决向上诉法院提出的上诉仅适用于最明显的案件,即高等法院在撤销仲裁裁决时超出了上述条款中规定的理由,从而使裁决非常严重且明显错误,并完全关闭了对任何一方的公正之门的案件。正如最高法院在"Synergy Industrial Credit Limited 诉 Cape Holdings Ltd. [2019] eKLR 案"中所认定的那样,要提出上诉,一方必须获得上诉法院的许可。拟上诉人要想成功申请上诉法院的许可,必须证明高等法院在作出裁决时,超出了1995年《仲裁法》第35条规定的理由。在批准上诉许可之前,上诉法院必须审视打算上诉的实质,以确定上诉是否成立。正如最高法院在"Geo Chem Middle East 诉 Kenya Bureau of Standards [2020] eKLR 案"中所坚持的那样,一般性地给予许可是不够的。

(三)肯尼亚是否为《纽约公约》成员

如果中方的仲裁裁决需要到国外申请承认和执行,仲裁地所在国是《纽约公约》的成员就具有重要意义,《纽约公约》处理的是外国仲裁裁决的承认和仲裁条款的执行问题。

肯尼亚1989年加入了《纽约公约》。缔约方仲裁机构作出的仲裁裁决可以较为方便地获得肯尼亚法院的承认,但仍需按照肯尼亚当地执行程序进行执行。在肯尼亚经营的跨国公司,多选择采用仲裁的形式解决争端。在2013年,肯尼亚通过立法的形式,在首都内罗毕建立了NCIA。

同时,肯尼亚也是ICSID的成员。对于投资者与肯尼亚政府间出现的投资争端,在救济无效的情况下,投资者可以根据本国与肯尼亚签署的投资协定,向

ICSID 寻求救济。

《纽约公约》为中方的仲裁裁决在肯尼亚的承认和执行规定了十分有利的条件,根据公约的规定,拒绝承认和执行中方仲裁裁决的理由十分明确而且有限,如果中方的仲裁裁决不具有该公约所规定的拒绝承认和执行的理由,则作为《纽约公约》成员的被申请承认和执行国,此处则指的是肯尼亚,必须承认和执行该外国仲裁裁决。由于《纽约公约》的存在,外国仲裁裁决的承认和执行与外国法院判决的承认和执行相比,其优越性显露无遗。这也是目前在国际民商事争议解决中,为什么很多当事人青睐选择通过仲裁解决争议的一个重要原因。对于国际民商事争议来说,如果一国仲裁机构或法院作出的仲裁裁决或法院判决不能在另一国法院得到承认和执行,就会浪费当事人的时间、金钱和精力,因为不能得到承认和执行的仲裁裁决或法院判决如同一张废纸。

现在世界上大部分国家都是《纽约公约》的成员,这使外国仲裁裁决的承认和执行变得非常方便和高效。中国也是《纽约公约》的成员,因此,如果中非之间的民商事争议是通过仲裁方式解决的,后续的仲裁裁决的承认和执行根据《纽约公约》进行,就会非常方便。

(四)双边投资协定和 ICSID

在投资阶段,中国当事人还需考虑任何可能的国际法保护,包括双边投资协定(BITs)所提供的那些保护。大多数双边投资协定允许投资者直接在国际仲裁庭(通常是 ICSID,它是世界银行的一部分)提出索赔,而不是在东道国的法院进行诉讼。

非洲国家作为当事一方的双边投资保护协定大约有 487 个。不仅有传统的投资国与非洲订立了双边投资协定(如比利时、卢森堡、法国、德国、荷兰、葡萄牙、西班牙和美国),中国也与非洲国家签署了 32 份双边投资协定(虽然一些尚未生效)。这无疑是因为非洲正快速成为中国对外投资、获取能源、原材料和自然资源的“热土”。

当出现争议时,中国当事人需要考虑的不仅是合同中提供的救济,还应考虑根据双边投资保护协定所能提出的索赔,它们通常可能同时提起,但要取决于是否禁止双重索赔。对于投资者来说,要做到深谋远虑,利用双边投资保护协定和其他投资保护来制定投资战略,以减少在非洲国家投资经常出现的各类风险。

（五）尽量选择具备良好条件的常设仲裁机构

中方当事人选择在肯尼亚通过仲裁方式解决与非洲当事人的争议时，应尽量选择在具备良好条件的常设仲裁机构进行仲裁。常设仲裁机构与临时仲裁相比，具有固定的机构、有各类仲裁行政人员、有自己的仲裁规则和仲裁员名册。如果当事人选择在常设仲裁机构进行仲裁，就可以避免很多日后可能出现的各类麻烦，如仲裁员的选择、仲裁规则的适用等。另外，要选择具备良好条件的常设仲裁机构，因为此类机构行政人员在仲裁知识、语言等方面的能力较强，能够有效进行沟通和交流，仲裁设施相对完善，能够提供进行仲裁所必需的一些辅助设备，如同声传译、复印打印服务、视频会议等，有利于仲裁程序的顺利进行。

肯尼亚存在有大量的仲裁机构。仲裁在非洲本就具有悠久的历史，在西方殖民者到来之前，在非洲广大农村地区就盛行着通过仲裁、调解方式解决争议的传统。在非洲的传统法律文化中，通过仲裁、调解这些友好争议解决方式解决争议，有利于在当事人之间达成和解，有助于当事人所属社区恢复和谐与安定。非洲国家独立后，一些国家非常重视传统争端解决方式的作用，而且又吸收世界上先进仲裁立法经验和实践，对本国或本地区仲裁制度进行改革，以创造有利的投资环境，吸引外国投资。

目前，包括肯尼亚在内的每一个非洲国家基本上都有本国的仲裁机构，只是由于本国经济发展水平、对外开放程度的不同，非洲国家的仲裁机构存在良莠不齐的状况。从整体来说，那些经济水平相对较高，急于吸收外资的非洲国家的仲裁机构相对发展较好，其中就包括肯尼亚、南非、埃及等国的仲裁机构。

肯尼亚还存在一些十分有影响的地区性国际商事仲裁机构，在解决国际商事争议中发挥中重要作用。中国当事人应当根据争议发生的地点、仲裁法律制度、法院对仲裁的态度、仲裁机构的条件、仲裁裁决是否需要在其他国家执行等因素，综合考虑选择在肯尼亚某一个仲裁机构进行仲裁。特别需要提醒中国当事人的是，中国法学会与非洲的一些仲裁机构在2013年发起了“中非仲裁员互聘计划”。目前，非洲的一些仲裁机构如开罗地区国际商事仲裁中心、南部非洲仲裁基金会、拉各斯地区国际商事仲裁中心等都聘有中国仲裁员，中国当事人选择到这些仲裁机构进行仲裁时，可以选择中国的仲裁员。

（六）形式要求

1995年《仲裁法》第4条规定了肯尼亚仲裁协议的形式。仲裁协议必须是书面形式。被视为书面形式有如下情形:(1)包含在各方签署的文件中;(2)有提供协议记录的电讯,无论是信件、电子邮件还是电报;(3)在交换诉状的情况下,一方声称有协议存在,而另一方没有否认。如果合同是书面形式的,并且提及使该仲裁条款成为合同的一部分,则合同中对载有仲裁条款的文件的提及即构成仲裁协议。

仲裁协议从内容而言还应纳入指定仲裁员的程序和出现任何分歧时的默认指定机构。

三、中非民商事争议仲裁的其他选择

从长远来看,考虑到中非之间民商事往来的日益频繁,中非民商事争议的大量发生,中非之间可考虑设立CAJAC,专门解决中非当事人之间发生的争议。该中心可在北部非洲、南部非洲、东部非洲、西部非洲和中部非洲分别设有地区分中心,在中国设立一个中国区中心,这样,当争议分别在以上不同地区发生时,当事人就可选择在相应的地区中心进行仲裁。这些非洲地区中心应设在《纽约公约》成员方境内,以方便仲裁裁决可以在中非之间得到有效地承认和执行。

目前,中国的一些仲裁机构已经注意到了这一发展潜力,并付诸实施。例如,在中国法学会的倡议与协调下,上海国际仲裁中心与南部非洲仲裁基金会、南部非洲仲裁员协会、非洲非诉讼纠纷解决中心于2015年6月签署合作协议,创建中非联合争议解决机制,分别组建中非联合仲裁上海中心与中非联合仲裁约翰内斯堡中心。2015年11月26日,在南非约翰内斯堡举行的第六届“中非合作论坛-法律论坛”上,中非联合仲裁上海中心与中非联合仲裁约翰内斯堡中心同步揭牌。

中非联合仲裁上海中心的受案范围如下:争议当事人包括注册地和/或主营业地位于中国境内的主体以及注册地和/或主营业地位于非洲国家境内的主体;当事人的注册地和/或主营业地均在中国,但商事关系产生、变更、消灭的法律事实和/或标的物位于非洲国家境内的商事争议;当事人的注册地和/或主营业地均在非洲国家,但商事关系产生、变更、消灭的法律事实和/或标的物位于中国境内的商事争议;其他当事人约定将提交中非联合仲裁上海中心仲裁的争议。从该中心的受案范围来看,可以受理的争议十分广泛,这就为在非洲投资的中国企业、在中国投资的非洲企业在当地发生的争议的解决提供了又一个可行的选择。

考虑到中非之间民商事争议的实际情况,结合肯尼亚争议解决的现状,笔者提出,仲裁是解决中非民商事争议的最佳选择。在肯尼亚选择仲裁时,中国当事人要考虑肯尼亚是否具有仲裁友好型法律制度,肯尼亚法院是否在实践中支持仲裁、肯尼亚作为《纽约公约》的成员方等因素,并且要尽量选择具备良好条件的常设仲裁机构进行仲裁。从长远来看,中非之间可考虑设立CAJAC。由于目前中国仲裁机构和非洲仲裁机构之间已经建立了此类联合仲裁中心,这就为中国当事人通过仲裁解决争议提供了另外一种选择。考虑仲裁的实际情况远非本文分析的那样简单,在考虑选择通过仲裁方式解决争议时,中国当事人最好还要听取一下专业律师的意见,以免在以后的仲裁程序中陷入被动。

第八节 趋势和现有问题的解决措施

一、趋势

现在,NCIA以及《NCIA仲裁规则》已经到位,出现了一种趋势,即争议解决条款被纳入政府合同,《NCIA仲裁规则》被指定为适用规则。为了减少法院的积压案件,即在当事人同意的情况下,商事法院会倾向于将商事纠纷移交仲裁。此外,最高法院在"Nyutu Agrovet Limited v. Airtel NetworksKenya Limited & Another Petition No. 12 of 2016案"中,以多数票允许各方在特殊情况下对高等法院根据1995年《仲裁法》第35条撤销仲裁裁决的决定提出上诉。申请对撤销仲裁裁决的决定进行上诉的情况可能会激增。高等法院或上诉法院有望通过司法裁决制定标准,说明在批准对此类裁决提出上诉时应考虑的因素。

肯尼亚还成立了国家指导委员会,负责制定替代性争端解决政策。该委员会的任务之一便是对替代性争端解决方法的法律文书提出适当的修正案,包括但不限于《仲裁法》,以协调替代性争端解决服务的实践、认证培训和提供标准。

二、解决问题的现行努力

现行为解决仲裁中的时间和费用等问题而采取的措施包括使用技术来实现低成本和快速的仲裁程序。仲裁员和当事人之间的沟通主要是通过电子邮件。听证会期间使用视频会议,特别是对肯尼亚以外的证人。在2010年肯尼亚《民事诉讼规则》修订后,大多数诉状和文件现在都以电子方式提交和送达。肯尼亚《民事诉讼规则》第 5 条第 22B 款允许通过电子邮件送达诉状,并在仲裁程序中复制了这个做法。特别是在新型冠状病毒肺炎疫情之后,远程或虚拟听证会有所增加。仲裁庭在当事人同意的情况下,在其仲裁程序中使用科学技术,包括听证会。虚拟出庭不再局限于审前会议,还包括主要的审理程序。更多的仲裁甚至法院听证会是以虚拟方式进行的。

CHAPTER 06 >>

第六章

葡萄牙

葡萄牙共和国(The Portuguese Republic,以下简称葡萄牙)是位于欧洲西南部的共和制国家。葡萄牙是一个发达的资本主义国家,拥有相当完善的旅游业,也是欧盟成员之一,欧元和北大西洋公约组织(North Atlantic Treaty Organization,NATO)创始成员之一。还是世界贸易组织、联合国等国际组织的成员。东邻同处于伊比利亚半岛的西班牙,葡萄牙的西部和南部是大西洋的海岸。1139 年葡萄牙王国成立,1580 年被西班牙哈布斯堡王朝吞并,1640 年摆脱西班牙的统治,1820 年至 1910 年为君主立宪制国家,1910 年 10 月 5 日革命推翻了君主政体建立共和国,1926 年 5 月建立军政府。葡萄牙是欧洲各国中殖民历史最为悠久的一国,从 1415 年到 1999 年,殖民活动长达近 600 年。2021 年,葡萄牙人口为 1034.7 万,人口密度为 111.6 人/平方公里,主要为葡萄牙人。葡萄牙官方语言为葡萄牙语,首都是里斯本。

中国和葡萄牙于 1979 年 2 月 8 日建交。1979 年 9 月,两国互派大使。1987 年 4 月,中国、葡萄牙两国政府通过平等协商就解决历史遗留的澳门问题达成协议并签署了关于澳门问题的联合声明,中国于 1999 年 12 月 20 日恢复对澳门行使主权。近年来,两国交往关系日益紧密。在政治、经贸、文化、科技、军事等各领域的友好合作关系不断发展,双方交流的成果也不断以国际条约的形式予以确认。

第一节 葡萄牙仲裁制度概况及演进

仲裁是葡萄牙的古老传统。早在15世纪,阿方索五世国王的法令就承认了仲裁是解决争端的一种手段。这一传统由16世纪的曼努埃尔一世国王、17世纪的菲利普二世国王继续维持。随着19世纪自由主义宪法以及1833年《商法典》的出现,当事人获得了广泛的自由,可以将其争议提交给葡萄牙民商事仲裁员。

20世纪后,1939年和1961年的葡萄牙《民事诉讼法》对仲裁进行了全面规定。1986年葡萄牙《自愿仲裁法》第一次对仲裁作出了自主规定,这也是葡萄牙第一次使用专章规定国际仲裁。2011年,新葡萄牙《自愿仲裁法》出台,使葡萄牙仲裁法与《示范法》趋于一致,同时保留葡萄牙仲裁法的显著特征。例如,新葡萄牙《自愿仲裁法》中,国际仲裁依然为专章规定。

采用有吸引力的国际仲裁制度是2011年颁布新葡萄牙《自愿仲裁法》的主要动机之一,这与葡萄牙一贯的对国际贸易的开放制度是一脉相承的。作为欧洲最古老的民族国家和世界第一次全球化的先导,葡萄牙在双边和多边国际关系方面具有悠久历史。葡萄牙是世界上历史最悠久的外交联盟——1373年《英葡条约》的缔约方,并于1949年加入NATO,1961年加入OECD,1996年加入葡萄牙语国家共同体,于1955年加入联合国,1986年成为欧盟成员。此外,葡萄牙还加入广泛的双边投资和其他经济合作条约。这些条约为货物、服务、资本和人员在葡萄牙的跨境自由流动创造了非常有利的环境,并为外国公司、企业以及专业人员提供了高度的法律保障,这对其他欧盟成员尤为重要。

葡萄牙语不仅是葡萄牙的官方语言,也是安哥拉、巴西、佛得角、东帝汶、赤道几内亚、几内亚比绍、中国澳门特别行政区、莫桑比克、圣多美和普林西比的官方语言。它也在果阿、达曼和迪乌(印度)使用。它是世界上使用人数第六多的第一语言,葡萄牙语母语人口超过2.2亿人,且是超过1300万人的第二语言。因此,葡萄牙语是一种通用语言,也全世界得到广泛使用。

新葡萄牙《自愿仲裁法》显著提升了葡萄牙作为国际仲裁战略中心的地位。本部分将对葡萄牙仲裁制度进行概述。

一、仲裁立法情况

历史上,葡萄牙法律即承认争议的私人裁决形式。1876 年第一部葡萄牙《民事诉讼法》第 44 条明确规定允许当事人将争议提交给仲裁员,但是这种许可仅适用于仲裁协议中明确确定的实际的现有争议。因此,在当时,不能事先约定未来争议通过仲裁解决。

随后,1939 年葡萄牙《民事诉讼法》继续承认仲裁作为解决争议的可能途径。但是当时的仲裁制度与现在的仲裁制度差异很大,当时的仲裁庭运行方式类似于法院,法官参与全部仲裁过程。

葡萄牙第一次现代仲裁立法可以追溯到 1984 年,经由 1984 年 7 月 17 日第 243/84 法令批准。这是仲裁相对独立于葡萄牙《民事诉讼法》的第一次尝试。但是在 1986 年,葡萄牙宪法法院以违宪为由废除该法律。仲裁法律涉及州法院的管辖权,应当由议会批准,而这部法律完全由政府批准。因此宪法法院宣布法律违宪。

随后葡萄牙《自愿仲裁法》于 1986 年 8 月 29 日颁布,这是葡萄牙现代仲裁制度发展的重要里程碑。

1986 年葡萄牙《自愿仲裁法》受到法国仲裁法的影响,并提供了与其他司法管辖区和国际贸易需求保持一致的现代化创新法律框架。1986 年葡萄牙《自愿仲裁法》已经具有现代仲裁的大部分特征,包括:(1)广泛承认当事人的仲裁自主权,将其称为“可支配权利”;(2)州法院的有限干预;(3)程序方面的自主性和灵活性,但须遵守正当程序和其他基本程序保障;(4)提供当事人不能放弃的撤销诉讼;(5)自动承认在葡萄牙作出的仲裁裁决的可执行性;(6)首次建立国际仲裁特别制度(受当时法国《民事诉讼法典》第 1492 条的影响,参照“国际贸易利益”的概念)和承认机构仲裁。

考虑到 20 多年前颁布的时间,1986 年葡萄牙《自愿仲裁法》也有一些现在来看考虑不周之处。例如,仲裁员的独立性和公正性是用与州法官相同的标准来评估的,这显然是不够的,因为与仲裁员不同,州法官以排他性的方式行使其职能。如果双方出现分歧,则争议标的必须由法院(而不是仲裁庭本身)确定,这会使其中一方在仲裁一开始破坏仲裁的进程。再如,证据的可采性是参照适用的程序法评估的,限制了仲裁庭的自由裁量权。在国内仲裁中,默认规则是可以就案情向法院提出上诉。

2003 年 3 月 8 日通过的第 38/2003 号法令,对 1986 年葡萄牙《自愿仲裁法》进行了修改,以消除其主要缺点之一:如果双方之间发生争议,法院强制干预该争议标的的定义。修改后,尽管当事人之间存在分歧,仲裁庭仍有权进行仲裁,并在必要时决定争议的标的。

1986 年葡萄牙《自愿仲裁法》是一个重要的里程碑,为葡萄牙现代仲裁实践的发展作出了贡献。然而,几年后,由于政治和经济环境的变化,对仲裁制度进行改革的呼声开始出现。一方面,一些人呼吁更接近《示范法》,以便葡萄牙能够参与正在进行的协调仲裁法的进程。另一方面,有学者指出 1986 年葡萄牙《自愿仲裁法》自身存在的一些缺点,对此应重新评估。此外,葡萄牙和国外的实践和判例法已经确定了几个需要新的解决方案的问题,新的改革应增强对复杂仲裁案件的适应性。

2011 年葡萄牙《自愿仲裁法》的准备和起草过程在葡萄牙立法实践中相对不同寻常,因为它在很大程度上依赖与民间社会的合作,特别是与仲裁界的合作。

事实上,在 2009 年,政府要求葡萄牙仲裁协会(the Portuguese Arbitration Association)筹划一个吸收联合国国际贸易法委员会《示范法》和其他国家最近仲裁法改革的新仲裁法项目。其目的是使葡萄牙的法律环境更加"仲裁友好",提高葡萄牙作为国际仲裁地的竞争力,特别针对葡萄牙语国家的当事人。葡萄牙仲裁协会接受了挑战,并在 2009 年和 2010 年,根据《示范法》和对其他主要司法管辖区近期立法改革的广泛比较分析,准备了两个连续的新仲裁法项目。起草者希望增加法律适用的确定性,允许法庭和法院受益于外国法律来源,包括来自其他司法管辖区的判例法和学术著作。这些项目进一步将仲裁法与葡萄牙国内程序法隔离开来。然而,由于当时政治不稳定和政府更迭,没有足够的政治条件让议会立即审议通过这项新法律。

直到 2011 年,金融危机严重影响葡萄牙和其他国家或地区,批准新法律所需的政治条件才得到满足。葡萄牙与欧盟委员会、国际货币基金组织和中欧银行签署了谅解备忘录(MoU),规定了具体的经济政策条件,以获得一定的财政援助。其中一个条件正是新仲裁法的批准。这为批准新法律创造了必要的政治动力,为此,政府采用了葡萄牙仲裁协会先前在 2010 年准备的项目,并将其提交给议会审议通过。政府加入了一些葡萄牙仲裁协会原项目中没有的修改,主要是关于将"违反公共政策"列为撤销仲裁裁决的理由。

2011年11月4日，根据葡萄牙政府的提议，议会批准了新法律，未作任何修改。它于2011年12月14日在官方公报上公布，并于2012年3月15日生效。由此可见，葡萄牙仲裁协会深度参与了葡萄牙《自愿仲裁法》的制定过程，葡萄牙仲裁协会的工作对于理解葡萄牙《自愿仲裁法》具有重要意义。

葡萄牙《自愿仲裁法》受到《示范法》的深刻影响，体现了与国际仲裁法的趋同性，此外还参考了法国法律、瑞士法律和德国法律。葡萄牙原有的仲裁法也自然影响了新法的制定。

从结构上看，《葡萄牙自愿仲裁法》共有62条，分为以下12章：

第一章：仲裁协议

第二章：仲裁员和仲裁庭

第三章：仲裁庭的管辖权

第四章：临时措施和初步命令

第五章：仲裁程序的进行

第六章：裁决和程序的终止

第七章：对裁决的追索

第八章：裁决的执行

第九章：国际仲裁

第十章：外国仲裁裁决的承认和执行

第十一章：国家法院

第十二章：最后规定

葡萄牙《自愿仲裁法》与《示范法》的主要差异如下：(1)葡萄牙《自愿仲裁法》适用于国内和国际仲裁，因此，葡萄牙《自愿仲裁法》第九章包含仅适用于国际仲裁的具体规定；(2)葡萄牙《自愿仲裁法》在第十章中还管辖外国仲裁裁决的承认和执行，执行1958年《纽约公约》；(3)葡萄牙《自愿仲裁法》在第十一章对国家法院对仲裁相关事项管辖权作出作出了具体规定。

必须强调的是，葡萄牙《自愿仲裁法》以《示范法》(2006年修正)为基础，最重要的是，它反映了关于临时措施和初步命令的新规定。葡萄牙《自愿仲裁法》在领土适用范围和国内仲裁与国际仲裁之间的衔接方面与1986年葡萄牙《自愿仲裁法》保持一致。

至于其适用范围，葡萄牙《自愿仲裁法》第61条规定了属地原则，规定它适用于在葡萄牙进行的所有仲裁。该规则通常被理解为葡萄牙《自愿仲裁法》适用于所有在葡萄牙领土内有仲裁地的仲裁。该法第 61 条进一步明确了其可适用于葡萄牙承认和执行境外仲裁作出的裁决。

葡萄牙《自愿仲裁法》通常同样适用于在葡萄牙进行的国内和国际仲裁,其第 50 条至第 54 条规定了仅适用于国际仲裁的具体规则。国际仲裁是指涉及国际贸易利益的仲裁,符合法国《民事诉讼法典》第 1504 条规定的标准。

对于适用于国际仲裁的具体规则,葡萄牙《自愿仲裁法》第 50 条规定,国家和国有或国有控股实体不得援引本国法律对争议的可仲裁性或订立仲裁协议的能力提出异议。该法第 51 条涉及仲裁协议的实体效力,如果仲裁协议的效力源自以下 3 种法律之一,则该仲裁协议将被视为有效:(1)当事人选择的法律;(2)适用于案情的法律;(3)葡萄牙法律。

葡萄牙《自愿仲裁法》第 52 条规定了适用于案情的法律,并规定了当事人意思自治的原则:当事人可以自由选择其适用的法律或授权仲裁员依公平公正原则作出判决。在当事人没有选择的情况下,仲裁庭应适用与争议标的有最密切联系的实体法。这与《示范法》第 28 条规定背道而驰,根据该规则,在当事人没有选择的情况下,仲裁庭应适用其认为适用的冲突法规则确定的法律。葡萄牙《自愿仲裁法》第 52 条第 3 款进一步规定,仲裁庭必须考虑合同和相关商业惯例。

就国际仲裁而言,葡萄牙《自愿仲裁法》第 53 条排除了就案情向国家法院提出上诉的可能性,而是接受当事人规定"仲裁上诉"的可能性,即向其他仲裁庭提出上诉,而且只有在当事人直接规定这种上诉条件的情况下。

最后,葡萄牙《自愿仲裁法》第 54 条涉及当适用于案情的法律不是葡萄牙法律,且国际仲裁在葡萄牙进行的国际公共政策问题。该条款规定,在这些情况下,不仅可以根据第 46 条规定的国内仲裁的一般理由撤销仲裁裁决,而且如果在葡萄牙执行产生明显不符合国际公共政策的结果,也可以撤销。

综上所述,继承悠久的仲裁传统,葡萄牙《自愿仲裁法》是一项与国际最佳做法相一致的支持仲裁的法律,其以《示范法》(2006 年修正)为基础,主要根据其他主要管辖区的经验进行了某些改进。自颁布至今,葡萄牙《自愿仲裁法》已经产生了相当多的司法判决,学者和从业人员就这一主题进行了广泛研究,增加了仲裁结果的确定性和可预测性。因此,葡萄牙拥有所有必要的法律制度来发展仲裁,使其形成一个经济有效的争端解决机制。

二、仲裁司法情况

仲裁作为解决商业纠纷的一种替代方法，在过去30年中得到了巨大的发展。像《纽约公约》这样的国际条约大大促进了这一发展。此外，《示范法》已被证明是协调世界各国国内立法的一个非常有效的工具。

如今，80%以上的合同都包含仲裁协议。国际仲裁已成为解决国际商业纠纷的正常论坛。这一现实对葡萄牙语国家产生了重要影响。

葡萄牙的仲裁案件数量也在逐年增加。毋庸置疑，其现代仲裁法包含了创新的特点和最重要的正当程序原则，并得到了最佳国际惯例的支持。因此，葡萄牙目前具备可以被视为一个中立和友好的国际争端仲裁论坛的所有条件，特别是对葡萄牙语国家来说。

依据葡萄牙工商会仲裁中心披露的统计数据，2017～2020年由该仲裁中心受理/完成的案件数量列示如表6－1所示：

表6－1　2017～2020年葡萄牙工商会仲裁中心受理/完成案件数量

单位：件

年份	启动的案件			完成的案件		
	仲裁	调解	共计	仲裁	调解	共计
2017	19	0	19	21	0	21
2018	27	0	27	20	0	20
2019	30	1	31	27	0	27
2020	32	1	33	25	0	25

其中，在仲裁费用的分配方面，仲裁员的费用占案件总费用的比例为85.92%，证据制作费用占比为5.16%，行政开支占比为8.92%。在诉讼当事人的国籍方面，72%的案件不涉及外籍当事人，28%的案件涉及外籍当事人。在仲裁庭的构成方面，三人仲裁庭的案件占比为78%，独任仲裁员的案件占比为22%。在任命仲裁员的方式上，当事人意思自治选任仲裁员的案件比例为91%，当事人联合任命仲裁员的案件比例为4%，国家法院指定仲裁员的案件比例为5%。在仲裁使用的语言方面，92%的案件使用葡萄牙语作为诉讼语言，8%的案件使用其他语言。在仲裁裁决决议类型方面，58%案件中存在仲裁员反对意见，42%案件仲

裁员意见一致。在仲裁争端性质方面,主要的争端类型包括:特许合同公司,提供商品或服务的买卖合同纠纷,产权纠纷等。

第二节 葡萄牙代表性仲裁机构介绍

在过去的30年里,特别是自1986年葡萄牙《自愿仲裁法》通过以来,葡萄牙对机构仲裁的使用频率一直在稳步增长。到2020年,葡萄牙司法部已授权36个仲裁中心。1986年12月27日第425/86号法令规定了授予这种授权的条件。

葡萄牙最有经验的仲裁中心是葡萄牙工商会仲裁中心(Centro de Arbitragem Comercial)。其最新的仲裁规则已于2014年3月1日开始生效。

依据《葡萄牙工商会仲裁中心章程》(Statutes of The Arbitration Centre of the Portuguese Chamber of Commerce and Industry),葡萄牙工商会仲裁中心是里斯本商业协会—葡萄牙工商会根据其法定职责推动和进行制度化自愿仲裁并通过其开展活动的仲裁机构,提供与自愿仲裁和替代性争端解决程序相关的服务。该中心的总部设在里斯本商业协会—葡萄牙工商会的办公室。其宗旨为:(1)通过组织和赞助信息传播以及对商业争议领域任何问题的研究和探索,促进和传播通过仲裁或其他争议解决方式解决争议;(2)就法律未排除的公共或私人性质的商业事务,管理国内或国际制度化的自愿仲裁程序和替代性争端解决程序;(3)提供与仲裁程序管理和争议解决替代方法相关的服务。

商事仲裁中心应由董事会领导并设有秘书处,提供中心运作所需的技术和行政服务。商事仲裁中心董事会由9名成员组成,由里斯本商业协会—葡萄牙工商会董事会任命,其中包括1名主席、2名副主席和6名成员,所有成员均应为具有公认的功绩和良好信誉的人,拥有履行董事会职责所需的技术和个人资格。

里斯本商业协会—葡萄牙工商会董事会应指定主席和副主席之一;另一名副主席应由商事仲裁中心董事会从其成员中选出。除非里斯本商业协会—葡萄牙工商会董事会另有决议,否则商事仲裁中心董事会成员无权因履行职责而获得任何报酬。商事仲裁中心董事会成员任期3年,可连任。如果商事仲裁中心董事会成员面临明确的障碍,他应由新成员取代,其任期应在其他成员的任期届满时终止。

在履行职责和职责时,商事仲裁中心董事会成员应完全独立于里斯本商业协会—葡萄牙工商会及其官员，而不受后者的指示。商事仲裁中心董事会成员应对在商业仲裁中心组织的所有仲裁程序和替代性争端解决程序承担保密义务。如果在中心主持下进行的任何仲裁程序或争端解决程序中，董事会的任何成员发现自己处于可能引起对其独立性或公正性怀疑的境地，则在这种程序中，其不得采取根据该章程或仲裁规则其可能有权采取的任何行动，也不得接受与有关程序有关的任何信息，或参加其所属机构对上述程序的任何讨论。上述规定不妨碍董事会成员在机构仲裁程序或商事仲裁中心管理的其他争议解决程序中作为证人或独立专家被任命。

商事仲裁中心董事会的职责包括：(1)向里斯本商业协会—葡萄牙工商会董事会提出对中心章程的修订；(2)批准仲裁规则；(3)批准收费条例和仲裁员收费及行政费用表；(4)批准中心的仲裁员和调解员名单及其任何变更；(5)定义关于如何将法律、规则和法规应用于仲裁程序与中心管理的替代性争端解决程序的政策；(6)批准并组织措施，促进仲裁和其他争议解决程序的研究和传播；(7)决定中心为仲裁员和调解员提供的具体培训；(8)批准每年的活动计划；(9)与葡萄牙国内外的其他机构建立关系，以推进仲裁；(10)行使章程、规则或里斯本商业协会—葡萄牙工商会赋予其的任何其他权力或责任。

商事仲裁中心董事会的普通会议应每6个月举行一次，特别会议由主席主动召集，否则应不少于一半的董事会成员或里斯本商业协会—葡萄牙工商会的要求而举行。商事仲裁中心董事会的决议应由不少于半数的正式成员所投的多数票通过，如果不可能形成多数，则主席拥有决定性的一票。

商事仲裁中心董事会主席的职责包括：(1)行使生效的法规和规则赋予其的所有权力；(2)在其对外交易中代表商事仲裁中心；(3)协调商事仲裁中心的活动；(4)召集仲裁中心会议并指导各自的程序。如果主席缺席或受阻，主席应由副主席替换。

秘书处由秘书长、案件秘书和履行职责所需的技术和行政人员组成。秘书处成员应为里斯本商业协会—葡萄牙工商会的雇员，并向商事仲裁中心秘书长报告，秘书长应视情况依次向仲裁委员会主席或里斯本商业协会—葡萄牙工商会董事会主席报告，尽管履行职责需要技术自主权。秘书处成员应在与董事会协商后由里斯本商业协会—葡萄牙工商会任命，并确定他们的薪酬和雇佣条件。秘书长的职责包括：(1)组织和指导中心秘书处；(2)协助董事长和董事会；(3)参加董事会会议,无表决权;(4)管理在商业仲裁中心主持下组织或在其场所进行的程序,为此确保为仲裁庭和其他第三方提供行政支持,并为当事人、他们的律师、仲裁员和其他第三方提供高标准的可能要求或其认为适合每种情况的技术和实际援助;(5)根据仲裁规则的规定,收取诉讼费用和预付款,并为此提供退出,并命令支付仲裁员费用或其他费用;(6)起草并提交里斯本商业协会—葡萄牙工商会董事会批准该中心的年度预算和账目。根据程序的数量或中心的中心场所与诉讼地点之间的地理距离的需要,秘书长应得到案件秘书的协助,他们在秘书长的指导下,可以行使秘书处与仲裁程序管理有关的任何权力。秘书长和秘书处成员不得以仲裁员或其他第三方身份参与任何性质的仲裁程序,或为在商事仲裁中心主持下或在其场所进行的任何替代性争端解决程序的当事人,或作为当事人的代表。如果秘书长或秘书处的任何成员发现自己在商事仲裁中心进行的仲裁程序中就任何一方或一方的代表而言,可能会引起对他独立性或公正性怀疑的情况,其应在对此类程序采取任何步骤之前将这一事实通知董事会,并且不得就此类程序的任何方面履行任何职责。秘书处的所有成员对在商业仲裁中心组织的所有仲裁程序和替代性争端解决程序负有保密义务。

仲裁中心名单上的仲裁员和调解员应是葡萄牙人或外国个人,其应具有充分的能力,具备经证明的学术、专业或技术资格,能够以独立性和高道德标准判断可能提交给商事仲裁中心主持设立的仲裁庭或由同一中心组织调解的争议。仲裁员和调解员名单应由同一个委员会每3年审查一次,尽管仲裁委员会不时作出变更。

商事仲裁中心在行政和财务上实行自主。在其主持下进行的仲裁程序和替代性争端解决程序中收取的费用、金融投资的回报和提供服务的应付价格应构成仲裁中心的收入。

此外,在行政和税法仲裁方面,行政仲裁中心也已成为一个参考机构。

根据2017年7月6日与常设仲裁法院签订的合作协议,葡萄牙已同意成为PCA管理的仲裁、调停、调解和事实调查委员会的东道国。

国家法院在葡萄牙进行的国际仲裁中发挥着辅助作用。例如,任命仲裁员、决定对仲裁员的质疑或将其撤职、确定仲裁员的费用数额、取证、决定撤销仲裁裁决的请求和执行仲裁裁决等。

2011年葡萄牙《自愿仲裁法》将管辖权授予仲裁所在地的司法区的上诉法院

(在公法仲裁的情况下为中央行政法院)。如果双方当事人或其指定的仲裁员之间在这方面没有达成协议,则由主管法院院长负责指定仲裁员。

在过去 10 年中,这些法院作出的裁决中出现了有利于仲裁的判例法,特别是在请求撤销仲裁裁决方面,这些裁决很少被批准。这也适用于外国仲裁裁决的执行,特别是考虑到葡萄牙法院在公共政策例外方面采取的限制性立场。

第三节　代表性仲裁机构仲裁规则介绍与分析

一、仲裁管辖

众所周知,当事人的协议是仲裁的基石,而管辖权是建立仲裁程序的基础。虽然坚实的基础将确保仲裁裁决的持久性,但不太稳定的基础可能会危及其有效性以及国家法院的承认和执行。

考虑到这种对裁决的可能影响,管辖权问题在国际仲裁中具有重要意义,是一个普遍的话题。这也是国际仲裁中常见的挑战,不仅是因为这种类型的争端往往很复杂,而且还因为其在时间和费用方面可能产生的影响,这有时促使当事人将管辖权挑战作为一种策略。

一般来说,当对仲裁庭裁决争议的能力存在疑问时,就会出现管辖权问题。一方当事人可以根据以下几个理由来支持管辖权的质疑:(1)仲裁协议的有效性;(2)国家法院的专属管辖权;(3)不可仲裁性;(4)争议不在仲裁协议范围内。在本部分,我们将不单独讨论这些具体问题,因为这些问题将在其他章节中进行分析。我们将着重界定管辖权。这一点尤其重要,因为尽管葡萄牙《自愿仲裁法》制定的规则明显简单,但仲裁庭和国家法院的作用之间的确切区别往往并不完全清楚。这一分析的出发点将正是对管辖权问题进行裁决的管辖权。这将使我们对葡萄牙法院在国际仲裁中的作用进行更广泛分析。鉴于该主题的广泛性,不可能详细地涵盖其所有方面。相反,我们将首先概述法律框架,然后重点讨论国际仲裁背景下仲裁庭和国家法院管辖权之间的关系。

(一)仲裁庭在确定管辖中的地位

根据葡萄牙法律,对管辖权的质疑主要是向仲裁庭提出的。仲裁员有权初步决定管辖权问题,这在葡萄牙《自愿仲裁法》第 18 条中有明确规定,该条确定仲裁庭可以决定自己的管辖权,即使这需要决定仲裁协议或构成其一部分的合同的存在、有效性或效力,或所述仲裁协议的适用性。

葡萄牙《自愿仲裁法》第 18 条是许多司法管辖区常见的条款,反映了《示范法》第 16 条所规定的自裁管辖(kompetenz-kompetenz)规则。此外,葡萄牙《自愿仲裁法》第 18(2)条纳入了可分离原则,根据该原则,就法庭关于其管辖权的决定而言,仲裁条款应被视为一项单独的协议,葡萄牙《自愿仲裁法》第 18(3)条规定,法庭关于协议无效的决定本身并不影响仲裁条款的有效性。因此,尽管仲裁庭的决定可能会受到废止程序的审查,但这将由该仲裁庭在初审中决定。

葡萄牙《自愿仲裁法》第 18(5)条规定,一方当事人参与指定仲裁员的情况并不妨碍该当事人后来争辩说法庭缺乏管辖权。这仅仅是一个从自裁管辖原则本身引申的澄清:仲裁庭决定自己的管辖权的能力取决于仲裁员,该仲裁员是由各方当事人事先指定的,在这种情况下,当面临需要提出管辖权问题(即使这种问题在指定仲裁员时已经很明显)时,不应使参与组建仲裁庭的一方当事人受到损害。

葡萄牙《自愿仲裁法》第 18(8)条规定,仲裁庭可以在程序结束时在单独的(中间)决定或仲裁裁决中决定其管辖权。最理想的情况是,如果最后法庭拒绝管辖权,则应避免进行漫长而繁重的程序。然而,在一种解决方案和另一种解决方案之间的选择,在大多数情况下,将取决于是否需要进一步出示证据,或者法庭是否在诉讼程序的早期就掌握了它需要决定的所有要素。这是仲裁法庭面临所谓分岔困境的另一种情况。

(二)当事人在确定管辖中的地位

除仲裁庭依职权作出决定的可能性外,根据葡萄牙《自愿仲裁法》的规定,希望向仲裁庭提出管辖权异议的被申请人必须在就争端的实质问题提出答辩之前提出。如果它没有这样做,该方将无权申请废除仲裁裁决。但是,如果管辖权问题只是在诉讼程序的后期才出现,那么,如果具体与新问题有关,当事人可以在此时提出质疑。这可能发生在一方当事人在程序中提出新的要求或修改最初的要求的情况下,这可能证明有关仲裁条款范围的新问题以及最终法庭对新的或修订的要求作出裁决的管辖权是合理的。应该注意的是,这种质疑需要立即向法庭提出。“尽快”或“立即”的确切含义,将取决于具体案件。如果各方当事人、仲裁庭或适用的仲裁规则没有规定一般时限,似乎有理由认为,当事人应在意识到这种事件后,在其下次介入程序时提出质疑。此外,这种提出新质疑的能力不应混淆为当事人提出答辩书之前存在的问题的新机会。任何预先存在的问题,如果没有在案情答辩时提出，就会被排除在外，不应该由仲裁庭在以后的程序中决定。

除上述情况外，如果仲裁庭认为存在当事人不遵守上述时限的正当理由，仍可决定接受管辖权异议。该条规则反映了《示范法》第16(2)条所规定的内容，不限于特定情况，允许仲裁庭自由决定哪些情况可以作为延迟提出管辖权异议的理由。尽管葡萄牙《自愿仲裁法》的措辞很宽泛，考虑到管辖权异议最终可能在时间和费用方面产生的影响，仲裁庭在接受逾期异议时应谨慎行事，从而减少完全无视葡萄牙《自愿仲裁法》第18(4)、(6)条所预见的时间限制的风险，以及当事人利用这些异议作为战术工具给仲裁程序造成不稳定的风险。

(三)国家法院在确定管辖中的地位

葡萄牙《自愿仲裁法》第18条被国家法院广泛接受和尊重，这些法院一直拒绝对仲裁庭的管辖权进行初审裁决，将当事人交付仲裁并执行仲裁协议。然而，该一般规则也有例外。

在某些特定情况下，葡萄牙法律允许国家法院接受对争端的管辖权，即使当事方之间存在仲裁协议。如果提交给国家法院的争端的各方在对案情进行辩护之前(或与之一起)没有援引仲裁协议的存在，则属于这种情况，在这种情况下，法院应假定各方有一个将争端提交给国家法院的新协议。

此外，葡萄牙《自愿仲裁法》还允许国家法院对仲裁协议进行一般性分析，并在仲裁条款明显无效的情况下接受管辖权。葡萄牙法院系统地解释了这一规则，即当不需要进一步的证据就可以确定无效时，就是明显的无效。葡萄牙最高法院又加强了这一理解，并补充说，只有在仲裁条款/协议明显无效、不可执行或争议明显超出其范围的情况下，法院才应行使管辖权而不是将当事人提交仲裁。这意味着，如果对仲裁条款的有效性或范围有任何疑问，那么应将当事人提交给仲裁庭。另外，在这一点上，里斯本上诉法院在2018年9月发布了一项决定，澄清法院在决定仲裁协议明显无效或不可执行时不应考虑与国际公共政策有关的因素，因为这种考虑只与执行仲裁裁决阶段相关。但是，当事人仍可对一审法院作出的此类决定向葡萄牙最高法院提出上诉。

葡萄牙《自愿仲裁法》第5(2)条确定，国家法院作出最终裁决(既判力)前，仲裁程序可以开始并继续进行。然而，继续进行程序——这可能涉及法庭在对仲裁协议明显无效作出最终决定之前发布仲裁决定——会带来在国家法院发布反对仲裁庭管辖权的最终决定的情况下，程序(和仲裁裁决)停止产生效力的风险。

最后,根据赋予国家法院在这一问题上的剩余权力,2011 年葡萄牙《自愿仲裁法》第 5(4)条禁止反仲裁禁令和任何其他类型的专门用于宣布仲裁协议无效的司法程序。

(四)国家法院对仲裁庭自裁管辖的审查

虽然仲裁法庭对仲裁管辖有第一决定权,但国家法院对涉及管辖权的问题有最终决定权。除非当事人另有约定,否则不得向国家法院上诉仲裁裁决。这意味着,对仲裁裁决的质疑往往只能在废止程序中进行,国家法院被阻止审查仲裁庭关于案情的决定,而只能根据葡萄牙《自愿仲裁法》的具体规定审查裁决。

根据葡萄牙《自愿仲裁法》第 59(1)(f)、(g)条,仲裁裁决将由仲裁地的上诉法院决定是否撤销,根据葡萄牙《自愿仲裁法》第 46 条,只有在请求撤销的一方证明有以下情况存在时,才能进行撤销:(1)仲裁协议的一方受到某种无行为能力的影响,或者根据双方当事人适用的法律,或者在没有说明的情况下,根据葡萄牙《自愿仲裁法》,该协议无效;(2)当事人之间的平等和正当程序的基本原则被违反,决定性地影响了争端的裁决;(3)裁决涉及仲裁协议范围之外的争端;(4)仲裁庭的组成或仲裁程序不符合当事人的协议(除非该协议与葡萄牙《自愿仲裁法》中当事人不能减损的规定相冲突),或在没有此类协议的情况下不符合葡萄牙《自愿仲裁法》的规定,对裁决产生了决定性的影响;(5)裁决在适用的截止日期后通知当事人。此外,如果国家法院发现争议不可仲裁,或者裁决违背葡萄牙国家的国际公共政策原则,也可以依职权决定撤销裁决。因此,如果法庭在终局裁决中就其管辖权作出决定,当事人就可以根据这些情况之一提出撤销程序。撤销请求应在向各方当事人发出终局裁决通知后 60 日内提出。葡萄牙《自愿仲裁法》第 18(9)条涉及的情况是,法庭在中间决定中对其管辖权作出决定,并确定(除非各方决定也可以上诉)这种中间决定可由葡萄牙上诉法院在撤销程序中予以撤销。为此,当事人可以在收到关于管辖权的决定后的 30 日内,提出相应的撤销程序。

(五)对外国仲裁裁决的承认和执行的管辖问题

为了在葡萄牙适用和执行,外国仲裁裁决需要事先得到葡萄牙法院的承认。这种承认可以根据葡萄牙《自愿仲裁法》中预见的规则来决定——如果证明是更有利的,甚至将适用于 1958 年《纽约公约》的缔约方。

因此,只有在被请求裁决的一方证明有以下情况时,才会拒绝承认和执行外国仲裁裁决:(1)仲裁协议的某一当事方处于某种无行为能力状态或上述协议根据各方当事人所遵守的法律无效，或在没有这种协议的情况下，根据发布裁决的国家的法律无效；(2)援引裁决所针对的当事方没有得到关于指定仲裁员或仲裁程序的适当通知，或因其他原因无法陈述其案件；(3)裁决所处理的争议不是仲裁协议所设想的，或包含对超出仲裁协议范围的事项的决定（但是，如果对提交仲裁的事项的决定可以与未提交的事项分开，裁决中包含对提交仲裁的事项的决定的部分可以被承认和执行）；(4)仲裁庭的组成或仲裁程序不符合当事人的协议，或在没有这种协议的情况下不符合仲裁所在国的法律；(5)裁决尚未对当事人产生约束力，或已被作出该裁决的国家的法院或根据其法律撤销或中止。但是，如果废止程序在仲裁地仍未结束，葡萄牙《自愿仲裁法》允许法院决定继续或暂停承认和执行程序。此外，如果法院依职权认为，根据葡萄牙法律，该争端不可仲裁，或者承认和执行与葡萄牙国家的国际公共政策相冲突，也将不给予承认和执行。

葡萄牙《自愿仲裁法》的另一个重要特点是，当涉及承认和执行国际仲裁裁决时，它对仲裁协议的实质有效性（争议的可仲裁性）的处理方法：在国内案件中，这种有效性将完全根据葡萄牙法律进行评估，而根据当事人选择的法律、适用于争议的法律或葡萄牙法律，与国际仲裁程序有关的仲裁协议的有效性将被接受。这种区别有利于设在葡萄牙的国际仲裁，因为如果仲裁协议根据葡萄牙法律无效，但根据当事人商定的法律等有效，仲裁裁决将不会被撤销，并最终可在该管辖区执行。此类裁决可能无法由葡萄牙法院执行，因为不清楚国家法院在执行程序中是否应使用葡萄牙《自愿仲裁法》第 51 条所预见的相同标准。从这些规定可以看出，葡萄牙法院又有机会在承认和执行阶段考虑仲裁庭的管辖权，如果他们认为仲裁协议无效，如果裁决超出了仲裁协议的范围，或者根据葡萄牙法律争议不可仲裁，则可以拒绝这种承认和执行。请求承认和执行的一方应提交裁决书原件或经认证的副本，并在适用的情况下提交葡萄牙语译本。诉讼程序应向被承认和执行的裁决所针对的人的住所地的上诉法院提出。

二、仲裁庭权限

葡萄牙《自愿仲裁法》第五章规定了诉讼程序的进行，仲裁庭权限体现在诉讼程序进行过程中。

组织和进行仲裁程序的法律框架对于通过仲裁解决争端和选择特定国家作为仲裁地是至关重要的。事实上，按照正当程序和平等的基本原则进行的程序，可以加强用户对仲裁程序的信心，从更广泛的意义上说，也可以加强对仲裁作为解决争端的替代机制的信心。然而,正如下文将分析的那样,正当程序原则并不总是被明确确定,这可能会引起困难,并在诉讼过程中产生所谓的正当程序偏执。

仲裁庭所做的决定原则上是终局性的,对各方都有约束力。一般来说,对裁决本身的是非曲直不作修改。因此,仲裁程序的进行方式往往构成当事人试图在仲裁地的国家法院撤销裁决时可以指控的主要理由。在这方面,最重要的是,在进行程序时要适当尊重适用的程序规则所规定的原则。同时,仲裁员面临着困难的挑战,一方面,要平衡正当程序原则,给予当事人和程序以法律上的确定性;另一方面,要平衡进行程序的效率。因此,本部分将讨论根据葡萄牙法律进行仲裁程序的主要原则和规则,以及在进行此类程序时通常赋予仲裁庭的权力。

(一)基本原则

基本原则主要集中于葡萄牙《自愿仲裁法》第30条。该条不仅规定了适用于程序进行的主要原则,特别是向被申请人发出适当的仲裁通知的义务,当事人之间的平等原则和仲裁应采取对抗性的原则。该条还包括各方当事人可能商定的程序规则,或者在没有商定的情况下仲裁庭为确定适用的程序规则而拥有的权力,还有仲裁庭确定所提供证据的可接受性、适当性和价值的权力;以及最后程序的保密性。下面将对重点原则进行详细分析。

向被申请人发出仲裁通知。葡萄牙《自愿仲裁法》第30条第1项原则性规定,必须始终向被申请人提供关于仲裁程序的适当通知,以便其能够提出辩护。这条规则对于程序公正的概念是非常重要的,构成了根据1958年《纽约公约》拒绝承认和执行裁决和/或根据葡萄牙《自愿仲裁法》本身撤销裁决的一个理由。对比1985年《示范法》以及2006年通过的修正案,葡萄牙《自愿仲裁法》既没有规定应如何执行这一程序性行为,也没有规定在某些情况下允许推定被申请人已收到程序通知。考虑到这些因素,在评估该要求是否得到遵守时应具有一定的灵活性(至少在当事人未能在仲裁协议中确定应如何发出适当通知的情况下是如此,而这种情况经常发生)。当被申请人回避正式通知以试图破坏程序时,这一点变得尤为重要。一些仲裁机构的仲裁规则对如何进行这种通知提供了指导,从而在这方面帮助了仲裁员。同样常见的是,一旦仲裁庭成立,就与各方当事人商定(通常是在类似于职权范围的文件中)如何进行通知,并且还规定了为通知目的对其地址进行任何变更的义务。考虑到葡萄牙《自愿仲裁法》缺乏关于如何进行通知的具体指导,仲裁员通过类比将葡萄牙《民事诉讼法》中的通知程序规则适用于仲裁的情况并不少见。但将葡萄牙《民事诉讼法》中的程序规则适用于仲裁的做法并不符合国际仲裁的最佳做法。事实上,在当事人没有具体协议的情况下,仲裁员有自由裁量权来决定他们认为适合进行诉讼的程序规则。

应当强调的是,第 1 项原则并不意味着被申请人参与程序是强制性的,也不意味着不参与会引发任何程序上的违规行为。在这方面,该原则的目标是平衡两种合法利益:一是被申请人的利益,即适当通知其存在针对它的仲裁程序,以便其能够自我辩护;二是申请人的利益,即无论被申请人是否决定积极参与程序,程序都将以公平和有效的方式进行。在评估和平衡这两种(有时是冲突的)利益时,葡萄牙立法者认为,只要被申请人被告知诉讼程序,其不参与并不妨碍案件的继续进行。此外,尽管被申请人的参与对于案件的进行不是强制性的,但立法者也保护了被申请人的立场,即使它不参与诉讼。事实上,与国家法院程序的情况相反,葡萄牙《自愿仲裁法》第 35 条第 2 款、第 3 款规定,尽管被申请人未能提交其陈述,但仲裁庭仍应继续审理案件,但不将这种不参与视为对申请人指控的承认。这加强了上文所述的事实,即葡萄牙立法者将仲裁制度概述为独立于《民事诉讼法》和司法程序制度的一种制度。

当事人地位平等。葡萄牙《自愿仲裁法》第 30 条确立的第 2 项原则是,应平等对待各方当事人,在作出最终裁决之前,应给予他们合理的机会,以书面和/或口头形式陈述其案情。平等原则可能是进行仲裁的最基本原则。

值得注意的是,与 1986 年葡萄牙《自愿仲裁法》相比,2011 年葡萄牙《自愿仲裁法》在这个问题上有了新的措辞。后者规定,当事人的平等必须是"绝对的",这在某种程度上可以被评估为以完全相同的方式对待当事人的严格授权。然而,像正当程序一样,平等不是一个直接适用的原则,根据其定义,它可以被赋予不同含义。在任何情况下,这一原则肯定要求仲裁庭灵活地看待程序,根据每个案件的具体情况为当事人提供不同的程序机会。当事人必须有合理的机会在作出最终决定之前,以书面或口头形式正式陈述他们的案件。该原则承认仲裁程序确实是对抗性的,裁决是通过分析当事人的立场、事实以及他们所主张和证明的法律规则而产生的。它包含了公平审判的重要概念。基本思想是,当事人应有机会通过提供可作为仲裁员决定依据的事实和法律论据和证据,有效地为决策过程作出贡献。

对抗原则。依据葡萄牙《自愿仲裁法》第 30 条确立的第三项原则,在整个程序中应坚持对抗性原则。该原则是对前述原则的补充,规定当事人有权在仲裁期间被告知所有的程序性行为,并在仲裁员作出任何相关决定之前适当地陈述他们的情况。因此,对抗性原则强调一方当事人有权在仲裁的所有阶段得到适当的倾听。简言之,这一原则确保当事人有机会了解提交的所有信息,并且在仲裁庭作出决定之前,他们有适当的时间对相关问题发表意见。然而,葡萄牙《自愿仲裁法》承认,在某些情况下,事项的紧迫性和措施的相关性可能会授权仲裁庭作出临时决定,而无须事先适当通知相关当事人。在这种特殊情况下,出现了保护和维护部分或全部有争议的权利的需要,立法者认为允许在不事先通知另一方的情况下给予这种保护更有意义。当仲裁员考虑到如果被请求采取临时措施的一方当事人事先得到通知,可能会危及预期的保护时,这似乎更加合理。

应当指出的是,上述3项原则构成了仲裁程序的根本基础。通过阐述这些原则,葡萄牙立法者确立了仲裁程序有效性的最低门槛,无论是当事人在程序灵活性方面行使自主权,还是仲裁员在行使其进行程序的权力时都不能忽视这些门槛。

(二)具体规则

在具体规则方面,仲裁员确定仲裁程序。葡萄牙《自愿仲裁法》第30条第3款规定,在当事人未就程序规则达成一致的情况下,仲裁员可以以其认为适当的方式进行程序,从而确定程序规则。仲裁员应在遵守和尊重仲裁的原则和价值观的同时行使这一权力,同时考虑到在仲裁协议中或在争议发生的总体框架内确立的当事人期望的平衡。葡萄牙《自愿仲裁法》第30条第3款规定,仲裁员应当明确何时适用民事诉讼规则进行仲裁。从这一规定可以得出结论,与在国家法院进行的诉讼有关的规则(葡萄牙《民事诉讼法》)并不直接适用于仲裁。相反,此类规定仅在当事人事先约定或仲裁庭本身认为适当的情况下才适用。这条规定的重要性在于,它允许按照事实上的设想来设想仲裁,即一种解决争端的方法,即使具有管辖权的性质,但仍然是自主的,与国家法院的司法系统和规则分开。这并不意味着这两个系统不能相互沟通和互动,因为我们知道在特定情况下会发生这种情况。该规定仅意味着葡萄牙《民事诉讼法》规则不能自动适用于仲裁程序,这就强化了仲裁所固有的程序灵活性的理念。此外,应该注意的是,当事人有自主权,可以明确反对将其适用于其争议。然而,仲裁程序和国家法院程序都是将决定提交给公正和独立的决策机构的争端解决方法,在进行这类程序时都有相同的程序性正当程序原则。在这两种情况下,预计都会有一个公平的决策过程发生。仲裁程序的具体规则涉及以下方面。

1. 取证

仲裁庭的取证权。取证的目的是确定与案件结果相关的事实,它在仲裁程序中起着关键作用。适用的法律规则决定了哪些事实是相关的。大多数仲裁规则(国内法律或机构规则)对与取证有关的问题没有提供太多的指导,因此给仲裁员留下了处理这些问题的广泛自由裁量权。在这方面,葡萄牙《自愿仲裁法》第30(4)条不应被忽视,因为它为仲裁庭进行仲裁程序提供了一个最相关的规则。根据这一规定,仲裁庭可以自由决定在整个程序中提出或将要提出的任何证据的可接受性、相关性和重要性。这一规定基本上意味着,证据的出示最终应由仲裁员控制。它隐含地指出,证据是由各方当事人提供的,但为了仲裁庭的利益,并根据后者对其认为与争议有关的事实的评估需要而提供。然而,这种评估具有复杂的性质。事实上,它一方面,应与广泛接受的程序性原则相结合,即仲裁程序中的时间和成本效率;另一方面,应与当事人的听证权、陈述权和平等待遇的保障相结合。从实际的角度来看,为了允许出示任何证据,仲裁员必须确信该请求满足两个要求,即打算出示的证据必须是与案件相关的和对决策过程的充分性有重要意义。因此,仲裁庭应避免当事人提供只会拖延正常程序和增加其费用的证据,而不增加案件的相关内容。

2. 保密

仲裁程序的保密。葡萄牙《自愿仲裁法》第30条第5款、第6款规定程序中的所有参与者(仲裁员、当事人和仲裁机构)对在仲裁程序过程中获得的所有信息和提请他们注意的文件保密。历史上,保密性被指出是仲裁相对于国家法院程序的主要优势之一。公司希望保护其商业机密,并认为仲裁是实现这一目的的安全港。然而,值得注意的是,由法律规定决定的仲裁程序的保密性并不普遍。例如,在法国,只有仲裁庭的审议是保密的;在德国,仲裁法中没有规定保密性的法律条款;在英格兰和威尔士以及北爱尔兰管辖范围内规范仲裁的1996年仲裁法也没有在这方面作出规定;在西班牙,立法者部分地保护了仲裁的保密性。2011年葡萄牙《自愿仲裁法》第30(6)条规定了保密性主要原则的另一个例外,即保密性并不妨碍公布裁决书的摘录,除非当事人反对。但该条款要求排除当事人的身份。在这方面,葡萄牙立法者在涉及仲裁中的保密性方面制定了最“保护主义”的制度之一。然而,葡萄牙《自愿仲裁法》第30(5)条也对这一原则规定了一些值得一提的例外情况,即当事人的权利受到威胁时,以及如果法律规定有义务向主管当局通报或披露程序性行为时。然而,这些例外似乎是相当广泛的,难以限制,从而使立法者保护程序保密性的意愿面临风险。

3. 确定仲裁地点

仲裁地点的确定。葡萄牙《自愿仲裁法》第31条规定,双方当事人可以自由商定仲裁的地点/场所。在通常情况下,这种协议载于仲裁协议本身。确定仲裁地时应考虑以下因素:(1)仲裁地的仲裁法及其是否支持仲裁;(2)仲裁地的中立性(在涉及不同法域的当事人的情况下);(3)对当事人的便利;(4)设施和费用。如果各方当事人未就仲裁地点达成一致,葡萄牙《自愿仲裁法》第31条规定,应由仲裁庭在考虑案件的情况和各方当事人的便利后作出决定。如果是机构仲裁,这一权力往往保留给机构,由其确定相对于当事人的中立仲裁地。葡萄牙《自愿仲裁法》第31(2)条明确指出,除非各方当事人另有约定,否则仲裁庭可以在其认为合适的任何地点举行审理或审议。这一规定旨在澄清,如上文所述,仲裁地点和进行审理和审议的地点不一定相同。

4. 确定仲裁语言

仲裁语言的确定。葡萄牙《自愿仲裁法》第32条规定,当事人可以就另一个经常被忽视,但对程序相当重要的因素达成协议,即程序的语言。在没有这种协议的情况下,应由仲裁庭作出这种决定。还指出,仲裁庭有权命令任何文件应与各方当事人商定的或由仲裁庭确定的特定语言的译文一起提交。在大多数时候,程序的语言和有关文件翻译的规则是由当事人在仲裁协议中约定的。尽管如此,当事人在争议发生后就这些问题达成一致也很常见。通常在国内仲裁中,这不是一个有争议的问题,当事人很容易同意将他们的争议提交给以葡萄牙语进行的仲裁。如果有西班牙文或英文的文件,如果律师和仲裁员能够阅读和理解这些文件的内容,当事人同意不需要将这些文件翻译成葡萄牙文也是相当常见的。当由仲裁庭决定程序的语言时,它应该考虑到当事人的国籍、合同的语言以及与之相关的任何其他特点。一些作者的立场是,葡萄牙《自愿仲裁法》第30(2)条规定的时间限制也应适用于程序的语言(当事人可以在接受第一位仲裁员之前达成协议)。然而,恕我直言,这种做法似乎没有必要,也不可取。采取这种立场的原因似乎是为了保护仲裁员免于因无法用某种语言进行仲裁而辞职的尴尬,这似乎不是一个适当的论点。仲裁语言的决定对当事人来说经常是极其重要的,应根据案件的相关方面和所涉及的经济交易来决定。仲裁员使用的语言不应成为决定性的因素。正如这些作者所正确指出的,如果仲裁员认为他们不能很好地掌握程序的语言,他们总是可以辞职的,他们可以被相当有效地替换。

5. 组织听证会

审理是仲裁程序的一个重要部分。在整个仲裁过程中,仲裁庭可能决定组织几次听证会,以更好地了解案件,帮助当事人集中精力解决争议的问题。在这方面,典型的情况是,在仲裁中可能举行以下听证会:案件管理会议;中流会议;案件管理以组织听证会;以及提出口头结论。仲裁庭有充分的自由裁量权来组织一次或多次上述类型的开庭。众所周知,仲裁庭应考虑到有不同国籍的当事人参加的审理可能产生的费用。在这种情况下,电子手段可能是一种适当的补救办法,可以控制费用,同时仍能达到协助仲裁庭和当事人的目的。葡萄牙《自愿仲裁法》第34条规定,除非各方当事人另有约定,否则仲裁庭应决定是否举行听证会以展示证据,或是否仅根据文件和其他证据手段进行程序。值得一提的是,在欧洲大陆的司法管辖区,程序中通常会包括证据听证。良好的做法是鼓励仲裁员在案件开始时制定的程序时间表中注明听证的日期。这将防止仲裁员发现自己没有时间在适当的时候举行听证。

在国际仲裁中,当仲裁员经常发现自己身处世界不同地区,需要与各方当事人、其律师和证人协调时,上述担忧可能更有意义。听证会应尊重上述主要原则,即保证当事人之间的平等,坚持对抗性原则。仲裁员应保持思想开放,并应始终保持对当事人及其律师的公正和独立。许多仲裁员的通常做法是,在听证会后询问各方当事人,他们中是否有人对迄今为止的程序进行方式有异议。这个问题的目的是记录在案,说明各方当事人对2011年葡萄牙《自愿仲裁法》第46(4)条没有任何异议,也就是说,如果一方当事人不反对,就被视为放弃了以后以这些理由提出异议的权利。然而,如果一方当事人提出反对意见,那么仲裁庭仍然可以立即或在将要作出的裁决中处理该反对意见。

三、仲裁庭组成

葡萄牙《自愿仲裁法》第二章对仲裁庭和仲裁员的地位进行了规定,其中包括关于该主题的10个条款(第8条至第17条)。其中,一些条款遵循《示范法》,而其他条款则提出了一些有趣的解决方案。这些条款特别包括以下方面的具体

规定:

(1)仲裁员的数量;

(2)仲裁员的要求;

(3)指定仲裁员的方法,无论是在只有一个申请人和被申请人的情况下还是在有多个申请人和被申请人的情况下;

(4)仲裁员接受委托;

(5)披露的责任、质疑的理由和质疑程序;

(6)仲裁员丧失能力或不作为,以及指定替代仲裁员;

(7)仲裁员的费用和开支。

1. 仲裁员人数

就仲裁员人数而言,与《示范法》类似,葡萄牙《自愿仲裁法》也有关于仲裁员人数的具体规定。但是,必须强调其不同。根据法律规定,仲裁庭可以由1名独任仲裁员组成,也可以由数名奇数的仲裁员组成。如果双方当事人未能就仲裁员人数达成一致,仲裁庭将由3名仲裁员组成。这里要强调的最重要的特点是,不可能设立一个仲裁员人数为偶数的仲裁庭。葡萄牙《自愿仲裁法》不允许这样做。因此,当事人的选择仅限于仲裁员人数为奇数的小组:通常是1名或3名。这一解决方案背后的主要原因是,由奇数仲裁员组成的仲裁庭更适合解决争端,因为出现僵局的风险会降低。众所周知,这一政策选择在其他司法管辖区也很常见,如法国和意大利。

然而,选择奇数的仲裁员并不是一致的。在葡萄牙,有一些作者对葡萄牙《自愿仲裁法》规定的解决方案提出质疑和批评,而其他作者则认为这是最好的解决方案。在任何情况下,法律要求仲裁员的人数为奇数,这被认为是最合适的。

仲裁员人数为奇数的法律要求被认为是强制性的。根据葡萄牙《自愿仲裁法》第46(3)(a)(iv)条,违反该规定可能导致仲裁裁决无效。

葡萄牙体育仲裁院对这一法律要求提出了质疑。在其一些裁决中,法庭由4名仲裁员组成。这主要是由于第74/2013号法律(设立了葡萄牙体育仲裁院)第28(8)条和有关行政法的一个具体问题:所谓的“contra-interessados”利益与申请人相反的人是否有权指定一名仲裁员(如果回答是肯定的,那么小组将由4名仲裁员组成)。目前还不清楚葡萄牙体育仲裁院的这一立场是否会变得普遍。

此外,关于仲裁员人数的规定也表明,在各方当事人未能就仲裁员人数达成一致的情况下，葡萄牙《自愿仲裁法》倾向于由 3 名成员组成的仲裁庭。

2. 仲裁员的指定

葡萄牙《自愿仲裁法》的两个条款对仲裁员的任命作出了规定。该法第 10 条，包含一般规则；该法第 11 条，包含在有多个当事方的情况下处理指定问题的特别规则。

在一般规则下，指定仲裁小组有多种方法。法律为当事人提供了决定仲裁员是谁以及如何任命仲裁员的自由。例如，当事人可以在仲裁协议中直接指定，如葡萄牙《自愿仲裁法》第 10(1) 条开头提到的那样。然而，鉴于可能出现的问题，这种情况在葡萄牙很少发生(特别是在仲裁条款中)。在大多数情况下，当事人根本无法预料合适的仲裁员应该是谁。法律赋予当事人的另一个选择是可以约定指定仲裁员的程序，特别是"将全部或部分仲裁员的指定委托给第三方"(指定机构)。在葡萄牙，葡萄牙工商会商业仲裁中心发布了其"关于在葡萄牙工商会仲裁中心非机构化仲裁中指定、拒绝和替换仲裁员的规则"；该中心可以作为指定机构，并向当事人提供其他服务(与拒绝和替换仲裁员有关)。

如果双方未能指定仲裁员，那么很可能会要求国家法院进行干预。关于仲裁员的人数，有两种不同的情况需要区别对待。首先，如果只有 1 名仲裁员，而各方不能就其任命达成一致，那么仲裁员"应根据任何一方的请求，由国家法院任命"。其次，当有 3 名或更多的仲裁员时，法律规定，每一方当事人将指定相同数量的仲裁员，然后由这样指定的仲裁员指定仲裁庭主席。如果一方当事人未能在收到另一方当事人的请求后 30 日内指定 1 名或多名仲裁员，或者各方当事人指定的仲裁员未能在指定最后 1 名仲裁员后 30 日内就主席达成一致意见，其余的仲裁员将根据任何一方当事人的请求，由国家主管法院指定。当事人将所有或部分仲裁员的指定委托给第三方，且未在提出请求后 30 日内进行指定的，也适用同样的规则。

具体到法院在这方面的干预，考虑以下几点也很重要：

首先，任命仲裁员的主管法院将是二审法院(上诉法院)。

其次，国家法院只有在任何一方提出请求时才会进行干预。这意味着它不能自主干预，只有当事人(而不是仲裁员)有权要求这种指定。

再次，向国家法院提出的请求必须符合葡萄牙《自愿仲裁法》第 60 条的规定，这意味着相关方必须在其申请中提出证明该请求的事实，包括他们认为与此相关的信息，并且通知仲裁中的其他各方，如果是这种情况，将通知仲裁庭在 10 日内陈述其观点。

最后,在指定仲裁员时,国家法院将考虑:(1)各方当事人的协议对仲裁员的任何资格要求;(2)确保指定独立和公正的仲裁员有关的所有内容;(3)在国际仲裁的情况下,指定当事人国籍以外的仲裁员是否可取。

在多方当事人时的特别规则下,鉴于多方仲裁的数量不断增加,并考虑到其复杂性,葡萄牙《自愿仲裁法》第 11 条是关于存在多方当事人时仲裁庭组成的具体条款。以前的仲裁法和《示范法》中都没有任何规定。

根据葡萄牙《自愿仲裁法》第 11(1)条,如果仲裁庭由 3 名仲裁员组成,申请人应共同指定一名仲裁员,被申请人应共同指定另一名。然后,仲裁庭主席将由这些仲裁员指定。因此,多个申请人和/或多个被申请人被认为是任何一方的单一当事人。

如果申请人或被申请人未能就其指定的仲裁员达成协议,将出现以下两种可能的情况:(1)经任何一方当事人请求,将由国家主管法院指定;(2)国家法院可以指定所有的仲裁员,并指出其中哪一位将担任主席,如果未能共同指定仲裁员的各方显然在争端的实质问题上有利益冲突。在这种情况下,以前指定的仲裁员将无效。

这就是我们可以看到葡萄牙《自愿仲裁法》第 11 条的主要创新和特殊性的地方。有一个特别的规则涉及没有共同指定的情况。一方当事人(通常是被告)未能共同指定 1 名仲裁员的事实,不一定会对另一方当事人的指定产生影响。国家法院可以简单地指定其余的仲裁员,同时保留之前指定的仲裁员(第一种情况)。然而,国家法院也可以作出其他决定。它有权指定所有的仲裁员,如果确定未能就联合指定达成协议的各方在争端的实质问题上有利益冲突(第二种情况)。

这一特定规则的原因在于当事人平等原则,该原则被明确承认为葡萄牙《自愿仲裁法》的基本原则。如果申请人或被申请人之间存在利益冲突,是否应该“强迫”他们共同指定一名仲裁员是值得怀疑的。这就是法律设立第二种情况的原因。

3. 仲裁员接受委托

在仲裁员接受委托方面,葡萄牙《自愿仲裁法》规定,不得强迫任何人担任仲裁员。然而,同一条款确定,如果明示或默示接受任务,仲裁员只有在以下情况下才能退出:(1)被任命者不可能完成任务;(2)当事人和仲裁员没有按照 2011 年葡萄牙《自愿仲裁法》第 17 条的规定就费用和开支达成协议。应当注意的是，尽管有葡萄牙《自愿仲裁法》第 12(1)条的文本，葡萄牙《自愿仲裁法》被理解为允许仲裁员在任何时候退出，然而，在葡萄牙《自愿仲裁法》第 12 条规定的条件之外退出可能会导致退出的仲裁员对当事人造成的任何损失或损害承担责任。

关于接受委托，需要注意的一个方面是，接受应采取何种形式。葡萄牙仲裁法规定，在发出要约后，除非各方当事人另有约定，仲裁员应在 15 日内以书面形式向提名方或当局宣布接受委托。在这方面，葡萄牙的仲裁法紧跟西班牙仲裁法。但是，西班牙仲裁法只提到仲裁员应将其接受情况告知，而葡萄牙仲裁法则明确提到这种告知必须是书面形式。

葡萄牙《自愿仲裁法》还在同一条中决定，如果仲裁员以任何其他方式表明其担任仲裁员的意图，他或她将被视为已接受授权。因此，该行为对没有明确的书面接受的情况没有什么影响。可被理解为默示接受仲裁任务的行为的例子包括：口头接受任务，与仲裁庭的其余成员会面和/或完成与该仲裁有关的程序性行为。

4. 披露义务

仲裁员的披露义务方面，葡萄牙仲裁法按照《示范法》的思路构建仲裁员的披露义务。因此，该法规定，在当事人接触、选任仲裁员过程中，仲裁员必须披露所有可能对其公正性和独立性产生合理怀疑的情况。同样，葡萄牙法律采用了持续披露的标准，确定仲裁员必须毫不拖延地向各方当事人和其他仲裁员披露出现的或仲裁员在接受任务后才知道的可能对其独立性和公正性产生不利影响的任何事实。

5. 当事人异议

当事人异议方面，葡萄牙《自愿仲裁法》规定："只有在存在可能对仲裁员的公正性或独立性产生合理怀疑的情况下，或者在仲裁员不具备各方当事人约定的资格的情况下，才可以对仲裁员提出异议……"因此，葡萄牙《自愿仲裁法》确立了与《示范法》几乎相同的文本。然而，应注意一个小的区别。《示范法》规定，"如果存在引起合理怀疑的情况，可以对仲裁员提出异议"，而葡萄牙《自愿仲裁法》似乎有一个稍微开放的公式，规定"如果存在可能引起合理怀疑的情况，可以对仲裁员提出异议"。在这个意义上，葡萄牙《自愿仲裁法》使用了完全相同的公式来确定仲裁员何时有义务披露，以及一方当事人何时有权质疑仲裁员。然而,最近的判决强调了这样一个观点:仲裁员不必接受当事人连续提出的详细披露请求。

葡萄牙《自愿仲裁法》以类似《示范法》的方式确立了质疑程序。与《示范法》相同,葡萄牙《自愿仲裁法》规定,各方当事人可自由商定质疑仲裁员的程序,但最终可在法院质疑仲裁员。该法进一步确定,如果各方当事人没有达成这样的协议,打算对仲裁员提出异议的一方当事人必须在意识到仲裁庭的组成或意识到对仲裁员的公正性或独立性产生合理怀疑的情况下,在15日内向仲裁庭发送一份书面声明,说明提出异议的理由。如果被质疑的仲裁员不退职,则包括被质疑的仲裁员在内的仲裁庭将对质疑作出决定。与《示范法》相同,根据葡萄牙《自愿仲裁法》,如果异议不成功,提出异议的一方可请求国家主管法院对异议作出裁决。对国家法院的裁决不得上诉。但应注意的是,葡萄牙《自愿仲裁法》规定了一个较短的期限——15日,从当事人收到裁决通知之日起算,而不是《示范法》规定的30日。虽然法律文本中没有明确规定,但据了解,法院应通知另一方当事人、仲裁庭成员和/或仲裁机构(取决于谁决定异议),如果他们愿意,可以向法院提出他们的意见。

6. 仲裁员提前终止接受委托

葡萄牙《自愿仲裁法》确定了仲裁员的委托可能在程序结束前终止的若干情况。首先,该法规定,如果仲裁员在法律上或事实上变得无法履行其职责,则其委托终止。其次,如果仲裁员由于任何其他原因未能在合理的时间内履行其职责,各方当事人可通过相互协商终止其任务。如果各方对仲裁员是否没有能力或没有履行其职责没有达成一致意见,一方当事人可以要求国家主管法院就终止任务作出决定。对这一决定不得上诉。

总体来说,葡萄牙《自愿仲裁法》在仲裁员未能或不可能采取行动方面吸收了《示范法》。与《示范法》类似,葡萄牙《自愿仲裁法》没有确定什么应被理解为仲裁员必须履行其义务的合理期限。然而,应当指出的是,该法规定,仲裁庭有12个月的时间(可延长一个或多个12个月的时间)来作出裁决。

当仲裁员在程序结束前终止委托,葡萄牙《自愿仲裁法》规定,如果出于任何原因,1名仲裁员在程序结束前终止委托,将根据指定被替换的仲裁员时适用的规则指定1名替代仲裁员。在这方面,葡萄牙《自愿仲裁法》确立了与《示范法》中规定的相同的解决方案。然而,它进一步澄清了以下几点:(1)当事人可以商定不同的方法来选择被替换的仲裁员；（2）由仲裁庭决定是否必须在替换后重复以前的任何行为。可以说，这两种解决办法都已经隐含于《示范法》。

四、仲裁员条件

在葡萄牙，任何享有完全法律行为能力的个人都可以成为仲裁员［葡萄牙《自愿仲裁法》第9(1)条］。关于谁可以担任仲裁员，没有其他限制。特别是，葡萄牙法律对仲裁员的法律培训、国籍或以前的经验等没有规定。然而，在指定仲裁员时，国家主管法院必须适当考虑当事方协议对仲裁员的任何资格要求，并确保指定1名独立和公正的仲裁员；在国际仲裁的情况下，法院应进一步考虑到指定1名与当事方国籍不同的仲裁员的便利［葡萄牙《自愿仲裁法》第10(6)条］。在任何条件下，仲裁员都必须是独立公正的［葡萄牙《自愿仲裁法》第9(3)条］。因此，被邀请担任仲裁员的人应披露任何可能导致对其公正性和独立性产生合理怀疑的情况。仲裁员还必须在整个仲裁程序中，毫不拖延地向各方当事人和其他仲裁员披露随后出现的任何此类情况，或他在接受任务后才知道的情况（2011年葡萄牙《自愿仲裁法》第13条第2款）。

首先，需要注意的是，对仲裁员的选择没有具体限制。当事人自主权原则显然是该问题的规则。例如，葡萄牙《自愿仲裁法》并不要求仲裁员拥有法律学位（与西班牙《仲裁法》相反），尽管大多数被任命的仲裁员确实拥有法律学位。在任何情况下，当事人都可以在仲裁协议中自由设定潜在仲裁员必须满足的某些要求或素质。然而，这在葡萄牙并不常见。正如许多作者正确地指出的那样，这样做必须谨慎，不应过于详细，因为在许多情况下，不可能准确预测可能出现的诉讼类型。为了确定小组的最佳人选，还可以与潜在的仲裁员联系、安排会议或举行“面试”。这种可能性在法律中没有规定，但被一些葡萄牙学者明确承认。

其次，与以前的法律不同，葡萄牙《自愿仲裁法》明确规定，仲裁员必须是独立和公正的。虽然在以前的法律中没有明确提到，但仲裁员必须是独立和公正的，这一点是没有争议的。许多作者认为，这一要求是仲裁员有权决定争端的直接结果。人们还一致认为，这些要求既适用于共同仲裁员，也适用于首席仲裁员（与他们的任命方式无关），而且在整个仲裁程序中必须保持这些要求。

此外，必须指出的是，一些仲裁机构和协会已经纳入了国际律师协会的《国际仲裁中的利益冲突准则》。例如，葡萄牙工商会商业仲裁中心和葡萄牙仲裁协会就属于这种情况。例如,2014 年,葡萄牙仲裁协会通过了新的《仲裁员道德守则》(Código Deontológico do Árbitro),该守则对其成员具有约束力,旨在纳入该领域的国际最佳做法。该守则在其第 1(2)条中明确提到,国际律师协会的《国际仲裁中的利益冲突准则》是其解释和补充的相关内容。

再次,除已经提到的要求外,葡萄牙《自愿仲裁法》第 9 条进一步规定:“任何人不得因其国籍而被指定为仲裁员,尽管有第 10 条第 6 款的规定和当事人的自由裁量权。”这一规定从《示范法》第 11(1)条中得到了启发,旨在克服国家偏见。

最后,葡萄牙《自愿仲裁法》第 9 条还规范了仲裁员的潜在责任,规定他们一般不得对其决定造成的损失或损害承担责任(法官本人应承担责任的情况除外),任何此类责任只对当事人承担。

依据《葡萄牙工商会仲裁中心理事会批准的任命仲裁员的标准》(Criteria for the appointment of arbitrators by the Centre approved by the Board of the Arbitration Centre of the Portuguese Chamber of Commerce and Industry),仲裁员应当遵循以下条件。

(一)基本原则

(1)在指定仲裁员属于仲裁中心权限的情况下,各方当事人应在合理范围内参与选择独任仲裁员或主席的过程,特别是在高度复杂或高价值的案件中。

(2)如果一方当事人是外国人,中心应考虑到中立原则,让当事人有机会选择与任何一方当事人不属于同一国籍的独任仲裁员或主席。

(3)对于低价值的案件,应选择具有辩护经验的仲裁员,并同意将其作为优先事项,全力投入案件中。有了这样的承诺,除获得作为仲裁员的经验外,他们还将帮助仲裁中心扩大其仲裁员库。

(4)在多方仲裁需要中心指定所有仲裁员的情况下,前述规则应适用于 3 个被提名人中的一个。

(5)仲裁中心绝不应任命仲裁中心理事会成员或葡萄牙工商会理事。如果他们是由一方或多方当事人指定的,则不应受到这种限制。

(6)独立性、公正性和可利用性是基本特征,这些原则应根据国际最佳惯例适用于对所有仲裁员的考虑和接受,即使是由当事人指定。根据相关《仲裁规则》,中心应在指定任何仲裁员时以及整个程序中评估这些要求的遵守情况。

(7)在任何情况下,如果没有任何一方对提名提出异议,中心应可以接受那些声明有事实或情况,虽然不影响其独立性或公正性,但含有资格的仲裁员的任命;但作为一项规则,如果面临国际律师协会规则中不可放弃的红色清单中所列的情况,主席不应接受这种任命,在指定仲裁员时,除非双方当事人另有约定,应避免选择那些情况损害其独立性的仲裁员。

(8)如果没有按照仲裁中心采用的模式起草和签署独立性、公正性和可利用性声明,任何仲裁员不得开始行使其权力。

(二)标准

(1)仲裁员最好由具有仲裁经验的专业人士担任。

(2)特别是在涉及复杂的实体法问题的案件中,最好选择在对解决案件至关重要的法律分支方面具有科学和/或专业经验的仲裁员。

(3)在有葡萄牙语以外的其他语言文件的仲裁中,或者如果其他语言被视为工作语言,或者如果仲裁语言不是葡萄牙语,则不能指定未证明掌握该语言的仲裁员。掌握该语言意味着有作为该语言的仲裁员或律师的实际经验。

(4)对中心指定的仲裁员的另一个要求是证明接受过仲裁培训。例如,参加过中心举办的培训课程,以及证明有作为律师或仲裁员的仲裁经验。

(5)自2015年7月1日起,除非仲裁员已按照将正式公布的模式向中心提交其仲裁课程,否则主席不得任命任何仲裁员。

(三)指定程序

(1)每当对仲裁员的指定缺乏一致意见时,秘书处应给双方当事人一个8日的时间,在双方同意的情况下,用最能确定所需仲裁员特征的推荐信来加强申请,如果他们之前没有这样做的话。

(2)秘书处应在完成根据上款规定获得的信息后5日内通知中心主席(或在利益冲突情况下由理事会中的哪个人代替),并在8日内作出决定。

(3)当案件价值超过500万欧元时,中心主席应根据仲裁规则并在被告知仲裁员的理想特征后5日内选择5个名字提交给各方当事人,争取就其中一个名字达成一致,并/或通知部分或全部当事人希望不指定的名字。当事人不需要说明其选择的任何理由。然后,中心主席应根据下文提到的程序,任命被选中的人,或没有反对意见的人;如果不可能,则任命不在名单上的另一个名字。

(4)当事人之一是外国人时,应适用指明5个名字的规则,而不考虑标的价值,5 个名字中至少有 2 个与当事人的国籍不同。

(5)中心主席应就仲裁员的任命作出决定,并征求副主席的意见。

(6)在因利益冲突而出现障碍的情况下,他们应先后由副主席取代,在这种情况下,应听取一名或两名理事会成员的意见,因此,作出决定的人在作出决定之前总是听取两名理事会成员的意见。

五、仲裁程序第三人

人们倾向假设仲裁只涉及两方,但是国内和国际合同及交易经常在多方之间达成,因此仲裁往往涉及两个以上的当事人,涉及多种利益。在构成复杂仲裁世界的现实中,第一个也即最明显的问题是第三方介入或加入仲裁程序。第二个问题是当两个程序分别提起,但彼此之间存在某种联系时合并程序的形式。第三个问题涉及被申请人针对其他被申请人提出索赔的可能性,这一说法违反了“双边”仲裁的传统概念。第四个问题是资金方面出现的第三方干预,这一现实做法虽然得到承认,但世界上大多数法律尚未对此作出规定。

本部分将重点讨论这 4 个现实问题:第三方加入、合并、交叉索赔和第三方资助。这些问题的共同点是要求仲裁庭在寻求仲裁裁决的效率、效力和保护当事人的同意这两个仲裁的基本原则之间进行平衡。

(一)第三方加入

第三方干预或合并是多方仲裁现实且具体的一部分。原始的多方仲裁提出了不同的问题,并遵循独特的程序框架。一般而言,多方仲裁是众所周知的,并在仲裁法律和规则中得到广泛处理。现行的《联合国国际贸易法委员会仲裁规则》和《示范法》都没有相关规定。合并仲裁有以下 3 点理由:一是避免因缺乏必要的当事人而导致仲裁效率低下,并避免因没有方便的当事人而导致仲裁程序的繁复以及仲裁裁决不相容。二是确保在仲裁过程中实现当事人之间平等对待的原则。三是防止争议的实体性质和程序性质之间出现任何差异。鉴于这些优势,只要当事人的同意和仲裁的基本原则得到保障,基本不会拒绝第三方介入仲裁程序。

葡萄牙法规中的相关规定基于 1985 年《示范法》中确立的条款。但是,《示范法》并未就第三方合并设立任何规则,因此,与葡萄牙《自愿仲裁法》的第 36 条的规定的其他条款不同,其规范第三方合并的部分具有开创性的性质。

这一规定在世界各地的仲裁法规中独一无二,从合同性质出发对第三参与仲裁的要求进行了详细规定,解决了第三方合并辩论的中心问题。同时,该条规定的规则适用于在葡萄牙设有仲裁地的任何仲裁,无论其是否符合葡萄牙《自愿仲裁法》第 61 条规定的国际仲裁或仅国内仲裁的条件。

葡萄牙法规的出发点涉及仲裁的合同性质。这种合同基础意味着第三方既不能强行干预仲裁程序,也不能在未经其同意的情况下强迫第三方干预。因此,葡萄牙《自愿仲裁法》第 36 条第 1 款规定,只有最初受仲裁协议约束或随后遵守该协议的第三方才能加入未决仲裁。只有这样,第三方干预的可受理性才具有相关性。

葡萄牙《自愿仲裁法》中第三人并入可以分为两种情况:一是第三人也是仲裁公约的签署人,在这种情况下,其只是仲裁程序的第三人,而不是当事人的第三人,该第三人并非一个真正的第三方;二是第三方不属于仲裁公约或仲裁程序的一部分,此时第三方必须遵守仲裁协议才能成为仲裁程序的当事方。

对于当事人原本受仲裁协议约束的案件,法律不要求当事人同意作为合并的条件。这与此类合并是由仲裁程序的原始当事人之一请求还是第三方自愿合并无关。在这些情况下,只要满足葡萄牙《自愿仲裁法》第 36 条第 3 款规定的必要条件,仲裁庭有权允许第三方介入。葡萄牙《自愿仲裁法》第 36 条第 3 款规定的必要条件有两个:(1)加入者不会过度扰乱仲裁的正常进程,但是排除第三方干预而导致的某些程序步骤的重复;(2)有相关理由证明合并是合理的。

对于非仲裁协议当事人的第三方的合并,根据葡萄牙《自愿仲裁法》第 36 条第 1 款的规定,合并须经仲裁协议各方同意。根据该法第 2 条第 1 款,此类合并可以仅限于问题中的仲裁,并且需要以书面形式提供。同意作为合并基础的原因有两个:一方面,是为了减少损害原当事人利益和合同自由的风险;另一方面,它力求避免诉讼过程中可能出现的延误。

第三方对仲裁庭的组成的干预:如果仲裁庭尚未组成,并且第三方加入程序,在申请人提交仲裁请求后,该第三方可以干预仲裁庭的组成。相反,如果仲裁庭已经组成,则只有在该方声明接受的情况下才允许第三方加入仲裁庭的当前组成。并且当第三方要求加入时,即推定接受该仲裁庭的组成。葡萄牙《自愿仲裁法》第 36 条第 6 款进一步规定,虽然在第三方加入的情况下,当事方可能对仲裁庭的(重新)组成程序达成不同的协议,但原则上在仲裁庭组成之前的干预只能发生在机构仲裁下,并且在任何情况下,在指定仲裁员时必须以当事人平等的原则为准。该条规定具有实际意义,虽然在临时仲裁中不可能在仲裁庭组成之前决定干预的可受理性(因为干预是由仲裁庭决定的,而仲裁庭又由仲裁协议的当事方选择,其中第三方不受约束),在制度化仲裁中,干预请求通常都由中心的管理实体在仲裁庭组成之前决定。如果当事人或第三方本身要求进行干预,则仲裁庭有权酌情决定是否允许干预。第三方合并必须始终由仲裁庭在给予原仲裁当事人和有关第三方发表意见的机会后决定。如果第三方以不同意仲裁庭的组成为由拒绝加入请求,该拒绝使得仲裁中作出的最终裁决不对其具有约束力。葡萄牙《自愿仲裁法》的详细框架承认了第三方干预仲裁程序的可能性,使葡萄牙成为一个“友好”的司法管辖区。

(二)合并

仲裁的合并涉及两个或多个单独提出但通过主观或客观联系方式相关的索赔。合并监管试图回答:因不同合同引起或与不同合同有关的多个争议,在各自先单独请求仲裁后,仲裁程序是否可以随后合并?与国际仲裁标准和大多数国家司法管辖区的情况一样,葡萄牙《自愿仲裁法》没有明确解决合并仲裁的问题。鉴于合并和第三人加入具有相同的优势,因此认为葡萄牙《自愿仲裁法》第36条的规定同样适用于合并。

具体可以参照以下规定进行:首先,明确当事人可以就仲裁程序的合并达成具体协议。当事人之间关于合并程序的协议可以直接产生于仲裁协议,也可以参考规范此类问题的机构的仲裁规则间接产生。其次,如果在当事人之间没有具体协议,合并的可能性原则上取决于程序的所有当事人的同意,并且很可能取决于个案分析等因素。在对合并事项的判决中,仲裁庭可以考虑葡萄牙《自愿仲裁法》第36条第3款规定的必要条件:一是合并不会过度扰乱仲裁的正常进程;二是有相关理由证明这种合并是合理的。只要这些程序的当事人相同或满足第三方合并的要求,任何一方均可向商事仲裁中心主席提出合并未决程序的申请。这些规则允许在未经双方同意的情况下进行合并。除上述情形外,未经当事人同意,不得合并。

(三)交叉起诉

交叉索赔也是构成复杂仲裁的现实的一部分,是指一个被申请人在针对另一名被申请人的仲裁程序中提出的请求。葡萄牙《自愿仲裁法》与《示范法》和世界各地的大多数法律命令类似,为了保障当事人的同意和仲裁的合同性质,因而没有包含任何关于交叉索赔可受理性的规则。考虑到缺乏法律框架和仲裁的合同基础背后的原因,交叉索赔的可受理性首先取决于仲裁协议的措辞和扩展,即当事人是否打算允许在同一仲裁程序的背景下提出此类索赔。在没有相关意图的情况下,根据仲裁协议进行解释。

如果提出交叉请求,原请求人可能有合法权益请求第三方加入仲裁程序,在这种情况下,葡萄牙《自愿仲裁法》第 36 条的规定应完全适用。此外,可以通过诉诸制度化的规则来判断交叉索赔的可受理性:2014 年《商事仲裁中心葡萄牙工商会仲裁规则》(the Commercial Arbitration Center of the Portuguese Chamber of Commerce and Industry Arbitration Rules)第 21 条作出规定,在不同但"兼容"的仲裁协议的情况下,交叉索赔的可受理性取决于当事人是否接受了所有当事人在同一程序中的存在,必须根据合同日期来确定对当事人意愿的考虑。在这种情况下,如果仲裁庭得出结论认为交叉请求会导致程序"过度干扰",仲裁庭仍可以拒绝交叉请求。如果只有一个仲裁协议,仲裁庭不能以此为由驳回交叉请求。2015 年《国际仲裁中心仲裁规则》(International Arbitration Center Arbitration Rules)第 26 条第 3 款给予交叉索赔的一般许可,只要它们包含在被申请人的辩护陈述中。

(四)第三方资助

第三方资助是一种机制,第三方通过该机制提供财政资源以支持仲裁的一方当事人(支付该方的费用和法律费用),从而换取商定的回报。葡萄牙《自愿仲裁法》没有专门对第三方资助进行规定,但实际它允许了这一机制的运用。

在这种情况下,首先需要为这种机制提供一个框架。第三方资助必须满足以下要求:(1)资助者必须是仲裁程序的第三方,因此不包括律师的胜诉费和其他以成功为导向的费用安排;(2)资助者必须是专业人士;(3)资助者获得奖励价值的一定百分比或所发生成本的倍数;(4)是强制性的无追索权资助,即如果仲裁不成功,资助者将没有追索权,从而失去其全部投资;(5)考虑到资助者的投资有可能获得回报,无偿融资的情况被排除在外。这些要求对第三方融资提出了更严格的定义,将保险工具或贷款等机制排除在其范围之外。

涉及第三方资助时出现的主要问题之一是需要保持仲裁员的独立性和公正性,当仲裁的第三方资助仲裁时面对可能发生的利益冲突问题,而没有披露其存在和身份。应特别注意"动手"资助者,他们在仲裁中不仅是提供资金,并且可能控制所选策略。针对利益冲突的问题,仲裁界的趋势是倾向披露义务。这种披露义务不仅强加给仲裁员,也强加给当事人。《国际律师协会国际仲裁利益冲突指南》在其2014年版本中明确规定了有关第三方资助的此类义务。该指南一般原则3(a)和一般原则7(a)分别规定了仲裁员和当事人有义务将任何可能被视为潜在冲突的事实告知当事人和仲裁庭。此外,该指南一般原则6(b)提到,如果一方当事人是在仲裁中具有直接经济利益或有义务对当事人在仲裁中作出的裁决进行赔偿的法律实体,则可以被视为承担此类当事人的身份。为了防止不披露可能会出现仲裁员利益冲突的情况,从而导致已作出的裁决被撤销等不利后果的产生,葡萄牙法院在利益冲突问题上越来越频繁地应用此类准则。此外可以认为葡萄牙《自愿仲裁法》第13条第1款和第2款中对披露义务的规定适用于第三方资助案件中的当事人。

综上所述,葡萄牙《自愿仲裁法》中没有明确规定或在第三方资助问题上没有全面的法律框架,但这并不能表明葡萄牙司法管辖区拒绝这种机制。但是事实上,葡萄牙现有的仲裁体系为由第三方资助的可能性和披露的必要性提供了适当的平衡,从而防止潜在的利益冲突,维护仲裁员的公正性和独立性。

六、证据制度

葡萄牙《自愿仲裁法》的立法改革旨在使葡萄牙现有的替代性争端解决机制现代化,并将其完善为葡萄牙司法体系的替代方案。在这种情况下,葡萄牙《自愿仲裁法》赋予仲裁庭广泛的自由裁量权,尤其是在程序规则和证据方面。举证方式源于当事人意思自治、仲裁庭的自由裁量权,最终源于国家法院在执行裁决时的司法控制。本部分将讨论在葡萄牙《自愿仲裁法》范围内取证的几个方面,包括仲裁庭关于证据的权力、口头听证会、对当事人的听证会通知、事实证人证据、书面证据、向当事人通知文件和其他信息、专家证据和州法院协助取证。

(一)仲裁庭关于证据的权力

葡萄牙《自愿仲裁法》充分发挥了仲裁庭在证据方面的积极作用。仲裁庭进行程序的自由主要来自塑造和强调整个仲裁程序的当事人意思自治。经验表明,当事人很少决定确定适用于程序的程序规则,从而将这项任务交给仲裁庭。但如果当事人决定就适用规则达成一致,仲裁庭的干预应仅限于填补潜在的空白并防止任何欺诈或违反管辖程序的基本原则。在这种情况下,仲裁庭应避免纠正当事人的任何缺点或失误。除非当事人另有约定,仲裁庭能够邀请当事人就具体问题进行讨论出示证据。

葡萄牙《自愿仲裁法》第 30 条第 4 款区分了仲裁庭在证据方面的 3 个主要行动领域：确定其可采性、确定其相关性和确定其权重。这意味着，除非当事人另有约定，仲裁庭有权在取证和程序进行中发挥积极作用，能够指出邀请当事人就具体问题进行讨论、出示证据。该条不要求仲裁庭对当事人提交的任何证据手段的可采性作出有利的决定。授予仲裁庭的酌处权取决于某些类型证据的可采性或不可采性，仲裁庭可以允许或拒绝其提供。仲裁员一般允许提交当事人要求的任何证据，将拒绝的情况限制在明显非法、非法、明显不相关或时间上禁止的证据上。根据葡萄牙法律，以下证据在葡萄牙国内或国际仲裁程序中是可以接受的：(1)一方当事人作为证人的声明；(2)提交书面陈述；(3)专家证人。关于任何证据的权重，葡萄牙《自愿仲裁法》第 30 条第 4 款旨在澄清前自愿仲裁法下的先前争议，并指出仲裁庭不受葡萄牙《民事诉讼法》或《民法典》关于证据的约束，它可以自由决定在诉讼中提出或将提出的任何证据的权重。

当然，仲裁庭的权力也有外部限制，它无权强迫证人或专家出庭或命令不情愿的第三方出示文件。在这种情况下，仲裁庭可以根据葡萄牙《自愿仲裁法》第 38 条向有管辖权的司法法院请求协助。

（二）口头听证会

葡萄牙《自愿仲裁法》规定如果当事人均未要求举行听证会，仲裁庭可以酌情决定是否举行听证会。口头听证通常被定义为仲裁庭前的公开会议，由仲裁庭主席主持，当事人通过各自的律师陈述案情并询问证人和专家。在仲裁程序期间可以进行多种类型的口头听证。听证通常可以确定以下内容：初步听证会（建立程序规则和程序时间表的预备听证会，有时由管理案件电话会议取代），最终听证会（用于审讯和/或对证人和专家的盘问以及最后的诉状/结案陈词）和非典型听证会（用于决定可能跨越诉讼程序的问题，如关于某些证据手段的可采性或主要决定任何程序问题）。虽然口头听证在法律上不是必要的，但大多数适用于国际仲裁的国家法律和仲裁规则规定了举行口头听证会。葡萄牙《自愿仲裁法》第 34 条第 1 款规定，当事人不举行口头审理的协议对当事人和仲裁庭均具有约束力。当事人没有约定的，可以请求仲裁庭开庭审理。在这种情况下，如果当事人均未要求举行听证会，仲裁庭可以酌情决定是否举行听证会。

虽然《示范法》第 24 条规定，举行听证会“为出示证据或口头辩论”，但葡萄牙

《自愿仲裁法》第 34 条仅提及“为出示证据而举行的听证会”。这一限制考虑到了安排此类听证会的现有困难,体现了在口头听证中提供证据的明显优势。葡萄牙《自愿仲裁法》第 34 条没有明确说明听证会在程序的哪个阶段进行,而《示范法》第 24 条仅提到仲裁庭应将其安排在“程序的适当阶段”。但是,考虑到葡萄牙《自愿仲裁法》仅规定了为出示证据而举行的听证会,预计听证会在双方交换了诉状并指明要出示的证据之后进行。

在其案件管理权力范围内,仲裁庭应在与当事人协商后确定口头审理的开庭日期、确定长度并制定时间表。法律提到了一次或多次听证会,这取决于手头的案件,如果认为有必要,由仲裁庭决定举行一次以上的听证会以提供证据。如果仲裁庭决定将程序分成两部分,证据的出示很可能会在不止一次的听证会中进行。在任何情况下,仲裁庭在开庭前选择应提供证据的问题,并与当事人协商,为当事人陈述案情分配必要的时间。

葡萄牙《自愿仲裁法》没有规定仲裁庭有义务记录口头审理,将这个问题留给了当事人自主权和仲裁庭的自由裁量权。仲裁庭都有某种形式的听证会记录是惯例,其中通常包括音频记录以及听证会的书面抄录。如果该裁决随后被撤销程序,该记录可能至关重要。

(三)对当事人的听证会通知

葡萄牙《自愿仲裁法》规定了仲裁庭在听证会对当事人的通知义务。葡萄牙《自愿仲裁法》第 34 条第 2 款规定,在任何听证会和仲裁庭为取证而召开的任何会议之前,应充分提前通知当事人。该条款是一项基本规则,不仅可以确保各方享有正当程序和平等待遇,而且可以避免可能危及各方、律师、证人和专家出席听证会的最后一刻通知。听证会的设置通常需要事先安排,如选择合适的场地、录音系统(逐字记录)、同声传译、餐饮服务,为当事人、律师和证人提供辅助房间和设施。

听证会的进行应遵循仲裁的一般原则,例如,可预见性、公平和平等对待当事人、持续性以及保障所有参与者的尊严。在涉及可预测性方面,仲裁庭有义务确保当事人对听证会讨论的事项及其进行方式有全面的预先了解。关于当事人的公平和平等待遇,仲裁庭必须保证每一方当事人在形式上和实质上有相同的时间和机会陈述案情并参与诉讼程序。此外,即使对于有限的争议,仲裁庭在作出决定之前应事先与双方协商,并且每一方都应有机会就另一方提供的证据发表意见。

（四）事实证人证据

葡萄牙法律包含一项强制性规定，即每一方都应陈述支持其主张或抗辩的事实，并提交文件或参考证据作为依据。通常而言，书面陈述包含有关争议的事实和法律问题的论点，并附有文件证据和支持当事人案件的事实证人（或书面证词，如果适用）的指示。传统的国内仲裁，由于是民事诉讼的规则，当事人将所有证人传唤到仲裁庭，对他们进行长时间的直接询问，然后进行交叉询问。仲裁庭拥有审讯权，可以在当事人在场的情况下传唤或询问其希望的任何证人。反之，在国际仲裁中，由于当事人之间通常距离较远以及议程难以整合等务实原因，仲裁庭尽量缩短程序的口头阶段。在通常情况下，书面陈述只是由证人签署，因为以宣誓书的形式宣誓提交的书面陈述变得越来越少。然后每一方指明另一方的哪些证人应出席听证会进行口头询问。书面证人的陈述不用于葡萄牙的国家法院诉讼程序，也很少用于国内仲裁。仲裁员通常有权直接询问证人，并有权在律师询问期间的任何时间插入问题。

仲裁庭保持对诉讼程序的完全控制，特别是在通过口头证词取证方面。这意味着，如果仲裁庭发现证词不相关、无关紧要、烦琐或重复，仲裁庭可以限制或排除任何问题或拒绝允许当事人询问证人。关于律师帮助证人准备仲裁中所需的证据材料的问题，无论是帮助证人撰写陈述还是采访他们以准备口试，在葡萄牙的仲裁程序中在一定限度内是可以接受的。在国际仲裁中，证人在作证之前接受面谈和准备也被广泛接受。

（五）文件证据

从最广泛的意义上理解的文件（包括硬拷贝文件和电子文件），是仲裁中的首选证据方式。除非当事人在仲裁条款中另有约定，否则当事人没有预先授予的程序权利要求出示另一方拥有的文件，因为拒绝授予此类权利不会造成对正当程序的损害。特别是在国际仲裁中，当事人的期望是在程序中会有一个文件制作阶段。文件制作是最关键的阶段，在国际仲裁中进行了一些协调尝试，产生了一些关于该问题的软法律文书，并且这些文书越来越多地用于国内仲裁。最相关软法律文书是国际律师协会取证规则，该规则具有关于文件制作的详细规则。

葡萄牙《自愿仲裁法》未对文件证据规则作出具体规定，而主要根据葡萄牙法律和惯例进行判断。根据葡萄牙的法律和惯例，如果当事人选择不自愿提供文件,当事人可请求仲裁法庭下令提供,如果法庭认为该文件很可能存在并且事实上由该方拥有并与案件有关,则可以推迟或拒绝该请求。如果不合理地拒绝遵守此类请求,仲裁庭可能会对该方作出不利的推断,甚至认为已证明另一方希望用所要求的文件证明的事实。

(六)文件和其他信息通知各方

葡萄牙《自愿仲裁法》对当事人的文件和其他信息通知义务进行了强制性规定,违反该规定的可以撤销裁决。葡萄牙《自愿仲裁法》第 34 条第 3 款规定,一方当事人向仲裁庭提供的所有文件和其他信息必须传达给另一方当事人。反映了当事人有权发表意见和陈述案情的基本原则。此外,仲裁庭所依赖的任何信息或文件,如专家报告,也必须事先完整提交给当事人。

(七)专家证据

葡萄牙《自愿仲裁法》对专家证据制度进行了详细规定,赋予了仲裁庭在指定专家时的具体义务。与我国《刑事诉讼法》规定得非常严格和高度规范的专家证据制度相反,仲裁法决定将此事留给仲裁庭自由裁量。当仲裁庭本身不具备就具体问题作出决定的相关专业知识时,有两种不同的程序:第一种是仲裁庭指定自己的专家;第二种是当事人向仲裁庭提交专家证据,这很可能与仲裁庭的评估相反。

2011 年葡萄牙《自愿仲裁法》第 37 条中的专家仅指仲裁庭指定的专家,该条规定除非当事人另有约定,如果仲裁庭需要技术协助以理解复杂的技术问题或能够正确决定这些事项,仲裁庭不仅可以完全自由地决定求助于专家证据是否必要或方便,而且还可以决定如何组织专家证据。允许仲裁庭要求一方当事人向专家提供任何相关信息,或者出示或提供任何相关文件、货物或其他财产以供其检查。除非当事人另有约定,当事人提出请求或者仲裁庭认为有必要的,专家应当在提交书面或者口头报告后参加听证会。适用于仲裁员的独立性和公正性要求也适用于专家。

当事人的专家证据通常在听证会之前以书面专家报告的形式与证人的书面陈述一起提供,并且有关任何证据手段的可采性的规则也适用于专家证据。国际律师协会取证规则和布拉格规则对专家报告的内容和专家证词的必要性都有非常有用和详细的规定,它们也可以给仲裁庭证据规则提供指导。

（八）州法院协助取证

葡萄牙《自愿仲裁法》将州法院的取证规定给予了州法院自身，即适用州法院自身的证据程序规则。葡萄牙《自愿仲裁法》第38条规定，州法院协助仲裁庭收集只能在《示范法》第27条规定的国家法院协助下获取的证据。该条款的适用预设了决定争议的必要证据取决于当事人或拒绝与仲裁庭合作的第三方的意愿。由于仲裁庭没有管辖权，有兴趣收集该证据的一方可请求仲裁庭授权诉诸国家法院以获取此类证据。

葡萄牙《自愿仲裁法》只为取证提供了一个基本框架，当事人可以自由地就程序规则达成一致，包括那些关于可采证的规则。根据葡萄牙法律，当事人和仲裁庭可以按照他们选择的方式进行仲裁，并涉及取证；他们可以就此事采用国际软法律文书，如国际律师协会取证规则或布拉格规则。

七、临时措施和初步命令

本部分概述了葡萄牙的整个临时救济框架，讨论了其不同方面，并就其执行方式得出了一些结论。1985年《示范法》，它规定"除非当事人另有约定，仲裁庭可以根据一方当事人的请求，责令任何当事人对争议标的采取仲裁庭认为必要的临时保护措施"。它还澄清了从国家法院寻求临时救济与成为仲裁协议的当事方是相容的，从而在仲裁庭和国家法院之间建立了并行管辖权。2006年修正的《示范法》就临时救济进行了广泛修订，为"临时措施"和"初步命令"提供了一个完整的框架。许多国家仲裁法受到《示范法》的影响，确立了仲裁庭提供临时救济的权力。葡萄牙《自愿仲裁法》对葡萄牙仲裁中的临时救济问题进行了规定。

（一）可以由仲裁庭和与州法院同时管辖的临时措施

葡萄牙《自愿仲裁法》规定了仲裁庭在给予临时救济时必须遵守的两个基本原则如下：(1)当事人必须寻求该措施；(2)只有在被请求采取措施所针对的一方有机会发表意见后才能授予它(禁止单方面诉讼)。

葡萄牙《自愿仲裁法》对临时措施的分类不同于葡萄牙《民事诉讼法》的分类，而是根据其目的分为4类。这4类包括：(1)有能力"在争议解决之前维持或恢复现状"的措施；(2)防止对适当的仲裁程序造成损害或损害的措施；(3)旨在"保留资产以满足后续裁决"的措施；(4)可以"保存可能与解决争端相关和重要的证据"的措施。葡萄牙《自愿仲裁法》也对州法院请求临时救济进行了框架说明。如果要求州法院进行干预,则将适用州法院所依据的民事诉讼规则。

(二)授予临时措施的要求

葡萄牙《自愿仲裁法》提供了一套特定的要求,因此,可以充分规范在葡萄牙进行的仲裁中授予临时措施。根据葡萄牙法律规定的实质内容,有两组临时措施需要不同的法律要求,分别是:(1)仲裁庭必须执行严格要求的测试;(2)需要不同处理的临时措施是针对相关和重要证据的保全。此外,葡萄牙《自愿仲裁法》指出了如何根据仲裁庭的简要和及时分析授予临时救济。

(三)初步命令

初步命令,是指仲裁庭发布的一项指令,目的是防止临时措施失效。初步命令具有3个特点:(1)单方面发布;(2)在20日内到期;(3)不可单独执行性。它只能与临时救济请求同时适用。通常而言,初步命令将包括一项初步禁令,指示一方不得改变某种正在进行的情况或避免某种行为,以避免损失升级。“不可强制执行”,即该命令不能在州法院强制执行。初步命令是不可强制执行的,这是在为当事人提供某种类型的单方临时措施与尊重当事人平等和充分机会陈述案情的原则之间进行必要平衡的结果。

(四)管理临时措施和初步命令的共同框架

仲裁庭可以根据当事人的申请或在“特殊情况”下,在听取当事人意见后,依职权修改、暂停或终止先前授予的临时措施或初步命令。该职权较少适用于初步命令(初步命令至多20日的“生命周期”),而主要适用于临时措施。如果应一方当事人(通常是被授予措施的一方)的申请而提起诉讼,仲裁庭还应在作出决定之前听取另一方当事人(通常是请求方)的意见。授予仲裁庭的这些权力确认其授予临时措施和初步命令的决定不是最终决定,它们不享有既判力。如果涉及临时措施,仲裁庭有权酌情要求请求方提供担保。在请求或批准临时措施后,当事人有义务“及时披露”基本情况的任何重大变化。此外,如果批准临时措施或发布初步命令的仲裁庭后来确定不应批准或发布该措施或命令,请求方需要承担费用或损害赔偿责任。

(五)临时措施的承认和执行

葡萄牙《自愿仲裁法》引进了《示范法》的框架,除非仲裁庭另有规定,临时措施在葡萄牙国家法院执行。寻求承认或执行临时措施的一方有特殊义务将此类措施现状的任何变化通知法院,并且国家法院可以在某些条件下要求提供担保。

与《示范法》不同的是，葡萄牙《自愿仲裁法》禁止对这些程序中涉及的所有决定提出上诉。国家法院可以拒绝承认或执行临时措施，拒绝的理由分为两类：一是必须由被寻求承认或执行的一方提出的；二是可由该方提出的或由国家法院依职权考虑的。

八、仲裁裁决的挑战

《示范法》和葡萄牙《自愿仲裁法》规定仲裁裁决和法院判决具有相同的最终约束力。因此，原则上，它们不受以向上级国家法院上诉的形式进行的司法审查。但是，如果当事人明确规定了这种可能性，则允许对国内仲裁中的裁决提出基于事实或法律的全面上诉。葡萄牙《自愿仲裁法》起草人认为保护仲裁裁决的终局性应优先于赋予司法审查的可能性，同时对这种优先性进行约束。此外，根据绝大多数国家仲裁法规，葡萄牙《自愿仲裁法》允许以该法第46(3)条详尽规定的有限理由为依据撤销在葡萄牙的仲裁，从而维护仲裁的完整性。这种给予国家法院对仲裁的有限控制不应被视为对当事人选择仲裁作为解决争议方式的侵犯，而是为了确保当事人能解决争议。

（一）排除质疑裁决的权利

葡萄牙《自愿仲裁法》第46条第5款规定，当事人不得事前放弃申请撤销仲裁裁决的权利。该条款的目的是保证对仲裁的司法控制，维护仲裁程序的完整性。

值得注意的是，该法第46条第5款所述的对裁决提出异议的权利的放弃应区别于该法第46条第4款所述的要求撤销裁决的权利的丧失或排除，后者为受害方未能及时对仲裁庭的程序错误提出异议的结果。

（二）撤销程序的可受理性和形式

打算启动搁置程序的当事人还必须满足提起任何法律诉讼的一般要求。申请人必须在这些程序中具有程序地位和合法的合法权益，即只有对有关裁决感到不满的先前仲裁的一方才可以提起法律诉讼要求撤销裁决。提出搁置程序不可受理的另一个可能原因是为此目的而依法规定的时限届满。根据葡萄牙《自愿仲裁法》第46(6)条的规定，该期限为60日，从寻求撤销仲裁裁决的一方收到仲裁裁决通知之日起计算。如果一方或双方根据葡萄牙《自愿仲裁法》第45条要求更正或澄清裁决或追加裁决，则该期限应自利害关系方收到裁决通知之日起计算。仲裁庭应此类请求。

葡萄牙《自愿仲裁法》第46(2)条简洁地规定了旨在撤销裁决的法律诉讼的

行为,其中,对提交书面意见作出了规定。提交书面意见后,将举行庭审就书面陈述中提出的事实问题单独作出决定。在本次听证会结束后,应遵循为普通上诉的审判规定的程序步骤,以撤销仲裁裁决。

(三)撤销裁决的理由

根据葡萄牙《自愿仲裁法》,撤销仲裁裁决的理由仅是其第 46 条第 3 款中列举的理由,该条款的措辞清楚地表明了其中所含清单的详尽性。如上所述,仲裁裁决原则上不受任何普通司法审查手段的约束,对当事人具有同等约束力,与法院终审判决具有同等执行力。根据葡萄牙《自愿仲裁法》第 46 条的规定,根据葡萄牙《宪法》将仲裁庭定性为“法庭”,认为它们的决定在法律上具有与法院判决相同的效力和约束力。

葡萄牙《自愿仲裁法》第 46 条第 3 款所列的撤销理由,包括仲裁协议的当事人无行为能力、仲裁协议无效、超出了仲裁协议的范围、仲裁庭组成或程序存在缺陷、裁决违规、未遵守合同规定时限、争议的不可仲裁性、与国际公共政策冲突以及违反当事人处置原则。违反葡萄牙《自愿仲裁法》第 30 条关于仲裁原则的约定也是撤销裁决的理由。此外,根据葡萄牙《自愿仲裁法》第 42(1)条,裁决必须以书面形式作出并由仲裁员签署。当仲裁庭有多名成员时,有多数仲裁员或主席的签名。

第四节　仲裁及相关特色制度介绍

一、《商事仲裁中心紧急合同前行政仲裁规则》

2021 年,葡萄牙商事仲裁中心通过了《商事仲裁中心紧急合同前行政仲裁规则》(Commercial Arbitration Centre Urgent Pre-Contractual Administrative Arbitration Rules 1st April 2021)。该规则是葡萄牙特色仲裁规则,其规定的程序具体而紧迫,主要是为了解决和行政决定有关的仲裁。下文将对该特色规则的内容加以介绍。

(一)适用范围

《商事仲裁中心紧急合同前行政仲裁规则》第 1 条规定了该规则的适用范围,在不损害适用于仲裁解决公共采购程序争议的一般规则的情况下,该规则主要适用于与挑战或要求作出行政决定方面有关的仲裁。具体来看,这些仲裁合同的范围主要包括公共工程合同、公共工程特许权合同、公共服务特许权合同、公共供应合同和公共服务合同等。该规则承认了仲裁内容的可调整性,明确在仲裁内容发生变化时仲裁协议的效力可能会受影响。

(二)仲裁庭

《商事仲裁中心紧急合同前行政仲裁规则》第2条接受了《葡萄牙商事仲裁中心仲裁规则》第6条的规定,即仲裁庭可以由1名独任仲裁员组成,也可以由数名单数仲裁员组成。当事人未约定仲裁员人数的,仲裁庭由3名仲裁员组成。这里要强调的最重要的特点是,葡萄牙《自愿仲裁法》不允许这样做,其规定当事人的选择仅限于仲裁员人数为奇数的小组:通常为1名或3名。接着《商事仲裁中心紧急合同前行政仲裁规则》第2条第1款又对此作出了补充规定,要求如果是独任仲裁员,那么双方应该在仲裁请求中进行指定,否则由仲裁中心主席在3日内作出任命。在组成3人仲裁时,第三名仲裁员由当事人指定的仲裁员选择,并且指定仲裁员必须是个人并具有完全的法律行为能力。此外,如果仲裁员有需要回避的情形应该在接受仲裁裁决的3日内提出。该规则第2条第2款进一步规定,仲裁主席在决定仲裁庭的组成时应在2日内作出决定。

(三)时限和程序

《商事仲裁中心紧急合同前行政仲裁规则》第3条对仲裁的时限和程序作出了具体规定,首先,该规则要求仲裁程序是紧急的并应在适用法律规定的期限内开始。其次,仲裁请求应与相应的索赔表一起提交。再次,指定的仲裁员应根据程序的具体性质和紧迫性决定最适当的程序,辩护和提交限于20日内,当事人剩余行为限于5日内。最后,仲裁庭必须在其组成之日起120日内作出决定。此外,在特殊情况下,应仲裁庭的合理要求,中心主席可以在听取当事人意见后延长部分规定的期限。

(四)自动中止效力

《商事仲裁中心紧急合同前行政仲裁规则》第4条规定了自动中止效力,首先,如果仲裁程序涉及在公共采购程序中作出的裁决决定的质疑,且仲裁通知已在欧盟官方公报上发表,则该裁决或相关合同的执行应在仲裁程序在裁决通知后10个工作日内自动中止。其次,该规则也赋予了被申请人和利害关系人程序救济权,即在仲裁程序中,被中请人和任何利害关系的第三方可以请求取消前款所述的中止效力。在收到请求后,申请人可在5日内作出答复,仲裁庭应在10日内作出决定。此外,该规则也明确了中止效果也可因法律适用而解除。

(五)临时措施

《商事仲裁中心紧急合同前行政仲裁规则》第5条规定了临时措施的具体规范。首先,如果在仲裁中自动中止效力不适用或已被解除,申请人可以请求仲裁庭采取临时措施。从而防止在作出仲裁决定时出现既成事实,或者公共采购进程中的干扰。其次,规定了临时措施由仲裁庭决定,其决定时应适当考虑被执行方的反驳权以及仲裁情况的复杂性和紧迫性。最后,规定了仲裁庭在面临采取临时措施造成的损害大于拒绝可能造成的损害的情况时,应该拒绝该措施。

二、《快速通道仲裁规则》

《快速通道仲裁规则》(Fast Track Arbitration Rules)是葡萄牙特色仲裁规则,在确保仲裁公正的基础上提高仲裁效率,并使仲裁资源投入得到合理的配置。下文将对该特色规则的内容加以介绍。

(一)初始规定

《快速通道仲裁规则》第1条规定了该规则的适用范围。该规则的适用于以下3种情形:首先,是当事人在仲裁协议或后续协议中约定了该规则的适用;其次,是一方提出适用该规则,另一方未反对;最后,是中心主席决定了该协议的适用。该规则第2条具体规定了当一方当事人主动适用该规则时的具体规范。该规则允许申请人或者被申请人在先前未就该规则的适用达成一致时,在仲裁请求书中提出申请。一方提出申请后,需要另一方作出答复。在此情况下,如果适用快速仲裁规则,那么请求适用仲裁规则的一方应指定一名仲裁员;如果不适用该规则,那么应根据葡萄牙普通仲裁规则整合仲裁庭。

该规则第4条规定了由仲裁中心主席决定该规则适用的具体要求。《快速通道仲裁规则》适用于价值等于或低于200欧元的仲裁案件。但是当双方在协议中已排除该规则的适用、仲裁协议是在该规则生效前签署且一方当事人反对该规则适用或者有其他情况不适合该规则应用时,仲裁中心主席不可以决定应用快速仲裁规则。仲裁中心主席也可以决定价值高于200欧元的程序中应用快速仲裁规则,但是前提是有足够理由并且没有任何一方反对该程序的适用。

该规则第5条对未尽事项作了指引,规定在所有该规则没有规定的事项都可以受仲裁规则的约束。该规则第6条则规定了实施该规则中未规定的任何行为的期限为5日。

（二）仲裁庭

《快速通道仲裁规则》第二章对仲裁庭的组成作出了规定。明确快速仲裁适用独任制，即仲裁庭由1名独任仲裁员组成。请求仲裁的双方都可以在答复通知发出10日后提出他们同意的指定仲裁员。《快速通道仲裁规则》规定独任制是为了简化仲裁人员的组成，在保证仲裁公正的同时，满足该程序提高仲裁效率的要求。

（三）仲裁程序

《快速通道仲裁规则》第三章规定了快速仲裁的程序，下面就此展开介绍。该规则第8条第1款明确了请求快速仲裁的一方应向秘书处提交快速仲裁请求并且向另一方提交仲裁协议或提案。该规则第8条第2款则具体说明了申请人提交的快速仲裁申请中具体应该包含的内容。该规则第9条规定了被申请人的召唤与应答程序：首先，明确由秘书处对被申请人进行传唤并出具仲裁申请和其他文件；其次，要求被申请人在20日内提交答辩书，同时规定了答辩书的内容和长度；最后，对快速仲裁中可能出现的情况进行可兜底性规定。

该规则第10条规定了仲裁庭的管辖权。如果任何一方当事人争辩仲裁庭没有管辖权，裁决应在仲裁结束时作出。但是如果仅是对管辖权存在部分异议，那么仲裁庭可以就此立即作出决定。这一规定既保证了当事人管辖异议权，同时也确认了仲裁庭自裁管辖权原则。自裁管辖权原则是仲裁法的一项普遍原则，在国际和各国国内仲裁立法和实践中得到了广泛的认可和应用。

该规则第11条规定了仲裁中初审的程序。首先，如果适用快速仲裁程序，那么在仲裁庭组成后20日的期限内应传唤当事人进行初步听证。其次，对仲裁庭在听取当事人意见后需要定义的问题进行了列举，这些问题涵盖程序时间和证据等。

该规则第12条规定了取证的一般规则，如果仲裁庭或当事人没有不同的规定，取证应适用快速仲裁规则。该规则第13条至第15条分别具体规定了文件提交规范、专家证据要求和证人作证规范。这几条规范明确了在快速仲裁规则下的证据规则，在保证公正的前提下对普通仲裁程序证据规则进行了灵活简化。

该规则第16条规定了最终陈述。首先，明确了当事人可以提交关于事实和法律的最终陈述的形式和时间：如果是口头形式，则需要在最后一次仲裁的最后一次会议上；如果是书面形式，则需要在最后一次仲裁后的10日内提交。其次，说明了仲裁庭对其认为有用的最终陈述的处理方法,包括限制最终陈述的范围、时间和页数。该条规范给予了当事人最终陈述的权利,同时给予了仲裁庭对最终陈述的限制权利,平衡了对当事人仲裁自由的保障和对仲裁效率的追求。

《快速通道仲裁规则》对程序的规范与葡萄牙商事仲裁中心的其他仲裁规则一脉相承,又根据快速仲裁自身的特点进行了相应的程序调整,从而实现快速仲裁的目的。

(四)其他仲裁规范

《快速通道仲裁规则》第 17 条明确了仲裁裁决的期限,原则上仲裁裁决需要在最后一次仲裁后的 30 日内作出,并且仲裁时间应在组成仲裁庭后的 60 日内结束,但是如果仲裁有特殊情况,仲裁中心主席可以根据仲裁庭的要求并在不违背当事人意见的情况下决定延长时间限制。

《快速通道仲裁规则》第 18 条至第 19 条则规定了仲裁费用,明确由仲裁中心主席参照规则费用附表确定仲裁的独任仲裁员和行政费用。

第五节　对葡萄牙仲裁制度的整体评价

采用有吸引力的国际仲裁制度是 2011 年颁布的葡萄牙《自愿仲裁法》的主要动机之一,这与葡萄牙一贯的对国际贸易的开放制度是一脉相承的。

总体而言,葡萄牙仲裁制度具有以下特点:

第一,葡萄牙在争议的可仲裁性方面采取了宽松的立场。根据葡萄牙《自愿仲裁法》第 1 条第 1 款,任何涉及经济利益的争议可以通过仲裁协议的方式提交仲裁,前提是它不是特别法规定由国家法院管辖或强制仲裁。根据葡萄牙《自愿仲裁法》第 1 条第 2 款,只要当事人有权就争议权利达成和解,不涉及经济利益的争议的仲裁协议也有效。但是,当事人不得就其不得处分的权利(如个人的人身权利)达成和解。除严格意义上的争议性事项外,根据葡萄牙《自愿仲裁法》第 1(4)条,当事人可以同意将需要公正的决策者干预的任何其他问题提交仲裁,包括那些与需要明确、完成和调整引起长期义务的合同以适应新情况有关的问题。当仲裁是国际性的,而仲裁协议的一方是国家、国家控制的组织或国家控制的公司时,根据葡萄牙《自愿仲裁法》第 50 条的规定,该方不得援引其本国法律来质疑争端的可仲裁性或其作为仲裁方的资格,或以任何其他方式逃避该协议产生的义务。

第二,在葡萄牙仲裁中,适用仲裁庭自裁管辖原则。根据葡萄牙《自愿仲裁法》第18(1)条的规定,仲裁庭可以对自己的管辖权作出裁决,即使为此有必要评估仲裁协议或包含仲裁协议的合同的存在、效力或有效性,或上述仲裁协议的适用性。这就是仲裁庭的自裁管辖权(Kompetenz-Kompetenz)。根据该法第18条第2款的规定,构成合同一部分的仲裁条款应视为独立于合同其他条款的协议。因此,合同其他条款的无效并不意味着仲裁协议的无效。因此,仲裁协议相对于包含其的合同的自主权已为葡萄牙法律所认可。然而,仲裁庭决定其自身管辖权的权力并不是排他性的:法院在一定范围内也可以决定该问题,至少在仲裁庭组成之前。葡萄牙《自愿仲裁法》第5(1)条规定,对于作为仲裁协议对象的事项,如果被申请人在提交其关于争端实质内容的第一份声明之前提出请求,国家法院应驳回该案件,除非它发现仲裁协议明显无效、正在或已经失效或无法履行。因此,在葡萄牙,国家法院只能对仲裁协议的有效性和可执行性进行初步控制。

第三,葡萄牙仲裁中,当事人享有广泛的选择程序的权利。当事人还被赋予选择适用程序规则的广泛自由。根据葡萄牙《自愿仲裁法》第30(2)条的规定,在第一位仲裁员接受之前,他们可以商定仲裁庭在进行诉讼时应遵循的程序。对该程序的选择可以直接作出,也可以参考一套仲裁规则(葡萄牙《自愿仲裁法》第6条)。如果没有这样的协议,并且在葡萄牙《自愿仲裁法》中没有适用的规定,仲裁庭可以根据该法第30条第3款,通过确定其认为适当的程序规则来进行其认为适当的仲裁。根据葡萄牙《自愿仲裁法》第32条第1款的规定,当事人同样可以自由商定仲裁程序中使用的一种或多种语言。如果没有达成这样的协议,仲裁庭将有责任确定在程序中使用的一种或多种语言。当事人还可以根据葡萄牙《自愿仲裁法》第52条第1款选择仲裁员适用的法律规则,除非他们已授权他们公平公正地作出决定。除非另有明确约定,否则对特定国家的法律或法律制度的任何指定均被解释为指的是该国的实体法,而不是其法律冲突规则。如果当事人没有作出这样的选择,仲裁庭应根据葡萄牙《自愿仲裁法》第52条第2款的规定,适用与争议标的有最密切联系的国家的法律。在任何一种情况下,仲裁庭都应根据该法第52条第3款的规定,考虑当事人约定的合同条款和相关贸易惯例。

第四,葡萄牙对国际仲裁的裁决提出上诉的范围非常有限。事实上,在这类仲裁中,原则上不能对裁决提出上诉,除非当事人明确约定可以向另一个仲裁庭上诉,并对其条款进行了规定(葡萄牙《自愿仲裁法》第 53 条)。在葡萄牙进行的仲裁中作出的仲裁裁决可被撤销的理由同样有限。根据葡萄牙《自愿仲裁法》第 46(3)(a)条的规定,只有在利益相关方提供特定情况的证据时,才能撤销仲裁裁决。在以下情形下,可以撤销仲裁裁决:(1)仲裁协议的一方无行为能力,或者根据双方当事人所适用的法律,或者在没有任何指示的情况下,根据葡萄牙《自愿仲裁法》,该协议是无效的。(2)在诉讼过程中违反了葡萄牙《自愿仲裁法》第 30 条第 1 款规定的基本原则,对争端结果具有决定性影响;(3)裁决涉及仲裁协议中没有考虑到的争端,或包含超出其范围的决定;(4)仲裁庭的组成或仲裁程序不符合当事人的协议,除非该协议与葡萄牙《自愿仲裁法》中当事人不能减损的规定相冲突,或者在没有这种协议的情况下,它们不符合葡萄牙《自愿仲裁法》的规定,且在这两种情况下,这种不符合对争端的裁决有决定性影响;(5)仲裁庭裁定的金额超过了索赔金额,或者与提出的索赔不同,或者处理了不应该处理的问题,或者没有决定应该决定的问题;(6)裁决的形式和内容违反了葡萄牙《自愿仲裁法》第 42 条第 1 款和第 3 款的要求;(7)裁决是在葡萄牙《自愿仲裁法》第 43 条规定的最长期限届满后通知当事人的。

第五,葡萄牙仲裁裁决具有广泛的可执行性。对国内仲裁来说,在葡萄牙国内作出的仲裁裁决可按与国家法院作出的判决相同的条件执行[葡萄牙《自愿仲裁法》第 42(7)条]。因此,不需要国家法院的执行许可或豁免决定。这是葡萄牙仲裁法适用于在葡萄牙境内进行的所有仲裁的必然结果,葡萄牙《自愿仲裁法》第 61 条对此作了规定。根据这一规则,结合葡萄牙《自愿仲裁法》第 59(1)条,对仲裁所在地有管辖权的上诉法院有权决定撤销仲裁庭作出的最终裁决。因此,在葡萄牙进行的仲裁中作出的裁决,无论其国内或国际性质如何,都要受到葡萄牙国家法院的控制,以确定是否发生了上述情况,从而有理由将其撤销。相比之下,这种裁决在葡萄牙执行时不需要执行许可。对境外裁决来说,葡萄牙对有关仲裁的国际公约持开放态度,加入了《纽约公约》等国际公约,这也确保了在该国进行的仲裁所作出的仲裁裁决能够在许多其他国家和司法管辖区跨境执行。

综上所述,葡萄牙的仲裁制度继承悠久的仲裁传统,与国际仲裁制度接轨,赋予当事人高度意思自治的权利,与其他国家建立牢固的经济、政治文化联系,葡萄牙现行的仲裁法是一项与国际最佳做法相一致的支持仲裁的法律,兼具开放性与灵活性。因此,葡萄牙目前具备成为中立和友好的国际争端仲裁论坛的所有条件，特别适宜解决与其他葡萄牙语国家之间的争端。

第六节　司法协助与监督

多元化解纠纷是时代发展潮流，仲裁就是非诉解决纠纷的一种方式。仲裁，是指双方当事人自愿达成协议，将争议交由第三方仲裁解决。仲裁的本质属性是契约性，但同时亦具有司法性，且司法性处于从属地位。司法对仲裁的监督是基于仲裁具有的契约性和司法性，是对仲裁决定机制形成制衡的必然要求。仲裁司法监督经历了一个漫长的发展阶段，从最开始的完全不干预从而保持仲裁独立性，到司法过度干预从而维护仲裁的公正性，逐渐进展到今日的以支持为主导的干预阶段。1958 年《纽约公约》和《示范法》均就仲裁司法监督问题作出了规定。《示范法》第 5 条规定："由本法管辖的事情，任何法院均不得干预，除非本法有此规定。"此外，该法就关于法院承认、执行和重审、撤销仲裁裁决等事宜亦有规定，基本上采纳了 1958 年《纽约公约》的相关规定。

葡萄牙在立法中充分考虑和参考了国际条约和国内立法中的相关规定，在仲裁司法监督上的规定基本上与《示范法》保持了一致。除法院裁定撤销仲裁裁决及法院裁定不予执行仲裁裁决这两种国际上普遍采用的形式外，葡萄牙《自愿仲裁法》还创造性地规定了仲裁裁决的上诉制度。

一、仲裁管辖权和仲裁协议的司法监督

仲裁协议的司法监督属于仲裁前的司法审查程序，主要发生在确认仲裁协议的效力及强制实施仲裁协议等情况中。仲裁协议的效力关系到管辖权的确定，一个有效的仲裁协议将案件的管辖权赋予仲裁机构，从而排除法院的司法管辖。[1]目前，国际虽然承认仲裁协议具有排除法院管辖权的效力，但基于仲裁制度的司法性，各国的仲裁法律大多数仍然规定法院具有对仲裁协议效力的审查权。1958 年《纽约公约》第 2 条第 3 款规定，当事人就诉讼事项订有本条所称之协定者，缔约方法院受理诉讼，应当依一方当事人的请求命当事人提交仲裁，但前述协定法院认定无效、失效或不能实行者不在此限。法院主要从以下 3 点对仲裁协议的订立和实施进行司法审查：第一，必须确定法院是否具有对仲裁协议的

---

〔1〕 参见杜新丽：《国际民事诉讼和商事仲裁》，中国政法大学出版社 2005 年版，第 289 ~ 300 页。

效力作出认定的权力,如果有该权力,法院应以何种条件进行认定;第二,如果双方当事人均未提出执行仲裁协议的请求,法院是否有权受理该争议,或有义务让当事人将争议提交仲裁;第三,法院是否有权直接命令强制当事人将争议提交仲裁。[1]

葡萄牙给予了仲裁庭拥有自裁管辖权,其目的是避免法院过分干预或过早介入仲裁庭管辖权争议,从而提高仲裁的效率。葡萄牙《自愿仲裁法》第 18 条不仅对仲裁庭自裁管辖权原则作出了明确的规定,对仲裁协议效力提出异议的问题亦有十分清晰的规定:“仲裁庭可以对自己的管辖权作出裁决。为了这个目的,即使需要对仲裁协议或包含仲裁协议的合同的存在、效力或有效性,或对上述协议的适用性作出审查。仲裁庭无管辖权的抗辩只能在就争议的实质问题提出答辩之前提出,或者与答辩一起提出。仲裁庭可以通过中间裁决或在就争议的实质问题作出的裁决中裁定本身是否具有管辖权。”葡萄牙给予了仲裁庭非终局性的自裁管辖权,即在一定条件下,法院仍有权对仲裁庭根据自身的管辖权作出的裁决进行司法复审。

二、仲裁裁决的承认与执行

葡萄牙仲裁裁决承认与执行一直是当事人在选择仲裁时必须考虑的问题。一般来说,仲裁裁决的承认与执行主要指的是:当一方当事人不主动履行生效仲裁裁决确定的义务时,另一方当事人要求法院认可仲裁裁决的效力并申请强制执行。为了使外国仲裁裁决在葡萄牙适用和强制执行,当事人需要事先得到葡萄牙法院的承认。申请执行外国仲裁裁决的依据主要是《纽约公约》,葡萄牙《自愿仲裁法》中对此也作出了相关规定。

葡萄牙于 1985 年签署了《纽约公约》。根据葡萄牙《宪法》第 8 条,葡萄牙批准的国际公约中包含的规则在其官方期刊上发表后在国内法律秩序中生效。并且在公约特定的适用领域内,它们优先于国内立法。根据《纽约公约》第 1 条的规定,公约适用于缔约方以外的国家或地区作出的仲裁裁决,无论该国或地区是否属于《纽约公约》的缔约方。《纽约公约》第 3 条规定的“外国”仲裁裁决包括两类,即仲裁地在外国以及仲裁不视为本国裁决的情况。仲裁地在外国的情况下,无论当事人是否全部为葡萄牙当事人,或者交易是否与葡萄牙有密切联系,都不

---

〔1〕 参见谢广汉:《葡萄牙仲裁司法监督机制述评》,载《司法改革论评》2014 年第 1 期。

影响仲裁裁决国籍的判断。就承认与执行涉外裁决问题,葡萄牙《民事诉讼法》第90条明确规定,“凡在葡萄牙领土内作出的裁决,由仲裁地的一审法院执行”。葡萄牙使用地域标准来界定仲裁裁决是否具有国际性,只要是在葡萄牙领土内作出的裁决都被视为国内裁决,而无论该裁决是否具有国际因素或者是否被视为国际裁决。国内裁决依法由仲裁地的一审法院直接执行,且不像对外国裁决那样需要进行复审和须经法院认可后方可执行。

葡萄牙《自愿仲裁法》第55条规定:除非在1958年的《纽约公约》及约束葡萄牙政府之其他条约或公约中有关于外国仲裁裁决的承认和执行的强制规定,否则,外国作出的仲裁裁决,不论当事人的国籍如何,必须根据该法第十章所规定的条件,经过具有管辖权的葡萄牙国家法院承认才能在葡萄牙生效。葡萄牙的国内仲裁裁决的执行和外国仲裁裁决的执行存在差异。葡萄牙《民事诉讼法》第48条第2款及第49条规定,由仲裁庭作出的裁决与普通法院作出的判决根据同样的规定强制执行;由外国法院作出的判决或由外国仲裁庭作出的裁决经具有管辖权的葡萄牙法院审查和确认后,仅可作为执行的依据。然而,由外国发出的票据不需要经审查即可申请执行。葡萄牙《民事诉讼法》第1096条规定,外国仲裁裁决必须具备以下条件方可请求法院作出认可:(1)裁决的可靠性和可理解性无异议;(2)根据裁决作出地的法律,裁决具有既判力;(3)根据葡萄牙有关管辖权冲突的规则,由主管法院作出的;(4)裁决除首次提交外国法院外,同一案件在葡萄牙法院未被提出或尚未经葡萄牙法院审理的;(5)根据仲裁作出地的法律规定,被执行的当事人已及时获得传唤,同时在程序中已遵守当事人平等原则;(6)不含有与葡萄牙公共政策原则相抵触的决定。[1]

三、仲裁裁决的司法监督

仲裁裁决的司法监督其实是通过诉讼对仲裁裁决作出的监督。仲裁裁决的司法监督具体可分为两种制度:一种是申请撤销仲裁裁决制度,另一种是申请不予执行裁决制度。葡萄牙《自愿仲裁法》第46条对申请撤销仲裁裁决作了规定,第48条则对不予执行仲裁裁决作了规定。

对于外国仲裁裁决,如上文所述,只要不属于葡萄牙《民事诉讼法》第1096条规定的条件或有该法所规定的情形之一的,法院应驳回确认申请。对于本国仲裁

---

〔1〕 参见谢广汉:《葡萄牙仲裁司法监督机制述评》,载《司法改革论评》2014年第1期。

裁决的撤销,葡萄牙《自愿仲裁法》第 46 条第 2 款规定了如下 7 种情形,法院得依当事人申请撤销仲裁裁决:(1)仲裁协议的一方当事人无行为能力或根据各方当事人同意遵守的法律或在未指明法律的情况下根据本法,该协议是无效的;(2)在仲裁程序中有违反该法第 30 条第 1 款所述的对解决争端具有决定性影响的基本原则;(3)裁决的事宜不属于仲裁协议的范围,或者包含超出仲裁协议范围的决定;(4)仲裁庭的组成或仲裁程序不按双方的协议执行,除非该协议与该法中当事人可能减损的规定相冲突,或者没有这样的协议,不符合本法的规定,且这两种分歧对解决争议具有决定性的影响;(5)仲裁庭判处超出请求的数量或与请求不符的标的,已知问题为不可知悉的或没有就应审议的问题作出裁定;(6)作出的裁决违反该法第 42 条第 1 款及第 3 款规定的要件要求;(7)裁决是在该法第 43 条所规定的最后期限届满后才通知双方当事人的。

此外,法院如认定有下列任何情形,亦应当依职权撤销裁决:(1)根据葡萄牙法律规定,争议的标的不能以仲裁解决的;(2)裁决内容违背葡萄牙国际社会公共秩序的原则。

四、仲裁裁决的上诉

在国际商事仲裁实践中,世界各国一般采取“一裁终局”原则,即仲裁裁决一经作出就具有法律效力,当事人不得上诉。这一规定有利于充分发挥仲裁的快捷性和高效性,但是难以保障仲裁的公正性。因此,葡萄牙仲裁中专门规定了仲裁中的上诉制度,从而对仲裁程序实行司法监督。

1986 年葡萄牙《自愿仲裁法》第 29 条规定:“除非当事人已放弃上诉的权利,否则如同对于一审法院的判决的上诉一样,可以对仲裁裁决向上诉法院提起上诉,但若当事人允许仲裁员根据衡平法进行裁决即构成上诉权的放弃。”该法允许当事人对仲裁裁决进行上诉,与目前“一裁终局”原则相背而行,不合乎历史发展方向。葡萄牙《自愿仲裁法》第 39 条第 4 款规定:“就争议的实质问题作出的裁决或未经审理该问题即终止仲裁的裁决,仅当事人在仲裁协议中明确规定了上诉的可能性及案件并非依据衡平法或通过友好仲裁作出裁决的情况下,方可向具有管辖权的国家法院提起上诉。”2011 年葡萄牙《自愿仲裁法》的规定对上诉的仲裁范围进行了限制,在体现当事人意思自治原则的同时给予了对仲裁进行上诉的可能性。对于国际仲裁,葡萄牙《自愿仲裁法》第 53 条规定:“除当事人明确约定可以向另一仲裁庭提出上诉以及上诉的条件外,对国际仲裁中的裁决不可上诉。”这表明,葡萄牙对于国际仲裁倾向采取司法不干预政策,与国际通行的“一裁终局”原则保持一致。

葡萄牙仲裁法对国内仲裁和国际仲裁的上诉进行了不同的规定。对于国内仲裁,当事人约定上诉及案件并非依据衡平法或通过友好仲裁作出的,可向具有管辖权的国家法院提起上诉;但是对于国际仲裁一般是不可上诉的,除非当事人明确约定可以向另一仲裁庭提出上诉以及上诉的条件。葡萄牙创造性地在仲裁中赋予了当事人上诉权,既体现了当事人意思自治的原则,同时给予了遭受不公正裁决的当事人救济的机会。

第七节 对中方在葡萄牙参加仲裁的建议

中国和葡萄牙于1979年2月8日建交。2005年温家宝同志访问葡萄牙,两国领导人宣布建立全面战略伙伴关系。近年来,双方领导人互访频繁,推动两国友好合作关系进一步发展。在政治、经贸、文化、科技、军事等各领域的友好合作关系不断发展,双方交流的成果也不断以国际条约的形式予以确认。与商事活动和仲裁相关的现行有效条约包括:《中华人民共和国政府与葡萄牙共和国政府经济、工业和技术合作协定》(1982年)、《中华人民共和国政府与葡萄牙共和国政府投资保护协定》(1992年)、《中华人民共和国政府与葡萄牙共和国政府关于避免双重征税和防止偷漏税协定》(1998年)、《中华人民共和国政府和葡萄牙共和国政府关于经济合作协定》(2005年)、《中华人民共和国司法部与葡萄牙共和国司法部司法领域合作谅解备忘录》(2005年)、《中华人民共和国和葡萄牙共和国鼓励和相互保护投资协定》(2005年)、《中华人民共和国商务部和葡萄牙共和国经济和创新部建立双边投资促进工作组的谅解备忘录》(2007年)、《中国商务部和葡萄牙经济和创新部关于中小企业合作谅解备忘录》(2009年)、《中华人民共和国商务部和葡萄牙共和国经济、创新和发展部关于进一步加强经济合作的声明》(2010年)。

中国与葡萄牙之间的经贸合作呈现以下特点和趋势:第一,中国、葡萄牙之间的货物贸易、中国对葡萄牙的投资和工程承包在过去的10余年中增长较迅速,两国之间的服务贸易自2016年以来也恢复了增长,但葡萄牙对中国的投资增长比较缓慢。中国、葡萄牙经贸合作的有关平台也许可以协助葡萄牙企业更好地在中国投资。第二,由于中国、葡萄牙两国的经济总量差别巨大,中国、葡萄牙之间的各项经贸合作在葡萄牙对外各项经贸合作中的重要性都远远大于其在中国对外各项经贸合作中的重要性。两国之间的货物贸易、国际投资在两国整体对外经贸合作中的地位呈上升趋势。第三,两国之间的贸易很不平衡,葡萄牙对中国的货物贸易及服务贸易存在较大逆差。中国对葡萄牙的投资远远大于葡萄牙对中国的投资。

2018 年 12 月,中国国家主席习近平对葡萄牙进行国事访问时,葡萄牙总统德索萨重申了葡萄牙成为“陆上丝绸之路和海上丝绸之路在欧洲的枢纽”的愿望。里斯本时间 2018 年 12 月 5 日,两国签订了《中华人民共和国和葡萄牙共和国关于进一步加强全面战略伙伴关系的联合声明》,葡萄牙欢迎并愿参与中国提出的共建“一带一路”倡议。[1] 总之,中国、葡萄牙两国在对外经贸合作中的地位逐渐上升,与此同时相关涉外纠纷也会随之上涨。在发生纠纷时,如何在纠纷中解决问题并且维护好自身利益,成了中国当事人必须思考的问题。

该国是世界上外交历史最悠久的国家——1373 年的《英葡条约》的缔约方,1949 年加入 NATO,1961 年加入 OECD,1996 年加入葡萄牙语国家共同体,于 1955 年加入联合国,1986 年成为欧盟成员。它还加入了广泛的双边投资和其他经济合作条约网络。这些法律文书为货物、服务、资本和人员跨越葡萄牙边境的自由流动创造了非常有利的环境,并为外国公司和企业提供了高度的法律保障。

一、灵活运用仲裁和调解程序化解纠纷

和解、调解、仲裁和诉讼都是争议解决方式。从目前情况来看,许多当事人倾向以仲裁方式解决他们之间的商事纠纷。商事仲裁受到当事人偏爱的原因主要考虑如下:首先,从效率角度来看,当事人更易通过仲裁在较短时间内解决纠纷。其次,从专业性的角度来看,仲裁员常常是具备商业领域专业知识熟悉相关法律规范的权威人士。再次,从灵活性角度来看,仲裁当事人可以协商确定仲裁地、仲裁员、仲裁程序、杂件适用的法律等。最后,从保密性的角度来看,仲裁案件是非公开审理的。

---

〔1〕 参见顾学明、林广志主编:《中葡经贸合作蓝皮书:中国与葡语国家经贸合作发展报告(2018—2019)》,社会科学文献出版社 2020 年版,第 131 ~ 132 页。

葡萄牙的商事仲裁制度对争议当事人更是有巨大的吸引力。首先，葡萄牙仲裁机构数量持续增长，特别是自1986年葡萄牙《自愿仲裁法》采纳以来。到2020年，葡萄牙司法部已授权36个仲裁中心。1986年12月27日第425/86号法令规定了授予此类授权的条件。葡萄牙最有经验的仲裁中心是葡萄牙工商会的商业仲裁中心。其最新仲裁规则已于2014年3月1日生效。其次，葡萄牙拥有完善的仲裁制度。2011年葡萄牙《自愿仲裁法》颁布的主要动机之一就是形成更具吸引力的国际仲裁制度，这与葡萄牙长期以来对国际贸易的开放是一致的。该法显著提升了葡萄牙作为国际仲裁战略中心的地位。葡萄牙的商事仲裁吸引力还主要体现在以下3点：一是可仲裁争议的广泛性。可仲裁性是当事人选择仲裁的前提条件，而葡萄牙在争议的可仲裁性方面采取了宽松的立场。仲裁符合葡萄牙的古老传统，当事人获得了广泛的自由，可以将其争议提交给葡萄牙民事和商业事务的仲裁员。葡萄牙《自愿仲裁法》中规定除通过特别法提交给国家法院或强制仲裁，当事人可以同意将需要公正决策者干预的任何其他问题提交仲裁。这一规定使得当事人可以依靠仲裁程序公正而灵活地解决大部分争议，避免诉讼的不可执行性和调解效力的不足。二是葡萄牙的商事诉讼有助于当事人平和地解决纠纷。葡萄牙仲裁程序中给予了当事人充分交换意见的机会，使得当事人可以在仲裁庭的组织下就争议进行有针对性的解决。以诉讼为代表的解决方式将争议当事人置于对立面上，可能导致“撕破脸”等情况的发生。在这样严苛的程序中，即便当事人的纠纷得以解决，他们也难以维系此前的合作关系或是于将来开展合作。三是法院裁决对仲裁友好。在此之前，葡萄牙法院作出的裁决中出现了对仲裁友好的判例法，特别是在撤销仲裁裁决的请求方面，这种裁决很少获得批准。这同样适用于外国仲裁裁决的执行，特别是考虑到葡萄牙法院对公共政策例外采取的限制性立场。也就是说，葡萄牙法院一般承认仲裁的效力。

除仲裁和诉讼外，商事仲裁中心葡萄牙工商分会提供的调解服务亦是当事人可选择的纠纷解决途径。葡萄牙商会仲裁院成立于1987年，通过组织和赞助信息传播以及对商业争议领域任何问题的研究和探索，促进和传播通过仲裁或其他争议解决方式（调解）来解决争议。意图将争议提交至仲裁院调解的当事人可在合同中写入调解条款或是于争议发生后订立调解协议。调解条款的标准格式为：基于本合同产生的或者与本合同有关的任何纠纷、争议或权利主张，包括合同有效、无效、违约或合同终止的事项,均应根据提交调解申请时有效的葡萄牙仲裁中心的《商事仲裁中心葡萄牙工商分会调解规则》以调解方式加以解决;调解地应为葡萄牙城市,除非当事人约定调解地为葡萄牙以外的其他国家城市;调解程序应以选定的语言进行,否则为葡萄牙语。调解协议的标准格式为:“当事人在此同意根据《商事仲裁中心葡萄牙工商分会调解规则》将以下争议以调解方式加以解决:识别各方地址;简要描述争议;注明争议的估计价值;调解地应为(葡萄牙城市,除非当事人约定调解地为葡萄牙以外的其他国家城市);调解程序应以(仲裁各方选定语言)进行。”

《商事仲裁中心葡萄牙工商分会调解规则》是葡萄牙商会仲裁院调解纠纷的法律依据。该规则由8部分33条组成。第一部分“一般规定”涉及调解的定义、调解的对象、诚信原则、保密规范、缔约方的参与、调节和仲裁的程序衔接和调解程序的暂停。第二部分“调解的开始”涉及请求调解的要求、通知和答复的程序、缺乏回应的处理和调解中心的干预和限制等。第三部分“调解员”涉及调解员的任命、共同调解、调解员的中立性和公正性以及调解员的障碍等。第四部分“调解的进行”涉及调解的地点和语言、调解公约、调解会议、案例介绍和要素交流以及专家介入和咨询等。第五部分“协议”涉及协议的形式和内容、仲裁员的可执行性和认可等。第六部分“调解终结”涉及调节过程和持续时间、调解程序结束和仲裁协议等。第七部分“调解费用”涉及调解费用的一般规定、调解员的费用及其支付、认可的仲裁员的费用、行政费用、收费拨备、费用的支付期限和延期支付处罚等。第八部分“最后和过渡性条款”规定了适用规则。

葡萄牙商会仲裁院要求任何依据《商事仲裁中心葡萄牙工商分会调解规则》以调解员身份行事的人应当以书面形式承诺遵守该规定附件2《调解员道德守则》。该守则共有11条。第1条“基本准则”总括规定了调解员的职责、中立性和公正性;第2条“接受调解员的职能”涉及受邀调解员的独立性和公正性、需要具备的专业能力和可预测性;第3条“公正和独立”对调解员的独立性和公正性作出了具体规定;第4条和第5条是关于调解员的披露义务和过程信息义务的规定;第6条规定了调解过程中调解员保障程序公正的义务;第7条给予了调解员与当事人沟通的权利;第8条规定了调解员就当事人签订的协议的义务;第9条规定了调解员的费用,明确调解员不得收取额外费用;第10条规定了调解员的保密义务;第

11 条要求调解员不得主动寻求任命。

调解的费用主要包括两部分:葡萄牙商会仲裁院的行政费用和调解员的费用,并在调解过程中支付。除调解双方当事人另有约定外,调解费用原则上在各方中平均分配。在将争议提交仲裁院调解时,提出调解请求的原告应向仲裁院交付 300 欧元的注册费,该笔费用不可退还且最终将在清算调解费用时予以确认。为保证调解费用,双方应支付一笔准备金。调解程序的行政费用相当于调解员固定费用的 15% 。每名调解员的费用由仲裁中心主席设定,每日调解会议的最低金额为 1.5 欧元,最高金额为 3 欧元,包括当事人不在场的费用,会议最多为 10 次。指定仲裁员的费用也由仲裁中心主席决定,原则上为 1000 ~ 2000 欧元。此外,所有费用的规定支付期限为自通知之日起 10 日内,如果在规定的期限内没有支付规定的费用,秘书可以提供一个新的期限,使尚未支付的一方支付。但是如果这种情况持续存在,应通知另一方该情况,另一方愿意则可以在 10 日的期限内支付所欠的款项。如果未支付任何初始准备金,那么调解中心将终结调解程序。

当事人应充分熟悉葡萄牙将仲裁和调解相结合的传统。《商事仲裁中心葡萄牙工商分会调解规则》规定,当事人可以在签订公约后同意调解和仲裁同步进行。仲裁中心主任在理解案件最佳解决方案的权利的情况下,可以向当事人建议调解程序,而不需要暂停仲裁程序。而在当事人未达成协议而结束调解程序时,经双方同意在仲裁中心解决争议的,当事人签订仲裁协议,仲裁程序即刻开始。此外,调节中的行政费用也可在仲裁中进行扣除。

综上所述,除传统的诉讼制度外,中国当事人可以选择仲裁或调解方式解决其与他方当事人之间的商事纠纷。这 3 种纠纷解决方式各具特点。当事人可根据案件的具体情况作出适当的选择。

二、了解葡萄牙法律制度及法律环境

葡萄牙是一个典型的大陆法系国家,成文法是其主要的法律渊源。葡萄牙仲裁法律框架的核心是上述关于自愿仲裁的法律,即基于仲裁协议的法律。自愿仲裁法涵盖仲裁法律制度的大部分方面,包括仲裁协议、仲裁庭及其管辖权、临时措施和初步命令、仲裁程序、仲裁裁决、对裁决的追索、裁决的执行、国际仲裁、外国仲裁裁决的承认和执行以及决定与仲裁有关的事项的主管法院的定义。

然而,次要的合法来源也得到普遍承认,最重要的次要法律来源是判例法和学说。次要法律来源虽然不具有拘束力,但却可以成为佐证裁决的理由,加强裁决论证的力度。首先,就判例法而言,尽管葡萄牙《自愿仲裁法》出现时间还相对较短,但是在此期间已经产生了大量的判例法。实践表明,葡萄牙法院普遍支持仲裁,并就几个不同的主题制定了一致的决定,强化了葡萄牙《自愿仲裁法》某些最重要条款的含义。此外,葡萄牙法院还经常求助于外国法律渊源、司法裁决以及软法律文书,特别是国际律师协会关于国际仲裁利益冲突的准则。比如,在判断仲裁员是否具有独立性和公正性时,法院通经常参考《国际律师协会国际仲裁利益冲突指南》等分析工具来审查(即使声明,这些工具不具有法律约束力)。其次,就仲裁法相关学说而言,葡萄牙《自愿仲裁法》的批准刺激了大量专门的法律文献的创建和发展。这些学说包括 4 个葡萄牙《自愿仲裁法》的葡萄牙语注释、相关外语文章以及关于仲裁的重要书籍和专注等,这些学说中体现的仲裁原则在判例法中经常被引用并发挥了非常重要的作用。

此外,在仲裁语言上,中方当事人需要特别注意,葡萄牙《自愿仲裁法》规定,由双方协议仲裁使用的语言,在没有这种协议的情况下,由仲裁庭作出决定。当仲裁庭决定程序的语言时,应考虑当事人的国籍、合同的语言以及与之相关的任何其他特殊性。同时还指出,仲裁庭有权命令将任何文件连同当事人约定或仲裁庭确定的特定语言的译文一起提交。为了防止因语言不通所造成的误解,减少因翻译而额外增加的仲裁费用,建议中方当事人在订立仲裁协议之际,或至少不晚于仲裁程序开始前,通过与对方当事人的仲裁机构、仲裁庭进行沟通,尽可能地约定采用中文或英文进行仲裁程序。

三、合理运用仲裁司法监督保护自身利益

中国当事人在运用仲裁解决纠纷时,可能在这个过程中遭到不合理的对待。为了维护自身的利益,当事人应当合理地运用仲裁司法监督来维护自身的利益。仲裁司法监督,是指法院以国家公权力制约仲裁权的一项法律制度。仲裁具有相对独立性,但它并非不受任何制约,而是必须接受法院的监督。仲裁司法监督的目的在于防止仲裁权的滥用,保障当事人的合法权益,维护仲裁裁决的公正性。仲裁机构与法院之间的权力配置对于仲裁事业的发展至关重要:适度的监督有助于维护仲裁的权威性,但如果监督过度,仲裁制度无法保持其民间性,最终将失去其赖以存在的根基。

现行葡萄牙《自愿仲裁法》中对于仲裁司法监督的相关规定体现在以下四个方面:第一,赋予法院审查仲裁协议的权力。法院可以根据仲裁法的相关规定,有

条件地对仲裁协议的效力进行审查,但是法院不能干预仲裁的管辖权。葡萄牙《自愿仲裁法》第 5 条第 1 款规定:"当事人就仲裁协议所涉问题向法院提起诉讼,除非发现仲裁协议是明显无效的,或已失去效力或者是不可执行的,否则法院应在被告呈交第一次答辩陈述书前,在其提出请求下驳回起诉。"第二,赋予了撤销仲裁裁决和发回重审的权力。法院有权通过由当事人所提起的诉讼请求或依职权对仲裁裁决予以撤销和发回重审。根据葡萄牙《自愿仲裁法》第 46 条第 2 款的规定,不仅当事人可以申请撤销裁决,法院亦可依职权撤销裁决。第三,法院有权拒绝执行仲裁裁决。葡萄牙《自愿仲裁法》第 48 条第 3 款规定:"尽管已超出第 46 条第 6 款所规定的期间,法官仍可以根据葡萄牙《民事诉讼法》第 820 条的规定,依职权审理本法第 3 条第 2 款所规定的撤销原因,如果发现被强制执行的裁决是无效的,应以该理由拒绝执行。"第四,双方当事人合意,得就仲裁裁决向法院提出上诉。根据葡萄牙《自愿仲裁法》第 48 条第 3 款的规定,只要当事人在仲裁协议中明确规定了上诉的可能性及案件并非依据衡平法或通过友好仲裁作出裁决的,则有权向具有管辖权的国家法院提起上诉。〔1〕

在中国积极实施"走出去"以及两国加强经贸合作共同建设"一带一路"的大背景下,中国企业应当充分利用已有资源,主动增强自身的法律意识,积极融入当地。中国企业在与当地企业交易时难免发生纠纷,面对这一现实问题,中国企业应当主动了解葡萄牙纠纷解决制度。由于葡萄牙具有悠久的仲裁传统,因此,中国企业在解决涉葡商事纠纷的过程时,必须正视和重视仲裁作用。这就要求中国企业在签订合同的过程中能够充分考虑可能出现的纠纷,或者主动向法律专业人士咨询潜在法律风险,从而提前制定有利于纠纷解决的仲裁条款。中国企业在发生纠纷时,应积极参与相关程序,努力寻求纠纷的合理解决。此外,由于国际商事仲裁专业化程度较高,涉及的领域和内容非常广,相关企业和法务工作者也要重视与仲裁领域专家学者的交流,建立与专业律师仲裁员的联系,以便发生纠纷时能够及时找到解决纠纷的最佳人选。此外,还要依托国家平台,充分利用信息资源,提高企业自身抵御风险和化解风险的能力。

---

〔1〕 参见谢广汉:《葡萄牙仲裁司法监督机制述评》,载《司法改革论评》2014 年第 1 期。

第八节　如何申请成为中国籍仲裁员及程序

依据葡萄牙《自愿仲裁法》第9(1)条,任何享有完全法律行为能力的个人都可以成为葡萄牙的仲裁员。

但是,在任命仲裁员时,主管国家法院必须适当考虑协议对仲裁员的资格要求,以确保任命的仲裁员具有独立性和公正性。在国际仲裁中,法院还应当考虑任命非当事人国籍的仲裁员。

依据葡萄牙《自愿仲裁法》第9(3)条的规定,仲裁员必须独立公正。因此,受邀担任仲裁员的人应当披露任何可能对其公正性和独立性产生合理怀疑的信息。

依据葡萄牙《自愿仲裁法》第13(2)条的规定,仲裁员还必须在整个仲裁程序中无延迟地向当事人和其余仲裁员披露其在接受委托后才出现的或才意识到的类似情况。

2014年,葡萄牙仲裁协会通过了新的《仲裁员道德守则》(Código Deontológico do Árbitro),该守则与国际规定接轨,并对其成员具有约束力。在该守则第1(2)款中明确提及《国际律师协会国际仲裁利益冲突指南》是其解释和补充的相关材料。

依照《葡萄牙工商会仲裁中心理事会批准的任命仲裁员的标准》第2条的规定,仲裁员应符合如下标准:

(1)仲裁员最好由具有仲裁经验的专业人士担任。

(2)特别是在涉及复杂的实体法问题的案件中,最好选择在对解决案件至关重要的法律分支方面具有科学和/或专业经验的仲裁员。

(3)在有葡萄牙语以外的其他语言文件的仲裁中,或者如果其他语言被视为工作语言,或者如果仲裁语言不是葡萄牙语,则不能指定未证明掌握该语言的仲裁员。掌握该语言意味着有作为该语言的仲裁员或律师的实际经验。

(4)对中心指定的仲裁员的另一个要求是证明接受过仲裁培训。例如,参加过中心举办的培训课程,以及证明有作为律师或仲裁员的仲裁经验。

(5)自2015年7月1日起,除非仲裁员已按照将正式公布的模式向中心提交其仲裁课程,否则主席不得任命任何仲裁员。

依据《葡萄牙工商会仲裁中心章程》第9条的规定,仲裁中心名单上的仲裁员和调解员应是葡萄牙人或外国个人,其应具有充分的能力,具备经证明的学术、专业或技术资格,能够以独立性和高道德标准判断可能提交给商事仲裁中心主持设立的仲裁庭或由同一中心组织调解的争议。

综上所述,葡萄牙法律没有对仲裁员的法律培训或国家律师资格、国籍、经验等方面作出具体规定,但是依照《葡萄牙工商会仲裁中心章程》的规定,要想成为中国籍仲裁员,应具备仲裁专业经验,接受相关仲裁培训,能以葡萄牙语或指定仲裁语言作为工作语言。

附录

主要仲裁立法

附录一　秘鲁主要仲裁立法

（一）承认及执行外国仲裁裁决公约（法语版）

Convention pour la reconnaissance et l'exécution des sentences arbitrales étrangères
（Convention de New York, 1958）

Art. I

1. La présente Convention s'applique à la reconnaissance et à l'exécution des sentences arbitrales rendues sur le territoire d'un État autre que celui où la reconnaissance et l'exécution des sentences sont demandées, et issues de différends entre personnes physiques ou morales. Elle s'applique également aux sentences arbitrales qui ne sont pas considérées comme sentences nationales dans l'État où leur reconnaissance et leur exécution sont demandées.

2. On entend par "sentences arbitrales" non seulement les sentences rendues par des arbitres nommés pour des cas déterminés, mais également celles qui sont rendues par des organes d'arbitrage permanents auxquels les parties se sont soumises.

3. Au moment de signer ou de ratifier la présente Convention, d'y adhérer ou de faire la notification d'extension prévue à l'article X, tout État pourra, sur la base de la réciprocité, déclarer qu'il appliquera la Convention à la reconnaissance et à l'exécution des seules sentences rendues sur le territoire d'un autre État contractant. Il pourra également déclarer qu'il appliquera la Convention uniquement aux différends issus de rapports de droit, contractuels ou non contractuels, qui sont considérés comme commerciaux par sa loi nationale.

Art. II

1. Chacun des États contractants reconnaît la convention écrite par laquelle les parties s'obligent à soumettre à un arbitrage tous les différends ou certains des différends qui se sont élevés ou pourraient s'élever entre elles au su jet d'un rapport de droit déterminé, contractuel ou non contractuel, portant sur une question susceptible d'être réglée par voie d'arbitrage.

2. On entend par "convention écrite" une clause compromissoire insérée dans un contrat, ou un compromis, signés par les parties ou contenus dans un échange de lettres ou de télégrammes.

3. Le tribunal d'un État contractant, saisi d'un litige sur une question au su jet de laquelle les parties ont conclu une convention au sens du présent article, renverra les parties à l'arbitrage, à la demande de l'une d'elles, à moins qu'il ne constate que ladite convention est caduque, inopérante ou non susceptible d'être appliquée.

Art. III

Chacun des États contractants reconnaîtra l'autorité d'une sentence arbitrale et accordera l'exécution de cette sentence conformément aux règles de procédure suivies dans le territoire où la sentence est invoquée, aux conditions établies dans les articles suivants. Il ne sera pas imposé, pour la reconnaissance ou l'exécution des sentences arbitrales auxquelles s'applique la présente Convention, de conditions sensiblement plus rigoureuses, ni de frais de justice sensiblement plus élevés, que ceux qui sont imposés pour la reconnaissance ou l'exécution des sentences arbitrales nationales.

Art. Ⅳ

1. Pour obtenir la reconnaissance et l’exécution visées à l’article précédent, la partie qui demande la reconnaissance et l’exécution doit fournir, en même temps que la demande: (a) L’original dûment authentifié de la sentence ou une copie de cet original réunissant les conditions requises pour son authenticité; (b) L’original de la convention visée à l’article Ⅱ, ou une copie réunissant les conditions requises pour son authenticité.

2. Si ladite sentence ou ladite convention n’est pas rédigée dans une langue officielle du pays où la sentence est invoquée, la partie qui demande la reconnaissance et l’exécution de la sentence aura à produire une traduction de ces pièces dans cette langue. La traduction devra être certifiée par un traducteur officiel ou un traducteur juré ou par un agent diplomatique ou consulaire.

Art. Ⅴ

1. La reconnaissance et l’exécution de la sentence ne seront refusées, sur requête de la partie contre laquelle elle est invoquée, que si cette partie fournit à l’autorité compétente du pays où la reconnaissance et l’exécution sont demandées la preuve:

(a) Que les parties à la convention visée à l’article Ⅱ étaient, en vertu de la loi à elles applicable, frappées d’une incapacité, ou que ladite convention n’est pas valable en vertu de la loi à laquelle les parties l’ont subordonnée ou, à défaut d’une indication à cet égard, en vertu de la loi du pays où la sentence a été rendue; ou

(b) Que la partie contre laquelle la sentence est invoquée n’a pas été dûment informée de la désignation de l’arbitre ou de la procédure d’arbitrage, ou qu’il lui a été impossible, pour une autre raison, de faire valoir ses moyens; ou

(c) Que la sentence porte sur un différend non visé dans le compromis ou n’entrant pas dans les prévisions de la clause compromissoire, ou qu’elle contient des décisions qui dépassent les termes du compromis ou de la clause compromissoire; toutefois, si les dispositions de la sentence qui ont trait à des questions soumises à l’arbitrage peuvent être dissociées de celles qui ont trait à des questions non soumises à l’arbitrage, les premières pourront être reconnues et exécutées; ou

(d) Que la constitution du tribunal arbitral ou la procédure d'arbitrage n'a pas été conforme à la convention des parties, ou, à défaut de convention, qu'elle n'a pas été conforme à la loi du pays où l'arbitrage a eu lieu; ou

(e) Que la sentence n'est pas encore devenue obligatoire pour les parties ou a été annulée ou suspendue par une autorité compétente du pays dans lequel, ou d'après la loi duquel, la sentence a été rendue.

2. La reconnaissance et l'exécution d'une sentence arbitrale pourront aussi être refusées si l'autorité compétente du pays où la reconnaissance et l'exécution sont requises constate:

(a) Que, d'après la loi de ce pays, l'objet du différend n'est pas susceptible d'être réglé par voie d'arbitrage; ou

(b) Que la reconnaissance ou l'exécution de la sentence serait contraire à l'ordre public de ce pays.

Art. VI

Si l'annulation ou la suspension de la sentence est demandée à l'autorité compétente visée à l'article V, paragraphe 1, e, l'autorité devant qui la sentence est invoquée peut, si elle l'estime approprié, surseoir à statuer sur l'exécution de la sentence; elle peut aussi, à la requête de la partie qui demande l'exécution de la sentence, ordonner à l'autre partie de fournir des sûretés convenables.

Art. VII

1. Les dispositions de la présente Convention ne portent pas atteinte à la validité des accords multilatéraux ou bilatéraux conclus par les États contractants en matière de reconnaissance et d'exécution de sentences arbitrales et ne privent aucune partie intéressée du droit qu'elle pourrait avoir de se prévaloir d'une sentence arbitrale de la manière et dans la mesure admises par la législation ou les traités du pays où la sentence est invoquée.

2. Le Protocole de Genève de 1923 relatif aux clauses d'arbitrage et la Convention de Genève de 1927 pour l'exécution des sentences arbitrales étrangères cesseront de produire leurs effets entre les États contractants du jour, et dans la mesure, où

ceux-ci deviendront liés par la présente Convention.

Art. VIII

1. La présente Convention est ouverte jusqu'au 31 décembre 1958 à la signature de tout État Membre des Nations Unies, ainsi que de tout autre État qui est, ou deviendra par la suite, membre d'une ou plusieurs institutions spécialisées des Nations Unies ou partie au Statut de la Cour internationale de Justice, ou qui aura été invité par l'Assemblée générale des Nations Unies.

2. La présente Convention doit être ratifiée et les instruments de ratification déposés auprès du Secrétaire général de l'Organisation des Nations Unies.

Art. IX

1. Tous les États visés à l'article VIII peuvent adhérer à la présente Convention.

2. L'adhésion se fera par le dépôt d'un instrument d'adhésion auprès du Secrétaire général de l'Organisation des Nations Unies.

Art. X

1. Tout État pourra, au moment de la signature, de la ratification ou de l'adhésion, déclarer que la présente Convention s'étendra à l'ensemble des territoires qu'il représente sur le plan international, ou à l'un ou plusieurs d'entre eux. Cette déclaration produira ses effets au moment de l'entrée en vigueur de la Convention pour ledit État.

2. Par la suite, toute extension de cette nature se fera par notification adressée au Secrétaire général de l'Organisation des Nations Unies et produira ses effets à partir du quatre-vingt-dixième jour qui suivra la date à laquelle le Secrétaire général de l'Organisation des Nations Unies aura reçu la notification, ou à la date d'entrée en vigueur de la Convention pour ledit État si cette dernière date est postérieure.

3. En ce qui concerne les territoires auxquels la présente Convention ne s'applique pas à la date de la signature, de la ratification ou de l'adhésion, chaque État intéressé examinera la possibilité de prendre les mesures voulues pour étendre la Convention à ces territoires, sous réserve le cas échéant, lorsque des motifs constitution-

nels l'exigeront, de l'assentiment des gouvernements de ces territoires.

Art. XI

Les dispositions ci-après s'appliqueront aux États fédératifs ou non unitaires:

(a) En ce qui concerne les articles de la présente Convention qui relèvent de la compétence législative du pouvoir fédéral, les obligations du gouvernement fédéral seront les mêmes que celles des États contractants qui ne sont pas des États fédératifs;

(b) En ce qui concerne les articles de la présente Convention qui relèvent de la compétence législative de chacun des États ou provinces constituants, qui ne sont pas, en vertu du système constitutionnel de la fédération, tenus de prendre des mesures législatives, le gouvernement fédéral portera le plus tôt possible, et avec son avis favorable, lesdits articles à la connaissance des autorités compétentes des États ou provinces constituants;

(c) Un État fédératif Partie à la présente Convention communiquera, à la demande de tout autre État contractant qui lui aura été transmise par l'intermédiaire du Secrétaire général de l'Organisation des Nations Unies, un exposé de la législation et des pratiques en vigueur dans la fédération et ses unités constituantes, en ce qui concerne telle ou telle disposition de la Convention, indiquant la mesure dans laquelle effet a été donné, par une action législative ou autre, à ladite disposition.

Art. XII

1. La présente Convention entrera en vigueur le quatre-vingt-dixième jour qui suivra la date du dépôt du troisième instrument de ratification ou d'adhésion.

2. Pour chacun des États qui ratifieront la Convention ou y adhéreront après le dépôt du troisième instrument de ratification ou d'adhésion, elle entrera en vigueur le quatre-vingt-dixième jour qui suivra la date du dépôt par cet État de son instrument de ratification ou d'adhésion.

Art. XIII

1. Tout État contractant pourra dénoncer la présente Convention par notification écrite adressée au Secrétaire général de l'Organisation des Nations Unies. Ladénonciation

prendra effet un an après la date où le Secrétaire général de l'Organisation des Nations Unies aura reçu la notification.

2. Tout État qui aura fait une déclaration ou une notification conformément à l'article X pourra notifier ultérieurement au Secrétaire général de l'Organisation des NationsUnies que la Convention cessera de s'appliquer au territoire en question un an après la date à laquelle le Secrétaire général aura reçu cette notification.

3. La présente Convention demeurera applicable aux sentences arbitrales au su jet desquelles une procédure de reconnaissance ou d'exécution aura été entamée avant l'entrée en vigueur de la dénonciation.

Art. XIV

Un État contractant ne peut se réclamer des dispositions de la présente Convention contre d'autres États contractants que dans la mesure où il est lui-même tenu d'appliquer cette convention.

Art. XV

Le Secrétaire général de l'Organisation des Nations Unies notifiera à tous les États visés à l'article VIII:

(a) Les signatures et ratifications visées à l'article VIII;

(b) Les adhésions visées à l'article IX;

(c) Les déclarations et notifications visées aux articles premier, X et XI;

(d) La date où la présente Convention entrera en vigueur, en application de l'article XII;

(e) Les dénonciations et notifications visées à l'article XIII.

Art. XVI

1. La présente Convention, dont les textes anglais, chinois, espagnol, français et russe font également foi, sera déposée dans les archives de l'Organisation des Nations Unies.

2. Le Secrétaire général de l'Organisation des Nations Unies remettra une copie certifiée conforme de la présente Convention aux États visés à l'article VIII.

（二）2008 年秘鲁仲裁法

Peruvian Arbitration Act 2008

Artículo 1° Ámbito de aplicación

1. El presente Decreto Legislativo se aplicará a los arbitrajes cuyo lugar se halle dentro del territorio peruano, sea el arbitraje de carácter nacional o internacional; sin perjuicio de lo establecido en tratados o acuerdos internacionales de los que el Perú sea parte o en leyes que contengan disposiciones especiales sobre arbitraje, en cuyo caso las normas de este Decreto Legislativo serán de aplicación supletoria.

2. Las normas contenidas en los apartados 1, 2, 3, 5 y 6 del artículo 8°, en los artículos 13°, 14°, 16°, 45°, apartado 4 del artículo 48°, 74°, 75°, 76°, 77° y 78° de este Decreto Legislativo, se aplicarán aun cuando el lugar del arbitraje se halle fuera del Perú.

Artículo 2° Materias susceptibles de arbitraje

1. Pueden someterse a arbitraje las controversias sobre materias de libre disposición conforme a derecho, así como aquellas que la ley o los tratados o acuerdos internacionales autoricen.

2. Cuando el arbitraje sea internacional y una de las partes sea un Estado o una sociedad, organización o empresa controlada por un Estado, esa parte no podrá invocar las prerrogativas de su propio derecho para sustraerse a las obligaciones derivadas del convenio arbitral.

Artículo 3° Principios y derechos de la función arbitral

1. En los asuntos que se rijan por este Decreto Legislativo no intervendrá la autoridad judicial, salvo en los casos en que esta norma así lo disponga.

2. El tribunal arbitral tiene plena independencia y no está sometido a orden, disposición o autoridad que menoscabe sus atribuciones.

3. El tribunal arbitral tiene plenas atribuciones para iniciar y continuar con el

trámite de las actuaciones arbitrales, decidir acerca de su propia competencia y dictar el laudo.

4. Ninguna actuación ni mandato fuera de las actuaciones arbitrales podrá dejar sin efecto las decisiones del tribunal arbitral, a excepción del control judicial posterior mediante el recurso de anulación del laudo contemplado en este Decreto Legislativo. Cualquier intervención judicial distinta, dirigida a ejercer un control de las funciones de los árbitros o a interferir en las actuaciones arbitrales antes del laudo, está sujeta a responsabilidad.

Artículo 4° Arbitraje del Estado Peruano

1. Para los efectos de este Decreto Legislativo, la referencia a Estado Peruano comprende el Gobierno Nacional, los Gobiernos Regionales, los Gobiernos Locales y sus respectivas dependencias, así como las personas jurídicas de derecho público, las empresas estatales de derecho público, de derecho privado o de economía mixta y las personas jurídicas de derecho privado que ejerzan función estatal por ley, delegación, concesión o autorización del Estado.

2. Las controversias derivadas de los contratos y convenios celebrados entre estas entidades estatales pueden someterse también a arbitraje nacional.

3. El Estado puede someter a arbitraje nacional las controversias derivadas de los contratos que celebre con nacionales o extranjeros domiciliados en el país.

4. El Estado puede también someter a arbitraje internacional, dentro o fuera del país, las controversias derivadas de los contratos que celebre con nacionales o extranjeros no domiciliados en el país.

5. En caso de actividades financieras, el arbitraje podrá desarrollarse dentro o fuera del país, inclusive con extranjeros domiciliados en el país.

Artículo 5° Arbitraje internacional

1. El arbitraje tendrá carácter internacional cuando en él concurra alguna de las siguientes circunstancias: a. Si las partes en un convenio arbitral tienen, al momento de la celebración de ese convenio, sus domicilios en Estados diferentes. b. Si el lugar del arbitraje, determinado en el convenio arbitral o con arreglo a éste, está situado fu-

era del Estado en que las partes tienen sus domicilios. c. Si el lugar de cumplimiento de una parte sustancial de las obligaciones de la relación jurídica o el lugar con el cual el objeto de la controversia tiene una relación más estrecha, está situado fuera del territorio nacional, tratándose de partes domiciliadas en el Perú.

2. Para efectos de lo dispuesto en el numeral anterior, si alguna de las partes tiene más de un domicilio, se estará al que guarde una relación más estrecha con el convenio arbitral.

Artículo 6° Reglas de interpretación

Cuando una disposición de este Decreto Legislativo: a. Deje a las partes la facultad de decidir libremente sobre un asunto, esa facultad comprenderá la de autorizar a un tercero, incluida una institución arbitral, a que adopte esa decisión. b. Se refiera al convenio arbitral o a cualquier otro acuerdo entre las partes, se entenderá que integran su contenido las disposiciones del reglamento de arbitraje al que las partes se hayan sometido. c. Se refiera a un contrato, también se entenderá a un actojurídico. d. Se refiera a la demanda, se aplicará también a la reconvención, y cuando se refiera a la contestación, se aplicará asimismo a la contestación a esa reconvención, excepto en los casos previstos en el inciso a del。 artículo 46° y en el inciso a. del apartado 2 del artículo 60°. e. Se refiera a tribunal arbitral, significa tanto un solo árbitro como una pluralidad de árbitros. f. Se refiere a laudo, significa entre otros, tanto un laudo parcial como el que resuelve de manera definitiva la controversia.

Artículo 7° Arbitraje ad hoc e institucional

1. El arbitraje puede ser ad hoc o institucional, según sea conducido por el tribunal arbitral directamente u organizado y administrado por una institución arbitral.

2. Las instituciones arbitrales constituidas en el país deben ser personas jurídicas, con o sin fines de lucro. Cuando se trate de instituciones públicas, con funciones arbitrales previstas o incorporadas en sus normas reguladoras deberán inscribirse ante el Ministerio de Justicia.

3. En caso de falta de designación de una institución arbitral, se entenderá que el arbitraje es ad hoc. La misma regla se aplica cuando exista designación que sea incom-

patible o contradictoria entre dos o más instituciones, o cuando se haga referencia a una institución arbitral inexistente, o cuando la institución no acepte el encargo, salvo pacto distinto de las partes.

4. El reglamento aplicable a un arbitraje es el vigente al momento de su inicio, salvo pacto en contrario.

Artículo 8° Competencia en la colaboración y control judicial

1. Para la asistencia judicial en la actuación de pruebas será competente el juez subespecializado en lo comercial o, en su defecto, el juez especializado en lo civil del lugar del arbitraje o el del lugar donde hubiere de prestarse la asistencia. Cuando la prueba deba actuarse en el extranjero se estará a los tratados sobre obtención de pruebas en el extranjero o a la legislación nacional aplicable.

2. Para la adopción judicial de medidas cautelares será competente el juez subespecializado en lo comercial o, en su defecto, el juez especializado en lo civil del lugar en que la medida deba ser ejecutada o el del lugar donde las medidas deban producir su eficacia. Cuando la medida cautelar deba adoptarse o ejecutarse en el extranjero se estará a los tratados sobre ejecución de medidas cautelares en el extranjero o a la legislación nacional aplicable.

3. Para la ejecución forzosa del laudo será competente el juez subespecializadoen lo comercial o, en su defecto, el juez civil del lugar del arbitraje o el del lugar donde el laudo debe producir su eficacia.

4. Para conocer del recurso de anulación del laudo será competente la Sala Civil Subespecializada en lo Comercial o, en su defecto, la Sala Civil de la Corte Superior de Justicia del lugar del arbitraje.

5. Para el reconocimiento de laudos extranjeros será competente la Sala Civil Subespecializada en lo Comercial o, en su defecto, la Sala Civil de la Corte Superior de Justicia del domicilio del emplazado o, si el emplazado no domicilia dentro del territorio peruano, del lugar donde tenga sus bienes o donde ejerza sus derechos.

6. Para la ejecución de laudos extranjeros debidamente reconocidos será competente el juez subespecializado en lo comercial o, en su defecto, el juez civil, del do-

micilio del emplazado o, si el emplazado no domicilia dentro del territorio peruano, del lugar donde tenga sus bienes o donde ejerza sus derechos.

Artículo 9° Formalidad de documentos en la colaboración y control judicial

1. Todo escrito o petición dirigida a una autoridad judicial de la República deberá ser redactado en español.

2. Todo documento otorgado fuera del país que sea presentado ante una autoridad judicial de la República deberá ser autenticado con arreglo a las leyes del país de procedencia del documento y certificado por un agente diplomático o consular peruano, o quien haga sus veces.

3. Si el documento no estuviera redactado en español deberá acompañarse traducción simple a este idioma, salvo que la autoridad judicial considere, en razón de las circunstancias, que debe presentarse una traducción oficial en un plazo razonable.

Artículo 10° Representación de la persona jurídica

1. Salvo pacto o estipulación en contrario, el gerente general o el administrador equivalente de una persona jurídica está facultado por su solo nombramiento para celebrar convenios arbitrales, representarla en arbitrajes y ejercer todos los derechos y facultades previstos en este Decreto Legislativo, sin restricción alguna, incluso para actos de disposición de derechos sustantivos que se discuten en las actuaciones arbitrales.

2. Salvo pacto o estipulación en contrario, la facultad para celebrar determinados contratos comprende también la facultad para someter a arbitraje cualquier controversia derivada de dichos contratos.

Artículo 11° Renuncia a objetar

Si una parte que conociendo, o debiendo conocer, que no se ha observado o se ha infringido una norma de este Decreto Legislativo de la que las partes pueden apartarse, o un acuerdo de las partes, o una disposición del reglamento arbitral aplicable, prosigue con el arbitraje y no objeta su incumplimiento tan pronto como le sea posible, se considerará que renuncia a objetar el laudo por dichas circunstancias.

Artículo 12° Notificaciones y plazos

Salvo acuerdo en contrario de las partes, se aplicarán las disposiciones siguientes: a. Toda notificación o comunicación se considerará recibida el día en que haya sido entregada personalmente al destinatario o en que haya sido entregada en el domicilio señalado en el contrato o, en su defecto, en el domicilio o residencia habitual o lugar de actividades principales. Si no pudiera determinarse, tras una indagación razonable, ninguno de esos lugares, se considerará recibida el día en que haya sido entregada o intentada su entrega, por correo certificado o cualquier otro medio que deje constancia, en el último domicilio o residencia habitual o lugar de actividades principales conocidos del destinatario. b. Asimismo, será válida la notificación o comunicación realizada por fax u otro medio de telecomunicación electrónico, telemático o de otra clase semejante que permitan el envío y la recepción de escritos y documentos, dejando constancia de su remisión y recepción y que hayan sido designados por la parte interesada. c. Los plazos establecidos en este Decreto Legislativo se computarán desde el día siguiente al de recepción de la notificación o comunicación. Si el último día del plazo fuere inhábil en el lugar de recepción de la notificación o comunicación, se extenderá hasta el primer día laborable siguiente. Los plazos establecidos por días se computarán por días hábiles. Se consideran inhábiles los días sábados, domingos y feriados así como los días no laborables declarados oficialmente.

Título II Convenio Arbitral

Artículo 13° Contenido y forma del convenio arbitral

1. El convenio arbitral es un acuerdo por el que las partes deciden someter a arbitraje todas las controversias o ciertas controversias que hayan surgido o puedan surgir entre ellas respecto de una determinada relación jurídica contractual o de otra naturaleza.

2. El convenio arbitral deberá constar por escrito. Podrá adoptar la forma de una cláusula incluida en un contrato o la forma de un acuerdo independiente.

3. Se entenderá que el convenio arbitral es escrito cuando quede constancia desu contenido en cualquier forma, ya sea que el acuerdo de arbitraje o contrato se haya

concertado mediante la ejecución de ciertos actos o por cualquier otro medio.

4. Se entenderá que el convenio arbitral consta por escrito cuando se cursa una comunicación electrónica y la información en ella consignada es accesible para su ulterior consulta. Por "comunicación electrónica" se entenderá toda comunicación que las partes hagan por medio de mensajes de datos. Por "mensaje de datos" se entenderá la información generada, enviada, recibida o archivada por medios electrónicos, magnéticos, ópticos o similares, como pudieran ser, entre otros, el intercambio electrónico de datos, el correo electrónico, el telegrama, el télex o el telefax.

5. Se entenderá además que el convenio arbitral es escrito cuando esté consignado en un intercambio de escritos de demanda y contestación en los que la existencia de un acuerdo sea afirmada por una parte, sin ser negada por la otra.

6. La referencia hecha en un contrato a un documento que contenga una cláusula de arbitraje constituye un convenio arbitral por escrito, siempre que dicha referencia implique que esa cláusula forma parte del contrato.

7. Cuando el arbitraje fuere internacional, el convenio arbitral será válido y la controversia será susceptible de arbitraje, si cumplen los requisitos establecidos por las normas jurídicas elegidas por las partes para regir el convenio arbitral, o por las normas jurídicas aplicables al fondo de la controversia, o por el derecho peruano.

Artículo 14° Extensión del convenio arbitral El convenio arbitral se extiende a aquellos cuyo consentimiento de someterse a arbitraje, según la buena fe, se determina por su participación activa y de manera determinante en la negociación, celebración, ejecución o terminación del contrato que comprende el convenio arbitral o al que el convenio esté relacionado. Se extiende también a quienes pretendan derivar derechos o beneficios del contrato, según sus términos.

Artículo 15° Relaciones jurídicas estándares

1. En el arbitraje nacional, los convenios arbitrales referidos a relaciones jurídicas contenidas en cláusulas generales de contratación o contratos por adhesión serán exigibles sólo si dichos convenios han sido conocidos, o han podido ser conocidos por quien no los redactó, usando una diligencia ordinaria.

2. Se presume, sin admitir prueba en contrario, que el convenio arbitral ha sido conocido en los siguientes supuestos: a. Si está incluido en las condiciones generales que se encuentran en el cuerpo del contrato principal y éste último es por escrito y está firmado por las partes. b. Si está incluido en las condiciones generales que seencuentran reproducidas en el reverso del documento principal, y se hace referencia al arbitraje en el cuerpo del contrato principal y éste último es por escrito y está firmado por las partes. c. Si se encuentra incluido en condiciones estándares separadas del documento principal, y se hace referencia al arbitraje en el cuerpo del contrato principal y éste último es por escrito y está firmado por las partes.

Artículo 16° Excepción de convenio arbitral

1. Si se interpone una demanda judicial respecto de una materia sometida a arbitraje, esta circunstancia podrá ser invocada como excepción de convenio arbitral aun cuando no se hubiera iniciado el arbitraje.

2. La excepción se plantea dentro del plazo previsto en cada vía procesal, acreditando la existencia del convenio arbitral y, de ser el caso, el inicio del arbitraje.

3. La excepción de convenio arbitral, sea que se formule antes o después de iniciado el arbitraje, será amparada por el solo mérito de la existencia del convenio arbitral, salvo en el primer caso, cuando el convenio fuese manifiestamente nulo.

4. En el arbitraje internacional, si no estuviera iniciado el arbitraje, la autoridad judicial sólo denegará la excepción cuando compruebe que el convenio arbitral es manifiestamente nulo de acuerdo con las normas jurídicas elegidas por las partes para regir el convenio arbitral o las normas jurídicas aplicables al fondo de la controversia. No obstante, si el convenio arbitral cumple los requisitos establecidos por el derecho peruano, no podrá denegarse la excepción. Si estuviera iniciado el arbitraje, la autoridad judicial sólo denegará la excepción cuando compruebe que la materia viola manifiestamente el orden público internacional.

5. Las actuaciones arbitrales podrán iniciarse o proseguir, pudiendo incluso, a discreción del tribunal arbitral, dictarse el laudo, aun cuando se encuentre en trámite la excepción de convenio arbitral.

Artículo 17° Derivación de controversia judicial a arbitraje

Las partes por iniciativa propia o a propuesta del juez, en cualquier estado del proceso, pueden acordar derivar a arbitraje una controversia de naturaleza disponible conforme a derecho o cuando la ley o los tratados o acuerdos internacionales lo autoricen, para lo cual deberán formalizar un convenio arbitral.

Artículo 18° Renuncia al arbitraje

La renuncia al arbitraje será válida sólo si se manifiesta en forma expresa o tácita. Es expresa cuando consta en un documento suscrito por las partes, en documentos separados, mediante intercambio de documentos o mediante cualquierotro medio de comunicación que deje constancia inequívoca de este acuerdo. Es tácita cuando no se invoca la excepción de convenio arbitral en el plazo correspondiente, sólo respecto de las materias demandadas judicialmente.

Título III Árbitros

Artículo 19° Número de árbitros

Las partes podrán fijar libremente el número de árbitros que conformen el tribunal arbitral. A falta de acuerdo o en caso de duda, serán tres árbitros.

Artículo 20° Capacidad

Pueden ser árbitros las personas naturales que se hallen en el pleno ejercicio de sus derechos civiles, siempre que no tengan incompatibilidad para actuar como árbitros. Salvo acuerdo en contrario de las partes, la nacionalidad de una persona no será obstáculo para que actúe como árbitro.

Artículo 21° Incompatibilidad

Tienen incompatibilidad para actuar como árbitros los funcionarios y servidores públicos del Estado peruano dentro de los márgenes establecidos por las normas de incompatibilidad respectivas.

Artículo 22° Nombramiento de los árbitros

1. En el arbitraje nacional que deba decidirse en derecho, se requiere ser aboga-

do, salvo acuerdo en contrario. En el arbitraje internacional, en ningún caso se requiere ser abogado para ejercer el cargo.

2. Cuando sea necesaria la calidad de abogado para actuar como árbitro, no se requerirá ser abogado en ejercicio ni pertenecer a una asociación o gremio de abogados nacional o extranjera.

3. Los árbitros serán nombrados por las partes, por una institución arbitral o por cualquier tercero a quien las partes hayan conferido el encargo. La institución arbitral o el tercero podrán solicitar a cualquiera de las partes la información que considere necesaria para el cumplimiento del encargo.

4. Salvo acuerdo en contrario, una parte queda vinculada por el nombramiento que ha efectuado de un árbitro desde el momento en que la otra parte haya sido notificada de dicho nombramiento.

5. Si una parte no cumple con nombrar al árbitro que le corresponde en el plazo establecido por las partes o, en su defecto en este Decreto Legislativo, podrá recurrirse a la institución arbitral o al tercero designado por las partes para estos efectos o, en su defecto, procederse según lo dispuesto por el artículo 23°.

Artículo 23° Libertad de procedimiento de nombramiento

Sin perjuicio de lo dispuesto en los incisos d y e de este artículo, las partes podrán acordar libremente el procedimiento para el nombramiento del árbitro único o de los árbitros o someterse al procedimiento contenido en un reglamento arbitral, siempre que no se vulnere el principio de igualdad. A falta de acuerdo, se aplicarán las siguientes reglas: a. En caso de árbitro único, o cuando las partes han acordado que el nombramiento de todos los árbitros o del presidente del tribunal se efectúe de común acuerdo entre ellas, tendrán un plazo de quince (15) días de recibido el requerimiento de nombramiento para que cumplan con hacerlo. b. En caso de tres árbitros, cada parte nombrará un árbitro en el plazo de quince (15) días de recibido el requerimiento para que lo haga y los dos árbitros así nombrados, en el plazo de quince (15) días de producida la aceptación del último de los árbitros, nombrarán al tercero, quien presidirá el tribunal arbitral. c. En caso de pluralidad de demandantes o de demandados, los demandantes nombrarán de común acuerdo un árbitro y los demandados, también de común acuerdo, nombrarán otro árbitro en el plazo de quince (15) días de recibido el requerimiento para que lo hagan, salvo que algo distinto se hubiese dispuesto en el convenio arbitral o en el reglamento arbitral aplicable. Los dos árbitros así nombrados, en el mismo plazo, nombrarán al tercero, quien presidirá el tribunal arbitral. d. Si en cualquiera de los supuestos anteriores no se llegue a nombrar uno o más árbitros, el nombramiento será efectuado, a solicitud de cualquiera de las partes, por la Cámara de Comercio del lugar del arbitraje o del lugar de celebración del convenio arbitral, cuando no se hubiese pactado el lugar del arbitraje. De no existir una Cámara de Comercio en dichos lugares, el nombramiento corresponderá a la Cámara de Comercio de la localidad más cercana. e. En el arbitraje internacional, el nombramiento a que se refiere el inciso d. de este artículo será efectuado por la Cámara de Comercio del lugar del arbitraje o por la Cámara de Comercio de Lima, cuando no se hubiese pactado el lugar del arbitraje.

Artículo 24° Incumplimiento del encargo

Si la institución arbitral o el tercero encargado de efectuar el nombramiento de los árbitros, no cumple con hacerlo dentro del plazo determinado por las partes o el reglamento arbitral aplicable o, en su defecto, dentro de los quince (15) días de solicitada su intervención, se considerará que rechaza el encargo. En tales casos, el nombramiento será efectuado, a falta de acuerdo distinto de las partes, siguiendo el procedimiento previsto en el inciso d. del artículo 23°.

Artículo 25° Nombramiento por las Cámaras de Comercio

1. Cuando por disposición de este Decreto Legislativo corresponda el nombramiento de un árbitro por una Cámara de Comercio, lo hará la persona u órgano que la propia Cámara determine. A falta de previa determinación, la decisión será adoptada por el máximo órgano de la institución. Esta decisión es definitiva e inimpugnable.

2. Para solicitar a una Cámara de Comercio el nombramiento de un árbitro, la parte interesada deberá señalar el nombre o la denominación social y domicilio de la otra parte, hacer una breve descripción de la controversia que será objeto de arbitraje y

acreditar la existencia del convenio arbitral y, de ser el caso, de la solicitud de arbitraje efectuada a la otra parte.

3. Si la Cámara respectiva no tuviera previsto un procedimiento aplicable, la solicitud será puesta en conocimiento de la otra parte por un plazo de cinco (5) días. Vencido este plazo, la Cámara procederá a efectuar el nombramiento.

4. La Cámara de Comercio está obligada, bajo responsabilidad, a efectuar el nombramientosolicitado por las partes en los supuestos contenidos en los incisos d. y e. del artículo 23° y en el artículo 24°, dentro de un plazo razonable. La Cámara únicamente podrá rechazar una solicitud de nombramiento, cuando aprecie que, de los documentos aportados, no resulta la existencia de un convenio arbitral.

5. La Cámara de Comercio tendrá en cuenta, al momento de efectuar un nombramiento, los requisitos establecidos por las partes y por la ley para ser árbitro y tomará las medidas necesarias para garantizar su independencia e imparcialidad.

6. En el arbitraje nacional, la Cámara de Comercio lo efectuará el nombramiento siguiendo un procedimiento de asignación aleatoria por medios tecnológicos, respetando los criterios de especialidad.

7. En el arbitraje internacional, tratándose de árbitro único o del presidente del tribunal arbitral, tendrá en cuenta asimismo la conveniencia de nombrar un árbitro de nacionalidad distinta a la de las partes.

Artículo 26° Privilegio en el nombramiento Si el convenio arbitral establece una situación de privilegio en el nombramiento de los árbitros a favor de alguna de las partes, dicha estipulación es nula.

Artículo 27° Aceptación de los árbitros

1. Salvo acuerdo distinto de las partes, dentro de los quince (15) días siguientes a la comunicación del nombramiento, cada árbitro deberá comunicar su aceptación por escrito. Si en el plazo establecido no comunica la aceptación, se entenderá que no acepta su nombramiento.

2. Una vez producida laaceptación del árbitro único o del último de los árbitros, el tribunal arbitral se considerará válidamente constituido.

Artículo 28° Motivos de abstención y de recusación

1. Todo árbitro debe ser y permanecer durante el arbitraje independiente e imparcial. La persona propuesta para ser árbitro deberá revelar todas las circunstancias que puedan dar lugar a dudas justificadas sobre su imparcialidad e independencia.

2. El árbitro, a partir de su nombramiento, revelará a las partes, sin demora cualquier nueva circunstancia. En cualquier momento del arbitraje, las partes podrán pedir a los árbitros la aclaración de sus relaciones con alguna de las otras partes o con sus abogados.

3. Un árbitro sólo podrá ser recusado si concurren en él circunstancias que den lugar a dudas justificadas sobre su imparcialidad o independencia, o si no posee las calificaciones convenidas por las partes o exigidas por la ley.

4. Las partes pueden dispensar los motivos de recusación que conocieren y en tal caso no procederá recusación o impugnación del laudo por dichos motivos.

5. Una parte sólo podrá recusar al árbitro nombrado por ella, o en cuyo nombramiento haya participado, por causas de las que haya tenido conocimiento después de su nombramiento.

Artículo 29° Procedimiento de recusación

1. Las partes podrán acordar libremente el procedimiento de recusación de árbitros o someterse al procedimiento contenido en un reglamento arbitral.

2. A falta de acuerdo o de reglamento arbitral aplicable, se aplicarán las siguientes reglas: a. La recusación debe formularse tan pronto sea conocida la causal que la motiva, justificando debidamente las razones en que se basa y presentando los documentos correspondientes. b. El árbitro recusado y la otra parte podrán manifestar lo que estimen conveniente dentro de los diez (10) días siguientes de notificados con la recusación. c. Si la otra parte conviene en la recusación o el árbitro renuncia, se procederá al nombramiento del árbitro sustituto en la misma forma en que correspondía nombrar al árbitro recusado, salvo que exista nombrado un árbitro suplente. d. Si la otra parte no conviene en la recusación y el árbitro recusado niega la razón o no se pronuncia, se procederá de la siguiente manera: i) Tratándose de árbitro único, resuelve

la recusación la institución arbitral que lo ha nombrado o, a falta de ésta, la Cámara de Comercio correspondiente, conforme a los incisos d. y e. delartículo 23°. ii) Tratándose de un tribunal arbitral conformado por más de un árbitro, resuelven la recusación los demás árbitros por mayoría absoluta, sin el voto del recusado. En caso de empate, resuelve el presidente del tribunal arbitral, a menos que él sea el recusado, en cuyo caso resuelve la institución arbitral que hubiese efectuado su nombramiento o, a falta de ésta, la Cámara de Comercio correspondiente, conforme al inciso d y e del artículo 23°. iii) Si se recusa por la misma causa a más de un árbitro, resuelve la Cámara de Comercio correspondiente, conforme a los incisos d y e del artículo 23°. Sin embargo, si el presidente no se encuentra entre los recusados, corresponde a éste resolver la recusación.

3. Salvo pacto en contrario, una vez que se inicie el plazo para la emisión de un laudo, es improcedente cualquier recusación. Sin embargo, el árbitro debe considerar su renuncia, bajo responsabilidad, si se encuentra en una circunstancia que afecte su imparcialidad e independencia.

4. El trámite de recusación no suspende las actuaciones arbitrales, salvo cuando así lo decidan los árbitros.

5. La renuncia de un árbitro o la aceptación por la otra parte de su cese, no se considerará como un reconocimiento de la procedencia de ninguno de los motivos de recusación invocados. No procede recusación basada en decisiones del tribunal arbitral emitidas durante el transcurso de las actuaciones arbitrales.

6. Cuando por disposición de este Decreto Legislativo corresponda resolver la recusación a una Cámara de Comercio, lo hará la persona u órgano que la propia Cámara determine. A falta de previa determinación, la decisión será adoptada por el máximo órgano de la institución.

7. La decisión que resuelve la recusación es definitiva e inimpugnable. Si no prosperase la recusación formulada con arreglo al procedimiento acordado por las partes, el reglamento arbitral aplicable o el establecido en este artículo, la parte recusante sólo podrá, en su caso, cuestionar lo decidido mediante el recurso de anulación contra el laudo.

Artículo 30° Remoción

1. Cuando un árbitro se vea impedido de hecho o de derecho para ejercer sus funciones, o por cualquier otro motivo no las ejerza dentro de un plazo razonable, cesará en su cargo si las partes acuerdan su remoción. Si existe desacuerdo entre las partes sobre la remoción y no han estipulado un procedimiento para salvar dicho desacuerdo o no se encuentran sometidos a un reglamento arbitral, se procederá segúnlo dispuesto en el artículo 29°. Esta decisión es definitiva e inimpugnable. Sin perjuicio de ello, cualquier árbitro puede ser removido de su cargo mediante acuerdo de las partes.

2. Si alguno de los árbitros rehúsa a participar en las actuaciones o está reiteradamente ausente en las deliberaciones del tribunal arbitral, los otros árbitros, una vez que hayan comunicado dicha situación a las partes y al árbitro renuente, están facultados para continuar con el arbitraje y dictar cualquier decisión o laudo, no obstante la falta de participación del árbitro renuente, salvo acuerdo distinto de las partes o del reglamento arbitral aplicable. En la determinación de si se continúa con el arbitraje, los otros árbitros deberán tomar en cuenta el estado de las actuaciones arbitrales, las razones expresadas por el árbitro renuente para no participar y cualesquiera otras circunstancias del caso que sean apropiadas.

3. Si en cualquier momento, los otros árbitros deciden continuar con el arbitraje sin la participación del árbitro renuente, notificarán su decisión a las partes. En este caso, cualquiera de ellas podrá solicitar a la institución que efectuó el nombramiento, o en su defecto, a la Cámara de Comercio correspondiente conforme a los incisos d) y e) del artículo 23°, la remoción del árbitro renuente y su sustitución conforme el apartado 1 de este artículo.

Artículo 31° Árbitro sustituto

1. Salvo disposición distinta de este Decreto Legislativo, a falta de acuerdo entre las partes se sigue el procedimiento inicialmente previsto para el nombramiento del árbitro sustituido.

2. Producida la vacancia de un árbitro, se suspenderán las actuaciones arbitrales hasta que se nombre un árbitro sustituto, salvo que las partes decidan continuar con el

arbitraje con los árbitros restantes, atendiendo a las circunstancias del caso.

3. Una vez reconstituido el tribunal arbitral, las actuaciones arbitrales continuarán desde el punto a que se había llegado en el momento en que se suspendieron las actuaciones. Sin embargo, en caso de sustitución de un árbitro único o del presidente del tribunal arbitral, éstos deciden a su entera discreción, si es necesario repetir todas o algunas de las actuaciones anteriores. En caso de sustitución de cualquier otro árbitro, decide el tribunal arbitral.

Artículo 32° Responsabilidad

La aceptación obliga a los árbitros y, en su caso, a la institución arbitral, a cumplir el encargo, incurriendo si no lo hicieren, en responsabilidad por los daños yperjuicios que causaren por dolo o culpa inexcusable.

Título IV Actuaciones Arbitrales

Artículo 33° Inicio del arbitraje

Salvo acuerdo distinto de las partes, las actuaciones arbitrales respecto de una determinada controversia se iniciarán en la fecha de recepción de la solicitud para someter una controversia a arbitraje.

Artículo 34° Libertad de regulación de actuaciones

1. Las partes podrán determinar libremente las reglas a las que se sujeta el tribunal arbitral en sus actuaciones. A falta de acuerdo o de un reglamento arbitral aplicable, el tribunal arbitral decidirá las reglas que considere más apropiadas teniendo en cuenta las circunstancias del caso.

2. El tribunal arbitral deberá tratar a las partes con igualdad y darle a cada una de ellas suficiente oportunidad de hacer valer sus derechos.

3. Si no existe disposición aplicable en las reglas aprobadas por las partes o por el tribunal arbitral, se podrá aplicar de manera supletoria, las normas de este Decreto Legislativo. Si no existe norma aplicable en este Decreto Legislativo, el tribunal arbitral podrá recurrir, según su criterio, a los principios arbitrales así como a los usos y costumbres en materia arbitral.

4. El tribunal arbitral podrá, a su criterio, ampliar los plazos que haya establecido para las actuaciones arbitrales, incluso si estos plazos estuvieran vencidos.

Artículo 35° Lugar del arbitraje

1. Las partes podrán determinar libremente el lugar del arbitraje. A falta de acuerdo, el tribunal arbitral determinará el lugar del arbitraje, atendiendo a las circunstancias del caso y la conveniencia de las partes.

2. Sin perjuicio de lo dispuesto en el apartado anterior, el tribunal arbitral podrá, previa consulta a las partes, reunirse en cualquier lugar que estime apropiado para oír a los testigos, a los peritos o a las partes, o para examinar o reconocer objetos, documentos o personas. El tribunal arbitral podrá llevar a cabo deliberaciones en cualquier lugar que estime apropiado.

Artículo 36° Idioma del arbitraje

1. Las partes podrán acordar libremente el idioma o los idiomas que hayan de utilizarse en las actuaciones arbitrales. A falta de acuerdo, el tribunal arbitral determinará el idioma o los idiomas del arbitraje, atendidas las circunstancias del caso. Salvo que en el acuerdo de las partes o en la decisión del tribunal arbitral se haya previsto algo distinto, el idioma o los idiomas establecidos se utilizarán en los escritos de las partes, en las audiencias, en los laudos y en las decisiones o comunicaciones del tribunal arbitral.

2. El tribunal arbitral podrá ordenar que, sin necesidad de proceder a su traducción, cualquier documento sea aportado o cualquier actuación sea realizada en idioma distinto al del arbitraje, salvo oposición de alguna de las partes.

Artículo 37° Representación

1. Las partes podrán comparecer personalmente ante el tribunal arbitral, o bien estar representados por abogado, o por cualquier otra persona con autorización por escrito.

2. La representación conferida para actuar dentro de un arbitraje autoriza al representante a ejercer todos los derechos y facultades previstos en este Decreto Legislativo sin restricción alguna, incluso para actos de disposición de derechos sustantivos que se

discuten en las actuaciones arbitrales, salvo disposición en contrario.

3. Las personas jurídicas se rigen por lo dispuesto en el artículo 10°, pudiendo delegar sus facultades a un abogado o a cualquier otra persona con autorización por escrito.

4. No existe restricción alguna para la participación de abogados extranjeros.

Artículo 38° Buena fe

Las partes están obligadas a observar el principio de buena fe en todos sus actos e intervenciones en el curso de las actuaciones arbitrales y a colaborar con el tribunal arbitral en el desarrollo del arbitraje.

Artículo 39° Demanda y contestación

1. Dentro del plazo convenido por las partes o determinado por el tribunal arbitral y a menos que las partes hayan acordado algo distinto respecto del contenido de la demanda y de la contestación, el demandante deberá alegar los hechos en que se funda, la naturaleza y las circunstancias de la controversia y las pretensiones que formula y el demandado deberá establecer su posición respecto a lo planteado en la demanda.

2. Las partes, al plantear su demanda y contestación, deberán aportar todos los documentos que consideren pertinentes o hacer referencia a los documentos u otras pruebas que vayan a presentar o proponer.

3. Salvo acuerdo en contrario, en el curso de las actuaciones, cualquiera de las partes podrá modificar o ampliar su demanda o contestación, a menos que el tribunal arbitral considere que no corresponde permitir esa modificación en razón de la demora con que se hubiere hecho, el perjuicio que pudiera causar a la otra parte o cualesquiera otras circunstancias. El contenido de la modificación y de la ampliación de la demanda o contestación, deberán estar incluidos dentro de los alcances del convenio arbitral.

4. Salvo pacto en contrario, el tribunal arbitral no puede disponer la consolidación de dos o más arbitrajes, o disponer la realización de audiencias conjuntas.

Artículo 40° Competencia del tribunal arbitral

El tribunal arbitral es competente para conocer el fondo de la controversia y para decidir sobre cualesquiera cuestiones conexas y accesorias a ella que se promueva durante las actuaciones arbitrales, así como para dictar las reglas complementarias para la adecuada conducción y desarrollo de las mismas.

Artículo 41° Competencia para decidir la competencia del tribunal arbitral

1. El tribunal arbitral es el único competente para decidir sobre su propia competencia, incluso sobre las excepciones u objeciones al arbitraje relativas a la inexistencia, nulidad, anulabilidad, invalidez o ineficacia del convenio arbitral o por no estar pactado el arbitraje para resolver la materia controvertida o cualesquiera otras cuya estimación impida entrar en el fondo de la controversia. Se encuentran comprendidas en este ámbito las excepciones por prescripción, caducidad, cosa juzgada y cualquier otra que tenga por objeto impedir la continuación de las actuaciones arbitrales.

2. El convenio arbitral que forme parte de un contrato se considerará como un acuerdo independiente de las demás estipulaciones del mismo. La inexistencia, nulidad, anulabilidad, invalidez o ineficacia de un contrato que contenga un convenio arbitral, no implica necesariamente la inexistencia, nulidad, anulabilidad, invalidez o ineficacia de éste. En consecuencia, el tribunal arbitral podrá decidir sobre la controversia sometida a su conocimiento, la que podrá versar, incluso, sobre la inexistencia, nulidad, anulabilidad, invalidez o ineficacia del contrato que contiene un convenio arbitral.

3. Las excepciones u objeciones deberán oponerse a más tardar en el momento de presentar la contestación, sin que el hecho de haber nombrado o participado en elnombramiento de los árbitros impida oponerlas. La excepción u objeción basada en que el tribunal arbitral ha excedido el ámbito de su competencia deberá oponerse tan pronto como sea planteada durante las actuaciones arbitrales, la materia que supuestamente exceda su competencia. El tribunal arbitral sólo podrá admitir excepciones u objeciones planteadas con posterioridad si la demora resulta justificada. El tribunal arbitral podrá considerar, sin embargo, estos temas por iniciativa propia, en cualquier momento.

4. Salvo pacto en contrario, el tribunal arbitral decidirá estas excepciones u obje-

ciones con carácter previo o junto con las demás cuestiones sometidas a su decisión relativas al fondo de la controversia. Si el tribunal arbitral desestima la excepción u objeción, sea como cuestión previa o sea en el laudo por el que se resuelve definitivamente la controversia, su desición sólo podrá ser impugnada mediante recurso de anulación contra dicho laudo.

5. Si el tribunal arbitral ampara la excepción como cuestión previa, se declarará incompetente y ordenará la terminación de las actuaciones arbitrales. Esta decisión podrá ser impugnada mediante recurso de anulación. Si el tribunal arbitral ampara la excepción como cuestión previa respecto de determinadas materias, las actuaciones arbitrales continuarán respecto de las demás materias y la desición sólo podrá ser impugnada mediante recurso de anulación luego de emitirse el laudo por el que se resuelve definitivamente la controversia.

Artículo 42° Audiencias

1. El tribunal arbitral decidirá si han de celebrarse audiencias para la presentación de alegaciones, la actuación de pruebas y la emisión de conclusiones, o si las actuaciones serán solamente por escrito. No obstante, el tribunal arbitral celebrará audiencias en la fase apropiada de las actuaciones, a petición de una de las partes, a menos que ellas hubiesen convenido que no se celebrarán audiencias.

2. Las partes serán citadas a todas las audiencias con suficiente antelación y podrán intervenir en ellas directamente o por medio de sus representantes.

3. Salvo acuerdo distinto de las partes o decisión del tribunal arbitral, todas las audiencias y reuniones serán privadas.

4. De todas las alegaciones escritas, documentos y demás información que una parte aporte al tribunal arbitral se pondrá en conocimiento de la otra parte. Asimismo, se pondrá a disposición de las partes cualquier otro material perteneciente a la controversia que sea entregado al tribunal arbitral por las partes o por cualquiertercero y en los que puedan fundar su decisión.

Artículo 43° Pruebas

1. El tribunal arbitral tiene la facultad para determinar de manera exclusiva la

admisión, pertinencia, actuación y valor de las pruebas y para ordenar en cualquier momento la presentación o la actuación de las pruebas que estime necesarios.

2. El tribunal arbitral está facultado asimismo para prescindir motivadamente de las pruebas ofrecidas y no actuadas, según las circunstancias del caso.

Artículo 44° Peritos

1. El tribunal arbitral podrá nombrar, por iniciativa propia o a solicitud de alguna de las partes, uno o más peritos para que dictaminen sobre materias concretas. Asimismo requerirá a cualquiera de las partes para que facilite al perito toda la información pertinente presentando los documentos u objetos necesarios o facilitando el acceso a éstos.

2. Después de presentado el dictamen pericial, el tribunal arbitral por propia iniciativa o a iniciativa de parte, convocará al perito a una audiencia en la que las partes, directamente o asistidas de peritos, podrán formular sus observaciones o solicitar que sustente la labor que ha desarrollado, salvo acuerdo en contrario de las partes.

3. Las partes pueden aportar dictámenes periciales por peritos libremente designados, salvo acuerdo en contrario.

Artículo 45° Colaboración judicial

1. El tribunal arbitral o cualquiera de las partes con su aprobación, podrá pedir asistencia judicial para la actuación de pruebas, acompañando a su solicitud, las copias del documento que acredite la existencia del arbitraje y de la decisión que faculte a la parte interesada a recurrir a dicha asistencia, cuando corresponda.

2. Esta asistencia podrá consistir en la actuación del medio probatorio ante la autoridad judicial competente bajo su exclusiva dirección o en la adopción por dicha autoridad de las medidas concretas que sean necesarias para que la prueba pueda ser actuada ante el tribunal arbitral.

3. A menos que la actuación de la prueba sea manifiestamente contraria al orden público o a leyes prohibitivas expresas, la autoridad judicial competente se limitará a cumplir, sin demora, con la solicitud de asistencia, sin entrar a calificar acerca de su procedencia y sin admitir oposición o recurso alguno contra la resolución que a dichos

efectos dicte.

4. En caso de actuación de declaraciones ante la autoridad judicial competente, el tribunal arbitral podrá, de estimarlo pertinente, escuchar dichas declaraciones, teniendo la oportunidad de formular preguntas.

Artículo 46° Parte renuente

Salvo acuerdo en contrario de las partes, cuando sin alegar causa suficiente a criterio del tribunal arbitral: a. El demandante no presente su demanda en plazo, el tribunal arbitral dará por terminadas las actuaciones, a menos que, oído el demandado, éste manifieste su voluntad de ejercitar alguna pretensión. b. El demandado no presente su contestación en plazo, el tribunal arbitral continuará las actuaciones, sin que esa omisión se considere como una aceptación de las alegaciones del demandante. c. Una de las partes no comparezca a una audiencia, no presente pruebas o deje de ejercer sus derechos en cualquier momento, el tribunal arbitral podrá continuar las actuaciones y dictar el laudo con fundamento en las pruebas que tenga a su disposición.

Artículo 47° Medidas cautelares

1. Una vez constituido, el tribunal arbitral, a petición de cualquiera de las partes, podrá adoptar las medidas cautelares que considere necesarias para garantizar la eficacia del laudo, pudiendo exigir las garantías que estime conveniente para asegurar el resarcimiento de los daños y perjuicios que pueda ocasionar la ejecución de la medida.

2. Por medida cautelar se entenderá toda medida temporal, contenida en una decisión que tenga o no forma de laudo, por la que, en cualquier momento previo a la emisión del laudo que resuelva definitivamente la controversia, el tribunal arbitral ordena a una de las partes: a. Que mantenga o restablezca el statu quo en espera de que se resuelva la controversia; b. Que adopte medidas para impedir algún daño actual o inminente o el menoscabo del proceso arbitral, o que se abstenga de llevar a cabo ciertos actos que probablemente ocasionarían dicho daño o menoscabo al proceso arbitral; c. Que proporcione algún medio para preservar bienes que permitan ejecutar el laudo subsiguiente; o d. Que preserve elementos de prueba que pudieran ser relevantes y per-

tinentes para resolver la controversia.

3. El tribunal arbitral, antes de resolver, pondrá en conocimiento la solicitud a la otra parte. Sin embargo, podrá dictar una medida cautelar sin necesidad de poner en conocimiento a la otra parte, cuando la parte solicitante justifique la necesidad de no hacerlo para garantizar que la eficacia de la medida no se frustre. Ejecutada la medidapodrá formularse reconsideración contra la decisión.

4. Las medidas cautelares solicitadas a una autoridad judicial antes de la constitución del tribunal arbitral no son incompatibles con el arbitraje ni consideradas como una renuncia a él. Ejecutada la medida, la parte beneficiada deberá iniciar el arbitraje dentro de los diez (10) días siguientes, si no lo hubiere hecho con anterioridad. Si no lo hace dentro de este plazo o habiendo cumplido con hacerlo, no se constituye el tribunal arbitral dentro de los noventa (90) días de dictada la medida, ésta caduca de pleno derecho.

5. Constituido el tribunal arbitral, cualquiera de las partes puede informar a la autoridad judicial de este hecho y pedir la remisión al tribunal del expediente del proceso cautelar. La autoridad judicial está obligada, bajo responsabilidad, a remitirlo en el estado en que se encuentre, sin perjuicio de que cualquiera de las partes pueda presentar al tribunal arbitral copia de los actuados del proceso cautelar. La demora de la autoridad judicial en la remisión, no impide al tribunal arbitral pronunciarse sobre la medida cautelar solicitada, dictada o impugnada. En este último caso, el tribunal arbitral tramitará la apelación interpuesta bajo los términos de una reconsideración contra la medida cautelar.

6. El tribunal arbitral está facultado para modificar, sustituir y dejar sin efecto las medidas cautelares que haya dictado así como las medidas cautelares dictadas por una autoridad judicial, incluso cuando se trate de decisiones judiciales firmes. Esta decisión podrá ser adoptada por el tribunal arbitral, ya sea a iniciativa de alguna de las partes o, en circunstancias excepcionales, por iniciativa propia, previa notificación a ellas.

7. El tribunal arbitral podrá exigir a cualquiera de las partes que dé a conocer, sin demora, todo cambio importante que se produzca en las circunstancias que motivaron

que la medida se solicitara o dictara.

8. El solicitante de una medida cautelar será responsable de los costos y de los daños y perjuicios que dicha medida ocasione a alguna de las partes, siempre que el tribunal arbitral determine ulteriormente que, en las circunstancias del caso, no debería haberse otorgado la medida. En ese caso, el tribunal arbitral podrá condenar al solicitante, en cualquier momento de las actuaciones, al pago de los costos y de los daños y perjuicios.

9. En el arbitraje internacional, las partes durante el transcurso de las actuaciones pueden también solicitar a la autoridad judicial competente, previa autorización deltribunal arbitral, la adopción de las medidas cautelares que estimen convenientes.

Artículo 48° Ejecución de medidas cautelares dictadas por el tribunal arbitral

1. El tribunal arbitral está facultado para ejecutar, a pedido de parte, sus medidas cautelares, salvo que, a su sola discreción, considere necesario o conveniente requerir la asistencia de la fuerza pública.

2. En los casos de incumplimiento de la medida cautelar o cuando se requiera de ejecución judicial, la parte interesada recurrirá a la autoridad judicial competente, quien por el solo mérito de las copias del documento que acredite la existencia del arbitraje y de la decisión cautelar, procederá a ejecutar la medida sin admitir recursos ni oposición alguna.

3. La autoridad judicial no tiene competencia para interpretar el contenido ni los alcances de la medida cautelar. Cualquier solicitud de aclaración o precisión sobre los mismos o sobre la ejecución cautelar, será solicitada por la autoridad judicial o por las partes al tribunal arbitral. Ejecutada la medida, la autoridad judicial informará al tribunal arbitral y remitirá copia certificada de los actuados.

4. Toda medida cautelar ordenada por un tribunal arbitral cuyo lugar se halle fuera del territorio peruano podrá ser reconocida y ejecutada en el territorio nacional, siendo de aplicación lo dispuesto en los artículos 75°, 76° y 77°, con las siguientes particularidades: a. Se podrá denegar la solicitud de reconocimiento, sólo por las caus-

ales a, b, c y d del apartado 2 del articulo 75° o cuando no se dé cumplimiento a lo dispuesto en el inciso d. de este apartado. b. La parte que pida el reconocimiento de la medida cautelar deberá presentar el original o copia de la decisión del tribunal arbitral, debiendo observar lo previsto en el articulo 9°. c. Los plazos dispuestos en los apartados 2 y 3 del artículo 76° serán de diez (10) días. d. La autoridad judicial podrá exigir a la parte solicitante que preste una garantía adecuada, cuando el tribunal arbitral no se haya pronunciado aún sobre tal garantía o cuando esa garantía sea necesaria para proteger los derechos de terceros. Si no se da cumplimiento, la autoridad judicial podrá rechazar la solicitud de reconocimiento. e. La autoridad judicial que conoce de la ejecución de la medida cautelar podrá rechazar la solicitud, cuando la medida cautelar sea incompatible con sus facultades, a menos que decida reformular la medida para ajustarla a sus propias facultades y procedimientos a efectos de poderla ejecutar, sin modificar su contenido ni desnaturalizarla.

Artículo 49° Reconsideración

1. Las decisiones del tribunal arbitral, distintas al laudo, pueden ser reconsideradas a iniciativa de una de las partes o del tribunal arbitral, por razones debidamente motivadas, dentro del plazo establecido por las partes, por el reglamento arbitral aplicable o por el tribunal arbitral. A falta de determinación del plazo, la reconsideración debe presentarse dentro de los tres (3) días siguientes de notificada la decisión.

2. Salvo acuerdo en contrario, esta reconsideración no suspende la ejecución de la decisión.

Artículo 50° Transacción

1. Si durante las actuaciones arbitrales las partes llegan a un acuerdo que resuelva la controversia en forma total o parcial, el tribunal arbitral dará por terminadas las actuaciones con respecto a los extremos acordados y, si ambas partes lo solicitan y el tribunal arbitral no aprecia motivo para oponerse, hará constar ese acuerdo en forma de laudo en los términos convenidos por las partes sin necesidad de motivación, teniendo dicho laudo la misma eficacia que cualquier otro laudo dictado sobre el fondo de la controversia.

2. Las actuaciones continuarán respecto de los extremos de la controversia que no hayan sido objeto de acuerdo.

Artículo 51° Confidencialidad

1. Salvo pacto en contrario, el tribunal arbitral, el secretario, la institución arbitral y, en su caso, los testigos, peritos y cualquier otro que intervenga en las actuaciones arbitrales, están obligados a guardar confidencialidad sobre el curso de las mismas, incluido el laudo, así como sobre cualquier información que conozcan a través de dichas actuaciones, bajo responsabilidad.

2. Este deber de confidencialidad también alcanza a las partes, sus representantes y asesores legales, salvo cuando por exigencia legal sea necesario hacer público las actuaciones o, en su caso, el laudo para proteger o hacer cumplir un derecho o para interponer el recurso de anulación o ejecutar el laudo en sede judicial.

3. En todos los arbitrajes regidos por este Decreto Legislativo en los que interviene el Estado peruano como parte, las actuaciones arbitrales estarán sujetas a confidencialidad y el laudo será público, una vez terminadas las actuaciones.

Título V Laudo

Artículo 52° Adopción de decisiones

1. El tribunal arbitral funciona con la concurrencia de la mayoría de los árbitros. Toda decisión se adoptará por mayoría, salvo que las partes hubiesen dispuesto algo distinto. Si no hubiese mayoría, la decisión será tomada por el presidente.

2. Los árbitros tienen la obligación de votar en todas las decisiones. Si no lo hacen, se considera que se adhieren a la decisión en mayoría o a la del presidente, según corresponda.

3. Salvo acuerdo en contrario de las partes o de los árbitros, el presidente podrá decidir por sí solo cuestiones de ordenación, tramitación e impulso de las actuaciones arbitrales.

Artículo 53° Plazo

La controversia debe decidirse y notificarse dentro del plazo establecido por las partes, por el reglamento arbitral aplicable o, en su defecto, por el tribunal arbitral.

Artículo 54° Laudos

Salvo acuerdo en contrario de las partes, el tribunal arbitral decidirá la controversia en un solo laudo o en tantos laudos parciales como estime necesarios.

Artículo 55° Forma del laudo

1. Todo laudo deberá constar por escrito y ser firmado por los árbitros, quienes podrán expresar su opinión discrepante. Cuando haya más de un árbitro, bastarán las firmas de la mayoría de los miembros o sólo la del presidente, según corresponda, siempre que se manifiesten las razones de la falta de una o más firmas.

2. Para estos efectos, se entenderá que el laudo consta por escrito cuando de su contenido y firmas quede constancia y sean accesibles para su ulterior consulta en soporte electrónico, óptico o de otro tipo.

3. Se entiende que el árbitro que no firma el laudo ni emite su opinión discrepante se adhiere a la decisión en mayoría o la del presidente, según corresponda.

Artículo 56° Contenido del laudo

1. Todo laudo deberá ser motivado, a menos que las partes hayan convenido algo distinto o que se trate de un laudo pronunciado en los términos convenidos por las partes conforme al artículo 50°. Constarán en el laudo la fecha en que ha sido dictado y el lugar del arbitraje determinado de conformidad con el apartado 1 del artículo 35°. El laudo se considera dictado en ese lugar.

2. El tribunal arbitral se pronunciará en el laudo sobre la asunción o distribución de los costos del arbitraje, según lo previsto en el artículo 73°.

Artículo 57° Normas aplicables al fondo de la controversia

1. En el arbitraje nacional, el tribunal arbitral decidirá el fondo de la controversia, de acuerdo a derecho.

2. En el arbitraje internacional, el tribunal arbitral decidirá la controversia de conformidad con las normas jurídicas elegidas por las partes como aplicables al fondo de la controversia. Se entenderá que toda indicación del derecho u ordenamiento

jurídico de un Estado determinado se refiere, a menos que se exprese lo contrario, al derecho sustantivo de ese Estado y no a sus normas de conflicto de leyes. Si las partes no indican las normas jurídicas aplicables, el tribunal arbitral aplicará las que estime apropiadas.

3. En cualquiera de los supuestos previstos en los apartados 1 y 2 de este artículo, el tribunal arbitral decidirá en equidad o en conciencia, sólo si las partes le han autorizado expresamente para ello.

4. En todos los casos, el tribunal arbitral decidirá con arreglo a las estipulaciones del contrato y tendrá en cuenta los usos y prácticas aplicables.

Artículo 58° Rectificación, interpretación, integración y exclusión del laudo

1. Salvo acuerdo distinto de las partes o disposición diferente del reglamento arbitral aplicable: a. Dentro de los quince (15) días siguientes a la notificación del laudo, cualquiera de las partes puede solicitar la rectificación de cualquier error de cálculo, de trascripción, tipográfico o informático o de naturaleza similar. b. Dentro de los quince (15) días siguientes a la notificación del laudo, cualquiera de las partes puede solicitar la interpretación de algún extremo oscuro, impreciso o dudoso expresado en la parte decisoria del laudo o que influya en ella para determinar los alcances de la ejecución. c. Dentro de los quince (15) días siguientes a la notificación del laudo, cualquiera de las partes puede solicitar la integración del laudo por haberse omitido resolver cualquier extremo de la controversia sometida a conocimiento y decisión del tribunal arbitral. d. Dentro de los quince (15) días siguientes a la notificación del laudo, cualquiera de las partes puede solicitar la exclusión del laudo de algún extremo que hubiera sido objeto de pronunciamiento, sin que estuviera sometido a conocimiento y decisión del tribunal arbitral o que no sea susceptible de arbitraje. e. El tribunal arbitral pondrá la solicitud en conocimiento de la otra parte por quince (15) días. Vencido dicho plazo, con la absolución o sin ella, el tribunal arbitral resolverá la solicitud en un plazo de quince (15) días. Este plazo puede ser ampliado a iniciativa del tribunal arbitral por quince (15) días adicionales. f. El tribunal arbitral podrá también proceder a iniciativa propia a la rectificación, interpretación o integración del laudo, dentro de los diez

(10) días siguientes a la notificación dellaudo.

2. La rectificación, interpretación, integración y exclusión formará parte del laudo. Contra esta decisión no procede reconsideración. La notificación de estas decisiones deberá realizarse dentro del plazo pactado por las partes, establecido en el reglamento arbitral aplicable o, en su defecto, en este artículo.

3. Si el tribunal arbitral no se pronuncia acerca de la rectificación, interpretación, integración y exclusión solicitadas dentro del plazo pactado por las partes, establecido en el reglamento arbitral aplicable o, en su defecto, en este artículo, se considerará que la solicitud ha sido denegada. No surtirá efecto cualquier decisión sobre rectificación, interpretación, integración y exclusión del laudo que sea notificada fuera de plazo.

Artículo 59° Efectos del laudo

1. Todo laudo es definitivo, inapelable y de obligatorio cumplimiento desde su notificación a las partes.

2. El laudo produce efectos de cosa juzgada.

3. Si la parte obligada no cumple con lo ordenado por el laudo, en la forma y en los plazos establecidos, o en su defecto, dentro de los quince (15) días de notificada con el laudo o con las rectificaciones, interpretaciones, integraciones y exclusiones del laudo, cuando corresponda; la parte interesada podrá pedir la ejecución del laudo a la autoridad judicial competente, salvo que resulte aplicable el artículo 67°.

Artículo 60° Terminación de las actuaciones

1. Las actuaciones arbitrales terminarán y el tribunal arbitral cesará en sus funciones con el laudo por el que se resuelva definitivamente la controversia y, en su caso, con las rectificaciones, interpretaciones, integraciones y exclusiones del laudo, sin perjuicio de lo dispuesto en el artículo 67°.

2. El tribunal arbitral también ordenará la terminación de las actuaciones: a. Cuando el demandante se desista de su demanda, a menos que el demandado se oponga a ello y el tribunal arbitral le reconozca un interés legítimo en obtener una solución definitiva de la controversia. b. Cuando las partes acuerden dar por terminadas las actuaciones. c. Cuando el tribunal arbitral compruebe que la continuación de las actuaciones

resulta innecesaria o imposible.

Artículo 61° Conservación de las actuaciones

1. Transcurrido el plazo que las partes hayan señalado a este fin o, en su defecto, el de tres (3) meses desde la terminación de las actuaciones, cesará la obligación deltribunal arbitral de conservar la documentación del arbitraje. Dentro de ese plazo, cualquiera de las partes podrá solicitar al tribunal arbitral que le remita los documentos presentados por ella. El tribunal arbitral accederá a la solicitud siempre que no atente contra el secreto de la deliberación arbitral y que el solicitante asuma los gastos correspondientes.

2. Cualquiera de las partes también puede solicitar, a su costo, que las actuaciones sean remitidas en custodia a las Cámaras de Comercio o instituciones arbitrales que ofrezcan servicios de conservación y archivo de actuaciones arbitrales.

3. Si se interpone recurso de anulación contra el laudo, el tribunal arbitral tiene la obligación de conservar las actuaciones originales y de expedir las copias pertinentes que solicite la parte interesada, a su costo. Resuelto el recurso en definitiva, serán de aplicación los apartados 1 y 2 de este artículo, siempre que no deba reiniciarse las actuaciones o no deba entregarse éstas a un nuevo tribunal arbitral o la autoridad judicial para que resuelva la controversia.

Título VI Anulación y Ejecución del Laudo

Artículo 62° Recurso de anulación

1. Contra el laudo sólo podrá interponerse recurso de anulación. Este recurso constituye la única vía de impugnación del laudo y tiene por objeto la revisión de su validez por las causales taxativamente establecidas en el artículo 63°.

2. El recurso se resuelve declarando la validez o la nulidad del laudo. Está prohibido bajo responsabilidad, pronunciarse sobre el fondo de la controversia o sobre el contenido de la decisión o calificar los criterios, motivaciones o interpretaciones expuestas por el tribunal arbitral.

Artículo 63° Causales de anulación

1. El laudo sólo podrá ser anulado cuando la parte que solicita la anulación alegue

y pruebe: a. Que el convenio arbitral es inexistente, nulo, anulable, inválido o ineficaz. b. Que una de las partes no ha sido debidamente notificada del nombramiento de un árbitro o de las actuaciones arbitrales, o no ha podido por cualquier otra razón, hacer valer sus derechos. c. Que la composición del tribunal arbitral o las actuaciones arbitrales no se han ajustado al acuerdo entre las partes o al reglamento arbitral aplicable, salvo que dicho acuerdo o disposición estuvieran en conflicto con una disposición de este Decreto Legislativo de la que las partes no pudieran apartarse, o en defecto de dicho acuerdo o reglamento, que no se han ajustado a lo establecido eneste Decreto Legislativo. d. Que el tribunal arbitral ha resuelto sobre materias no sometidas a su decisión. e. Que el tribunal arbitral ha resuelto sobre materias que, de acuerdo a ley, son manifiestamente no susceptibles de arbitraje, tratándose de un arbitraje nacional. f. Que según las leyes de la República, el objeto de la controversia no es susceptible de arbitraje o el laudo es contrario al orden público internacional, tratándose de un arbitraje internacional. g. Que la controversia ha sido decidida fuera del plazo pactado por las partes, previsto en el reglamento arbitral aplicable o establecido por el tribunal arbitral.

2. Las causales previstas en los incisos a, b, c y d del apartado 1 de este artículo sólo serán procedentes si fueron objeto de reclamo expreso en su momento ante el tribunal arbitral por la parte afectada y fueron desestimadas.

3. Tratándose de las causales previstas en los incisos d. y e. del apartado 1 de este artículo, la anulación afectará solamente a las materias no sometidas a arbitraje o no susceptibles de arbitraje, siempre que puedan separarse de las demás; en caso contrario, la anulación será total. Asimismo, la causal prevista en el inciso e podrá ser apreciada de oficio por la Corte Superior que conoce del recurso de anulación.

4. La causal prevista en el inciso g. del apartado 1 de este artículo sólo será procedente si la parte afectada lo hubiera manifestado por escrito de manera inequívoca al tribunal arbitral y su comportamiento en las actuaciones arbitrales posteriores no sea incompatible con este reclamo.

5. En el arbitraje internacional, la causal prevista en el inciso a. del apartado 1 de este artículo se apreciará de acuerdo con las normas jurídicas elegidas por las partes

para regir el convenio arbitral, por las normas jurídicas aplicables al fondo de la controversia, o por el derecho peruano, lo que resulte más favorable a la validez y eficacia del convenio arbitral.

6. En el arbitraje internacional, la causal prevista en el inciso f. podrá ser apreciada de oficio por la Corte Superior que conoce del recurso de anulación.

7. No procede la anulación del laudo si la causal que se invoca ha podido ser subsanada mediante rectificación, interpretación, integración o exclusión del laudo y la parte interesada no cumplió con solicitarlos.

8. Cuando ninguna de las partes en el arbitraje sea de nacionalidad peruana o tenga su domicilio, residencia habitual o lugar de actividades principales en territorio peruano, se podrá acordar expresamente la renuncia al recurso de anulación o la limitación de dicho recurso a una o más causales establecidas en este artículo. Si las partes han hecho renuncia al recurso de anulacióny el laudo se pretende ejecutar en territorio peruano, será de aplicación lo previsto en el títuloⅧ.

Artículo 64° Trámite del recurso

1. El recurso de anulación se interpone ante la Corte Superior competente dentro de los veinte (20) días siguientes a la notificación del laudo. Cuando se hubiere solicitado la rectificación, interpretación, integración o exclusión del laudo o se hubiese efectuado por iniciativa del tribunal arbitral, el recurso de anulación deberá interponerse dentro de los veinte (20) días de notificada la última decisión sobre estas cuestiones o de transcurrido el plazo para resolverlos, sin que el tribunal arbitral se haya pronunciado.

2. El recurso de anulación debe contener la indicación precisa de la causal o de las causales de anulación debidamente fundamentadas y acreditadas con los medios probatorios correspondientes. Sólo pueden ofrecerse documentos. Las partes podrán presentar las copias pertinentes de las actuaciones arbitrales que tengan en su poder. Excepcionalmente y por motivos atendibles, las partes o la Corte podrán solicitar que el tribunal arbitral remita las copias pertinentes de dichas actuaciones, no siendo necesario el envío de la documentación original. Asimismo el recurso de anulación debe contener cualquier otro requisito que haya sido pactado por las partes para garantizar el

cumplimiento del laudo.

3. La Corte Superior competente resolverá de plano sobre la admisión a trámite del recurso dentro de los diez (10) días siguientes, excepto en el caso previsto en el apartado 4 del artículo 66° en el que previamente deberá cumplirse con el trámite que en él se establece. Una vez admitido a trámite el recurso de anulación, se dará traslado a la otra parte por el plazo de veinte (20) días para que exponga lo que estime conveniente y ofrezca los medios probatorios correspondientes. Sólo pueden ofrecerse documentos.

4. Vencido el plazo para absolver el traslado, se señalará fecha para la vista de la causa dentro de los veinte (20) días siguientes. En la vista de la causa, la Corte Superior competente podrá suspender las actuaciones judiciales por un plazo no mayor a seis (6) meses a fin de dar al tribunal arbitral la oportunidad de reanudar las actuaciones arbitrales o de adoptar cualquier otra medida que, a criterio de los árbitros elimine las causales alegadas para el recurso de anulación. En caso contrario, resolverá dentro de los veinte (20) días siguientes.

5. Contra lo resuelto por la Corte Superior sólo procede recurso de casación ante la Sala Civil de la Corte Suprema, cuando el laudo hubiera sido anulado en forma total o parcial.

Artículo 65° Consecuencias de la anulación

1. Anulado el laudo, se procederá de la siguiente manera: a. Si el laudo se anula por la causal prevista en el inciso a. del apartado 1 del artículo 63°, la materia que fue objeto de arbitraje podrá ser demandada judicialmente, salvo acuerdo distinto de las partes. b. Si el laudo se anula por la causal prevista en el inciso b. del apartado 1 del artículo 63°, el tribunal arbitral debe reiniciar el arbitraje desde el momento en que se cometió la violación manifiesta del derecho de defensa. c. Si el laudo se anula por la causal prevista en el inciso c. del apartado 1 del artículo 63°, las partes deberán proceder a un nuevo nombramiento de árbitros o, en su caso, el tribunal arbitral debe reiniciar el arbitraje en el estado en el que se no se observó el acuerdo de las partes, el reglamento o la norma aplicable. d. Si el laudo, o parte de él, se anula por la causal prevista en el inciso d. del apartado 1 del artículo 63°, la materia no sometida a arbi-

traje podrá ser objeto de un nuevo arbitraje, si estuviera contemplada en el convenio arbitral. En caso contrario, la materia podrá ser demandada judicialmente, salvo acuerdo distinto de las partes. e. Si el laudo, o parte de él, se anula por la causal prevista en el inciso e. del apartado 1 del artículo 63°, la materia no susceptible de arbitraje podrá ser demandada judicialmente. f. Si el laudo se anula por la causal prevista en el inciso g. del apartado 1 del artículo 63°, puede iniciarse un nuevo arbitraje, salvo que las partes acuerden componer un nuevo tribunal arbitral para que sobre la base de las actuaciones resuelva la controversia o, tratándose de arbitraje nacional, dentro de los quince (15) días siguientes de notificada la resolución que anula el laudo, decidan por acuerdo, que la Corte Superior que conoció del recurso de anulación resuelva en única instancia sobre el fondo de la controversia.

2. La anulación del laudo no perjudica las pruebas actuadas en el curso de las actuaciones arbitrales, las que podrán ser apreciadas a discreción por el tribunal arbitral o, en su caso, por la autoridad judicial.

Artículo 66° Garantía de cumplimiento

1. La interposición del recurso de anulación no suspende la obligación de cumplimiento del laudo ni su ejecución arbitral o judicial, salvo cuando la parte que impugna el laudo solicite la suspensión y cumpla con el requisito de la garantía acordada por las partes o establecida en el reglamento arbitral aplicable. Al examinar la admisión del recurso, la Corte Superior verificará el cumplimiento del requisito y, de ser el caso, concederá la suspensión.

2. Si no se ha acordado requisito alguno, a pedido de parte, la Corte Superior concederá la suspensión, si se constituye fianza bancaria solidaria, incondicionada y de realización automática en favor de la otra parte con una vigencia no menor a seis (6) meses renovables por todo el tiempo que dure el trámite del recurso y por una cantidad equivalente al valor de la condena contenida en el laudo.

3. Si la condena, en todo o en parte, es puramente declarativa o no es valorizable en dinero o si requiere de liquidación o determinación que no sea únicamente una operación matemática, el tribunal arbitral podrá señalar un monto razonable en el lau-

do para la constitución de la fianza bancaria en las mismas condiciones referidas en el apartado anterior, como requisito para 17 2021 Kluwer Law International, a Wolters Kluwer Company. All rights reserved. disponer la suspensión de la ejecución, salvo acuerdo distinto de las partes.

4. La parte impugnante podrá solicitar la determinación del monto de la fianza bancaria prevista en el apartado anterior a la Corte Superior que conoce del recurso, cuando el tribunal arbitral no lo hubiera determinado. También podrá solicitar su graduación, cuando no estuviere de acuerdo con la determinación efectuada por el tribunal arbitral. La Corte Superior luego de dar traslado a la otra parte por tres (3) días, fijará el monto definitivo en decisión inimpugnable.

5. La garantía constituida deberá renovarse antes de su vencimiento mientras se encuentre en trámite el recurso, bajo apercibimiento de ejecución del laudo. Para tal efecto, la Corte Superior, a pedido de la parte interesada, de ser el caso, oficiará a las entidades financieras para facilitar la renovación.

6. Si el recurso de anulación es desestimado, la Corte Superior, bajo responsabilidad, entregará la fianza bancaria a la parte vencedora del recurso. En caso contrario, bajo responsabilidad, lo devolverá a la parte que interpuso el recurso.

Artículo 67° Ejecución arbitral

1. A solicitud de parte, el tribunal arbitral está facultado para ejecutar sus laudos y decisiones, siempre que medie acuerdo de las partes o se encuentre previsto en el reglamento arbitral aplicable.

2. Se exceptúa de lo dispuesto en el apartado anterior, el caso en el cual, a su sola discreción, el tribunal arbitral considere necesario o conveniente requerir la asistencia de la fuerza pública. En este caso, cesará en sus funciones sin incurrir en responsabilidad y entregará a la parte interesada, a costo de ésta, copia de los actuadoscorrespondientes para que recurra a la autoridad judicial competente a efectos de la ejecución.

Artículo 68° Ejecución judicial

1. La parte interesada podrá solicitar la ejecución del laudo ante la autoridad judi-

cial competente acompañando copia de éste y de sus rectificaciones, interpretaciones, integraciones y exclusiones y, en su caso, de las actuaciones de ejecución efectuada por el tribunal arbitral.

2. La autoridad judicial, por el solo mérito de los documentos referidos en el apartado anterior, dictará mandato de ejecución para que la parte ejecutada cumpla con su obligación dentro de un plazo de cinco (5) días, bajo apercibimiento de ejecución forzada.

3. La parte ejecutada sólo podrá oponerse si acredita con documentos el cumplimiento de la obligación requerida o la suspensión de la ejecución conforme al artículo 66°. La autoridad judicial dará traslado de la oposición a la otra parte por el plazo de cinco (5) días. Vencido este plazo, resolverá dentro de los cinco (5) días siguientes. La resolución que declara fundada la oposición es apelable con efecto suspensivo.

4. La autoridad judicial está prohibida, bajo responsabilidad, de admitir recursos que entorpezcan la ejecución del laudo.

Título Ⅶ Costos Arbitrales

Artículo 69° Libertad para determinar costos

Las partes tienen la facultad de adoptar, ya sea directamente o por referencia a reglamentos arbitrales, reglas relativas a los costos del arbitraje. A falta de acuerdo, el tribunal arbitral dispondrá lo conveniente, con sujeción a lo dispuesto en este título.

Artículo 70° Costos El tribunal arbitral fijará en el laudo los costos del arbitraje

Los costos del arbitraje comprenden: a. Los honorarios y gastos del tribunal arbitral. b. Los honorarios y gastos del secretario. c. Los gastos administrativos de la institución arbitral. d. Los honorarios y gastos de los peritos o de cualquier otra asistencia requerida por el tribunal arbitral. e. Los gastos razonables incurridos por las partes para su defensa en el arbitraje. f. Los demás gastos razonables originados en las actuaciones arbitrales.

Artículo 71° Honorarios del tribunal arbitral

Los honorarios del tribunal arbitral y del secretario, en su caso, seránestablecidos de manera razonable, teniendo en cuenta el monto en disputa, la dimensión y la complejidad del caso, el tiempo dedicado por los árbitros, el desarrollo de las actuaciones arbitrales, así como los usos y costumbres arbitrales y cualesquiera otras circunstancias pertinentes del caso.

Artículo 72° Anticipos

1. Una vez constituido, el tribunal arbitral podrá requerir a cada una de las partes que entregue un anticipo de los costos previstos en el artículo 70°. En el curso de las actuaciones, el tribunal arbitral podrá requerir anticipos adicionales a las partes. Las partes asumirán los anticipos en proporciones iguales, sin perjuicio de lo que decida el tribunal arbitral sobre su distribución en el laudo.

2. Sin perjuicio de lo dispuesto en el apartado anterior, el tribunal arbitral, de estimarlo adecuado, según las circunstancias, puede disponer anticipos separados para cada una de las partes, teniendo en cuenta sus respectivas reclamaciones o pretensiones. En este caso, el tribunal arbitral sólo conocerá las reclamaciones que hayan sido cubiertas con los anticipos respectivos. De no cumplirse con la entrega de los anticipos, las respectivas reclamaciones o pretensiones podrán ser excluidas del ámbito del arbitraje.

3. Si una o ambas partes no efectúan el depósito de los anticipos que les corresponde dentro de los plazos conferidos, el tribunal arbitral podrá suspender las actuaciones arbitrales en el estado en que se encuentren. Si a criterio del tribunal arbitral transcurre un plazo razonable de suspensión sin que la parte obligada haya cumplido con su obligación o la otra parte haya asumido dicha obligación, el tribunal arbitral, a su entera discreción, podrá ordenar la terminación de las actuaciones arbitrales.

4. La decisión del tribunal arbitral de terminar las actuaciones ante el incumplimiento de la obligación del depósito de los anticipos correspondientes no perjudica el convenio arbitral. La misma regla se aplica a las reclamaciones excluidas del arbitraje por no encontrarse cubiertas con los respectivos anticipos.

5. El tribunal arbitral no podrá cobrar honorarios adicionales por la rectificación, interpretación, integración o exclusión del laudo. En caso de ejecución arbitral, de ac-

uerdo a la complejidad y duración de la ejecución, podrán liquidarse honorarios adicionales.

Artículo 73° Asunción o distribución de costos

1. El tribunal arbitral tendrá en cuenta a efectos de imputar o distribuir los costosdel arbitraje, el acuerdo de las partes. A falta de acuerdo, los costos del arbitraje serán de cargo de la parte vencida. Sin embargo, el tribunal arbitral podrá distribuir y prorratear estos costos entre las partes, si estima que el prorrateo es razonable, teniendo en cuenta las circunstancias del caso.

2. Cuando el tribunal arbitral ordene la terminación de las actuaciones arbitrales por transacción, desistimiento, declaración de incompetencia o por cualquier otra razón, fijará los costos del arbitraje en su decisión o laudo.

3. El tribunal arbitral decidirá también los honorarios definitivos del árbitro que haya sido sustituido en el cargo, de acuerdo al estado de las actuaciones arbitrales, en decisión definitiva e inimpugnable.

Título Ⅷ Reconocimiento y Ejecución de Laudos Extranjeros

Artículo 74° Normas aplicables

1. Son laudos extranjeros los pronunciados en un lugar que se halle fuera del territorio peruano. Serán reconocidos y ejecutados en el Perú de conformidad con los siguientes instrumentos, teniendo en cuenta los plazos de prescripción previstos en el derecho peruano: a. La Convención sobre el Reconocimiento y Ejecución de Sentencias Arbitrales Extranjeras, aprobada en Nueva York el 10 de junio de 1958, o b. La Convención Interamericana de Arbitraje Comercial Internacional, aprobada en Panamá el 30 de enero de 1975, o c. Cualquier otro tratado sobre reconocimiento y ejecución de laudos arbitrales del cual sea parte el Perú.

2. Salvo que las partes hayan acordado algo distinto, el tratado aplicable será el más favorable a la parte que solicite el reconocimiento y ejecución de un laudo extranjero.

Artículo 75° Causales de denegación

1. Este artículo será de aplicación a falta de tratado, o aun cuando exista éste, si

estas normas son, en todo o en parte, más favorables a la parte que pida el reconocimiento del laudo extranjero, teniendo en cuenta los plazos de prescripción previstos en el derecho peruano.

2. Sólo se podrá denegar el reconocimiento de un laudo extranjero, a instancia de la parte contra la cual es invocada, si esta parte prueba: a. Que una de las partes en el convenio arbitral estaba afectada por alguna incapacidad, o que dicho convenio no es válido, en virtud de la ley a la que las partes lo han sometido, o si nada se hubiera indicado al respecto, en virtud de la ley del país en que se haya dictado el laudo. b. Que la parte contra la cual se invoca el laudo no ha sido debidamente notificada del nombramiento de un árbitro o de las actuaciones arbitrales, o no ha podido por cualquier otra razón, hacer valer sus derechos. c. Que el laudo se refiere a una controversia no prevista en el convenio arbitral o contiene decisiones que exceden sus términos. d. Que la composición del tribunal arbitral o las actuaciones arbitrales no se han ajustado al acuerdo celebrado entre las partes, o en defecto de tal acuerdo, que no se han ajustado a la ley del país donde se efectuó el arbitraje. e. Que el laudo no es aún obligatorio para las partes o ha sido anulado o suspendido por una autoridad judicial competente del país en que, o conforme a cuya ley, ha sido dictado ese laudo.

3. También se podrá denegar el reconocimiento de un laudo extranjero si la autoridad judicial competente comprueba: a. Que según el derecho peruano, el objeto de la controversia no puede ser susceptible de arbitraje. b. Que el laudo es contrario al orden público internacional.

4. La causa prevista en el inciso a. del apartado 2 de este artículo no supondrá la denegación del reconocimiento del laudo, si la parte que la invoca ha comparecido a las actuaciones arbitrales y no ha invocado la incompetencia del tribunal arbitral por falta de validez del convenio arbitral o si el convenio arbitral es válido según el derecho peruano.

5. La causa prevista en el inciso b. del apartado 2 de este artículo no supondrá la denegación del reconocimiento del laudo, si la parte que la invoca ha comparecido a las actuaciones arbitrales y no ha reclamado oportunamente ante el tribunal arbitral la falta de notificación del nombramiento de un árbitro o de las actuaciones arbitrales o la

vulneración a su derecho de defensa.

6. La causa prevista en el inciso c. del apartado 2 de este artículo no supondrá la denegación del reconocimiento del laudo, si éste se refiere a cuestiones sometidas al arbitraje que pueden separarse de las que no hayan sido sometidas al arbitraje.

7. La causa prevista en el inciso d. del apartado 2 de este artículo no supondrá la denegación del reconocimiento del laudo, si la parte que la invoca ha comparecido a las actuaciones arbitrales y no ha invocado la incompetencia del tribunal arbitral en virtud a que su composición no se ha ajustado al acuerdo de las partes o, en su defecto, a la ley del país donde se efectuó el arbitraje; o no ha denunciado oportunamente ante el tribunal arbitral que las actuaciones arbitrales no se han ajustado al acuerdo de las partes o, en su defecto, a la ley del país donde se efectuó el arbitraje.

8. Si se ha solicitado a una autoridad judicial competente del país en que, oconforme a cuya ley, ha sido dictado el laudo, la anulación o suspensión del laudo extranjero, según lo previsto en el inciso e. apartado 2 de este artículo; la Corte Superior competente que conoce del reconocimiento del laudo, si lo considera procedente, podrá aplazar su decisión sobre dicho reconocimiento y, a petición de la parte que pida el reconocimiento del laudo, podrá también ordenar a la otra parte que otorgue garantías apropiadas.

Artículo 76° Reconocimiento

1. La parte que pida el reconocimiento de un laudo extranjero deberá presentar el original o copia del laudo, debiendo observar lo previsto en el artículo 9. La solicitud se tramita en la vía no contenciosa, sin intervención del Ministerio Público.

2. Admitida la solicitud, la Corte Superior competente dará traslado en conocimiento de la otra parte para que en un plazo de veinte (20) días exprese lo que estime conveniente.

3. Vencido el plazo para absolver el traslado, se señalará fecha para la vista de la causa dentro de los veinte (20) días siguientes. En la vista de la causa, la Corte Superior competente podrá adoptar, de ser el caso, la decisión prevista en el apartado 8 del artículo 75. En caso contrario, resolverá dentro de los veinte (20) días siguientes.

4. Contra lo resuelto por la Corte Superior sólo procede recurso de casación, cuando no se hubiera reconocido en parte o en su totalidad el laudo.

Artículo 77° Ejecución

Reconocido, en parte o en su totalidad el laudo, conocerá de su ejecución la autoridad judicial competente, según lo previsto en el artículo 68°.

Artículo 78° Aplicación de la norma más favorable

Cuando resulte de aplicación la Convención sobre el Reconocimiento y Ejecución de Sentencias Arbitrales Extranjeras, aprobada en Nueva York el 10 de junio de 1958, se tendrá presente lo siguiente:

1. Conforme a lo dispuesto en el párrafo 1) del artículo VII de la Convención, será de aplicación una o más de las disposiciones de este Decreto Legislativo, cuando resulten más favorables a la parte que solicita el reconocimiento y ejecución del laudo.

2. Conforme a lo dispuesto en el párrafo 1 del artículo VII de la Convención, la parte interesada podrá acogerse a los derechos que puedan corresponderle, en virtud de las leyes o los tratados de los cuales el Perú sea parte, para obtener el reconocimiento de la validez de ese convenio arbitral.

3. Cuando resulte de aplicación lo dispuesto en el párrafo 2) del artículo II de la Convención, esta disposición se aplicará reconociendo que las circunstancias que describe no son exhaustivas.

附录二　以色列主要仲裁立法

(一)以色列仲裁法

Arbitration Law,5728 –1968 (as amended)

Chapter One　Definitions

1. For the purposes of this Law—

“arbitration agreement” means a written agreement to refer to arbitration a dispute which has arisen between parties to the agreement or which may arise between them in the future, whether an arbitrator is named in the agreement or not;

“arbitrator” means an arbitrator appointed by or under an arbitration agreement, including an umpire and a substitute arbitrator;

“award” means an award made by an arbitrator, including an interim award;

“foreign award” means an award made outside of Israel;

“court” means the court having jurisdiction in accordance with any law, to hear the matter agreed to be decided by arbitration.

Chapter Two　Arbitration Agreement

Implied provisions

2. Unless a contrary intention appears therein, an arbitration agreement shall be deemed to include the provisions set out in the First Schedule, in so far as they are relevant.

Restriction as to agreement

3. An arbitration agreement in a matter which cannot be the subject of an agreement between the parties is invalid.

Change of parties and arbitrators

4. An arbitration agreement and the authority of an arbitrator thereunder shall have effect also with respect to the successors of the parties to the agreement, and the authority of an arbitrator under an arbitration agreement is also vested in a substitute arbitrator, all unless a contrary intention appears from the agreement.

Stay of court proceedings

5.

(a) Where an action is brought before a court in a dispute which the parties have agreed is to be referred to arbitration, and a party to the action who is a party to the arbitration agreement applies to the court to stay the proceedings in the action, the court shall stay the proceedings between the parties to the agreement, provided that the applicant has been and still is prepared to do everything required for the institution and continuation of the arbitration.

(b) An application to stay the proceedings may be submitted in the statement of defence or otherwise, but not later than the day on which the applicant first pleads to the substance of the action.

(c) The court may refrain from staying the proceedings if it sees a special reason why the dispute should not be dealt with by arbitration.

Stay of proceedings under international convention

6. Where an action is brought before a court in a dispute which the parties have agreed is to be referred to arbitration, and an international convention to which Israel is a party applies to the arbitration, and such convention lays down provisions for stay of proceedings, the court shall exercise its power under section 5 in accordance with and subject to those provisions.

Relief against lapse of rights

7.

(a) Where an agreement between the parties provides that the commencement or the termination of arbitration proceedings within a specific period, shall be a precondition for the realization of a right between them, and a dispute arises between the parties, the court may, if it considers that it is just to do so, extend the period, even if it has already expired, on such conditions as it thinks fit.

(b) Where the court decides, whether under section 5 or 6 or under section 12 (b), that a dispute shall not be dealt with by arbitration, any stipulation in the agreement between the parties making the commencement or termination of the arbitration proceedings a precondition for the realization of a right between them shall be void.

Chapter Three Appointment and Removal of Arbitrator

Appointment of arbitrator by court

8.

(a) Where a dispute arises in a matter which the parties have agreed is to be referred to arbitration, and an arbitrator has not been appointed under the agreement, the court may, on an application of a party, appoint the arbitrator. The court may do so whether the arbitrator should have been appointed by the parties or one of them, by the appointed arbitrators or by a third party.

(b) The court shall not appoint an arbitrator under subsection (a) unless the applicant has given the other party written notice as provided hereunder and has received no response within seven days from the day on which the notice was delivered.

(1) Where the arbitration agreement provides that each party shall appoint an arbitrator, the applicant shall name the arbitrator appointed by him in the notice and shall call upon the other party to appoint an arbitrator.

(2) In any other case, the applicant shall propose to appoint an arbitrator in the notice and shall call upon the other party to agree to his appointment.

(c) Where the arbitration agreement provides that each party shall appoint an arbitrator, the court may, on an application of the party who has appointed an arbitrator, appoint that arbitrator, or another person, as sole arbitrator.

Appointment of sole arbitrator by court

9. Where an additional arbitrator or an umpire has been appointed, whether under the arbitration agreement or by the court, the court may, on an application of a party, notwithstanding anything contained in the arbitration agreement, appoint that arbitrator as sole arbitrator if it sees a special reason for doing so in order to institute or to com-

plete the arbitration.

Status of arbitrator appointed by court

10. An arbitrator or a sole arbitrator appointed by the court shall have the same status as an arbitrator appointed by the parties to an arbitration agreement.

Removal of arbitrator

11. The court may remove an arbitrator from office in one of the following events—(1) it has been discovered that the arbitrator is unworthy of the parties' confidence;

(2) the arbitrator's conduct in the course of the arbitration causes a delay of justice;

(3) the arbitrator is unable to perform his functions.

Appointment of substitute arbitrator

12.

(a) Where the place of an arbitrator has fallen vacant, because of his withdrawal from office, his death or his removal, the provisions of sections 8 to 10 shall apply to the appointment of a substitute arbitrator, unless a contrary intention appears from the arbitration agreement.

(b) Where an arbitrator has been removed from office, the court may, if it sees a special reason for so doing, instead of appointing a substitute arbitrator, decide that the dispute, which is the subject of the arbitration, shall not be dealt with by arbitration.

Chapter Four　Arbitration Proceedings

Summoning of witnesses

13.

(a) An arbitrator shall have the same power to summon witnesses to give evidence or to produce documents as the power the court has in an action brought before it, and he may award them remuneration and expenses.

(b) A witness who testifies in an arbitration shall have the same duties and immunities as those of a witness testifying in court.

(c) Where a witness has been summoned by an arbitrator, the court may, on an application of that witness, cancel the summons, if it considers that the summons involves abuse of the arbitration proceedings.

Methods of taking evidence

14. A testimony of a witness, including a testimony of a party, shall be taken under oath or affirmation, unless the arbitrator and the parties have agreed that it shall not be taken under oath or affirmation, provided that a witness shall not be required to testify under oath where the court would have not required him to do so.

Hearing in the absence of a party

15.

(a) Where a party has failed to attend a hearing to which he has been duly summoned, the arbitrator may hear the dispute in his absence. Where a party has been called upon to state his case at a prescribed time and has not done so, the arbitrator may decide the dispute in his absence.

(b) Where an award was made after a hearing in which a party was absent or did not state his case, the arbitrator may, at a party's request, brought to the arbitrator within thirty days from the day of which a copy of the award was delivered to that party, set aside the award and reopen the hearing, if he is satisfied that the party was absent or did not state his case for a justifiable cause.

Auxiliary powers of court

16.

(a) In the following matters, the court has, in respect of arbitration, the same powers to grant relief as it has in respect of an action brought before it:

(1) summoning witnesses and determining their remuneration and expenses;

(2) adopting coercive and punitive measures against a witness who has failed to answer a summons issued by the arbitrator or by the court or against a witness who has refused to testify;

(3) taking of evidence forthwith or outside of the jurisdiction;

(4) substitution of service of notices or documents upon the parties;

(5) attachment of property, prevention of departure from Israel, security for the

production of property, appointment of a receiver, mandatory injunction and prohibitive injunction.

(b) An application for relief under this section may be filed by a party or by the arbitrator. Where an arbitrator has not yet been appointed, a party may file the application after giving the other party notice as provided in section 8(b).

(c) For the purposes of subsection (a), the appointment of an arbitrator or the giving of notice as aforesaid shall have the same effect as bringing an action before the court.

(d) The provisions of this section shall not derogate from the powers of the arbitrator under the arbitration agreement or under this Law.

Extension of provisional remedies

17.

(a) Relief granted under section 16(a)(5) shall be effective until the award is made, unless set aside by the court. The arbitrator may make such relief or part of it final in the award.

(b) A decision made by the arbitrator under subsection (a) shall, except as regards appeal, have the effect of a decision made by the court.

Application to court does not stay arbitration proceedings

18. The filing of an application with the court by a party or by the arbitrator concerning the arbitration, shall not stay the arbitration proceedings, unless the court or the arbitrator so directs.

Extension of periods for arbitrator's actions

19.

(a) Where the arbitration agreement or this Law prescribes a period for the making of the award or for some other act of the arbitrator, the court may, on the application of a party or the arbitrator, extend the period from time to time to such period as it shall prescribe, even if the preceding period has already expired.

(b) In calculating a period as referred to in subsection (a), the time for which the arbitration proceedings are stayed under section 18 or 33 shall not be taken into account.

Chapter Five　Award

Form of award

20. The award shall be in writing and signed by the arbitrator, indicating the date of signature. In an arbitration before several arbitrators, the signatures of a majority of them shall suffice, if the award indicates that the other arbitrators are unable or unwilling to sign it.

Legal effect of award

21. Subject to sections 24 to 28 and unless a contrary intention appears from the arbitration agreement, the award binds the parties and their successors as res judicata.

Appeal to arbitrator

21. A

(a) Where the parties to an arbitration agreement stipulated that the award may be appealed to an arbitrator—

(1) the arbitrator shall state his reasons for the appealable award;

(2) unless the parties agreed otherwise, the provisions of the Second Schedule shall apply in addition to the provisions of the First Schedule, as long as the provisions of the First Schedule do not contradict those provisions of the Second Schedule.

(b) The provisions of this Law which apply to an arbitrator, to arbitration proceedings and to an award, shall apply mutatis mutandis, to an appeal arbitrator, to appeal proceedings before an arbitrator and to an award in appeal proceedings. In this respect the award as per the definition of "award" shall be the award in the appeal proceedings or the award of the first arbitrator, if no appeal has been brought or when the time for submitting an appeal has elapsed.

(c) Where the parties have stipulated as per subsection (a)—

(1) An application to set aside the award may be brought only on the grounds set in section 24(9) and (10).

(2) An application to the court for leave to appeal the award may not be filed.

Correction of award

22.

(a) The arbitrator may, on an application of a party and after the other parties have been given a suitable opportunity to state their cases, correct or complete the award if it is defective in one of the following ways:

(1) the award contains a clerical error, a lapsus calami, an omission, an error in the description of any person or property or in any date, number, calculation or the like;

(2) the award is defective as to a matter not relating to substance of the dispute;

(3) the award does not contain any provision as to the payment of interest;

(4) the award does not contain any provision as to the parties' expenses, including attorney's fees.

(b) The arbitrator shall not entertain an application made to him under subsection (a)(3) or (4) after thirty days have elapsed from the day on which the award was made, if the award was made in the presence of the applicant, or after thirty days have elapsed from the day on which a copy of the award was delivered to the applicant, if the award was made in the absence of the applicant.

(c) The arbitrator shall decide upon an application under this section within thirty days from the day a notice thereof is given to the other parties.

(d) The court may correct defects as referred to in subsection (a)(1) or (2) in the course of a hearing of an application to confirm or set aside the award, even where no application has been made to the arbitrator or where an application has been made to him but he has not decided upon it.

Confirmation of award

23.

(a) On an application of a party, the court may confirm an award. Where an award has been confirmed, it shall be treated as a judgment of the court, in all respects, except as regards appeal.

(b) The court shall not entertain an objection to an application to confirm an award save by way of an application to set it aside or by way of an appeal pursuant to section 29B.

Setting aside an award

24. On an application of a party (in this Law referred to as an “application for setting aside”), the court may set aside an award, wholly or in part, supplement it, correct it, or remit it to the arbitrator, on one of the following grounds:

(1) there was no valid arbitration agreement;

(2) the award was made by an arbitrator not properly appointed;

(3) the arbitrator acted without authority or exceeded the authority vested in him in the arbitration agreement;

(4) a party was not given a suitable opportunity to state his case or to produce his evidence;

(5) the arbitrator did not decide one of the matters referred to him for determination;

(6) it was stipulated in the arbitration that the arbitrator shall state the reasons for the award and the arbitrator did not do so;

(7) it was stipulated in the arbitration agreement that the arbitrator shall decide in accordance with the law and the arbitrator did not do so;

(8) the award was made after the period for making it had expired;

(9) the content of the award is contrary to public policy;

(10) there is a ground on which a court would have set aside a final, non-appealable judgment.

Remission of award to the arbitrator

25. Where the court decides to remit the award to the arbitrator, the arbitrator shall make his award within three months of the day of the decision for remission, unless the court otherwise directs.

Limitations concerning the setting aside of the award

26.

(a) The court may dismiss an application for setting aside notwithstanding the existence of one of the grounds set out in section 24, if it is of the opinion that no miscarriage of justice has been caused.

(b) The court shall not set aside the award in whole if it is possible to set it aside in part, supplement it, correct it or remit it to the arbitrator.

(c) The court shall not hear a plea of a party that the award was made out of time unless that party has reserved the right to make that plea before the award was made, by way of a written notice to the arbitrator.

Time for application for setting aside

27.

(a) The court shall not entertain an application for setting aside filed after forty-five days have elapsed from the day on which the award was made, if it was made in the presence of the applicant, and after forty-five days have elapsed from the day on which a copy of the award was delivered to the applicant by the arbitrator or by a party, if the award was made in the absence of the applicant. The court may extend the said period, even if it has already expired, for special reasons which shall be recorded and in any case in which an application for the confirmation of a foreign award has been filed.

(b) Where an application has been made to the arbitrator under section 22, the period of forty-five days shall begin on the day on which the arbitrator decided upon the application or ought to have decided upon it. In case of an application for setting aside on the ground set out in section 24(10), the said period shall begin on the day on which the facts on which the application is based were discovered.

(c) The court shall not entertain an application for setting aside filed after the award had been confirmed.

(d) The periods indicated in subsection (a) shall not apply to an application for setting aside on the ground set out in section 24(1), and the provisions of subsection (c) shall not apply to an application for setting aside on the ground set out in section 24(10).

Application for setting aside and confirmation of the award

28. Where an application for setting aside has been filed and dismissed or where an appeal has been filed pursuant to section 29B and dismissed, the court shall confirm the award, even if no application for its confirmation has been filed. Where the court

dismisses in part the application for setting aside or the appeal, or supplements or corrects the award pursuant to hearing the application, it shall confirm the award in so far as it has not been set aside, supplemented or corrected.

Attachment order, etc.

29.

(a) Where an application for confirmation or for setting aside an award has been filed, the court may order the attachment of the property of the party against whom the award was made, the prevention of his departure from Israel or the provision of security for the execution of the award. The application may be made orally and the court may exempt the applicant from providing security.

(b) The provisions of every enactment concerning provisional attachments, the prevention of departure from Israel or the provision of security shall apply mutatis mutandis to a relief under this section.

Foreign award

29A. An application for the confirmation or the setting aside of a foreign award that is subject to an international convention to which Israel is a party, which lays down provisions as to the matter in question, shall be filed and heard in accordance with and subject to those provisions.

Appeal on the award by leave of court

29B.

(a) Parties to an arbitration agreement who have agreed that the arbitrator shall decide in accordance with the law, may agree that the award shall be subject to appeal with the leave of the court, in case there is a fundamental mistake in applying the law which may cause miscarriage of justice. Such appeal shall be heard by a sole judge, and the provisions concerning appeal before the court shall apply to it.

(b) Where the parties to an arbitration agreement have agreed that the award may be subject to appeal before the court as per subsection (a), the arbitration hearings shall be recorded in a protocol and the arbitrator shall state the reasons for the award.

(c) Where an appeal on the award has been filed to the court, the court shall not entertain an application for setting aside the award, and in the appeal the parties may raise arguments concerning the setting aside of the award pursuant to any of the grounds as set out in section 24.

Chapter Six　Obligations and Remuneration of Arbitrator

Liability of arbitrator

30. An arbitrator who has consented to his appointment shall act faithfully as between the parties. Where the arbitrator betrays the confidence placed in him, the injured party shall be entitled to compensation granted for breach of contract, in addition to any remedy under this Law.

Arbitrator's fees

31.

(a) Unless a contrary intention appears from the arbitration agreement, the parties shall pay the arbitrator his fees and expenses (hereinafter together referred to as "fees"), in such amounts and instalments and at such times that the arbitrator has fixed.

(b) A party may pay the arbitrator, on account of his fees, any amount which another party is in arrears, and upon his doing so, he shall be entitled to resort to the other party at any time and be reimbursed by him for what he has paid.

Reducing arbitrator's fees

32.

(a) Unless a contrary intention appears from the arbitration agreement, the court may, on an application of a party, reduce any fees fixed by the arbitrator, to which the parties have not consented, if it finds that the fees are excessive. The court may also order the arbitrator to pay back sums paid to him on account of his fees.

(b) The court shall not entertain an application for reducing the arbitrator's fees filed before the award is made or after the expiration of the period indicated in section 27(a).

Right of delay

33.

(a) Where the arbitrator's fees have not been paid in whole or in part on time, he may delay the continuation of the hearing, the making of the award or its delivery, until the outstanding amount has been paid.

(b) Where the arbitrator has done as specified in subsection (a) with respect to fees which a party contends are excessive, the court may, on an application of a party, direct the arbitrator to continue the hearing, to make the award or to deliver it, as the case may be, on the condition that all of the fees or part of them are deposited with the court or that the applicant provides security for their payment.

Fees of arbitrator who has been removed

34. Where an arbitrator has been removed, the court may, on an application of a party, determine whether or not he is entitled to all or part of his fees. The court may also order the arbitrator to pay back sums paid to him on account of his fees.

Status of arbitrator and parties

35. The arbitrator shall be a respondent in an application filed by one of the parties under section 32, 33(b) or 34. The other parties shall be given a suitable opportunity to state their cases.

Chapter Seven　Miscellaneous Provisions

Status of the State

36. For the purposes of this Law, the State shall have the same status as any other person, provided that the Civil Procedure Amendment (The State as a Party) Law, 5718 - 1958, shall apply to an arbitration to which the State is a party.

Authority of registrar

37. In the following matters the authority vested in the court by this Law is vested also in the court's registrar:

(1) the authority which he would have been competent to exercise if the claim in arbitration were an action brought in court;

(2) the appointment of an arbitrator;

(3) the extension of time under this Law;

(4) the confirmation of an award, and the making of an order under section 29, where there is no application for setting aside.

Appeal

38. A decision of the court under this Law is appealable by leave under section 19 (b) of the Courts Law, 5717 – 1957. A decision of the Registrar under this Law is appealable under section 8(b) and (d) of the Registrars Ordinance, 1936.

Saving for rights and obligations

39. The provisions of this Law shall not prevent the bringing of an action in court for the rights and obligations stated in an award made under this Law or in a determination made on the basis of an oral agreement.

Saving for laws

39A. The provisions of this Law shall not prevent a stay of court proceedings, the confirmation or setting aside of an award or any other proceeding under this Law even if the arbitration is governed by a foreign law, or the award is a foreign award to which no convention as referred to in section 6 or 29A applies or if the convention which applies does not lay down provisions as to the matter in question.

Repeal

40. The Arbitration Ordinance (4) is hereby repealed.

Commencement and transitional provision

41. This Law shall come into force on the 11th Tevet, 5729 (1st January, 1969): Provided that an arbitration begun before the coming into force of this Law, whether by notice by one party to the other calling upon him to appoint or consent to the appointment of an arbitrator or by notice to the arbitrator calling upon him to begin hearing the dispute, shall continue to be governed by the previous law.

Implementation and regulations

42. The Minister of Justice is charged with the implementation of this Law and he may make procedural regulations to the extent required for the carrying into effect of a convention as referred to in section 6 or 29A.

First Schedule (Section 2)

A. The arbitration shall be before a sole arbitrator unless a greater number of arbitrators has been stipulated.

B. In an arbitration before an even number of arbitrators, the arbitrators shall, on the demand of one of them, appoint an additional arbitrator. Where an additional arbitrator has been appointed, he shall be the chairman of the tribunal.

C. In an arbitration before an uneven number of arbitrators, the arbitrators shall elect a chairman from among themselves.

D. The arbitration chairman may fix the place and time of the arbitration sessions and decide anything concerning the procedures thereof.

E. The decisions of the arbitrators and the award shall be made by a majority of votes. In the absence of a majority for the final award, the opinion of the chairman shall prevail. An arbitrator left in the minority may record his dissenting opinion in the award.

F. Where an umpire has been appointed in an arbitration, he shall assume his functions after the other arbitrators, or one of them, have or has given him and the parties written notice that there is no majority vote for the final award. Upon assuming his functions, the umpire shall take the place of the other arbitrators.

G. Where an arbitrator assumes his office as an additional arbitrator, umpire or substitute arbitrator, the arbitration shall continue from the stage which it has then reached unless the arbitrator otherwise requests.

H. The arbitrator may direct the parties to answer interrogatories, to disclose and produce documents and to do any other thing connected with the conduct of the arbitration, as a court might do in an action brought before it.

I. Where the arbitrator orders a party anything connected with the conduct of the arbitration, and without any justifiable cause that party does not comply with the order, then, after warning that party, the arbitrator may dismiss the claim, if the order was made against the plaintiff, or strike out the defence and decide the dispute as if the defendant had not submitted a defence, if the order was made against the defendant.

J. The arbitrator shall not hold a session in the absence of a party unless he has warned him, in writing or orally, that he will proceed at that session in his absence if he does not attend.

K. Before taking evidence, the arbitrator shall warn the witness that he must testify truthfully, otherwise he will be liable for the penalties prescribed by Law.

L. Where the determination of the dispute involves a matter requiring expert knowledge, the arbitrator may, at any stage of the proceedings and after giving the parties a suitable opportunity to state their cases, direct that the matter be referred to the opinion of an expert appointed by him. A copy of the opinion shall be delivered to the parties, who may oppose it and demand an examination of the expert as if he were a witness on behalf of the arbitrator. The arbitrator may refrain from hearing the evidence of other experts on a matter he has referred to an expert, if he has notified the parties on that in advance and they have not objected.

M. The arbitrator shall place the arbitration file at the disposal of the parties, at any reasonable time, for inspection and copying.

N. The arbitrator shall act in such manner as appears to him most conducive to reaching a just and speedy determination of the dispute, and he shall decide to the best of his judgment according to the material before him. The arbitrator shall not be bound by substantive law, by the rules of evidence or the rules of procedure applicable in the courts.

N1. The arbitrator shall state his reasons for the award.

O. The arbitrator shall make the award within three months from the day on which he started to deal with the dispute, or on which he was called upon to deal with it by a party by a written notice, whichever is the earlier date. Nonetheless the arbitrator may extend that period by up to three additional months.

P. The arbitrator may submit to the court's opinion a legal question arising in the course of the arbitration, or the whole or part of the award, by way of case stated.

Q. The arbitrator may grant a declaratory award, a mandatory or prohibitive injunction, an order for specific performance and any other relief which the court is competent to grant, and he may also make an interim award which determines the subject matter of the arbitration in parts.

R. The arbitrator may issue directions as to the whole or part of the parties' expenses, including attorney's fees, and his fees and expenses, and he may direct the deposit of these sums or the provision of security for their payment. Unless the arbitrator otherwise directs, the parties shall pay him his fees and expenses in equal shares.

S. The arbitrator shall retain the arbitration file for seven years after the completion of the arbitration.

T. A document concerning the arbitration sent to the arbitrator or to a party by registered mail with a certificate of delivery, shall be deemed to have been delivered to the addressee on the date indicated in the certificate of delivery or in the certificate of refusal to receive the document.

Second Schedule (Section 21A)

A. The arbitration sessions shall be recorded in a protocol or by another way agreed by the parties in the arbitration agreement. The protocol shall reflect the proceedings and the parties' contentions.

B.

(1) An appeal shall be brought within forty-five days from the day the award was delivered to the parties and shall be reasoned; Where the parties did not agree on the identity of the arbitrator in the appeal, or when the person whom the parties agreed to appoint as arbitrator did not consent to the appointment, any party may apply to the court, within the said period, for the appointment of an arbitrator pursuant to Article 8, and the appeal shall be filed within fifteen days of the appointment of the arbitrator;

(2) The other parties may submit a reasoned reply to the appeal within thirty days from the day the appeal was delivered to them. The appellant may submit a rejoinder to the reply within fifteen days from the day it was delivered to him.

C. Where an appeal has been brought, the other parties may bring a counter appeal within thirty days from the day the appeal was delivered to them. The respondents to the counter appeal may submit a reasoned reply to the counter appeal within fifteen days from the day the counter appeal was delivered to them.

D. The appeal arbitrator may hold meetings in the presence of the parties, hear arguments and request written submissions. However, he may not hear witnesses. The decision in the appeal shall be based on the material that was before the first arbitrator, on the pleadings and on written submissions submitted in the appeal.

E. The appeal arbitrator shall make his award within three months from the day on which the rejoinder to the reply in accordance with paragraph B(2) was filed.

F. The appeal arbitrator shall state his reasons for the award.

G. Provisions which were agreed upon in the arbitration agreement, including provisions regarding the limitation of the arbitrator's authority to grant extensions of time, shall apply to the appeal before the arbitrator too, unless the parties have agreed otherwise.

(二)以色列仲裁程序条例

Regulations for Procedure in Matters of Arbitration, 5728 - 1968

1. In these regulations:

"The Law" means the Arbitration Law, 5728 - 1968.

"The Civil Procedure Regulations" means the Civil Procedure Regulations, 5723 - 1963.

The other expressions in these regulations shall be interpreted as their interpretation in the Law and the Civil Procedure Regulation, when no other intention is implied.

2. The Civil Procedure Regulation shall apply to the procedure in the court in matters of arbitration insofar as these regulations do not stipulate otherwise.

3. (a) An application under the Law, except an application for a stay of proceedings, shall be brought to a court of one of these places:

(1) the place of residence or place of business of the respondent or of the respondents

(2) the place where the arbitration was conducted, or was intended to be conducted

(3) the place where the event which is the subject of the arbitration took place

(4) the court which was agreed upon by the parties to the arbitration.

(b) An application mentioned in 3 (a) which is under the jurisdiction of an Israeli court and there being no place suited for its hearing under these regulations or any other legislation, may be brought before the court in Jerusalem which is authorized to deal with the matter in case, but the court in Jerusalem may instruct otherwise, if it considers that under the circumstances another court would be more convenient for the parties.

4. An application under the Law for which these regulations do not prescribe another procedure shall be brought by way of a motion.

5. An application for a stay of proceedings under Sections 5 (b) or 6 of the Law shall be brought before the court in which the claim was brought; where the application is not included in the defence, it shall be brought by motion.

6. A request for the calling of a witness by the court shall be according to form 2 in the Schedule and may be dealt with ex parte.

7. A case stated shall be according to Regulation 321 of the Civil Procedure Regulations; the arbitrator shall sign it and it shall be brought to the court with a number of copies equal to the number of respondents.

8. A party who seeks the confirmation of the award by a court, shall bring an application therefor in the form of a notice, according to form 3 in the Schedule and shall attach a copy of the award signed by the arbitrator and a number of copies to be delivered to every respondent.

9. An application to set aside an award, in whole or in part, to implement it, modify it or return it to the arbitrator, shall be brought by way of motion; the application shall specify the ground out of the grounds specified in Section 24 of the Law upon which it is based and shall be accompanied by an affidavit to authenticate the facts included therein.

10. The respondent may object to the confirmation of the award by an application to set it aside, within 7 days from the day the notice specified in Regulation 8 was delivered to him, provided he is not later than the date specified in Section 27 of the Law; when he has not objected as aforesaid, the court or the registrar thereof shall confirm the award, with no need to hear the parties.

11. The commencement of the regulations is the day of commencement of the Law; these regulations shall not apply to arbitration as specified in Section 41 of the Law.

(三)执行纽约公约条例(外国仲裁)

Regulations for the Execution of the New York Convention (Foreign Arbitration), 5738 – 1978

1. In these regulations, "the New York Convention" means the Convention on the Recognition and Enforcement of Foreign Arbitral Awards signed in New York on the 10th June 1958 and which is in force in Israel as from the 7th June 1959.

2. These regulations are enacted to carry out the New York Convention and shall be interpreted with it as one.

3. A party who applies to the court to confirm a foreign award shall attach to his application—

(1) the original award which has been authenticated according to Israeli law

(2) the original arbitration agreement or a copy thereof which has been confirmed according to Israeli law.

(b) a document referred to in sub-regulation (a) which was not made in Hebrew, Arabic, English or French, shall be accompanied by a translation into one of these languages; the translation shall be confirmed by a person who is authorized to authenticate translations according to the Israeli law or by a diplomatic or consular agent of the country in the language of which the document was made.

4. When an application to set aside an award or to suspend it has been brought before the competent authority of the place in which it was made or according to the law of which it was made, the court may postpone the proceedings to another date and, upon the request of the party seeking to confirm the award, it may also order the other party to provide an appropriate security.

5. The Regulations for Procedure in Matters of Arbitration 5728 – 1968 shall apply

to applications for a stay of proceedings and confirmation of awards under the New York Convention, insofar as the present regulations do not provide otherwise, and with the necessary modifications.

6. These regulations shall not apply to an arbitration, insofar as another convention to which Israel is a party with the exception of the New York Convention, applies thereto.

7. These regulations shall be in force 30 days from their publication.

8. These regulations shall be called “Regulations for the Execution of the New York Convention (Foreign Arbitration), 5738 - 1978.

(四)以色列商事仲裁中心仲裁规则

The Rules of Arbitration of the Israeli Institute of Commercial Arbitration (Version in force and effect from 1. 1. 2020)

Model Arbitration Clause

“Any dispute between the parties arising out of or in connection with this contract, its execution, interpretation, applicability or validity, will be referred for arbitration by the Israeli Institute of Commercial Arbitration in accordance with its rules.”

The Israeli Institute of Commercial Arbitration (the “Arbitration Institute”), founded by the Chamber of Commerce in 1989, is an independent public body established as the first arbitral institution in Israel. The institution has administered thousands of domestic and international disputes, and it operates on a non-profit basis.

In the event that parties agree to submit a dispute for settlement by arbitration that is administered by the Arbitration Institute, they shall be deemed to have agreed that the arbitration be conducted pursuant to the rules of the Arbitration Institute (the “Rules”) as may be in effect at the time of commencement of the arbitration.

Article 1: Definitions

As used in these rules, the following terms shall have the meanings set forth alongside them:

The "President"—The President of the Israeli Institute of Commercial Arbitration.

The "Institute"—The Israeli Institute of Commercial Arbitration.

The "Arbitrator"—An Arbitrator or Arbitrators appointed in accordance with these Rules, including in appeal proceedings.

"Claim"—A Claim filed with the Arbitration Institute, including a counterclaim.

"Request"—Including a Request for Interim Relief.

"Decision"—Arbitrator's Decision, including in a Motion for Interim Relief.

"Interim Relief"—Relief awarded by an Arbitrator to ensure that the arbitral proceedings are conducted and/or to ensure enforcement of the Arbitral Award, as part of the Decision and/or as part of the Arbitral Award, all as specified in the Chapter on Interim Relief of these Rules.

The "Arbitral Award"—The award made by the Arbitrator, including an interim award; or an award made by the Court of Appeal.

"Appeal"—The award made by the Arbitrator, including an interim award; or an award made by the Court of Appeal.

"Party/Parties"—Claimant (including claimants), respondent (including respondents) or other litigants.

Article 2: Request for Arbitration

2.1 Request for Arbitration

The applicant will submit a Request to the Arbitration Institute to conduct arbitral proceedings in which the following particulars are provided:

2.1.1 The names, addresses, identification numbers (ID/Co. No. etc.) and contact details (including email addresses) of the Parties to the dispute.

2.1.2 The name, address and contact details of the applicant's legal counsel, in the event that it is represented.

2.1.3 A brief description of the dispute, the circumstances giving rise to the cause of action and the relief sought.

2.1.4 The applicant may specify a preference for the area of expertise of the Arbitrator.

2.2 Attaching an Arbitration Agreement and other Documents

The Request must be accompanied by a copy of the document, which includes the consent of the Parties for the dispute to be resolved by arbitration (such as: an arbitration agreement relating to the dispute, an arbitration clause in the agreement, minutes of a court hearing that includes the consent of the Parties to submit the dispute for settlement by arbitration, an arbitration clause in the Articles of Association, a court ruling referring the parties to arbitration).

2.3 Notice to the other Parties

The Arbitration Institute will send a copy of the Request for Arbitration and appendices thereto to the Parties listed in the Request for Arbitration.

A Party receiving a Request for Arbitration may reply to the Request within 15 days. In its reply it will indicate whether it intends filing a counterclaim, and if so the aforementioned provisions relating to the filing of a Request for Arbitration shall apply.

Article 3: The Arbitrator

3.1 Appointment of an Arbitrator

3.1.1 The Parties may propose an agreed Arbitrator within 30 days of the date of filing the Request for Arbitration. The identity of the proposed Arbitrator will be submitted for the approval of the President for the purpose of his appointment as Arbitrator. In the absence of such nomination or consent, the President will appoint an Arbitrator from the Arbitration Institute's list of Arbitrators, bearing in mind, inter alia, the Arbitrator's qualifications, experience, expertise and professionalism, which, as far as possible, are suitable to the subject matter of the dispute and the Parties' preferences regarding the Arbitrator's area of expertise, if they have any such preferences.

3.1.2 The Parties may agree on arbitration that includes more than one Arbitrator. The identity of each of the proposed Arbitrators will be submitted for the approval of the President for the purpose of appointing an Arbitrator. In the absence of such nomination or consent, the President will appoint an Arbitrator from the Arbitration Institute's list of Arbitrators, bearing in mind, inter alia, the Arbitrator's qualifications, experience, expertise and professionalism, which, as far as possible, are suitable to the subject matter of the dispute and the Parties' preferences regarding the Arbitrator's area of expertise, if they have any such preferences.

3.2 The Arbitrator's Declaration

The Arbitrator who is appointed will declare in writing that he has no prejudice, personal interest or involvement in the matter in dispute and that he is available to handle arbitration proceedings. Moreover, he will also undertake to honor and uphold the Rules of the Arbitration Institute and that he will comply with them.

3.3 Appointment of a Substitute Arbitrator

In the event that an Arbitrator is unable to perform his functions: another Arbitrator will be appointed in accordance with these Rules, unless otherwise agreed by the Parties. In the event that another Arbitrator is appointed: the arbitration will continue from the stage it has reached, unless the Arbitrator decides otherwise, after giving the Parties the right to present their arguments on the matter.

3.4 Challenging the Appointment of an Arbitrator before the Arbitration commences

3.4.1 Prior to the commencement of the arbitration, a Party may challenge the appointment of the Arbitrator before the President of the Arbitration Institute due to the Arbitrator's lack of competence to hear the matter of the dispute, concern regarding prejudice, a personal interest, or for any other reason which-in the opinion of the applicant-disqualifies the designated Arbitrator from serving as the Arbitrator.

3.4.2 The challenge of the Arbitrator must be submitted to the Arbitration Institute immediately after the date of the notice of the appointment, and not later than 10 days after receipt of the notice of the Arbitrator's appointment. The challenge shall be signed and it shall indicate the grounds for the challenge, as stated above.

3.4.3 The other Party may reply to the challenge of the Arbitrator's appointment within 10 days of the date of receiving the challenge.

3.4.4 The President shall rule on the challenge after considering the grounds for the challenge and the reply thereto, and after receiving the position of the Arbitrator with regard to what is stated in the challenge.

3.5 Removal of an Arbitrator

The President shall have the authority to remove an Arbitrator from his position, after commencement of the arbitration, at the request of a Party or according to his discretion, where he finds justification for this, and he shall provide the reasons therefor in writing.

Article 4: Preliminary Meeting

4.1 Preliminary Meeting Notice

Upon appointment of the Arbitrator, the Arbitration Institute will send a notice to the Parties regarding the appointment of the Arbitrator and regarding the date set down for the preliminary meeting.

4.2 Arbitrator's Authority at the Preliminary Meeting

At the preliminary meeting, the Parties will discuss how the arbitration will be conducted. The Arbitrator will have the authority to determine the procedure for conducting the arbitration in accordance with the Rules and according to his discretion.

Article 5: Exchange of Pleadings

5.1 Statement of Claim

Within 30 days of the date of the preliminary meeting, the claimant will file a Statement of Claim with the Arbitration Institute that, in addition to the details included in Article 2.1 above, also sets out the facts and the arguments required for its Claim. Copies of the material documents on which the cause of action is based must be attached to the Statement of Claim.

5.2 Statement of Defense

Within 30 days of receiving the Statement of Claim, the respondent shall file its Statement of Defense with the Arbitration Institute, providing details of its legal counsel, if it chooses to be represented. The Statement of Defense shall provide details of which facts or legal arguments the respondent admits and which it does not admit. Copies of the material documents, on which it relies for its defense, must be attached to the Statement of Defense.

5.3 Reply

Within 15 days of receiving the Statement of Defense, the claimant may file a Reply to the Statement of Defense.

5.4 Counterclaim

A respondent that wishes to file a Counterclaim as part of its Statement of Defense shall name it "Counterclaim".

What is stated in Article 5.1 with respect to the Statement of Claim shall also apply to a Counterclaim.

5.5 Defense to a Counterclaim

A claimant that wishes to defend a counterclaim shall do so in a document headed "Notice of Defense to a Counterclaim" that shall be filed within 30 days of the date of receiving the Counterclaim. What is stated in Article 5.2 with respect to a Statement of Defense shall also apply to the Notice of Defense to a Counterclaim.

5.6 Denial of the Arbitrator's Authority

The Arbitrator will be authorized to rule on any argument raised in relation to the scope of his authority, unless the Parties have expressly denied this authority.

A Party seeking to deny the Arbitrator's authority will do so at the first opportunity, immediately after becoming aware of the circumstances that establish the grounds for the application and no later than the day it first argues on the merits of the Claim. The Arbitrator will rule on the application shortly after it has been filed.

5.7 Request for Expedited Procedure without the Exchange of Pleadings

In the event that the Parties agree to refer the dispute between them for a Decision by the Arbitration Institute, without the exchange of pleadings, they shall sign an arbitration agreement accompanied by a request for arbitral proceedings without the exchange of pleadings.

Article 6: The Arbitral Proceedings

6.1 Seat of Arbitration

The seat of the arbitration will be Tel Aviv, Israel.

The arbitration meetings will be held at the offices of the Arbitration Institute, unless it is agreed between the Parties, with the approval of the President of the Arbitration Institute, to conduct the arbitration elsewhere.

The Arbitrator may hold meetings by means of video-conferencing or any other means of communication.

6.2 Language

The Parties will be entitled to determine the language in which the arbitration will be conducted. In the absence of such agreement: the arbitration will be conducted in Hebrew. In the event that the Parties fail to agree on the language of the arbitration and one of the Parties wishes to conduct the arbitration in a language other than Hebrew: the Arbitrator will determine the language of the arbitration.

6.3 Substantive Law

The Parties may agree between them on the substantive law that will apply to the arbitration. In the event of such agreement between the parties: the Arbitrator will-make his Decision according to that law. In the absence of any agreement, the Arbitrator will not be bound by the substantive law and he will make his award according to the best of his judgment based on the material before him.

6.4 Rules of Evidence and Procedure

6.4.1 The Parties will be entitled to agree on whether the rules of evidence and procedure, which are customary in courts, apply. In the absence of agreement between the Parties, the Arbitrator will not be bound by the rules of evidence and procedure.

6.4.2 The Arbitrator will act in the manner that he deems most beneficial for rendering a just and efficient Arbitral Award.

6.4.3 Throughout the arbitration, the Arbitrator will act in such a manner so as to encourage agreement between the Parties.

6.5 Taking Minutes/Recording the Hearings

Minutes will be taken at the arbitration meetings. However, with the agreement of the Parties, or on the Arbitrator's instructions, the hearings will be recorded, and subsequently transcribed. The recording and transcription costs will be borne equally by the Parties, unless the Arbitrator decides otherwise.

6.6 Timetable

6.6.1 The Arbitrator will set the timetable and the times for conducting the arbitration and he may change the times/dates at his discretion, whether determined according to these Rules or prescribed by him.

6.6.2 In the event that the Arbitrator orders an act to be carried out within a specific period of time, the Arbitrator will have the authority to extend that period of time at his discretion or according to the application that is filed with him by one of the Parties.

6.6.3 The President is authorized to extend any deadline specified in these Rules.

6.6.4 Recess days, Holidays and non-business days, occurring during the counting of the period of time, are included in calculating the period specified in these Rules.

6.7 Summoning Witnesses

6.7.1 The Arbitrator is authorized to issue instructions regarding summoning witnesses to give evidence, either at the request of a Party or on the initiative of the Arbitrator, which includes the authority to award of witness fees and expenses.

6.7.2 The obligations and privileges of a witness who testifies in the arbitration will be the same as that of a witness who testifies in court.

6.8 Cautioning Witnesses

A witness who testifies in the arbitration shall be cautioned that he is obliged to tell the truth and that if he fails to do so he will be subject to penalties prescribed by law.

6.9 Examination of Witnesses

The Arbitrator may issue instructions regarding the examination of witnesses, including the examination of expert witnesses.

6.10 Expert Witnesses Appointed by the Arbitrator

6.10.1 The Arbitrator may appoint an expert to provide an expert opinion, written or oral, whether an expert is summoned as a witness on behalf of one of the Parties or not.

6.10.2 The Parties will cooperate with the expert appointed by the Arbitrator, and they will ensure that any information necessary to formulate his opinion is placed at his disposal.

6.11 Summations

The Arbitrator will issue written or oral instructions regarding the summations of the arguments in the arbitration, and he will specify the date for hearing the summations or for filing them.

6.12 Documents

All the documents that are filed as part of the arbitration will be filed with the Arbitration Institute and served on each of the Parties.

6.13 Service of Documents

6.13.1 Service of documents on the Arbitrator will be effected through the Arbitration Institute, unless instructed otherwise by the Arbitrator.

6.13.2 Service of documents between the Parties will be effected directly between them, simultaneously with servicing them on the Arbitration Institute, according to the addresses specified in the pleadings, unless instructed otherwise by the Arbitrator.

6.14 The Arbitrator's General Power

If the Arbitrator issues an order to a Party regarding a matter involved in the arbitral proceedings, but without sufficient cause the Party fails to comply with the order, the Arbitrator may issue peremptory orders against the Party that failed to comply with the order, after warning it, including a warning to dismiss the Claim-in the event that the order was issued against the claimant-or to dismiss the defense and rule on the dispute as if the defendant failed to file a defense-in the event that the order was issued against the defendant, and to make a costs order according to his discretion.

6.15 Non-Appearance of a Party

In the event of the non-appearance of a Party to an arbitration meeting to which he was summoned, or failure to comply with the deadlines prescribed in these Rules for the filing of pleadings, the Arbitrator may, after giving notice and allocating a period of time for rectifying the default, issue an order to dismiss or accept the Claim, as the case may be, in whole or in part, or to the effect that the hearing should be held notwithstanding the absence of a Party and/or he may issue any ruling and/or make any award according to his discretion, including a costs order.

6.16 Confidentiality

The Parties and the Arbitrator undertake to maintain the confidentiality of the arbitral proceedings, including the arbitration hearings and the documents prepared and filed for the purpose of the proceedings as well as the Arbitral Award. What is stated abovein this section shall not prevent the presentation of the Arbitral Award, or the documents filed as part of the proceedings, according to the provisions of any law.

6.17 The Arbitration File

The arbitration file will be administered by the Arbitration Institute and, upon the completion of the arbitration, the arbitration file will be sent to the Arbitration Institute's archives and it will be kept for the period as is required by law.

6.18 General Authority

The President has the authority to decide on any matter relating to the arbitral proceedings according to his discretion and based on his reasons, which shall be in writing.

Article 7: Interim Relief

7.1 Granting Interim Relief

The Arbitrator may issue an order granting any Interim Relief as he deems fit. What is stated in this section shall not derogate from the right of any Party to apply to a court for Interim Relief.

7.2 Application for Interim Relief

7.2.1 An application for Interim Relief shall be filed after the appointment of the Arbitrator and at any stage of the arbitral proceedings.

7.2.2 The application for Interim Relief shall include all the arguments that the Party wishes to raise, all the documents that are relevant to the application and sufficient evidence that establish the cause of action in the main Claim, and it shall be supported by an affidavit of the applicant. The application will include legal arguments and a reference to supporting documents.

7.2.3 The Arbitrator may condition the granting of the relief sought on the lodging of a guarantee, including a cash guarantee, a bank guarantee, a third party guarantee, an attachment of the applicant's property, as well as lodging collateral to secure a third party's rights.

7.3 Hearing an Application for Interim Relief

7.3.1 The respondent will reply to an application for Interim Relief within 3 days, unless decided otherwise by the Arbitrator.

7.3.2 The hearing with regard to the application will be held in the presence of the Parties, unless decided otherwise by the Arbitrator.

7.3.3 The respondent's reply will refer to all the applicant's claims and it will be supported by an affidavit verifying the facts set out in the reply.

7.3.4 A Decision regarding Interim Relief will be given within 3 days of the date of receiving the respondent's reply or, in the event that a hearing is held orally, within 3 days of the date of the hearing.

7.4 Ex parte Application for Interim Relief

7.4.1 A Party may request that Interim Relief be granted ex parte, in the absence of the other party, and it will provide details of the need to grant relief ex parte.

7.4.2 In the event that an ex parte application is filed for Interim Relief, the Arbitrator may summon the Parties to a hearing before him within 1 day of the date of filing the application and he may grant a provisional relief until the date of the hearing. Such hearing will be held even without the respondent's reply being given in writing.

7.4.3 In the event that Interim Relief is granted ex parte, the Arbitrator will determine the scope and limitations thereof, the terms and conditions of the guarantee and the collateral that the applicant must lodge, as well as the date for filing the respondent's reply and for holding the hearing in the presence of the Parties, within 7 days of the date of the order, unless the Arbitrator decides otherwise, or if decided otherwise by the Parties.

7.5 General Provisions

7.5.1 The Arbitrator shall state the reasons upon which Decision regarding Interim Relief is based.

7.5.2 An Arbitrator may review any Decision to grant Interim Relief, cancel it, change it or amend it, and such review will be governed by the Rules in this chapter relating to an application for Interim Relief, mutatis mutandis.

7.5.3 An Arbitrator may decide, in a reasoned Decision, after allowing the Parties the opportunity to state their arguments, that the hearing on the Claim itself will be brought forward and the hearing on the application for Interim Relief will be deemed the hearing on the Claim itself, provided that the Parties are allowed to lead all their evidence and to put forward all their arguments.

7.5.4 Interim Relief will expire automatically:

7.5.4.1 If the Arbitrator conditions granting the relief on any condition whatsoever, and the condition is not fulfilled.

7.5.4.2 If a date is set in the Decision for its expiry.

7.5.4.3 If at the time of making the Arbitral Award or the judgment in the appeal, as the case may be, no Decision is made regarding the Interim Relief. In the event of a temporary attachment: the attachment shall remain in effect until the enforcement of the Arbitral Award.

7.5.5 In the event that Interim Relief is granted, the Arbitrator may make a Decision regarding the Interim Relief, including a Decision on compensating any Party that was adversely affected by the Interim Relief as well as a Decision regarding the forfeiture of guarantees and collateral. For this purpose, the arbitrator may give the parties the opportunity to state their arguments and to lead evidence.

Article 8: Arbitral Award

8.1 The Arbitral Award

The Arbitrator may render an Arbitral Award, including declarative relief, mandatory orders and injunctions. The Arbitral Award shall by in writing, reasoned and signed by the Arbitrator. To the extent that the Arbitral Award includes a monetary obligation, the Arbitral Award shall include directives regarding the payment of linkage differentials and/or interest. The Arbitral Award, whether or not it includes a monetary obligation, will include directives regarding payment of costs of the arbitration and attorneys' fees, all at the discretion of the Arbitrator.

8.2 Interim Award

The Arbitrator my render an interim award.

8.3 The Date for the Rendering the Arbitral Award

The Arbitral Award will be rendered within 30 days of the date of receiving the final summations.

8.4 Transmittal of the Arbitral Award

The Arbitration Institute will send the Arbitral Award to each of the Parties, after payment that is due in respect of conducting the arbitration has been arranged, as set out in Article 13 below.

Article 9: Settlement

9.1 The Arbitral Award by Settlement

The Arbitrator may-with the consent of the Parties-rule in some or all the disputes between the Parties by way of settlement, and in such case he will not be obliged to give reasons for the award.

9.2 Settlement Proposal

During the arbitration the Arbitrator may propose settlement offers to the Parties without this being regarded as expressing any opinion on the merits of the arbitration. Where the Parties reach agreement between them, the Parties may petition the Arbitrator to give the agreement reached by them the effect of an Arbitral Award.

9.3 No Right of Appeal

An Arbitral Award by settlement is not subject to appeal even if the Parties have chosen the arbitration route that includes a court of appeal.

Article 10: Appeals Tribunal

10.1 Right of Appeal

10.1.1 Parties that opt for arbitration may choose a route whereby the Arbitrator's ruling will be subject to appeal before a composition of a single Arbitrator or a tribunal of 3 Arbitrators, according to their choice, either as part of the arbitration agreement or other consent in writing, including by signing an arbitration agreement with wording that includes a right of appeal according to the draft attached as an appendix. If the Parties do not act in accordance with what is stated above, the Arbitrator's ruling will not be subject to appeal.

10.1.2 In the event that the Parties decide on arbitration with an appeal procedure: the Arbitrator will provide reasons for the Arbitral Award that is subject to appeal.

10.2 Filing an Appeal

10.2.1 An appeal shall be filed with the Arbitration Institute within 45 days of the date of rendering of the Arbitral Award to the Parties.

10.2.2 An appeal shall be filed in writing and it will provide details of the names and addresses of the Parties to the dispute and their legal counsel, the reasons for the appeal, arguments of the appeal and the dates of rendering the Arbitral Award. The Arbitral Award shall be attached to the appeal and it will constitute an integral part thereof.

10.3 Reply

The respondent shall file a reply to the appeal within 30 days of the date of delivery to it of the appeal and it will provide details of the reasons and arguments with respect thereto. As part of its reply, the respondent may file a counter-appeal.

10.4 The Appeal Panel

10.4.1 The Parties will be entitled to propose an agreed Arbitrator to hear the appeal. The identity of the proposed Arbitrator will be submitted to the President for his approval for the purpose of appointing him as Arbitrator. Failing such nomination or consent, the President will appoint an Arbitrator from the Arbitration Institute's list of Arbitrators, taking into account the Arbitrator's qualifications, experience, expertise and his professionalism, as far as possible, in relation to the subject matter of the dispute and the preference of the Parties with respect to the area of expertise of the Arbitrator, if any.

10.4.2 In an appeal before a composition of Arbitrators, the Decision of the panel will be according to the majority.

10.4.3 The Appeals Tribunal will be authorized to hold hearings and make decisions where the composition of arbitrators is incomplete, with the consent of the Parties.

10.4.4 Where an Arbitrator is unable to fulfill his duties, the President of the Arbitration Institute is authorized to appoint a substitute Arbitrator in his place.

10.4.5 The chairman of the Tribunal is authorized to hear procedural matters and to decide on them on him own.

10.5 Conducting the Appeal

10.5.1 The Appeals Tribunal may review the arbitration file and rely on any document and/or information contained therein. The Parties to the appeal are not entitled to lead additional evidence, either written or oral, unless the Appeals Tribunal decides to admit new evidence and testimony for reasons that shall be recorded.

10.5.2 The Appeals Tribunal may hold meetings in the presence of the Parties, hear oral arguments and/or demand to receive written summations, and to decide on the appeal on the basis of the additional pleadings and the arguments.

10.6 Powers of the Appeals Tribunal

10.6.1 The Appeals Tribunal is authorized to dismiss the appeal in whole or in part, or to grant it in whole or in part, and to supplement the Arbitral Award, to amend it or to return it to the Arbitrator who made it together with instructions.

10.6.2 The Arbitral Award of the court Appeals Tribunal shall state the reasons therefor.

10.6.3 The Appeals Tribunal is authorized to grant Interim Relief.

10.7 Appeals Tribunal Decision

10.7.1 The Appeals Tribunal will decide on the appeal within 3 months from the date of filing the final pleadings. In special cases, the President of the Arbitration Institute is authorized to extend this period.

10.7.2 The decision in the appeal constitutes an “Arbitral Award” as defined in the Arbitration Law.

10.8 Applicability of the Rules of Arbitration

The Rules of Arbitration shall apply to the appeal process, mutatis mutandis.

Article 11: Refusal of Arbitration/Termination of Arbitration

11.1 Refusal to Accept an Arbitration File

The President may refuse to conduct arbitration through the Arbitration Institute and in such case he will inform the Parties of this shortly after receiving a request to conduct the arbitration through the Arbitration Institute.

11.2 Termination of the Arbitration Proceedings

The President of the Arbitration Institute is authorized to order the termination of the arbitration proceedings through the Arbitration Institute, after allowing the Parties to present their arguments in this regard.

Article 12: Ancillary Powers of the Secretariat of the Arbitration Institute

12.1 General Authority

12.1.1 The Secretariat of the Arbitration Institute shall have the ancillary powers as instructed by the President.

12.1.2 The Secretariat of the Arbitration Institute shall ensure to perform all the administrative actions as specified in these Rules.

12.2 Authority to Supervise the Dates and Collecting Payments

12.2.1 The Secretariat of the Arbitration Institute shall oversee compliance with the deadlines determined in these Rules or by the Decisions of the Arbitrator.

12.2.2 The Secretariat of the Arbitration Institute shall ensure to collect the payments in respect of the costs of the arbitration, as stated in Article 13 below, and it will inform the President in the event that a Party is in arrears.

Article 13: Payments

13.1 Payments for Administering the Arbitration

The services of the Arbitration Institute shall be paid for by the Parties as specified in the Payments Table, as may be in effect from time to time.

The President of the Arbitration Institute may order a deposit or advance payment to be made, in the manner that he deems fit, as security for the payment of the arbitration costs.

13.2 Special Costs

The Arbitrator may order the Parties to pay special expenses, such as the costs and fees of an expert on behalf of the Arbitrator, payment of a translator, payment in respect of acts that the Arbitrator performs with the consent of the Parties, such as visiting a property, etc., and to set the dates for making such payments.

13.3 Nonpayment of the Arbitration Costs

13.3.1 In the event that a Party fails to pay the full amount of the payments in respect of the arbitration proceedings, as stated above, this will be deemed a non-appearance of that Party at the arbitration meetings and the provisions of Article 6.15 above will be implemented. The President or the Arbitrator may order the postponement of the arbitration proceedings or the rendering of the Arbitral Award until the matter of the payment has been arranged, and this will not derogate from their authority to act as stated in these Rules.

13.3.2 Without derogating from the foregoing, in the event that a Party-that has paid the amount owed by it-wishes to conduct the arbitration or to receive the Arbitral Award, it may also pay the share of the Party that fails to pay the full amount owed by it, and if it does so, it will be entitled, at any time, to approach the Party that failed to pay and to be repaid by it for the amount that it has paid.

13.3.3 In the event that the arbitration is terminated due to an event where both Parties are prevented from payment of the arbitration costs, this will not detract from the obligation of the Parties to bear the arbitration costs up until that stage.

13.4 Guarantee for the Payment of Costs

13.4.1 At the request of a Party or on the initiative of the Arbitrator, after the Parties have been afforded an opportunity to be heard in the matter, the Arbitrator is entitled to order the Parties-all or some of them-to deposit a guarantee in respect of the costs of the Parties as well as the costs of the arbitration proceedings.

13.4.2 In the event that the guarantee is not deposited: the provisions of Section 6.15 above shall apply.

File No ________

Agreement to Conduct Arbitration

at the Israeli Institute of Commercial Arbitration

1. We, the undersigned, hereby agree that the dispute between us shall be resolved by arbitration through the Israeli Institute of Commercial Arbitration, which will be conducted in accordance with the Institute's Rules of Arbitration.

2. The undersigned Parties agree/do not agree that the award that is rendered by the Arbitrator will be subject to appeal before the Appeals Tribunal of the Arbitration Institute pursuant to the Rules of Arbitration before a single Arbitrator/three Arbitrators, who will be appointed by the President of the Israeli Institute of Commercial Arbitration in accordance with the rules of arbitration of the Arbitration Institute.

3. We, the undersigned, hereby undertake to pay the Israeli Institute of Commercial Arbitration, all the amounts in respect of this arbitration, on time, according to the Payments Table which is in effect at the time of commencement of the arbitration.

附录三 新西兰主要仲裁立法

(一)1996年新西兰仲裁法及修正案

Arbitration act 1996

An Act to reform the law relating to arbitration

1 Short Title and commencement

(1)This Act may be cited as the Arbitration Act 1996.

(2)This Act shall come into force on 1 July 1997.

2 Interpretation

(1)In this Act, unless the context otherwise requires,—

arbitral tribunal

(a)means a sole arbitrator, a panel of arbitrators, or an arbitral institution; and

(b)includes any emergency arbitrator appointed under—

(i)the arbitration agreement that the parties have entered into; or

(ii)the arbitration rules of any institution or organisation that the parties have adopted

arbitration means any arbitration whether or not administered by a permanent arbitral institution

arbitration agreement means an agreement by the parties to submit to arbitration all or certain disputes which have arisen or which may arise between them in respect of a defined legal relationship, whether contractual or not

award means a decision of the arbitral tribunal on the substance of the dispute and includes any interim, interlocutory or partial award

confidential information, in relation to arbitral proceedings,—

(a)means information that relates to the arbitral proceedings or to an award made in those proceedings; and

(b) includes—

(i) the statement of claim, statement of defence, and all other pleadings, submissions, statements, or other information supplied to the arbitral tribunal by a party:

(ii) any evidence (whether documentary or otherwise) supplied to the arbitral tribunal:

(iii) any notes made by the arbitral tribunal of oral evidence or submissions given before the arbitral tribunal:

(iv) any transcript of oral evidence or submissions given before the arbitral tribunal:

(v) any rulings of the arbitral tribunal:

(vi) any award of the arbitral tribunal

disclose, in relation to confidential information, includes publishing or communicating or otherwise supplying the confidential information

party means a party to an arbitration agreement, or, in any case where an arbitration does not involve all of the parties to the arbitration agreement, means a party to the arbitration.

(2) [Repealed]

Section 2(1) arbitral tribunal: replaced, on 1 March 2017, by section 4 of the Arbitration Amendment Act 2016 (2016 No 53).

Section 2(1) confidential information: inserted, on 18 October 2007, by section 4(1) of the Arbitration Amendment Act 2007 (2007 No 94).

Section 2(1) disclose: inserted, on 18 October 2007, by section 4(1) of the Arbitration Amendment Act 2007 (2007 No 94).

Section 2(2): repealed, on 18 October 2007, by section 4(2) of the Arbitration Amendment Act 2007 (2007 No 94).

3 Further provision relating to interpretation

The material to which an arbitral tribunal or a court may refer in interpreting this Act includes the documents relating to the Model Law referred to in section 5(b) and originating from the United Nations Commission on International Trade Law, or its working group for the preparation of the Model Law.

4 Act to bind the Crown

This Act binds the Crown.

5 Purposes of Act

The purposes of this Act are—

(a) to encourage the use of arbitration as an agreed method of resolving commercial and other disputes; and

(b) to promote international consistency of arbitral regimes based on the Model Law on International Commercial Arbitration adopted by the United Nations Commission on International Trade Law on the 21st day of June 1985; and

(c) to promote consistency between the international and domestic arbitral regimes in New Zealand; and

(d) to redefine and clarify the limits of judicial review of the arbitral process and of arbitral awards; and

(e) to facilitate the recognition and enforcement of arbitration agreements and arbitral awards; and

(f) to give effect to the obligations of the Government of New Zealand under the Protocol on Arbitration Clauses (1923), the Convention on the Execution of Foreign Arbitral Awards (1927), and the Convention on the Recognition and Enforcement of Foreign Arbitral Awards (1958) (the English texts of which are set out in Schedule 3).

6A Minister of Justice to appoint body to resolve certain matters

(1) The Minister of Justice must, by notice in the Gazette, appoint a suitably qualified body to resolve the matters specified in article 11(3) to (6) of Schedule 1.

(2) The Minister of Justice may, by notice in the Gazette, revoke any appointment made under subsection (1). Section 6A: inserted, on 1 March 2017, by section 5 of the Arbitration Amendment Act 2016 (2016 No 53).

6 Rules applying to arbitrations in New Zealand

(1) If the place of arbitration is, or would be, in New Zealand,—

(a) the provisions of Schedule 1; and

(b) those provisions of Schedule 2 (if any), which apply to that arbitration under subsection (2),

—apply in respect of the arbitration.

(2) A provision of Schedule 2 applies—

(a) to an arbitration referred to in subsection (1) which—

(i) is an international arbitration as defined in article 1(3) of Schedule 1; or

(ii) is covered by the provisions of the Protocol on Arbitration Clauses (1923); or the Convention on the Execution of Foreign Arbitral Awards (1927), or both,—

only if the parties so agree; and

(b) to every other arbitration referred to in subsection (1), unless the parties agree otherwise.

7 Arbitrations and awards outside New Zealand

If the place of arbitration is not in New Zealand, articles 8, 9, 35, and 36 of Schedule 1, with any necessary modifications, apply in respect of the arbitration.

8 Provisions applying where place of arbitration not agreed or determined

If it still has to be agreed or determined whether the place of arbitration will be in New Zealand, articles 8 and 9 of

Schedule 1, with any necessary modifications, apply in respect of the arbitration.

9 Arbitration under other Acts

(1) Where a provision of this Act is inconsistent with a provision of any other enactment, that other enactment shall, to the extent of the inconsistency, prevail.

(2) Subject to subsection(1), where a provision of this Act applies to an arbitration under any other enactment, the provisions of that other enactment shall be read as if it were an arbitration agreement.

10 Arbitrability of disputes

(1) Any dispute which the parties have agreed to submit to arbitration under an arbitration agreement may be determined by arbitration unless the arbitration agreement is contrary to public policy or, under any other law, such a dispute is not capable of determination by arbitration.

(2) The fact that an enactment confers jurisdiction in respect of any matter on the High Court or the District Court but does not refer to the determination of that matter

by arbitration does not, of itself, indicate that a dispute about that matter is not capable of determination by arbitration.

Section 10(2): amended, onl March 2017, by section 261 of the District Court Act 2016 (2016 No 49).

11 Consumer arbitration agreements

(1) Where—

(a) a contract contains an arbitration agreement; and

(b) a person enters into that contract as a consumer,—

the arbitration agreement is enforceable against the consumer only if—

(c) the consumer, by separate written agreement entered into by the consumer and the other party to the contract after a dispute has arisen out of, or in relation to, that contract, certifies that, having read and understood the arbitration agreement, the consumer agrees to be bound by it; and

(d) the separate written agreement referred to in paragraph (c) discloses, if it is the case, the fact that all or any of the provisions of Schedule 2 do not apply to the arbitration agreement.

(2) For the purposes of this section, a person enters into a contract as a consumer if—

(aa) that person is an individual; and

(a) that person enters into the contract otherwise than in trade; and

(b) the other party to the contract enters into that contract in trade.

(3) Subsection (1) applies to every contract containing an arbitration agreement entered into in New Zealand notwithstanding a provision in the contract to the effect that the contract is governed by a law other than New Zealand law.

(4) For the purposes of article 4 of Schedule 1, subsection (1) shall be treated as if it were a requirement of the arbitration agreement.

(5) Unless a party who is a consumer has, under article 4 of Schedule 1, waived the right to object to non-compliance with subsection (1), an arbitration agreement which is not enforceable by reason of non-compliance with subsection (1) shall be treated as inoperative for the purposes of article 8(1) of Schedule 1 and as not valid

under the law of New Zealand for the purposes of articles 16(1), 34(2)(a)(i), and 36(1)(a)(i) of Schedule 1.

(6) Nothing in this section applies to—

(a) a lease; or

(b) a contract of insurance to which section 8 of the Insurance Law Reform Act 1977 applies.

Section 11(1)(c): substituted, on 18 October 2007, by section 5(1) of the Arbitration Amendment Act 2007 (2007 No 94).

Section 11(2)(aa): inserted, on 18 October 2007, by section 5(2) of the Arbitration Amendment Act 2007 (2007 No 94).

Section 11(6): substituted, on 18 October 2007, by section 5(3) of the Arbitration Amendment Act 2007 (2007 No 94).

12 Powers of arbitral tribunal in deciding disputes

(1) An arbitration agreement, unless otherwise agreed by the parties, is deemed to provide that an arbitral tribunal—

(a) may award any remedy or relief that could have been ordered by the High Court if the dispute had been the subject of civil proceedings in that court;

(b) may award interest on the whole or any part of any sum which—

(i) is awarded to any party, for the whole or any part of the period up to the date of the award; or

(ii) is in issue in the arbitral proceedings but is paid before the date of the award, for the whole or any part of the period up to the date of payment.

(2) Nothing in this section affects the application of section 10 or article 34(2)(b) or article 36(1)(b) of Schedule 1.

13 Liability of arbitrators

An arbitrator is not liable for negligence in respect of anything done or omitted to be done in the capacity of arbitrator.

14 Application of sections 14A to 14I

Except as the parties may otherwise agree in writing (whether in the arbitration agreement or otherwise), sections 14A to 14I apply to every arbitration for which the place of arbitration is, or would be, New Zealand.

Section 14: substituted, on 18 October 2007, by section 6 of the Arbitration Amendment Act 2007 (2007 No 94). 14A Arbitral proceedings must be private

An arbitral tribunal must conduct the arbitral proceedings in private.

Section 14A: inserted, on 18 October 2007, by section 6 of the Arbitration Amendment Act 2007 (2007 No 94). 14B Arbitration agreements deemed to prohibit disclosure of confidential information

(1) Every arbitration agreement to which this section applies is deemed to provide that the parties and the arbitral tribunal must not disclose confidential information.

(2) Subsection (1) is subject to section 14C.

Section 14B: inserted, on 18 October 2007, by section 6 of the Arbitration Amendment Act 2007 (2007 No 94). 14C Limits on prohibition on disclosure of confidential information in section 14B

A party or an arbitral tribunal may disclose confidential information—

(a) to a professional or other adviser of any of the parties; or

(b) if both of the following matters apply:

(i) the disclosure is necessary—

(A) to ensure that a party has a full opportunity to present the party's case, as required under article 18 of Schedule 1; or

(B) for the establishment or protection of a party's legal rights in relation to a third party; or

(C) for the making and prosecution of an application to a court under this Act; and

(ii) the disclosure is no more than what is reasonably required to serve any of the purposes referred to in subparagraph (i)(A) to (C); or

(c) if the disclosure is in accordance with an order made, or a subpoena issued, by a court; or

(d) if both of the following matters apply:

(i) the disclosure is authorised or required by law (except this Act) or required by a competent regulatory body (including New Zealand Exchange Limited); and

(ii) the party who, or the arbitral tribunal that, makes the disclosure provides to the other party and the arbitral tribunal or, as the case may be, the parties, written details of the disclosure (including an explanation of the reasons for the disclosure); or

(e) if the disclosure is in accordance with an order made by—

(i) an arbitral tribunal under section 14D; or

(ii) the High Court under section 14E.

Section 14C: inserted, on 18 October 2007, by section 6 of the Arbitration Amendment Act 2007 (2007 No 94). 14D Arbitral tribunal may allow disclosure of confidential information in certain circumstances

(1) This section applies if—

(a) a question arises in any arbitral proceedings as to whether confidential information should be disclosed other than as authorised under section 14C(a) to (d); and

(b) at least 1 of the parties agrees to refer that question to the arbitral tribunal concerned.

(2) The arbitral tribunal, after giving each of the parties an opportunity to be heard, may make or refuse to make an order allowing all or any of the parties to disclose confidential information.

Section 14D: inserted, on 18 October 2007, by section 6 of the Arbitration Amendment Act 2007 (2007 No 94).

14E High Court may allow or prohibit disclosure of confidential information if arbitral proceedings have been terminated or party lodges appeal concerning confidentiality

(1) The High Court may make an order allowing a party to disclose any confidential information—

(a) on the application of that party, which application may be made only if the mandate of the arbitral tribunal has been terminated in accordance with article 32 of Schedule 1; or

(b) on an appeal by that party, after an order under section 14D(2) allowing that party to disclose the confidential information has been refused by an arbitral tribunal.

(2) The High Court may make an order under subsection (1) only if—

(a) it is satisfied, in the circumstances of the particular case, that the public interest in preserving the confidentiality of arbitral proceedings is outweighed by other considerations that render it desirable in the public interest for the confidential information to be disclosed; and

(b) the disclosure is no more than what is reasonably required to serve the other considerations referred to in paragraph (a).

(3) The High Court may make an order prohibiting a party (party A) from disclosing confidential information on an appeal by another party (party B) who unsuccessfully opposed an application by party A for an order under section 14D(2) allowing party A to disclose confidential information.

(4) The High Court may make an order under this section only if it has given each of the parties an opportunity to be heard.

(5) The High Court may make an order under this section—

(a) unconditionally; or

(b) subject to any conditions it thinks fit.

(6) To avoid doubt, the High Court may, in imposing any conditions under subsection (5)(b), include a condition that the order ceases to have effect at a specified stage of the appeal proceedings.

(7) The decision of the High Court under this section is final.

Section 14E: inserted, on 18 October 2007, by section 6 of the Arbitration Amendment Act 2007 (2007 No 94).

14F Court proceedings under Act must be conducted in public except in certain circumstances

(1) A court must conduct proceedings under this Act in public unless the court makes an order that the whole or any part of the proceedings must be conducted in private.

(2) A court may make an order under subsection (1)—

(a) on the application of any party to the proceedings; and

(b) only if the court is satisfied that the public interest in having the proceedings conducted in public is outweighed by the interests of any party to the proceedings in having the whole or any part of the proceedings conducted in private.

(3) If an application is made for an order under subsection (1), the fact that the application had been made, and the contents of the application, must not be made public until the application is determined.

(4) In this section and sections 14G to 14I,—

court—

(a) means any court that has jurisdiction in regard to the matter in question; and

(b) includes the High Court and the Court of Appeal; but

(c) does not include an arbitral tribunal

proceedings includes all matters brought before the court under this Act (for example, an application to enforce an arbitral award).

Section 14F: inserted, on 18 October 2007, by section 6 of the Arbitration Amendment Act 2007 (2007 No 94). 14G Applicant must state nature of, and reasons for seeking, order to conduct court proceedings in private

An applicant for an order under section 14F must state in the application—

(a) whether the applicant is seeking an order for the whole or part of the proceedings to be conducted in private; and

(b) the applicant's reasons for seeking the order.

Section 14G: inserted, on 18 October 2007, by section 6 of the Arbitration Amendment Act 2007 (2007 No 94).

14H Matters that court must consider in determining application for order to conduct court proceedings in private

In determining an application for an order under section 14F, the court must consider all of the following matters:

(a) the open justice principle; and

(b) the privacy and confidentiality of arbitral proceedings; and

(c) any other public interest considerations; and

(d) the terms of any arbitration agreement between the parties to the proceedings; and

(e) the reasons stated by the applicant under section 14G(b).

Section 14H: inserted, on 18 October 2007, by section 6 of the Arbitration Amendment Act 2007 (2007 No 94).

14I Effect of order to conduct court proceedings in private

(1) If an order is made under section 14F,—

(a) no person may search, inspect, or copy any file or any documents on a file in any office of the court relating to the proceedings for which the order was made; and

(b) the court must not include in the court's decision on the proceedings any particulars that could identify the parties to those proceedings.

(2) An order remains in force for the period specified in the order or until it is sooner revoked by the court on the further application of any party to the proceedings.

Section 14I: inserted, on 18 October 2007, by section 6 of the Arbitration Amendment Act 2007 (2007 No 94).

15 Certificates concerning parties to the Conventions

A certificate purporting to be signed by the Secretary of Foreign Affairs and Trade, or a Deputy Secretary of Foreign Affairs and Trade, that, at the time specified in the certificate, any country had signed and ratified or had denounced, or had taken any other treaty action under, the Protocol on Arbitration Clauses (1923) or the Convention on the Execution of Foreign Arbitral Awards (1927) in respect of the territory specified in the certificate is presumptive evidence of the facts stated.

16 Rules

Rules may be made for the purposes of this Act,—

(a) in the case of the High Court, under section 148 of the Senior Courts Act 2016;

(b) in the case of District Court, under section 228 of the District Court Act 2016.

Section 16(a): amended, on1 March 2017, by section 183(b) of the Senior Courts Act 2016 (2016 No 48).

Section 16(b): replaced, on1 March 2017, by section 261 of the District Court Act 2016 (2016 No 49).

17 Amendments to other Acts

The Acts specified in Schedule4 are hereby amended in the manner indicated in that schedule.

18 Repeals

The enactments specified in Schedule5 are hereby repealed.

19 Transitional provisions

(1) Subject to subsections (2) and (3),—

(a) this Act applies to every arbitration agreement, whether made before or after the commencement of this Act, and to every arbitration under such an agreement; and

(b) a reference in an arbitration agreement to the Arbitration Act 1908, or to a provision of that Act, shall be construed as a reference to this Act, or to any corresponding provision of this Act.

(2) Where the arbitral proceedings were commenced before the commencement of this Act, the law governing the arbitration agreement and the arbitration shall be the law which would have applied if this Act had not been passed.

(3) Where an arbitration agreement, which is made before the commencement of this Act, provides for the appointment of 2 arbitrators, and arbitral proceedings are commenced during the period beginning on the date of commencement of this Act and ending with the close of the day before the date of commencement of the Arbitration Amendment Act 2007,—

(a) unless a contrary intention is expressed in the arbitration agreement, the 2 arbitrators shall, immediately after they are appointed, appoint an umpire; and

(b) the law governing the arbitration agreement and the arbitration is the law that would have applied if this Act had not been passed.

(3A) Subsection (3B) applies to an arbitration agreement that—(a) is made before the commencement of this Act; and (b) provides for the appointment of—

(i) an arbitrator by each of the 2 parties; or

(ii) 2 arbitrators by the parties and for those arbitrators to appoint an umpire; and

(c) does not relate to arbitral proceedings that have been commenced during the period referred to in subsection (3).

(3B) Every arbitration agreement to which this subsection applies must be read as if the arbitration agreement provides for the appointment, by the arbitrators appointed by the parties, of a third arbitrator under this Act, and the provisions of this Act, subject to any modifications that may be necessary, apply accordingly to that arbitration agreement.

(4) For the purposes of this section, arbitral proceedings are to be taken as having commenced on the date of the receipt by the respondent of a request for the dispute to be referred to arbitration, or, where the parties have agreed that any other date is to be taken as the date of commencement of the arbitral proceedings, then on that date.

(5) This Act applies to every arbitral award, whether made before or after the commencement of this Act.

Section 19(3): amended, on 18 October 2007, by section 7(1) of the Arbitration Amendment Act 2007 (2007 No 94).

Section 19 (3A): inserted, on 18 October 2007, by section 7(2) of the Arbitration Amendment Act 2007 (2007 No 94).

Section 19(3B): inserted, on 18 October 2007, by section 7(2) of the Arbitration Amendment Act 2007 (2007 No 94).

20 Act passed in substitution for Arbitration Act 1908

For the avoidance of doubt, it is hereby declared that, for the purposes of section 21of the Acts Interpretation Act 1924, this Act is passed in substitution for the Arbitration Act 1908.

Rules Applying to Arbitration Generally (Sections 6, 7, 8, 11)

The provisions of this schedule correspond, for the most part, to the provisions of the Model Law on International

Commercial Arbitration adopted by the United Nations Commission on International Trade Law on 21 June 1985, and approved by the General Assembly of the United Nations on 11 December1985 (General Assembly Resolution 40/72). Certain changes have been made to amend or supplement the provisions of the Model Law in its application to New Zealand. The original numbering of the articles of the Model Law and their paragraphs has been retained.

Chapter 1　General Provisions

1 Scope of application

(1) This schedule applies as provided in sections 6, 7, 8, and 9.

(2) (deleted)

(3) An arbitration is international if—

(a) the parties to an arbitration agreement have, at the time of the conclusion of that agreement, their places of business in different States; or

(b) one of the following places is situated outside the State in which the parties have their places of business:

(i) the place of arbitration if determined in, or pursuant to, the arbitration agreement:

(ii) any place where a substantial part of the obligations of any commercial or other relationship is to be performed or the place with which the subject matter of the dispute is most closely connected; or

(c) the parties have expressly agreed that the subject matter of the arbitration agreement relates to more than one country.

(4) For the purposes of paragraph (3),—

(a) if a party has more than one place of business, the place of business is that which has the closest relationship to the arbitration agreement:

(b) if a party does not have a place of business, reference is to be made to that party's habitual residence.

2 Definitions and rules of interpretation

For the purposes of this schedule,—

(a) arbitration, arbitration agreement, arbitral tribunal, and award have the meanings assigned to those terms by section 2:

(b) court means a body or organ of the judicial system of a State:

(ba) interim measure has the meaning given to it by article 17:

(c) where a provision of this schedule, except article 28, leaves the parties free to determine a certain issue, such freedom includes the right of the parties to authorise a third party, including an institution, to make that determination:

(d) where a provision of this schedule refers to the fact that the parties have agreed or that they may agree or in any other way refers to an agreement of the parties, such agreement includes any arbitration rules referred to in that agreement:

(e) where a provision of this schedule, other than in articles 25(a) and 32(2)(a), refers to a claim, it also applies to a counter-claim, and where it refers to a defence, it also applies to a defence to such counter-claim:

(f) article headings are for reference purposes only and are not to be used for purposes of interpretation.

Schedule 1 article 2(ba): inserted, on 18 October 2007, by section 8(1) of the Arbitration Amendment Act 2007 (2007 No 94).

3 Receipt of written communications

(1) Unless otherwise agreed by the parties,—

(a) any written communication is deemed to have been received if it is delivered to the addressee personally or if it is delivered at the addressee's place of business, habitual residence, or mailing address; if none of these can be found after making a reasonable inquiry, a written communication is deemed to have been received if it is sent to the addressee's last known place of business, habitual residence, or mailing address by registered letter or any other means which provides a record of the attempt to deliver it:

(b) the communication is deemed to have been received on the day it is so delivered.

(2) The provisions of this article do not apply to communications in court proceedings.

4 Waiver of right to object

A party who knows that any provision of this schedule from which the parties may derogate or any requirement under the arbitration agreement has not been complied with and yet proceeds with the arbitration without stating that party's objection to such non-compliance without undue delay or, if a time-limit is provided therefor, within such period of time, shall be deemed to have waived the right to object.

5 Extent of court intervention

In matters governed by this schedule, no court shall intervene except where so provided in this schedule.

6 Court or other authority for certain functions of arbitration assistance and supervision

Any court having jurisdiction may perform any function conferred on a court by these articles, except where the article provides that the function shall be performed by a specified court or courts.

Chapter 2 Arbitration Agreement

7 Form of arbitration agreement

(1) An arbitration agreement may be made orally or in writing. Subject to section 11, an arbitration agreement may be in the form of an arbitration clause in a contract or in the form of a separate agreement.

(2) A reference in a contract to a document containing an arbitration clause constitutes an arbitration agreement, provided that the reference is such as to make that clause part of the contract.

Schedule 1 article 7(1): amended, as from 1 July 1997, by section 2 Arbitration Amendment Act 1998 (1998 No 26).

8 Arbitration agreement and substantive claim before court

(1) A court before which proceedings are brought in a matter which is the subject of an arbitration agreement shall, if a party so requests not later than when submitting that party's first statement on the substance of the dispute, stay those proceedings and refer the parties to arbitration unless it finds that the agreement is null and void, inoperative, or incapable of being performed, or that there is not in fact any dispute between the parties with regard to the matters agreed to be referred.

(2) Where proceedings referred to in paragraph (1) have been brought, arbitral proceedings may nevertheless be commenced or continued, and an award may be made, while the issue is pending before the court.

9 Arbitration agreement and interim measures by court

(1) It is not incompatible with an arbitration agreement for a party to request, before or during arbitral proceedings, from a court an interim measure and for a court to grant such measure.

(2) For the purposes of paragraph (1), the High Court or the District Court has the same powers as an arbitral tribunal to grant an interim measure under article 17A for the purposes of proceedings before that court, and that article and article 17B apply accordingly subject to all necessary modifications.

(3) Where a party applies to a court for an interim injunction or other interim order and an arbitral tribunal has already ruled on any matter relevant to the application, the court shall treat the ruling or any finding of fact made in the course of the ruling as conclusive for the purposes of the application.

Schedule 1 article 9(1): amended, on 18 October 2007, by section 8(2) of the Arbitration Amendment Act 2007 (2007 No 94).

Schedule 1 article 9(2): substituted, on 18 October 2007, by section 8(3) of the Arbitration Amendment Act 2007 (2007 No 94).

Schedule 1 article 9(2): amended, onl March 2017, by section 261 of the District Court Act 2016 (2016 No 49).

Chapter 3 Composition of Arbitral Tribunal

10 Number of arbitrators

(1) The parties are free to determine the number of arbitrators.

(2) Failing such determination,—

(a) in the case of international arbitration, the number of arbitrators shall be 3:

(b) in every other case, the number of arbitrators shall be 1.

11 Appointment of arbitrators

(1) No person shall be precluded by reason of that person's nationality from acting as an arbitrator, unless otherwise agreed by the parties.

(2) The parties are free to agree on a procedure of appointing the arbitrator or arbitrators, subject to the provisions of paragraphs (4) and (5).

(3) Failing such agreement,—

(a) in an arbitration with 3 arbitrators and 2 parties, each party shall appoint 1 arbitrator, and the 2 arbitrators thus appointed shall appoint the third arbitrator; if a party fails to appoint the arbitrator within 30 days of receipt of a request to do so from the other party, or if the 2 arbitrators fail to agree on the third arbitrator within 30 days of their appointment, the appointment shall be made, upon request of a party, by the appointed body:

(b) in an arbitration with a sole arbitrator, if the parties are unable to agree on the arbitrator, that arbitrator shall be appointed, upon request of a party, by the appointed body.

(4) Where, under an appointment procedure agreed upon by the parties,—

(a) a party fails to act as required under such procedure; or

(b) the parties, or 2 arbitrators, are unable to reach an agreement expected of them under such procedure; or

(c) a third party, including an institution, fails to perform any function entrusted to it under such procedure,—

any party may request the appointed body to take the necessary measure, unless the agreement on the appointment procedure provides other means for securing the appointment.

(5) A decision on a matter entrusted by paragraphs (3), (4), or (6) to the appointed body shall be subject to no appeal. The appointed body, in appointing an arbitrator, shall have due regard to any qualifications required of the arbitrator by the agreement of the parties and to such considerations as are likely to secure the appointment of an independent and impartial arbitrator and, in the case of a sole or third arbitrator, shall, in the case of an international arbitration, take into account as well the advisability of appointing an arbitrator of a nationality other than those of the parties.

(6) In an arbitration, where—

(a) the parties have agreed to an arbitration with 2 or 4 or more arbitrators; or

(b) there are 3 arbitrators and more than 2 parties,—

and no procedure for the appointment of arbitrators has been agreed upon, the appointed body may, upon request of a party, appoint the requisite number of arbitrators, having due regard to the matters referred to in paragraph (5).

(7) A party may apply to the High Court to appoint an arbitrator or arbitrators if—

(a) the appointed body is unable or fails to appoint an arbitrator under paragraph (3) within 30 days of receiving a request to do so; or

(b) a dispute arises in respect of the appointment process that the appointed body uses.

(8) In this article, appointed body means a body that the Minister of Justice has appointed under section 6A.

Schedule 1 article 11(3)(a): amended, on1 March 2017, by section 6(1) of the Arbitration Amendment Act 2016 (2016 No 53).

Schedule 1 article 11(3)(b): amended, on1 March 2017, by section 6(2) of the Arbitration Amendment Act 2016 (2016 No 53).

Schedule 1 article 11(4): amended, on1 March 2017, by section 6(3) of the Arbitration Amendment Act 2016 (2016 No 53).

Schedule 1 article 11(5): amended, on1 March 2017, by section 6(4) of the Arbitration Amendment Act 2016 (2016 No 53).

Schedule 1 article 11(5): amended, on1 March 2017, by section 6(5) of the Arbitration Amendment Act 2016 (2016 No 53).

Schedule 1 article 11(6): amended, on1 March 2017, by section 6(6) of the Arbitration Amendment Act 2016 (2016 No 53).

Schedule 1 article 11(7): inserted, on1 March 2017, by section 6(7) of the Arbitration Amendment Act 2016 (2016 No 53).

Schedule 1 article 11(8): inserted, on1 March 2017, by section 6(7) of the Arbitration Amendment Act 2016 (2016 No 53).

12 Grounds for challenge

(1) A person who is approached in connection with that person's possible appointment as an arbitrator shall disclose any circumstances likely to give rise to justifiable doubts as to that person's impartiality or independence. An arbitrator, from the

time of appointment and throughout the arbitral proceedings, shall without delay disclose any such circumstances to the parties unless they have already been informed of them by that arbitrator.

(2) An arbitrator may be challenged only if circumstances exist that give rise to justifiable doubts as to that arbitrator's impartiality or independence, or if that arbitrator does not possess qualifications agreed to by the parties. A party may challenge an arbitrator appointed by that party, or in whose appointment that party has participated, only for reasons of which that party becomes aware after the appointment has been made.

13 Challenge procedure

(1) The parties are free to agree on a procedure for challenging an arbitrator, subject to the provisions of paragraph (3).

(2) Failing such agreement, a party who intends to challenge an arbitrator shall, within 15 days after becoming aware of the constitution of the arbitral tribunal or after becoming aware of any circumstance referred to in article 12(2), send a written statement of the reasons for the challenge to the arbitral tribunal. Unless the challenged arbitrator withdraws from office or the other party agrees to the challenge, the arbitral tribunal shall decide on the challenge.

(3) If a challenge under any procedure agreed upon by the parties or under the procedure of paragraph (2) is not successful, the challenging party may request, within 30 days after having received notice of the decision rejecting the challenge, the High Court to decide on the challenge, which decision shall be subject to no appeal; while such a request is pending, the arbitral tribunal, including the challenged arbitrator, may continue the arbitral proceedings and make an award.

14 Failure or impossibility to act

(1) If an arbitrator becomes de jure or de facto (in law or in fact) unable to perform the functions of that office or for other reasons fails to act without undue delay, that arbitrator's mandate terminates on withdrawal from office or, if the parties agree, on the termination. Otherwise, if a controversy remains concerning any of those grounds, any party may request the High Court to decide on the termination of the

mandate, which decision shall be subject to no appeal.

(2) If, under this article or article 13(2), an arbitrator withdraws from office or a party agrees to the termination of the mandate of an arbitrator, this does not imply acceptance of the validity of any ground referred to in this article or article 12(2).

15 Appointment of substitute arbitrator

(1) Where the mandate of an arbitrator terminates under article 13 or 14, or because of withdrawal from office for any other reason, or because of the revocation of that arbitrator's mandate by agreement of the parties, or in any other case of termination of that mandate, a substitute arbitrator shall be appointed according to the rules that were applicable to the appointment of the arbitrator being replaced.

(2) Unless otherwise agreed by the parties,—

(a) where the sole or the presiding arbitrator is replaced, any hearings previously held shall be repeated; and

(b) where an arbitrator, other than a sole or a presiding arbitrator is replaced, any hearings previously held may be repeated at the discretion of the arbitral tribunal.

(3) Unless otherwise agreed by the parties, an order or ruling of the arbitral tribunal made prior to the replacement of an arbitrator under this article is not invalid solely because there has been a change in the composition of the arbitral tribunal.

Chapter 4 Jurisdiction of Arbitral Tribunal

16 Competence of arbitral tribunal to rule on its jurisdiction

(1) The arbitral tribunal may rule on its own jurisdiction, including any objections with respect to the existence or validity of the arbitration agreement. For that purpose, an arbitration clause which forms part of a contract shall be treated as an agreement independent of the other terms of the contract. A decision by the arbitral tribunal that the contract is null and void shall not entail ipso jure (necessarily) the invalidity of the arbitration clause.

(2) A plea that the arbitral tribunal does not have jurisdiction shall be raised not later than the submission of the statement of defence. A party is not precluded from raising such a plea by the fact that that party has appointed, or participated in the ap-

pointment of, an arbitrator. A plea that the arbitral tribunal is exceeding the scope of its authority shall be raised as soon as the matter alleged to be beyond the scope of its authority is raised during the arbitral proceedings. The arbitral tribunal may, in either case, admit a later plea if it considers the delay justified.

(3) The arbitral tribunal may rule on a plea referred to in paragraph (2) either as a preliminary question or in an award on the merits. If the arbitral tribunal rules on such a plea as a preliminary question, any party may request, within 30 days after having received notice of that ruling, the High Court to decide the matter, which decision shall be subject to no appeal; while such a request is pending, the arbitral tribunal may continue the arbitral proceedings and make an award.

(4) To avoid doubt, it is declared that the failure to pursue a request made under paragraph (3) in a timely manner operates as a waiver of any right to later object to a ruling of the arbitral tribunal as to its jurisdiction.

Schedule 1 article 16(4): inserted, on 8 May 2019, by section 4(1) of the Arbitration Amendment Act 2019 (2019 No 14).

Chapter 4A　Interim Measures and Preliminary Orders

Schedule 1 Chapter 4A: inserted, on 18 October 2007, by section 8(4) of the Arbitration Amendment Act 2007 (2007 No 94).

Preliminary

Heading: inserted, on 18 October 2007, by section 8(4) of the Arbitration Amendment Act 2007 (2007 No 94).

17 Interpretation

In this Chapter, unless the context otherwise requires,—

applicant means any of the following, as the case may be

(a) a party who requests an interim measure:

(b) a party who applies for a preliminary order:

(c) a party who seeks or obtains recognition or enforcement of an interim measure

court, in articles 17L and 17M, has the meaning given to it by article 35(3)

interim measure means a temporary measure (whether or not in the form of an award) by which a party is required, at any time before an award is made in relation to a dispute, to do all or any of the following

(a) maintain or restore the status quo pending the determination of the dispute:

(b) take action that would prevent, or refrain from taking action that is likely to cause, current or imminent harm or prejudice to the arbitral proceedings:

(c) provide a means of preserving assets out of which a subsequent award may be satisfied:

(d) preserve evidence that may be relevant and material to the resolution of the dispute:

(e) give security for costs

preliminary order means an order directing a party not to frustrate the purpose of an interim measure

respondent means any of the following, as the case may be

(a) a party against whom an interim measure is requested or directed:

(b) a party against whom a preliminary order is applied for or directed:

(c) a party against whom recognition or enforcement of an interim measure is sought or has been obtained.

Schedule 1 article 17: substituted, on 18 October 2007, by section 8(4) of the Arbitration Amendment Act 2007 (2007 No 94).

Interim measures

Heading: inserted, on 18 October 2007, by section 8(4) of the Arbitration Amendment Act 2007 (2007 No 94).

17A Power of arbitral tribunal to grant interim measure

Unless otherwise agreed by the parties, the arbitral tribunal may, at the request of a party, grant an interim measure.

Schedule 1 article 17A: inserted, on 18 October 2007, by section 8(4) of the Arbitration Amendment Act 2007 (2007 No 94).

17B Conditions for granting interim measure

(1) If an interim measure of a kind described in subparagraph (a), (b), or (c) of the definition of that term in article 17 is requested, the applicant must satisfy the

arbitral tribunal that—

(a) harm not adequately reparable by an award of damages is likely to result if the measure is not granted; and

(b) the harm substantially outweighs the harm that is likely to result to the respondent if the measure is granted; and

(c) there is a reasonable possibility that the applicant will succeed on the merits of the claim.

(2) If an interim measure of a kind described in subparagraph (d) of the definition of that term in article 17 is requested, the applicant must satisfy the arbitral tribunal of the matters specified in paragraph (1)(a) to (c), but only to the extent that the arbitral tribunal considers appropriate.

(3) If an interim measure of a kind described in subparagraph (e) of the definition of that term in article 17 is requested, the applicant must satisfy the arbitral tribunal that the applicant will be able to pay the costs of the respondent if the applicant is unsuccessful on the merits of the claim.

(4) A determination by the arbitral tribunal on the matter specified in paragraph (1)(c) does not affect its discretion to make any subsequent determination.

Schedule 1 article 17B: inserted, on 18 October 2007, by section 8(4) of the Arbitration Amendment Act 2007 (2007 No 94).

Preliminary orders

Heading: inserted, on 18 October 2007, by section 8(4) of the Arbitration Amendment Act 2007 (2007 No 94).

17C Power of arbitral tribunal to issue preliminary order

Unless otherwise agreed by the parties, a party may, without notice to any other party, apply for a preliminary order when making a request for an interim measure to be granted under article 17A.

Schedule 1 article 17C: inserted, on 18 October 2007, by section 8(4) of the Arbitration Amendment Act 2007 (2007 No 94).

17D Conditions for issuing preliminary order

(1) The arbitral tribunal may issue a preliminary order if it considers that prior

disclosure of the request for the interim measure to the respondent risks frustrating the purpose of the measure.

(2) An applicant for a preliminary order must satisfy the arbitral tribunal of the matters specified in article 17B. That article applies to a preliminary order subject to—

(a) the modification that the harm to be assessed under article 17B(1)(a) is the harm likely to result from the order being issued or not; and

(b) all other necessary modifications.

Schedule 1 article 17D: inserted, on 18 October 2007, by section 8(4) of the Arbitration Amendment Act 2007 (2007 No 94).

17E Procedure for preliminary order

(1) Immediately after the arbitral tribunal makes a determination in respect of an application for a preliminary order, it must—

(a) give notice to all the parties of—

(i) the request for the interim measure; and

(ii) the application for the preliminary order; and

(iii) the preliminary order issued by the arbitral tribunal (if any); and

(iv) all other communications (whether oral or written) between a party and the arbitral tribunal in relation to the matters specified in subparagraph (a)(i) to (iii); and

(b) give an opportunity to each respondent to present the respondent's case at the earliest practicable time.

(2) The arbitral tribunal must decide promptly on any objection to the preliminary order.

Schedule 1 article 17E: inserted, on 18 October 2007, by section 8(4) of the Arbitration Amendment Act 2007 (2007 No 94).

17F Duration of preliminary order

(1) A preliminary order expires 20 days after the date on which it was issued by the arbitral tribunal.

(2) However, the arbitral tribunal may grant an interim measure adopting or modifying the preliminary order, after each respondent has been given—

(a) notice under article 17E(1); and

(b) an opportunity to present the respondent's case.

Schedule 1 article 17F: inserted, on 18 October 2007, by section 8(4) of the Arbitration Amendment Act 2007 (2007 No 94).

17G Effect of preliminary order

(1) A preliminary order is binding on the parties but is not enforceable by a court.

(2) A preliminary order does not constitute an award.

Schedule 1 article 17G: inserted, on 18 October 2007, by section 8(4) of the Arbitration Amendment Act 2007 (2007 No 94).

Supplementary provisions for interim measures and preliminary orders

Heading: inserted, on 18 October 2007, by section 8(4) of the Arbitration Amendment Act 2007 (2007 No 94).

17H Modification, suspension, and cancellation

If the arbitral tribunal grants or issues an interim measure or a preliminary order, it may modify, suspend, or cancel the measure or order—

(a) on the application of a party; or

(b) on its own initiative, but only in exceptional circumstances and after giving prior notice to the parties.

Schedule 1 article 17H: inserted, on 18 October 2007, by section 8(4) of the Arbitration Amendment Act 2007 (2007 No 94).

17I Provision of security

(1) The arbitral tribunal may require the applicant for an interim measure to provide appropriate security in connection with the measure.

(2) The arbitral tribunal must require the applicant for a preliminary order to provide appropriate security in connection with the order unless it considers it inappropriate or unnecessary to do so.

Schedule 1 article 17I: inserted, on 18 October 2007, by section 8(4) of the Arbitration Amendment Act 2007 (2007 No 94).

17J Disclosure of material circumstances

(1)The arbitral tribunal may require a party to promptly disclose to the arbitral tribunal a material change in the circumstances upon which an interim measure was requested or granted.

(2)The applicant for a preliminary order must disclose to the arbitral tribunal all circumstances that are likely to be relevant to the arbitral tribunal's determination as to whether to issue or extend the order.

(3)The obligation in paragraph (2) continues until each respondent has had an opportunity to present the respondent's case, after which paragraph (1) applies.

Schedule 1 article 17J: inserted, on 18 October 2007, by section 8(4) of the Arbitration Amendment Act 2007 (2007 No 94).

17K Costs and damages

(1)An applicant for an interim measure or a preliminary order is liable for any costs and damages caused to any party by the measure or order if the arbitral tribunal later determines that, in the circumstances, the measure or order should not have been granted or issued.

(2)The arbitral tribunal may award those costs and damages at any time during the arbitral proceedings.

Schedule 1 article 17K: inserted, on 18 October 2007, by section 8(4) of the Arbitration Amendment Act 2007 (2007 No 94).

Recognition and enforcement of interim measures

Heading: inserted, on 18 October 2007, by section 8(4) of the Arbitration Amendment Act 2007 (2007 No 94).

17L Recognition and enforcement

(1) An interim measure granted by an arbitral tribunal must be recognised as binding and, unless otherwise provided by the arbitral tribunal, enforced upon application to the competent court, irrespective of the country in which it was granted.

(2)Paragraph (1) is subject to article 17M.

(3)The applicant for recognition or enforcement of an interim measure under article 35 must promptly inform the court of any modification, suspension, or cancellation of that interim measure.

(4) The court may, if it considers it proper, order the applicant to provide appropriate security if—

(a) the arbitral tribunal has not already made a decision with respect to the provision of security; or

(b) the decision with respect to the provision of security is necessary to protect the rights of third parties.

Schedule 1 article 17L: inserted, on 18 October 2007, by section 8(4) of the Arbitration Amendment Act 2007 (2007 No 94).

17M Grounds for refusing recognition or enforcement

(1) Recognition or enforcement of an interim measure may be refused only—

(a) at the request of the respondent if the court is satisfied that—

(i) the refusal is warranted on the grounds set out in article 36(1)(a)(i), (ii), or (iv); or

(ii) the arbitral tribunal's decision with respect to the provision of security in connection with the interim measure granted by it has not been complied with; or

(iii) the interim measure has been suspended or cancelled by the arbitral tribunal or, if so empowered, by the court of the country in which the arbitration took place or under the law of which that interim measure was granted; or

(b) if the court finds that—

(i) the interim measure is incompatible with the powers conferred on the court, unless the court decides to reformulate the interim measure to the extent necessary to adapt it to its own powers and procedures for the purposes of enforcing that interim measure and without modifying its substance; or

(ii) any of the grounds set out in article 36(1)(b) apply to the recognition and enforcement of the interim measure.

(2) A determination made by the court on any ground in paragraph (1) is effective only for the purposes of the application to recognise and enforce the interim measure.

(3) The court must not, in making that determination, undertake a review of the

substance of the interim measure.

Schedule 1 article 17M: inserted, on 18 October 2007, by section 8(4) of the Arbitration Amendment Act 2007 (2007 No 94).

Chapter 5 Conduct of Arbitral Proceedings

18 Equal treatment of parties

The parties shall be treated with equality and each party shall be given a full opportunity of presenting that party's case.

19 Determination of rules of procedure

(1) Subject to the provisions of this schedule, the parties are free to agree on the procedure to be followed by the arbitral tribunal in conducting the proceedings.

(2) Failing such agreement, the arbitral tribunal may, subject to the provisions of this schedule, conduct the arbitration in such manner as it considers appropriate. The power conferred upon the arbitral tribunal includes the power to determine the admissibility, relevance, materiality, and weight of any evidence.

(3) Every witness giving evidence, and every counsel or expert or other person appearing before an arbitral tribunal, shall have the same privileges and immunities as witnesses and counsel in proceedings before a court.

20 Place of arbitration

(1) The parties are free to agree on the place of arbitration. Failing such agreement, the place of arbitration shall be determined by the arbitral tribunal having regard to the circumstances of the case, including the convenience of the parties.

(2) Notwithstanding the provisions of paragraph (1), the arbitral tribunal may, unless otherwise agreed by the parties, meet at any place it considers appropriate for consultation among its members, for hearing witnesses, experts or the parties, or for inspection of goods, other property, or documents.

21 Commencement of arbitral proceedings

Unless otherwise agreed by the parties, the arbitral proceedings in respect of a particular dispute commence on the date on which a request for that dispute to be referred to arbitration is received by the respondent.

22 Language

(1) The parties are free to agree on the language or languages to be used in the arbitral proceedings. Failing such agreement, the arbitral tribunal shall determine the language or languages to be used in the proceedings. This agreement or determination, unless otherwise specified, shall apply to any written statement by a party, any hearing, and any award, decision, or other communication by the arbitral tribunal.

(2) The arbitral tribunal may order that any documentary evidence shall be accompanied by a translation into the language or languages agreed upon by the parties or determined by the arbitral tribunal.

23 Statements of claim and defence

(1) Within the period of time agreed by the parties or determined by the arbitral tribunal, the claimant shall state the facts supporting the claim, the points at issue and the relief or remedy sought, and the respondent shall state the defence in respect of these particulars, unless the parties have otherwise agreed as to the required elements of such statements. The parties may submit with their statements all documents they consider to be relevant or may add a reference to the documents or other evidence they will submit.

(2) Unless otherwise agreed by the parties, either party may amend or supplement the claim or defence during the course of the arbitral proceedings, unless the arbitral tribunal considers it inappropriate to allow such amendment having regard to the delay in making it.

24 Hearings and written proceedings

(1) Subject to any contrary agreement by the parties, the arbitral tribunal shall decide whether to hold oral hearings for the presentation of evidence or for oral argument, or whether the proceedings shall be conducted on the basis of documents and other materials. However, unless the parties have agreed that no hearings shall be held, the arbitral tribunal shall hold such hearings at an appropriate stage of the proceedings, if so requested by a party.

(2) The parties shall be given sufficient advance notice of any hearing and of any meeting of the arbitral tribunal for the purposes of inspection of goods, other property,

or documents.

(3) All statements, documents, or other information supplied to the arbitral tribunal by one party shall be communicated to the other party. Also, any expert report or evidentiary document on which the arbitral tribunal may rely in making its decision shall be communicated to the parties.

(4) At any hearing or any meeting of the arbitral tribunal of which notice is required to be given under paragraph (2), or in any proceedings conducted on the basis of documents or other materials, the parties may appear or act in person or may be represented by any other person of their choice.

25 Default of a party

Unless otherwise agreed by the parties, if, without showing sufficient cause,—

(a) the claimant fails to communicate the statement of claim in accordance with article 23(1), the arbitral tribunal shall terminate the proceedings:

(b) the respondent fails to communicate the statement of defence in accordance with article 23(1), the arbitral tribunal shall continue the proceedings without treating such failure in itself as an admission of the claimant's allegations:

(c) any party fails to appear at a hearing or to produce documentary evidence, the arbitral tribunal may continue the proceedings and make the award on the evidence before it:

(d) the claimant fails to prosecute the claim, the arbitral tribunal may make an award dismissing the claim or give directions, with or without conditions, for the speedy determination of the claim.

26 Expert appointed by arbitral tribunal

(1) Unless otherwise agreed by the parties, the arbitral tribunal—

(a) may appoint 1 or more experts to report to it on specific issues to be determined by the arbitral tribunal:

(b) may require a party to give the expert any relevant information or to produce, or to provide access to, any relevant documents, goods, or other property for the expert's inspection.

(2) Unless otherwise agreed by the parties, if a party so requests or if the arbitral

tribunal considers it necessary, the expert shall, after delivery of a written or oral report, participate in a hearing where the parties have the opportunity to put questions and to present expert witnesses in order to testify on the points at issue.

27 Court assistance in taking evidence

(1) The arbitral tribunal or a party with the approval of the arbitral tribunal may request from the court assistance in taking evidence. The court may execute the request within its competence and according to its rules on taking evidence.

(2) For the purposes of paragraph (1),—

(a) the High Court may make an order of subpoena or the District Court may issue a witness summons to compel the attendance of a witness before an arbitral tribunal to give evidence or produce documents:

(b) the High Court or the District Court may order any witness to submit to examination on oath or affirmation before the arbitral tribunal, or before an officer of the court, or any other person for the use of the arbitral tribunal:

(c) the High Court or the District Court shall have, for the purpose of the arbitral proceedings, the same power as it has for the purpose of proceedings before that court to make an order for—

(i) the discovery of documents and interrogatories:

(ii) the issue of a commission or request for the taking of evidence out of the jurisdiction:

(iii) the detention, preservation, or inspection of any property or thing which is in issue in the arbitral proceedings and authorising for any of those purposes any person to enter upon any land or building in the possession of a party, or authorising any sample to be taken or any observation to be made or experiment to be tried which may be necessary or expedient for the purpose of obtaining full information or evidence.

Schedule 1 article 27(2)(a): amended, on 1 March 2017, by section 261 of the District Court Act 2016 (2016 No 49).

Schedule 1 article 27(2)(b): amended, on 1 March 2017, by section 261 of the District Court Act 2016 (2016 No 49).

Schedule 1 article 27(2)(c): amended, on1 March 2017, by section 261 of the

District Court Act 2016 (2016 No 49).

Chapter 6 Making of Award and Termination of Proceedings

28 Rules applicable to substance of dispute

(1) The arbitral tribunal shall decide the dispute in accordance with such rules of law as are chosen by the parties as applicable to the substance of the dispute. Any designation of the law or legal system of a given State shall be construed, unless otherwise expressed, as directly referring to the substantive law of that State and not to its conflict of laws rules.

(2) Failing any designation by the parties, the arbitral tribunal shall apply the law determined by the conflict of laws rules which it considers applicable.

(3) The arbitral tribunal shall decide ex aequo et bono or as amiable compositeur (according to considerations of general justice and fairness) only if the parties have expressly authorised it to do so.

(4) In all cases, the arbitral tribunal shall decide in accordance with the terms of any contract and shall take into account any usages of the trade applicable to the transaction.

29 Decision-making by panel of arbitrators

In arbitral proceedings with more than 1 arbitrator, any decision of the arbitral tribunal shall be made, unless otherwise agreed by the parties, by a majority of all its members. However, questions of procedure may be decided by a presiding arbitrator, if so authorised by the parties or all members of the arbitral tribunal.

30 Settlement

(1) If, during arbitral proceedings, the parties settle the dispute, the arbitral tribunal shall terminate the proceedings and, if requested by the parties and not objected to by the arbitral tribunal, record the settlement in the form of an arbitral award on agreed terms.

(2) An award on agreed terms shall be made in accordance with the provisions of article 31 and shall state that it is an award. Such an award has the same status and effect as any other award on the merits of the case.

31 Form and contents of award

(1) The award shall be made in writing and shall be signed by the arbitrator or arbitrators. In arbitral proceedings with more than one arbitrator, the signatures of the majority of all members of the arbitral tribunal shall suffice, provided that the reason for any omitted signature is stated.

(2) The award shall state the reasons upon which it is based, unless the parties have agreed that no reasons are to be given or the award is an award on agreed terms under article 30.

(3) The award shall state its date and the place of arbitration as determined in accordance with article 20(1). The award shall be deemed to have been made at that place.

(4) After the award is made, a copy signed by the arbitrators in accordance with paragraph (1) shall be delivered to each party.

(5) Unless the arbitration agreement otherwise provides, or the award otherwise directs, a sum directed to be paid by an award shall carry interest as from the date of the award and at the same rate as a judgment debt.

32 Termination of proceedings

(1) The arbitral proceedings are terminated by the final award or by an order of the arbitral tribunal in accordance with paragraph (2).

(2) The arbitral tribunal shall issue an order for the termination of the arbitral proceedings when—

(a) the claimant withdraws the claim, unless the respondent objects thereto and the arbitral tribunal recognises a legitimate interest on the respondent's part in obtaining a final settlement of the dispute;

(b) the parties agree on the termination of the proceedings;

(c) the arbitral tribunal finds that the continuation of the proceedings has for any other reason become unnecessary or impossible.

(3) The mandate of the arbitral tribunal terminates with the termination of the arbitral proceedings, subject to the provisions of articles 33 and 34(4).

(4) Unless otherwise agreed by the parties, the death of a party does not termi-

nate the arbitral proceedings or the authority of the arbitral tribunal.

(5) Paragraph (4) does not affect any rule of law or enactment under which the death of a person extinguishes a cause of action.

33 Correction and interpretation of award; additional award

(1) Within 30 days of receipt of the award, unless another period of time has been agreed upon by the parties,—

(a) a party, with notice to the other party, may request the arbitral tribunal to correct in the award any errors in computation, any clerical or typographical errors, or any errors of similar nature:

(b) if so agreed by the parties, a party, with notice to the other party, may request the arbitral tribunal to give an interpretation of a specific point or part of the award.

If the arbitral tribunal considers the request to be justified, it shall make the correction or give the interpretation within 30 days of receipt of the request. The interpretation shall form part of the award.

(2) The arbitral tribunal may correct any error of the type referred to in paragraph (1)(a) on its own initiative within 30 days of the date of the award.

(3) Unless otherwise agreed by the parties, a party, with notice to the other party, may request, within 30 days of receipt of the award, the arbitral tribunal to make an additional award as to claims presented in the arbitral proceedings but omitted from the award. If the arbitral tribunal considers the request to be justified, it shall make the additional award within 60 days.

(4) The arbitral tribunal may extend, if necessary, the period of time within which it shall make a correction, interpretation, or an additional award under paragraphs (1) or (3).

(5) The provisions of article 31 shall apply to a correction or interpretation of the award or to an additional award.

Chapter 7　Recourse against Award

34 Application for setting aside as exclusive recourse against arbitral award

(1) Recourse to a court against an arbitral award may be made only by an application for setting aside in accordance with paragraphs (2) and (3).

(2) An arbitral award may be set aside by the High Court only if—

(a) the party making the application furnishes proof that—

(i) a party to the arbitration agreement was under some incapacity, or the said agreement is not valid under the law to which the parties have subjected it, or, failing any indication on that question, under the law of New Zealand; or

(ii) the party making the application was not given proper notice of the appointment of an arbitrator or of the arbitral proceedings or was otherwise unable to present that party's case; or

(iii) the award deals with a dispute not contemplated by or not falling within the terms of the submission to arbitration, or contains decisions on matters beyond the scope of the submission to arbitration, provided that, if the decisions on matters submitted to arbitration can be separated from those not so submitted, only that part of the award which contains decisions on matters not submitted to arbitration may be set aside, or

(iv) the composition of the arbitral tribunal or the arbitral procedure was not in accordance with the agreement of the parties, unless such agreement was in conflict with a provision of this Act from which the parties cannot derogate, or, failing such agreement, was not in accordance with this Act; or

(b) The High Court finds that—

(i) the subject matter of the dispute is not capable of settlement by arbitration under the law of New Zealand; or

(ii) the award is in conflict with the public policy of New Zealand.

(3) An application for setting aside may not be made after 3 months have elapsed from the date on which the party making that application had received the award or, if a request had been made under article 33, from the date on which that request had

been disposed of by the arbitral tribunal. This paragraph does not apply to an application for setting aside on the ground that the award was induced or affected by fraud or corruption.

(4) The High Court, when asked to set aside an award, may, where appropriate and so requested by a party, suspend the setting aside proceedings for a period of time determined by it in order to give the arbitral tribunal an opportunity to resume the arbitral proceedings or to take such other action as in the arbitral tribunal's opinion will eliminate the grounds for setting aside.

(5) Where an application is made to set aside an award, the High Court may order that any money made payable by the award shall be brought into court or otherwise secured pending the determination of the application.

(6) For the avoidance of doubt, and without limiting the generality of paragraph (2)(b)(ii), it is hereby declared that an award is in conflict with the public policy of New Zealand if—

(a) the making of the award was induced or affected by fraud or corruption; or

(b) a breach of the rules of natural justice occurred—

(i) during the arbitral proceedings; or

(ii) in connection with the making of the award.

Schedule 1 article 34(2)(a)(iv): replaced, on 8 May 2019, by section 4(2) of the Arbitration Amendment Act 2019 (2019 No 14).

Chapter 8 Recognition and Enforcement of Awards

35 Recognition and enforcement

(1) An arbitral award, irrespective of the country in which it was made,—

(a) must be recognised as binding; and

(b) on application in writing to a court, must be enforced by entry as a judgment in terms of the award, or by action, subject to the provisions of this article and of article 36.

(2) The party relying on an award or applying for its enforcement must supply—

(a) the duly authenticated original award or a duly certified copy of the award;

and

(b) if the arbitration agreement is recorded in writing, the original arbitration agreement or a duly certified copy of the agreement; and

(c) if the award or agreement is not made in the English language, a duly certified translation into the English language of either or both documents.

(3) For the purposes of this article, court means—

(a) the High Court; or

(b) the District Court in any case where the amount of any money made payable by the award does not exceed the amount to which the jurisdiction of the District Court is limited in civil cases.

Schedule 1 article 35: substituted, on 18 October 2007, by section 8(5) of the Arbitration Amendment Act 2007 (2007 No 94).

Schedule 1 article 35(3)(b): amended, on1 March 2017, by section 261 of the District Court Act 2016 (2016 No 49).

36 Grounds for refusing recognition or enforcement

(1) Recognition or enforcement of an arbitral award, irrespective of the country in which it was made, may be refused only—

(a) at the request of the party against whom it is invoked, if that party furnishes to the court where recognition or enforcement is sought proof that—

(i) a party to the arbitration agreement was under some incapacity; or the said agreement is not valid under the law to which the parties have subjected it or, failing any indication on that question, under the law of the country where the award was made; or

(ii) the party against whom the award is invoked was not given proper notice of the appointment of an arbitrator or of the arbitral proceedings or was otherwise unable to present that party's case; or

(iii) the award deals with a dispute not contemplated by or not falling within the terms of the submission to arbitration, or it contains decisions on matters beyond the scope of the submission to arbitration, provided that, if the decisions on matters submitted to arbitration can be separated from those not so submitted, that part of the award which contains decisions on matters submitted to arbitration may be recognised and enforced; or

(iv) the composition of the arbitral tribunal or the arbitral procedure was not in accordance with the agreement of the parties or, failing such agreement, was not in accordance with the law of the country where the arbitration took place; or

(v) the award has not yet become binding on the parties or has been set aside or suspended by a court of the country in which, or under the law of which, that award was made; or

(b) if the court finds that—

(i) the subject matter of the dispute is not capable of settlement by arbitration under the law of New Zealand; or

(ii) The recognition or enforcement of the award would be contrary to the public policy of New Zealand.

(2) If an application for setting aside or suspension of an award has been made to a court referred to in paragraph (1) (a)(v), the court where recognition or enforcement is sought may, if it considers it proper, adjourn its decision and may also, on the application of the party claiming recognition or enforcement of the award, order the other party to provide appropriate security.

(3) For the avoidance of doubt, and without limiting the generality of paragraph (1)(b)(ii), it is hereby declared that an award is contrary to the public policy of New Zealand if—

(a) the making of the award was induced or affected by fraud or corruption; or

(b) a breach of the rules of natural justice occurred—

(i) during the arbitral proceedings, or

(ii) in connection with the making of the award.

Additional Optional Rules Applying to Arbitration

(Sections 6, 7, 8, 11)

1 Default appointment of arbitrators

(1) For the purposes of article 11 of Schedule 1, the parties shall be taken as hav-

ing agreed on the procedure for appointing the arbitrator or arbitrators set out in subclauses (2) and (3), unless the parties agree otherwise.

(2) In an arbitration with 3 arbitrators and 2 parties, each party shall appoint 1 arbitrator, and the 2 arbitrators thus appointed shall appoint the third arbitrator.

(3) In an arbitration with—

(a) a sole arbitrator; or

(b) 2 or 4 or more arbitrators; or

(c) 3 arbitrators and more than 2 parties,—

the parties shall agree on the person or persons to be appointed as arbitrator.

(4) [Repealed]

(5) [Repealed]

Schedule 2 clause 1(1): amended, on 8 May 2019, by section 5(1) of the Arbitration Amendment Act 2019 (2019 No 14).

Schedule 2 clause 1(4): repealed, on 8 May 2019, by section 5(2) of the Arbitration Amendment Act 2019 (2019 No 14).

Schedule 2 clause 1(5): repealed, on 8 May 2019, by section 5(2) of the Arbitration Amendment Act 2019 (2019 No 14).

2 Consolidation of arbitral proceedings

(1) Where arbitral proceedings all have the same arbitral tribunal,—

(a) the arbitral tribunal may, on the application of at least 1 party in each of the arbitral proceedings, order—

(i) those proceedings to be consolidated on such terms as the arbitral tribunal thinks just; or

(ii) those proceedings to be heard at the same time, or one immediately after the other; or

(iii) any of those proceedings to be stayed until after the determination of any other of them:

(b) If an application has been made to the arbitral tribunal under paragraph (a) and the arbitral tribunal refuses or fails to make an order under that paragraph, the High Court may, on application by a party in any of the proceedings, make any such order as could have been made by the arbitral tribunal.

(2) Where arbitral proceedings do not all have the same arbitral tribunal,—

(a) the arbitral tribunal for any one of the arbitral proceedings may, on the application of a party in the proceedings, provisionally order—

(i) the proceedings to be consolidated with other arbitral proceedings on such terms as the arbitral tribunal thinks just; or

(ii) the proceedings to be heard at the same time as other arbitral proceedings, or one immediately after the other; or

(iii) any of those proceedings to be stayed until after the determination of any other of them:

(b) an order ceases to be provisional when consistent provisional orders have been made for all of the arbitral proceedings concerned:

(c) the arbitral tribunals may communicate with each other for the purpose of conferring on the desirability of making orders under this subclause and of deciding on the terms of any such order:

(d) if a provisional order is made for at least one of the arbitral proceedings concerned, but the arbitral tribunal for another of the proceedings refuses or fails to make such an order (having received an application from a party to make such an order), the High Court may, on application by a party in any of the proceedings, make an order or orders that could have been made under this subclause:

(e) if inconsistent provisional orders are made for the arbitral proceedings, the High Court may, on application by a party in any of the proceedings, alter the orders to make them consistent.

(3) When arbitral proceedings are to be consolidated under subclause (2), the arbitral tribunal for the consolidated proceedings shall be that agreed on for the purpose by all the parties to the individual proceedings, but, failing such an agreement, the High Court may appoint an arbitral tribunal for the consolidated proceedings.

(4) An order or a provisional order may not be made under this clause unless it appears—

(a) that some common question of law or fact arises in all of the arbitral proceedings; or

(b) that the rights to relief claimed in all of the proceedings are in respect of, or arise out of, the same transaction or series of transactions; or

(c) that for some other reason it is desirable to make the order or provisional order.

(5) Any proceedings before an arbitral tribunal for the purposes of this clause shall be treated as part of the arbitral proceedings concerned.

(6) Arbitral proceedings may be commenced or continued, although an application to consolidate them is pending under subclause (1) or (2) and although a provisional order has been made in relation to them under subclause (2).

(7) Subclauses (1) and (2) apply in relation to arbitral proceedings whether or not all or any of the parties are common to some or all of the proceedings.

(8) There shall be no appeal from any decision of the High Court under this clause.

(9) Nothing in this clause prevents the parties to 2 or more arbitral proceedings from agreeing to consolidate those proceedings and taking such steps as are necessary to effect that consolidation.

3 Powers relating to conduct of arbitral proceedings

(1) For the purposes of article 19 of Schedule 1, and unless the parties agree otherwise, the parties shall be taken as having agreed that the powers conferred upon the arbitral tribunal include the power to—

(a) adopt inquisitorial processes:

(b) draw on its own knowledge and expertise:

(c) order the provision of further particulars in a statement of claim or statement of defence:

(d) order the giving of security for costs:

(e) fix and amend time limits within which various steps in the arbitral proceedings must be completed:

(f) order the discovery and production of documents or materials within the possession or power of a party:

(g) order the answering of interrogatories:

(h) order that any evidence be given orally or by affidavit or otherwise:

(i) order that any evidence be given on oath or affirmation:

(j) order any party to do all such other things during the arbitral proceedings as may reasonably be needed to enable an award to be made properly and efficiently:

(k) make an interim, interlocutory or partial award.

(2) Notwithstanding anything in article 5 of Schedule 1, the arbitral tribunal, or a party with the approval of the arbitral tribunal, may request from the court assistance in the exercise of any power conferred on the arbitral tribunal under subclause (1).

(3) If a request is made under subclause (2), the High Court or the District Court shall have, for the purposes of the arbitral proceedings, the same power to make an order for the doing of any thing which the arbitral tribunal is empowered to order under subclause (1) as it would have in civil proceedings before that court.

Schedule 2 article 3(3): amended, on 1 March 2017, by section 261 of the District Court Act 2016 (2016 No 49).

4 Determination of preliminary point of law by court

(1) Notwithstanding anything in article 5 of Schedule 1, on an application to the High Court by any party—

(a) with the consent of the arbitral tribunal; or

(b) with the consent of every other party,—

the High Court shall have jurisdiction to determine any question of law arising in the course of the arbitration.

(2) The High Court shall not entertain an application under subclause (1)(a) with respect to any question of law unless it is satisfied that the determination of the question of law concerned—

(a) might produce substantial savings in costs to the parties; and

(b) might, having regard to all the circumstances, substantially affect the rights of one or more of the parties.

(3) With the leave of the High Court, any party may, within 1 month from the date of any determination of the High Court, under this clause or within such further

time as that court may allow, appeal from that determination to the Court of Appeal.

(4) If the High Court refuses to grant leave to appeal under subclause (3), the Court of Appeal may grant special leave to appeal.

5 Appeals on questions of law

(1) Notwithstanding anything in articles 5 or 34 of Schedule 1, any party may appeal to the High Court on any question of law arising out of an award—

(a) if the parties have so agreed before the making of that award; or

(b) with the consent of every other party given after the making of that award; or

(c) with the leave of the High Court.

(2) The High Court shall not grant leave under subclause (1)(c) unless it considers that, having regard to all the circumstances, the determination of the question of law concerned could substantially affect the rights of 1 or more of the parties.

(3) The High Court may grant leave under subclause (1)(c) on such conditions as it sees fit.

(4) On the determination of an appeal under this clause, the High Court may, by order,—

(a) confirm, vary, or set aside the award; or

(b) remit the award, together with the High Court's opinion on the question of law which was the subject of the appeal, to the arbitral tribunal for reconsideration or, where a new arbitral tribunal has been appointed, to that arbitral tribunal for consideration,—

and, where the award is remitted under paragraph (b), the arbitral tribunal shall, unless the order otherwise directs, make the award not later than 3 months after the date of the order.

(5) With the leave of the High Court, any party may appeal to the Court of Appeal from any refusal of the High Court to grant leave or from any determination of the High Court under this clause.

(6) If the High Court refuses to grant leave to appeal under subclause (5), the Court of Appeal may grant special leave to appeal.

(7) Where the award of an arbitral tribunal is varied on an appeal under this

clause, the award as varied shall have effect (except for the purposes of this clause) as if it were the award of the arbitral tribunal; and the party relying on the award or applying for its enforcement under article 35(2) of Schedule 1 shall supply the duly authenticated original order of the High Court varying the award or a duly certified copy.

(8) Article 34(3) and (4) of Schedule 1 apply to an appeal under this clause as they do to an application for the setting aside of an award under that article.

(9) For the purposes of article 36 of Schedule 1,—

(a) an appeal under this clause shall be treated as an application for the setting aside of an award; and

(b) an award which has been remitted by the High Court under subclause (4)(b) to the original or a new arbitral tribunal shall be treated as an award which has been suspended.

(10) For the purposes of this clause, question of law—

(a) includes an error of law that involves an incorrect interpretation of the applicable law (whether or not the error appears on the record of the decision); but

(b) does not include any question as to whether—

(i) the award or any part of the award was supported by any evidence or any sufficient or substantial evidence; and

(ii) the arbitral tribunal drew the correct factual inferences from the relevant primary facts.

Schedule 2 clause 5(10): added, on 18 October 2007, by section 9 of the Arbitration Amendment Act 2007 (2007 No 94).

6 Costs and expenses of an arbitration

(1) Unless the parties agree otherwise,—

(a) the costs and expenses of an arbitration, being the legal and other expenses of the parties, the fees and expenses of the arbitral tribunal, and any other expenses related to the arbitration shall be as fixed and allocated by the arbitral tribunal in its award under article 31 of Schedule 1, or any additional award under article 33(3) of Schedule 1; or

(b) in the absence of an award or additional award fixing and allocating the costs and expenses of the arbitration, each party shall be responsible for the legal and other expenses of that party and for an equal share of the fees and expenses of the arbitral tribunal and any other expenses relating to the arbitration.

(2) Unless the parties agree otherwise, the parties shall be taken as having agreed that,—

(a) if a party makes an offer to another party to settle the dispute or part of the dispute and the offer is not accepted and the award of the arbitral tribunal is no more favourable to the other party than was the offer, the arbitral tribunal, in fixing and allocating the costs and expenses of the arbitration, may take the fact of the offer into account in awarding costs and expenses in respect of the period from the making of the offer to the making of the award; and

(b) the fact that an offer to settle has been made shall not be communicated to the arbitral tribunal until it has made a final determination of all aspects of the dispute other than the fixing and allocation of costs and expenses.

(3) Where an award or additional award made by an arbitral tribunal fixes or allocates the costs and expenses of the arbitration, or both, the High Court may, on the application of a party, if satisfied that the amount or the allocation of those costs and expenses is unreasonable in all the circumstances, make an order varying their amount or allocation, or both. The arbitral tribunal is entitled to appear and be heard on any application under this subclause.

(4) Where—

(a) an arbitral tribunal refuses to deliver its award before the payment of its fees and expenses; and

(b) an application has been made under subclause (3),—

the High Court may order the arbitral tribunal to release the award on such conditions as the court sees fit.

(5) An application may not be made under subclause (3) after 3 months have elapsed from the date on which the party making the application received any award or additional award fixing and allocating the costs and expenses of the arbitration.

(6) There shall be no appeal from any decision of the High Court under this

clause.

7 Extension of time for commencing arbitration proceedings

(1) Where an arbitration agreement provides that no arbitral proceedings are to be commenced unless steps have been taken to commence the proceedings within the time specified in the agreement, the High Court or the District Court, as the case may be, may, notwithstanding that the specified time has expired, extend the time for such period as it thinks fit, if, in its opinion, undue hardship would otherwise be caused to the parties.

(2) An extension may be subject to any such conditions as the justice of the case may require.

Schedule 2 article 7(1): amended, on 1 March 2017, by section 261 of the District Court Act 2016 (2016 No 49).

Enactments Amended (Section 17)

Building Societies Act 1965 (1965 No 22) (RS Vol 17, p 41)

Amendment(s) incorporated in the Act(s).

Evidence Act 1908 (1908 No 56) (RS Vol 28, p 451)

Amendment(s) incorporated in the Act(s).

Evidence Amendment Act 1945 (1945 No 16) (RS Vol 28, p 451)

Amendment(s) incorporated in the Act(s).

Evidence Amendment Act (No 2) 1980 (1980 No 27) (RS Vol 28, p 451)

Amendment(s) incorporated in the Act(s).

Friendly Societies and Credit Unions Act 1982 (1982 No 118)

Amendment(s) incorporated in the Act(s).

Frustrated Contracts Act 1944 (1944 No 20) (RS Vol 6, p 487)

Amendment(s) incorporated in the Act(s).

Insurance Law Reform Act 1977 (1977 No 14) (RS Vol 28, p 675)

Amendment(s) incorporated in the Act(s).

Judicature Act 1908 (1908 No 89) (RS Vol 22, p 107)

Amendment(s) incorporated in the Act(s).

Mercantile Law Act 1908 (1908 No 117) (RS Vol 10, p 91)

Amendment(s) incorporated in the Act(s).

Reciprocal Enforcement of Judgments Act 1934 (1934 No 11) (RS Vol 28, p 841)

Amendment(s) incorporated in the Act(s). Transit New Zealand Act 1989 (1989 No 75) Amendment(s) incorporated in the Act(s).

Schedule 4: amended, on 1 January 2011, by section 58 of the Limitation Act 2010 (2010 No 110).

Enactments Repealed (Section 18)

Arbitration Act 1908 (1908 No 8) (RS Vol 1, p 98)

Arbitration Amendment Act 1915 (1915 No 13) (RS Vol 1, p 108)

Arbitration Amendment Act 1938 (1938 No 6) (RS Vol 1, p 117)

Arbitration Amendment Act 1952 (1952 No 27) (RS Vol 1, p 126)

Arbitration Clauses (Protocol) and the Arbitration (Foreign Awards) Act 1933 (1933 No 4) (RS Vol 1, p 108)

Arbitration Clauses (Protocol) and the Arbitration (Foreign Awards) Amendment Act 1957 (1957 No 44) (RS Vol 1, p 126)

Arbitration (Foreign Agreements and Awards) Act 1982 (1982 No 21) Contracts (Privity) Act 1982 (1982 No 132)

Amendment(s) incorporated in the Act(s). Contractual Mistakes Act 1977 (1977 No 54) Amendment(s) incorporated in the Act(s).

Contractual Remedies Act 1979 (1979 No 11)

Amendment(s) incorporated in the Act(s).

References

#)

For a copy of a previous version of this document, should this be available, please contact customer support.

*)

Public Act 1996 No 99. Date of assent 2 September 1996. Reprint as at 8 May 2019. General Editor's Note: latest amendments in effect 8 May 2019.

1)

General Editor's note: Schedule 3 is not reproduced in this Annex.

(二)2017 年新西兰仲裁和调解员委员会仲裁规则

AMINZ Arbitration Rules 2017

Arbitrators' and Mediators' Institute of New Zealand

Arbitration Rules

Preamble

These Rules (the AMINZ Arbitration Rules) apply where the Parties have agreed that the arbitration is to be conducted in accordance with the AMINZ Arbitration Rules.

The AMINZ Arbitration Rules comprise the following:

- this Preamble
- Article 1 – Commencing the Arbitration
- Article 2 – Role of the AMINZ Court of Arbitration
- Article 3 – Arbitral Tribunal
- Article 4 – Challenges to the Arbitral Tribunal
- Article 5 – Emergency Arbitration
- Article 6 – Conduct of the Arbitration
- Article 7 – Costs
- Article 8 – Award(s)
- Article 9 – Appeals
- Article 10 – General
- Arbitrators' confirmation of willingness to act
- AMINZ Stakeholder Account Protocol

The parties to the agreement to arbitrate (the Parties) may agree to vary the AMINZ Arbitration Rules (save where an applicable law or these Rules do not allow for the Parties to agree otherwise) at any time prior to the appointment of the Arbitral Tribunal in terms of Article 3.

The AMINZ Arbitration Rules may be revised from time to time. The version current at the time the arbitration is commenced (whether by notice of arbitration or notice of dispute issued in terms of the agreement to arbitrate, or commencement of arbitration proceedings in terms of Article 1) will apply to the arbitration.

Model clause

The parties agree that any dispute or disagreement arising out of or in connection with this agreement will be settled by arbitration by [a sole arbitrator] in accordance with the [New Zealand Arbitration Act 1996 and its amendments] and the AMINZ Arbitration Rules current at the time arbitration is commenced.

The place of arbitration will be [Auckland] and the law applicable to the arbitral proceedings and the matters in dispute will be [New Zealand law].

Arbitrators' and Mediators' Institute of New Zealand Level 3

276 Lambton Quay

Wellington 6140 New Zealand

+64 4 499 9384

0800 426 469

institute@aminz.org.nz

www.aminz.org.nz

Approved and adopted by the Council of AMINZ on 22 May 2017.

AMINZ wishes to thank the drafting committee for their assistance in the preparation of these Rules:

John Walton (Chair)

Bankside Chambers, Auckland

Sir David AR Williams KNZM QC

Bankside Chambers, Auckland

Wendy Miles QC

Debevoise & Plimpton, London

James Hosking

Chaffetz Lindsey LLP, New York

Daniel Kalderimis

Chapman Tripp, Wellington

Timothy Lindsay

Lowndes Jordan, Auckland

Sophie East

Bell Gully, Auckland

Article 1 Commencing the Arbitration

10 Objectives

10.1 The Parties acknowledge that:

(a) it is the objective of the arbitral proceedings that the dispute is to be resolved fairly, promptly, cost effectively and in a manner which is proportionate to the matters in dispute and their importance to the Parties; and

(b) where a matter is not expressly covered by these Rules, they will promote this objective with the intent of procuring an enforceable award without undue delay and at an appropriate cost to the Parties.

10.2 The Arbitral Tribunal has the general duties at all times to:

(a) act fairly and impartially as between the Parties, giving each a reasonable opportunity of putting its case and dealing with that of the other Parties; and

(b) adopt procedures suitable to the circumstances of the arbitration, avoiding unnecessary delay and expense, so as to provide a fair, efficient and expeditious means for the final resolution of the dispute.

10.3 The Arbitral Tribunal shall have the widest discretion to discharge these general duties, subject to such mandatory rules of law as the Arbitral Tribunal finds to be applicable.

10.4 The Parties undertake to:

(a) comply with the agreement to arbitrate, these Rules, any orders, directions, awards and determinations of the Arbitral Tribunal (and any Emergency Arbitrator and the AMINZ Arbitration Appeals Tribunal, if applicable) without delay; and

(b) act at all times in good faith so as to ensure the fair, efficient and expeditious conduct of the arbitration,

and to procure that their legal advisors and other representatives do everything reasonably required to enable them to fulfil these undertakings.

11 Notice of commencement of arbitration

11.1 A Party(ies) wishing to commence an arbitration under these AMINZ Arbitration Rules (the Claimant) is to issue a notice of its intention (the Notice of Arbitration) to the Executive Director of the Arbitrators' and Mediators' Institute of New Zealand Inc (AMINZ) and to the other Party(ies) (the Respondent).

11.2 The arbitration will be treated for the purposes of these Rules to have commenced on the later of:

(a) the date of receipt of the Notice of Arbitration by the Respondent and by the Executive Director; and

(b) the date of payment of the applicable application fee prescribed by AMINZ (if any),

(the Notice Date).

11.3 The Notice of Arbitration is to provide the following:

(a) the full name of the Claimant, physical address for the purposes of the arbitration, contact details and person authorised to give and receive all communications in relation to the arbitration;

(b) contact details for the Claimant's legal advisors;

(c) details for electronic communications to the Claimant and its legal advisors;

(d) details of the Respondent;

(e) the text of the agreement to arbitrate;

(f) a summary of the dispute (including an estimation of the value of the dispute), the claims and the relief sought against the other Party(ies);

(g) whether or not the Claimant seeks the determination of the dispute on an expedited basis in terms of Article 33 below; and

(h) details of any agreement between the Parties as to:

(i) any procedural matters;

(ii) whether it has been agreed that the arbitration is to be treated as an international arbitration (for the purposes of any applicable enactment);

(iii) the seat of the arbitration;

(iv) the law applicable to the substance of the dispute;

(v) the number of arbitrators to determine the dispute (the Arbitral Tribunal);

(vi) the composition of the Arbitral Tribunal, including the full names, qualifications and contact details of any agreed arbitrator; and

(vii) the procedural rules for the arbitration, including rules relating to the disclosure of documents or other relevant information, the conduct of the hearing,

and any proposal made by the Claimant in respect of the composition of the Arbitral Tribunal, including where applicable, the Claimant's nomination of an arbitrator.

11.4 The Notice of Arbitration served on the Executive Director is to be accompanied by confirmation of the time, date and means of service of the Notice of Arbitration on the Respondent.

11.5 Where there is more than one Claimant, the Notice of Arbitration is to identify each Claimant, and the extent to which their respective roles and claims may differ.

12 Answer

12.1 The Respondent is to deliver a written response to the Notice of Arbitration (the Answer) within 28 days of the Notice Date.

12.2 The Answer is to provide the following:

(a) the full name of the Respondent, physical address for the purposes of the arbitration, contact details and person authorised to give and receive all communications in relation to the arbitration;

(b) contact details for the Respondent's legal advisors;

(c) details for electronic communications for the Respondent and its legal advisors;

(d) confirmation or denial of all information in the Notice of Arbitration, including in relation to the Claimant's claim and any challenge to the invocation of the agreement to arbitrate or to the appointment procedure and/or the arbitration process;

(e) a brief statement of the Respondent's position in relation to the dispute, and details of any counterclaim by the Respondent, whether against one or all Claimants and/or any other Respondent; and

(f) the Respondent's position in relation to the composition of the Arbitral Tribunal, including, where applicable, the Respondent's nomination of an arbitrator.

12.3 If the Respondent fails to submit an Answer within the specified time, it will be taken to have waived its right to make submissions on the composition of the Arbitral Tribunal and it will be deemed to have accepted any nomination proposed by the Claimant. Such failure will not prevent the Respondent from challenging the jurisdiction of the Arbitral Tribunal in terms of Article 4 below or to participate in the arbitration process, whether to defend any claim or to pursue any counterclaim.

12.4 Where there is more than one Respondent, this Article will apply to each, independently of the others.

13 Reply

13.1 If the Answer includes a counterclaim, the Claimant and/or other Respondent (as appropriate) shall submit a reply (the Reply) outlining its defence to the counterclaim within 14 days of receipt of the Answer.

14 Party representation

14.1 Any addition or change to a Party's legal representation after the issue of the Notice of Arbitration and the Answer (as appropriate) must be notified to the other Parties and to the Arbitral Tribunal within 7 days of such addition or change. The Parties agree that, in order to ensure the integrity of the proceedings, the Arbitral Tribunal may refuse to permit a Party's added or changed legal representative to appear where the appearance of such legal representative might arguably require the recusal of a member of the Arbitral Tribunal.

14.2 Unless the Parties agree otherwise and subject to any provision of these Rules to the contrary, the Parties and the Arbitral Tribunal shall have regard to, but will not be bound by, the IBA Guidelines on Party Representation in International Arbitration and on Conflicts of Interest in International Arbitration, in each case as current at the Notice Date.

Article 2 Role of the AMINZ Court of Arbitration and Registrar

20 AMINZ Court of Arbitration

20.1 Where under an agreement to arbitrate or enactment, AMINZ is to fulfil any role or discharge any function, for example appointing the Arbitral Tribunal, the AMINZ Court of Arbitration will act on behalf of AMINZ.

20.2 Where the President of AMINZ is identified as the appointing authority in an agreement to arbitrate or any enactment, the President will make such appointment in consultation with the AMINZ Court of Arbitration.

20.3 References in these Rules to AMINZ exercising any power or duty is to be read to include any power or duty vested in the President of AMINZ.

21 Registrar

21.1 AMINZ will, so far as the law allows, delegate its duties and functions in relation to the arbitration process, other than the power of appointment of the Arbitral Tribunal, to a person approved by the AMINZ Council to act as arbitration registrar (the Registrar).

21.2 The Registrar may be the Executive Director or other employee of AMINZ, but shall not be the President or any other sitting member of the Council of AMINZ.

22 Tribunal Secretary

22.1 The Arbitral Tribunal may appoint a tribunal secretary to assist with the administration of the arbitral proceedings.

22.2 The tribunal secretary shall perform all the tasks as the Arbitral Tribunal may assign, including:

(a) assisting the Arbitral Tribunal in the review of evidence and of the issues in dispute, including through the review of submissions and evidence, preparation of summaries and/or memoranda, and research on specific factual or legal issues;

(b) assisting the Arbitral Tribunal in the preparation and communication of its decisions to the Parties on issues of procedure and substance, including by preparing initial drafts of procedural orders and awards, under the direction and supervision of the Arbitral Tribunal; and

(c) providing other support to the Arbitral Tribunal or to its members at any time, including during hearings and deliberations which the tribunal secretary may attend.

22.3 The Arbitral Tribunal will not, under any circumstances, delegate any decision-making function to the tribunal secretary. The tribunal secretary will work at all times under the specific instructions and continuous control and supervision of the Arbitral Tribunal.

22.4 The tribunal secretary shall be subject to the same independence, impartiality and confidentiality obligations as the members of the Arbitral Tribunal.

23 Decisions of the President, the AMINZ Court of Arbitration and the Registrar

23.1 The President, the AMINZ Court of Arbitration and the Registrar shall discharge their respective functions in a fair and efficient manner in accordance with the provisions of these Rules and any mandatory provisions of any applicable enactment consistent with the objectives outlined in Article 10 above.

23.2 The decisions of the President, the AMINZ Court of Arbitration and the Registrar under these Rules are conclusive and binding on the Parties, and they are not required to give reasons for such decisions, unless the AMINZ Court of Arbitration decides otherwise.

Article 3 Arbitral Tribunal

30 Appointment of the Arbitral Tribunal

30.1 AMINZ will appoint the Arbitral Tribunal in accordance with the procedure outlined in this Article 3.

30.2 The arbitrators appointed by AMINZ will comprise:

(a) any arbitrator agreed between the Parties;

and failing agreement:

(b) an arbitrator nominated by the AMINZ Court of Arbitration; and

if the agreement to arbitrate or any enactment provides that the Arbitral Tribunal is to comprise more than one arbitrator,

(c) any arbitrator(s) proposed by the Parties; and/or

(d) such further arbitrator(s) as the AMINZ Court of Arbitration may nominate.

30.3 Where the AMINZ Court of Arbitration is to nominate a member of the Arbitral Tribunal in terms of this Article 3, the following procedure shall apply:

(a) Within 14 days of the Notice Date, the AMINZ Court of Arbitration is to provide each Party with a list of five potential arbitrators, made up as follows:

(i) at least one arbitrator nominated by each of the Claimant and the Respondent; and

(ii) such further arbitrators as required, nominated in accordance with the AMINZ Appointments Policy.

If a Party has not nominated an arbitrator, or if they nominate an arbitrator who does not meet the criteria in the AMINZ Appointments Policy, then the AMINZ Court of Arbitration will make such nomination in substitution as it deems appropriate.

(b) Within 14 days of receipt of such list, each Party is to return the list to the Registrar (with no obligation to copy any other Party), identifying not more than two of the nominees to which it objects, and ranking the remaining nominees in order of preference, (1) being the preferred nominee and (3) the least preferred.

(c) On the expiry of the period referred to above, the AMINZ Court of Arbitration will make the appointment from the lists returned to it, in accordance with the preferences indicated by the Parties.

(d) If the AMINZ Court of Arbitration is unable to make the appointment in accordance with the above procedure for any reason, it is to proceed to make the appointment in accordance with the AMINZ Appointments Policy, which may include appointing an arbitrator not on the list provided to the Parties or to which a Party has objected.

30.4 The appointment of the Arbitral Tribunal by AMINZ will not be affected by any disagreement between the Parties over the composition of the Arbitral Tribunal, any defect in the Notice of Arbitration, the Answer or the Reply, or any delay or failure by the Respondent (or any of them) or Claimant to provide the Answer or the Reply (as appropriate).

30.5 All members of the Arbitral Tribunal shall complete the declaration of willingness and statement of impartiality and independence in the form attached on confirmation of nomination by AMINZ. The appointment of the Arbitral Tribunal will be confirmed by the Registrar on receipt of the completed declarations by all the nominated arbitrators.

30.6 AMINZ will appoint such further arbitrators as necessary within 7 days of notification by a nominated arbitrator that he or she is unwilling or unable to be appointed or to provide the declaration.

30.7 If a member of the Arbitral Tribunal is to be replaced, whether as a result of a disclosure in terms of Article 32.2 below or because he or she has died, become incapacitated or resigned of his or her own volition, then AMINZ will nominate a replacement arbitrator within 14 days, and this Article 30 is to apply (as appropriate) to such nomination. Any such replacement will be appointed with such urgency as the circumstances require.

31 Composition of the Arbitral Tribunal

31.1 Where the Parties have their place of business in different States, a sole arbitrator or the presiding arbitrator (if the Arbitral Tribunal comprises more than one arbitrator) is not to be of the same nationality as any Party, unless all Parties agree otherwise.

31.2 Notwithstanding any agreement to the contrary, no Party may unilaterally nominate a sole arbitrator or the presiding arbitrator (if the Arbitral Tribunal is to comprise more than one arbitrator).

31.3 Where:

(a) the Arbitral Tribunal is to comprise more than one arbitrator; and

(b) there is more than one Claimant and/or Respondent; and

(c) the Claimants and/or Respondents have not agreed to a nominee for appointment to the Arbitral Tribunal,

the AMINZ Court of Arbitration is to nominate those Parties' arbitrators for appointment, regardless of any representations or nominations made by any individual Claimant or Respondent.

31.4 Members of the AMINZ Court of Arbitration may only be appointed if nominated by a Party.

31.5 If a member of the AMINZ Court of Arbitration is appointed, they will take no further part in any decision or other function of the AMINZ Court of Arbitration related to the arbitration (the AMINZ Council appointing an alternative for those functions, if necessary).

32 Duties of Arbitral Tribunal

32.1 The Arbitral Tribunal shall be, and shall remain at all times, impartial and independent and no member is to advise or to act as advocate for or representative of any Party, nor is any member to have any direct contact with any Party or their legal representatives in relation to the arbitration or the dispute, save through the Registrar as part of the arbitral proceedings.

32.2 If any circumstance arises which creates possible doubt as to the accuracy or completeness of the declarations made by a member of the Arbitral Tribunal, that arbitrator is to forthwith disclose such circumstance to AMINZ, the Parties and to the other members of the Arbitral Tribunal. The AMINZ Court of Arbitration, in consultation with the other members of the Arbitral Tribunal, will consider whether or not such circumstance is sufficient to require the removal and replacement of that arbitrator.

32.3 In addition to the powers outlined elsewhere in these Rules, the Arbitral Tribunal has the power on the application of a Party or on its own initiative, and in each case having considered the submissions of the Parties on the issue, to:

(a) allow a Party to add to, modify or amend the Notice of Arbitration, Answer, Reply, any points of claim, points of defence and counterclaim (if any) or defence to it;

(b) truncate or extend any time limit under the agreement to arbitrate, these Rules or any order by the Arbitral Tribunal or award by the Emergency Arbitrator;

(c) direct the order of proceedings, bifurcate proceedings, exclude cumulative or irrelevant testimony or other evidence and direct the Parties to focus their presentations on issues the decision of which could dispose of all or part of the proceedings;

(d) summarily dismiss claims which are manifestly without legal merit and/or fail to disclose any reasonably arguable cause of action and/or cannot succeed;

(e) conduct such enquiries and investigations as it considers necessary or expedient, including identifying relevant issues, ascertaining relevant facts and laws applicable to the arbitration and the merits of the Parties positions in relation to the dispute;

(f) order the production of, or make available for inspection, documents, goods, samples, property, sites or other things under the Parties' control by the Arbitral Tribunal, the other Parties or any expert;

(g) order compliance with any legal obligation, payment of compensation or performance of any obligation in an agreement or at law; and

(h) order the discontinuance of the arbitration if it appears that the arbitration has been abandoned (having given the Parties reasonable opportunity to progress the arbitration).

32.4 The Arbitral Tribunal is to determine the dispute in accordance with the applicable law which applies to the merits of the dispute.

33 Expedited arbitration

33.1 The arbitration may be conducted on an expedited basis, provided the following criteria are met:

(a) the Arbitral Tribunal comprises a sole arbitrator; and

(b) the Claimant has sought an expedited arbitration in the Notice of Arbitration; and

(c) the matters in dispute (comprising the aggregate of the claim and any counterclaim) do not exceed $2,000,000.00 (excluding GST); and

(d) the issues raised in the claim and any counterclaim do not raise significant disagreements of fact or complex legal issues.

33.2 Within 14 days of receipt of a Notice of Arbitration seeking expedited arbitration, the AMINZ Court of Arbitration will consider whether or not the arbitration is suitable for determination on an expedited basis in the context of the criteria outlined in Article 33.1 above, and will notify the Parties accordingly.

33.3 Where an arbitration is to be conducted on an expedited basis, the following will apply:

(a) Pending appointment of the Arbitral Tribunal, the AMINZ Court of Arbitration may provide for truncated periods for submissions or other actions of the Parties.

(b) The Arbitral Tribunal may determine whether or not the dispute is to be determined on the papers only.

(c) An interim award, with summary reasons, is to be provided within one month of the final submission by the Parties on the substance of the dispute and the final award, including determination of costs issues and with reasons on the substance of the dispute, within two months following the last of the submissions of the Parties.

33.4 The provisions of this Article 33 will prevail over any agreement to the contrary entered into by the Parties prior to the Notice Date.

33.5 If for any reason the Arbitral Tribunal comes to the view that the criteria outlined in Article 33.1 above no longer prevail, or that the expedited procedure is no longer appropriate, then the Arbitral Tribunal may order that the arbitration will be conducted in accordance with such further procedures as it determines is appropriate.

34 Consolidation of Arbitral Proceedings

34.1 Where the Parties are already involved in arbitral proceedings over a related dispute or in relation to the same subject matter, AMINZ may, subject to receiving appropriate declarations from the Arbitral Tribunal in terms of Article 30.5 above, appoint the same Arbitral Tribunal to determine the dispute.

34.2 Where arbitral proceedings have arbitral tribunals composed of the same arbitrators and the tribunal forms the view that the disputes are sufficiently related, by reference to the matters in dispute and the parties involved, the Arbitral Tribunal appointed in terms of Article 34.1 above may, on the application of any Party, order:

(a) the arbitral proceedings to be consolidated on such terms as the Arbitral Tribunal thinks just, including for the issue of a single award to cover all disputes; or

(b) the arbitral proceedings to be heard at the same time or one after the other, and for the awards to be issued contemporaneously, based on the same evidence and taking into account all the submissions of the Parties; or

(c) the staying of one or other arbitral proceedings until the other has been determined.

34.3 When arbitrations are consolidated in terms of Article 34.2(a) above, they shall be consolidated into the arbitration that commenced first, unless otherwise agreed by all parties.

Article 4 Challenges to the Arbitral Tribunal

40 Replacement of members of the Arbitral Tribunal

40.1 The AMINZ Court of Arbitration may revoke any arbitrator's appointment (including an Emergency Arbitrator) on its own initiative, at the written request of all other members of the Arbitral Tribunal or upon formal challenge by a Party if such arbitrator:

(a) gives written notice of his or her intent to resign;

(b) becomes unwilling, unable or unfit to act; or

(c) circumstances exist that give rise to justifiable doubts as to that arbitrator's impartiality or independence.

40.2 Any challenge by a Party under Article 40.1 above is to be made within 14 days of such circumstance becoming apparent (or in the case of an Emergency Arbitrator, within two days of such circumstance becoming apparent). The AMINZ Court of Arbitration is to give the Arbitral Tribunal (including the affected arbitrator) and the Parties reasonable opportunity to comment on the grounds for challenge. If all Parties agree to the challenge, the AMINZ Court of Arbitration will revoke that arbitrator's appointment, without the need for giving reasons.

40.3 If the AMINZ Court of Arbitration upholds the challenge, it will revoke that arbitrator's appointment (with reasons) and it will nominate a replacement arbitrator as soon as practicable, taking into account the circumstances of the case. Article 3 above is to apply to such appointment, in so far as it is relevant.

40.4 The arbitrator whose appointment has been revoked is entitled to be paid a fair and reasonable fee as determined by the AMINZ Court of Arbitration for the services performed to the date of such revocation, unless the AMINZ Court finds there are exceptional circumstances which warrant an alternative basis for remuneration.

40.5 Pending appointment of a replacement arbitrator, the remaining members of the Arbitral Tribunal will continue the arbitration.

40.6 Where a sole or the presiding arbitrator is replaced, any hearings previously held shall be repeated.

40.7 Where any other arbitrator is replaced, the Arbitral Tribunal shall determine whether any hearings are to be repeated at its discretion.

40.8 Any order or ruling made by the Arbitral Tribunal prior to the replacement of an arbitrator under this Article 40 is not invalid solely because there has been a challenge in the composition of the Arbitral Tribunal, and the Arbitral Tribunal may revoke or vary any such order or ruling at its discretion.

41 Challenges to the Arbitral Tribunal

41.1 The Parties agree to make any challenges to the jurisdiction of the Arbitral Tribunal (on any grounds) promptly, and in any event to give notice of such challenge within 28 days of the event giving rise to the challenge. The Parties will have waived all and any right to lodge a challenge if such notice is given after the expiry of such time period.

Article 5 Emergency Arbitration

50 Interim measures and preliminary orders

50.1 Any Party may, concurrent with or after the submission of the Notice of Arbitration but before the appointment of the Arbitral Tribunal, apply to AMINZ for the appointment of an Emergency Arbitrator to award interim measures or preliminary orders.

50.2 The application under Article 50.1 above should be made electronically and in the case of an application for preliminary orders must, save where to give notice would defeat the entire purpose of the application, be copied to the other Parties at the same time as it is submitted to AMINZ.

50.3 Any application for interim measures or preliminary orders made after the appointment of the Arbitral Tribunal will, unless there are exceptional circumstances, be dealt with by the Arbitral Tribunal.

50.4 The application for the appointment of the Emergency Arbitrator must specify the following:

(a) if the Answer has not, as yet, been served, such information to be contained in the Answer in Article 12.2 above as is known or apparent to the applicant;

(b) any preference the applicant may have for any person to be appointed as the Emergency Arbitrator;

(c) the interim measures or preliminary orders sought, and the reasons for them to be dealt with as a matter of urgency, rather than by the Arbitral Tribunal; and

(d) whether or not the application is to be heard on notice to the other Parties, and if not why not.

50.5 The AMINZ Court of Arbitration will determine the application as expeditiously as possible, and if granted will appoint an Emergency Arbitrator in terms of Article 51 below within 48 hours of the later of:

(a) receipt of the application; and

(b) payment of the relevant advance against the Emergency Arbitrator's costs and expenses.

51 Appointment of the Emergency Arbitrator

51.1 The AMINZ Court of Arbitration will appoint the Emergency Arbitrator in accordance with the AMINZ Appointments Policy.

51.2 The Emergency Arbitrator will sit as a sole arbitrator, and must not subsequently be nominated to be a member, or become a member, of the Arbitral Tribunal.

51.3 The seat of the emergency arbitration will be as specified in the agreement to arbitrate, and if not specified, it will be Auckland, New Zealand.

51.4 The Emergency Arbitrator is to comply with Article 32 above, and these Rules generally, in so far as they are relevant to the circumstances.

52 Proceedings of the Emergency Arbitrator

52.1 The Emergency Arbitrator is to conduct the emergency arbitral proceedings in the manner which he or she determines to be appropriate in the circumstances, taking into account:

(a) the interim measures and/or preliminary orders sought;

(b) the need for the Parties to be heard, if possible; and

(c) the reasons for the emergency relief and the submissions of the applicant.

52.2 The Emergency Arbitrator may grant the interim measures or preliminary orders without notice to the other Parties and without the requirement for an oral hearing.

52.3 The Emergency Arbitrator is to determine the application and issue an award no later than 14 days following the date of application in terms of Article 50.1 above.

52.4 The award of the Emergency Arbitrator shall be in writing and provide reasons.

53 Effect of an award of the Emergency Arbitrator

53.1 The Emergency Arbitrator shall be considered to be an arbitral tribunal under the applicable law, and until such time as the Emergency Arbitrator's award is varied, discharged or revoked as contemplated in Article 53.2 below, such award shall be binding on the Parties and the Parties agree to comply with the award without delay.

53.2 The Emergency Arbitrator's award (once it has been issued) may be confirmed, varied, discharged or revoked in whole or in part by the Arbitral Tribunal on application by any Party, or on its own initiative.

53.3 If the Arbitral Tribunal is appointed before the Emergency Arbitrator issues the award, the Emergency Arbitration proceedings are not to be stayed, and the Arbitral Tribunal will not make any order discharging the Emergency Arbitrator's appointment, or discharging, revoking or varying any order or award of the Emergency Arbitrator under Article 52.1 above until the Emergency Arbitrator has issued an award in relation to the interim measures and/or preliminary orders.

53.4 Any interim measures or preliminary orders made by the Emergency Arbitrator will expire automatically, and shall be of no further effect, unless confirmed by the Arbitral Tribunal within 60 days of its appointment.

Article 6 Conduct of the Arbitration

60 Preliminary Conferences and Procedural Orders

60.1 The Arbitral Tribunal is to arrange a preliminary conference (whether in person or by telephone or video conference) within 30 days of notification of appointment of the Arbitral Tribunal in terms of Article 30.5 above.

60.2 The Parties are encouraged to agree on joint proposals for the conduct of their arbitration for consideration by the

Arbitral Tribunal, including proposals in relation to:

(a) narrowing the issues in dispute;

(b) holding an issues hearing (a Kaplan Opening, or KO) as a preliminary step to enable the Parties to present their respective cases in outline;

(c) timetabling the submission of the Points of Claim and Points of Defence (and Counterclaim, if any) and defence to any counterclaim and the exchange of witness statements, supporting documentation and submissions in support;

(d) disclosure of documentation;

(e) appointment and use of experts;

(f) the seat of the arbitration, and the location and timing of any hearing;

(g) the requirement for any interim measures or preliminary orders;

(h) the requirement for any interim or partial award; and

(i) treatment of costs of the arbitration.

60.3 The Arbitral Tribunal will consider any such proposals, and any related submissions in making its procedural orders.

61 Rules of evidence

61.1 The Arbitral Tribunal shall determine the admissibility, relevance, materiality and weight of the evidence.

61.2 Notwithstanding the foregoing, the Arbitral Tribunal may, on the application of any Party or of its own volition, order the production of documents and other material which it considers are relevant and material to the dispute at a time, and in a manner and form in which the Arbitral Tribunal may reasonably determine.

61.3 Unless the Parties agree otherwise, and subject to the provisions of these Rules which may provide to the contrary, the Arbitral Tribunal shall have regard to, but not be bound by, the IBA Rules of Evidence as current at the Notice Date.

62 Submissions of the Parties

62.1 Unless otherwise agreed by the Parties, or directed by the Arbitral Tribunal, all submissions of the Parties are to be made in accordance with this Article 62.

62.2 The Claimant is to submit its Points of Claim within a period of time determined by the Arbitral Tribunal, setting out in full detail:

(a) a statement of the facts supporting the claim(s);

(b) the legal grounds or arguments supporting the claim(s);

(c) the Claimant's contentions on the factual and legal issues involved in the claim(s); and

(d) the relief claimed, together with the amount of all quantifiable claims.

62.3 The Respondent is to submit its Points of Defence (and Counterclaim, if any) within a period of time determined by the Arbitral Tribunal, setting out in full detail:

(a) a statement of the facts supporting the defence and any counterclaim(s);

(b) the legal grounds or arguments supporting the defence and any counterclaim(s);

(c) the Respondent's contentions on the factual background and legal issues involved in the defence and any counterclaim(s); and

(d) the relief claimed, together with the amount of all quantifiable counterclaims.

62.4 The Points of Claim and Defence (and Counterclaim, if any) shall be accompanied by:

(a) subject to Article 61 above, and to the extent not submitted, the documents on which the Party relies;

(b) if the Party intends to rely on witness testimony from any fact witness(es), their sworn witness statement(s) in accordance with Article 64 below;

(c) if the Party intends to rely on expert opinion from any expert witness(es), their sworn expert report(s) in accordance with Article 65 below; and

(d) the legal authorities on which the Party relies.

62.5 Where the Points of Defence include a counterclaim, the Claimant is to submit its Points of Defence to the Counterclaim within a period of time determined by the Arbitral Tribunal. To the extent not already submitted in relation to the Points of Claim in Article 62.2 above, the requirements of Article 62.3 above apply mutadis mutandis to the Claimant's Points of Defence to the Counterclaim.

62.6 A Party may amend its Points of Claim, Defence, Counterclaim or other submissions, unless the Arbitral Tribunal considers the delay or otherwise in making it such amendment may cause prejudice to the other Party. A Claim or Counterclaim may not be amended in such a manner that the amended Claim or Counterclaim falls outside the scope of the arbitration agreement.

62.7 Where the Parties agree, or if directed by the Arbitral Tribunal, the Parties may file a further response and/or rejoinder, or any other submissions, together with additional supporting evidence and legal authorities on which the relevant Party relies, within a time period determined by the Arbitral Tribunal.

62.8 All submissions referred to in this Article 62 are to be accompanied by copies of all supporting documents which have not previously been submitted by any Party.

62.9 If the Claimant fails to submit its Points of Claim within the specified time, the Arbitral Tribunal may order the termination of the arbitral proceedings or give such other directions as may be appropriate.

62.10 If the Respondent fails to submit its Points of Defence, the Claimant fails to submit its defence to the Counterclaim (if any) or if at any point any Party fails to avail itself of the opportunity to present its case in the manner directed by the Arbitral Tribunal, the Arbitral Tribunal may proceed with the arbitration in any manner it thinks fit.

63 Seat of Arbitration and Place of Hearing

63.1 Subject to any agreement between the Parties, the Arbitral Tribunal is to determine the seat of the arbitration and the location and timing of the hearing, on the basis of convenience to the Parties and the Arbitral Tribunal.

63.2 The Arbitral Tribunal is also to determine the number, location and means of any hearings. Hearings may be held for the purposes of adducing evidence, cross-examining witnesses, making oral submissions or any other purpose the Arbitral Tribunal considers appropriate for determining the dispute.

63.3 Unless the Parties agree otherwise, the arbitral proceedings are to be conducted in the English language.

64 Witnesses

64.1 Unless otherwise agreed by the Parties, or directed by the Arbitral Tribunal, the Parties shall exchange witness statements, outlining the evidence which each witness is to give, in accordance with Article 62 above. The Parties must then confirm which of the other Parties' witnesses are required to appear to be cross-examined on their evidence.

64.2 Unless the Arbitral Tribunal directs otherwise, witness statements will be confirmed by the witness and, subject to any corrections, will be taken as read. Each witness may then be cross-examined on its evidence and/or questioned by the Arbitral

Tribunal, as appropriate.

65 Experts

65.1 Where a Party is to rely on the opinion of an expert, that Party is to submit that expert's sworn report in accordance with Article 62 above.

65.2 Any such expert report is to contain the following:

(a) the name, qualifications, expertise and experience;

(b) details of the instructions to the expert provided by the appointing Party, including any background summary and the questions asked of the expert;

(c) details of the information provided to the expert and investigations and other information obtained by the expert for the purposes of preparing and completing the report;

(d) a full description of methods used by the expert and any reports or authorities relied upon in reaching the conclusions in the report;

(e) a statement of independence and disclosure of any previous relationships with the Parties, including any previous appointments by a Party, their counsel or a member of the Arbitral Tribunal; and

(f) confirmation that the conclusions in the report are the genuine belief of the expert on the questions put to the expert.

65.3 Where more than one expert is appointed by the Parties to express an opinion on the same issue, the Arbitral Tribunal may require those experts to meet together, without the Parties or their counsel being present, to determine the following:

(a) any differences in the issues the experts were engaged to determine, the information provided, their methodologies or reports and authorities relied upon in reaching their respective conclusions;

(b) those areas where the experts are in agreement; and

(c) those areas where the experts disagree and the reasons why they may have reached differing conclusions.

65.4 Following such meeting, the Arbitral Tribunal may require those experts to provide a joint report to the Arbitral Tribunal and to the Parties on the issues outlined in Article 65.3 above, and any other matters which they believe are relevant to their expertise. The experts are then to be available at the hearing to be cross-examined on their findings.

65.5 The Arbitral Tribunal may appoint its own expert, in which case:

(a) the Arbitral Tribunal is to consult with the Parties on the issues to be referred to the expert and the expert to be engaged;

(b) the Parties are to make such information as the Arbitral Tribunal requires available to the expert, including access to documents, materials and the site; and

(c) the Arbitral Tribunal is to provide the parties with the expert's report.

65.6 The Parties may then make submissions on such expert's report in a manner to be directed by the Arbitral Tribunal and may cross-examine the expert on the report and any other matter relevant to the findings contained in it.

66 Additional Powers of the Arbitral Tribunal

66.1 To the fullest extent permitted by the applicable law, the Arbitral Tribunal has all the powers in Article 17A (interim measures), 17C (preliminary orders) and clause 3 (conduct of the arbitration) of Schedule 1 and Schedule 2, respectively, to the Arbitration Act 1996 of New Zealand.

Article 7 Costs

70 Advance on costs and expenses

70.1 The Arbitral Tribunal (and the AMINZ Court of Arbitration, in respect of the Emergency Arbitrator, for the purposes of this Article 7), may fix an amount to be paid by way of an advance on the costs and expenses of:

(a) the Arbitral Tribunal (including the costs of any tribunal secretary appointed in terms of Article 22 above);

(b) the AMINZ Court of Arbitration (if any); and

(c) the Registrar (if adopted).

Such advance will be held by AMINZ in its stakeholder account, in accordance with the provisions of the AMINZ stakeholder protocol attached.

70.2 The Arbitral Tribunal is entitled to invoice for its costs on a progressive or interim basis, and the Parties are to pay such costs as they fall due.

70.3 If there is any delay to the payment of such costs, the Arbitral Tribunal will be paid out of the amount held in the stakeholder account, and it is entitled to suspend undertaking any further work on the arbitration until the stakeholder account has been reimbursed with the amount paid out.

71 Cancellation

71.1 In the event that the arbitration is discontinued or abandoned, the Arbitral Tribunal is entitled to be paid its costs to the date of such discontinuance or abandonment, and may charge a reasonable cancellation fee having regard to the timing of the discontinuance or abandonment, the time set aside for the hearing and any other abortive costs of the Arbitral Tribunal.

72 Costs of the Arbitration

72.1 Unless the Parties have agreed otherwise, the costs of the arbitration and the Parties' legal costs will be fixed and allocated in accordance with the AMINZ Rules for Awarding Costs in Arbitration and related guidelines.

Article 8 Award(s)

80 Separate, interim or partial awards

80.1 The Arbitral Tribunal and the Emergency Arbitrator may make separate awards on discrete issues at different times, depending on the circumstances of the case.

80.2 Such awards shall have the same status as any other award and they will be binding on the Parties.

80.3 Unless the Parties agree otherwise, all Awards shall state the reasons upon which they are based.

81 Majority decisions

81.1 Where there is more than one arbitrator, and the Arbitral Tribunal fails to agree on any issue, the Arbitral Tribunal is to decide the issue by majority decision; failing which the presiding arbitrator is to decide the issue.

81.2 If an arbitrator fails or refuses to sign an award, the signature of the majority or the presiding arbitrator will be sufficient, provided the reason for the omitted signature is stated.

82 Consent awards

82.1 Where the Parties have settled the dispute, the Arbitral Tribunal is to record such settlement in an award if requested to do so by the Parties.

82.2 Such a consent award will record that it is made at the request of the Parties, and will not contain reasons.

83 Correction of awards

83.1 The Arbitral Tribunal will, on the application of any Party or of its own volition, within 30 days of the issue of an award:

(a) correct any computational or typographical error;

(b) clarify any ambiguity or correct any omission or mistake of a similar nature; and

(c) make an additional award in relation to any claim or counterclaim not covered in the award.

Article 9 Appeals

90 Appeals on questions of law

90.1 Subject to Article 53.2 above, every award shall be final and binding on the Parties, and to the fullest extent permitted by law, the Parties irrevocably waive any right they may have to any form of appeal, review or recourse to any court or legal authority.

90.2 Notwithstanding the foregoing, where the Parties have agreed prior to the Notice Date that any Party may appeal an order or award on a question of law, such appeal shall be referred to the AMINZ Arbitration Appeals Tribunal in terms of Article 91 below.

91 AMINZ Arbitration Appeals Tribunal

91.1 Any appeal to the AMINZ Arbitration Appeals Tribunal is to be made in accordance with the Rules of the AMINZ Arbitration Appeals Tribunal current at the Notice Date.

91.2 Any such appeal is to be lodged within 21 days of the relevant order (whether by the Emergency Arbitrator or the Arbitral Tribunal), partial award or the final award of the Arbitral Tribunal.

91.3 On determination of the appeal, the AMINZ Arbitration Appeals Tribunal may by order confirm, vary or set aside the award, or remit the award, together with the Appeals Tribunal's opinion on the question of law remitted to it, to the Arbitral Tribunal for reconsideration. Where an award has been varied by the Appeals Tribunal, the award as varied shall have effect as if it were the award of the Arbitral Tribunal.

91.4 Where the Arbitral Tribunal is unwilling or unable to accept the remission of the award following the conclusion of the appeal, the AMINZ Arbitration Appeals Tribunal is to decide the issues which would otherwise have been remitted.

Article 10 General

100 Glossary

The following terms and expressions (in the singular and plural) have the meanings ascribed to them in the Preamble and relevant Articles identified below, unless the context requires otherwise:

AMINZ and AMINZ is the Arbitrators' and Mediators' Institute of New Zealand Incorporated.

AMINZ Appointments Policy is the policy for the appointment of disputes resolvers adopted by the AMINZ Council from time to time.

AMINZ Arbitration Appeals Tribunal is the appeals tribunal appointed in terms of Article 9 and the AMINZ Arbitration Appeals Tribunal Rules current at the Notice Date.

AMINZ Arbitration Rules and these Rules is defined in the Preamble.

AMINZ Council means the council of AMINZ constituted from time to time.

AMINZ Court of Arbitration and the AMINZ Court is the court of arbitration appointed by the Council of AMINZ.

Arbitral Tribunal is defined in Article 11.3.

Arbitration Act 1996 and Act is the New Zealand Arbitration Act 1996, and all amendments to it, including any new act passed in substitution for it.

Claimant is defined in Article 11.1.

day for the purposes of these Rules is a calendar day.

Emergency Arbitration is the arbitration proceedings instituted in terms of Article 4.

Emergency Arbitrator is appointed in terms of Article 51.

Notice Date is defined in Article 11.2.

Notice of Arbitration is the notice issued in terms of Article 11.1.

Party and Parties is defined in the Preamble.

President is the President for the time being of AMINZ. Registrar is defined in Article 21.

Respondent is defined in Article 11.3.

101 Communications

101.1 All communications (which include, for the purposes of these Rules, the Notice of Arbitration, the Answer, Reply (if any), all submissions, memoranda and any other communication with AMINZ, the President, the Registrar or the Arbitral Tribunal) are to be:

(a) in writing;

(b) in the English language (unless the Parties agree otherwise); and

(c) copied to the Registrar and all other Parties contemporaneously, save where a Party is making an application for interim measures without notice (ex parte) in terms of Article 50 above.

101.2 All communications are to be delivered either electronically to the electronic address provided or by courier or by hand to the physical address, in each case provided by the recipient or if not expressly provided, by that means or to that address as the recipient has previously used in connection with the arbitration.

101.3 The Parties may change their addresses for the receipt of communications by written notice to the other parties and to the Registrar, provided such address is no less convenient for the purposes of the arbitration.

101.4 Communications will be treated as having been received on the date the electronic communication is received into the information system of the recipient's service provider and in all other cases on delivery to the recipient's physical address.

101.5 For the purposes of calculating the time of receipt, the time and date is the time and date applicable at the seat of the arbitration, a day will end at midnight at the time of the seat, and periods of time will be calculated from the day following the date of receipt. Weekends and public holidays applicable at the seat are not to be included in such calculation.

101.6 A communication is in writing if it is capable of being saved, reproduced and read (using industry standard software, if the communication is electronic).

101.7 If physical copies are delivered, they are to be provided in sufficient number for each member of the Arbitral Tribunal, the Registrar and each Party to have a copy, and in a format which enables each of them to conveniently make further copies if required.

102 Confidentiality

102.1 The Parties agree to use all reasonable efforts to maintain the confidentiality of the dispute and the arbitral proceedings, including any orders or awards issued, including by the Emergency Arbitrator.

102.2 To that end, the Parties will use all reasonable endeavours:

(a) to maintain the privacy of the arbitral proceedings by referring all legal issues to the Arbitral Tribunal and appeals to the AMINZ Arbitration Appeals Tribunal, rather than by reference to the courts; and

(b) when instituting any court proceedings (whether challenging any part of the arbitral proceedings or enforcing any award, including by an Emergency Arbitrator, or otherwise) to apply for confidentiality to be maintained during any such court proceedings and for any reporting of such proceedings to be redacted in order to maintain the confidentiality of the Parties and the details of the dispute.

102.3 The Parties acknowledge that maintaining confidentiality is not a matter for which damages would be an adequate remedy.

Notice of Willingness to act and Statement of Impartiality and Independence

For Appointments by the Arbitrators' and Mediators' Institute of New Zealand Inc.

Ref:

Parties

Party 1

Party 2

1. I confirm my willingness to act as arbitrator.

2. Upon acceptance, I undertake to act in accordance with the AMINZ Code of Ethics, and I accept that the AMINZ Rules as to professional misconduct and disciplinary matters will apply to me whilst acting in relation to this appointment.

3. I declare that: (Please delete whichever of the following two statements does not apply)

• I am independent of each of the parties and intend to remain so; and that, to the best of my knowledge, there are no circumstances, past or present, likely to give rise to any doubts as to my impartiality or independence in the eyes of either/any of the parties.

• I am independent of each of the parties and intend to remain so, but I wish to draw to your attention the following circumstances, which I hereafter disclose because I consider that they may be likely to give rise to doubts as to my impartiality or independence in the eyes of either/any of the parties. (Use separate sheet.)

4. There are no known health issues that may affect my ability to perform in this role.

5. I undertake to disclose to all the parties, any circumstances arising in the future which may be likely to give rise to any doubts as to my impartiality or independence in the eyes of either/any of the parties, until the process is concluded.

The duty to disclose whether there be any reason that may give rise to the nominee's impartiality or independence is an ongoing duty.

Date:

Name of nominee:

• delete as applicable. Which of the declarations you delete will be determined after you have taken into account, inter alia, whether there exists any past or present relationships, direct or indirect, with any of the parties or any of their counsel, whether financial, professional or of another kind. Any doubt should be resolved in favour of disclosure.

Aminz Stakeholder Protocol

Introduction

This protocol is to be read together with the AMINZ Arbitration Rules.

The Parties have engaged in arbitration and the Arbitral Tribunal has been appointed to conduct the arbitration.

The Parties are required to pay an advance on:

- any costs and expenses imposed by the AMINZ Court for discharging its functions under the Rules,
- the Registrar's costs and expenses, if the Registrar is utilised for the arbitration, and
- the Arbitral Tribunal's costs and expenses (including the tribunal secretary's costs and expenses)

(together with any and all further sums of money as may be requested in due course, the costs and expenses) to be held as a fund from which the fees and expenses of the Arbitral Tribunal will be met.

The advance will be held by AMINZ as stakeholder.

Stakeholder Account

1. The Parties are to pay AMINZ such amounts determined by the Arbitral Tribunal from time to time as an advance on the costs and expenses (the advance) to be held on the terms of this protocol.

2. AMINZ will hold the advance in an account at the Bank of New Zealand, Wellington, Account No. 02 - 0568 - 0419074 - 26, which account is known as the Arbitrators' & Mediators' Institute Stakeholder Account (the stakeholder account).

3. The advance will be held by AMINZ in the stakeholder account until a direction in writing is received from the Arbitral Tribunal as to its payment.

4. The Arbitral Tribunal will be entitled at any time during the process to give a written direction to AMINZ for payment of all or such part of the advance as the Arbitral Tribunal may direct in order to meet the costs and expenses.

5. Every direction by the Arbitral Tribunal to AMINZ for payment of the advance

from the stakeholder account must be：

(a) in writing; and

(b) accompanied by a copy of the invoice or invoices rendered to the for the costs and expenses; and

(c) copied to the Parties.

6. Any and all directions by the Arbitral Tribunal to the AMINZ for payment of costs and expenses from the advance will be binding on AMINZ and the Parties. AMINZ will be under no obligation, nor will it incur any liability whatsoever arising out of or consequent upon any payment made following a direction by the Arbitral Tribunal.

7. AMINZ will pay the Arbitral Tribunal, or will make any other payment as the Arbitral Tribunal directs, from the advance within three working days after receipt of the Arbitral Tribunal's direction.

8. If the advance is expended, or the Arbitral Tribunal decides that it will not be sufficient to meet the costs and expenses, the Parties will make such further payment to the stakeholder account as the Arbitral Tribunal may direct.

9. If the advance is insufficient to meet a direction by the Arbitral Tribunal for payment then AMINZ will:

(a) pay the remaining amount of the advance as the Arbitral Tribunal may direct; and

(b) advise the Parties and the Arbitral Tribunal that the advance was insufficient to pay the costs and expenses, as directed.

10. AMINZ will not at any time or in any circumstances be liable to pay anything more than the amount of the advance held from time to time.

11. All sums paid out of the advance, as directed, will be credited against the costs and expenses.

12. Should any balance of the advance remain in the stakeholder account at the conclusion of the arbitration, after payment of all costs and expenses (the residue), then the Arbitral Tribunal will issue a direction in writing to AMINZ as to the allocation and payment of the residue to the Parties.

13. AMINZ shall retain all interest earned on the advance, and to transfer such interest to its own bank account at such time or times as interest is credited to the stakeholder account.

附录四　奥地利主要仲裁立法

(一)奥地利民事诉讼法

Austrian Code of Civil Procedure

First Title：General Provisions
Scope of Application

Section 577

(1) The provisions of this Chapter shall apply if the seat of the arbitral tribunal is within Austria.

(2) Sections 578, 580, 583, 584, 585, 593 paragraphs (3) to (6), sections 602, 612 and 614 shall also apply if the seat of the arbitral tribunal is not within Austria or has not yet been determined.

(3) As long as the seat of the arbitral tribunal has not yet been determined, the Austrian courts shall have jurisdiction for those judicial matters stipulated in the Third Title hereof if one of the parties has its seat, domicile or habitual residence within Austria.

(4) The provisions of this Chapter shall not be applicable to panels according to the Austrian Act on Associations and Societies ("Vereinsgesetz") for the conciliation of disputes arising out of disputes within an association or society ("Verein").

Court Intervention

Section 578

In matters governed by this Chapter, no court shall intervene except where so provided in this Chapter.

Duty to Object

Section 579

If the arbitral tribunal has not complied with a procedural provision of this Chapter from which the parties may derogate, or with an agreed procedural requirement of the arbitral proceedings, a party who proceeds with the arbitral proceedings without stating its objection immediately after having become aware thereof, or within the provided time period, may not raise that objection later.

Receipt of Written Communications

Section 580

(1) Unless otherwise agreed by the parties, any written communication is deemed to have been received on the day upon which it is delivered personally to the addressee or to an authorized recipient or, if this was not possible, on the day upon which it is delivered to the seat, domicile or habitual residence of the recipient.

(2) Where the addressee has knowledge of the arbitral proceedings and where his or the authorized recipient's whereabouts remain unknown despite reasonable inquiries, any written communication is deemed to have been received on the day upon which orderly delivery was demonstrably

attempted at a place indicated by the addressee in the arbitration agreement or subsequently indicated to the other party or to the arbitral tribunal and which has not hitherto been revoked upon indication of a new address.

(3) Paragraphs (1) and (2) shall not apply to communications in court proceedings.

Second Title: Arbitration Agreement Definition

Section 581

(1) An arbitration agreement is an agreement by the parties to submit to arbitration all or certain disputes which have arisen or which may arise between them in re-

spect of a defined legal relationship, whether contractual or not. The arbitration agreement may be concluded in the form of a separate agreement or as a clause within a contract.

(2) The provisions of this Chapter shall apply accordingly to arbitral tribunals that are, in a legally valid manner, mandated by testamentary disposition or other legal transactions that are not based on agreements by the parties or through articles of association or incorporation.

Arbitrability

Section 582

(1) Any claim involving an economic interest that lies within the jurisdiction of the courts of law can be subject of an arbitration agreement. An arbitration agreement concerning claims not involving an economic interest shall have legal effect to the extent that the parties are entitled to conclude a settlement on the subject-matter in dispute.

(2) Claims in family law matters as well as all claims based on contracts that are even only partly subject to the Tenancy Act ("Mietrechtsgesetz") or to the Non-Profit Housing Act ("Wohnungsgemeinnützigkeitsgesetz"), including all disputes regarding the conclusion, existence, termination and legal characterization of such contracts and all claims concerning the condominium property may not be made subject of an arbitration agreement. Statutory provisions outside this Chapter by virtue of which certain disputes may not, or may only under certain conditions, be made subject to arbitral proceedings, remain unaffected.

Form of Arbitration Agreement

Section 583

(1) The arbitration agreement must be contained either in a written document signed by the parties or in letters, telefax, e-mails or other means of transmitting messages exchanged between the parties, which provide a record of the agreement.

(2) The reference in a contract complying with the form requirements of para-

graph (1) to a document containing an arbitration agreement constitutes an arbitration agreement, provided that the reference is such as to make that arbitration agreement part of the contract.

(3) E A defect in the form of the arbitration agreement is cured in the arbitral proceedings by entering into argument on the substance of the dispute, unless an objection is raised, at the latest, when entering into argument on the substance of the dispute.

Arbitration Agreement and Action Before Court

Section 584

(1) A court before which an action is brought in a matter which is the subject of an arbitration agreement shall reject the claim, unless the defendant makes submissions on the substance of the dispute or orally pleads before the court without making an according objection. This shall not apply if the court establishes that the arbitration agreement does not exist or is incapable of being performed. While such proceedings are pending before a court, arbitral proceedings may nevertheless be commenced or continued and an award may be made.

(2) If an arbitral tribunal denies its jurisdiction for the matter in dispute because an arbitration agreement relating to the matter does not exist, or the arbitration agreement is incapable of being performed, the court may not reject an action on this matter on the grounds that an arbitral tribunal has jurisdiction for the matter. The right of the claimant to bring an action under section 611 for setting aside the decision, with which the arbitral tribunal denied its jurisdiction, ceases when he brings an action in court.

(3) While arbitral proceedings are pending, no further action may be brought before a court or an arbitral tribunal concerning the asserted claim; an action brought because of the same claim shall be rejected. This shall not apply if an objection to the jurisdiction of the arbitral tribunal was raised with the arbitral tribunal, at the latest, when entering into argument on the substance of the dispute and a decision of the arbitral tribunal thereon cannot be obtained within a reasonable period of time.

(4) If an action is rejected by a court due to the jurisdiction of an arbitral tribu-

nal, or by an arbitral tribunal due to the jurisdiction of a court or of another arbitral tribunal, or when an arbitral award is set aside in setting aside proceedings due to lack of jurisdiction of the arbitral tribunal, the proceedings are deemed to have been properly continued if the action is immediately brought before the court or arbitral tribunal.

(5) A party that invoked the existence of an arbitration agreement at an earlier stage in the proceedings may not, at a later stage, claim that such agreement does not exist unless the relevant circumstances have changed since.

Arbitration Agreement and Interim Measures by Court

Section 585

It is not incompatible with an arbitration agreement for a party to request, before or during arbitral proceedings, from a court an interim or protective measure and for a court to grant such measure.

Third Title: Constitution of the Arbitral Tribunal

Composition of the Arbitral Tribunal

Section 586

(1) The parties are free to agree on the number of arbitrators. If the parties have, however, agreed on an even number of arbitrators, then these shall appoint a further person as chairman.

(2) Unless otherwise agreed by the parties, the number of arbitrators shall be three.

Appointment of Arbitrators

Section 587

(1) The parties are free to agree on the procedure for appointing the arbitrator or arbitrators.

(2) Failing such agreement on the appointment procedure, the following shall

apply:

1. In arbitral proceedings with a sole arbitrator, if the parties are unable to agree on the arbitrator within four weeks of receipt of a request to do so from the other party, the arbitrator shall, upon request by either party, be appointed by the court.

2. In arbitral proceedings with three arbitrators, each party shall appoint one arbitrator. The two arbitrators thus appointed shall appoint the third arbitrator who shall act as chairman of the arbitral tribunal.

3. If more than three arbitrators have been provided for, each party shall appoint the same number of arbitrators. The arbitrators thus appointed shall appoint a further arbitrator who shall act as chairman of the arbitral tribunal.

4. If a party fails to appoint an arbitrator within four weeks of receipt of a written request to do so from the other party, or if the parties do not receive notification by the arbitrators regarding the arbitrator to be appointed by them within four weeks of their appointment, the arbitrator shall, upon request by either party, be appointed by the court.

5. A party is bound by its appointment of an arbitrator as soon as the other party has received written notice of the appointment.

(3) Where the parties have agreed on the appointment procedure and

1. a party fails to act as required under such procedure, or

2. the parties or the arbitrators are unable to reach an agreement in accordance with such procedure, or

3. a third party fails to perform any function entrusted to it under such procedure within three months of receipt of an according written notice,

either party may request from the court to make the necessary appointment, unless the agreed appointment procedure provides for other means for securing the appointment.

(4) The written request for the appointment of an arbitrator shall also state which claim is being asserted and on which arbitration agreement the party is relying.

(5) Where several parties that are under the obligation to jointly appoint one or more arbitrators have not been able to agree upon such appointment within four weeks

of receipt of a written notice to do so, the arbitrator or the arbitrators shall, upon request by either party, be appointed by the court, unless the agreed appointment procedure provides otherwise.

(6) The arbitrator or the arbitrators shall also be appointed by the court upon request by either party if within four weeks of receipt of a written notice from one party to the other party his or their appointment cannot be made for reasons which are not-regulated in the preceding paragraphs, or if the appointment procedure for securing an appointment does not result in an appointment within a reasonable period of time.

(7) If the appointment is made prior to the decision in first instance and a party provides evidence thereof, the request shall be dismissed.

(8) The court, in appointing an arbitrator, shall have due regard to any qualifications required of the arbitrator by the agreement of the parties and to such considerations as are likely to secure the appointment of an independent and impartial arbitrator.

(9) A decision by which an arbitrator is appointed shall not be subject to appeal.

Grounds for Challenge

Section 588

(1) When a person intends to assume the office of an arbitrator, he shall disclose any circumstances likely to give rise to doubts as to his impartiality or independence, or which are in conflict with the agreement of the parties. An arbitrator, from the time of his appointment and throughout the arbitral proceedings, shall without delay disclose any such circumstances to the parties, unless they have already been informed of them by him.

(2) An arbitrator may be challenged only if circumstances exist that give rise to justifiable doubts as to his impartiality or independence, or if he does not possess the qualifications agreed upon by the parties. A party may challenge an arbitrator appointed by it, or in whose appointment it has participated, only for reasons of which it becomes aware after the appointment has been made, or after its participation in the appointment.

Challenge Procedure

Section 589

(1) The parties are free to agree on a procedure for challenging an arbitrator, subject to the provisions of paragraph (3).

(2) Failing such agreement, a party who challenges an arbitrator shall, within four weeks after becoming aware of the constitution of the arbitral tribunal or after becoming aware of any circumstance referred to in section 588 paragraph (2), submit a written statement of the grounds of the challenge to the arbitral tribunal. Unless the challenged arbitrator resigns from office, or the other party agrees to the challenge, the arbitral tribunal, including the challenged arbitrator, shall decide on the challenge.

(3) If a challenge under a procedure agreed upon by the parties or under the procedure set forth in paragraph (2) is not successful, the challenging party may, within four weeks after having received the decision rejecting the challenge, request from the court to decide on the challenge. The court's decision shall not be subject to appeal. While such request is pending, the arbitral tribunal, including the challenged arbitrator, may continue the arbitral proceedings and make an award.

Early Termination of an Arbitrator's Mandate

Section 590

(1) The mandate of an arbitrator terminates when the parties agree so or when he resigns. Subject to the provisions of paragraph (2), the parties may agree on a procedure for the termination of the arbitrator's mandate.

(2) Either party may request from the court to decide on the termination of the mandate when an arbitrator either becomes unable to perform his functions or fails to act within a reasonable time period and

1. the arbitrator does not resign,

2. the parties cannot agree on the termination of the mandate, or

3. the procedure agreed upon by the parties does not lead to the termination of the arbitrator's mandate.

Such decision shall not be subject to appeal.

(3) If an arbitrator resigns in accordance with paragraph (1) or section 589 paragraph (2), or if a party agrees to the termination of the arbitrator's mandate, this does not imply acceptance of the validity of any ground referred to in paragraph (2) or section 588 paragraph (2).

Appointment of a Substitute Arbitrator

Section 591

(1) Where an arbitrator's mandate terminates early, a substitute arbitrator shall be appointed. Such appointment shall be made in accordance with the rules that were applicable to the appointment of the arbitrator who is being replaced.

(2) Unless otherwise agreed by the parties, the arbitral tribunal may continue the proceedings on the basis of the results of the proceedings up to that point, in particular the existing minutes of the hearings as well as any other records.

Fourth Title: Jurisdiction of the Arbitral Tribunal

Competence of the Arbitral Tribunal to Rule on its Own Jurisdiction

Section 592

(1) The arbitral tribunal shall rule on its own jurisdiction. The decision may be made together with the decision on the merits or by separate arbitral award.

(2) A plea that the arbitral tribunal does not have jurisdiction shall be raised no later than the first pleading on the substance of the dispute. A party is not precluded from raising such plea by the fact that it has appointed, or participated in the appointment of, an arbitrator. A plea that the arbitral tribunal is exceeding the scope of its authority shall be raised as soon as the matter alleged to be beyond the scope of its authority is made the subject of a request for relief. A later plea is barred in both cases; if the arbitral tribunal, however, considers the delay sufficiently excused, the plea may subsequently be raised.

(3) Even while an action for the setting aside of an arbitral award with which the arbitral tribunal accepted its jurisdiction is still pending, the arbitral tribunal may continue the arbitral proceedings and make an award.

Ordering of Interim or Protective Measures

Section 593

(1) Unless otherwise agreed by the parties, the arbitral tribunal may, upon request of a party and after hearing the other party, order against the other party such interim or protective measures it deems necessary in respect of the subject-matter in dispute if the enforcement of the claim were otherwise frustrated or significantly impeded, or there were a risk of irreparable harm. The arbitral tribunal may request any party to provide appropriate security in connection with such measure.

(2) Measures referred to in paragraph (1) shall be in writing; a signed exemplar of the order shall be served upon each party. In arbitral proceedings with more than one arbitrator the signature of the chairman or, if he is prevented from signing, the signature of another arbitrator shall suffice, provided that the chairman or another arbitrator records on the order the reason for any omitted signature. Section 606 paragraphs (2), (3), (5) and (6) shall apply accordingly.

(3) Upon request of a party the District Court ("Bezirksgericht") in whose district the opponent of the party at risk has its seat, domicile or habitual residence within Austria at the time of the first filing of the request, otherwise the District Court ("Bezirksgericht") in whose district the enforcement of the interim or protective measure shall be carried out, shall enforce such measure. Where the measure provides for a means of protection unknown to Austrian law, the court may, upon request and after hearing the other party, enforce such measure of protection under Austrian law which comes closest to the measure ordered by the arbitral tribunal. In this case the court may also, upon request, reformulate the measure ordered by the arbitral tribunal in order to safeguard the realization of its purpose.

(4) The court shall refuse to enforce a measure under paragraph (1) if

1. the seat of the arbitral tribunal is within Austria and the measure suffers from a

defect which would constitute grounds for setting aside an arbitral award made in Austria pursuant to sections 611 paragraph (2), 617 paragraphs (6) and (7) or section 618;

2. the seat of the arbitral tribunal is not within Austria and the measure suffers from a defect which would constitute grounds for refusal of recognition or enforcement of a foreign arbitral award;

3. the enforcement of the measure would be incompatible with an Austrian court measure which was either requested or issued previously, or with a foreign court measure which was issued previously and must be recognized;

4. the measure provides for a means of protection unknown to Austrian law and no appropriate means of protection as provided by Austrian law has been requested.

(5) The court may hear the other party prior to ruling on the enforcement of the measure under paragraph (1). If the other party has not been heard prior to the ruling, it may file an objection against the granting of the enforcement ("Widerspruch") within the meaning of section 397 Enforcement Act ("Exekutionsordnung"). In both cases the other party may only rely on grounds for refusing the enforcement as set out in paragraph (4). In these proceedings the court has no jurisdiction to rule on claims for damages pursuant to section 394 Enforcement Act ("Exekutionsordnung").

(6) The court shall, upon request, set aside the enforcement if

1. the term of the measure as set by the arbitral tribunal has expired;

2. the arbitral tribunal has limited the scope of or set aside the measure;

3. one of the cases set out in section 399 paragraph (1) numbers 1 to 4 Enforcement Act ("Exekutionsordnung") exists, unless such a circumstance was unsuccessfully raised with the arbitral tribunal and no obstacles to recognizing (paragraph 4) the decision of the arbitral tribunal exist in this regard;

4. security pursuant to paragraph (1) has been provided that the enforcement is superfluous.

Fifth Title: Conduct of the Arbitral Proceedings

General Provisions

Section 594

(1) Subject to the mandatory provisions of this Chapter, the parties are free to agree on the rules of procedure. In doing so they may also refer to arbitration rules. Failing such agreement, the arbitral tribunal shall proceed in accordance with the provisions of this Title, and in other respects in such manner as it considers appropriate.

(2) The parties shall be treated fairly. Each party shall be granted the right to be heard.

(3) The parties may be represented or advised by persons of their choosing. This right cannot be excluded or limited.

(4) An arbitrator who does not fulfil his obligation resulting from the acceptance of his appointment at all or in a timely manner, shall be liable to the parties for all damages caused by his wrongful refusal or delay.

Seat of the Arbitral Tribunal

Section 595

(1) The parties are free to agree on the seat of the arbitral tribunal. They may also leave the determination of the seat of the arbitral tribunal to an arbitral institution. Failing such agreement, the seat shall be determined by the arbitral tribunal having due regard to the circumstances of the case, including the convenience of such place for the parties.

(2) Notwithstanding the provisions of paragraph (1), the arbitral tribunal may, unless otherwise agreed by the parties, convene at any place it considers appropriate for conducting proceedings, especially for deliberation among its members, making decisions, conducting oral hearings and taking evidence.

Language of Proceedings

Section 596

The parties are free to agree on the language or languages to be used in the arbitral proceedings. Failing such agreement, the arbitral tribunal shall determine the language or languages to be used in the proceedings.

Statements of Claim and Defense

Section 597

(1) Within the time period agreed by the parties or determined by the arbitral tribunal, the claimant shall state the relief and remedy sought and the facts supporting his claim and the respondent shall respond thereto. The parties may submit with their statements all documents they consider to be relevant, or may indicate the documents or other evidence they intend to submit.

(2) Unless otherwise agreed by the parties, either party may amend or supplement its claim or pleadings during the course of the arbitral proceedings, unless the arbitral tribunal considers it inappropriate to allow such amendment due to delay.

Oral Hearings and Written Proceedings

Section 598

Unless the parties have agreed otherwise, the arbitral tribunal shall decide whether to hold oral hearings or whether the proceedings shall be conducted in writing. Where the parties have not excluded an oral hearing, the arbitral tribunal shall hold such hearing at an appropriate stage of the proceedings if so requested by a party.

Proceedings and Taking of Evidence

Section 599

(1) The arbitral tribunal is authorised to rule upon the admissibility of the taking of evidence, to carry out such taking of evidence and to freely evaluate the result

thereof.

(2) The parties shall be given sufficient advance notice of every hearing and of every meeting of the arbitral tribunal for the purposes of the taking of evidence.

(3) All written submissions, documents and other communications which are submitted to the arbitral tribunal by one party shall be communicated to the other party. Expert opinions and other evidence on which the arbitral tribunal may rely in its decision shall be communicated to both parties.

Default of a Procedural Act

Section 600

(1) Where the claimant fails to submit the statement of claim in accordance with section 597 paragraph (1), the arbitral tribunal shall terminate the proceedings.

(2) Where the respondent fails to respond in accordance with section 597 paragraph (1) within the agreed or stipulated time period, the arbitral tribunal shall, unless otherwise agreed by the parties, continue the proceedings without treating such failure in itself as an admission of the claimant's allegations. The same shall apply where a party is in default with any other procedural act. The arbitral tribunal may continue the proceedings and may render a decision based on the evidence before it. Where, in the arbitral tribunal's opinion, the default is sufficiently excused, the omitted procedural act may subsequently be carried out.

Expert Appointed by Arbitral Tribunal

Section 601

(1) Unless otherwise agreed by the parties, the arbitral tribunal may

1. appoint one or more experts to report on specific issues to be determined by the arbitral tribunal;

2. require the parties to provide the expert with any relevant information, or to provide with, or to provide access to, any relevant documents or objects for his inspection.

(2) Unless otherwise agreed by the parties, if a party so requests or if the arbitral

tribunal considers it necessary, the expert shall, after submission of his report, attend an oral hearing. At this hearing the parties may put questions to him and may present their own expert witnesses in order to testify on the points at issue.

(3) Sections 588 and 589 paragraphs (1) and (2) shall apply accordingly to the expert appointed by the arbitral tribunal.

(4) Unless otherwise agreed by the parties, each party has the right to submit reports of its own experts. Paragraph (2) shall apply accordingly.

Judicial Assistance

Section 602

The arbitral tribunal, arbitrators who have been authorised accordingly by the arbitral tribunal, or a party with the approval of the arbitral tribunal, may request from the court to conduct judicial acts for which the arbitral tribunal has no authority. The judicial assistance may also consist of the court requesting a foreign court or administrative authority to conduct such acts. Section 37 paragraphs (2) to (5) and sections 38, 39 and 40 Judicature Act ("Jurisdiktionsnorm") apply accordingly, subject to the proviso that the arbitral tribunal and the parties to the arbitral proceedings shall have the right to appeal pursuant to section 40 Judicature Act ("Jurisdiktionsnorm"). The arbitral tribunal, or an arbitrator who has been authorised accordingly by the arbitral tribunal, and the parties may participate in the taking of evidence by the court and may put questions. Section 289 shall apply accordingly.

Sixth Title: Making of Award and Termination of Proceedings Applicable Substantive Law

Section 603

(1) The arbitral tribunal shall decide the dispute in accordance with such statutory provisions or rules of law as agreed upon by the parties. Any agreement as to the law or the legal system of a given state shall be construed, unless the parties have expressly agreed otherwise, as directly referring to the substantive law of that state and

not to its conflict of laws rules.

(2) Failing any designation by the parties of the applicable statutory provisions or rules of law, the arbitral tribunal shall apply the statutory provisions it considers appropriate.

(3) The arbitral tribunal shall decide ex aequo et bono or as amiable compositeur only if the parties have expressly authorized it to do so.

Decision Making by Panel of Arbitrators

Section 604

Unless otherwise agreed by the parties, the following shall apply:

1. In arbitral proceedings with more than one arbitrator, any decision of the arbitral tribunal shall be made by a majority of all its members. Questions of procedure may be decided by the chairman alone, if so authorized by the parties or by all members of the arbitral tribunal.

2. Where one or more arbitrators do not participate in a vote without justified reason, the other arbitrators may decide without them. In this case, also, the necessary majority of votes shall be calculated by the total of all participating and not participating arbitrators. In the case where a vote is taken on an arbitral award, the parties shall be informed on the intention to proceed in this manner in advance. With regard to other decisions, the parties shall be informed of the failure to participate in the vote after such vote.

Settlement

Section 605

If, during arbitral proceedings, the parties settle the dispute and if the parties are capable of concluding a settlement on the subject-matter in dispute, they may request

1. the arbitral tribunal to record the settlement, provided that the contents of the settlement do not violate the fundamental values of the Austrian legal system (ordre public); it shall be sufficient if the record of the settlement is signed by the parties and the chairman;

2. the arbitral tribunal to record the settlement in the form of an arbitral award on agreed terms, provided that the contents of the settlement do not violate the fundamental values of the Austrian legal system (ordre public). Such award shall be made in accordance with section 606. It shall have the same effect as any other award on the merits.

Arbitral Award

Section 606

(1) The award shall be made in writing and shall be signed by the arbitrator or arbitrators. Unless otherwise agreed by the parties, in arbitral proceedings with more than one arbitrator, the signatures of the majority of all members of the arbitral tribunal shall suffice, provided that the chairman or another arbitrator records on the arbitral award the reason for any omitted signature.

(2) Unless the parties have agreed otherwise, the award shall state the reasons upon which it is based.

(3) The award shall state the date on which it was made and the seat of the arbitral tribunal determined in accordance with section 595 paragraph (1). The award shall be deemed to have been made on that day and at that place.

(4) An exemplar of the award signed by the arbitrators in accordance with paragraph (1) shall be delivered to each party.

(5) The award and the documentation regarding its service are joint documents of the parties and the arbitrators. The arbitral tribunal shall discuss with the parties a possible safekeeping of the award and the documentation regarding its service.

(6) The chairman or, in the case he is prevented from doing so, another arbitrator shall, upon request of a party, confirm the res judicata effect and the enforceability of the award on an exemplar of the award.

(7) The underlying arbitration agreement does not cease to be effective by the making of the award.

Effect of the Arbitral Award

Section 607

The award has, between the parties, the effect of a final and binding court judgment.

Termination of Arbitral Proceedings

Section 608

(1) The arbitral proceedings are terminated by the award on the merits, by an arbitral settlement, or by an order of the arbitral tribunal in accordance with paragraph (2).

(2) The arbitral tribunal shall terminate the arbitral proceedings when:

1. the claimant fails to submit his statement of claim in accordance with section 597 paragraph (1);

2. the claimant withdraws his statement of claim, unless the respondent objects thereto and the arbitral tribunal recognizes a legitimate interest of the respondent in obtaining final disposition of the dispute;

3. the parties agree on the termination of the proceedings and communicate this to the arbitral tribunal;

4. the continuation of the proceedings has become impossible for the arbitral tribunal, in particular where the parties hitherto acting in the proceedings fail to continue the proceedings despite written notification of the arbitral tribunal, in which it refers to the possibility of termination of proceedings.

(3) Subject to section 606 paragraphs (4) to (6), section 609 paragraph (5) and section 610, as well as to the obligation to set aside an interim or protective measure, the mandate of the arbitral tribunal terminates upon the termination of the arbitral proceedings.

Decision on Costs

Section 609

(1) Where the arbitral proceedings are terminated, the arbitral tribunal shall decide upon the obligation to reimburse the costs of the proceedings, provided the parties have not agreed otherwise. The arbitral tribunal shall, in exercise of its discretion, take into account the circumstances of the case, in particular the outcome of the proceedings. The obligation to reimburse may include any and all reasonable costs appropriate for bringing the action or defense. In the case referred to in section 608 paragraph (2) number 3, such a decision shall only be made if a party requests such a decision together with communicating the agreement to terminate the proceedings.

(2) Upon request of the respondent, the arbitral tribunal may also decide upon the obligation of the claimant to reimburse the costs of the proceedings, if it has found that it lacks jurisdiction on the grounds that there is no arbitration agreement.

(3) Together with the decision upon the obligation to reimburse the costs of the proceedings, the arbitral tribunal shall, as far as this is already possible and the costs are not set off against each other, determine the amount of costs to be reimbursed.

(4) In any case, the decision upon the obligation to reimburse the costs of the proceedings and the determination of the amount shall be made in the form of an arbitral award under section 606.

(5) If the decision on the obligation to reimburse the costs of the proceedings or the amount to be reimbursed was not made, or was only possible to be made after the termination of the arbitral proceedings, such decision shall be made in a separate arbitral award.

Correction, Explanation of the Award and Additional Award

Section 610

(1) Within four weeks of receipt of the award, unless another time period has

been agreed by the parties, each party may request the arbitral tribunal,

1. to correct in the award any errors in computation, any clerical or typographical errors or any errors of a similar nature;

2. if so agreed by the parties, to explain certain parts of the award;

3. to make an additional award as to claims asserted in the arbitral proceedings but not disposed of in the award.

(2) The request under paragraph (1) shall be delivered to the other party. Prior to making a decision upon such a request, the other party shall be heard.

(3) The arbitral tribunal shall decide upon the correction or explanation of the a-ward within four weeks and upon an additional award within eight.

(4) The arbitral tribunal may also correct the award in accordance with paragraph (1) number 1 on its own initiative within four weeks from the date of the award.

(5) Section 606 shall apply to the correction, explanation of the award or to an additional award. The explanation or correction shall form part of the arbitral award.

Seventh Title: Recourse Against the Arbitral Award
Action for Setting Aside an Arbitral Award

Section 611

(1) Recourse to a court against an arbitral award may be made only by means of an action for setting aside. This shall also apply to arbitral awards by which the arbitral tribunal has ruled on its own jurisdiction.

(2) An arbitral award shall be set aside if:

1. a valid arbitration agreement does not exist, or the arbitral tribunal has denied its jurisdiction despite the existence of a valid arbitration agreement, or a party was un-der an incapacity to conclude a valid arbitration agreement under the law governing its personal status;

2. a party was not given proper notice of the appointment of an arbitrator or of the arbitral proceedings or was for other reasons unable to present its case;

3. the award deals with a dispute not covered by the arbitration agreement, or contains decisions on matters beyond the scope of the arbitration agreement or the plea

of the parties for legal protection; if the default concerns only a part of the award that can be separated, only that part of the award shall be set aside;

4. the composition or constitution of the arbitral tribunal was not in accordance with a provision of this Chapter or with an admissible agreement of the parties;

5. the arbitral proceedings were conducted in a manner that conflicts with the fundamental values of the Austrian legal system (ordre public);

6. the requirements according to which a court judgment can be appealed by an action for revision under section 530 paragraph (1) numbers 1 to 5 have been met;

7. the subject-matter of the dispute is not arbitrable under Austrian law;

8. the arbitral award conflicts with the fundamental values of the Austrian legal system (ordre public).

(3) The grounds for setting aside stipulated in paragraph (2) numbers 7 and 8 shall also be considered ex officio.

(4) The action for setting aside shall be brought within three months. The time period shall begin on the day on which the claimant received the award or the additional award. A request made in accordance with section 610 paragraph (1) numbers 1 or 2 does not extend this time period. In the case of paragraph (2) number 6, the time period for the action for setting aside shall be determined in accordance with the provisions on the action for revision.

(5) The setting aside of an arbitral award does not affect the validity of the underlying arbitration agreement. Where an arbitral award on the same subject-matter has been finally set aside twice and if a further arbitral award regarding that subject-matter is to be set aside, the court shall, upon request of a party, concurrently declare the arbitration agreement to be invalid with respect to that subject-matter.

Declaration of Existence or Non-Existence of an Arbitral Award

Section 612

Where the requesting party has a legal interest therein, it may request a declaration on the existence or non-existence of an arbitral award.

Consideration of Grounds of Setting Aside in Other Proceedings

Section 613

Should a court or an administrative authority find in other proceedings, for instance in enforcement proceedings, that grounds for setting aside in accordance with section 611 paragraph (2) numbers 7 and 8 exist, then the arbitral award shall not be relevant in those proceedings.

Eighth Title: Recognition and Declaration of Enforceability of Foreign Arbitral Awards

Recognition and Declaration of Enforceability of Foreign Arbitral Awards

Section 614

(1) The recognition and declaration of enforceability of foreign arbitral awards shall be made in accordance with the provisions of the Enforcement Act ("Exekutionsordnung"), unless otherwise provided for in international law or in legal instruments of the European Union. The form requirements for the arbitration agreement shall be deemed to be fulfilled, if the arbitration agreement complies both, with the form requirements under section 583 and under the law applicable to the arbitration agreement.

(2) The production of the original or a certified copy of the arbitration agreement in accordance with article Ⅳ paragraph (1) (b) of the New York Convention on the Recognition and Enforcement of Foreign Arbitral Awards shall only be required upon demand by the court.

Ninth Title: Court Proceedings Jurisdiction

Section 615

For the action for setting aside an arbitral award and for the action for declaration of existence or non-existence of an arbitral award, as well as for proceedings under the Third Title, the Supreme Court (Oberster Gerichtshof) shall have jurisdiction.

Proceedings

Section 616

(1) The proceedings regarding the action for setting aside an arbitral award and the action for declaration of the existence or non-existence of an arbitral award shall be governed by the provisions of this Law on the proceedings before the Courts of First Instance. The proceedings in matters under the Third Title shall be governed by the general provisions of the Act on NonContentious Jurisdiction (Außerstreitgesetz).

(2) Upon request of a party the public may also be excluded where a legitimate interest in doing so can be shown.

Tenth Title: Special Provisions Consumers

Section 617

(1) Arbitration agreements between an entrepreneur and a consumer may only be validly concluded for disputes that have already arisen.

(2) Arbitration agreements to which a consumer is a party must be contained in a document signed personally by him. This document must not contain any agreements other than those relating to the arbitral proceedings.

(3) In arbitration agreements between an entrepreneur and a consumer, the consumer shall, prior to concluding the arbitration agreement, receive written legal advice on the relevant differences between arbitral and court proceedings.

(4) In arbitration agreements between entrepreneurs and consumers, the seat of the arbitral tribunal must be stipulated. The arbitral tribunal may only convene at a different place for an oral hearing or for the taking of evidence, if the consumer has approved thereof, or if considerable difficulties hinder the taking of evidence at the seat of the arbitral tribunal.

(5) Where the arbitration agreement was concluded between an entrepreneur and a consumer and where, either at the time of concluding the arbitration agreement

or at the time when the action has become pending, the consumer did not have his domicile, habitual residence or place of work in the country where the arbitral tribunal has its seat, the arbitration agreement shall only be binding if the consumer invokes it.

(6) An arbitral award shall also be set aside if, in arbitral proceedings in which a consumer is involved,

1. mandatory provisions of law were violated, the application of which could not have been waived by choice of law by the parties, even in a case with an international element, or

2. the prerequisites are met under which a court judgment may be appealed under section 530 paragraph (1) numbers 6 and 7by means of an action for revision; in this case, the time period for the action for setting aside shall be determined in accordance with the provisions on the action for revision.

(7) Where the arbitral proceedings were conducted between an entrepreneur and a consumer, the arbitral award shall also be set aside if the consumer did not receive written legal advice as stipulated in paragraph (3).

(8) For an action for setting aside an arbitral award, and for an action for declaration of the existence or non-existence of an arbitral award, as well as for proceedings under the Third Title in arbitration proceedings to which a consumer is party, the Regional Court (Landesgericht) having jurisdiction in civil law matters that is specified in the arbitration agreement, or the jurisdiction of which was agreed in accordance with Section 104 Austrian Judicature Act (Jurisdiktionsnorm), or failing such specification or agreement, the Regional Court (Landesgericht) in whose district the arbitral tribunal has its seat, shall have jurisdiction in first instance, regardless of the amount in dispute. Where the seat of the arbitral tribunal has not yet been determined, or in case of Section 612, if it is not in Austria, the Commercial Court Vienna (Handelsgericht Wien) shall have jurisdiction.

(9) Where the dispute underlying the arbitral award is a commercial matter within the meaning of Section 51 Judicature Act (Jurisdiktionsnorm), the Regional Court (Landesgericht) shall decide in exercise of its jurisdiction in commercial matters, in

Vienna the Commercial Court Vienna (Handelsgericht Wien).

(10) The proceedings regarding an action for setting aside an arbitral award and an action for a declaration of the existence or non-existence of an arbitral award shall be governed by the provisions of this Law. The proceedings in matters under the Third Title shall be governed by the general provisions of the Act on Non-Contentious Jurisdiction (Außerstreitgesetz).

(11) Upon request of a party the public may also be excluded where a legitimate interest in doing so can be shown.

Labour Law Matters

Section 618

Section 617 paragraphs (2) to (8) and paragraphs (10) and (11) apply accordingly to arbitral proceedings in labour law matters in accordance with Section 50 paragraph (1) Labour and Social Courts Act (Arbeits-und Sozialgerichtsgesetz); instead of the Regional Court (Landesgericht) having jurisdiction in civil law matters, the Regional Court (Landesgericht) shall decide in its function as Labour and Social Court, and inVienna the Labour and Social Court Vienna. The proceedings regarding an action for setting aside an arbitral award and an action for a declaration of the existence or non-existence of an arbitral award shall be governed by the provisions of the Labour and Social Courts Act (Arbeits-und Sozialgerichtsgesetz). The Supreme Court (Oberste Gerichtshof)

shall decide as a senate composed of according to Sections 10 et seq. Labour and Social Courts Act.

(二)2021 年维也纳仲裁和调解规则

VIAC Rules of Arbitration and Mediation 2021

Rules of Arbitration and Mediation

Vienna Rules and Vienna Mediation Rules 2021

in force as of 1 July 2021

Part I VIAC Rules of Arbitration

General Pro Visions

VIAC and Applicable Version of the Vienna Rules

Article 1

(1) The Vienna International Arbitral Centre ("VIAC") is the Permanent International Arbitration Institution of the Austrian Federal Economic Chamber1. VIAC administers domestic and international arbitrations as well as proceedings pursuant to other alternative dispute resolution methods, if the parties have agreed upon the VIAC Rules of Arbitration ("Vienna Rules"), the VIAC Rules of Mediation ("Vienna Mediation Rules"), the VIAC Rules of Investment Arbitration ("Vienna Investment Arbitration Rules"), the VIAC Rules of Investment Mediation ("Vienna Investment Mediation Rules"); or if it has been otherwise agreed or foreseen that VIAC should serve as the administering institution.

(2) Unless the parties have agreed otherwise, the Vienna Rules shall apply in the version in effect at the time of the commencement of the arbitration (Article 7paragraph 1), if the parties, before or after the dispute has arisen have agreed to submit their dispute to the Vienna Rules.

(3) The Board may refuse to administer proceedings if the arbitration agreement deviates fundamentally from and is incompatible with the Vienna Rules.

Board

Article 2

(1) The Board of VIAC shall consist of a minimum of five members. The members of the Board shall be appointed for a term of up to five years by the Extended Presiding Committee of the Austrian Federal Economic Chamber upon recommendation by the President of VIAC. Members may be appointed for consecutive terms.

(2) The members of the Board shall elect from among their number a President and up to two Vice Presidents. In the event the President is prevented from performing his duties, such duties shall be assumed by a Vice President in accordance with the Internal Rules of the Board (Annex 2).

(3) Members of the Board, who are or were involved in an arbitration administered by VIAC in any capacity whatsoever, may not be present at, or participate in any way in deliberations or decisions pertaining to those proceedings. This shall not impair the existence of a quorum of the Board.

(4) The members of the Board shall perform their duties to the best of their knowledge and ability and in performing their duties they shall be independent and not be bound by any instructions. They have the duty to keep confidential all information acquired in the course of their duties.

(5) The Board may establish and amend its own Internal Rules (Annex 2).

Advisory Boards

Article 3

The Board may establish Advisory Boards that assist the Board in an advisory capacity. Advisory Boards consist of arbitration and/or mediation experts who may be invited by the Board.

Secretary General, Deputy Secretary General and Secretariat

Article 4

(1) Upon recommendation of the Board of VIAC, the Secretary General and the Deputy Secretary General of VIAC shall be appointed by the Extended Presiding Committee of the Austrian Federal Economic Chamber for a term of up to five years. The Secretary General and Deputy Secretary General may be appointed for consecutive terms. Upon expiration of the term, if no renewal of the appointment has been made, the Secretary General and the Deputy Secretary General shall remain in office until a new appointment has been made.

(2) The Secretariat manages the administrative matters of VIAC under the direction of the Secretary General and the Deputy Secretary General except for matters which are reserved to the Board. If a Deputy Secretary General has been appointed, the Deputy Secretary General may render decisions that fall within the competence of the Secretary General if the Secretary General is unable to perform his duties, or with authorization by the Secretary General.

(3) Members of the Secretariat, who are or were involved in an arbitration administered by VIAC in any capacity whatsoever, may not be present at, or participate in any way in deliberations or decisions pertaining to those proceedings.

(4) The Secretary General and the Deputy Secretary General shall perform their duties to the best of their knowledge and ability and shall not be bound by any instructions. They have the duty to keep confidential all information acquired in the course of their duties.

(5) If the Secretary General and the Deputy Secretary General become unable to exercise their duties, the Board members shall appoint from their number a member to perform the relevant duties. For as long as the appointee serves as Secretary General, the membership of the appointee in the Board shall be suspended.

Languages of Correspondence

Article 5

The correspondence of the parties with the Board and Secretariat shall be in German or English.

Definitions

Article 6

(1) In the Vienna Rules

1.1 party or parties refer to one or more claimants, respondents or one or more third parties joined to the arbitration in a statement of claim;

1.2 claimant refers to one or more claimants;

1.3 respondent refers to one or more respondents;

1.4 third party refers to one or more third parties who are neither a claimant nor respondent in the pending arbitration and whose joinder to this arbitration has been requested;

1.5 arbitral tribunal refers to a sole arbitrator or a panel of three arbitrators;

1.6 arbitrator refers to one or more arbitrators;

1.7 co-arbitrator refers to any member of a panel of arbitrators except its chairperson;

1.8 award refers to any final, partial or interim award;

1.9 third-party funding refers to any agreement entered into with a natural or legal person who is not a party to the proceedings or a party representative (Article 13), to fund or provide any other material support to a party, directly or indirectly financing part or all of the costs of the proceedings either through a donation or a grant, or in exchange for remuneration or reimbursement that is wholly or partially dependent upon the outcome of the proceedings or in return for any premium payment.

(2) To the extent the terms used in the Vienna Rules refer to natural persons, the form chosen shall apply to all genders. In practice, the terms in these rules shall be used in a gender specific manner.

(3) References to “Articles” without further specification relate to the relevant articles of the Vienna Rules.

Commencement of the Arbitration

Statement of Claim

Article 7

(1) The arbitral proceedings shall be initiated by submitting a statement of claim. The proceedings shall commence on the date of receipt of the statement of claim by the Secretariat of VIAC or by an Austrian Regional Economic Chamber in hardcopy form or in electronic form (Article 12 paragraph 1); hereby, the proceedings become pending. The Secretariat informs the other parties of the receipt of the statement of claim.

(2) The statement of claim shall contain the following information:

2.1 the full names, addresses, including electronic mail addresses, and other contact details of the parties and any comment on the parties' nationalities;

2.2 a statement of the facts and a specific request for relief;

2.3 the monetary value of each individual claim at the time of submission of the statement of claim if the relief requested is not exclusively for a specific sum of money;

2.4 particulars regarding the number of arbitrators in accordance with Article 17;

2.5 the nomination of an arbitrator if the dispute shall be decided by a panel of three arbitrators, or a request that the arbitrator be appointed by the Board; and

2.6 particulars regarding the arbitration agreement and its content.

(3) If the statement of claim does not comply with paragraph 2 of this Article, or if a copy of the statement of claim or the exhibits is missing (Article 12 paragraph 1), the Secretary General may request that the claimant remedy the defect within a time-period set by the Secretary General. If the claimant complies with the order to remedy the defect within the set deadline, the statement of claim shall be deemed to have been submitted on the date on which it was first received. If the claimant does not comply with the order to remedy the defect within the set deadline, the Secretary General may

declare the proceedings terminated (Article 34 paragraph 3). This shall not prevent the claimant from raising the same claims at a later time in another proceeding.

(4) The Secretary General shall transmit the statement of claim to the respondent if no order to remedy pursuant to paragraph 3 of this Article was issued or if the claimant complied with such an order.

Answer to the Statement of Claim

Article 8

(1) The Secretary General shall request the respondent to submit to the Secretariat an answer to the statement of claim (Article 12 paragraph 3) within a period of 30 days upon receipt of the statement of claim.

(2) The answer to the statement of claim shall contain the following information:

2.1 the full name, address, including electronic mail address, and other contact details of the respondent and any comment on the parties' nationalities;

2.2 comments on the request for relief and the facts upon which the statement of claim is based, as well as the respondent's specific request for relief;

2.3 particulars regarding the number of arbitrators in accordance with Article 17; and

2.4 the nomination of an arbitrator if the dispute shall be decided by a panel of three arbitrators, or a request that the arbitrator be appointed by the Board.

Counterclaim

Article 9

(1) Claims by the respondent against the claimant may be raised as counterclaims in the same proceedings.

(2) Articles 7, 10 and 11 apply to counterclaims.

(3) The arbitral tribunal may return the counterclaim to the Secretariat to be addressed in separate proceedings if:

3.1 the parties are not identical; or

3.2 a counterclaim submitted after the answer to the statement of claim would result in a substantial delay in the main proceedings.

(4) The arbitral tribunal shall give the claimant the opportunity to submit an answer to an admitted counterclaim. Article 8 applies to an answer to the counterclaim.

Registration Fee

Article 10

(1) The claimant shall pay the registration fee net of any charges in the amount stipulated in Annex 3 within the time limit set by the Secretary General. Likewise, in the case of joinder of a third party (Article 14), the requesting party shall pay a registration fee.

(2) If there are more than two parties to the arbitration, the registration fee shall be increased by 10 percent for each additional party, up to a maximum increase of 50 percent.

(3) The registration fee is non-refundable. The registration fee shall not be deducted from the paying party's advance on costs.

(4) The statement of claim and any request for joinder of a third party shall be sent to the other parties only after full payment of the registration fee. The Secretary General may grant a reasonable extension of the time period for payment of the registration fee. If payment is not effected by the deadline, the Secretary General may declare the proceedings terminated (Article 34 paragraph 3). This shall not prevent the claimant from raising the same claims at a later time in another proceeding.

(5) If proceedings under the Vienna Mediation Rules are commenced before, during or after arbitral proceedings under the Vienna Rules between the same parties and concerning the same subject matter, no further registration fee will be charged in the subsequently commenced proceedings.

Transmission of File

Article 11

The Secretary General shall transmit the file to the arbitral tribunal if:

—the Secretariat has received the statement of claim (counterclaim) in accordance with the requirements of Article 7; and

—all members of the arbitral tribunal have been appointed; and

—the advance on costs pursuant to Article 42 has been paid in full.

Written Communications, Time Limits and Disposal of File

Article 12

(1) A statement of claim, including exhibits, shall be submitted in electronic form and in hardcopy form in the number of copies necessary to provide each party with a copy.

(2) After transmission of the file to the arbitral tribunal, all written communications and exhibits shall be sent to each party and each arbitrator in the manner stipulated by the arbitral tribunal. The Secretariat shall receive all written communications between the arbitral tribunal and the parties in electronic form.

(3) Written communications shall be sent in hardcopy form by registered mail, letter with confirmation of receipt, courier service, or in electronic form, or by any other means of communication that provides a record of sending.

(4) Written communications shall be sent to the address of the addressee for whom it is intended, as last notified. Once a party has appointed a representative, the written communication shall be sent to the representative's address, as last notified.

(5) Written communications shall be deemed to have been received on the day

5.1 the addressee has actually received the written communication; or

5.2 receipt can be presumed, if the written communication was sent in accordance with paragraphs 3 and 4 of this Article.

(6) If a statement of claim against multiple respondents cannot be transmitted to all respondents, upon request of the claimant the arbitration shall proceed only against those respondents that received the statement of claim. Upon request of the claimant the statement of claim against the remaining respondents shall be addressed in a separate proceeding.

(7) Time limits shall start to run on the day following the day of receipt (para-

graph 5) of the respective written communication triggering the commencement of the time limit. If this day is an official holiday or a non-business day at the place of receipt, the time limit shall start to run on the next business day. Official holidays or non-business days falling during a time period shall not interrupt the continuation or extend the time limit. If the last day of the time limit is an official holiday or a non-business day at the place of receipt, the time limit shall end on the next business day.

(8) A time limit relating to any written communication is satisfied if it is sent in the manner stipulated in paragraphs 3 and 4 of this Article on the last day of the time limit. Time limits may be extended where sufficient grounds for such extension are considered to exist.

(9) After termination of the proceedings (Article 34), the Secretariat may dispose of the entire file of a case, with the exception of decisions (Article 35).

Representatives

Article 13

In the proceedings before the arbitral tribunal, the parties may be represented or advised by persons of their choice. The Secretary General or the arbitral tribunal may at any time request evidence that the representative has the authority to represent the party.

Third-Party Funding

Article 13a

(1) A party shall disclose the existence of any third-party funding and the identity of the third-party funder in its statement of claim or its answer to the statement of claim, or immediately upon concluding a third-party funding arrangement.

(2) If a party discloses third-party funding prior to the constitution of the arbitral tribunal, the Secretary General shall inform any arbitrator nominated for appointment or already appointed of such disclosure for purposes of completing the arbitrator declaration (Article 16 paragraph 3).

Joinder of Third Parti ES and Consolidation
Joinder of Third Parties

Article 14

(1) The joinder of a third party in an arbitration, as well as the manner of such joinder, shall be decided by the arbitral tribunal upon the request of a party or a third party after hearing all parties and the third party to be joined as well as after considering all relevant circumstances.

(2) The request for joinder shall contain the following information:

2.1 the full name, address, including electronic mail address, and other contact details of the third party;

2.2 the grounds upon which the request for joinder is based; and

2.3 the requested manner of joinder of the third party.

(3) If a request for joinder of a third party is made with a statement of claim,

3.1 it shall be submitted to the Secretariat. The provisions of Article 7 et seqq shall apply by analogy. The Secretary General shall transmit the statement of claim to the third party to be joined as well as to the other parties for comments;

3.2 the third party may participate in the constitution of the arbitral tribunal pursuant to Article 18 if no arbitrator has yet been appointed; and

3.3 the arbitral tribunal shall return the statement of claim with a request for joinder of a third party to the Secretariat to be treated in separate proceedings, if the arbitral tribunal refuses, in accordance with paragraph 1, to grant a request for joinder of a third party made with a statement of claim. In this case, the Board may revoke any confirmed nomination or appointment of arbitrators and order the renewed constitution of the arbitral tribunal or arbitral tribunals in accordance with Article 17 et seqq, if the third party participated in the constitution of the arbitral tribunal in accordance with paragraph 3.2.

Consolidation

Article 15

(1) Upon a party's request, two or more arbitral proceedings may be consolidated if:

1.1 the parties agree to the consolidation; or

1.2 the same arbitrator(s) was/were nominated or appointed; and the place of arbitration is the same.

(2) The Board shall decide on a request for consolidation after hearing the parties and the arbitrators already appointed. The Board shall consider all relevant circumstances in its decision, including the compatibility of the arbitration agreements and the respective stage of the arbitral proceedings.

Arbitral Tribunal

General Provisions

Article 16

(1) The parties shall be free to designate the persons they wish to nominate as arbitrators. Any person with full legal capacity may act as arbitrator, provided the parties have not agreed upon any particular additional qualification requirements. The arbitrators have a contractual relationship with the parties and shall render their services to the parties.

(2) The arbitrators shall perform their mandate independently of the parties, impartially and to the best of their knowledge and ability, and shall not be bound by any instruction. They have the duty to keep confidential all information acquired in the course of their duties.

(3) A person who intends to accept an appointment as an arbitrator shall, before his appointment, sign and submit to the Secretary General a declaration in the form made available by VIAC confirming his (i) impartiality and independence; (ii) availability; (iii) qualification; (iv) acceptance of office; and (v) submission to the Vi-

enna Rules.

(4) An arbitrator shall disclose by written declaration all circumstances that could give rise to doubts as to his impartiality, independence or availability or that conflict with the agreement of the parties. The duty to immediately disclose such circumstances continues to apply throughout the arbitration.

(5) Members of the Board may be nominated as arbitrators by the parties or co-arbitrators, but shall not be appointed as arbitrators by the Board.

(6) The conduct of any or all arbitrators (Article 28 paragraph 1) may be taken into consideration by the Secretary General in determining the arbitrators' fees (Article 44 paragraphs 2, 8 and 11).

Constitution of the Arbitral Tribunal

Article 17

(1) The parties may agree whether the arbitral proceedings will be conducted by a sole arbitrator or a panel of three arbitrators. The parties may also agree on the manner of appointment of the arbitrators. In the absence of an agreement, paragraphs 2 to 6 ofthis Article shall apply.

(2) Absent agreement on the number of arbitrators, the Board shall determine whether the dispute will be decided by a sole arbitrator or by a panel of three arbitrators. In so doing, the Board shall take into consideration the complexity of the case, the amount in dispute, and the parties' interest in an expeditious and cost-efficient decision.

(3) If the dispute is to be resolved by a sole arbitrator, the parties shall jointly nominate a sole arbitrator and indicate the arbitrator's name, address, including electronic mail address, and other contact details within 30 days after receiving the Secretary General's request. If such nomination is not made within this time period, the sole arbitrator shall be appointed by the Board.

(4) If the dispute is to be resolved by a panel of arbitrators, each party shall nominate an arbitrator (the claimant in the statement of claim and the respondent in the answer to the statement of claim). If a party fails to do so, the Secretary General shall

request that party to submit the name, address, including electronic mail address, and other contact details of its nominee within 30 days after receiving the request. If such nomination is not made within this time period, that arbitrator shall be appointed by the Board.

(5) If the dispute is to be resolved by a panel of arbitrators, the co-arbitrators shall jointly nominate a chairperson and indicate his name, address, including electronic mail address, and other contact details within 30 days after receiving the Secretary General's request. If such nomination is not made within this time period, the chairperson shall be appointed by the Board.

(6) The parties are bound by their nomination of arbitrator once the nominated arbitrator has been confirmed by the Secretary General or the Board (Article 19).

Constitution of the Arbitral Tribunal in Multi-Party Proceedings

Article 18

(1) The constitution of the arbitral tribunal in multi-party proceedings shall be conducted in accordance with Article 17, with the following additional provisions:

(2) If the dispute is to be resolved by a panel of arbitrators, the side of claimant and the side of respondent shall each jointly nominate an arbitrator.

(3) Participation of a party in the joint nomination of an arbitrator shall not constitute consent to multi-party arbitration. If the admissibility of a multi-party arbitration is disputed, the arbitral tribunal shall decide thereon upon request after hearing all parties as well as after considering all relevant circumstances.

(4) If pursuant to paragraph 2 of this Article a joint arbitrator is not nominated within the set time period, the Board shall appoint the arbitrator for the defaulting party/parties. In exceptional cases, after granting the parties the opportunity to comment, the Board may revoke appointments already made and appoint new co-arbitrators or all arbitrators.

Confirmation of the Nomination

Article 19

(1) After an arbitrator has been nominated, the Secretary General shall obtain the arbitrator's declarations pursuant to Article 16 paragraphs 3 and 4. The Secretary General shall forward a copy of these statements to the parties. The Secretary General shall confirm the nominated arbitrator if no doubts exist as to the impartiality and independence of the arbitrator and the ability to carry out the mandate. The Secretary General shall inform the Board of such confirmation at the subsequent meeting of the Board.

(2) If deemed necessary by the Secretary General, the Board shall decide whether to confirm a nominated arbitrator. Prior to the decision of the Board, the Secretary General may request comments from the arbitrator to be confirmed and from the parties. All comments shall be communicated to the parties and the arbitrator.

(3) Upon confirmation, the nominated arbitrator shall be deemed appointed.

(4) If the Secretary General or the Board refuses to confirm a nominated arbitrator, the Secretary General shall request the party/parties entitled to nominate the arbitrator, or the co-arbitrators to nominate a different arbitrator or chairperson within 30 days. Articles 16 to 18 shall apply by analogy. If the Secretary General or the Board refuses to confirm the newly nominated arbitrator, the right to nominate shall lapse and the Board shall appoint the arbitrator.

Challenge of Arbitrators

Article 20

(1) After his appointment, an arbitrator may be challenged only if circumstances exist that give rise to justifiable doubts as to his impartiality or independence, or if the arbitrator does not fulfil the qualifications agreed by the parties. A party may challenge the arbitrator whom it nominated, or in whose nomination it has participated, only for reasons of which the party became aware after the nomination or its participation in the nomination.

(2) A party's challenge of an appointed arbitrator shall be submitted to the Secre-

tariat within 15 days from the date the party making the challenge became aware of the grounds for the challenge. The challenge shall specify the grounds for the challenge and include corroborating materials to substantiate the challenge.

(3) If the challenged arbitrator does not resign, the Board shall rule on the challenge. Before the Board makes a decision, the Secretary General shall request comments from the challenged arbitrator and the other party/parties. The Secretary General may also request comments from other persons. All comments shall be communicated to the parties and the arbitrators.

(4) The arbitral tribunal, including the challenged arbitrator, may continue the arbitration while the challenge is pending. The arbitral tribunal may not issue an award until after the Board has ruled on the challenge.

Premature Termination of the Arbitrator's Mandate

Article 21

(1) The mandate of an arbitrator terminates prematurely if:

1.1 the parties so agree; or

1.2 the arbitrator resigns; or

1.3 the arbitrator dies; or

1.4 the arbitrator was successfully challenged; or

1.5 the arbitrator is removed from office by the Board.

(2) Either party may request that an arbitrator be removed from office if the arbitrator is prevented from performing his duties more than temporarily or otherwise fails to perform his duties, including also the duty to proceed without any undue delay. The party shall submit the request to the Secretariat. If it is apparent to the Board that any incapacity is not merely temporary, or that the arbitrator is not performing his duties, the Board may remove an arbitrator from office even without a party's request. The Board shall decide on the removal after granting the parties and the affected arbitrator the opportunity to comment.

Effects of the Premature Termination of the Arbitrator's Mandate

Article 22

(1) If an arbitrator's mandate terminates prematurely (Article 21), the arbitrator shall be replaced. The appointment of a substitute arbitrator shall be made in accordance with the appointment procedure agreed by the parties. Absent any such agreement, the Secretary General shall request that

1.1 the parties, in the case of a sole arbitrator; or,

1.2 the remaining co-arbitrators, in the case of the chairperson of a tribunal; or,

1.3 the nominating party or the party on whose behalf the arbitrator was appointed, when the arbitrator was nominated by a party or was appointed on behalf of a party; nominate a substitute arbitrator within 30 days-in the cases addressed by paragraphs 1.1 and 1.2 of this Article jointly-and indicate the nominee's name, address, including electronic mail address, and other contact details. Articles 16 to 18 apply by analogy. If such nomination is not made within this time period, the Board shall appoint the substitute arbitrator. If a substitute arbitrator is successfully challenged (Article 21 paragraph 1.4), the right to nominate a substitute arbitrator shall lapse and the Board shall appoint the substitute arbitrator.

(2) If an arbitrator's mandate terminates prematurely pursuant to Article 21, the new arbitral tribunal shall determine, after requesting comments from the parties, whether and to what extent previous stages of the arbitration shall be repeated.

(3) The cost implications of the premature termination of the arbitrator's mandate and of the appointment of a substitute arbitrator shall be based on Article 42 paragraph 12 and Article 44 paragraph 11.

Challenge of Experts

Article 23

Article 20 paragraphs 1 and 2 shall apply by analogy to the challenge of experts appointed by the arbitral tribunal. The arbitral tribunal shall decide on the challenge.

Jurisdiction of the Arbitral Tribunal

Article 24

(1) A plea that the arbitral tribunal does not have jurisdiction shall be raised no later than the first pleading on the merits. A party is not precluded from raising such an objection by the fact that it has nominated an arbitrator pursuant to Article 17 or has participated in the nomination of an arbitrator pursuant to Article 18. An objection that the arbitral tribunal is exceeding the scope of its authority shall be raised as soon as the matter alleged to exceed the scope of its authority is raised during the arbitration. A later objection shall be barred in both cases; however, if the arbitral tribunal considers the delay to be sufficiently excused, it may admit a later objection.

(2) The arbitral tribunal shall decide on its own jurisdiction. The decision on jurisdiction may be made together with the decision on the merits or in a separate award. Where the arbitral tribunal declines jurisdiction, it shall, upon the request of one of the parties, decide on the parties' cost obligations.

Pro Ceedings Before the Arbitral Tribunal

Place of Arbitration

Article 25

(1) The parties are free to agree on the place of arbitration. Absent party agreement, the place of arbitration shall be Vienna.

(2) The arbitral tribunal may deliberate or take procedural actions at any location it deems appropriate, without thereby resulting in a change of the place of arbitration.

Language of the Proceedings

Article 26

Absent party agreement on the language(s) of the arbitration, immediately after transmission of the file, the arbitral tribunal shall determine the language(s) having due regard to all circumstances, including the language of the contract.

Applicable Law, Amiable Compositeur

Article 27

(1) The arbitral tribunal shall decide the dispute in accordance with the law or rules of law agreed upon by the parties. Unless the parties have expressly agreed otherwise, any agreement as to a given national law or national legal system shall be construed as a direct reference to that national substantive law and not to the national conflict-of-laws rules.

(2) If the parties have not determined the applicable law or rules of law, the arbitraltribunal shall apply the applicable law or rules of law which it considers appropriate.

(3) The arbitral tribunal shall decide ex aequo et bono or as amiable compositeur only in cases where the parties have expressly authorized it to do so.

Conduct of the Arbitration

Article 28

(1) The arbitral tribunal shall conduct the arbitration in accordance with the Vienna Rules and the agreement of the parties in an efficient and cost-effective manner, but otherwise at its own discretion. The arbitral tribunal shall treat the parties fairly. The parties shall be granted the right to be heard at every stage of the proceedings.

(2) Upon prior notice, the arbitral tribunal may inter alia consider pleadings, the submission of evidence, and requests for the taking of evidence to be admissible only up to a certain point in time of the proceedings.

(3) At any stage of the proceedings, the arbitral tribunal is entitled to facilitate the parties' endeavors to reach a settlement.

Establishing the Facts of the Case

Article 29

(1) If the arbitral tribunal considers it necessary, it may on its own initiative collect evidence, question parties or witnesses, request the parties to submit evidence, and call experts. Article 43 shall apply if costs are incurred as a result of the taking of evidence and, in particular, the appointment of experts.

(2) The arbitration shall proceed notwithstanding the failure of any party to participate.

Oral Hearing

Article 30

(1) Unless the parties have agreed otherwise, the arbitral tribunal shall decide whether the proceedings should be conducted orally or in writing. If the parties have not excluded an oral hearing, upon any party's request the arbitral tribunal shall hold such a hearing at an appropriate stage of the proceedings. Having due regard to the views of the parties and the specific circumstances of the case, the arbitral tribunal may decide to hold an oral hearing in person or by other means. The parties shall in any case have the opportunity to acknowledge and comment on the requests and pleadings of the other parties and on the result of the evidentiary proceedings.

(2) The date of the oral hearing shall be fixed by the sole arbitrator or the chairperson. Hearings shall not be open to the public. The sole arbitrator or the chairperson shall prepare and sign minutes of the hearing, which shall contain at a minimum a summary of the hearing and its results.

Duty to Object

Article 31

If a party has knowledge of a violation by the arbitral tribunal of a provision of the Vienna Rules or other provisions applicable to the proceedings, it shall immediately file an objection with the arbitral tribunal, failing which the party shall be deemed to have waived its right to object.

Closure of the Proceedings and Time for Rendering the Award

Article 32

(1) As soon as the arbitral tribunal is convinced that the parties have had sufficient opportunity to make submissions and to offer evidence, the arbitral tribunal shall declare the proceedings closed as to the matters to be decided in the award. The arbitral tribunal may reopen the proceedings at any time.

(2) The award shall be rendered no later than three months after the last hearing concerning matters to be decided in an award or the filing of the last authorized submission concerning such matters, whatever is the later. The Secretary General may extend the time limit pursuant to a reasoned request from the arbitral tribunal or on its own initiative. Exceeding the time limit for the award will not render the arbitration agreement invalid or deprive the arbitral tribunal of its jurisdiction.

Interim and Conservatory Measures/ Security for Costs

Article 33

(1) Unless the parties have agreed otherwise, as soon as the file has been transmitted to the arbitral tribunal (Article 11), the arbitral tribunal may, at the request of a party, order interim or conservatory measures against another party as well as amend, suspend or revoke any such measures. The other parties shall be heard before

the arbitral tribunal renders any decision on interim or conservatory measures. The arbitral tribunal may require any party to provide appropriate security in connection with such a measure. The parties shall comply with such orders, irrespective of whether they are enforceable before national courts.

(2) Any orders for interim or conservatory measures pursuant to this Article shall be in writing. In an arbitration with more than one arbitrator, the signature of the chairperson shall suffice. If the chairperson is hindered from acting, the signature of another arbitrator shall suffice, provided the arbitrator signing the order records the reasons for the absence of the chairperson's signature.

(3) Unless the parties have agreed otherwise, orders for interim or conservatory measures shall state the reasons upon which they are based. The order shall identify the date on which it was issued and the place of arbitration.

(4) Orders for interim and conservatory measures shall be retained in the same manner as awards (Article 36 paragraph 5).

(5) The provisions of paragraphs 1 to 4 of this Article do not prevent the parties from applying to any competent national authority for interim or conservatory measures. A request to a national authority to order such measures or to enforce such measures already ordered by the arbitral tribunal shall not constitute an infringement or waiver of the arbitration agreement and shall not affect the powers of the arbitral tribunal. The parties shall immediately inform the Secretariat and the arbitral tribunal of any such request as well as of all measures ordered by the national authority.

(6) The arbitral tribunal may, at the request of a party, order any party asserting a claim or counterclaim to provide security for costs, if the requesting party shows cause that the recoverability of a potential claim for costs is, with a sufficient degree of probability, at risk. When deciding on a request for security for costs, the arbitral tribunal shall give all parties the opportunity to present their views.

(7) If a party fails to comply with an order by the arbitral tribunal for security for costs, the arbitral tribunal may, upon request, suspend in whole or in part, or terminate the proceedings (Article 34 paragraph 2.4).

Means of Termination of the Proceedings

Article 34

Arbitral proceedings are terminated：

(1) by the rendering of the final award (Articles 36 and 37 paragraph 1); or

(2) by an order of the arbitral tribunal, if

2.1 the claimant withdraws its statement of claim, unless the respondent objects and a legitimate interest of the respondent in obtaining a final resolution of the dispute exists;

2.2 the parties agree to the termination of the arbitration and communicate this agreement to the arbitral tribunal and to the Secretary General;

2.3 the continuation of the proceedings has become impossible, in particular because the parties to the arbitration do not pursue the arbitration further despite a written order from the arbitral tribunal, which refers to the possibility of terminating the arbitration;

2.4 a party fails to comply with an order by the arbitral tribunal for security for costs (Article 33 paragraph 7); or

(3) by a declaration of the Secretary General

3.1 for failure to comply with an order to remedy (Article 7 paragraph 3) or a payment order (Article 10 paragraph 4 and Article 42 paragraphs 11 and 12);

3.2 in case of paragraphs 2.1 to 2.3 if the file has not yet been transmitted to the arbitral tribunal.

Decisions of the Arbitral Tribunal

Article 35

(1) Every award and every other decision of the arbitral tribunal requires a majority ruling of its panel members. If the arbitrators cannot form a majority, the chairperson shall decide.

(2) The chairperson may decide questions of procedure alone if so authorized by the co-arbitrators.

Arbitral Award

Article 36

(1) Awards shall be in writing. Awards shall state the reasons on which they are based unless all parties have agreed in writing or in the oral hearing that the award may exclude the reasons.

(2) The award shall identify the date on which it was issued and the place of arbitration (Article 25).

(3) All original copies of an award shall be signed by all arbitrators. The signature of the majority of the arbitrators shall suffice if the award states that one of the arbitrators refused to sign or was prevented from signing by an impediment that could not be overcome within a reasonable period of time. If the award is a majority award and not a unanimous award, this shall be stated upon request of the dissenting arbitrator.

(4) All original copies of the award shall be signed by the Secretary General and bear the VIAC stamp, which shall confirm that it is an award of VIAC, rendered and signed by one or more arbitrators appointed under the Vienna Rules.

(5) The Secretary General shall transmit the award to the parties in hardcopy form. If it is not possible or feasible to send the award in hardcopy form within a reasonable time, or if the parties so agree, the Secretariat may send a copy of the award in electronic form. In this case a copy of the award in hardcopy form may be sent at a later stage. Article 12 paragraphs 3, 4 and 5 apply. The Secretariat shall retain an original copy of the award and the documentation of proof of sending.

(6) Upon request of a party, the sole arbitrator or chairperson (or in case he is prevented from acting, another arbitrator) or, in case they are prevented from doing so, the Secretary General shall confirm that the award is final and binding on all original copies.

(7) By agreeing to the Vienna Rules, the parties undertake to comply with the terms of the award.

Award on Agreed Terms and Recorded Settlement

Article 37

(1) Upon request of the parties, the arbitral tribunal may render an award (Article 36) on agreed terms reflecting the content of a settlement which they have reached.

(2) The parties may request that the content of a settlement which they have reached be recorded by the arbitral tribunal. In this case, the proceedings are terminated in accordance with Article 34 paragraph 2.2.

Decision on Costs

Article 38

(1) When the proceedings are terminated, upon request of a party, the arbitral tribunal shall set forth, in the final award or by separate award, the costs of the arbitration as determined by the Secretary General pursuant to Article 44 paragraph 1.1 and determine the amount of the appropriate costs of the parties pursuant to Article 44 paragraph 1.2, as well as other additional expenses pursuant to Article 44 paragraph 1.3.

(2) The arbitral tribunal shall also establish who will bear the costs of the proceedings or the apportionment of these costs. Unless the parties have agreed otherwise, the arbitral tribunal shall decide on the allocation of costs according to its own discretion. The conduct of any or all parties as well as their representatives (Article 13), and in particular their contribution to the conduct of efficient and cost-effective proceedings, may be taken into consideration by the arbitral tribunal in its decision on costs according to this Article.

(3) Notwithstanding paragraphs 1 and 2, upon request by a party, the arbitral tribunal may at any stage during the arbitral proceedings make decisions on costs pursuant to Article 44 paragraphs 1.2 and 1.3 and order payment.

Correction, Clarification and Supplementation of the Arbitral Award

Article 39

(1) Within 30 days of receipt of the award, any party may file the following applications with the Secretariat for the arbitral tribunal:

1.1 to correct any computational, typographical, printing or similar errors in the award;

1.2 to clarify specific parts of the award;

1.3 to render an additional award on claims made in the arbitration but not resolved in the award.

(2) The arbitral tribunal shall decide on such an application. The other parties shall be heard before the arbitral tribunal makes its decision. The arbitral tribunal shall set a time limit for comments, which should not exceed 30 days. The Secretary General may determine an advance on costs to cover additional expenses and fees of the arbitral tribunal and administrative fees (Article 42 paragraph 12). The additional arbitrators' fees and additional administrative fees are determined by the Secretary General according to his own discretion.

(3) Upon its own initiative, the arbitral tribunal may issue corrections pursuant to paragraph 1.1 or supplementations pursuant to paragraph 1.3 of this Article within 30 days of the date of the award.

(4) Article 36 applies to the supplementation of the award. Corrections and clarifications shall be issued in the form of an addendum and shall constitute an integral part of the arbitral award.

Remission to the Arbitral Tribunal

Article 40

When a national court remits proceedings to the arbitral tribunal, the provisions of the Vienna Rules on the arbitral proceedings shall apply by analogy. The Secretary

General and the Board may take any measures necessary to enable the arbitral tribunal to comply with the requirements of the remission. The Secretary General may determine an advance on costs to cover additional expenses and fees of the arbitral tribunal and administrative fees (Article 42 paragraph 12). The additional arbitrators' fees and additional administrative fees are determined by the Secretary General according to his own discretion.

Publication of Awards

Article 41

The Board and the Secretary General may publish anonymized summaries or extracts of awards in legal journals or VIAC's own publications, unless a party has objected to publication within 30 days upon receipt of the award.

Costs

Advance on Costs

Article 42

(1) The Secretary General shall fix the advance on costs for VIAC's prospective administrative fees, the prospective arbitrators' fees and the prospective expenses, including any applicable value-added tax, separately for claims and counterclaims.

(2) Claims raised by way of set-off (Article 44 paragraph 6) shall-for the purpose of calculating the advance on costs-be treated as separate claims to the extent that these claims may require the arbitral tribunal to consider additional matters.

(3) For requests for joinder (Article 14), the Secretary General may fix separate advances on costs (paragraph 1) having regard to the circumstances of the case.

(4) The advance on costs shall be paid in equal shares by the parties prior to the transmission of the file to the arbitral tribunal within 30 days upon receipt of the request for payment.

(5) In multi-party proceedings, one half of the advance on costs shall be paid jointly by the claimants and one half jointly by the respondents, unless otherwise de-

termined by the Secretary General having regard to the circumstances of the case.

(6) Where counterclaims or claims by way of set-off are submitted and separate advances on costs are fixed, the Secretary General may decide that each party shall pay the advance on costs corresponding to its claims.

(7) Where the Secretary General has previously fixed advances on costs pursuant to paragraph 1 to 3, these shall be replaced by the advances fixed pursuant to paragraphs 5 and 6 and the amount of any advance paid previously by any party shall be credited towards its share of advances as determined by the Secretary General pursuant to paragraphs 5 and 6.

(8) By agreeing to the Vienna Rules, the parties mutually undertake to bear their respective share of the advance on costs pursuant to this Article.

(9) If the advance on costs allocated to one party is not received or is not received in full within the time limit specified, the Secretary General shall inform the other party/parties and request payment of the outstanding amount within 30 days upon receipt of the request. This shall not affect the obligation of the nonpaying party to bear its share of the advance on costs pursuant to this Article.

(10) If a party fails to fulfil its share of the payment obligations pursuant to this Article, and if the other party/parties pay(s) the respective share pursuant to paragraph 9 of this Article, upon the paying party's/parties' request and to the extent it finds that it has jurisdiction over the dispute the arbitral tribunal may order the non-paying party, by an award or other appropriate form, to reimburse the paying party/parties for the share accruing on it/them. This shall not affect the arbitral tribunal's authority and obligation to determine the final allocation of costs pursuant to Article 38.

(11) In principle, the arbitral tribunal shall only address the claims or counterclaims, for which the advance on costs has been paid in full. If a payment is not made within the deadline set by the Secretary General, the arbitral tribunal may suspend the arbitral proceedings in whole or in part, or the Secretary General may terminate the arbitral proceedings (Article 34 paragraph 3) with respect to the relevant claims. This shall not prevent the parties from raising the same claims at a later time in another pro-

ceeding.

(12) If an additional advance on costs is necessary and determined accordingly by the Secretary General, the procedure as outlined in paragraphs 1 to 11 of this Article shall apply. Until payment of the additional advance on costs, in principle, the arbitral tribunal shall not address the claims that led to the increase or additional advance on costs. If a payment is not made within the deadline set by the Secretary General, the arbitral tribunal may suspend the arbitral proceedings in whole or in part, or the Secretary General may terminate the arbitral proceedings (Article 34 paragraph 3).

Advance on Costs for Additional Procedural Costs

Article 43

(1) If the arbitral tribunal considers necessary certain procedural steps that would have cost implications, such as the appointment of experts, interpreters, or translators, a verbatim transcript of the proceedings, a site visit, or relocation of the hearing, then the arbitral tribunal shall notify the Secretary General and arrange for these prospective costs to be covered.

(2) The arbitral tribunal may undertake the procedural steps provided for in paragraph 1 of this Article only once the prospective costs are sufficiently covered.

(3) The arbitral tribunal shall decide which consequences for the proceedings shall arise, if any, from a failure to pay a required advance on costs pursuant to this Article.

(4) All orders related to the procedural steps mentioned in paragraph 1 of this Article shall be undertaken by the arbitral tribunal for and on the account of the parties.

Composition and Calculation of the Procedural Costs

Article 44

(1) The costs of the arbitration consist of:

1.1 the administrative fees of VIAC, the arbitrators' fees and the reasonable expenses (such as arbitrators' or tribunal secretary's travel and subsistence costs, costs for sending of communications, rent, court reporter fees), including any applicable value-added tax; as well as

1.2 the parties' costs, i.e. the reasonable expenses of the parties for their legal representation; and

1.3 other expenses related to the arbitration, in particular those listed in Article 43 paragraph 1.

(2) The Secretary General shall calculate the administrative fees and the arbitrators' fees on the basis of the schedule of fees (Annex 3) according to the amount in dispute and determine these fees together with the expenses at the end of the proceedings (paragraph 1.1 of this Article). Prior to termination of the arbitral proceedings, the Secretary General may make payments on account to the arbitrators in consideration of the stage of the proceedings. The arbitral tribunal shall determine and fix the costs and other expenses outlined in paragraphs 1.2 and 1.3 of this Article in the award (Article 38).

(3) In fixing the amount in dispute, the Secretary General may deviate from the parties' determination if the parties have made only a partial claim or if a party has clearly undervalued its claim or assigned no value to it.

(4) If more than two parties are involved in an arbitration, the amount of administrative fees and arbitrators' fees listed in Annex 3 shall be increased by 10 percent for each additional party, up to a maximum increase of 50 percent. This increased amount will then be the basis for a further increase or decrease according to paragraph 8 of this Article.

(5) For counterclaims (Article 9), the Secretary General shall calculate and determine the administrative fees and arbitrators' fees separately.

(6) For claims raised by way of set-off against the principal claims, the Secretary General may calculate and determine the administrative and arbitrators' fees separately to the extent that these claims have required the arbitral tribunal to consider additional matters.

(7) For requests for joinder of third parties (Article 14), the Secretary General may calculate and determine the administrative fees and arbitrators' fees separately, having regard to the circumstances of the case.

(8) The arbitrators' fees listed in Annex 3 apply to sole arbitrators. The total fee for a panel of arbitrators is two-and-a-half times the rate of a sole arbitrator. The Secretary General may increase the arbitrators' fees according to his own discretion by a maximum total of 40 percent vis-à-vis the schedule of fees (Annex 3), in particular for especially complex cases or for especially efficient conduct of proceedings; conversely, the Secretary General may decrease the arbitrators' fees by a maximum total of 40 percent, in particular for inefficient conduct of proceedings.

(9) The fees listed in Annex 3 comprise all partial and interim decisions such as awards on jurisdiction, partial awards, decisions on the challenge of experts, orders for conservatory or interim measures, other decisions including additional procedural steps in setting aside proceedings, and procedural orders.

(10) A reduction in the amount in dispute shall be taken into consideration in the calculation of the administrative and arbitrators' fees only if the reduction was made before transmission of the file to the arbitral tribunal.

(11) If the proceedings or the arbitrator's mandate are prematurely terminated, the Secretary General may reduce the administrative and the arbitrators' fees according to his own discretion in consideration of the stage of the proceedings at the time of termination. If arbitral proceedings under the Vienna Rules are commenced before, during or after proceedings under the Vienna Mediation Rules between the same parties and concerning the same subject matter, the Secretary General may apply this paragraph by analogy for the calculation of the arbitrators' fees.

(12) If proceedings under the Vienna Mediation Rules are commenced before, during, or after arbitral proceedings under the Vienna Rules between the same parties and concerning the same subject matter, the administrative fees of the preceding proceedings shall be deducted from the administrative fees in the subsequently commenced proceedings.

(13) The fees listed in Annex 3 do not include value added tax, which may ap-

ply to the arbitrator's fees. Upon accepting their mandate, those arbitrators whose fees are subject to value added tax shall inform the Secretary General of the prospective amount of value added tax.

Miscellaneous Pro Visions

Expedited Proceedings

Article 45

(1) The supplementary rules on expedited proceedings apply if the parties have expressly included them in their arbitration agreement or if the parties subsequently agree on their application. Such party agreement on the conduct of expedited proceedings shall occur no later than the submission of the answer to the statement of claim.

(2) Unless the rules on expedited proceedings provide otherwise, the general provisions of the Vienna Rules shall apply with the following deviations:

(3) The time limit for payment of the advance on costs pursuant to Article 42 shall be reduced to 15 days.

(4) Counterclaims or set-off-claims are admissible only until the expiry of the time limit for submission of the answer to the statement of claim.

(5) Expedited proceedings shall be conducted by a sole arbitrator, unless the parties have agreed on a panel of arbitrators.

(6) If the dispute is to be decided by a sole arbitrator, the parties shall jointly nominate a sole arbitrator within 15 days of receiving such a request from the Secretary General. If the parties fail to nominate the sole arbitrator within this time limit, the Board shall appoint the sole arbitrator.

(7) Where the dispute is to be decided by a panel of arbitrators, the claimant shall nominate an arbitrator in its statement of claim. The respondent shall nominate an arbitrator within 15 days of receipt of a request from the Secretary General. The arbitrators nominated by the parties shall nominate a chairperson within 15 days of receipt of a request from the Secretary General. If an arbitrator is not nominated within this time period, the Board shall appoint the arbitrator.

(8) The arbitral tribunal shall render a final award within six months of transmis-

sion of the file, unless the proceedings are prematurely terminated. The Secretary General may extend the time limit pursuant to a reasoned request from the arbitral tribunal or on its own initiative. Exceeding the time limit for the award will not render the arbitration agreement invalid or deprive the arbitral tribunal of its jurisdiction.

(9) The arbitration shall be administered in such a manner that the arbitral tribunal can render a final award within six months after the transmission of the file. Unless the arbitral tribunal determines otherwise, the following provisions shall apply:

9.1 After the submission of the statement of claim and the answer to the statement of claim, the parties will exchange only one further written submission.

9.2 The parties shall make all factual arguments in their written submissions and all written evidence shall be attached to the written submissions.

9.3 To the extent requested by a party or deemed necessary by the arbitral tribunal, the arbitral tribunal shall hold a single oral hearing, in which all evidence will be taken and all legal issues addressed.

9.4 No written submissions shall be filed after the oral hearing.

Disclaimer and Waiver of Immunity

Article 46

(1) The liability of the arbitrator, the tribunal secretary, the Secretary General, the Deputy Secretary General, the Board and its members, as well as the Austrian Federal Economic Chamber and its employees for any act or omission in relation to the arbitration is excluded, unless such act or omission constitutes willful misconduct or gross negligence.

(2) By agreeing to submit a dispute to arbitration pursuant to the Vienna Rules, a party shall be deemed to have waived any right of immunity from jurisdiction in respect of proceedings relating to the arbitration to which such party might otherwise be entitled. A waiver of immunity relating to the enforcement of an arbitral award must be expressed separately.

Transitional Provision

Article 47

This version of the Vienna Rules, which enters into force on 1 July 2021, shall apply to all proceedings that commence after 30 June 2021.

Part Ⅱ VIAC Rules of Mediation

Part Ⅲ Annexes to the Rules of Arbitration and Mediation[1]

Annex 1
Model Clauses

Arbitration Clause

Where the parties wish to submit a dispute to arbitration in accordance with the Vienna Rules, they may conclude an arbitration clause in the following form:

All disputes or claims arising out of or in connection with this contract, including disputes relating to its validity, breach, termination or nullity, shall be finally settled under the Rules of Arbitration (Vienna Rules) of the Vienna International Arbitral Centre (VIAC) of the Austrian Federal Economic Chamber by one or three arbitrators appointed in accordance with the said Rules.

Parties may wish to stipulate the following in the arbitration clause:

(1) the number of arbitrators (one or three) (Article 17 Vienna Rules);

(2) the language(s) to be used in the arbitral proceedings (Article 26 Vienna Rules);

(3) the substantive law applicable to the contractual relationship, the substantive

[1] The Annexes 1 - 6 are an integral part of the VIAC Rules of Arbitration and the VIAC Rules of Mediation.

law applicable to the arbitration agreement (Article 27 Vienna Rules), and the rules applicable to the proceedings (Article 28 Vienna Rules);

(4) the applicability of the provisions on expedited proceedings (Article 45 Vienna Rules);

(5) the scope of the arbitrators' confidentiality (Article 16 paragraph 2 Vienna Rules) and its extension regarding parties, representatives and experts.

(6) If the parties wish to conduct Arb-Med-Arb proceedings, the following addition to the model arbitration clause should be included:

Furthermore, the parties agree to jointly consider, after due initiation of the arbitration, to conduct proceedings in accordance with the Mediation Rules of the Vienna International Arbitral Centre (VIAC) of the Austrian Federal Economic Chamber (Vienna Mediation Rules). Settlements that are generated in such proceedings shall be referred to the arbitral tribunal appointed in the arbitration. The arbitral tribunal may render an award on agreed terms reflecting the content of the settlement (Article 37 paragraph 1 Vienna Rules).

Mediation Clauses

Where the parties wish to submit a dispute to mediation or other alternative dispute resolution methods in accordance with the Vienna Mediation Rules, they may conclude a mediation clause in one of the following forms:

Model Clause 1: Optional Mediation

Regarding all disputes or claims arising out of or in connection with this contract, including disputes relating to its validity, breach, termination or nullity, the parties agree to jointly consider proceedings in accordance with the Rules of Mediation (Vienna Mediation Rules) of the Vienna International Arbitral Centre (VIAC) of the Austrian Federal Economic Chamber.

Model Clause 2: Obligation to Refer Disputes to Mediation followed by Arbitration

All disputes or claims arising out of or in connection with this contract, including disputes relating to its validity, breach, termination or nullity, shall first be submitted to proceedings in accordance with the Rules of Mediation (Vienna Mediation Rules) of the Vienna International Arbitral Centre (VIAC) of the Austrian Federal Economic Chamber.

In the event that within a period of [60][1] days from commencing proceedings under the Vienna Mediation Rules the dispute or claims are not resolved, they shall be finally settled under the Rules of Arbitration (Vienna Rules) of VIAC by one or three arbitrators appointed in accordance with the said Rules.[2]

Model Clause 3: Obligation to Refer a Present Dispute to Mediation

The parties agree that the present dispute shall be submitted to proceedings in accordance with the Rules of Mediation (Vienna Mediation Rules) of the Vienna International Arbitral Centre (VIAC) of the Austrian Federal Economic Chamber. The proceedings shall be initiated by submitting a joint request. The registration fee shall be borne by the parties in equal shares.

Parties may wish to stipulate the following in the mediation clause:

(1) the number of mediators or other third party neutrals (e. g. one or two);

(2) the language(s) to be used in the proceedings (Article 6 Vienna Mediation Rules);

(3) the substantive law applicable to the contractual relationship, the substantive law applicable to the mediation agreement, and the rules applicable to the proceedings (Article 1 paragraph 3 Vienna Mediation Rules);

(4) the admissibility of parallel proceedings (Article 10 Vienna Mediation Rules);

(5) the interruption of the statute of limitations or waiver to invoke the statute of limitations for a specific period of time.

---

[1] Or a different period of time agreed upon in writing by the parties.

[2] See the optional supplementary agreements for arbitration clauses.

Model Clause for VIAC as Appointing Authority

It is recommended that parties wishing to select VIAC as appointing authority pursuant to Annex 4 insert the following wording in their arbitration/mediation clause:

The Vienna International Arbitral Centre (VIAC) of the Austrian Federal Economic Chamber shall act as appointing authority in accordance with Annex 4 to the VIAC Rules of Arbitration and Mediation.

Model Clause for VIAC as Administering Authority

It is recommended that parties wishing to select VIAC as administering authority pursuant to Annex 5 insert the following wording in their arbitration/mediation clause:

The Vienna International Arbitral Centre (VIAC) of the Austrian Federal Economic Chamber shall act as administering authority in accordance with Annex 5 to the VIAC Rules of Arbitration and Mediation.

Model Arbitration Clause for Disputes Relating to Succession

Where the deceased wishes to submit a dispute relating to succession to arbitration in accordance with Annex 6 to the Vienna Rules, the deceased may insert into the disposition of property upon death/agreement as to succession/will an arbitration clause in the following form:

All disputes or claims arising out of or in connection with this [succession/disposition of property upon death/agreement as to succession/will] of [name, surname, date of birth, citizenship, address of the deceased], including disputes relating to the succession, the existence of legacies, the content and validity of the [disposition of property upon death/agreement as to succession/will], shall be finally settled under Annex 6 to the Rules of Arbitration (Vienna Rules) of the Vienna International Arbitral Centre (VIAC) of the Austrian Federal Economic Chamber, by one or three arbitrators appointed in accordance with the said Rules.

The deceased may wish to stipulate the following in the arbitration clause:

(1) the number of arbitrators (one or three) (Article 17 as amended by Annex 6 to the Vienna Rules);

(2) place of arbitration (Article 25 as amended by Annex 6 to the Vienna

Rules);

(3) the language(s) to be used in the arbitral proceedings (Article 26 as amended by Annex 6 to the Vienna Rules);

(4) the applicable law for the dispute relating to succession and the applicable law for the arbitration agreement (according to Article 27 paragraph 1 as amended by Annex 6 to the Vienna Rules, the applicable law shall be the law applicable under the conflict-of-law rules at the place of the habitual residence of the deceased at the time of death, or the law that may be chosen thereunder);

(5) the scope of the arbitrators' confidentiality (Article 16 paragraph 2 Vienna Rules) and its extension regarding parties, representatives and experts.

Annex 2
Internal Rules of the Board[1]

(1) The meetings of the Board are convened by the President and presided over by him or by a Vice President.

(2) The Board shall have a quorum if more than one third of its members are in Attendance may also be effectuated by participation via telephone or video conferencing as well as via internet.

(3) The Board shall decide by simple majority of the members present who are eligible to vote. If there is a tie vote, the presiding member shall have a prevailing vote.

(4) If the Vice Presidents are prevented from exercising their duties, the President's duties shall be assumed by the most senior member based on duration of service as Board member. Otherwise, the Vice President with the longest duration of service as Board member shall perform the duties.

(5) Members of the Board who are or were involved in any capacity whatsoever in an arbitration administered by VIAC shall not be allowed to be present or to participate in any way in discussions or decisions pertaining to those same proceedings. This

---

[1] Status as of 1 July 2021.

shall not impair the existence of a quorum of the Board.

(6) Decisions by resolution by correspondence are permissible. In the latter case, the President shall submit a written proposal to the members and set a time limit for the casting of written votes. Articles 2 and 3 of this Annex shall apply by analogy. Each member has the right to request a meeting regarding the written proposal.

(7) The Board is not obliged to state the reasons on which its decisions are based.

Annex 3
Schedule of Fees[1]

Registration Fee[2]

Amount in dispute in EUR		Rate in EUR
from	to	
	25, 000	500
25, 001	75, 000	1000
over 75, 000		1500

Administrative Fees[3]

Amount in dispute in EUR		Rate in EUR
from	to	
	25, 000	500
25, 001	75, 000	1000
75, 001	100, 000	1500
100, 001	200, 000	3250 + 1.875% of amt. over 100, 000
200, 001	500, 000	5125 + 1.250% of amt. over 200, 000

[1] See the cost calculator on the VIAC website.

[2] See Article 10 Vienna Rules; Article 4 Vienna Mediation Rules.

[3] See Article 44 paragraphs 2 and 4 Vienna Rules; Article 8 paragraph 5 Vienna Mediation Rules.

续表

Amount in dispute in EUR		Rate in EUR
500, 001	1, 000, 000	9125 +0. 875% of amt. over 500, 000
1, 000, 001	2, 000, 000	13, 500 +0. 5% of amt. over 1, 000, 000
2, 000, 001	15, 000, 000	18, 500 +0. 150% of amt. over 2, 000, 000
15, 000, 001	40, 000, 000	38, 000 +0. 058% of amt. over 15, 000, 000
over 40, 000, 000		52, 500 +0. 045% of amt. over 40, 000, 000 in total max. 75, 000(52, 500 +22, 500)

Fees for Sole Arbitrators[1]

Amount in dispute in EUR		Rate in EUR
from	to	
	100, 000	6% , minimum fee 3000
100, 001	200, 000	6000 +3% of amt. over 100, 000
200, 001	500, 000	9000 +3. 10% of amt. over 200, 000
500, 001	1, 000, 000	18, 300 +2. 30% of amt. over 500, 000
1, 000, 001	2, 000, 000	29, 800 +1. 10% of amt. over 1, 000, 000
2, 000, 001	5, 000, 000	40, 800 +0. 66% of amt. over 2, 000, 000
5, 000, 001	10, 000, 000	60, 600 +0. 45% of amt. over 5, 000, 000
10, 000, 001	20, 000, 000	83, 100 +0. 21% of amt. over 10, 000, 000
20, 000, 001	100, 000, 000	104, 100 +0. 088% of amt. over 20, 000, 000
100, 000, 001	500, 000, 000	174, 500 +0. 031% of amt. over 100, 000, 000
over 500, 000, 000		298, 500 +0. 01% of amt. over 500, 000, 000

〔1〕 See Article 44 paragraphs 2 ,4 , 8 and 11 Vienna Rules in particular.

Annex 4
VIAC as Appointing Authority

VIAC may be designated to act as appointing authority in ad hoc proceedings.

VIAC as Appointing Authority

Article 1

(1) VIAC may be designated as appointing authority in accordance with this Annex 4 by contract, law, treaty, agreement of the parties to the dispute or by the Secretary-General of the Permanent Court of Arbitration at The Hague.

(2) VIAC may provide the following services as appointing authority:

2.1 appointment of arbitrators or other third-party neutrals;

2.2 appointment of substitute arbitrators and other third-party neutrals;

2.3 appointment of experts;

2.4 decision on challenges of arbitrators;

2.5 assistance in fixing the fees and expenses of arbitrators and other third-party-neutrals as well as review of such fees and expenses;

2.6 advisory comments regarding advances on costs.

(3) Unless the parties have agreed otherwise, when requested to appoint an arbitrator, VIAC will follow the procedure set out in Articles 16 – 18 Vienna Rules and, when requested to appoint another third party neutral, the procedure set out in Article 7 Vienna Mediation Rules,

(4) When requested to decide a challenge of an arbitrator, and unless otherwise agreed by the parties, VIAC will follow the challenge procedure set out in Articles 20 et seqq. Vienna Rules.

Request

Article 2

(1) A request shall be submitted to VIAC in accordance with Article 12 Vienna

Rules and must be:

1.1 in writing in one of the languages of correspondence of VIAC (English or German);

1.2 dated;

1.3 signed by the requesting party/parties or its/their duly authorized representative(s). If the request is signed by a representative, it must enclose proof of the authorization, e.g. a power of attorney or a letter of engagement.

(2) A request shall include the following information:

2.1 a description of the requested type of appointment service as described in Article 1 paragraph 2;

2.2 a description of the nature of the dispute;

2.3 a copy of the statement of claim or other initial written submission, the answer to the statement of claim or any responses thereto from the other party/parties, as well as any further relevant submissions or correspondence by the parties;

2.4 the dispute resolution clause and the provision designating VIAC as appointing authority;

2.5 the full names, addresses, including electronic mail addresses, and other contact details of the parties and their representatives, and any comment on the parties' nationalities;

2.6 the name and nationality of any arbitrator(s)/third-party neutral/expert already appointed, if any, information on the method of appointment, and any declaration made by them;

2.7 language(s) of the proceedings.

Costs

Article 3

(1) If VIAC is requested to act as appointing authority under this Annex, the requesting party/parties shall pay a non-refundable fee in the amount of EUR3,000 for each service requested. A request will be processed only after full payment of this fee.

(2) In exceptional circumstances, VIAC may deviate from the amounts set out in

paragraph 1 of this Article.

Disclaimer

Article 4

The liability of the arbitrator, the other third party neutral, the tribunal secretary, the Secretary General, the Deputy Secretary General, the Board and its members, as well as the Austrian Federal Economic Chamber and its employees for any act or omission in relation to the proceedings is excluded, unless such act or omission constitutes willful misconduct or gross negligence.

Annex 5
VIAC as Administering Authority

VIAC may be designated to act as administering authority in ad hoc proceedings.

VIAC as Administering Authority

Article 1

(1) In arbitrations governed by the UNCITRAL Arbitration Rules or other ad hoc arbitrations or other ad hoc alternative dispute resolution proceedings, VIAC acts as administering authority in accordance with this Annex 5 if the parties have agreed that the proceedings shall be administered by VIAC.

(2) VIAC may provide the following administrative services:

2.1 Support services, including

i. maintenance of a case file of written communications and submissions;

ii. facilitating communications, with the possibility to opt in for access to the VIAC Platform ("VIAC Portal");

iii. arrangements for meetings and hearings:

—assisting in establishing the date, time, and place of meetings and hearings;

—arranging meeting/hearing rooms at the premises of the Austrian Federal Economic Chamber, including technical equipment and logistical support;

—organizing in-house luncheons and catering services;

—assisting with further logistical organization, e. g. identifying and engaging court reporters or interpreters;

—facilitating entry visas when required;

iv. services with respect to the storage of files, including arbitral awards.

2.2 Administration of costs, including holding deposits from the parties as advances on costs of the proceedings and handling payments to arbitrators and services providers.

2.3 Services as appointing authority as described in Article 1 of Annex 4.

Request

Article 2

(1) A request shall be submitted to VIAC in accordance with Article 12 Vienna Rules and must be:

1.1 in writing in one of the languages of correspondence of VIAC (English or German);

1.2 dated;

1.3 The Secretary General may require additional information depending on the services requested.

(2) The Secretary General may require additional information depending on the services requested.

Costs

Article 3

(1) If VIAC is requested to act as administrative authority under Article 1 of this Annex 5, the requesting party/parties shall pay a registration fee net of any charges in the amount stipulated in Annex 3. The registration fee is non-refundable and shall not be deducted from the paying party's advance on costs. A request will be processed only after full payment of the registration fee.

(2) Depending on the administrative services requested, the following adminis-

trative fees apply:

2.1 For full administrative services, VIAC charges its standard administrative fees as per Annex 3 depending on the amount in dispute. The amount in dispute shall be calculated based on the cost provisions of the Vienna Rules or Vienna Mediation Rules, depending on the nature of dispute.

2.2. For selected administrative services, VIAC reduces its administrative fees accordingly.

2.3 In principle, VIAC's services as administrative authority are split into three categories. For each category, a third of the standard administrative fees as per Annex 3 will be charged, depending on the amount in dispute:

i. support services as described in Article 1 paragraph 2.1 of this Annex 5;

ii. services as administrator for costs as described in Article 1 paragraph 2.2 of this Annex 5;

iii. services as appointing authority as described in Article 1 paragraph 2 of Annex 4.

2.4 In any case, the minimum administrative fees are EUR3,000.

(3) The advance on costs for the administrative fees must be paid in full before VIAC starts to provide the respective services.

(4) All advances on costs in an arbitration are subject to the advance on costs provision under the VIAC Rules of Arbitration (Article 42), or when administrative services are requested in other alternative dispute resolution proceedings, the VIAC Rules of Mediation (Article 8), respectively. All advances on costs may be drawn upon by VIAC at any stage during or after the proceedings to cover the costs incurred in such proceedings. Funds are disbursed on the order of the arbitral tribunal or, in case of other ad hoc alternative resolution proceedings the other third-party neutral, only.

(5) In exceptional circumstances, VIAC may deviate from the amounts set out in paragraph 2 of this Article.

Disclaimer

Article 4

The liability of the arbitrator, the other third party neutral, the tribunal secretary, the Secretary General, the Deputy Secretary General, the Board and its members, as wellas the Austrian Federal Economic Chamber and its employees for any act or omission in relation to the proceedings is excluded, unless such act or omission constitutes willful misconduct or gross negligence.

Annex 6
Supplementary Rules for Disputes Relating to Succession

The supplementary rules for disputes relating to succession set forth in Annex 6 shall apply if the parties have agreed to their application, or if the application has been foreseen by the deceased in a disposition of property upon death, including an agreement as to succession, or in any other legal act not based on an agreement of the parties.

VIAC and Applicable Version of the Vienna Rules

Article 1

Paragraph 1 of Article 1 Vienna Rules is supplemented by the following insertion:

(1) The Vienna International Arbitral Centre ("VIAC") is the Permanent International Arbitration Institution of the Austrian Federal Economic Chamber[1]. VIAC administers domestic and international arbitrations as well as proceedings pursuant to other alternative dispute resolution methods, if the parties have agreed upon the VIAC Rules of Arbitration ("Vienna Rules"), the VIAC Rules of Mediation ("Vienna Me-

[1] According to Section 139 paragraph 2 of the Federal Statute on the Economic Chambers 1998 ("Wirtschaftskammergesetz 1998"), Federal Law Gazette I No. 103/1998 as amended by Federal Law Gazette I No. 27/2021.

diation Rules"), the VIAC Rules of Investment Arbitration ("Vienna Investment Arbitration Rules"), the VIAC Rules of Investment Mediation ("Vienna Investment Mediation Rules"); or if it has been otherwise agreed or foreseen that VIAC should serve as the administering institution. This includes cases where the administration by VIAC has been foreseen by the deceased in a disposition of property upon death, including an agreement as to succession, or in any other legal act not based on an agreement of the parties.

Paragraph 2 of Article 1 Vienna Rules is replaced by the following insertion:

(2) Unless otherwise agreed or foreseen in a disposition of property upon death, the Vienna Rules shall apply in disputes relating to succession in the version in effect at the time of the commencement of the arbitration (Article 7 paragraph 1).

Consolidation

Article 15

Paragraph 1 of Article 15 Vienna Rules is replaced by the following paragraph 1 and supplemented by the following paragraph 3:

(1) Upon a party's request, two or more arbitral proceedings in disputes relating to succession may be consolidated if:

1.1 the parties agree to the consolidation; or

1.2 the same arbitrator(s) was/were nominated or appointed; or

1.3 the claims are legally or factually connected, and the parties of the arbitral proceedings are at least partly identical;

and the place of arbitration is the same.

(2) Unchanged.

(3) (new) If a party requests consolidation before nomination or appointment of the arbitrator(s) and if such consolidation is granted by the Board, the constitution of the arbitral tribunal shall be governed by Article 18. If an arbitrator has already been nominated or appointed, the arbitral proceedings shall be consolidated into the arbitration that commenced first, unless the parties have agreed otherwise. In this case, the Board may revoke appointments already made and appoint new co-arbitrators or all ar-

bitrators according to Article 18.

Arbitral Tribunal-General Provision

Article 16

Paragraph 1 of Article 16 Vienna Rules is supplemented by the following insertions:

(1) The parties or the deceased shall be free to designate the persons they wish to nominate as arbitrators. Any person with full legal capacity may act as arbitrator, provided the parties have not agreed upon, or the deceased has not foreseen in a disposition of property upon death, any particular additional qualification requirements. The arbitrators have a contractual relationship with the parties and shall render their services to the parties.

Constitution of the Arbitral Tribunal

Article 17

Paragraphs 1 and 2 of Article 17 Vienna Rules are supplemented by the following-insertions:

(1) The parties may agree, or the deceased may foresee in a disposition of property upon death, whether the arbitral proceedings will be conducted by a sole arbitrator or a panel of three arbitrators. The parties may also agree on, or the deceased may foresee in a disposition of property upon death, the manner of appointment of the arbitrators. In the absence of an agreement or disposition of property upon death, paragraphs 2 to 6 of this Article shall apply.

(2) Absent agreement or disposition of property upon death on the number of arbitrators, the Board shall determine whether the dispute will be decided by a sole arbitrator or by a panel of three arbitrators. In so doing, the Board shall take into consideration the complexity of the case, the amount in dispute, and the parties' interest in an expeditious and cost-efficient decision.

Place of Arbitration

Article 25

Paragraph 1 of Article 25 of Vienna Rules is supplemented by the following insertions:

(1) The parties are free to agree on, or the deceased is free to foresee, the place of arbitration. Absent party agreement or disposition of property upon death, the place of arbitration shall be Vienna.

Language of the Proceedings

Article 26

Article 26 of Vienna Rules is supplemented by the following insertions:

Absent party agreement or disposition of property upon death on the language(s) of the arbitration, immediately after transmission of the file, the arbitral tribunal shall determine the language(s) having due regard to all circumstances, including the language of the contract or the disposition of property upon death.

Applicable Law, Amiable Compositeur

Article 27

Paragraphs 1 and 2 of Article 27 Vienna Rules are replaced by the following paragraph 1:

(1) The law applicable for disputes relating to succession shall be the law applicable under the conflict-of-law rules at the place of the habitual residence of the deceased at the time of death or the law that may be chosen thereunder.

(2) Deleted.

(三)2021 年维也纳投资仲裁和调解规则

VIAC Rules of Investment Arbitration and Mediation 2021

Rules of Investment
Arbitration and Mediation
Vienna Investment Arbitration and Vienna
Investment Mediation Rules 2021

in force as of 1 July 2021

VIAC Rules of Investment Arbitration and Mediation 2021

2nd edition (November 2021)

Introduction

With the adoption of the VIAC Rules of Investment Arbitration ("Vienna Investment Arbitration Rules"), the Vienna International Arbitral Centre offers a set of specialized arbitral rules to accommodate the unique features of investment arbitration, including the involvement of sovereign parties and the implication of issues of public interest and public policy.

The Vienna Investment Arbitration Rules are intended to apply by agreement to the arbitration of investment disputes arising under a contract, treaty, statute or other instrument and involving a State, a State-controlled entity or an intergovernmental organization.

Where the parties to a dispute have previously consented or a party has previously offered to consent to arbitration in accordance with rules of arbitration other than the Vienna Investment Arbitration Rules, a dispute may be submitted instead to arbitration in accordance with the Vienna Investment Arbitration Rules if the parties subsequently expressed their agreement to submit their dispute to arbitration in accordance with the Vienna Investment Arbitration Rules.

The VIAC Rules of Investment Mediation ("Vienna Investment Mediation Rules") complement the Vienna Investment Arbitration Rules, and may be used either independently of, or in conjunction with, arbitration proceedings.

Part Ⅰ
VIAC Rules of Investment Arbitration
Vienna Investment Arbitration Rules

in force as of 1 July 2021

General Provisions
Scope of Application of the VIAC Rules of Investment Arbitration

Article 1

(1) An agreement to submit a dispute to arbitration in accordance with the VIAC Rules of Investment Arbitration (hereinafter "Vienna Investment Arbitration Rules") may be expressed in a contract, treaty, statute or other instrument, or through an offer by a party in a contract, treaty, statute or other instrument which is subsequently accepted by the other party by any means, including by the other party's commencement of arbitration.

(2) Where the parties have agreed to submit their dispute to arbitration in accordance with the Vienna Investment Arbitration Rules, the parties shall be deemed to have agreed that the arbitration shall be administered by VIAC.

Refusal to Administer Proceedings Under the Vienna Investment Arbitration Rules

Article 2

The Board may refuse to administer proceedings if the arbitration agreement deviates fundamentally from and is incompatible with the Vienna Investment Arbitration Rules.

Applicable Version of the Vienna Investment Arbitration rules

Article 3

Unless the parties have agreed otherwise, the Vienna Investment Arbitration Rules shall apply in the version in effect at the time of the commencement of the arbitration (Article 7 paragraph 1) if the parties, before or after the dispute has arisen, have agreed to submit their dispute to the Vienna Investment Arbitration Rules.

Waiver of Immunity

Article 4

By agreeing to submit a dispute to arbitration pursuant to the Vienna Investment Arbitration Rules, a party shall be deemed to have waived any right of immunity from jurisdiction in respect of proceedings relating to the arbitration to which such party might otherwise be entitled. A waiver of immunity relating to the enforcement of an arbitral award must be expressed separately.

Languages of Correspondence

Article 5

The correspondence of the parties with the Board and Secretariat shall be in English or German.

Definitions

Article 6

(1) In the Vienna Investment Arbitration Rules

1.1 party or parties refer to one or more claimants, respondents or one or more third parties joined to the arbitration in a statement of claim

1.2 claimant refers to one or more claimants;

1.3 respondent refers to one or more respondents;

1.4 third party refers to one or more third parties who are neither a claimant nor respondent in the pending arbitration and whose joinder to this arbitration has been requested pursuant to Article 14;

1.5 non-disputing party refers to one or more third parties who are neither a claimant nor respondent in the pending arbitration and who have requested or been invited to make written submissions pursuant to Article 14a;

1.6 non-disputing treaty party refers to one or more contracting parties to a treaty pursuant to which the dispute has been submitted to arbitration who are neither a claimant nor respondent in the pending arbitration and who make or have been invited to make written submissions pursuant to Article 14a;

1.7 arbitral tribunal refers to a sole arbitrator or a panel of three arbitrators;

1.8 arbitrator refers to one or more arbitrators;

1.9 co-arbitrator refers to any member of a panel of arbitrators except its chairperson;

1.10 award refers to any final, partial or interim award;

1.11 third-party funding refers to any agreement entered into with a natural or legal person who is not a party to the proceedings or a party representative (Article 13), to fund or provide any other material support to a party, directly or indirectly financing part or all of the costs of the proceedings either through a donation or a grant, or in exchange for remuneration or reimbursement that is wholly or partially dependent upon the outcome of the proceedings; [1]

1.12 VIAC refers to the Permanent International Arbitration Institution of the Austrian Federal Economic Chamber (Vienna International Arbitral Centre);

1.13 Board, Secretary General and Secretariat shall have the meaning and functions set forth in Articles 2 and 4 of the VIAC Rules of Arbitration ("Vienna Rules").

(2) To the extent the terms used in the Vienna Investment Arbitration Rules refer

---

〔1〕 The wording "or in return for any premium payment" was deleted with retroactive effect as of 1 July 2021 to correct an editorial error.

to natural persons, the form chosen shall apply to all In practice, the terms in these rules shall be used in a gender-specific manner.

(3) References to "Articles" without further specification relate to the relevant articles of the Vienna Investment Arbitration Rules.

Commencement of the Arbitration

Statement of Claim

Article 7

(1) The arbitral proceedings shall be initiated by submitting a statement of claim. The proceedings shall commence on the date of receipt of the statement of claim by the Secretariat in hardcopy form or in electronic form (Article 12 paragraph 1); hereby, the proceedings become The Secretariat informs the other parties of the receipt of the statement of claim.

(2) The statement of claim shall contain the following information:

2.1 the full names, addresses, including electronic mail addresses, and other contact details of the parties;

2.2 the nationalities of the parties;

2.3 a statement of the facts and a specific request for relief;

2.4 the monetary value of each individual claim at the time of submission of the statement of claim if the relief requested is not exclusively for a specific sum of money;

2.5 particulars regarding the number of arbitrators in accordance with Article17;

2.6 the nomination of an arbitrator if the dispute shall be decided by a panel of three arbitrators, or a request that the arbitrator or the chairperson be appointed by the Board; and

2.7 particulars regarding the arbitration agreement and its content, including a reference to the instrument(s) in which each party's agreement to submit the dispute to arbitration under the Vienna Investment Arbitration Rules is recorded and a statement how the parties are bound by the arbitration agreement.

(3) If the statement of claim does not comply with paragraph 2 of this Article,

the Secretary General may request that the claimant remedy the defect within a time-period set by the Secretary General. If the claimant complies with the order to remedy the defect within the set deadline, the statement of claim shall be deemed to have been submitted on the date on which it was first received. If the claimant does not comply with the order to remedy the defect within the set deadline, the Secretary General may declare the proceedings terminated (Article 34 paragraph 3). This shall not prevent the claimant from raising the same claims at a later time in another proceeding.

(4) The Secretary General shall transmit the statement of claim to the respondent if no order to remedy pursuant to paragraph 3 of this Article was issued or if the claimant complied with such an order. The Secretary General may defer transmission of the statement of claim to the respondent until the claimant has complied with a request to submit copies pursuant to Article 12 paragraph 1.

Answer to the Statement of Claim

Article 8

(1) The Secretary General shall request the respondent to submit to the Secretariat an answer to the statement of claim (Article 12 paragraph 1) within a period of 60 days upon receipt of the statement of claim.

(2) The answer to the statement of claim shall contain the following information:

2.1 the full name, address, including electronic mail address, and other contact details of the respondent;

2.2 the nationalities of the parties;

2.3 without prejudice to Article 24 paragraph 1, comments in response to any statements contained in the statement of claim under Article 7 paragraph 2.7 or with respect to the matters covered therein;

2.4 comments on the request for relief and the facts upon which the statement of claim is based, as well as the respondent's specific request for relief;

2.5 particulars regarding the number of arbitrators in accordance with Article 17; and

2.6 the nomination of an arbitrator if the dispute shall be decided by a panel of three arbitrators, or a request that the arbitrator or the chairperson be appointed by the Board.

Counterclaim

Article 9

(1) Claims by the respondent against the claimant may be raised as counterclaims in the same proceedings.

(2) Articles 7, 10 and 11 apply to counterclaims.

(3) The arbitral tribunal may return the counterclaim to the Secretariat to be addressed in separate proceedings if:

3.1 the parties are not identical; or

3.2 a counterclaim submitted after the answer to the statement of claim would result in a substantial delay in the main proceedings.

(4) The arbitral tribunal shall give the claimant the opportunity to submit an answer to an admitted counterclaim. Article 8 applies to an answer to the counterclaim.

Registration Fee

Article 10

(1) The claimant shall pay the registration fee net of any charges in the amount stipulated in Annex 3 within the time limit set by the Secretary General. Likewise, in the case of joinder of a third party (Article 14), the requesting party shall pay a registration fee.

(2) If there are more than two parties to the arbitration, the registration fee shall be increased by 10 percent for each additional party, up to a maximum increase of 50 percent.

(3) The registration fee is non-refundable. The registration fee shall not be deducted from the paying party's advance on costs.

(4) The statement of claim and any request for joinder of a third party shall be sent to the other parties only after full payment of the registration fee. The Secretary General may grant a reasonable extension of the time period for payment of the regis-

tration fee. If payment is not effected by the deadline, the Secretary General may declare the proceedings terminated (Article 34 paragraph 3). This shall not prevent the claimant from raising the same claims at a later time in another proceeding.

(5) If proceedings under the Vienna Investment Mediation Rules are commenced before, during or after arbitral proceedings under the Vienna Investment Arbitration Rules between the same parties and concerning the same subject matter, no further registration fee will be charged in the subsequently commenced proceedings.

Transmission of File

Article 11

The Secretary General shall transmit the file to the arbitral tribunal if:

—the Secretariat has received the statement of claim (counterclaim) in accordance with the requirements of Article 7; and

—all members of the arbitral tribunal have been appointed; and

—the advance on costs pursuant to Article 42 has been paid in full.

Written Communications, Time Limits and Disposal of File

Article 12

(1) A statement of claim and an answer to the statement of claim, including exhibits, shall be submitted either electronically or in hardcopy form in the number of copies necessary to provide each party with a copy. The Secretary General may require a statement of claim and an answer to the statement of claim to be submitted in both forms if necessary.

(2) After transmission of the file to the arbitral tribunal, all written communications and exhibits shall be sent to each party and each arbitrator in the manner stipulated by the arbitral tribunal. The Secretariat shall receive all written communications between the arbitral tribunal and the parties in electronic form.

(3) Written communications shall be sent in hardcopy form by registered mail,

letter with confirmation of receipt, courier service, or in electronic form, or by any other means of communication that provides a record of sending.

(4) Written communications shall be sent to the address of the addressee for whom it is intended, as last Once a party has appointed a representative, the written communication shall be sent to the representative's address, as last notified.

(5) Written communications shall be deemed to have been received on the day

5.1 the addressee has actually received the written communication; or

5.2 receipt can be presumed if the written communication was sent in accordance with paragraphs 3 and 4 of this Article.

(6) If a statement of claim against multiple respondents cannot be transmitted to all respondents, upon request of the claimant the arbitration shall proceed only against those respondents that received the statement of claim. Upon request of the claimant, the statement of claim against the remaining respondents shall be addressed in a separate proceeding.

(7) Time limits shall start to run on the day following the day of receipt (paragraph 5) of the respective written communication triggering the commencement of the time limit. If this day is an official holiday or a non-business day at the place of receipt, the time limit shall start to run on the next business day. Official holidays or non-business days falling during a time period shall not interrupt the continuation or extend the time limit. If the last day of the time limit is an official holiday or a non-business day at the place of receipt, the time limit shall end on the next business day.

(8) A time limit relating to any written communication is satisfied if it is sent in the manner stipulated in paragraphs 3 and 4 of this Article on the last day of the time limit. Time limits may be extended where sufficient grounds for such extension are considered to exist.

(9) After termination of the proceedings (Article 34), the Secretariat may dispose of the entire file of a case, with the exception of decisions (Article 35).

Representatives

Article 13

In the proceedings before the arbitral tribunal, the parties may be represented or advised by persons of their choice. The Secretary General or the arbitral tribunal may at any time request evidence that the representative has the authority to represent the party.

Third-Party Funding

Article 13a

(1) A party shall disclose the existence of any third-party funding and the identity of the third – party funder in its statement of claim or its answer to the statement of claim, or immediately upon concluding a third-party funding arrangement.

(2) If a party discloses third-party funding prior to the constitution of the arbitral tribunal, the Secretary General shall inform any arbitrator nominated for appointment or already appointed of such disclosure for purposes of completing the arbitrator declaration (Article 16 paragraph 3).

(3) If it deems it necessary, the arbitral tribunal may order the disclosure of specific details of the third – party funding arrangement and/or the third-party funder's interest in the outcome of the proceedings, and/or whether or not the third – party funder has committed to undertake adverse costs liability.

Joinder of Third Parties, Submissions, Consolidation

Joinder of Third Parties

Article 14

(1) If a dispute has been submitted to arbitration pursuant to a contract, the joinder of a third party in an arbitration, as well as the manner of such joinder, shall be decided by the arbitral tribunal upon the request of a party or a third party after hearing

all parties and the third party to be joined as well as after considering all relevant circumstances.

(2) The request for joinder shall contain the following information:

2.1 the full name, address, including electronic mail address, and other contact details of the third party;

2.2 the grounds upon which the request for joinder is based; and

2.3 the requested manner of joinder of the third party.

(3) If a request for joinder of a third party is made with a statement of claim,

3.1 it shall be submitted to the Secretariat. The provisions of Article 7 et seqq shall apply by analogy. The Secretary General shall transmit the statement of claim to the third party to be joined as well as to the other parties for comments;

3.2 the third party may participate in the constitution of the arbitral tribunal pursuant to Article 18 if no arbitrator has yet been appointed; and

3.3 the arbitral tribunal shall return the statement of claim with a request for joinder of a third party to the Secretariat to be treated in separate proceedings if the arbitral tribunal refuses, in accordance with paragraph 1, to grant a request for joinder of a third party made with a statement of claim. In this case, the Board may revoke any confirmed nomination or appointment of arbitrators and order the renewed constitution of the arbitral tribunal or arbitral tribunals in accordance with Article 17 et seqq, if the third party participated in the constitution of the arbitral tribunal in accordance with paragraph 3.2.

Non-Disputing Party and Non-Disputing Treaty Submissions

Article 14a

(1) If a dispute has been submitted to arbitration pursuant to a treaty or statute, a request of a non-disputing party to make written submissions on a factual or legal issue within the scope of the dispute submitted to arbitration pursuant to a treaty or statute shall be decided by the arbitral tribunal after hearing all parties as well as after considering all relevant circumstances. The arbitral tribunal may also invite such written sub-

missions from a non-disputing party.

(2) A non-disputing treaty party shall have the right to make written submissions on questions of the interpretation of a treaty at issue in the dispute and pursuant to which the dispute has been submitted to arbitration. The arbitral tribunal may also invite such written submissions from a non-disputing treaty party.

(3) The arbitral tribunal may determine the format, length and scope of submissions made pursuant to this Article. The arbitral tribunal may provide the non-disputing party or non-disputing treaty party with access to relevant submissions and documents filed in the proceeding, taking into consideration the views of the parties.

(4) The parties shall have the right to make observations on written submissions made pursuant to this Article.

Consolidation

Article 15

(1) Upon a party's request, two or more arbitral proceedings administered by VIAC may be consolidated if:

1.1 the parties agree to the consolidation; or

1.2 the same arbitrator(s) was/were nominated or appointed;

and the place of arbitration is the same.

(2) The Board shall decide on a request for consolidation after hearing the parties and the arbitrators already appointed. The Board shall consider all relevant circumstances in its decision, including the compatibility of the arbitration agreements and the respective stage of the arbitral proceedings.

Arbitral Tribunal

General Provisions

Article 16

(1) The parties shall be free to designate the persons they wish to nominate as arbitrators. Any person with full legal capacity may act as arbitrator, provided the par-

ties have not agreed upon any particular additional qualification requirements. The arbitrators have a contractual relationship with the parties and shall render their services to the parties.

(2) The arbitrators shall perform their mandate independently of the parties, impartially and to the best of their knowledge and ability, and shall not be bound by any instruction. They have the duty to keep confidential all information acquired in the course of their duties.

(3) A person who intends to accept an appointment as an arbitrator shall, before his appointment, sign and submit to the Secretary General a declaration in the form made available by VIAC confirming his (i) impartiality and independence; (ii) availability; (iii) qualification; (iv) acceptance of office; and (v) submission to the Vienna Investment Arbitration Rules.

(4) An arbitrator shall disclose by written declaration all circumstances that could give rise to doubts as to his impartiality, independence or availability or that conflict with the agreement of the parties. The duty to immediately disclose such circumstances continues to apply throughout the arbitration.

(5) Members of the Board may be nominated as arbitrators by the parties or co-arbitrators, but shall not be appointed as arbitrators by the Board.

(6) The conduct of any or all arbitrators (Article 28 paragraph 1) may be taken into consideration by the Secretary General in determining the arbitrators' fees (Article 44 paragraphs 2, 8 and 11).

Constitution of the Arbitral Tribunal

Article 17

(1) The parties may agree whether the arbitral proceedings will be conducted by a panel of three arbitrators or a sole The parties may also agree on the manner of appointment of the arbitrators. In the absence of an agreement, paragraphs 2 to 8 of this Article shall apply.

(2) Absent agreement on the number of arbitrators, the dispute shall be decided by a panel of three arbitrators. If the amount in dispute does not exceed EUR 10 mil-

lion, the dispute shall be decided by a sole arbitrator, unless the Board, having due regard to the parties' views, considers that the complexity of the case or other relevant circumstances of the case warrant the appointment of a panel of three arbitrators.

(3) If the dispute is to be resolved by a sole arbitrator, the parties shall jointly nominate a sole arbitrator and indicate the arbitrator's name, address, including electronic mail address, and other contact details within 30 days after receiving the Secretary General's request. If such nomination is not made within this time period, the sole arbitrator shall be appointed by the Board.

(4) If the dispute is to be resolved by a panel of arbitrators, each party shall nominate an arbitrator (the claimant in the statement of claim and the respondent in the answer to the statement of claim). If a party fails to do so, the Secretary General shall request that party to submit the name, address, including electronic mail address, and other contact details of its nominee within 30 days after receiving the request. If such nomination is not made within this time period, that arbitrator shall be appointed by the Board.

(5) If the dispute is to be resolved by a panel of arbitrators, the co-arbitrators shall jointly nominate a chairperson and indicate his name, address, including electronic mail address, and other contact details within 30 days after receiving the Secretary General's request. If such nomination is not made within this time period or if a party so requests in its statement of claim or answer to the statement of claim, the chairperson shall be appointed by the Board.

(6) If the chairperson is to be appointed by the Board, the Secretary General shall transmit a list of candidates for appointment as chairperson to the parties and allow them to strike one name from the list and rank the remaining candidates in order of preference. The Board shall appoint the candidate with the best ranking. If two or more candidates share the best ranking, the Board shall select one of them.

(7) The parties are bound by their nomination of arbitrator once the nominated arbitrator has been confirmed by the Board (Article 19).

(8) Arbitrators shall have nationalities different from those of the parties, unless otherwise agreed by the parties.

Constitution of the Arbitral Tribunal in Multi-Party Proceedings

Article 18

(1) The constitution of the arbitral tribunal in multi-party proceedings shall be conducted in accordance with Article 17, with the following additional provisions:

(2) If the dispute is to be resolved by a panel of arbitrators, the side of claimant and the side of respondent shall each jointly nominate an arbitrator.

(3) Participation of a party in the joint nomination of an arbitrator shall not constitute consent to multi-party If the admissibility of a multi-party arbitration is disputed, the arbitral tribunal shall decide thereon upon request after hearing all parties as well as after considering all relevant circumstances.

(4) If pursuant to paragraph 2 of this Article a joint arbitrator is not nominated within the set time period, the Board shall appoint the arbitrator for the defaulting party/parties. In exceptional cases, after granting the parties the opportunity to comment, the Board may revoke appointments already made and appoint new co-arbitrators or all arbitrators.

Confirmation of the Nomination

Article 19

(1) After an arbitrator has been nominated, the Secretary General shall obtain the arbitrator's declarations pursuant to Article 16 paragraphs 3 and 4. The Secretary General shall forward a copy of these statements to the parties. The Board shall confirm the nominated arbitrator if no doubts exist as to the impartiality and independence of the arbitrator and the ability to carry out the mandate.

(2) Prior to the decision of the Board, the Secretary General shall request comments from the arbitrator to be confirmed and from the parties. All comments shall be communicated to the parties and the

(3) Upon confirmation, the nominated arbitrator shall be deemed appointed.

(4) If the Board refuses to confirm a nominated arbitrator, the Secretary General shall request the party/parties entitled to nominate the arbitrator, or the co-arbitrators to nominate a different arbitrator or chairperson within 30 days. Articles 16 to 18 shall apply by analogy. If the Board refuses to confirm the newly nominated arbitrator, the right to nominate shall lapse and the Board shall appoint the

Challenge of Arbitrators

Article 20

(1) After his appointment, an arbitrator may be challenged only if circumstances exist that give rise to justifiable doubts as to his impartiality or independence, or if the arbitrator does not fulfil the qualifications agreed by the parties. A party may challenge the arbitrator whom it nominated, or in whose nomination it has participated, only for reasons of which the party became aware after the nomination or its participation in the nomination.

(2) After his appointment, an arbitrator may be challenged only if circumstances exist that give rise to justifiable doubts as to his impartiality or independence, or if the arbitrator does not fulfil the qualifications agreed by the parties. A party may challenge the arbitrator whom it nominated, or in whose nomination it has participated, only for reasons of which the party became aware after the nomination or its participation in the nomination.

(3) If the challenged arbitrator does not resign, the Board shall rule on the challenge. Before the Board makes a decision, the Secretary General shall request comments from the challenged arbitrator and the other party/parties. The Secretary General may also request comments from other persons. All comments shall be communicated to the parties and the arbitrators.

(4) The arbitral tribunal, including the challenged arbitrator, may continue the arbitration while the challenge is pending. The arbitral tribunal may not issue an award until after the Board has ruled on the challenge.

Premature Termination of the Arbitrator's Mandate

Article 21

(1) The mandate of an arbitrator terminates prematurely if:

1.1 the parties so agree; or

1.2 the arbitrator resigns; or

1.3 the arbitrator dies; or

1.4 the arbitrator was successfully challenged; or

1.5 the arbitrator is removed from office by the Board.

(2) Either party may request that an arbitrator be removed from office if the arbitrator is prevented from performing his duties more than temporarily or otherwise fails to perform his duties, including also the duty to proceed without any undue delay. The party shall submit the request to the Secretariat. If it is apparent to the Board that any incapacity is not merely temporary, or that the arbitrator is not performing his duties, the Board may remove an arbitrator from office even without a party's request. The Board shall decide on the removal after granting the parties and the affected arbitrator the opportunity to comment.

Effects of the Premature Termination of the Arbitrator's Mandate

Article 22

(1) If an arbitrator's mandate terminates prematurely (Article 21), the arbitrator shall be replaced. The appointment of a substitute arbitrator shall be made in accordance with the appointment procedure agreed by the parties. Absent any such agreement, the Secretary General shall request that

1.1 the parties, in the case of a sole arbitrator; or,

1.2 the remaining co-arbitrators, in the case of the chairperson of a tribunal; or,

1.3 the nominating party or the party on whose behalf the arbitrator was appointed, when the arbitrator was nominated by a party or was appointed on behalf of a party;

nominate a substitute arbitrator within 30 days-in the cases addressed by paragraphs 1.1 and 1.2 of this Article jointly-and indicate the nominee's name, address, including electronic mail address, and other contact details. Articles 16 to 18 apply by analogy. If such nomination is not made within this time period, the Board shall appoint the substitute arbitrator. If a substitute arbitrator is successfully challenged (Article 21 paragraph 1.4), the right to nominate a substitute arbitrator shall lapse and the Board shall appoint the substitute arbitrator.

(2) If an arbitrator's mandate terminates prematurely pursuant to Article 21, the new arbitral tribunal shall determine, after requesting comments from the parties, whether and to what extent previous stages of the arbitration shall be repeated.

(3) The cost implications of the premature termination of the arbitrator's mandate and of the appointment of a substitute arbitrator shall be based on Article 42 paragraph 12 and Article 44 paragraph 11.

Challenge of Experts

Article 23

Article 20 paragraphs 1 and 2 shall apply by analogy to the challenge of experts appointed by the arbitral tribunal. The arbitral tribunal shall decide on the challenge.

Jurisdiction of the Arbitral Tribunal

Article 24

(1) A plea that the arbitral tribunal does not have jurisdiction shall be raised no later than the first pleading on the merits after the constitution of the arbitral tribunal. A party is not precluded from raising such an objection by the fact that it has nominated an arbitrator pursuant to Article 17 or has participated in the nomination of an arbitrator pursuant to Article 18. An objection that the arbitral tribunal is exceeding the scope of its authority shall be raised as soon as the matter alleged to exceed the scope of its authority is raised during the arbitration. A later objection shall be barred in both cases; however, if the arbitral tribunal considers the delay to be sufficiently excused, it may admit a later objection.

(2) The arbitral tribunal shall decide on its own jurisdiction. The decision on jurisdiction may be made together with the decision on the merits or in a separate award. Where the arbitral tribunal declines jurisdiction, it shall, upon the request of one of the parties, decide on the parties' cost obligations.

Early Dismissal of Claims, Counterclaims and Defenses

Article 24a

(1) A party may apply to the arbitral tribunal in writing for the early dismissal of a claim, counterclaim or defense on the basis that:

1.1 a claim, counterclaim or defense is manifestly outside the jurisdiction of the arbitral tribunal;

1.2 a claim, counterclaim or defense is manifestly inadmissible; or

1.3 a claim, counterclaim or defense is manifestly without legal merit.

(2) A party shall file its application for early dismissal no later than 45 days after the constitution of the arbitral tribunal or the submission of the answer to the statement of claim, whichever is earlier. The party shall state in detail the facts and legal basis supporting its application. When filing its application for early dismissal with the arbitral tribunal, the party applying for early dismissal shall send a copy of its application to all other parties.

(3) The arbitral tribunal, in its discretion, may allow the application for early dismissal to proceed. If the application is allowed to proceed, the arbitral tribunal shall, after giving the other parties the opportunity to make written submissions on the application, decide whether to grant, in whole or in part, the application for early dismissal.

(4) Within 60 days of receiving the last written submission pursuant to paragraph 3 of this Article, the arbitral tribunal shall decide on the application for early dismissal in an order or award, unless the Secretary General in exceptional circumstances extends this period of time.

Proceedings Before the Arbitral Tribunal

Place of Arbitration

Article 25

(1) The parties are free to agree on the place of arbitration. Absent party agreement, the place of arbitration shall be determined by the arbitral tribunal.

(2) The arbitral tribunal may deliberate or take procedural actions at any location it deems appropriate, without thereby resulting in a change of the place of arbitration.

Language of the Proceedings

Article 26

Absent party agreement on the language(s) of the arbitration, immediately after transmission of the file, the arbitral tribunal shall determine the language(s), having due regard to all circumstances.

Applicable Law, Amiable Compositeur

Article 27

(1) The arbitral tribunal shall decide the dispute in accordance with the law or rules of law agreed upon by the parties. Unless the parties have expressly agreed otherwise, any agreement as to a given national law or national legal system shall be construed as a direct reference to that national substantive law and not to the national conflict-of-laws rules.

(2) If the parties have not determined the applicable law or rules of law, the arbitral tribunal shall apply the applicable law or rules of law which it considers appropriate, including any relevant treaties, relevant national laws of any State, any relevant international custom and general principles of law.

(3) The arbitral tribunal shall decide ex aequo et bono or as amiable compositeur only in cases where the parties have expressly authorized it to do so.

Conduct of the Arbitration

Article 28

(1) The arbitral tribunal shall conduct the arbitration in accordance with the Vienna Investment Arbitration Rules and the agreement of the parties in an efficient and cost-effective manner, but otherwise at its own discretion. The arbitral tribunal shall treat the parties fairly. The parties shall be granted the right to be heard at every stage of the proceedings.

(2) Upon prior notice, the arbitral tribunal may inter alia consider pleadings, the submission of evidence, and requests for the taking of evidence to be admissible only up to a certain point in time of the proceedings.

(3) At any stage of the proceedings, the arbitral tribunal is entitled to facilitate the parties' endeavors to reach a settlement.

Establishing the Facts of the Case

Article 29

(1) If the arbitral tribunal considers it necessary, it may on its own initiative collect evidence, question parties or witnesses, request the parties to submit evidence, and call experts. Article 43 shall apply if costs are incurred as a result of the taking of evidence and, in particular, the appointment of experts.

(2) The arbitration shall proceed notwithstanding the failure of any party to participate.

Oral Hearing

Article 30

(1) Unless the parties have agreed otherwise, the arbitral tribunal shall decide whether the proceedings should be conducted orally or in writing. If the parties have not excluded an oral hearing, upon any party's request the arbitral tribunal shall hold such a hearing at an appropriate stage of the proceedings. Having due regard to the

views of the parties and the specific circumstances of the case, the arbitral tribunal may decide to hold an oral hearing in person or by other means. The parties shall in any case have the opportunity to acknowledge and comment on the requests and pleadings of the other parties and on the result of the evidentiary proceedings.

(2) The date of the oral hearing shall be fixed by the chairperson or the sole Hearings shall not be open to the public. The chairperson or the sole arbitrator shall prepare and sign minutes of the hearing, which shall contain at a minimum a summary of the hearing and its results.

Duty to Object

Article 31

If a party has knowledge of a violation by the arbitral tribunal of a provision of the Vienna Investment Arbitration Rules or other provisions applicable to the proceedings, it shall immediately file an objection with the arbitral tribunal, failing which the party shall be deemed to have waived its right to object.

Closure of the Proceedings and Time for Rendering the Award

Article 32

(1) As soon as the arbitral tribunal is convinced that the parties have had sufficient opportunity to make submissions and to offer evidence, the arbitral tribunal shall declare the proceedings closed as to the matters to be decided in the award. The arbitral tribunal may reopen the proceedings at any time.

(2) The award shall be rendered no later than six months after the last hearing concerning matters to be decided in an award or the filing of the last authorized submission concerning such matters, whatever is the later. The Secretary General may extend the time limit pursuant to a reasoned request from the arbitral tribunal or on its own initiative. Exceeding the time limit for the award will not render the arbitration agreement invalid or deprive the arbitral tribunal of its jurisdiction.

Interim and Conservatory Measures/ Security for Costs

Article 33

(1) Unless the parties have agreed otherwise, as soon as the file has been transmitted to the arbitral tribunal (Article 11), the arbitral tribunal may, at the request of a party, order interim or conservatory measures against another party as well as amend, suspend or revoke any such measures. The other parties shall be heard before the arbitral tribunal renders any decision on interim or conservatory measures. The arbitral tribunal may require any party to provide appropriate security in connection with such a measure. The parties shall comply with such orders, irrespective of whether they are enforceable before national courts.

(2) Any orders for interim or conservatory measures pursuant to this Article shall be in writing. In an arbitration with more than one arbitrator, the signature of the chairperson shall suffice. If the chairperson is hindered from acting, the signature of another arbitrator shall suffice, provided the arbitrator signing the order records the reasons for the absence of the chairperson's signature.

(3) Unless the parties have agreed otherwise, orders for interim or conservatory measures shall state the reasons upon which they are based. The order shall identify the date on which it was issued and the place of arbitration.

(4) Orders for interim and conservatory measures shall be retained in the same manner as awards (Article 36 paragraph 5).

(5) The provisions of paragraphs 1 to 4 of this Article do not prevent the parties from applying to any competent national authority for interim or conservatory A request to a national authority to order such measures or to enforce such measures already ordered by the arbitral tribunal shall not constitute an infringement or waiver of the arbitration agreement and shall not affect the powers of the arbitral tribunal. The parties shall immediately inform the Secretariat and the arbitral tribunal of any such request as well as of all measures ordered by the national authority.

(6) The arbitral tribunal may, at the request of a party, order any party asserting

a claim or counterclaim to provide security for costs, if the requesting party shows cause that the recoverability of a potential claim for costs is, with a sufficient degree of probability, at risk. When deciding on a request for security for costs, the arbitral tribunal shall give all parties the opportunity to present their views.

(7) If a party fails to comply with an order by the arbitral tribunal for security for costs, the arbitral tribunal may, upon request, suspend in whole or in part, or terminate the proceedings (Article 34 paragraph 2.4).

Means of Termination of the Proceedings

Article 34

Arbitral proceedings are terminated:

(1) by the rendering of the final award (Articles 36 and 37 paragraph 1); or

(2) by an order of the arbitral tribunal, if

2.1 the claimant withdraws its statement of claim, unless the respondent objects and a legitimate interest of the respondent in obtaining a final resolution of the dispute exists;

2.2 the parties agree to the termination of the arbitration and communicate this agreement to the arbitral tribunal and to the Secretary General;

2.3 the continuation of the proceedings has become impossible, in particular because the parties to the arbitration do not pursue the arbitration further despite a written order from the arbitral tribunal, which refers to the possibility of terminating the arbitration;

2.4 a party fails to comply with an order by the arbitral tribunal for security for costs (Article 33 paragraph 7); or

(3) by a declaration of the Secretary General,

3.1 for failure to comply with an order to remedy (Article 7 paragraph 3) or a payment order (Article 10 paragraph 4 and Article 42 paragraphs 11 and 12);

3.2 in case of paragraphs 2.1 to 2.3 if the file has not yet been transmitted to the arbitral tribunal.

Decisions of the Arbitral Tribunal

Article 35

(1) Every award and every other decision of the arbitral tribunal requires a majority ruling of its panel members. If the arbitrators cannot form a majority, the chairperson shall decide.

(2) The chairperson may decide questions of procedure alone if so authorized by the co-arbitrators.

Arbitral Award

Article 36

(1) Awards shall be in writing. Awards shall state the reasons on which they are based unless all parties have agreed in writing or in the oral hearing that the award may exclude the reasons.

(2) The award shall identify the date on which it was issued and the place of arbitration (Article 25).

(3) All original copies of an award shall be signed by all arbitrators. The signature of the majority of the arbitrators shall suffice if the award states that one of the arbitrators refused to sign or was prevented from signing by an impediment that could not be overcome within a reasonable period of time. If the award is a majority award and not a unanimous award, this shall be stated upon request of the dissenting arbitrator.

(4) All original copies of the award shall be signed by the Secretary General and bear the VIAC stamp, which shall confirm that it is an award of VIAC, rendered and signed by one or more arbitrators appointed under the Vienna Investment Arbitration Rules.

(5) The Secretary General shall transmit the award to the parties in hardcopy form. If it is not possible or feasible to send the award in hardcopy form within a reasonable time, or if the parties so agree, the Secretariat may send a copy of the award in electronic form. In this case a copy of the award in hardcopy form may be sent at a

later stage. Article 12 paragraphs 3, 4 and 5 apply. The Secretariat shall retain an original copy of the award and the documentation of proof of sending.

(6) Upon request of a party, the sole arbitrator or chairperson (or in case he is prevented from acting, another arbitrator) or, in case they are prevented from doing so, the Secretary General shall confirm that the award is final and binding on all original copies.

(7) By agreeing to the Vienna Investment Arbitration Rules, the parties undertake to comply with the terms of the award.

Award on Agreed Terms and Recorded Settlement

Article 37

(1) Upon request of the parties, the arbitral tribunal may render an award (Article 36) on agreed terms reflecting the content of a settlement which they have reached.

(2) The parties may request that the content of a settlement which they have reached be recorded by the arbitral tribunal. In this case, the proceedings are terminated in accordance with Article 34 paragraph 2.2.

Decision on Costs

Article 38

(1) When the proceedings are terminated, upon request of a party, the arbitral tribunal shall set forth, in the final award or by separate award, the costs of the arbitration as determined by the Secretary General pursuant to Article 44 paragraph 1.1 and determine the amount of the appropriate costs of the parties pursuant to Article 44 paragraph 1.2, as well as other additional expenses pursuant to Article 44 paragraph 1.3.

(2) The arbitral tribunal shall also establish who will bear the costs of the proceedings or the apportionment of these costs. Unless the parties have agreed otherwise, the arbitral tribunal shall decide on the allocation of costs according to its own discretion. The conduct of any or all parties as well as their representatives (Article 13), and in particular their contribution to the conduct of efficient and cost-effective pro-

ceedings, may be taken into consideration by the arbitral tribunal in its decision on costs according to this Article.

(3) Notwithstanding paragraphs 1 and 2, upon request by a party, the arbitral tribunal may at any stage during the arbitral proceedings make decisions on costs pursuant to Article 44 paragraphs 1.2 and 1.3 and order payment.

Correction, Clarification and Supplementation of the Arbitral Award

Article 39

(1) Within 30 days of receipt of the award, any party may file the following applications with the Secretariat for the arbitral tribunal:

1.1 to correct any computational, typographical, printing or similar errors in the award;

1.2 to clarify specific parts of the award;

1.3 to render an additional award on claims made in the arbitration but not resolved in the award.

(2) The arbitral tribunal shall decide on such an application. The other parties shall be heard before the arbitral tribunal makes its decision. The arbitral tribunal shall set a time limit for comments, which should not exceed 30 days. The Secretary General may determine an advance on costs to cover additional expenses and fees of the arbitral tribunal and administrative fees (Article 42 paragraph 12). The additional arbitrators' fees and additional administrative fees are determined by the Secretary General according to his own discretion.

(3) Upon its own initiative, the arbitral tribunal may issue corrections pursuant to paragraph 1.1 or supplementations pursuant to paragraph 1.3 of this Article within 30 days of the date of the award.

(4) Article 36 applies to the supplementation of the award. Corrections and clarifications shall be issued in the form of an addendum and shall constitute an integral part of the arbitral award.

Remission to the Arbitral Tribunal

Article 40

When a national court remits proceedings to the arbitral tribunal, the provisions of the Vienna Investment Arbitration Rules on the arbitral proceedings shall apply by analogy. The Secretary General and the Board may take any measures necessary to enable the arbitral tribunal to comply with the requirements of the remission. The Secretary General may determine an advance on costs to cover additional expenses and fees of the arbitral tribunal and administrative fees (Article 42 paragraph 12). The additional arbitrators' fees and additional administrative fees are determined by the Secretary General according to his own discretion.

Publication of Information and Awards

Article 41

(1) By agreeing to submit a dispute to arbitration pursuant to the Vienna Investment Arbitration Rules, the parties shall be deemed to have agreed that VIAC may publish certain information on the arbitral proceedings. VIAC may publish information in the public interest. Such information shall be limited to the nationality of the parties, the identity and nationality of the members of the arbitral tribunal, the date of commencement of the arbitration, the instrument under which the arbitration has been commenced, and whether the proceedings are pending or have been terminated.

(2) VIAC may also publish on the VIAC website, in legal journals or VIAC's own publications anonymized summaries or extracts of decisions and awards. Such summaries or extracts shall be anonymized with the exception of information that may be published under paragraph 1 of this Article.

Costs

Advance on Costs

Article 42

(1) The Secretary General shall fix the advance on costs for VIAC's prospective administrative fees, the prospective arbitrators' fees and the prospective expenses, including any applicable value-added tax, separately for claims and counterclaims.

(2) Claims raised by way of set-off (Article 44 paragraph 6) shall-for the purpose of calculating the advance on costs-be treated as separate claims to the extent that these claims may require the arbitral tribunal to consider additional matters.

(3) For requests for joinder (Article 14), the Secretary General may fix separate advances on costs (paragraph 1) having regard to the circumstances of the case.

(4) The advance on costs shall be paid in equal shares by the parties prior to the transmission of the file to the arbitral tribunal within 30 days upon receipt of the request for payment.

(5) In multi-party proceedings, one half of the advance on costs shall be paid jointly by the claimants and one half jointly by the respondents, unless otherwise determined by the Secretary General having regard to the circumstances of the case.

(6) Where counterclaims or claims by way of set-off are submitted and separate advances on costs are fixed, the Secretary General may decide that each party shall pay the advance on costs corresponding to its claims.

(7) Where the Secretary General has previously fixed advances on costs pursuant to paragraph 1 to 3, these shall be replaced by the advances fixed pursuant to paragraphs 5 and 6 and the amount of any advance paid previously by any party shall be credited towards its share of advances as determined by the Secretary General pursuant to paragraphs 5 and 6.

(8) By agreeing to the Vienna Investment Arbitration Rules, the parties mutually undertake to bear their respective share of the advance on costs pursuant to this Article.

(9) If the advance on costs allocated to one party is not received or is not re-

ceived in full within the time limit specified, the Secretary General shall inform the other party/parties and request payment of the outstanding amount within 30 days upon receipt of the request. This shall not affect the obligation of the non-paying party to bear its share of the advance on costs pursuant to this Article.

(10) If a party fails to fulfil its share of the payment obligations pursuant to this Article, and if the other party/parties pay(s) the respective share pursuant to paragraph 9 of this Article, upon the paying party's/parties' request and to the extent it finds that it has jurisdiction over the dispute the arbitral tribunal may order the non-paying party, by an award or other appropriate form, to reimburse the paying party/parties for the share accruing on it/them. This shall not affect the arbitral tribunal's authority and obligation to determine the final allocation of costs pursuant to Article 38.

(11) In principle, the arbitral tribunal shall only address the claims or counterclaims, for which the advance on costs has been paid in full. If a payment is not made within the deadline set by the Secretary General, the arbitral tribunal may suspend the arbitral proceedings in whole or in part, or the Secretary General may terminate the arbitral proceedings (Article 34 paragraph 3) with respect to the relevant claims. This shall not prevent the parties from raising the same claims at a later time in another proceeding.

(12) If an additional advance on costs is necessary and determined accordingly by the Secretary General, the procedure as outlined in paragraphs 1 to 11 of this Article shall apply. Until payment of the additional advance on costs, in principle, the arbitral tribunal shall not address the claims that led to the increase or additional advance on If a payment is not made within the deadline set by the Secretary General, the arbitral tribunal may suspend the arbitral proceedings in whole or in part, or the Secretary General may terminate the arbitral proceedings (Article 34 paragraph 3).

Advance on Costs for Additional Procedural Costs

Article 43

(1) If the arbitral tribunal considers necessary certain procedural steps that would

have cost implications, such as the appointment of experts, interpreters, or translators, a verbatim transcript of the proceedings, a site visit, or relocation of the hearing, then the arbitral tribunal shall notify the Secretary General and arrange for these prospective costs to be covered.

(2) The arbitral tribunal may undertake the procedural steps provided for in paragraph 1 of this Article only once the prospective costs are sufficiently covered.

(3) The arbitral tribunal shall decide which consequences for the proceedings shall arise, if any, from a failure to pay a required advance on costs pursuant to this Article.

(4) All orders related to the procedural steps mentioned in paragraph 1 of this Article shall be undertaken by the arbitral tribunal for and on the account of the parties.

Composition and Calculation of the Procedural Costs

Article 44

(1) The costs of the arbitration consist of:

1.1 the administrative fees of VIAC, the arbitrators' fees and the reasonable expenses (such as arbitrators' or tribunal secretary's travel and subsistence costs, costs for sending of communications, rent, court reporter fees), including any applicable value-added tax; as well as well as

1.2 the parties' costs, i. e. the reasonable expenses of the parties for their legal representation; and

1.3 other expenses related to the arbitration, in particular those listed in Article 43 paragraph 1.

(2) The Secretary General shall calculate the administrative fees and the arbitrators' fees on the basis of the schedule of fees (Annex 3) according to the amount in dispute and determine these fees together with the expenses at the end of the proceedings (paragraph 1.1 of this Article). Prior to termination of the arbitral proceedings, the Secretary General may make payments on account to the arbitrators in consideration

of the stage of the proceedings. The arbitral tribunal shall determine and fix the costs and other expenses outlined in paragraphs 1. 2 and 1. 3 of this Article in the award (Article 38).

(3) In fixing the amount in dispute, the Secretary General may deviate from the parties' determination if the parties have made only a partial claim or if a party has clearly undervalued its claim or assigned no value to it.

(4) If more than two parties are involved in an arbitration, the amount of administrative fees and arbitrators' fees listed in Annex 3 shall be increased by 10 percent for each additional party, up to a maximum increase of 50 This increased amount will then be the basis for a further increase or decrease according to paragraph 8 of this Article.

(5) For counterclaims (Article 9), the Secretary General shall calculate and determine the administrative fees and arbitrators' fees separately.

(6) For claims raised by way of set-off against the principal claims, the Secretary General may calculate and determine the administrative and arbitrators' fees separately to the extent that these claims have required the arbitral tribunal to consider additional matters.

(7) For requests for joinder of third parties (Article 14), the Secretary General may calculate and determine the administrative fees and arbitrators' fees separately, having regard to the circumstances of the case.

(8) The arbitrators' fees listed in Annex 3 apply to sole arbitrators. The total fee for a panel of arbitrators is two-and-a-half times the rate of a sole The Secretary General may increase the arbitrators' fees according to his own discretion by a maximum total of 40 percent vis-à-vis the schedule of fees (Annex 3), in particular for especially complex cases or for especially efficient conduct of proceedings; conversely, the Secretary General may decrease the arbitrators' fees by a maximum total of 40 percent, in particular for inefficient conduct of proceedings.

(9) The fees listed in Annex 3 comprise all partial and interim decisions such as awards on jurisdiction, partial awards, decisions on the challenge of experts, orders for conservatory or interim measures, other decisions including additional procedural steps in setting aside proceedings, and procedural orders.

(10) The fees listed in Annex 3 comprise all partial and interim decisions such as awards on jurisdiction, partial awards, decisions on the challenge of experts, orders for conservatory or interim measures, other decisions including additional procedural steps in setting aside proceedings, and procedural orders.

(11) If the proceedings or the arbitrator's mandate are prematurely terminated, the Secretary General may reduce the administrative and the arbitrators' fees according to his own discretion in consideration of the stage of the proceedings at the time of termination. If arbitral proceedings under the Vienna Investment Arbitration Rules are commenced before, during or after proceedings under the Vienna Investment Mediation Rules between the same parties and concerning the same subject matter, the Secretary General may apply this paragraph by analogy for the calculation of the arbitrators' fees.

(12) If proceedings under the Vienna Investment Mediation Rules are commenced before, during, or after arbitral proceedings under the Vienna Investment Arbitration Rules between the same parties and concerning the same subject matter, the administrative fees of the preceding proceedings shall be deducted from the administrative fees in the subsequently commenced proceedings.

(13) The fees listed in Annex 3 do not include value added tax, which may apply to the arbitrator's fees. Upon accepting their mandate, those arbitrators whose fees are subject to value added tax shall inform the Secretary General of the prospective amount of value added tax.

Miscellaneous Provisions

Expedited Proceedings

Article 45

(1) The supplementary rules on expedited proceedings apply if the parties have expressly included them in their arbitration agreement or if the parties subsequently agree on their application. Such party agreement on the conduct of expedited proceedings shall occur no later than the submission of the answer to the statement of claim.

(2) Unless the rules on expedited proceedings provide otherwise, the general

provisions of the Vienna Investment Arbitration Rules shall apply with the following deviations:

(3) The time limit for payment of the advance on costs pursuant to Article 42 shall be reduced to 15.

(4) Counterclaims or set-off-claims are admissible only until the expiry of the time limit for submission of the answer to the statement of claim.

(5) Expedited proceedings shall be conducted by a sole arbitrator, unless the parties have agreed on a panel of arbitrators.

(6) If the dispute is to be decided by a sole arbitrator, the parties shall jointly nominate a sole arbitrator within 15 days of receiving such a request from the Secretary General. If the parties fail to nominate the sole arbitrator within this time limit, the Board shall appoint the sole arbitrator.

(7) Where the dispute is to be decided by a panel of arbitrators, the claimant shall nominate an arbitrator in its statement of claim. The respondent shall nominate an arbitrator within 15 days of receipt of a request from the Secretary The arbitrators nominated by the parties shall nominate a chairperson within 15 days of receipt of a request from the Secretary General. If an arbitrator is not nominated within this time period, the Board shall appoint the arbitrator.

(8) The arbitral tribunal shall render a final award within six months of transmission of the file, unless the proceedings are prematurely terminated. The Secretary General may extend the time limit pursuant to a reasoned request from the arbitral tribunal or on its own initiative. Exceeding the time limit for the award will not render the arbitration agreement invalid or deprive the arbitral tribunal of its jurisdiction.

(9) The arbitration shall be administered in such a manner that the arbitral tribunal can render a final award within six months after the transmission of the file. Unless the arbitral tribunal determines otherwise, the following provisions shall apply:

9.1 After the submission of the statement of claim and the answer to the statement of claim, the parties will exchange only one further written submission.

9.2 The parties shall make all factual arguments in their written submissions and all written evidence shall be attached to the written submissions.

9.3 To the extent requested by a party or deemed necessary by the arbitral tribunal, the arbitral tribunal shall hold a single oral hearing, in which all evidence will be taken and all legal issues addressed.

9.4 No written submissions shall be filed after the oral hearing.

Disclaimer

Article 46

The liability of the arbitrator, the tribunal secretary, the Secretary General, the Deputy Secretary General, the Board and its members, as well as the Austrian Federal Economic Chamber and its employees for any act or omission in relation to the arbitration is excluded, unless such act or omission constitutes willful misconduct or gross negligence.

Entry Into Force

Article 47

The Vienna Investment Arbitration Rules shall enter into force on 1 July 2021.

Part Ⅱ
VIAC Rules of Investment Mediaton
Vienna Investment Mediation Rules

in force as of 1 July 2021

...

Part Ⅲ
Annexes to the VIAC Rules of Investment Arbitration and Mediation[1]

Annex 1
Model Clauses

Arbitration Clause

Parties may agree to submit to arbitration in accordance with the Vienna Investment Arbitration Rules any dispute, including under a contract, treaty, statute or other instrument and involving a State, State-controlled entity or intergovernmental organization.

Where the parties to a contract wish to submit a dispute to arbitration in accordance with the Vienna Investment Arbitration Rules, they may insert in the contract an arbitration clause in the following form:

Model Arbitration Clause for Contracts

All disputes or claims arising out of or in connection with this contract, including disputes relating to its validity, breach, termination or nullity, shall be finally settled under the Rules of Investment Arbitration (Vienna Investment Arbitration Rules) of the Vienna International Arbitral Centre (VIAC) of the Austrian Federal Economic Chamber by one or three arbitrators appointed in accordance with the said Rules.

Parties may wish to stipulate the following in the arbitration clause:

(1) the number of arbitrators (one or three) (Article 17 Vienna Investment Arbitration Rules);

(2) the language(s) to be used in the arbitral proceedings (Article 26 Vienna Investment Arbitration Rules);

---

[1] The Annexes 1 – 5 are an integral part of the VIAC Rules of Investment Arbitration and to the VIAC Rules of Investment Mediation.

(3) the substantive law applicable to the contractual relationship, the substantive law applicable to the arbitration agreement (Article 27 Vienna Investment Arbitration Rules), and the rules applicable to the proceedings (Article 28 Vienna Investment Arbitration Rules);

(4) the place of arbitration (Article 25 Vienna Investment Arbitration Rules);

(5) the applicability of the provisions on expedited proceedings (Article 45 Vienna Investment Arbitration Rules);

(6) the scope of the arbitrators' confidentiality (Article 16 paragraph 2 Vienna Investment Arbitration Rules) and its extension regarding parties, representatives and experts.

(7) If the parties wish to conduct Arb-Med-Arb proceedings, the following addition to the model arbitration clause should be included:

Furthermore, the parties agree to jointly consider, after due initiation of the arbitration, to conduct proceedings in accordance with the Mediation Investment Rules of the Vienna International Arbitral Centre (VIAC) of the Austrian Federal Economic Chamber (Vienna Investment Mediation Rules). Settlements that are generated in such proceedings shall be referred to the arbitral tribunal appointed in the arbitration. The arbitral tribunal may render an award on agreed terms reflecting the content of the settlement (Article 37 paragraph 1 Vienna Investment Arbitration Rules).

Mediaton Clauses

Parties may agree to submit to mediation or other alternative dispute resolution methods in accordance with the Vienna Investment Mediation Rules any dispute, including under a contract, treaty, statute or other instrument and involving a State, State-controlled entity or intergovernmental organization.

Where the parties to a contract wish to submit a dispute to mediation or other alternative dispute resolution methods in accordance with the Vienna Investment Mediation Rules, they may insert in the contract a mediation clause in one of the following forms:

Model Clause 1: Optional Mediation

Regarding all disputes or claims arising out of or in connection with this contract, including disputes relating to its validity, breach, termination or nullity, the parties agree to jointly consider proceedings in accordance with the Rules of Investment Mediation (Vienna Investment Mediation Rules) of the Vienna International Arbitral Centre (VIAC) of the Austrian Federal Economic Chamber.

Model 2: Obligation to Refer Disputes to Mediation followed by Arbitration

All disputes or claims arising out of or in connection with this contract, including disputes relating to its validity, breach, termination or nullity, shall first be submitted-to proceedings in accordance with the Rules of Investment Mediation (Vienna Investment Mediation Rules) of the Vienna International Arbitral Centre (VIAC) of the Austrian Federal Economic Chamber.

In the event that within a period of [60][1] days from commencing proceedings under the Vienna Investment Mediation Rules the dispute or claims are not resolved, they shall be finally settled under the Rules of Investment Arbitration (Vienna Investment Arbitration Rules) of VIAC by one or three arbitrators appointed in accordance with the said Rules.[2]

Model 3: Obligation to Refer a Present Dispute to Mediation

The parties agree that the present dispute shall be submitted to proceedings in accordance with the Rules of Investment Mediation (Vienna Investment Mediation Rules) of the Vienna International Arbitral Centre (VIAC) of the Austrian Federal Economic Chamber. The proceedings shall be initiated by submitting a joint request. The registration fee shall be borne by the parties in equal shares.

Parties may wish to stipulate the following in the mediation clause:

(1) the number of mediators or other third-party neutrals (e. g. one or two);

(2) the language(s) to be used in the proceedings (Article 6 Vienna Investment

---

[1] Or a different period of time agreed upon in writing by the parties.

[2] See the optional supplementary agreements for arbitration clauses.

Mediation Rules);

(3) the substantive law applicable to the contractual relationship, the substantive law applicable to the mediation agreement, and the rules applicable to the proceedings (Article 1 paragraph 3 Vienna Investment Mediation Rules);

(4) the admissibility of parallel proceedings (Article 10 Vienna Investment Mediation Rules);

(5) the interruption of the statute of limitations or waiver to invoke the statute of limitations for a specific period of time.

Model Clause for VIAC as Appointing Authority

It is recommended that parties wishing to select VIAC as appointing authority pursuant to Annex 4 insert the following wording in their arbitration/mediation clause:

The Vienna International Arbitral Centre (VIAC) of the Austrian Federal Economic Chamber shall act as appointing authority in accordance with Annex 4 to the VIAC Rules of Investment Arbitration and Investment Mediation.

Model Clause for VIAC as Administering Authority

It is recommended that parties wishing to select VIAC as administering authority pursuant to Annex 5 insert the following wording in their arbitration/mediation clause:

The Vienna International Arbitral Centre (VIAC) of the Austrian Federal Economic Chamber shall act as administering authority in accordance with Annex 5 to the VIAC Rules of Investment Arbitration and Investment Mediation.

Annex 2

n. a.

Annex 3
Schedule of Fees[1]

Registration Fee[2]

Amount in dispute in EUR		Rate in EUR
from	to	
	25, 000	500
25, 001	75, 000	1000
over 75, 000		1500

Administrative Fee[3]

Amount in dispute in EUR		Rate in EUR
from	to	
	25, 000	500
25, 001	75, 000	1000
75, 001	100, 000	1500
100, 001	200, 000	3250 + 1.875% of amt. over 100, 000
200, 001	500, 000	5125 + 1.250% of amt. over 200, 000
500, 001	1, 000, 000	9125 + 0.875% of amt. over 500, 000
1, 000, 001	2, 000, 000	13, 500 + 0.500% of amt. over 1, 000, 000
2, 000, 001	15, 000, 000	18, 500 + 0.150% of amt. over 2, 000, 000
15, 000, 001	40, 000, 000	38, 000 + 0.058% of amt. over 15, 000, 000
over 40, 000, 000		52, 500 + 0.045% of amt. over 40, 000, 000 in total max. 75, 000(52, 500 + 22, 500)

〔1〕 See the cost calculator on the VIAC-Website.

〔2〕 See Article 10 Vienna Investment Arbitration Rules, Article 4 Vienna Investment Mediation Rules.

〔3〕 See Article 44 paragraphs 2 and 4 Vienna Investment Arbitration Rules, Article 8 paragraph 5 Vienna Investment Mediation Rules.

Fee for Sole Arbitrator[1]

Amount in dispute in EUR		Rate in EUR
from	to	
	100, 000	6% ,minimum fee 3000
100, 001	200, 000	6000 +3% of amt. over 100, 000
200, 001	500, 000	9000 +3. 10% of amt. over 200, 000
500, 001	1, 000, 000	18, 300 +2. 30% of amt. over 500, 000
1, 000, 001	2, 000, 000	29, 800 +1. 10% of amt. over 1, 000, 000
2, 000, 001	5, 000, 000	40, 800 +0. 66% of amt. over 2, 000, 000
5, 000, 001	10, 000, 000	60, 600 +0. 45% of amt. over 5, 000, 000
10, 000, 001	20, 000, 000	83, 100 +0. 21% of amt. over 10, 000, 000
20, 000, 001	100, 000, 000	104, 100 +0. 088% of amt. over 20, 000, 000
100, 000, 001	500, 000, 000	174, 500 +0. 031% of amt. over 100, 000, 000
over 500, 000, 000		298, 500 +0. 01% of amt. over 500, 000, 000

Annex 4
VIAC as Appointing Authority

VIAC may be designated to act as appointing authority in ad hoc proceedings.

VIAC as Appointing Authority

Article 1

(1) VIAC may be designated as appointing authority in accordance with this Annex 4 by contract, law, treaty, agreement of the parties to the dispute or by the Secretary-General of the Permanent Court of Arbitration at The Hague.

(2) VIAC may provide the following services as appointing authority:

[1] See Article 44 paragraphs 2, 4, 8 and 11 Vienna Investment Arbitration Rules in particular.

2.1 appointment of arbitrators or other third-party neutrals;

2.2 appointment of substitute arbitrators and other third-party neutrals;

2.3 appointment of experts;

2.4 decision on challenges of arbitrators;

2.5 assistance in fixing the fees and expenses of arbitrators and other third-party-neutrals, as well as review of such fees and expenses;

2.6 advisory comments regarding advances on costs.

(3) Unless the parties have agreed otherwise, when requested to appoint an arbitrator, VIAC will follow the procedure set out in Articles 16 – 18 Vienna Investment Arbitration Rules and, when requested to appoint another third party neutral, the procedure set out in Article 7 Vienna Investment Mediation Rules, respectively.

(4) When requested to decide a challenge of an arbitrator, and unless otherwise agreed by the parties, VIAC will follow the challenge procedure set out in Articles 20 et seqq. Vienna Investment Arbitration Rules.

Request

Article 2

(1) A request shall be submitted to VIAC in accordance with Article 12 Vienna Investment Arbitratin Rules and must be:

1.1 in writing in one of the languages of correspondence of VIAC (English or German);

1.2 dated;

1.3 signed by the requesting party/parties or its/their duly authorized representative(s). If the request is signed by a representative, it must enclose proof of the authorization, e. g. a power of attorney or a letter of engagement.

(2) A request shall include the following information:

2.1 a description of the requested type of appointment service as described in Article 1 paragraph 2;

2.2 a description of the nature of the dispute;

2.3 a copy of the statement of claim or other initial written submission, the answer to the statement of claim or any responses thereto from the other party/parties, as well as any further relevant submissions or correspondence by the parties;

2.4 the dispute resolution clause and the provision designating VIAC as appointing authority;

2.5 the full names, addresses, including electronic mail addresses, and other contact details of the parties and their representatives, and any comment on the parties' nationalities;

2.6 the name and nationality of any arbitrator/third-party neutral/expert already appointed, if any, information on the method of appointment, and any declaration made by them;

2.7 language(s) of the proceedings.

Costs

Article 3

(1) If VIAC is requested to act as appointing authority under this Annex, the requesting party/parties shall pay a non-refundable fee in the amount of EUR3,000 for each service requested. A request will be processed only after full payment of this fee.

(2) In exceptional circumstances, VIAC may deviate from the amounts set out in paragraph 1 of this Article.

Disclaimer

Article 4

The liability of the arbitrator, the other third party neutral, the tribunal secretary, the Secretary General, the Deputy Secretary General, the Board and its members, as well as the Austrian Federal Economic Chamber and its employees for any act or omission in relation to the proceedings is excluded, unless such act or omission constitutes willful misconduct or gross negligence.

Annex 5
Viac as Administering Authority

VIAC may be designated to act as administering authority in ad hoc proceedings.

VIAC as Administering Authority

Article 1

(1) In arbitrations governed by the UNCITRAL Arbitration Rules or other ad hoc arbitrations or other ad hoc alternative dispute resolution proceedings, VIAC acts as administering authority in accordance with this Annex 5 if the parties have agreed that the proceedings shall be administered by VIAC.

(2) VIAC may provide the following administrative services:

2.1 Support services, including

i. maintenance of a case file of written communications and submissions;

ii. facilitating communications, with the possibility to opt in for access to the VIAC Platform ("VIAC Portal");

iii. arrangements for meetings and hearings:

—assisting in establishing the date, time, and place of meetings and hearings;

—arranging meeting/hearing rooms at the premises of the Austrian Federal Economic Chamber, including technical equipment and logistical support;

—organizing in-house luncheons and catering services;

—assisting with further logistical organization, e.g. identifying and engaging court reporters or interpreters;

—facilitating entry visas when required;

iv. services with respect to the storage of files, including arbitral awards.

2.2 Administration of costs, including holding deposits from the parties as advances on costs of the proceedings and handling payments to arbitrators and services providers.

2.3 Services as appointing authority as described in Article 1 of Annex 4.

Request

Article 2

(1) A request shall be submitted to VIAC in accordance with Article 12 Vienna Investment Arbitration Rules and must be:

1.1 in writing in one of the languages of correspondence of VIAC (English or German);

1.2 dated;

1.3 signed by the requesting party/parties or its/their duly authorized representative(s). If the request is signed by a representative, it must enclose proof of the authorization, e.g. a power of attorney or a letter of engagement.

(2) The Secretary General may require additional information depending on the services requested.

Costs

Article 3

(1) If VIAC is requested to act as administrative authority under Article 1 of this Annex 5, the requesting party/parties shall pay a registration fee net of any charges in the amount stipulated in Annex 3. The registration fee is non-refundable and shall not be deducted from the paying party's advance on costs. A request will be processed only after full payment of the registration fee.

(2) Depending on the administrative services requested, the following administrative fees apply:

2.1 For full administrative services, VIAC charges its standard administrative fees as per Annex 3 depending on the amount in dispute. The amount in dispute shall be calculated based on the cost provisions of the Vienna Investment Arbitration Rules or Vienna Investment Mediation Rules, depending on the nature of dispute.

2.2. For selected administrative services, VIAC reduces its administrative fees accordingly.

2.3 In principle, VIAC's services as administrative authority are split into three categories. For each category, a third of the standard administrative fees as per Annex 3 will be charged, depending on the amount in dispute:

i. support services as described in Article 1 paragraph 2.1 of this Annex 5;

ii. services as administrator for costs as described in Article 1 paragraph 2.2 of this Annex 5;

iii. services as appointing authority as described in Article 1 paragraph 2 of Annex 4.

2.4 In any case, the minimum administrative fees are EUR3,000.

(3) The advance on costs for the administrative fees must be paid in full before VIAC starts to provide the respective services.

(4) All advances on costs in an arbitration are subject to the advance on costs provision under the VIAC Rules of Investment Arbitration (Article 42), or when administrative services are requested in other alternative dispute resolution proceedings, the VIAC Rules of Investment Mediation (Article 8), respectively. All advances on costs may be drawn upon by VIAC at any stage during or after the proceedings to cover the costs incurred in such proceedings. Funds are disbursed on the order of the arbitral tribunal or, in case of other ad hoc alternative resolution proceedings the other third-party neutral, only.

(5) In exceptional circumstances, VIAC may deviate from the amounts set out in paragraph 2 of this Article.

Disclaimer

Article 4

The liability of the arbitrator, the other third party neutral, the tribunal secretary, the Secretary General, the Deputy Secretary General, the Board and its members, as wellas the Austrian Federal Economic Chamber and its employees for any act or omission in relation to the proceedings is excluded, unless such act or omission constitutes willful misconduct or gross negligence.

附录五　肯尼亚主要仲裁立法

(一)仲裁法(英文版)

The Arbitration (Amendment) Act (No. 11 of 2009)

Short title and commencement

1. This Act may be cited as the Arbitration (Amendment) Act, 2009 and shall come into operation on such date as the Minister may, by notice in the Gazette, appoint.

Amendment of section 3 of No. 4 of 1995

2. Section 3 of the Arbitration Act 1995, in this Act referred to as "the principal Act", is amended—

(a) in subsection (2), by deleting paragraphs (a), (b) and (c) and substituting therefor the following new paragraphs—

(a) where the arbitration is between individuals, the parties are nationals of Kenya or are habitually resident in Kenya;

(b) where the arbitration is between bodies corporate, the parties are incorporated in Kenya or their central management and control are exercised in Kenya;

(c) where the arbitration is between an individual and a body corporate

(i) the party who is an individual is a national of Kenya or is habitually resident in Kenya; and

(ii) the party that is a body corporate is incorporated in Kenya or its central management and control are exercised in Kenya; or

(d) the place where a substantial part of the obligations of the commercial relationship is to be performed, or the place with which the subject-matter of the dispute is most closely connected, is Kenya.

(b) in subsection (3), by deleting paragraph (b) (i) and substituting therefor the following new subparagraph—

(i) the juridical seat of arbitration is determined by or pursuant to the arbitration agreement; or

(c) in subsection (5), by deleting the expression "section 31" and substituting therefor the expression "section 29".

Amendment of section 4 of No. 4 of 1995

3. Section 4 of the principal Act is amended in subsection (3) (b) by inserting after the word "telegram" the words "facsimile, electronic mail".

Amendment of section 5 of No. 4 of 1995

4. Section 5 of the principal Act is amended—

(a) by deleting the word "by" appearing immediately after the words, "who knows" and substituting therefor the word "that";

(b) by deleting the words "shall be" appearing immediately before the word "deemed" and substituting therefor the word "is".

Amendment of section 6 of No. 4 of 1995

5. Section 6 of the principal Act is amended—

(a) in subsection (1), by deleting the words "files any pleadings or takes any other step in the proceedings" and substituting therefor the words "or otherwise acknowledges the claim against which the stay of proceedings is sought".

(b) by deleting subsection (2) and substituting therefor the following new subsections—

(2) Proceedings before the court shall not be continued after an application under subsection (1) has been made and the matter remains undetermined.

(3) If the court declines to stay legal proceedings, any provision of the arbitration agreement to the effect that an award is a condition precedent to the bringing of legal proceedings in respect of any matter is of no effect in relation to those proceedings.

Replacement of section 9 of No. 4 of 1995

6. The principal Act is amended by repealing section 9 and replacing it with the following new section—

Receipt of written communications.

9. (1) Unless otherwise agreed in writing between the parties, any communication made pursuant to or for the purposes of an arbitration agreement

(a) being a communication effected by facsimile or electronic mail—

(i) is deemed to have been received if it is transmitted to a facsimile number or electronic mailing address, as the case may be, specified by the addressee as his number or address for service; and

(ii) is deemed to have been received on the day on which it is so transmitted; or

(b) in any other case—

(i) is deemed to have been received if it is delivered to the addressee personally or if it is delivered at his place of business, habitual residence or mailing address; and

(ii) is deemed to have been received on the day on which it was so delivered.

(2) Where, after reasonable inquiry, a place of business or residential address specified by the addressee cannot be found, or where such a place or address, or any mailing address, facsimile number or electronic mailing address so specified appears never to have been, or to be no longer, that of the addressee, a written communication—

(a) is deemed to have been received if it is sent to the addressee's last known place of business, residential address or mailing address, or last known facsimile number or electronic mailing address, or by any other means that provides a record of the attempt to deliver or transmit the communication; and

(b) is deemed to have been received on the date specified in that record.

(3) This section does not apply to the service of documents for the purpose of legal proceedings for which provision is made by rules of court.

Amendment of section 11 of No. 4 of 1995

7. Section 11 of the principal Act is amended by inserting the following new sub-

section immediately after subsection (2)—

(3) Where an arbitration agreement provides that the reference shall be to two arbitrators, then, unless a contrary intention is expressed in the agreement, the agreement is deemed to include a provision that the two arbitrators shall appoint a third arbitrator immediately after they are themselves appointed.

Amendment of section 12 of No. 4 of 1995

8. Section 12 of the principal Act is amended—

(a) in subsection (2)—

(i) by inserting the words "and any chairman" immediately after the words "arbitrator or arbitrators";

(ii) by deleting paragraph (b) and substituting therefor the following new paragraphs—

(b) in an arbitration with two arbitrators, each party shall appoint one arbitrator; and

(c) in an arbitration with one arbitrator, the parties shall agree on the arbitrator to be appointed.

(b) by deleting subsection (3), (4) and (5) and substituting therefor the following new subsections—

(3) Unless the parties otherwise agree, where each of two parties to an arbitration agreement is to appoint an arbitrator and one party ("the party in default")—

(a) has indicated that he is unwilling to do so;

(b) fails to do so within the time allowed under the arbitration agreement; or

(c) fails to do so within fourteen days (where the arbitration agreement does not limit the time within which an arbitrator must be appointed by a party), the other party, having duly appointed an arbitrator, may give notice in writing to the party in default that he proposes to appoint his arbitrator to act as sole arbitrator.

(4) If the party in default does not, within fourteen days after notice under subsection (3) has been given—

(a) make the required appointment; and

(b) notify the other party that he has done so, the other party may appoint his arbitrator as sole arbitrator, and the award of that arbitrator shall be binding on both parties as if he had been so appointed by agreement.

(5) Where a sole arbitrator has been appointed under subsection (4), the party in default may, upon notice to the other party, apply to the High Court within fourteen days to have the appointment set aside.

(6) The High Court may grant an application under subsection (5) only if it is satisfied that there was good cause for the failure or refusal of the party in default to appoint his arbitrator in due time.

(7) The High Court, if it grants an application under subsection (5), may, by consent of the parties or on the application of either party, appoint a sole arbitrator.

(8) A decision of the High Court in respect of a matter under this section shall be final and not be subject to appeal.

(9) by renumbering subsection (6) as subsection (9).

Amendment of section 13 of No. 4 of 1995

9. Section 13 of the principal Act is amended in subsection (3) by adding the following words immediately after the word "parties" appearing at the end there of—

or if he is physically or mentally incapable of conducting the proceedings or there are justifiable doubts as to his capacity to do so.

Amendment of section 14 of No. 4 of 1995

10. Section 14 of the principal Act is amended by deleting subsection (3) and substituting therefor the following subsections—

(3) If a challenge under agreed procedure or under subsection (2) is unsuccessful, the challenging party may, within 30 days after being notified of the decision to reject the challenge, apply to the High Court to determine the matter.

(4) On an application under subsection (3), the arbitrator who was challenged shall be entitled to appear and be heard before the High Court determines the application.

(5) The High Court may confirm the rejection of the challenge or may uphold the

challenge and remove the arbitrator.

(6) The decision of the High Court on such an application shall be final and shall not be subject to appeal.

(7) Where an arbitrator is removed by the High Court under this section, the court may make such order as it thinks fit with respect to his entitlement (if any) to fees or expenses or the repayment of any fees or expenses already paid.

(8) While an application under subsection (3) is pending before the High Court, the parties may commence, continue and conclude arbitral proceedings, but no award in such proceedings shall take effect until the application is decided, and such an award shall be void if the application is successful.

Amendment of section 15 of No. 4 of 1995

11. Section 15 of the principal Act is amended in subsection (1)—

(a) by deleting the words "act without undue delay" appearing in paragraph (a) and substituting therefor the words "conduct the proceedings properly and with reasonable dispatch";

(b) by inserting the words "in writing" immediately after the word "agree" appearing in paragraph (c).

Amendment of section 16 of No. 4 of 1995

12. Section 16 of the principal Act is amended—

(a) in subsection (2)—

(i) by deleting the words "presiding arbitrator" appearing in paragraph (a) and substituting therefor the words "the Chairman of the arbitral tribunal";

(ii) by deleting the words "presiding arbitrator" appearing in paragraph (b) and substituting therefor the Chairman of the arbitral tribunal";

(b) by inserting the following new subsection immediately after subsection (3)—

(4) The Authority of an arbitrator is personal and ceases on his death.

Insertion of sections 16A and 16B in No. 4 of 1995

13. The principal Act is amended by inserting, the following new sections imme-

diately after section 16—

Withdrawal of arbitrator.

16A. (1) Unless otherwise agreed by the parties, an arbitrator who withdraws from his office may, if prior notice has been given to the parties, apply to the High Court—

(a) to grant him relief from any liability thereby incurred by him; and

(b) to make such order as the court thinks fit with respect to the his entitlement (if any) to fees or expenses or the repayment of any fees or expenses already paid.

(2) Where the High Court is satisfied that, in the circumstances, it was reasonable for the arbitrator to resign, it may grant relief on such terms as it may think fit.

(3) The decision of the High Court shall be final and shall not be subject to appeal.

Immunity of arbitrator.

16B. (1) An arbitrator shall not be liable for anything done or omitted to be done in good faith in the discharge or purported discharge of his functions as an arbitrator.

(2) Subsection (1) shall extend to apply to a servant or agent of an arbitrator in respect of the discharge or purported discharge by such a servant or agent, with due authority and in good faith, of the functions of the arbitrator.

(3) Nothing in this section affects any liability incurred by an arbitrator by reason of his resignation or withdrawal.

Amendment of section 17 of No. 4 of 1995

14. Section 17 of the principal Act is amended—

(a) in subsection (1), by deleting the words “independent agreement” appearing in paragraph (a) and substituting therefor the words “agreement independent”;

(b) in subsection (8), by deleting all the words appearing immediately after the words “High Court” and substituting therefor the following words—

the parties may commence, continue and conclude arbitral proceedings, but no award in such proceedings shall take effect until the application is decided, and such award shall be void if the application is successful.

Amendment of section 18 of No. 4 of 1995

15. Section 18 of the principal Act is amended by deleting subsection (1) and by substituting therefor the following new subsection—

(1) Unless the parties otherwise agree, an arbitral tribunal may, on the application of a party—

(a) order any party to take such interim measure of protection as the arbitral tribunal may consider necessary in respect of the subject-matter of the dispute, with or without an ancillary order requiring the provision of appropriate security in connection with such a measure; or

(b) order any party to provide security in respect of any claim or any amount in dispute; or

(c) order a claimant to provide security for costs.

Amendment of section 19 of No. 4 of 1995

16. Section 19 of the principal Act is amended by deleting the words "be given full opportunity of presenting his case" and substituting therefor the words and the expression "subject to section 20, be given a fair and reasonable opportunity to present his case".

Insertion of section 19A in No. 4 of 1995

17. The principal Act is amended by inserting the following new section immediately after section 19—

General duty of parties.

19A. The parties to arbitration shall do all things necessary for the proper and expeditious conduct of the arbitral proceedings.

Amendment of section 20 of No. 4 of 1995

18. Section 20 of the principal Act is amended—

(a) by deleting subsection (2) and substituting therefor the following new subsection—

(2) Failing an agreement under subsection (1), the arbitral tribunal may conduct

the arbitration in the manner it considers appropriate, having regard to the desirability of avoiding unnecessary delay or expense while at the same time affording the parties a fair and reasonable opportunity to present their cases.

(b) in subsection (3), by adding the following words immediately after the word "evidence" appearing at the end thereof—

and to determine at what point an argument or submission in respect of any matter has been fairly and adequately put or made;

(c) by inserting a new subsection immediately after subsection (4) as follows—

(5) The tribunal may direct that a party or witness shall be examined on oath or affirmation and may for that purpose administer or take the necessary oath or affirmation.

Amendment of section 21 of No. 4 of 1995

19. Section 21 of the principal Act is amended—

(a) in subsection (1), by deleting the words "place of arbitration" and substituting therefor the words "juridical seat of arbitration and the location of any hearing or meeting";

(b) in subsection (3), by deleting the word "place" and substituting therefor the word "location".

Amendment of section 26 of No. 4 of 1995

20. Section 26 of the principal Act is amended—

(a) in paragraph (c), by deleting the words "any party which" and substituting therefor the words "a party";

(b) by inserting the following new paragraphs immediately after paragraph (d)—

(e) a party fails to comply with any order or direction of the tribunal, the tribunal may make a peremptory order to the same effect, prescribing a time for compliance with the order;

(f) a party fails to comply with a peremptory order of the tribunal to provide security for costs, the tribunal may make an award dismissing his claim;

(g) a party fails to comply with any other peremptory order, the tribunal may—

(i) direct that the party in default shall not be entitled to rely on any allegation or material that was the subject-matter of the order;

(ii) draw such adverse inferences from the noncompliance as the circumstances justify;

(iii) proceed to an award on the basis of such materials as have been properly provided to it;

(iv) make such order as it thinks fit as to the payment of costs of the arbitration incurred as a result of the noncompliance.

Amendment of section 27 of No. 4 of 1995

21. Section 27 of the principal Act is amended—

(a) in subsection (2), by deleting the word "so" appearing immediately after the words "if a party";

(b) in subsection (3), by deleting the word "was" appearing before the words "provided to him" and substituting therefor the word "were".

Amendment of section 30 of No. 4 of 1995

22. Section 30 of the principal Act is amended in subsection (2), by deleting the words "a presiding arbitrator" and substituting therefor the words "the Chairman".

Amendment of section 32 of No. 4 of 1995

23. Section 32 of the principal Act is amended—

(a) in subsection (2), by deleting the words "is stated" and substituting therefor the words "are stated";

(b) in subsection (4), by deleting the word "place" wherever it occurs and substituting therefor the words "juridical seat";

(c) in subsection (5) by inserting the words "subject to section 32 B" immediately before the word "after";

(d) by deleting subsection (6) and substituting therefor the following new subsection—

(6) An arbitral tribunal may, at any time, make a partial award by which some,

but not all, of the issues between the parties are determined, and the provisions of this Act applying to awards of an arbitral tribunal shall, except in so far as a contrary intention appears, apply in respect of such partial award.

Insertion of sections 32A, 32B, and 32C in No. 4 of 1995

24. The principal Act is amended by inserting the following new sections immediately after section 32—

Effect of award.

32A. Except as otherwise agreed by the parties, an arbitral award is final and binding upon the parties to it, and no recourse is available against the award otherwise than in the manner provided by this Act.

Costs and expenses.

32B. (1) Unless otherwise agreed by the parties, the costs and expenses of an arbitration, being the legal and other expenses of the parties, the fees and expenses of the arbitral tribunal and any other expenses related to the arbitration, shall be as determined and apportioned by the arbitral tribunal in its award under this section, or any additional award under section 34(5).

(2) Unless otherwise agreed by the parties, in the absence of an award or additional award determining and apportioning the costs and expenses of the arbitration, each party shall be responsible for the legal and other expenses of that party and for an equal share of the fees and expenses of the arbitral tribunal and any other expenses relating to the arbitration.

(3) The arbitral tribunal may withhold the delivery of an award to the parties until full payment of the fees and expenses of the arbitral tribunal is received.

(4) If the arbitral tribunal has, under subsection (3), withheld the delivery of an award, a party to the arbitration may, upon notice to the other party and to the arbitral tribunal, and after payment into court of the fees and expenses demanded by the arbitral tribunal, apply to the High Court for an order directing the manner in which the fees and expenses properly payable to the arbitral tribunal shall be determined.

(5) The fees and expenses found to be properly payable pursuant to such an order

shall be paid out of the moneys paid into court and the balance of those moneys, if any, shall be refunded to the applicant.

(6) The decision of the High Court on an application under subsection (4) shall be final and not subject to appeal.

(7) The provisions of subsections (3) to (6) have effect notwithstanding any agreement to the contrary made between the parties.

Interest.

32C. Unless otherwise agreed by the parties, to the extent that the rules of law applicable to the substance of the dispute permit, an arbitral award may include provision for the payment of simple or compound interest calculated from such date, at such rate and with such rests as may be specified in the award.

Amendment of section 34 of No. 4 of 1995

25. Section 34 of the principal Act is amended—

(a) in subsection (1)—

(i) by deleting the words "may request" and substituting therefor the words "may, upon notice in writing to the other party, request";

(ii) by deleting paragraph (b) and substituting therefor the following new paragraph—

(b) a party may, upon notice in writing to the other party, request the arbitral tribunal to clarify or remove any ambiguity concerning specific point or part of the arbitral award.

(b) by deleting subsection (2) and substituting therefor the following subsection—

(2) If the tribunal considers a request made under subsection (1) to be justified it shall, after giving the other party 14 days to comment, make the correction or furnish the clarification within 30 days whether the comments have been received or not, and the correction or clarification shall be deemed to be part of the award.

(c) in subsection (4), by inserting the words "upon notice in writing to the other party" immediately after the words "a party may".

Amendment of section 35 of No. 4 of 1995

26. Section 35 of the principal Act is amended—

(a) in subsection (2)—

(i) by deleting the words "law of Kenya" appearing in subparagraph (a)(ii) and substituting therefor the words "laws of Kenya";

(ii) by inserting the following new paragraph immediately after paragraph (v)—

(vi) the making of the award was induced or affected by fraud, bribery, undue influence or corruption;

(b) in subsection (3), by deleting the expression "section 36" and substituting therefor the expression "section 34";

(c) in subsection (4), by inserting the word "if" immediately after the words "appropriate and".

Replacement of section 36 of No. 4 of 1995

27. The principal Act is amended by repealing section 36 and replacing it with the following new section—

Recognition and enforcement of awards.

36. (1) A domestic arbitral award, shall be recognized as binding and, upon application in writing to the High Court, shall be enforced subject to this section and section 37.

(2) An international arbitration award shall be recognised as binding and enforced in accordance to the provisions of the New York Convention or any other convention to which Kenya is signatory and relating to arbitral awards.

(3) Unless the High Court otherwise orders, the party relying on an arbitral award or applying for its enforcement must furnish—

(a) the original arbitral award or a duly certified copy of it; and

(b) the original arbitration agreement or a duly certified copy of it.

(4) If the arbitral award or arbitration agreement is not made in the English language, the party shall furnish a duly certified translation of it into the English language.

(5) In this section, the expression "New York Convention" means the Convention on the Recognition and Enforcement of Foreign Arbitral Awards adopted by the United Nations General Assembly in New York on the 10th June, 1958, and acceded to by Kenya on the 10th February, 1989, with a reciprocity reservation.

Amendment of section 37 of No. 4 of 1995

28. Section 37(1) of the principal Act is amended in paragraph (a) by inserting the following new subparagraph immediately after paragraph (vi)—

(vii) the making of the arbitral award was induced or affected by fraud, bribery, corruption or undue influence.

Amendment of section 39 of No. 4 of 1995

29. Section 39 of the principal Act is amended—

(a) in subsection (2), by deleting the words "may, as appropriate" appearing immediately after the words "the High Court" and substituting therefor the word "shall";

(b) in subsection (3)

(i) by deleting the word "and" appearing at the end of paragraph (a) and substituting therefor the words "prior to the delivery of the arbitral award; or";

(ii) by deleting paragraph (b) and substituting therefor the following new paragraph—

(b) the Court of Appeal, being of the opinion that a point of law of general importance is involved the determination of which will substantially affect the rights of one or more of the parties, grants leave to appeal, and on such appeal the Court of Appeal may exercise any of the powers which the High Court could have exercised under subsection (2).

Transitional provision

30. The amendments made to the principal Act by this Act shall not affect any arbitral proceedings commenced before the commencement of this Act, but shall have effect in relation to any such proceedings afterward commenced, whether the arbitration agreement that gave rise to them was entered into before or after the commence-

ment of this Act.

References

#)

For a copy of previous version of this document, should this be available, please contact customer support

*)

Act No. 11 of 2009, in effect from 15 April 2010

(二)内罗毕国际仲裁中心法(英文版)

Nairobi Centre for International Arbitration Act

(No. 26 of 2013)

Part Ⅰ—Preliminary

1. Short title

This Act may be cited as the Nairobi Centre for International Arbitration Act,2013.

2. Interpretation

(1) In this Act, unless the context otherwise requires—

"**Board**" means the Board of Directors constituted under section 6;

"**Cabinet Secretary**" means the Attorney-General;

"**Centre**" means the Nairobi Centre for International Arbitration established under section 4;

"**chairperson**" means the chairperson of the Board appointed under section 6;

"**Court**" means the Arbitral Court established under section 21;

"**Fund**" means the General Fund established by section 17;

"**Registrar**" means the chief executive officer of the Centre appointed under section 9; and

"**Rules**" means the rules made under section 25.

(2) Despite subsection (1), until after the first election under the Constitution, references in this Act to the expressions "Cabinet Secretary" and "Principal Secretary" shall be construed to mean "Minister" and "Permanent Secretary", respectively.

3. Act to prevail

Where there is any conflict or inconsistency between this Act and the provisions of any other Act in matters relating to the purpose of this Act, this Act shall prevail.

Part Ⅱ—The Nairobi Centre for International Arbitration

4. Establishment of the Centre

(1) There is established a centre to be known as the Nairobi Centre for International Arbitration.

(2) The Centre shall be a body corporate with perpetual succession and a common seal and shall in its corporate name, be capable of—

(a) suing and being sued;

(b) taking, purchasing or otherwise acquiring, holding, charging, leasing or disposing of moveable or immovable property;

(c) borrowing money;

(d) doing or performing all such other acts necessary for the proper performance of its functions under this Act which may lawfully be done or performed by a body corporate.

(3) The headquarters of the Centre shall be in Nairobi.

5. Functions of the Centre

The functions of the Centre shall be to—

(a) promote, facilitate and encourage the conduct of international commercial arbitration in accordance with this Act;

(b) administer domestic and international arbitrations as wellas alternative dispute resolution techniques under its auspices;

(c) ensure that arbitration is reserved as the dispute resolution process of choice;

(d) develop rules encompassing conciliation and mediation processes;

(e) organize international conferences, seminars and training programs for arbitrators and scholars;

(f) coordinate and facilitate, in collaboration with other lead agencies and non-State actors, the formulation of national policies, laws and plans of action on alternative dispute resolution and facilitate their implementation, enforcement, continuous review, monitoring and evaluation;

(g) maintain proactive co-operation with other regional and internationalinstitutions in areas relevant to achieving the Centre's objectives;

(h) in collaboration with other public and private agencies, facilitate, conduct, promote and coordinate research and dissemination of findings on data on arbitration and serve as repository of such data;

(i) establish a comprehensive library specializing in arbitration and alternative dispute resolution;

(j) provide*ad hoc* arbitration by facilitating the parties with necessary technical and administrative assistance at the behest of the parties;

(k) provide advice and assistance for the enforcement and translation of arbitral awards;

(l) provide procedural and technical advice to disputants;

(m) provide training and accreditation for mediators and arbitrators;

(n) educate the public on arbitration as well as other alternative dispute resolution mechanisms;

(o) enter into strategic agreements with other regional and international bodies for purposes of securing technical assistance to enable the Centre to achieve its objectives;

(p) provide facilities for hearing, transcription and other technological services;

(q) hold, manage and apply the Fund in accordance with the provisions of this Act; and

(r) perform such other functions as may be conferred on it by this Act or any other written law.

6. Board of Directors

(1) The Centre shall be administered by a Board of Directors which shall consist of—

(a) a non-executive chairperson appointed by the President on the recommendation of the Cabinet Secretary from amongst the members appointed under paragraph (e);

(b) the Attorney-General or his representative;

(c) the Principal Secretary in the ministry for the time being responsible for matters relating to finance or his representative;

(d) the Chief Registrar of the High Court or his representative;

(e) three members, not being public officers, nominated by domestic arbitration bodies within the East African region, appointed by the Cabinet Secretary;

(f) one person each nominated by the following bodies respectively—

(i) the Kenya National Chamber of Commerce and Industry;

(ii) Law Society of Kenya;

(iii) the Kenya Association of manufacturers, and

(iv) Chartered Institute of Arbitrators Kenya Branch; and

(g) the Registrar.

(2) All the appointments in subsection (1)(e) shall reflect a regional balance.

7. Conduct of business and affairs of the Board

(1) The conduct and regulation of the business and affairs of the Board shall be as provided in the Schedule.

(2) Except as provided in the Schedule, the Board may regulate its own procedure.

8. Remuneration of Board members

The Board shall pay its members such remuneration, fees or allowances as it may determine in consultation with the Cabinet Secretary.

9. Registrar

(1) There shall be a Registrar of the Centre who shall be competitively recruited and appointed by the Centre and whose terms and conditions of service shall be determined by the Centre in the instrument of appointment or otherwise in writing from time to time.

(2) No person shall qualify for appointment under this section unless such person—

(a) has at least a degree from a recognized institution in the field of either law, finance, arbitration, economics, or insurance; and

(b) has at least ten years' experience in the relevant field of practice.

(3) The Registrar shall be the chief executive officer of the Centre and responsible for the day-to-day management of the Centre and shall be the Secretary to the Board.

(4) The Registrar shall hold office for four years and shall be eligible for reappointment for one further term of four years.

10. Other functions of the Registrar

In relation to the proceedings before the Court, the Registrar shall act in accordance with the instructions of the Court and shall, in particular, be responsible for—

(a) the establishment and maintenance of the Register;

(b) the acceptance, transmission, service and custody of documents in accordance with the Rules;

(c) the enforcement of decisions of the Court;

(d) certifying that any order, direction or decision is an order, direction or decision of the Court;

(e) causing to be kept records of the proceedings and minutes of the meetings of the Court and such other records as the Court may direct; and

(f) undertaking any other duties, in relation to proceedings before the Court, assigned by the Court for the benefit of the Court.

11. Staff of the Board

The Board may appoint such officers and other staff as are necessary for the proper discharge of its functions under this Act, upon such terms and conditions of service as it may determine and on advice of the Salaries and Remuneration Commission.

12. Delegation by the Board

(1) The Board may, by resolution either generally or in any particular case, delegate to any committee or to any member, officer, employee or agent of the Centre, the exercise of any of the powers or the performance of any of the functions or duties of the Board under this Act or under any other written law.

(2) The Centre may, by instrument under its common seal, appoint a person, whether in Kenya or in a place outside Kenya, to be its attorney and the person so appointed may, subject to the terms stipulated in the instrument, do any act or execute any power or function which he is authorized by the instrument to do or execute.

(3) The Centre may, in or outside Kenya, appoint any agent as it considers necessary or expedient, to perform any act on behalf of the Centre.

13. Protection from personal liability

(1) No act or omission by any member of the Board or by any officer, employee, agent or servant of the Centre shall, if the act or omission was done *bona fide* for the purposes of executing a function, power or duty under the Act render such member, officer, employee, agent or servant personally liable to any action, claim or demand whatsoever.

(2) The provisions of subsection (1) shall not relieve the Centre of the liability to pay compensation to any person for any injury to him, his property or to any of his interests caused by the exercise of any power conferred by this Act or by failure, whether wholly or partially, of any works.

14. Common seal

(1) The common seal of the Centre shall be kept in such custody as the Board may direct and shall not be used except on the order of the Board.

(2) The affixing of the common seal of the Centre shall be authenticated by the signature of the chairperson and the Registrar and any document not required by law to

be made under seal and all decisions of the Board may be authenticated by the signatures of both the chairperson and the Registrar.

(3) Notwithstanding the provisions of subsection (2) the Board shall, in the absence of either the chairperson or the Registrar in a particular matter, nominate one member to authenticate the seal on behalf of either the chairperson or the Registrar.

(4) The common seal of the Centre when affixed to a document and duly authenticated shall be judicially and officially noticed and unless and until the contrary is proved, any necessary order or authorization by the Board under this section shall be presumed to have been duly given.

15. Confidentiality

(1) No director, officer, employee or agent of the Centre or any person who for any reason has access to any record, document, material or information relating to the business and affairs of the Centre which he has acquired in the performance of his duties or the exercise of his functions, shall divulge, publish, or otherwise disclose, to any person such document, material or information unless the disclosure is required—

(a) under any law;

(b) for the performance of his duties or the exercise of his functions under this Act; or

(c) when lawfully required to do so by a court of law.

(2) This section shall not apply to any document, material or information which at the time of the disclosure is, or has already been made, lawfully available to the public from any source.

(3) No person who has any document, material or information which to his knowledge has been disclosed in contravention of subsection (1) shall in any manner whatsoever disclose the same to any other person.

(4) Any person who contravenes subsection (1) or (3) commits an offence and shall, on conviction, be liable to a fine not exceeding two hundred thousand shillings or to imprisonment for a term not exceeding three years or to both.

Part Ⅲ—Financial Provisions

16. Funds of the Centre

(1) The funds of the Centre shall comprise of—

(a) such sums as may be granted to the Centre by the Cabinet Secretary pursuant to subsection (2);

(b) all monies from any other source provided for or donated or lent to the Centre including contributions, gifts or grants from or by way of testamentary bequest by any person; and

(c) such fees, monies or assets as may accrue to or vest in the Centre in the course of the exercise of its powers or the performance of its functions under this Act or under any written law.

(2) There shall be made to the Centre, out of monies provided by Parliament for that purpose, grants towards the expenditure incurred by the Centre in the exercise of its powers or the performance of its functions under this Act.

(3) The receipts, earnings or accruals of the Fund and its balances at the close of each financial year shall not be paid into the Consolidated Fund, but retained for the purposes of the Fund.

17. Establishment of the Fund

(1) There is established a Fund of the Centre to be known as the General Fund.

(2) The Fund shall vest in the Centre and shall be administered by the Board.

(3) The Fund shall consist of—

(a) all monies received as subventions, grants or donations to the Fund;

(b) such sums as may be appropriated by Parliament for that purpose;

(c) monies earned or arising from any investment of the Fund;

(d) foreign aid and assistance from bilateral and multilateral agencies;

(e) all other sums which may in any manner become lawfully payable to, received by or vested in the Centre relating to any matter incidental to its duties and functions under this Act.

(4) The Fund shall be used for meeting the capital and current expenditure relating to—

(a) educating the public on arbitration as well as on other alternative dispute resolution mechanisms;

(b) provision of procedural and technical advice to disputants;

(c) training for mediators and arbitrators;

(d) research, documentation and dissemination of data on arbitration; and

(e) any other matter incidental to the functions of the Centre.

18. Financial year

The financial year of the Centre shall be the period of twelve months ending on the thirtieth June in each year.

19. Annual estimates

(1) At least three months before the commencement of each financial year, the Board shall cause to be prepared estimates of the revenue and expenditure of the Centre for that year.

(2) The annual estimates shall make provision for all estimated expenditure of the Centre for the financial year and in particular, the estimates shall provide for—

(a) the payment of the salaries, allowances and other charges in respect of members and staff of the Centre;

(b) the payment of pensions, gratuities and other charges in respect of staff of the Centre;

(c) the proper maintenance of the buildings and grounds of the Centre;

(d) the maintenance, repair and replacement of the equipment and other property of the Centre; and

(e) the creation of such reserve funds to meet future or contingent liabilities in respect of retirement benefits, insurance or replacement of buildings or equipment, or in respect of such other matter as the Centre may deem appropriate.

(3) The annual estimates of the Centre shall be approved by the Board before the

commencement of the financial year to which they relate and shall be submitted to the Cabinet Secretary for tabling in the National Assembly.

20. Accounts and audit

(1) The Board shall cause to be kept all proper books and records of accounts of the income, expenditure and assets of the Centre.

(2) Within a period of three months from the end of each financial year, the Board shall submit to the Auditor-General or to an auditor appointed under this section, the accounts of the Centre together with—

(a) a statement of the income and expenditure of the Centre during that year; and

(b) a balance sheet of the Centre on the last day of that year.

(3) The accounts of the Centre shall be audited and reported upon in accordance with the Public Audit Act, 2003 (No. 12 of 2003).

Part Ⅳ—The Composition and Jurisdiction of the Arbitral Court

21. Establishment of the Arbitral Court

(1) There is hereby established a Court to be known as the Arbitral Court.

(2) The Court shall consist of—

(a) a President;

(b) a Deputy President;

(c) not more than fifteen other members all of whom shall be leading international arbitrators; and

(d) the Registrar.

(3) All the members of the Court under subsection (2)(c) shall be appointed competitively by the Board for a period of five years but shall be eligible for reappointment for one further term of five years.

(4) The President and his deputy shall be appointed by the Board and shall—

(a) hold office for a term five years;

(b) be eligible for re-appointment for one further term of five years;

(c) serve on a part-time basis.

(5) The President shall have supervisory powers over the Court and shall be answerable to the Board.

(6) The Second Schedule shall apply in respect of the conduct of the affairs of the Arbitral Court.

22. Jurisdiction of the Court

(1) The Court shall have exclusive original and appellate jurisdiction to hear and determine all disputes referred to it in accordance with this Act or any other written law.

(2) A decision of the Court in respect of a matter referred to it shall be final.

23. Deleted by Act No. 18 of 2018, Sch.

24. Alternative dispute resolution

Nothing in this Act shall be construed as precluding the Court from adopting and implementing, on its own motion or at the request of the parties, any other appropriate means of dispute resolution.

Part V—Miscellaneous Provisions

25. Rules

The Board may make rules for—

(a) the dispute resolution techniques and processes to be administered by the Court;

(b) the matters reserved for the Court in the Act or any other law;

(c) the general procedure of the Court; and

(d) any other matter to give effect to this Act.

26. Government to be bound

This Act shall bind the Government.

First Schedule
Provisions as to the Conduct of Business and Affairs of the Board

1. Tenure of office

(1) Other than the chairperson, a member of the Board other than*ex officio* members shall, subject to the provisions of this Schedule, hold office for a period of four years, on such terms and conditions as may be specified in the instrument of appointment, but shall be eligible for re-appointment for one further term.

(2) The members of the Board shall be appointed at different times so that the respective expiry dates of the members' terms of office shall fall at different times.

(3) The chairperson shall hold office for the period of his appointment as a member of the Board or for the term specified in the instrument of appointment as such, and shall be eligible for reappointment for one further term.

2. Vacation of office

(1) A member other than an*ex officio* member may—

(a) at any time resign from office by notice in writing to the Cabinet Secretary;

(b) be removed from office by the Cabinet Secretary on recommendation of the Board if the member—

(i) has been absent from three consecutive meetings of the Board without its permission;

(ii) is adjudged bankrupt or enters into a composition or scheme of arrangement with his creditors;

(iii) is convicted of a corruption or economic crime or other criminal offence involving dishonesty, fraud or moral turpitude or any other criminal offence under any law punishable with imprisonment that amounts to a felony under the Laws of Kenya;

(iv) is of unsound mind or is incapacitated by prolonged physical or mental illness for a period exceeding six months; or

(v) is otherwise unable or unfit to discharge his functions.

3. Meetings

(1) The Board shall meet at least once in every three months.

(2) Notwithstanding subparagraph (1), the chairperson may, and upon requisition in writing by at least five members, convene a special meeting of the Board at any time for the transaction of the business of the Board.

(3) Unless three quarters of the total members of the Board otherwise agree, at least fourteen days' written notice of every meeting of the Board shall be given to every member of the Board.

(4) The quorum for the conduct of the business of the Board shall be five members, at least two of whom shall be the members referred to in section 6(1)(e).

(5) The chairperson shall preside at every meeting of the Board and in his absence, the members present shall elect one of their number, from among the directors appointed under the section 6(1)(e), to preside and the person so elected shall have all the powers of the chairperson with respect to that meeting and the business transacted thereat.

(6) Unless a unanimous decision is reached, a decision on any matter before the Board shall be by a majority of the votes of the members present and voting, and in case of an equality of votes, the chairperson or the person presiding shall have a casting vote.

(7) Subject to subparagraph (4), no proceedings of the Board shall be invalid by reason only of a vacancy among the members thereof.

(8) Nothing in this paragraph shall prevent the chairperson from authorizing a director to use live telephone conferencing or other appropriate communication or multimedia facilities to participate in any meeting of the Board where, prior to the meeting, the director, by notification to the chairperson, has requested for such authorization.

(9) Subject to the provisions of this Schedule, the Board may determine its own

procedure and the procedure for any committee of the Board and for the attendance of other persons at its meetings and may make standing orders in respect thereof.

4. Committees of the Board

(1) The Board may establish such committccs as it may dccm appropriatc to pcrform such functions and responsibilities as it may determine.

(2) The Board shall appoint the chairperson of a committee established under subparagraph (1) from amongst its members.

(3) The Board may where it deems appropriate, co-opt any person to attend the deliberations of any of its committees.

(4) All decisions by the committees appointed under subparagraph (1) shall be ratified by the Board.

5. Disclosure of interest

(1) A member who has an interest in any contract, or other matter present at a meeting shall at the meeting and as soon as reasonably practicable after the commencement, disclose the fact thereof and shall not take part in the consideration or discussion of or vote on, any questions with respect to the contract or other matter, or be counted in the quorum of the meeting during consideration of the matter.

(2) A disclosure of interest made under subparagraph (1) shall be recorded in the minutes of the meeting at which it is made.

(3) A member of the Board who contravenes subparagraph (1) commits an offence and is liable to a fine not exceeding two hundred thousand shillings.

6. Contracts and instruments

Any contract or instrument which, if entered into or executed by a person not being a body corporate, would not require to be under seal may be entered into or executed on behalf of the Board by any person generally or specially authorized by the Board for that purpose.

Second Schedule
Conduct of the Affairs of the Arbitral Court

1. The President of the Court shall coordinate and supervise the management of the affairs of the Court.

2. The President shall constitute panels consisting of an odd number of members and allocate matters to such panels for the better performance of the functions of the Court.

3. A matter referred to the Court may be heard and determined by one member or a panel of not less than three members in accordance with the court rules of procedure made under section 25 of this Act.

4. The President of the Court shall submit quarterly progress reports to the Board setting out the activities of the Court during the period covered by the report.

5. The President of the Court may delegate any of his duties to the Deputy President.

(三)2016年内罗毕国际仲裁中心仲裁规则

NCIA Arbitration Rules 2016

Part Ⅰ Preliminary

Rule 1 Citation

These Rules may be cited as the Nairobi Centre for International Arbitration (Arbitration) Rules, 2015.

Rule 2 Interpretation

In these rules unless the context otherwise requires—

“Act” means the Nairobi Centre for International Arbitration Act, 2013;

"Arbitral Court" means the Arbitral Court established under section 21 of the Act;

"Arbitral Tribunal" means a sole arbitrator or a panel of arbitrators appointed in accordance with these Rules;

"Board" means the Board of Directors constituted under section 6 of the Act;

"Centre" means the Nairobi Centre for International Arbitration established under section 4 of the Act and includes the Board of Directors or any committee, sub-committee or Registrar and other staff or other body or person specifically designated by the Centre to perform the functions referred to in these rules;

"claimant" means a person who commences an arbitration claim and serves a request for arbitration on the Registrar;

"domestic arbitration" an arbitration is domestic if the arbitration agreement provides expressly or by implication for arbitration in Kenya, and at the time when proceedings are commenced or the arbitration is entered into—

(a) where the arbitration is between individuals, the parties are nationals of Kenya or are habitually resident in Kenya;

(b) where the arbitration is between bodies corporate, the parties are incorporated in Kenya or their central management and control are exercised in Kenya;

(c) where the arbitration is between an individual and a body corporate—

(i) the party who is an individual is a national of Kenya or is habitually resident in Kenya; and

(ii) the party that is a body corporate is incorporated in Kenya or its central management and control are exercised in Kenya; or

(d) the place where a substantial part of the obligations of the commercial relationship is to be performed, or the place with which the subject-matter of the dispute is most closely connected, is Kenya.

"international arbitration" an arbitration is international if—

(a) the parties to an arbitration agreement have, at the time of the conclusion of that agreement, their places of business in different states; or

(b) one of the following places is situated outside the state in which the parties have their places of business—

(i) the juridical seat of arbitration if determined by, or pursuant to, the arbitration agreement; or

(ii) any place where a substantial part of the obligations of the commercial relationship is to be performed or the place with which the subject-matter of the dispute is most closely connected; or

(c) the parties have expressly agreed that the subject-matter of the arbitration agreement relates to more than one state.

"Registrar" means the Chief Executive Officer of the Centre appointed under section 9 of the Act;

"respondent" means a person who receives a request for Arbitration served by the claimant;

"the seat of arbitration" means the place of arbitration as provided under rule 18.

Rule 3 Application of these Rules

(1) These Rules shall apply to arbitrations where any agreement, submission or reference, whether entered into before or after a dispute has arisen, provides in writing for arbitration under the Nairobi Centre for International Arbitration Rules or such amended Rules as the Centre may have adopted to take effect before the commencement of the arbitration.

(2) These Rules include the Schedules in effect at the commencement of the arbitration, as separately amended from time to time by the Centre.

(3) Nothing in these Rules shall prevent parties to a dispute or arbitration agreement from naming the Centre as appointing authority without submitting the arbitration to the provisions of these Rules.

Rule 4 Notices, communications and time limits

(1) All communications between a party and the Centre shall be made through the Registrar.

(2) On the formation of the Arbitral Tribunal, all written communications be-

tween a party and the Arbitral Tribunal shall continue to be made through the Registrar, unless the Arbitral Tribunal directs that communications shall be made directly between the Arbitral Tribunal and the party.

(3) Where the Arbitral Tribunal directs that communication be made directly to it as provided under paragraph (2), any such communication shall be copied to the Registrar for information purposes.

(4) Where the Registrar sends any written communication to one party on behalf of the Arbitral Tribunal, the Registrar shall also send a copy of the communication to each of the other parties.

(5) Where a party sends any communication under rule 15 to the Registrar including any written statements and documents, the party shall—

(a) include a copy for each arbitrator; and

(b) send copies directly to all other parties and shall confirm service, to the Registrar in writing.

(6) A notice or other communication that is required to be given by a party under these Rules shall be, in writing, and shall be delivered by registered post or courier, or transmitted by facsimile, telex, e-mail or any other means of telecommunication that provide a record of its transmission.

(7) In the course of the arbitration, a party or a party's representative's last-known place of residence or business shall be considered as a valid address for the purpose of service of any notice or other communication, in the absence of any notification of a change of the address by that party to the other parties, the Arbitral Tribunal or the Registrar.

(8) For purposes of determining whether service of any communication by a party is made within the time specified under these Rules, a notice or other communication shall be considered as having been received—

(a) on the date it is delivered; or

(b) in the case of service by telecommunications or any other means, on the day it is transmitted in accordance with paragraphs (1) and (2).

(9) For the purpose of determining compliance with a time limit, a notice or oth-

er communication shall be deemed to have been sent, made or transmitted if it is dispatched in accordance with paragraphs (5) and (6) prior to or on the date of the expiration of the time-limit.

(10) Despite paragraphs (5), (6) and (7), a notice or communication by one party may be addressed to another party—

(a) in the manner agreed to in writing between them;

(b) in the absence of an agreement as provided under paragraph (a), according to the practice followed in the course of their previous dealings; or

(c) in any other manner required by the Arbitral Tribunal.

(11) For the purpose of calculating a period of time under these Rules—

(a) time shall begin to run on the day following the day when a notice or other communication is received;

(b) if the last day of the period is an official holiday or a non-business day at the place of residence or business of the addressee, the period is extended until the first business day which follows; and

(c) official holidays or non-business days occurring during the running of the period of time are included in calculating that period.

(12) The Arbitral Tribunal may at any time extend time, where the period of time has expired, or abridge a period of time prescribed under these Rules or under an arbitration agreement for the conduct of arbitration or for the service of a notice or communication by one party on the other party.

Part Ⅱ Commencement of Arbitration

Rule 5 Request for arbitration

(1) A party who intends to commence an arbitration proceeding shall submit to the Registrar a written request for arbitration,

(2) A request for arbitration under paragraph (1) shall—

(a) specify the name, address, nature and principal address of business;

(b) specify the contact details of each of the parties and the claimant's representative which contacts include telephone, facsimile or email address;

(c) contain a copy of the contract in which the arbitration clause is provided or in respect of which the arbitration arises, or a copy of a separate arbitration agreement invoked by the claimant;

(d) contain a brief statement describing the nature and circumstances of the dispute giving rise to the claim, and specifying the relief sought by the claimant against the respondent;

(e) contain a statement specifying the seat and language of arbitration, as agreed to in writing by the parties or as proposed by the claimant to the respondent;

(f) if the arbitration agreement provides for nomination of arbitrators by the parties, specify the name, address, telephone, e-mail address, nationality and qualifications of the claimant's nominee;

(g) contain a confirmation, addressed to the Registrar, that copies of the request for arbitration and all supporting documents have been served on all parties to the arbitration and the means of service used or intended to be used; and

(h) be accompanied by a non-refundable fee as prescribed in the First Schedule.

(3) The date on which the complete request for arbitration is received by the Registrar shall be considered to be the date on which the arbitration has commenced.

(4) The request for arbitration is deemed to be complete when all the requirements of paragraph (2) are met.

(5) The Registrar shall notify the parties of the commencement of arbitration.

(6) A request for arbitration that has not met the requirements of paragraph (2) shall not be valid and the arbitration shall be considered as not having been commenced until the requirements of paragraph (2) are met.

(7) The request for arbitration and the supporting documents shall be submitted to the Registrar—

(a) in duplicate copies, in instances where a sole arbitrator is to be appointed; or

(b) in quadruplicatc copics, in instances where the parties have agreed or the claimant proposes that three or more arbitrators should be appointed.

Rule 6 Response to request for arbitration

(1) The respondent shall send to the Registrar a written response to the request for arbitration within thirty days of service of the request for arbitration on the respondent or on such lesser period fixed by the Centre.

(2) The response under paragraph (1) shall contain—

(a) an admission or denial of all or part of the claims stated by the claimant in the request for arbitration;

(b) where applicable, a brief statement describing the nature and circumstances of any counterclaims advanced by the respondent against the claimant;

(c) comments on the particulars contained in the request for arbitration, as called for under rule 5(2) (e), on matters relating to the conduct of the arbitration;

(d) the name, address, telephone, facsimile, telex and e-mail address of the respondent's nominee, if the arbitration agreement calls for nomination of arbitrators by the parties;

(e) where the respondent intends to join a third party, the name, address, contact details, nature and principal address of business of the third party and a brief statement describing the nature and circumstances of the dispute giving rise to the joinder; and

(f) confirmation to the Registrar that copies of the response and all the supporting documents have been or are being served at the same time, on all other parties to the arbitration by one or more means of service to be identified in such confirmation.

(3) The response and all the supporting documents shall be submitted to the Registrar in duplicate copies, and where the parties have agreed or the respondent proposes that a panel of arbitrators be appointed, the response shall be submitted to the Registrar in quadruplicate copies.

(4) Failure to send a response shall not prohibit the respondent from denying any claim or from advancing a counterclaim in the arbitration.

(5) Where an arbitration agreement requires the nomination of arbitrators by the parties, failure to send a response or to nominate an arbitrator within the specified time shall constitute an irrevocable waiver of that party's opportunity to nominate an arbitrator.

Part Ⅲ　The Arbitral Tribunal

Rule 7 Appointment of Arbitral Tribunal

(1) A dispute subjected to arbitration under these Rules shall be decided by a sole arbitrator unless the parties to the dispute agree that the dispute shall be decided by three arbitrators.

(2) Where the parties have agreed that a dispute shall be resolved by a sole arbitrator, they may, by agreement, nominate the sole arbitrator for confirmation.

(3) If the parties fail to nominate a sole arbitrator within fifteen days from the date when the claimant's request for arbitration is received by the other party, or within such additional time as may be allowed by the Centre, the sole arbitrator shall be appointed by the Centre.

(4) Where the parties have agreed that the dispute shall be resolved by three arbitrators, each party shall nominate in the request for arbitration and the response, respectively, one arbitrator for confirmation.

(5) Where a party fails to nominate an arbitrator in accordance with paragraph (4), the appointment shall be made by the Centre.

(6) Where a dispute is to be referred to three arbitrators, the third arbitrator who shall act as president of the Tribunal shall be appointed by the Centre, unless the parties have agreed on another procedure for the appointment, in which case the nomination shall be subject to confirmation pursuant to rule 9.

(7) If the procedure agreed by the parties under paragraph (6) does not result in a nomination within fifteen days from the date of confirmation or appointment of the co-arbitrators or any other time limit agreed by the parties or fixed by the Centre, the third arbitrator shall be appointed by the Centre.

(8) Where the parties have not agreed on the number of arbitrators, the Centre shall appoint a sole arbitrator, unless it appears to the Centre that the dispute warrants the appointment of three arbitrators in which case—

(a) the claimant shall nominate an arbitrator within a period of fifteen days from date of receipt of the notification of the decision of the Centre; and

(b) the respondent shall nominate an arbitrator within a period of fifteen days from the date of receipt of the notification of the nomination made by the claimant.

(9) If a party fails to nominate an arbitrator in accordance with either paragraph (8) (a) or (b), the appointment shall be made by the Centre.

(10) Where there are multiple claimants or multiple respondents, and where the dispute is to be referred to three arbitrators, the multiple claimants, jointly, and the multiple respondents, jointly, shall nominate an arbitrator for confirmation pursuant to rule 9.

(11) Where an additional party has been joined, and where the dispute is to be referred to three arbitrators, the additional party may, jointly with the claimant, or with the respondent, nominate an arbitrator for confirmation pursuant to rule 9.

(12) In the absence of a joint nomination under paragraph (10) or (11), and where all parties are unable to agree to a method for the constitution of the Arbitral Tribunal, the arbitration agreement shall, for all purposes, be considered as an agreement by the parties for the appointment of a three member Arbitral Tribunal by the Centre.

(13) The Centre shall, pursuant to paragraph (12) appoint each member of the Arbitral Tribunal and shall designate one of the members to act as president, in which case the Centre shall be at liberty to choose any person it considers suitable to act as an arbitrator, applying paragraph (17) when it considers this appropriate.

(14) The Centre shall appoint the Arbitral Tribunal on—

(a) receipt of the response by the Registrar;

(b) the expiry of fifteen days following service of the request for arbitration on the respondent, if response is not received by the Registrar; or

(c) the expiry of such lesser period fixed by the Centre.

(15) The Centre may proceed with the formation of the Arbitral Tribunal notwithstanding that the request may not be complete or if the response has not been filed, is late or incomplete.

(16) The Centre shall appoint arbitrators with due regard to the methods or crite-

ria of selection agreed to in writing by the parties.

(17) The Centre shall, in selecting arbitrators, give consideration to—

(a) the nature of the transaction;

(b) the nature and circumstances of the dispute;

(c) the nationality, location and languages of the parties; and

(d) the number of parties.

(18) The designation of any arbitrator, whether made by the parties or the arbitrators, is subject to confirmation by the Centre, upon which the appointments shall become effective.

(19) The decision of the Centre as to the appointment or confirmation of arbitrators shall be final.

Rule 8 Impartiality and independence of arbitrators

(1) An arbitrator conducting arbitration under these Rules shall be impartial and independent of the parties and shall not act in the arbitration as advocate for any party.

(2) An arbitrator shall not, whether before or after appointment, advise any party on the merits or outcome of the dispute.

(3) Prior to the appointment or confirmation by the Centre, a prospective arbitrator shall—

(a) furnish the Registrar with a written résumé of his past and present professional positions;

(b) agree, in writing, on rates on fees in accordance with the First Schedule; and

(c) sign a declaration to the effect that there are no circumstances known to him that are likely to give rise to any justified doubts as to his impartiality or independence, other than the circumstances disclosed in the arbitrator's declaration.

(4) An arbitrator shall, as soon as is reasonably practicable, inform the Centre, the other arbitrators and the parties where any circumstances referred to in paragraph (3)(c) arise during the course of arbitration.

Rule 9 Nationality of arbitrators

(1) Where the parties are of different nationalities, a sole arbitrator or chairman

of the Arbitral Tribunal shall not have the same nationality as any party unless the parties who are not of the same nationality as the proposed arbitrator all agree in writing.

(2) For purposes of this Rule—

(a) the nationality of a party shall be that of controlling shareholders or interests;

(b) a person who is a citizen of two or more countries shall be treated as a national of each state; and

(c) a citizen of a regional economic or political community, union or bloc shall be treated as a national of the citizen's individual member State.

Rule 10 Expedited formation of an Arbitral Tribunal

(1) In exceptional circumstances or due to an emergency, prior to or on the commencement of the arbitration, a party may apply to the Centre for the expedited formation of an Arbitral Tribunal, or the appointment of a replacement arbitrator under rules 12 and 13.

(2) An application under paragraph (1) shall—

(a) be made in writing to the Centre;

(b) be copied to all other parties to the arbitration; and

(c) set out the specific grounds for exceptional circumstances or urgency in the formation of the Arbitral Tribunal.

(3) The respondent shall be entitled to respond to the application and serve the response to the Registrar and the other parties within five days of receipt of the application from the applicant.

(4) The Registrar shall decide the application within three working days of receipt of the response and shall, on request, communicate the reasons for such decision to any party.

(5) If the Registrar accepts the application under paragraph (4), the Centre may reduce any time-limit under the Rules for the formation of the Arbitral Tribunal, including service of the response and of any matters or documents adjudged to be missing from the request for Arbitration, but shall not be entitled to reduce any other time-limit.

Rule 11 Removal of arbitrator

(1) A party may require the removal of an arbitrator if circumstances exist that give rise to justifiable doubts as to the arbitrator's impartiality or independence.

(2) A party may remove an arbitrator it has nominated, or in whose appointment it has participated, only for reasons of which the party becomes aware after the appointment has been made.

(3) A party who intends to remove an arbitrator shall, within fifteen days of the formation of the Arbitral Tribunal or on becoming aware of any circumstances referred to in paragraph (1) and (2), send a written statement of the reasons for requiring the removal, to the Arbitral Court, the Centre, the Arbitral Tribunal and all other parties.

(4) Where an arbitrator is required to be removed by one party—

(a) the other party may consent to the removal; or

(b) the arbitrator may, in writing to the Centre and the parties, resign from office.

(5) Despite paragraph (4), the removal or resignation from office by the arbitrator shall not indicate acceptance of the validity of the grounds of challenge.

(6) The Arbitral Court shall make its decision on the removal of an arbitrator within fifteen days of receipt of the written statement, unless—

(a) the arbitrator resigns from office; or

(b) all other parties agree to the removal of the arbitrator.

(7) Upon resignation or acceptance of the removal under paragraph (6), are-placement arbitrator shall be appointed pursuant to rules 9 and 12.

(8) The Centre shall decide on the amount of fees and expenses to be paid for the removed arbitrator's services, as it may consider appropriate in the circumstances.

Rule 12 Replacement of arbitrator

(1) An arbitrator shall be replaced upon acceptance by the Centre of the arbitrator's written notice of resignation, copied to the parties and the other arbitrators, where applicable.

(2) An arbitrator shall be replaced, if the arbitrator—

(a) dies;

(b) is rendered incapable of undertaking his functions for reason of physical or mental infirmity;

(c) withdraws as arbitrator under rule 11(4)(b);

(d) refuses or is unable to act; or

(e) accepts the decision by the Arbitral Court of his removal, either on an application by a party or at the request of the remaining arbitrators.

(3) The Centre shall—

(a) revoke an arbitrator's appointment, pursuant to paragraphs (1) and (2) and appoint another arbitrator;

(b) in exercising its powers under paragraph (a), have complete discretion to decide whether or not to follow the original nominating process, unless otherwise agreed by the parties;

(c) appoint a replacement arbitrator, if an opportunity given by the Centre to a party to make a re-nomination is not exercised within fifteen days or such lesser time as the Centre may fix.

(4) An opportunity given to a party to make a re-nomination shall be deemed as having been waived if it is not exercised within fifteen days or such lesser time as the Centre may fix, after which the Centre shall appoint a replacement arbitrator.

(5) Upon the appointment of a replacement arbitrator, and after having given the parties an opportunity to make written comments, the Arbitral Tribunal shall determine whether and to what extent prior proceedings shall be repeated before the reconstituted Arbitral Tribunal.

Rule 13 Majority power to continue proceedings

(1) If an arbitrator on a three-member Arbitral Tribunal refuses or persistently fails to participate in its deliberations, the two other arbitrators shall have the power, upon their written notice of such refusal or failure to the Centre, the parties and the third arbitrator, to continue the arbitration, including the making of any decision, ruling or award, despite the absence of the third arbitrator.

(2) In determining whether to continue the arbitration, the two other arbitrators shall take into consideration—

(a) the stage in which the arbitration proceedings have reached;

(b) any explanation made by the third arbitrator for his non-participation; and

(c) such other matters as they consider appropriate in the circumstances of the case.

(3) The reasons for the determination made under paragraph (2) shall be stated in any award, order or other decision made by the two arbitrators without the participation of the third arbitrator.

(4) In the event that the two other arbitrators determine at any time not to continue the arbitration without the participation of the third arbitrator, the two arbitrators shall notify, in writing, the parties and the Centre of such determination.

(5) Upon the issue of the notification under paragraph (3), the two arbitrators or any party may refer the matter to the Centre for the revocation of the third arbitrator's appointment and his replacement under rule 12.

Part Ⅳ The Arbitral Proceedings

Rule 14 Conduct of arbitral proceedings

(1) The parties may agree in writing or have the Arbitral Tribunal record in writing its agreement on the conduct of the arbitral proceedings, consistent with the Arbitral Tribunal's general duties at all times to—

(a) act fairly and impartially as between all parties, giving each a reasonable opportunity of putting its case and dealing with that of its opponent; and

(b) adopt procedures suitable to the circumstances of the arbitration, avoiding unnecessary delay or expense, so as to provide a fair and efficient means for the final resolution of the parties' dispute.

(2) Unless otherwise agreed by the parties under paragraph (1), the Arbitral Tribunal shall have the discretion to discharge its duties as the Arbitral Tribunal in accordance with the law and as the Arbitral Tribunal may determine.

(3)The parties shall do everything necessary for the fair, efficient and expeditious conduct of the arbitration.

(4)In the case of a three-member Arbitral Tribunal the chairman may, with the prior consent of the other two arbitrators, make procedural rulings alone.

Rule 15 Submission of written statements and documents

(1)Unless the parties have agreed otherwise or on the determination of the Arbitral Tribunal, the parties shall in accordance with paragraphs (2) to (10) submit to the Registrar written statements together with supporting documents.

(2)Within fifteen days of receipt of written statement from the Registrar of the formation of the Arbitral Tribunal, the claimant shall send to the Registrar a statement-of case setting out in sufficient detail the facts and any contentious issues of law on which the claimant relies, together with the relief claimed against all other parties, except that and in so far as such matters have not been set out in its request for arbitration.

(3)Within fifteen days of receipt of the statement of case or written notice from the claimant that it elects to treat the request for arbitration as its statement of case, the respondent shall send to the Registrar a statement of defence setting out in sufficient detail which of the facts and contentions of law in the statement of case or request for arbitration, as the case may be, it admits or denies, on what grounds and on what other facts and contentions of law it relies.

(4) Any counterclaims shall be submitted with the statement of defence in the same manner as claims are to be set out in the statement of case.

(5)Within fifteen days of receipt of the statement of defence, the claimant shall send to the Registrar a statement of reply which, where there are any counterclaims, shall include a defence to counterclaim in the same manner as a defence is to be set out in the statement of defence.

(6)If the statement of reply contains a defence to counterclaim, within fifteen days of its receipt, the respondent shall send to the Registrar a statement of reply to counterclaim.

(7) A statement referred to in this rule shall be accompanied by copies or, if they are voluminous, lists of all essential documents on which the party concerned relies and which have not previously been submitted by any party, and, where appropriate, any relevant samples and exhibits.

(8) The Registrar shall forward a file to the Arbitral Tribunal containing all statements referred to in this rule as soon as is practicable to do so, provided that the parties have complied with the directions by the Registrar under rule 26.

(9) As soon as possible, following receipt of a statement specified in this rule, the Arbitral Tribunal shall proceed in such manner as has been agreed in writing by the parties or pursuant to its authority under these Rules.

(10) Where the respondent fails to submit a statement of defence or the claimant fails to submit a statement of defence to a counterclaim, or where at any point a party fails to avail himself of the opportunity to present his case in the manner specified under paragraphs 15(2) to 15(7) or directed by the Arbitral Tribunal, the Arbitral Tribunal may proceed with the arbitration and make an award.

Rule 16 Joinder of parties

(1) A party wishing to join an additional party to the arbitration shall submit to the Registrar a request for Joinder of the additional party.

(2) An additional party may not be joined after the appointment of any arbitrator, unless all the parties agree otherwise.

(3) The party wishing to join the additional party shall, at the same time, submit a request for Joinder to the additional party and all other parties.

(4) The date on which the request for Joinder is received by the Registrar shall be deemed to be the date of commencement of arbitration against the additional party.

(5) Any joinder shall be subject to the provisions of rules 8 and 26.

(6) A request for joinder shall contain the same information required of a request for arbitration under rule 5(2) and shall be accompanied by the appropriate filing fee.

(7) The additional party shall submit a response in accordance with the provisions of rule 6.

(8) The additional party may make claims, counterclaims, or assert setoffs against any other party in accordance with the provisions of rule 6.

Rule 17 Consolidation of arbitration proceedings

(1) The Centre may, at the request of a party, consolidate the arbitration proceedings with other pending arbitration proceedings commenced under these Rules or other Rules administered by the Centre on such terms as may be agreed, where—

(a) the parties have agreed to consolidation;

(b) all of the claims in the arbitrations are made under the same arbitration agreement; or

(c) the claims in the arbitrations are made under more than one arbitration agreement—

(i) the arbitrations are between the same parties;

(ii) the disputes in the arbitrations arise in connection with the same legal relationship; and

(iii) the Centre finds the arbitration agreements to be compatible.

(2) Unless otherwise agreed by the parties, the arbitrations shall be consolidated into the arbitration that commenced first.

Rule 18 Seat of arbitration and place of hearings

(1) The parties may agree in writing on the seat of arbitration.

(2) Unless otherwise agreed under paragraph (1), the seat of arbitration shall be Nairobi, Kenya.

(3) The Arbitral Tribunal may, on considering all the circumstances, and on giving the parties an opportunity to make written comments, determine a more appropriate seat.

(4) The Arbitral Tribunal may, with the consent of all the parties to the arbitration, meet at any geographical location it considers appropriate to hold meetings or hearings.

(5) Where the Arbitral Tribunal holds a meeting or hearing in a place other than the seat of arbitration, the arbitration shall be treated as arbitration conducted at the

seat of the arbitration and any award as an award made at the seat of the arbitration for all purposes.

Rule 19 Applicable law

The law applicable to the arbitration shall be the arbitration law of the seat of arbitration, unless and to the extent that the parties have expressly agreed in writing on the application of another arbitration law and such agreement is not prohibited by the law of the arbitral seat.

Rule 20 Language of Arbitration

(1) The initial language of the arbitration shall be the language of the arbitration agreement, unless the parties have agreed in writing otherwise.

(2) A non-participating or defaulting party shall have no cause for complaint if communications to and from the Registrar and the arbitration proceedings are conducted in English.

(3) In the event that the arbitration agreement is written in more than one language, the Centre may, unless the arbitration agreement provides that the arbitration proceedings shall be conducted in more than one language, decide which of those languages shall be the initial language of the arbitration.

(4) Upon the formation of the Arbitral Tribunal and unless the parties have agreed upon the language of the arbitration, the Arbitral Tribunal shall decide upon the language of the arbitration, after giving the parties an opportunity to make written comments and after taking into account—

(a) the initial language of the arbitration; and

(b) any other matter it may consider appropriate in all the circumstances of the case.

(5) If a document is expressed in a language other than the language of the arbitration and no translation of such document is submitted by the party relying upon the document, the Arbitral Tribunal or, if the Arbitral Tribunal has not been formed, the Centre may direct that party to submit a translation in a form to be determined by the Arbitral Tribunal or the Centre, as the case may be.

Rule 21 Party representation

(1) A party may be represented by a legal practitioner or any other representative.

(2) The conduct of a party's representative shall be in accordance with the code, standards or guidelines as the Centre may issue from time to time.

(3) The Arbitral Tribunal may require from a party proof of authority granted to the party's representative in such form as the Arbitral Tribunal may determine.

Rule 22 Hearings

(1) Each party has the right to be heard orally before the Arbitral Tribunal on the merits of the dispute, unless the parties have agreed on a documents-only arbitration.

(2) The Arbitral Tribunal shall fix the date, time and physical place of any meetings and hearings in the arbitration, and shall give the parties reasonable notice thereof.

(3) The Arbitral Tribunal may in advance of a hearing submit to the parties a list of questions which it wishes them to answer with special attention.

(4) All meetings and hearings shall be in private unless the parties agree otherwise in writing.

(5) A hearing or any part of a hearing may be conducted via video-conference, telephone or such other electronic means, with the agreement of parties or at the discretion of the arbitrator.

(6) The Arbitral Tribunal shall have the fullest authority to establish time-limits for meetings and hearings, or for any parts thereof.

(7) A party who desires a stenographer shall—

(a) notify the Arbitral Tribunal at the pre-conference hearing; and

(b) be responsible for meeting the cost of the stenographer within such proportions as the Arbitral Tribunal may determine.

Rule 23 Experts to the Arbitral Tribunal

(1) Unless otherwise agreed by the parties in writing, the Arbitral Tribunal may—

(a) appoint one or more experts, who shall be impartial and independent of the parties throughout the arbitration proceedings, and shall be required to report to the Arbitral Tribunal on specific issues; and

(b) require a party to give the expert any relevant information or to provide access to any relevant documents, goods, samples, property or site for inspection by the expert.

(2) Unless otherwise agreed to by the parties in writing, if a party requests or if the Arbitral Tribunal considers it necessary, the expert shall, after delivery of the expert's written or oral report to the Arbitral Tribunal and the parties, participate in one or more hearings at which the parties shall have the opportunity to question the expert on the expert's report and to present expert witnesses in order to testify on the points at issue.

(3) The fees and expenses of an expert appointed by the Arbitral Tribunal under this rule shall be paid out of the deposits payable by the parties under rule 26 and shall form part of the costs of the arbitration.

Rule 24 Jurisdiction of the Arbitral Tribunal

(1) The Arbitral Tribunal shall have the power to rule on its own jurisdiction, including any objection to the initial or continuing existence or validity of the arbitration agreement.

(2) For the purposes of paragraph (1), an arbitration clause which forms part of a contract shall be treated as an arbitration agreement independent of other terms of that contract, and a decision by the Arbitral Tribunal that such contract is null and void shall not entail ipso jure the invalidity of the arbitration clause.

(3) A plea by a respondent that the Arbitral Tribunal does not have jurisdiction shall be raised not later than in the statement of defence or, with respect to a counterclaim, not later than in the statement of defence to the counterclaim, failing which such plea shall be considered as having been waived irrevocably.

(4) A plea that the Arbitral Tribunal is exceeding the scope of its authority shall be raised at least within three days after the Arbitral Tribunal has indicated its intention to decide on the matter alleged by any party to be beyond the scope of its authority,

failing which the plea shall be considered as having been waived irrevocably.

(5) Despite paragraph (3) and (4), the Arbitral Tribunal may admit an untimely plea if it considers the delay justified.

(6) The Arbitral Tribunal may determine the plea to its jurisdiction or authority in an award as to jurisdiction or later in an award on the merits, as it considers appropriate in the circumstances.

(7) The parties shall, by agreeing to arbitration under these Rules, be treated as having agreed not to apply to a judicial authority for any relief regarding the Arbitral Tribunal's jurisdiction or authority, except—

(a) with the agreement in writing of all parties to the arbitration;

(b) with the prior authorization of the Arbitral Tribunal; or

(c) after the Arbitral Tribunal's award ruling on the objection to its jurisdiction or authority.

Rule 25 Powers of the Arbitral Tribunal

(1) Unless the parties at any time agree in writing, the Arbitral Tribunal shall, on the application of any party or of its own motion, and after giving the parties a reasonable opportunity to state their views, have the power to—

(a) allow a party, upon such terms as to costs, as it shall determine, to amend any claim, counterclaim, defence or reply;

(b) extend any time-limit provided by the arbitration agreement, these Rules or by the Arbitral Tribunal's orders during the conduct of the arbitration;

(c) conduct the enquiries as may appear to the Arbitral Tribunal to be necessary or expedient, including whether and to what extent the Arbitral Tribunal shall take the initiative in—

(i) identifying the issues;

(ii) ascertaining the relevant facts and the law or rules of law applicable to the arbitration;

(iii) ascertaining the merits of the parties' dispute and the arbitration agreement;

(iv) ordering any party to make any property, site or thing under that party's control and relating to the subject matter of the arbitration available for inspection by the Arbitral Tribunal, any other party, the party's expert or any expert to the Arbitral Tribunal;

(d) determine—

(i) whether or not to apply any strict rules of evidence, or any other rules, as to the admissibility, relevance or weight of any material tendered by a party on any matter of fact or expert opinion; and

(ii) the time, manner and form, in which the material shall be exchanged between the parties and presented to the Arbitral Tribunal.

(e) order the correction of any contract between the parties or the arbitration agreement, but only to the extent required to rectify a mistake which the Arbitral Tribunal determines to be common to the parties and only to the extent to which the law or rules of law applicable to the contract or arbitration agreement permit the correction; and

(f) allow, upon the application of a party a third person to be joined in the arbitration as a party provided that the third person and the other parties have consented in writing thereafter and to make a single final award, or separate awards, in respect of all parties implicated in the arbitration.

(2) The Arbitral Tribunal shall manage any necessary exchange of information among the parties with a view to achieving an efficient and economical resolution of the dispute, while at the same time promoting equal treatment and safeguarding each party's opportunity to fairly present its claims and defenses.

(3) The Arbitral Tribunal may, on application of a party or on the Arbitral Tribunal's own initiative—

(a) require the parties to exchange documents in their possession or custody on which they intend to rely;

(b) require a party to update exchanges of the documents on which the party intends to rely as such documents become known to that party;

(c) require a party, in response to reasonable document requests, to make available to the other party documents, in the responding party's possession or custody, not otherwise readily available to the party seeking the documents, reasonably believed by the party seeking the documents to exist and to be relevant and material to the outcome of disputed issues; and

(d) require a party, when a document to be exchanged or produced is maintained in electronic form, to make such document available in the form most convenient and economical for the party in possession of such document, unless the arbitrator determines that there is good cause for requiring the document to be produced in a different form.

(4) The Arbitral Tribunal shall have the authority to issue any orders necessary to enforce the provisions of paragraphs (1), (2) and (3) to achieve a fair, efficient and economical resolution of the case, including an order—

(a) requiring any exchange or production of confidential documents and information, and the admission of confidential evidence at the hearing, on appropriate orders to preserve such confidentiality;

(b) imposing reasonable search parameters for electronic and other documents, if the parties are unable to agree;

(c) allocating costs of producing documentation, including electronically stored documents;

(d) in the case of willful non-compliance with any order issued by the arbitrator, drawing adverse inferences, excluding evidence and other submissions, or making special allocations of costs or an interim award of costs arising from such non-compliance; and

(e) issuing any other enforcement orders which the arbitrator is empowered to issue under applicable law.

(5) The parties shall, on agreeing to arbitration under these Rules, be considered as having agreed not to apply to any judicial authority for any order available from the Arbitral Tribunal under paragraph (1), except with the agreement in writing of all parties.

(6) The Arbitral Tribunal shall decide the parties' dispute in accordance with the law or rules of law selected by the parties as applicable to the merits of their dispute,

but if parties have made no such choice, the Arbitral Tribunal shall apply the law or rules of law which it considers appropriate.

(7) The Arbitral Tribunal shall only apply to the merits of the dispute principles deriving from "ex aequo et bono", "amiable compositeur" or "honourable engagement" where the parties have so agreed expressly in writing.

Rule 26 Costs and deposits

(1) The Centre may direct the parties, to make one or several interim or final deposit on payments on account of the costs of the arbitration, in such proportions of amount as it considers appropriate.

(2) The deposits under paragraph (1) shall be made to and held by the Centre and may be released by the Centre to the arbitrators, an expert appointed by the Arbitral Tribunal and the Centre itself as the arbitration progresses.

(3) The Arbitral Tribunal shall not proceed with the arbitration without ascertaining from the Registrar that the Centre is in possession of the deposit made under paragraph (1).

(4) In the event that a party fails or refuses to provide any deposit as directed by the Centre, the Centre may direct the other party to effect a substitute payment to allow the arbitration to proceed, subject to an award on costs, in which case the party paying the substitute payment shall be entitled to recover that amount as an immediate debt due from the defaulting party.

(5) Failure by a claimant or counterclaiming party to provide, in full, the required deposit shall be considered by the Centre and the Arbitral Tribunal as a withdrawal of the claim or counterclaim.

Rule 27 Interim and conservatory measures

(1) The Arbitral Tribunal shall, unless otherwise agreed by the parties in writing, on the application of any party have the power to—

(a) order a respondent party to a claim or counterclaim to provide security for all or part of the amount in dispute, by way of deposit or bank guarantee or in any other manner and upon such terms as the Arbitral Tribunal considers appropriate, which terms may include the provision by the claiming or counterclaiming party of a cross-indemnity, secured in such manner as the Arbitral Tribunal considers appropriate, for any costs or losses incurred by such respondent in providing security as may be determined by the Arbitral Tribunal in an award;

(b) order the preservation, storage, sale or other disposal of any property or thing under the control of any party and relating to the subject matter of the arbitration; and

(c) order on a provisional basis, subject to final determination in an award, any relief which the Arbitral Tribunal may have power to grant in an award, including a provisional order for the payment of money or the disposition of property as between any parties.

(2) The Arbitral Tribunal shall have the power, upon the application of a party, to order any claiming or counterclaiming party to provide security for the legal or other costs of any other party by way of deposit or bank guarantee or in any other manner and upon such terms as the Arbitral Tribunal considers appropriate, which terms may include the provision by that other party of a cross-indemnity, secured in the manner as the Arbitral Tribunal considers appropriate, for any costs and losses incurred by the claimant or counterclaimant in providing security, as may be determined by the Arbitral Tribunal in one or more awards.

(3) In the event that a claiming or counterclaiming party does not comply with an order to provide security, the Arbitral Tribunal may stay that party's claims or counterclaims or dismiss them in an award.

(4) The power of the Arbitral Tribunal under paragraph (1) shall not prejudice a party's right to apply to a judicial authority for interim or conservatory measures prior to the formation of the Arbitral Tribunal and in exceptional cases.

(5) The applicant shall, after the formation of the Arbitral Tribunal inform the Arbitral Tribunal and all other parties of the existence of any application or orders made in accordance with paragraph (4).

(6) The parties shall, on consenting to an arbitration process in accordance with these Rules, be considered to have agreed not to apply to a judicial authority for any order for security for legal or other costs available from the Arbitral Tribunal under

paragraph (2).

Rule 28 Emergency arbitrator

(1) At any time prior to the formation or expedited formation of the Arbitral Tribunal, a party may make an application for emergency measures in accordance with the procedure set out in the Second Schedule.

(2) The emergency arbitrator provisions shall not apply if the parties have agreed to opt out of the emergency arbitrator provisions.

(3) The emergency arbitrator may make any order or award—

(a) which the Arbitral Tribunal may make under the arbitration agreement; or

(b) adjourning the consideration of all or any part of the claim for emergency relief to the proceedings conducted by the Arbitral Tribunal.

(4) Upon the formation or expedited formation of the Arbitral Tribunal, the emergency arbitrator shall have no further power to act in the dispute.

(5) An order or award issued by the emergency arbitrator shall cease to be binding—

(a) if the Arbitral Tribunal is not constituted within ninety days' of the order or award;

(b) where the Arbitral Tribunal makes a final award; or

(c) if the claim is withdrawn.

(6) An order or award made by the emergency arbitrator shall be binding on the parties upon being issued.

(7) The parties shall, on consenting to arbitration under these Rules, undertake to carry out an order or award of an emergency arbitrator immediately and without any delay.

(8) The Arbitral Tribunal may upon application by a party or on its own motion confirm, vary, discharge or revoke, in whole or in part an order or award of the Emergency Arbitrator, except an order referring to the Arbitral Tribunal, when formed, any part of the claim for emergency relief.

(9) Subject to the time-limit specified under rule 30,—

(a) a party requesting the emergency arbitrator to make correction or make an additional order or award shall make the request within two days after the order or award is issued; and

(b) the emergency arbitrator shall make the corrections or any additional order or award within three days on receipt of the request under paragraph (a).

Rule 29 Award of Arbitral Tribunal

(1) The Arbitral Tribunal shall make its award in writing within a period of three months from the date of close of hearing.

(2) The Arbitral Tribunal's award shall, unless all parties agree in writing—

(a) state reasons on which the award is based;

(b) state the date when the award is made;

(c) state the seat of the arbitration; and

(d) be signed by the Arbitral Tribunal or those of its members consenting to the award.

(3) The Arbitral Tribunal shall inform the Registrar of the date of close of hearing.

(4) The Arbitral Tribunal may on application by any party, or on its own motion or with the consent of all parties, extend the time limit in paragraph (1) and shall notify the Registrar and all the parties of the extension.

(5) If an arbitrator fails to comply with the mandatory provisions of any applicable law relating to the making of an award, having been given a reasonable opportunity to comply, the remaining arbitrators may proceed in his absence and state in their award the circumstances of the other arbitrator's failure to participate in the making of the award.

(6) Where there are three arbitrators and the Arbitral Tribunal fails to agree on any issue, the arbitrators shall decide that issue by a majority decision failing which the chairman of the Arbitral Tribunal shall make a determination.

(7) If an arbitrator refuses or fails to sign the award, the signatures of the majority or if there is no majority, of the chairman shall be sufficient, provided that the rea-

son for the omitted signature is stated in the award.

(8) The sole arbitrator or chairman shall be responsible for delivering the award to the Centre, which shall transmit certified copies to the parties provided that the costs of arbitration shall be paid to the Centre in accordance with rule 31.

(9) The Registrar shall notify the parties of the receipt of the award from the Arbitral Tribunal, and the award shall be considered to have been received by the parties upon collection by hand by an authorized representative or upon delivery by registered mail.

(10) An award may be expressed in any currency.

(11) The Arbitral Tribunal may order that simple or compound interest be paid by a party on any sum awarded at such rates as the Arbitral Tribunal determines to be appropriate, without being bound by legal rates of interest imposed by any judicial authority in respect of a period which the Arbitral Tribunal determines to be appropriate, ending not later than the date upon which the award is complied with.

(12) The Arbitral Tribunal may make separate awards on different issues at different times which shall have the same status and effect as any other award made by the Arbitral Tribunal.

(13) In the event of a settlement of the parties' dispute, the Arbitral Tribunal may render a consent award recording the settlement, if the parties request in writing.

(14) An award made under paragraph (13) shall not contain reasons, but shall contain an express statement that it is an award made by the parties' consent.

(15) If the parties do not require a consent award, on written confirmation by the parties to the Centre that a settlement has been reached, the Arbitral Tribunal shall be discharged and the arbitration proceedings concluded, subject to payment by the parties of any outstanding costs of the arbitration under rule 31.

(16) An award shall be final and binding on the parties.

(17) On consenting to arbitration under these Rules, the parties undertake to carry out an award immediately and without any delay, subject to rule 31.

Rule 30 Correction of awards and additional awards

(1) Within fifteen days of receipt of an award, or such lesser period as may be agreed in writing by the parties, a party may by written notice to the Registrar, copied to all other parties, request the Arbitral Tribunal to correct a computation, clerical or typographical error, or any error of a similar nature contained in the award.

(2) If the Arbitral Tribunal considers the request under paragraph (1) to be justified, it shall make the corrections within fifteen days' of receipt of the request.

(3) A correction shall take the form of an addendum dated and signed by the Arbitral Tribunal or if there are three arbitrators, signed by those of its members assenting to it and shall constitute part of the award.

(4) The Arbitral Tribunal may also correct an error of the nature described in paragraph (1) on its own initiative within fifteen days' of the date of the award.

(5) Within fifteen days of receipt of the final award, a party may by written notice to the Registrar, copied to all other parties, request the Arbitral Tribunal to make an additional award as to a claim or counterclaim presented in the arbitration but not determined in any award.

(6) If the Arbitral Tribunal considers the request made under paragraph (5) to be justified, it shall make the additional award within thirty days' of receipt of the request in accordance with the provisions of rule 29.

Rule 31 Arbitration and legal costs

(1) The costs of the arbitration shall, except the legal or other costs incurred by the parties, be determined by the Centre in accordance with the First Schedule.

(2) The parties shall be jointly and severally liable to the Arbitral Tribunal and the Centre for the arbitration costs.

(3) The Arbitral Tribunal shall specify in the award the total amount of the costs of the arbitration as determined by the Centre.

(4) Unless the parties otherwise agree in writing, the Arbitral Tribunal shall determine the proportions in which the parties shall bear the arbitration costs.

(5) If the Arbitral Tribunal has determined that all or any part of the arbitration

costs shall be borne by a party other than a party which has already paid the costs to the Centre, the party that had made the deposit shall have the right to recover the entire amount paid from the party required to pay costs.

(6) The Arbitral Tribunal shall—

(a) have the power to order, in its award, that all or part of the legal or other costs incurred by a party be paid by another party, unless the parties otherwise agree in writing; and

(b) determine and specify the amount of each item comprising the costs on such terms as it considers fit.

(7) The Arbitral Tribunal shall, unless the parties otherwise agree in writing, make its orders on both arbitration and legal costs on the general principle that costs shall reflect the parties' relative success or failure in the award or arbitration, except where the Arbitral Tribunal considers the general principle inappropriate.

(8) An order for costs shall be made with reasons in the award containing such order.

(9) If the arbitration is abandoned, suspended or concluded, by agreement or otherwise, prior to the final award being made, the parties shall be jointly and severally liable to pay to the Centre and the Arbitral Tribunal the costs of the arbitration, as the Centre shall determine in accordance with the First Schedule.

(10) In the event that the arbitration costs are less than the deposits made by the parties, there shall be a refund by the Centre in the proportion as the parties may agree in writing, or in the absence of the agreement, in the same proportions as the deposits were made by the parties to the Centre.

(11) Where parties refer their dispute to mediation pursuant to the Centre's Rules on mediation and a settlement is not reached and the parties opt to proceed to arbitration under these Rules, the one half of the administrative costs paid to the Centre for the mediation shall be credited to the parties account for the purposes of covering the administrative costs of the arbitration.

Rule 32 Mediation

(1) Upon receipt of the response under rule 6, the Centre may invite the parties to mediate in accordance with the Centre's Mediation Rules and the parties shall be at liberty to accept or decline the invitation.

(2) Subject to rule 31(9), the parties may at any stage of the proceedings agree to mediate in accordance with the Centre's Mediation Rules.

(3) The parties shall promptly notify the Arbitral Tribunal and the Centre of the agreement to mediate.

(4) Unless the parties otherwise agree, arbitration proceedings under these Rules shall be suspended pending the outcome of the mediation commenced pursuant to paragraph (1) or (2).

(5) Where a dispute has been referred to mediation under this rule, and the parties have failed to reach a settlement, the arbitration proceedings shall proceed under these Rules.

Rule 33 Decisions of the Centre

The decisions of the Centre, with respect to all matters relating to the arbitration, shall be conclusive and binding upon the parties and the Arbitral Tribunal.

Rule 34 Confidentiality

(1) Unless the parties expressly agree in writing to the contrary, the parties shall undertake to keep confidential all awards in their arbitration, as well as all materials in the proceedings created for the purpose of the arbitration and all other documents produced by another party in the proceedings not in the public domain, except where disclosure may be required of a party by legal duty, to protect or pursue a legal right or to enforce or challenge an award in legal proceedings before a judicial authority.

(2) The deliberations of the Arbitral Tribunal are confidential to its members, except where disclosure of an arbitrator's refusal to participate in the arbitration is required of the other members of the Arbitral Tribunal under rules 12, 14 and 29.

(3) The Centre shall not publish an award or any part of an award without the prior written consent of all parties and the Arbitral Tribunal.

Rule 35 Exclusion of liability

(1) The members of Board, the staff of the Centre, the Arbitral Court, the Registrar, the arbitrators or the experts to the Arbitral Tribunal shall not be liable to any party for any act or omission in connection with any arbitration conducted pursuant to these Rules, except where the act or omission is proved by that party to constitute intentional act or omission committed by the body or person alleged to be liable to that party.

(2) After the award has been made and the correction and additional awards referred to in rule 30 have lapsed or been exhausted, the Centre, the Arbitral Court, the Registrar, the arbitrator or expert to the Arbitral Tribunal shall not be under any legal obligation to make a statement to any person about any matter concerning the arbitration, and any party shall not be entitled to seek to make any of these persons a witness in any legal or other proceedings arising out of the arbitration.

Rule 36 General rules

(1) A party who knows that a provision of the arbitration agreement or these Rules has not been complied with and opts to proceed with the arbitration without promptly stating its objection to such non-compliance, shall be considered as having irrevocably waived the right to object.

(2) In all matters not expressly provided for in these Rules, the Arbitral Court, the Arbitral Tribunal and the parties shall act in accordance with the provisions of these Rules and shall make every reasonable effort to ensure that an award is legally enforceable.

(3) The Centre may, from time to time, amend these Rules.

(4) The Rules applicable to the arbitration shall be those in force at the time of commencement of the arbitration, unless the parties have agreed otherwise.

Schedules

(r. 8 (3) (b), 31(1) & (9))

Part 1 Fees and Costs

1 General

(1) The parties shall be jointly and severally liable to the Arbitral Tribunal and the Centre for the arbitration costs, other than the legal or other costs incurred by the parties themselves.

(2) The Arbitral Tribunal's award shall be transmitted to the parties by the Centre provided that the costs of the arbitration have been paid in accordance with the provisions of rule 31.

(3) The fees in this Schedule may attract Value Added Tax at the prevailing rate.

(4) A dispute regarding administration costs or the fees and expenses of the Arbitral Tribunal shall be determined by the Centre.

Part 2 The Arbitrations Administered under the Centre's and UNCITRAL Rules

2 Registration fees

(1) A non-refundable registration fee of USD100 for international arbitration and KES 1, 000 in domestic arbitration.

(2) The registration fee under paragraph (1) does not constitute part of the Centre's administrative costs.

(3) The registration fee shall be payable by the Claimant in full.

3 Administrative Costs of the Centre

(1) The Centre's administrative costs shall be determined in accordance with Parts 3B or 4B of this Schedule.

(2) The administrative costs shall be payable by the parties in equal share and shall form part of the advance deposit.

(3) In addition to costs specified under paragraph (1) and (2), expenses incurred by the Centre in connection with the arbitration, such as postage, telephone,

facsimile, travel, and additional arbitration support services, whether provided by the Centre from its own resources, or otherwise shall be charged as part of the Centre's administrative costs.

(4) The invoice by Centre on fees and expenses in domestic arbitrations shall be in Kenya shillings, but may be paid in other convertible currencies, at rates prevailing at the time of payment.

(5) The invoice by Centre on fees and expenses in international arbitrations shall be invoiced in US dollars, but may be paid in other convertible currencies, at the rates prevailing at the time of payment.

(6) Subject to paragraph (4) and (5), any transfer or currency exchange charges shall be borne by the person paying the fees and expenses.

4 Advance deposits

(1) The Centre may direct the parties to make one or several interim or final payments, in such proportions as it considers appropriate, on account of the costs of the arbitration and may limit the payments to a sum sufficient to cover fees, expenses and costs for the Centre and the Arbitral Tribunal.

(2) The Arbitral Tribunal shall not proceed with the arbitration without ascertaining at all times from the Registrar that the Centre has received the requisite payments from the parties.

(3) In the event that a party fails to provide any deposit as directed by the Centre, the Centre may direct the other party or parties to make a substitute payment to allow the arbitration to proceed, subject to any award on costs, in which case the party making the substitute payment shall be entitled to recover that amount as a debt immediately due from the defaulting party.

(4) Failure by a claimant or counterclaiming party to provide the required deposit in full, within the time specified by the Registrar, may be considered by the Centre and the Arbitral Tribunal as a withdrawal of the claim or counterclaim.

(5) Any money paid by the parties on account of the fees, and expenses of the Arbitral Tribunal and of the Centre shall be held in trust, in the Centre's client accounts which shall be controlled by reference to each individual case and shall be dis-

bursed by the Centre, in accordance with these Rules and provisions of this Schedule.

(6) In the event that funds lodged by the parties exceed the costs of the arbitration at the conclusion of the arbitration, the Centre shall return surplus monies to the parties as the ultimate default beneficiaries under the trust.

(7) Where applicable, the Centre shall credit interest on sums deposited to the account of each party depositing them, at the rate applicable to the amount deposited.

5 Fees and costs

(1) The Arbitral Tribunal's fee shall be calculated in accordance with Parts 3A or 4A of the First Schedule.

(2) The Arbitral Tribunal shall agree in writing upon fee rates conforming to this Schedule of Fees and Costs prior to its appointment by the Centre.

(3) Subject to paragraph (4) the Registrar shall, at the time of appointing the Tribunal, advice the parties on the rates of payment of fees and costs in such proportions as the Registrar considers appropriate.

(4) The rates under paragraph (3) may be reviewed, on an annual basis, depending on the duration of the arbitration.

(5) Despite paragraph (3), in exceptional cases, the rates of payment of fees and costs may be higher than the rates provided, while taking into consideration the circumstances of the case, including its complexity and the special qualifications of the arbitrators provided that, in such cases—

(a) the fees of the Arbitral Tribunal shall be fixed by the Centre on the recommendation of the Registrar, following consultations with the arbitrators; and

(b) all the parties shall expressly agree to the fees.

(6) The Arbitral Tribunal may in addition recover such expenses as are reasonably incurred in connection with the arbitration, and as are in a reasonable amount.

(7) Subject to paragraph (6), claims for expenses should be supported by invoices or receipts.

(8) The expenses shall be borne by the parties and reimbursed at cost.

(9) The Arbitral Tribunal's fees may include a charge for time spent travelling.

(10) The Arbitral Tribunal's fees may be invoiced either—

(a) in US dollars or in Kenya shilling for international arbitrations; or

(b) in Kenya Shillings for domestic arbitrations.

(11) The expenses of the Arbitral Tribunal may be invoiced in the currency in which they were incurred or in Kenya shillings.

(12) In the event of the removal of an arbitrator, pursuant to the provisions of rule 12(3), the Centre shall decide on the amount of fees and expenses to be paid for the removed arbitrator's services as it may consider appropriate in all the circumstances.

6 Interim payments

(1) Where interim payments are required to cover the Centre's administrative costs or the Arbitral Tribunal's fees or expenses, including the fees or expenses of an expert appointed by the Arbitral Tribunal, the Centre may, on the approval of the Arbitral Court, make payments out of the deposits held.

(2) The Centre may, in any event, submit interim invoices in respect of all current arbitrations, periodically, for payment direct by the parties or from funds held on deposit.

7 Requests to act as appointing authority

(1) Any party intending to nominate the Centre to act as appointing authority shall make the request to the Registrar together with payment of a non-refundable appointment fee of USD 1000 in international arbitration and KES 5,000 in domestic arbitration payable to the Centre.

(2) A request shall not be processed, unless accompanied by the appointment fee.

(3) For additional services, the Centre may charge administrative expenses incurred by the Centre in connection with the arbitration which include postage, telephone, facsimile or travel expenses and arbitration support services.

Part 3 Fees & Costs (International Arbitration)

A Arbitrator's Fees

Amount in dispute (USD)	Arbitrator's Fees (USD)
Up to 50, 000	1, 000
50, 001 to 100, 000	2, 000
100, 001 to 500, 000	4, 000
500, 001 to 1, 000, 000	8, 000
1, 000, 001 to 2, 000, 000	16, 000
2, 000, 001 to 5, 000, 000	16, 000 + 2.8% above 2, 000, 000
5, 000, 001 to 10, 000, 000	100, 000 + 0.6% above 5, 000, 000
10, 000, 001 to 50, 000, 000	130, 000 + 0.05% above 10, 000, 000
Above 50, 000, 001	150, 000 + 0.02% above 50, 000, 000

The amount of arbitrator's fee indicated in this annex is the rate payable to one arbitrator.

B Administrative Costs

Amount in dispute (USD)	Administrative costs (USD)
Up to 50, 000	700
50, 001 to 100, 001	700 + 0.2% above 50, 000
100, 001 to 500, 000	800 + 0.25% above 100, 000
500, 001 to 1, 000, 000	1, 800 + 0.6% above 500, 000
1, 000, 001 to 2, 000, 000	4, 800 + 0.12% above 1, 000, 000
2, 000, 001 to 5, 000, 000	6, 000 + 0.2% above 2, 000, 000
5, 000, 001 to 10, 000, 000	12, 000 + 0.18% above 5, 000, 000
Above 10, 000, 001	21, 000

Part 4　Fees & Costs (Domestic Arbitration)

A Arbitrator's fees

Hourly rate to be advised by the Centre at the time of filing the request with a maximum of KES 25, 000 per Hour.

The rate of arbitrator's fee indicated in this annex is the rate payable to one arbitrator.

B Administrative Costs

1.5% of the rate charged for arbitrator's fee.

Part 5　Fees & Costs (Emergency Arbitrator)

Administrative Costs

International Arbitration USD 1, 000

Domestic Arbitration KES 10, 000

Emergency Arbitrator's fee

International Arbitration USD 10, 000

Domestic Arbitration KES 200, 000 P 47

Second Schedule Emergency Arbitrator Rules

(r. 28)

Emergency arbitrator rules

(1) A party who intends to make an application for an emergency arbitration pursuant to these Rules shall submit a written request to the Registrar.

(2) The request under paragraph (1) shall—

(a) specify the applicant's name, address, and other contact details of each of the other parties in the arbitration;

(b) contain a copy of the written arbitration clause or separate written arbitration agreement invoked by the claimant and the contractual documentation in which the arbitration clause is contained or in respect of which the arbitration arises;

(c) contain a brief description of the nature and circumstances of the dispute giving rise to the application;

(d) contain a statement of the reasons why the applicant seeks emergency relief against another party to the arbitration;

(e) specify the name in full, address, telephone, and e-mail address and other relevant description of any person representing the applicant;

(f) contain a confirmation to the Registrar that copies of the request for arbitration and all supporting documents have been served on all other parties to the arbitration by one or more means of service to be identified in such confirmation; and

(g) be accompanied by a non-refundable application fee specified in the First Schedule.

(3) The Registrar shall, if he determines that the request should be accepted, proceed to appoint an emergency arbitrator within two days of receipt by the Registrar of such payment of fees as may be required.

(4) The decision of the Registrar to accept or refuse the request for emergency arbitration shall be in the Registrar's sole discretion and shall be final, and the reasons for the decision shall not be communicated.

(5) Prior to appointment by the Registrar, each prospective arbitrator shall agree in writing on the rates of fees, and shall sign a declaration to the effect that there are no circumstances known to the arbitrator likely to give rise to any justified doubts as to the arbitrator's impartiality or independence, other than any circumstances disclosed by the arbitrator in the declaration.

(6) An emergency arbitrator may not act as an arbitrator in any future arbitration relating to the dispute, unless the parties consent.

(7) The Registrar shall, as soon as practicable, notify all parties to the arbitration of the appointment of an emergency arbitrator.

(8) On receipt of the notice under paragraph (7), all written communication by the parties shall be submitted directly to the emergency arbitrator with a copy to the Centre.

(9) A party may challenge an emergency arbitrator in which case, the procedure provided under these Rules shall apply except that the time limits set out in rule 11(3) are for purposes of this Schedule reduced to one day.

(10) Upon withdrawal or acceptance of the challenge, the replacement arbitrator shall be appointed in accordance with rule 12.

(11) The emergency arbitrator shall, within two days of appointment, establish a schedule for consideration of the application for emergency relief.

(12) The emergency arbitrator shall be under a continuing duty to act fairly and impartially as between the parties and adopt procedures suitable to the circumstances of the application including proceedings by video-conferencing or written submissions as alternatives to a formal hearing.

(13) The emergency arbitrator shall have the same powers vested in the Arbitral Tribunal under these Rules, including the power to rule on his own jurisdiction and any objection to the application of this Schedule.

(14) The emergency arbitrator shall make an order or award within fifteen days from the date of appointment, which period may be extended by agreement of the parties.

(15) The emergency arbitrator shall be responsible for delivering the award to the Centre, which shall transmit certified copies to the parties provided that the costs of arbitration have been paid to the Centre in accordance with rule 31.

(16) The Registrar shall, on receipt of the award from the emergency arbitrator, notify the parties of the award.

(17) The award shall be deemed to have been received by the parties upon collection by hand by an authorized representative or upon delivery by registered mail.

Notes

Arbitration Clauses

1. It is recommended that parties intending to commence arbitration in their contracts pursuant to these Rules shall use the following model clause—

Any dispute, controversy or claim arising out of or in connection to this contract, or breach, termination or invalidity thereof shall be settled by arbitration in accordance with the Nairobi Centre for International Arbitration Rules.

2. Any parties to a contract without an existing arbitration clause intending to commence an arbitration under the Nairobi Centre for International Arbitration Rules; or

Any parties to a contract with an existing arbitration clause intending to substitute the clause in the contract for a clause making reference to the Nairobi Centre for International Arbitration Rules may adopt the following by agreement—

The parties hereby agree that any dispute, controversy or claim arising out of or in connection to the contract dated, or breach, termination or invalidity thereof shall be settled by arbitration in accordance with the Nairobi Centre for International Arbitration Rules.

Mediation and Arbitration Clause

3. A party who intends to refer a dispute to mediation under the Centre's Mediation Rules in the first instance followed by arbitration under the Centre's Arbitration Rules, if required, may use the following model clause—

In the event of a dispute, controversy or claim arising out of or in connection to this contract, or breach, termination or invalidity thereof shall first refer the, dispute to mediation under the Nairobi Centre for International Arbitration (Mediation) Rules. If the dispute has not been settled pursuant to the said rules within thirty days following the filing of the request for mediation or within such other period as the parties may agree in writing, such dispute shall be settled by arbitration in accordance with the Nairobi Centre for International Arbitration Rules.

4. The parties may also adopt the model clause to suit their specific mediation and arbitration requirements.

Arthur Igeria,

Chairperson,

Nairobi Centre for International Arbitration.

(四)2016 年内罗毕国际仲裁中心调解规则

NCIA Mediation Rules 2016

The Nairobi Centre for International Arbitration (Mediation) Rules, 2015

Rule 1 Citation

1. These Rules may be cited as the Nairobi Centre for International Arbitration (mediation) Rules, 2015.

Rule 2 Application of the Rules

(1) These Rules apply to any dispute that had arisen prior to commencement of these Rules and all disputes arising upon the enactment of these Rules, where the parties have agreed to its application.

(2) Where any of these Rules is in conflict with a provision of another law from which the parties cannot derogate, that provision of that other law shall prevail.

Rule 3 Interpretation

In these Rules, unless the context otherwise requires—

"**Act**" means the Nairobi Centre for International Arbitration Act, 2013;

"Centre" means the Nairobi Centre for International Arbitration established under section 2 of the Act; and

"**Registrar**" means the Registrar of the Centre appointed under section 9 of the Act.

Rule 4 Domestic mediation

(1) A mediation is a domestic mediation if—

(a) the mediation agreement provides that the mediation is to be conducted in Kenya;

(b) the mediation is between bodies corporate that are incorporated in Kenya or whose central management and control is exercised in Kenya;

(c) the mediation is between an individual and a body corporate and—

(i) the individual is a national of Kenya or is habitually resident in Kenya;

(ii) the body corporate is incorporated in Kenya or its central management and control is exercised in Kenya;

(iii) the place where a substantial part of the obligations of the commercial relationship is to be performed, or the place in which the subject-matter of the dispute is closely connected, is in Kenya; or

(d) is not an international mediation.

(2) This regulation applies to a domestic mediation either at the time when the mediation commences or when the mediation agreement is entered into.

Rule 5 International mediation

A mediation is an international mediation if—

(a) the parties to a mediation agreement have their places of business in countries other than Kenya at the time of the conclusion of the mediation agreement;

(b) one of the parties to the mediation has its place of business in a country other than Kenya;

(c) a place where a substantial part of the commercial obligation or other relationship is to be performed, or the place where the subject matter of the dispute is closely connected, is in a country other than Kenya; or

(d) the parties have agreed in writing that the subject matter of the mediation relates to more than one country.

Rule 6 Commencement of mediation proceedings

(1) A person shall commence mediation proceedings by submitting a written requestto the Registrar in Form A set out in Part B of the First Schedule.

(2) The request under paragraph (1) shall contain the following information—

(a) the names, addresses, e-mail addresses and telephone numbers of the parties or their representatives;

(b) a reference to a mediation clause in the manner specified in Part A set out in the First Schedule or a copy of the separate mediation agreement;

(c) a reference to the contract or other legal relationship out of or in relation to which the dispute arises;

(d) a brief explanation of the nature of dispute, the amount involved, if any, and the specific relief sought by a party; and

(e) shall be accompanied by the registration fee set out in the Second Schedule.

(3) Upon receipt of the request under paragraph (1), the Registrar shall forward a copy of the request for mediation together with a list of the Centre's panel of Accredited Mediators to all the parties, including the initiating party.

(4) The respondent shall reply to the request for mediation under paragraph (3) through a written notice to the Registar indicating whether the party accepts or rejects the request for mediation.

(5) When the Registrar receives the notice under paragraph (4) communicating the respondent's acceptance of the request for mediation, the mediation shall be considered to have commenced.

(6) If the respondent does not reply to the request for mediation within ten days from the date of receipt of the notice under paragraph (4), the Centre may regard it as a rejection of the request and inform the initiating party.

Rule 7 Appointment of a mediator

(1) There shall be one mediator in a dispute unless the parties agree otherwise.

(2) The mediator shall be jointly appointed by the parties to the dispute within—

(a) five days of receipt by the Centre of the written notice of acceptance of the request for mediation; or

(b) such other additional time as may be allowed by the Registrar, on request by either party to the dispute.

Rule 8 Appointment of mediator where parties disagree

(1) Where the parties disagree on the selection of a mediator and the time specified under rule 7 has lapsed, the Registrar shall, within five days after the time specified under rule 7 has lapsed, propose a mediator by providing the parties with the names of three mediators from the Centre's panel of Accredited Mediators.

(2) The parties shall, within seven days of receipt of the proposed names of mediators, jointly select a mediator and inform the Registrar in writing of their selection.

(3) The Registrar shall notify the proposed mediator selected by the parties and shall require the mediator to, within three days of receipt of the notice from the Registrar, confirm his acceptance or otherwise, to act as a mediator in the dispute.

(4) The proposed mediator shall confirm, in writing to the Registrar and to the parties of his decision under paragraph (3).

(5) If the parties do not agree on a mediator from the names proposed under paragraph (1), each party shall reply to the Registrar, within seven days of receipt of the list of proposed mediators, indicating their order of preference for the proposed mediators and which of the proposed mediator is unacceptable.

(6) The Registrar shall appoint a mediator in accordance with the order of preference submitted by the parties.

(7) Where a party does not reply to the Registrar as required under paragraph (1), the list of proposed mediators shall be considered as accepted by all parties, in accordance with the order of preference indicated in the returned list.

(8) The Registrar shall notify the listed mediator of the proposal to appoint him as mediator.

(9) Where a mediator is not appointed under the foregoing paragraphs, a mediator may be appointed at the sole discretion of the Registrar and the parties shall be presumed to have accepted the appointment made by the Registrar.

Rule 9 Limitations of a mediator

(1) No person shall act as mediator in a dispute if that person has a conflict of interest that may affect or be perceived by the Centre or parties to affect the independence or impartiality of the Mediator, unless the parties are notified in writing of the conflict of interest and they consent in writing to the appointment of that mediator.

(2) Where a mediator is appointed and that mediator realises a circumstance that may create a perception of bias, the Mediator shall immediately inform the parties and the Registrar.

(3) Where a party objects to the continued service of a mediator, the Mediator shall be disqualified from acting in the dispute.

(4) The parties shall, within seven days of the disqualification, appoint a new mediator from the Centre's panel of accredited Mediators and if the parties disagree on the appointment of a substitute mediator, the Registrar shall appoint a substitute Mediator.

(5) Where the parties reject a mediator appointed by the Registrar under rule 8, and rule 9(4)—

(a) the Centre may consider the rejection as a failure of the request and shall inform the parties, accordingly; or

(b) the Registrar shall revoke the appointment and inform the mediator.

Rule 10 Qualifications of a mediator

Notwithstanding any provision in these Rules, a person shall not act as a mediator unless that person—

(a) is an accredited Mediator on the Centre's panel of Mediators;

(b) is a mediator accredited by an institution recognized by the Centre; or

(c) has been—

(i) a mediator in a mediation conducted under rules of an institution recognized by the Centre;

(ii) in at least five international mediations, to be appointed in the Centre's international mediation; or

(iii) in at least five domestic mediations, to be appointed in the Centre's domestic mediation.

Rule 11 Role of a Mediator

(1) A Mediator shall be independent and impartial in the discharge of his duties.

(2) The Mediator shall conduct a mediation in a manner that he or she considers appropriate, while taking into consideration—

(a) the circumstances of the dispute;

(b) the wishes of the parties; and

(c) any practical considerations that may be relevant in the prompt resolution of the dispute.

(3) Prior to or during the mediation, the Mediator may communicate with the parties—

(a) jointly or separately;

(b) either directly or through their representatives; or

(c) directly, by telephone, videoconference or electronically as the Mediator considers it fit and just.

Rule 12 Preliminary conference

(1) Prior to the commencement of the mediation, the parties may participate in a preliminary conference with the assistance of the Mediator.

(2) The purpose of the preliminary conference is to enable the parties, in accordance with the Mediator's directions—

(a) to identify the issues in dispute;

(b) to decide on the service and exchange of documentary material relevant to the mediation, including position papers by all the parties;

(c) to agree, subject to rule 23(2), on the terms of engagement of the Mediator including charges for cancellation, non-attendance or adjournment of a mediation session; and

(d) to make any other necessary arrangements for the mediation to proceed.

Rule 13 Role of the parties

A party to mediation has a duty to act in good faith in the mediation and co-operate with the other party in the settlement of the dispute.

Rule 14 Authority and representation

(1) A party to mediation may be represented by any person and the role and personal details of the representative shall be disclosed to all parties.

(2) The representative selected under paragraph (1) shall sign an undertaking to abide by the directions set by the Mediator, the Centre's Code of Conduct and the Guidelines issued from time to time.

(3) A party to mediation shall have authority to settle a dispute or be represented by a person having full authority to settle the dispute, and where the authority is limited, the limits of authority shall be disclosed to the parties and the Mediator.

(4) The Mediator may require that a party provide the proof of authority granted to his representative in such form as the Mediator may determine.

Rule 15 Confidentiality

(1) The parties and participants in a mediation shall keep all matters relating to or arising out of the mediation private and confidential unless—

(a) the disclosure is compelled by law;

(b) the disclosure is necessary to give effect to a mediation agreement or to enforce an agreement reached to settle or resolve the whole or any part of the dispute;

(c) there is a written consent of the parties to the mediation.

(2) The parties and participants in a mediation shall sign a Confidentiality undertaking in the form set out in the Third Schedule.

(3) Any information submitted to the Mediator by a party in caucus or private session shall be considered as confidential information between the party providing the information and the Mediator, unless the party providing the information consents to its disclosure to any other party to the mediation.

Rule 16 Place and language

(1) The parties shall, in consultation with the Mediator, select the venue for the mediation and ensure that they have the necessary administrative services required for the mediation.

(2) Unless the parties otherwise agree in writing, the mediation shall be in the language of the documents in which the mediation agreement is contained.

(3) Where a document is written in a language other than the language of the mediation agreement and no translation of such document is submitted by the party relying upon the document, the Mediator or the Registrar may require that party to submit a translation in a form to be determined by the Mediator or the Registrar.

Rule 17 Termination of the mediation

A mediation may be terminated if—

(a) the parties sign a written settlement agreement;

(b) the Mediator, after consultation with the parties, makes a written declaration that further attempts at mediation are unnecessary;

(c) one of the parties makes a written declaration to the Mediator to terminate the mediation;

(d) on the expiry of three months from the date of the request for mediation under rule 6 unless otherwise agreed by the parties; or

(e) the Registrar orders the termination as some of the monies payable under rule 19 are not paid as required by these Rules.

Rule 18 Termination or withdrawal from mediation

(1) A Mediator may suspend or terminate the mediation or withdraw as Mediator when he or she reasonably believes the circumstances require it, including when he or she has reasonable grounds to suspect that—

(a) the parties are involved in illegal or fraudulent conduct;

(b) the parties are unable to meaningfully and reasonably participate in negotiations;

(c) the parties have not acted in good faith in the mediation; or

(d) the continuation of the mediation shall cause significant harm to a party or a third party.

(2) Where a Mediator suspends, terminates or withdraws from a mediation, the Mediator shall—

(a) maintain the obligation of confidentiality;

(b) cause the least possible harm to the parties; and

(c) promptly inform the Registrar of the termination, suspension or withdrawal.

Rule 19 Costs

(1) Unless otherwise agreed or ordered by a court, each party to a mediation shall bear his own costs of the mediation.

(2) The costs of the mediation shall include—

(a) the professional fees of the mediator;

(b) the cost of hiring the venue for the mediation including meeting rooms or breakout rooms;

(c) the administrative costs, including fees for photocopying, internet access, meals and communication expenses;

(d) fees for translation, or in respect of an expert witness who attends the mediation with the consent of the parties; or

(e) any other costs reasonably incurred in respect of the organization or conduct of the mediation.

(3) The costs of the Centre may include—

(a) registration fees payable on the lodging of a request;

(b) appointment fee if a mediator is appointed; and

(c) any administrative costs as specified under rule 19(2).

(4) The parties shall be jointly and severally liable for costs and expenses set out in paragraphs (2) and (3).

Rule 20 Administrative assistance

Subject to rule 16, the Registrar may, on the request of the Mediator or the parties, arrange for translators, administrative assistance or other facilities in order to facilitate the mediation.

Rule 21 Exclusion of liability

(1) A mediator shall not be liable for acts or omissions done in good faith in the discharge of his functions as a mediator or arising out of a settlement reached in a mediation conducted under these Rules.

(2) Subject to paragraph (1), a servant or agent of a mediator shall not be liable for an act or omission done, in good faith and with due authority, in the discharge of the functions of the Mediator.

(3) Nothing in this rule shall affect a liability incurred by a mediator by reason of his resignation or withdrawal.

(4) The Centre and the Registrar shall not be liable for acts or omissions done in good faith in the appointment or proposal of a Mediator or for any other purpose, in the discharge of the functions of the Centre or the Registrar in these Rules.

(5) Subject to paragraph (4), a servant or agent of a Centre shall not be liable for an act or omission done in good faith and with authority, in the discharge of the functions of the Centre or the Registrar to appoint or propose a Mediator or for any other purpose in these Rules.

(6) A statement, whether written or oral, made in the course of the mediation shall not be relied upon by any party to institute or maintain an action for defamation or any other related complaint.

Rule 22 Role of Mediator in other proceedings

(1) The Mediator shall not—

(a) act as a representative or counsel of a party to a mediation;

(b) appear as a witness in any arbitral or judicial proceedings; or

(c) advice a person on a dispute that is the subject of the mediation.

(2) The parties and the mediator shall agree that they shall not—

(a) present the mediator as a witness in any judicial proceedings;

(b) summon the mediator as a witness; or

(c) compel the mediator to give evidence or to produce documents in any subsequent judicial proceedings or arbitration.

Rule 23 Fees

(1) The fees for international mediation or domestic mediations shall be as set out in the Second Schedule.

(2) Unless otherwise agreed by the parties and the mediator, the mediator may charge a per centum rate of the fee for cancellation, non-attendance or adjournment of the mediation, which fee shall be specified in the terms of engagement of the mediator.

(3) Prior to the commencement of the mediation, each party shall pay the registration fees, appointment fees, if any, and deposit the mediator's fees and administra-

tion costs with the Centre in accordance with the Schedule of fees set out in the Second Schedule.

(4) During the mediation, the Registrar may require additional deposits to be paid by the parties for the costs referred to in rule 19.

(5) Any additional monies requested by the Registrar for the costs referred to in rule 19 shall be payable fifteen days after the receipt of the request for additional deposits.

(6) Where the monies under paragraph (5) are not paid by the parties within the specified period-

(a) the Registrar shall inform the parties so that either of the parties may make the required payment; or

(b) the mediator may, after consultation with the Registrar, order the suspension or termination of the mediation.

(7) The Registrar may use the deposit to pay the fees and disbursements incurred by the Centre and the mediator for the mediation.

(8) Upon termination of the mediation, the Registrar shall provide a statement of the deposits to the parties and shall specify in the statement the amount received, expended and in case of a surplus he shall return any unexpended balance to the parties.

Rule 24 Amendment

(1) These Rules may be amended by the Centre from time to time.

(2) The Rules applicable to the mediation shall be those in force at the time of commencement of the mediation, unless the parties have agreed otherwise.

Schedules

Model mediation Clause

"Where, in the event of a dispute arising out of or relating to this contract, the parties wish to seek an amicable settlement of that dispute by mediation, the mediation shall take place in accordance with the Nairobi Centre for International Arbitration (mediation) Rules, 2015 currently in force."

Form A

Request for Mediation

Date：(insert date of request)

Part 1：

To：Name (Insert name of the party/parties to be served)

Address：

(Insert address(es) of the party/parties to be served)

City/Town：

Other：

Postal Code：

Email：

Telephone：

Part 2：

Give a brief description of the agreement/contract/document containing the provision for mediation under the NCIA mediation Rules：(i.e. date & Clause where applicable)

Give a brief description of the nature of the dispute for mediation：

To：Name (Insert name of the party/parties making the request)

Address：

(Insert address(es) of the party/parties making the request)

City/Town：

Other：

Postal Code：

Email：

Telephone：

Part 3：

I/We hereby (the above-named requesting party/parties) notify you of this request for mediation to be commenced under the NCIA mediation Rules. I/We have submitted a copy of this request and the mediation agreement for filing with the Registrar NCIA with a request that the mediation commences under the Rules.

Signed:　　　　　　　　　　　　Date:

(r. 6(2)(e), 23(1)&(3))

Fees

Domestic Mediation

(a) Registration Fee

A non-refundable registration fee to be advised by the Centre at the time of filing the request with a maximum of Kenya Shillings (KES) 1,000 is payable by the party initiating mediation pursuant to rule 6(2)(e) of the Rules.

(b) Administrative Costs

The Administrative Costs for mediation to be advised by the Centre at the time of filing the request with a maximum of Kenya Shillings (KES) 10,000 is payable by the party initiating mediation pursuant to rule 6(2)(e) of the Rules.

(c) Mediator's Fee

(i) Sum of Kenya Shillings (KES) 5,000/= for any time spent in mediation below and up to one (1) hour;

(ii) Sum of Kenya Shillings (KES) 15,000/= per mediation session. (a mediation session is equivalent to time spent in mediation above one hour and not exceeding three (3) hours); and

(iii) Sum of Kenya Shillings (KES). 1000/= per hour for review of documents and related works.

Note:

The sum to be charged on mediator's fee for time spent in mediation above three (3) hours in a day shall be on a pro rata hourly basis at the rate of KES 5,000/= per hour.

International Mediation

(a) Registration Fee

A non-refundable registration fee of US Dollars (USD) 50 is payable by the party initiating mediation pursuant to rule 6(2)(e) of these Rules.

(b) Administrative Costs

The administrative costs for mediation shall be fixed at US Dollars (USD) 250.

(c) Mediator's Fee

(i) Sum of US Dollar (USD) 300 for any time spent in mediation below and up to one (1) hour;

(ii) Sum of US Dollar (USD) 600 per mediation session. (a mediation session is equivalent to time spent in mediation above one hour and not exceeding to three (3) hours); and

(iii) Sum of US Dollar (USD) 300 per hour for review of documents and related works.

Note:

The sum to be charged on mediator's fee for time spent in mediation above three (3) hours in a day shall be on a pro rata hourly basis at the rate of USD 200 per hour.

(R. 15)

Confidentiality Agreement and Undertaking

Parties:

...

("The Mediator")

(Have entered into a mediation Agreement dated the…………………day of……
……………in accordance with which the Mediator will conduct a mediation.)

1. The undersigned acknowledge by their signatures that they attend the mediation on the basis of their agreement to the terms of clause 2 and 3 below.

2. Each of the undersigned undertakes to the parties and the Mediator—

(a) to keep confidential to themselves and any persons to whom by reason of the terms of their employment or any contract of insurance they may properly communicate it, all information disclosed during the mediation including the preliminary steps ("confidential information");

(b) not to act contrary to the undertaking in subparagraph (a) unless compelled by law to do so or with the consent of the party who disclosed the confidential information;

(c) not to use confidential information for a purpose other than the mediation.

3. Each of the undersigned undertakes to the parties and the Mediator that the following will be privileged and will not be disclosed in or relied upon or be the subject of any subpoena to give evidence or to produce documents in any arbitral or judicial proceedings between the parties to the mediation—

(a) any settlement proposal whether made by a party or the Mediator;

(b) the willingness of a party to consider any such proposal;

(c) any admission or concession made by a party;

(d) any statement or document made by the Mediator.

4. The parties acknowledge that the mediator may disclose information obtained during or in connection with the mediation in any one or more of the following circumstances—

(a) with the consent of the person from whom the information was obtained;

(b) in connection with the fact that an agreement or arrangement has been reached and as to the substance of the agreement or arrangement;

(c) if there are reasonable grounds to believe that the disclosure is necessary to prevent or minimize the danger of injury to any person or damage to any property;

(d) if the disclosure is reasonably required for the purpose of referring any party or parties to a mediation session to any person, agency, organization, or other body and the disclosure is made with the consent of the parties to the mediation session for the purpose of aiding in the resolution of a dispute between those parties or assisting the parties in any other manner;

(e) in accordance with a requirement imposed by or under a law of a country or a state.

Arthur Igeria,

Chairperson,

Nairobi Centre for International Arbitration.

附件六　葡萄牙主要仲裁立法

(一)自愿仲裁法

Law on Voluntary Arbitration

Chapter Ⅰ　The Arbitration agreement

Article 1

(**Arbitration agreement**)

1 – Unless exclusively submitted by special law to State court jurisdiction or to compulsory arbitration, the parties may, by means of an arbitration agreement, submit any dispute involving economic interests to arbitration.

2 – An arbitration agreement regarding disputes that do not involve economic interests is also valid provided that the parties are entitled to conclude a settlement on the issue under dispute.

3 – The arbitration agreement may concern an existing dispute, even if it has been brought before a State court (submission agreement), or possible disputes which may arise in respect of a defined legal relationship, contractual or not (arbitration clause).

4 – In addition to matters of a contentious nature in the strict sense, the parties may further agree to submit to arbitration any other issues that require the intervention of an impartial decision maker, namely those related to the need to specify, complete and adapt contracts with long-lasting obligations to new circumstances.

5 – The State and other legal entities governed by public law may enter into arbitration agreements insofar as they are authorised to do so by law, or if such agreements concern private law disputes.

Article 2

(Arbitration agreement requirements; its termination)

1 – The arbitration agreement shall be in writing.

2 – The requirement that the arbitration agreement be in writing is met if the agreement is recorded in a written document signed by the parties, in an exchange of letters, telegrams, faxes or other means of telecommunications which provide a written record of the agreement, including electronic means of communication.

3 – The requirement that the arbitration agreement be in writing is met if it is recorded on an electronic, magnetic, optical or any other type of support, that offers the same guarantees of reliability, comprehensiveness and preservation.

4 – Without prejudice to the legal regime on general contract clauses, the reference made in a contract to a document containing an arbitration clause constitutes an arbitration agreement, provided that such contract is in writing and that the reference is such as to make that clause part of the contract.

5 – The requirement that the arbitration agreement be in writing is also met when there is an exchange of statements of claim and defence in arbitral proceedings, in which the existence of such an agreement is alleged by one party and not denied by the other.

6 – A submission agreement shall determine the subject-matter of the dispute; an arbitration clause shall specify the legal relationship to which the disputes relate to.

Article 3

Invalidity of the arbitration agreement.

The arbitration agreement entered into in breach of the provisions of articles 1 and 2 is null and void.

Article 4

Modification, revocation and expiry of the agreement

1 – The arbitration agreement may be altered by the parties until acceptance by the first arbitrator or, if all arbitrators agree thereto, until the arbitral award is issued.

2 – The arbitration agreement may be revoked by the parties, until the arbitral award is issued.

3 – The agreement of the parties foreseen in the preceding paragraphs must be in-writing, complying with the provisions of article 2.

4 – Unless otherwise agreed, the death or the extinction of the parties shall neither render the arbitration agreement forfeit nor lead to the termination of the arbitral proceedings.

Article 5

Negative effect of the arbitration agreement

1 – The state court before which an action is brought in a matter which is the subject of an arbitration agreement shall, if the respondent so requests not later than when submitting its first statement on the substance of the dispute, dismiss the case, unless it finds that the arbitration agreement is clearly null and void, is or became inoperative or is incapable of being performed.

2 – In the case foreseen in the previous paragraph, arbitral proceedings may be commenced or continued, and an award may be made, while the issue is pending before the state court.

3 – The arbitral proceedings shall cease and the award made therein shall cease to produce effects, when a state court considers, by means of a final and binding decision, that the arbitral tribunal is incompetent to resolve the dispute that was brought before it, whether such decision is rendered in the action referred to in paragraph 1 of the present article, or whether it is rendered under article 18, paragraph 9, and under article 46, paragraph 3, sub-paragraph a), points i) and iii).

4 – The issues of invalidity, inoperativeness or incapability of performance of an arbitration agreement cannot be discussed autonomously in an action brought before a state court for that effect or in an interim measure procedure brought before the same court, aiming to hinder the constitution or the operation of an arbitral tribunal.

Article 6

Reference to arbitration regulations

All references made in this Law to provisions of the arbitration agreement or to the agreement between the parties include not only what the parties have directly regulated therein, but also the provisions of arbitration regulations to which the parties have referred to.

Article 7

Arbitration agreement and interim measures granted by a state court

It is not incompatible with an arbitration agreement for a party to request, before or during arbitral proceedings, from a state court an interim measure of protection and for a state court to grant such measure.

Chapter Ⅱ　Arbitrators and the arbitral tribunal

Article 8

Number of arbitrators

1 – The arbitral tribunal can consist of a sole arbitrator or of several, in an uneven number.

2 – Should the parties fail to agree on the number of members of the arbitral tribunal, the arbitral tribunal shall consist of three arbitrators.

Article 9

Arbitrators' requirements

1 – The arbitrators must be individuals and have full legal capacity.

2 – No person shall be precluded, by reason of that person's nationality, from being appointed as an arbitrator, without prejudice to the provisions of article 10, paragraph 6, and the discretion of the parties.

3 – Arbitrators must be independent and impartial.

4 – Arbitrators may not be held liable for damages resulting from their decisions, save for those situations in which state judges may be.

5 – The liability of the arbitrators as mentioned in the preceding paragraph only exists towards the parties.

Article 10

Appointment of arbitrators

1 – The parties are free to appoint the arbitrator or arbitrators that shall form thearbitral tribunal in the arbitration agreement or in a later document signed by the parties, or to agree on a procedure for appointing them, namely by assigning the appointment of all or some of the arbitrators to a third party.

2 – In an arbitration with a sole arbitrator, if the parties are unable to agree on the arbitrator's appointment, such arbitrator shall be appointed, upon request of any party, by the state court.

3 – In an arbitration with three or more arbitrators, each party shall appoint an equal number of arbitrators and the arbitrators thus appointed shall appoint a further arbitrator, who shall act as chairman of the arbitral tribunal.

4 – Unless otherwise agreed, if a party is to appoint an arbitrator or arbitrators and fails to do so within 30 days of receipt of the other party's request to do so, or if the arbitrators appointed by the parties fail to agree on the choice of the chairman within 30 days of the appointment of the last arbitrator to be appointed, the appointment of the remaining arbitrator or arbitrators shall be made, upon request of any party, by the competent state court.

5 – Unless otherwise agreed, the provisions of the preceding paragraph shall apply if the parties have assigned the appointment of all or some of the arbitrators to a third party and the appointment does not occur within 30 days of the request to do so.

6 – In appointing an arbitrator, the competent state court shall have due regard to any qualifications required of the arbitrator or arbitrators by the agreement of the parties and to such considerations as are likely to secure the appointment of an independent and impartial arbitrator; in case of international arbitration, while appointing a sole or third arbitrator, the court shall furthermore take into account the advisability of appointing an arbitrator of a nationality other than those of the parties.

7 – The decisions made by the competent state court under the provisions of the preceding paragraphs of this article are not subject to appeal.

Article 11

Multiple claimants or respondents

1 – In case of multiple claimants or respondents, and if the arbitral tribunal is to consist of three arbitrators, the claimants shall jointly appoint an arbitrator and the respondents shall jointly appoint another.

2 – Should the claimants or the respondents fail to reach an agreement on thearbitrator to be appointed by them, the appointment of such arbitrator shall be made, upon request of any party, by the competent state court.

3 – In the case foreseen in the previous paragraph, the state court may appoint all arbitrators and indicate which one of them shall be the chairman, if it becomes clear that the parties that failed to jointly appoint an arbitrator have conflicting interests regarding the substance of the dispute, and in such event the appointment of the arbitrator meanwhile made by one of the parties shall become void.

4 – The provisions of this article are without prejudice to what may have been stipulated in the arbitration agreement for multi party arbitrations.

Article 12

Acceptance of mandate

1 – No person may be compelled to act as an arbitrator; but if the mandate has been accepted, withdrawal shall only be legitimate if it is based on a supervening impossibility of the appointee to perform said appointee's functions, or in case of non conclusion of the agreement referred to in article 17, paragraph 1.

2 – Unless otherwise agreed by the parties, each appointed arbitrator shall, within 15 days from that following the notice of appointment, declare in writing the acceptance of the mandate to whomever appointed him or her; if the arbitrator neither declares his or hers acceptance within such period, nor in any other way reveals his or hers intent to act as an arbitrator, such arbitrator shall be deemed as not accepting the appointment.

3 – The arbitrator who, having accepted the mandate, unjustifiably withdraws from exercising his or hers office shall be liable for the damages caused.

Article 13

Grounds for challenge

1 – When a person is approached in connection with his or hers possible appointment as an arbitrator, he or she shall disclose any circumstances likely to give rise to justifiable doubts as to his or hers impartiality and independence.

2 – The arbitrator shall, throughout the arbitral proceedings, disclose, without delay, to the parties and the remaining arbitrators, any such circumstances referred to in the preceding paragraph that arose, or of which the arbitrator only became aware, after accepting the mandate.

3 – An arbitrator may be challenged only if circumstances exist that give rise to justifiable doubts as to the arbitrator's impartiality or independence, or if the arbitrator does not possess the qualifications agreed to by the parties. A party may challenge an arbitrator appointed by it, or in whose appointment it has participated, only for reasons of which it becomes aware after the appointment has been made.

Article 14

Challenge procedure

1 – The parties are free to agree on a procedure for challenging an arbitrator, subject to the provisions of paragraph 3 of this article.

2 – Failing such agreement, the party who intends to challenge an arbitrator shall, within fifteen days after becoming aware of the constitution of the arbitral tribunal or after becoming aware of the circumstances referred to in article 13, send a written statement of the reasons for the challenge to the arbitral tribunal. If the challenged arbitrator does not withdraw from office and the party that appointed such arbitrator insists that the arbitrator continues in office, the arbitral tribunal, including the challenged arbitrator, shall decide on the challenge.

3 – If a challenge under any procedure agreed upon by the parties or under the procedure of paragraph 2 of this article is not successful, the challenging party may request, within 15 days after having received notice of the decision rejecting the challenge, the competent state court to decide on the challenge, which decision shall be

subject to no appeal. While such a request is pending, the arbitral tribunal, including the challenged arbitrator, may continue the arbitral proceedings and make an award.

Article 15

Impossibility or failure to act by arbitrator

1 – If an arbitrator becomes, de jure or de facto, unable to perform his or hers functions, the mandate terminates if he or she withdraws from office or if the parties agree on the termination on such grounds.

2 – If an arbitrator, for any other reason, fails to perform his or hers functions without undue delay, the parties may, by mutual agreement, end the mandate, without prejudice to any eventual liability of the arbitrator in question.

3 – If the parties cannot agree on the termination in any of the situations referred to in the preceding paragraphs of this article, any party may request the competent state court to remove such arbitrator from office, on those grounds, which decision of the state court shall be subject to no appeal.

4 – If, under the preceding paragraphs of this article or under article 14, paragraph 2, an arbitrator withdraws from office or if the parties agree on the termination of the mandate of an arbitrator allegedly found to be in one of the circumstances referred therein, such does not imply acceptance of the validity of the grounds for the removal from office mentioned in those provisions.

Article 16

Appointment of a substitute arbitrator

1 – Where, for any reason, the mandate of an arbitrator terminates, a substitute arbitrator shall be appointed, according to the rules applicable to the appointment of the arbitrator being replaced, without prejudice to the parties agreeing that the replacement shall be made otherwise or waiving such replacement.

2 – The arbitral tribunal shall decide, taking into consideration the stage of the proceedings, whether any procedural act should be repeated in view of the new composition of the tribunal.

Article 17

Arbitrators' fees and costs

1 – If the parties fail to regulate such matters in the arbitration agreement, the arbitrators' fees, the method of reimbursement of their expenses and the payment by the parties of advances on such fees and expenses shall be agreed upon in writing by the parties and the arbitrators, said agreement to be entered into before the acceptance by the last of the arbitrators to be appointed.

2 – If such matters have not been regulated in the arbitration agreement, nor an agreement thereon has been made between the parties and the arbitrators, the arbitrators shall, taking into consideration the complexity of the issues decided, the amount of the dispute and the time spent or to be spent with the arbitral proceedings until its conclusion, fix the amount of their fees and expenses, and furthermore determine the payment by the parties of their advance payments, by means of one or various decisions separate from those in which procedural issues or the substance of the dispute are decided.

3 – In the situation foreseen in the previous paragraph of the present article, any party may request the competent state court to reduce the amounts of the fees or the expenses and respective advance payments fixed by the arbitrators, whereby that state court may define the amounts it deems adequate, after giving the members of the arbitral tribunal the opportunity to present their views on the matter.

4 – In case of failure on advance payments for fees and expenses previously agreed or fixed by the arbitral tribunal or state court, the arbitrators may suspend or end the arbitral proceedings after a reasonable additional time-limit granted to that effect to a party or parties at fault has elapsed, without prejudice to the provisions of the following paragraph of this article.

5 – If any party has not made its advance payment within the time-limit determined in accordance with the previous paragraph, the arbitrators, before deciding to suspend or end the arbitral proceedings, shall give notice thereof to the remaining parties so that these may, if they wish, remedy the failure to make said advance payment within the time-limit granted to that effect.

Chapter Ⅲ　Jurisdiction of arbitral tribunal

Article 18

Competence of arbitral tribunal to rule on its jurisdiction

1 – The arbitral tribunal may rule on its own jurisdiction, even if for that purpose it is necessary to assess the existence, the validity or the effectiveness of the arbitration agreement or of the contract of which it forms part, or the applicability of said arbitration agreement.

2 – For the purpose of the previous paragraph, an arbitration clause that forms part of a contract shall be treated as an agreement independent of the other terms of the contract.

3 – The decision by the arbitral tribunal that the contract is null and void shall not automatically entail the invalidity of the arbitration clause.

4 – A plea that the arbitral tribunal does not have jurisdiction to hear the whole or part of the dispute submitted to it shall be raised not later than the submission of thestatement of defence as to the substance of the dispute, or jointly with it.

5 – A party is not precluded from raising a plea that the arbitral tribunal does not have jurisdiction to hear the dispute brought before it by the fact that it has appointed, or participated in the appointment of, an arbitrator.

6 – A plea that the arbitral tribunal, in the course of the arbitral proceedings, has exceeded or may exceed the scope of its authority, shall be raised as soon as the matter alleged to be beyond the scope of its authority is raised during the proceedings.

7 – The arbitral tribunal may, in the situations set out in paragraphs 4 and 6 of the present article, admit a later plea, based on the arguments mentioned in said paragraphs, presented after the time-limits established therein, if it considers the delay justified.

8 – The arbitral tribunal may rule on its jurisdiction either as a preliminary question or in the award on the merits.

9 – The preliminary award according to which the arbitral tribunal rules that it has jurisdiction may, within 30 days after its notice to the parties, be challenged by any

party before the competent state court, under article 46, paragraph 3, sub-paragraph a), points i) and iii) and under article 59, paragraph 1, sub-paragraph f).

10 – While such a challenge is pending in the competent state court, the arbitral tribunal may continue the arbitral proceedings and make an award on the merits of the dispute, without prejudice to the provisions of article 5, paragraph 3.

Article 19

Scope of state court intervention

In matters governed by this Law, state courts may only intervene where so provided in this Law.

Chapter Ⅳ Interim measures and preliminary orders

Section Ⅰ Interim measures

Article 20

Power of arbitral tribunal to grant interim measures

1 – Unless otherwise agreed, the arbitral tribunal may, at the request of a party and after hearing the opposing party, grant the interim measures it deems necessary in relation to the subject-matter of the dispute.

2 – For the purpose of this Law, an interim measure is a temporary measure, whether in the form of an award or in another form, by which, at any time prior to the issuance of the award by which the dispute is finally decided, the arbitral tribunal orders a party to:

a) Maintain or restore the status quo pending determination of the dispute;

b) Take action that would prevent, or refrain from taking action that is likely to cause, harm or prejudice to the arbitral process itself;

c) Provide a means of preserving assets out of which a subsequent award may be satisfied;

d) Preserve evidence that may be relevant and material to the resolution of the dispute.

Article 21

Conditions for granting interim measures

1 – Interim measures requested under article 20, paragraph 2, sub-paragraphs a), b) and c) shall be granted by the arbitral tribunal as long as:

a) There is a serious probability that the right invoked by the requesting party exists and the fear that such right will be harmed is sufficiently evidenced; and

b) The harm resulting from the interim measure to the party against whom the measure is directed does not substantially outweigh the damage the requesting party wishes to avoid with the measure.

2 – The determination of the arbitral tribunal on the possibility referred to in paragraph 1, subparagraph a), of this article shall not affect the discretion of the arbitral tribunal in making any subsequent determination on any matter.

3 – With regard to the interim measure request presented under article 20, paragraph 2, sub-paragraph d), the requirements foreseen in paragraph 1, sub-paragraphs a) and b), of this article shall apply only to the extent the arbitral tribunal considers appropriate.

Section II Preliminary Orders

Article 22

Application for preliminary orders; conditions

1 – Unless otherwise agreed by the parties, a party may, without notice to any other party, make a request for an interim measure together with an application for a preliminary order directing a party not to frustrate the purpose of the interim measure requested.

2 – The arbitral tribunal may grant a preliminary order provided it considers that prior disclosure of the request for the interim measure to the party against whom it is directed risks frustrating the purpose of the measure.

3 – The conditions defined under article 21 apply to any preliminary order, provided that the harm to be assessed under article 21, paragraph 1, sub-paragraph b), is, in such case, the harm likely to result from the order being granted or not.

Article 23

Specific regime for preliminary orders

1 – Immediately after the arbitral tribunal has made a determination in respect of an application for a preliminary order, the arbitral tribunal shall give notice to all parties of the request for the interim measure, the application for the preliminary order, the preliminary order, if any, and all other communications, including by indicating the content of any oral communications between any party and the arbitral tribunal in relation thereto.

2 – At the same time, the arbitral tribunal shall give an opportunity to the party against whom the preliminary order is directed to present its case, at the earliest practicable time, to be set by the arbitral tribunal.

3 – The arbitral tribunal shall decide promptly on any objection to the preliminary order.

4 – A preliminary order shall expire after 20 days from the date on which it was issued by the arbitral tribunal. However, the arbitral tribunal may issue an interim measure adopting or modifying the preliminary order, after the party against whom the preliminary order is directed has been given notice and an opportunity to present its case.

5 – A preliminary order shall be binding on the parties but shall not be subject to enforcement by a state court.

Section Ⅲ Provisions applicable to interim measures and preliminary orders

Article 24

Modification, suspension and termination; security

1 – The arbitral tribunal may modify, suspend or terminate an interim measure or a preliminary order it has granted or issued, upon application of any party or, in exceptional circumstances and after hearing the parties, on the arbitral tribunal's own initiative.

2 – The arbitral tribunal may require the party requesting an interim measure to

provide appropriate security.

3 – The arbitral tribunal shall require the party applying for a preliminary order to provide appropriate security, unless the arbitral tribunal considers it inappropriate or unnecessary to do so.

Article 25

Disclosure

1 – The parties shall promptly disclose any material change in the circumstances on the basis of which the interim measure was requested or granted.

2 – The party applying for a preliminary order shall disclose to the arbitral tribunal all circumstances that are likely to be relevant to the arbitral tribunal's determination whether to grant or maintain the order, and such obligation shall continue until the party against whom the order has been requested has had an opportunity to present its case. Thereafter, paragraph 1 of this article shall apply.

Article 26

Responsibility of the requesting party

The party requesting an interim measure or applying for a preliminary order shall be liable for any costs or damages caused by such measure or order to the other party if the arbitral tribunal later determines that, in the circumstances, the measure or the order should not have been granted or issued. The arbitral tribunal may, in the latter situation, order the requesting party to pay the corresponding indemnification at any point during the proceedings.

Section IV　Recognition or enforcement of interim measures

Article 27

Recognition or enforcement

1 – An interim measure issued by an arbitral tribunal shall be binding on the parties and, unless otherwise provided by the arbitral tribunal, shall be enforced upon application to the competent state court, irrespective of the arbitration in which it was issued being seated abroad, subject to the provisions of article 28.

2 – The party who is seeking or has obtained recognition or enforcement of an interim measure shall promptly inform the state court of any termination, suspension or modification of that interim measure by the arbitral tribunal that has granted it.

3 – The state court where recognition or enforcement of the measure is sought may, if it considers it proper, order the requesting party to provide appropriate security if the arbitral tribunal has not already made a determination with respect to security or where such a decision is necessary to protect the rights of third parties.

4 – The decision of an arbitral tribunal granting a preliminary order or interim measure and the judgment of a state court deciding on the recognition or enforcement of an interim measure issued by an arbitral tribunal are not subject to appeal.

Article 28

Grounds for refusing recognition or enforcement

1 – Recognition or enforcement of an interim measure may be refused by a state court only:

a) At the request of the party against whom it is invoked, if the court is satisfied that:

i) Such refusal is warranted on the grounds set forth in article 56, paragraph 1, sub-paragraph a), points i), ii), iii) or iv); or

ii) The arbitral tribunal's decision with respect to the provision of security in connection with the interim measure issued by the arbitral tribunal has not been complied with; or

iii) The interim measure has been terminated or suspended by the arbitral tribunal or, where so empowered, by the court of the state in which the arbitration takes place or under the law of which that interim measure was granted; or

b) If the state court finds that:

i) The interim measure is incompatible with the powers conferred upon the state court unless the state court decides to reformulate the interim measure to the extent necessary to adapt it to its own powers and procedures for the purposes of enforcing that interim measure and without modifying its substance; or

ii) Any of the grounds for refusal of recognition set forth in article 56, paragraph 1, sub-paragraph b), points i) or ii) apply to the recognition or enforcement of the interim measure.

2 – Any determination made by the state court on any ground in paragraph 1 of this article shall be effective only for the purposes of the application to recognize or enforce the interim measure granted by the arbitral tribunal. The state court where recognition or enforcement of the interim measure is sought shall not, in making that determination, undertake a review of the substance of the interim measure.

Article 29

State court-ordered interim measures

1 – State courts shall have the power to issue interim measures in relation to arbitration proceedings, irrespective of whether their place is, as they have in relation to proceedings in state courts.

2 – State courts shall exercise such power in accordance with their own procedures, in consideration of the specific features of international arbitration, should that be the case.

Chapter V　Conduct of arbitral proceedings

Article 30

Principles and rules of arbitral proceedings

1 – The arbitral proceedings shall always comply with the following fundamental principles:

a) The respondent shall be summoned to present its defence;

b) The parties shall be treated with equality and shall be given a reasonable opportunity of presenting their case, in writing or orally, before the final award is issued;

c) In all phases of the proceedings the principle of adversarial process shall be guaranteed, with the exceptions set out in this Law.

2 – The parties may, until the acceptance by the first arbitrator, agree on the procedure to be followed by the arbitral tribunal in conducting the proceedings, respecting

the fundamental principles referred to in the preceding paragraph of this article and the mandatory provisions of this Law.

3 – Failing such agreement and in the absence of applicable provisions in this Law, the arbitral tribunal may conduct the arbitration in such manner as it considers appropriate, defining the procedural rules it deems adequate, with the duty, if this is the case, to explicitly indicate that it considers the provisions of the law that governs the proceedings before the competent state court to be subsidiary applicable.

4 – The power conferred upon the arbitral tribunal includes the power to determine the admissibility, relevance, materiality and weight of any evidence presented or to be presented.

5 – The arbitrators, the parties and the arbitral institutions, if applicable, are obliged to maintain confidentiality regarding all information they obtain and documents brought to their attention in the course of the arbitration proceedings, without prejudice to the right of the parties to make public procedural acts necessary to the defence of their rights and to the duty to communicate or disclose procedural acts to the competent authorities, if so imposed by law.

6 – The provisions of the preceding paragraph do not prevent the publication of awards and other decisions of the arbitral tribunal, excluding the identification details of the parties, unless any of these opposes thereto.

Article 31

Place of arbitration

1 – The parties are free to agree on the place of arbitration. Failing such agreement, the place of arbitration shall be determined by the arbitral tribunal, having regard to the circumstances of the case, including the convenience of the parties.

2 – Notwithstanding the provisions of paragraph 1 of this article, the arbitral tribunal may, unless otherwise agreed by the parties, meet at any place it considers appropriate to hold one or more hearings, to allow the production of any evidence, or to deliberate.

Article 32

Language of the proceedings

1 – The parties are free to agree on the language or languages to be used in the arbitral proceedings. Failing such agreement, the arbitral tribunal shall determine the language or languages to be used in the proceedings.

2 – The arbitral tribunal may order that any documentary evidence shall be accompanied by a translation into the language or languages agreed upon by the parties or determined by the arbitral tribunal.

Article 33

Commencement of proceedings; statements of claim and defence

1 – Unless otherwise agreed by the parties, the arbitral proceedings in respect of a particular dispute commence on the date on which a request for that dispute to be referred to arbitration is received by the respondent.

2 – Within the period of time agreed by the parties or determined by the arbitral tribunal, the claimant shall submit its statement of claim, in which the remedy sought and the facts supporting the claim shall be stated, and the respondent shall present its statement of defence in which its defence in respect of these particulars shall be stated, unless the parties have otherwise agreed as to the required elements of such statements. The parties may submit with their written statements all documents they consider to be relevant and may add a reference therein to the documents or other means of evidence they will submit.

3 – Unless otherwise agreed by the parties, either party may, during the course of the arbitral proceedings, amend or supplement its statement of claim or defence, unless the arbitral tribunal considers it inappropriate to allow such amendment having regard to the delay in making it without sufficient justification.

4 – The respondent may present a counter claim, provided that its subject-matter is covered by the arbitration agreement.

Article 34

Hearings and written proceedings

1 – Subject to any contrary agreement by the parties, the tribunal shall decide whether to hold hearings for the presentation of evidence, or whether the proceedings shall be conducted merely on the basis of documents and other means of proof. The arbitral tribunal shall however hold one or more hearings for the presentation of evidence whenever so requested by a party, unless the parties previously agreed that no hearings shall be held.

2 – The parties shall be given sufficient advance notice of any hearing and of any meeting of the arbitral tribunal for the purposes of producing evidence.

3 – All written statements, documents or other information supplied to the arbitral tribunal by one party shall be communicated to the other party. Also any expert report or evidentiary document on which the arbitral tribunal may rely in making its decision shall be communicated to the parties.

Article 35

Default and absence of a party

1 – If the claimant fails to present its statement of claim in accordance with article 33, paragraph 2, the arbitral tribunal shall terminate the arbitral proceedings.

2 – If the respondent fails to present its statement of defence in accordance with article 33, paragraph 2, the arbitral tribunal shall continue the proceedings without treating such failure in itself as an admission of the claimant's allegations.

3 – If one of the parties fails to appear at a hearing or to produce documentary evidence within the determined period of time, the arbitral tribunal may continue the proceedings and make the award on the evidence before it.

4 – The arbitral tribunal arbitral may however, in case it deems the default justified, allow a party to perform the omitted act.

5 – The provisions of the preceding paragraphs of this article are without prejudice to what the parties may have agreed on the consequences of default.

Article 36

Third party joinder

1 – Only third parties bound by the arbitration agreement, whether from the date of such agreement, whether they subsequently adhered to it, are allowed to join in ongoing arbitral proceedings based on such arbitration agreement. This adhesion requires the consent of all parties to the arbitration agreement and may be done merely for the arbitration in question.

2 – If the arbitral tribunal has already been constituted, the joinder of a third party can only be allowed or requested if such party declares to accept the current composition of the tribunal; when joinder is requested by the third party such acceptance is presumed.

3 – Joinder must always be decided by the arbitral tribunal, after giving the initial parties to the arbitration and the third party in question the opportunity to state their views. The arbitral tribunal shall only allow joinder if this does not unduly disrupt the normal course of the arbitral proceedings and if there are relevant reasons that justify the joinder, such as, in particular, those situations in which, provided that the request is not clearly unviable:

a) The third party has an interest in relation to the subject-matter of the dispute equal to that of the claimant or respondent, that initially would have permitted the voluntary joinder or imposed the compulsory joinder between one of the parties to the arbitration and the third party, or

b) The third party wishes to present a claim against the respondent with the same object as the claimant, but incompatible with the latter's claim; or

c) The respondent against whom a credit is invoked that may, prima facie, be characterized as a joint and several credit, wishes that the other possible joint and several creditors are bound by the final award; or

d) The respondent wishes that third parties against whom the respondent may have a right of subrogation in case the claimant's pleading is completely or partially granted to be joined.

4 – The provisions of the preceding paragraphs referring to claimant and respond-

ent are equally applicable, with the necessary adjustments, respectively to respondent and claimant, in case of a counter claim.

5 – In case joinder is allowed, the provisions of article 33 shall apply, with the necessary adjustments.

6 – Without prejudice to the provisions of the following paragraph, joinder before the arbitral tribunal has been constituted can only take place in institutionalised arbitration, and provided that the applicable arbitration regulation assures that the principle of equal participation of all parties is upheld, including members of multiple parties, in the choice of the arbitrators.

7 – The arbitration agreement may regulate third party joinder in ongoing arbitrations differently from the provisions of the preceding paragraphs, either directly, upholding the principle of equal participation of all parties in the choice of the arbitrators, or by reference to an institutionalised arbitration regulation that allows such joinder.

Article 37

Expert appointed by arbitral tribunal

1 – Unless otherwise agreed by the parties, the arbitral tribunal may, on its own initiative or upon request of the parties, appoint one or more experts to prepare a written or oral report on specific issues to be determined by the arbitral tribunal.

2 – In the case foreseen in the previous paragraph, the arbitral tribunal may require any party to give the expert any relevant information or to produce, or to provide access to, any relevant documents or other goods for the expert's inspection.

3 – Unless otherwise agreed by the parties, if a party so requests, or if the arbitral tribunal considers it necessary, the expert shall, after delivery of his or hers report, participate in a hearing where the arbitral tribunal and the parties shall have the opportunity to put questions to the expert.

4 – The provisions of article 13 and of article 14, paragraphs 2 and 3, apply, with the necessary adjustments, to the experts appointed by the arbitral tribunal.

Article 38

State court assistance in taking evidence

1 – When the evidence to be taken depends on the will of one of the parties or of third parties and these refuse their cooperation, a party may, with the approval of the arbitral tribunal, request from the competent state court that the evidence be taken before it, the results thereof being forwarded to the arbitral tribunal.

2 – The provisions of the preceding paragraph are applicable to the requests to take evidence addressed to a Portuguese state court, in case of arbitrations seated abroad.

Chapter Ⅵ　Making of award and termination of proceedings

Article 39

Rules applicable to substance of dispute, resort to equity; impossibility of appeal of the award

1 – The arbitrators shall decide the dispute in accordance with the law, unless the parties agree that they shall decide ex aequo et bono.

2 – If the parties' agreement to decide ex aequo et bono was entered into after the acceptance by the first arbitrator, its effectiveness shall depend on the acceptance by the arbitral tribunal.

3 – If the parties have empowered the tribunal to do so, the latter may decide the dispute as amiable compositeur.

4 – The award on the merits of the dispute, or which terminates the arbitral proceedings without a decision on the merits, is only subject to appeal to the competent state court if the parties expressly contemplated such possibility in the arbitration agreement, and provided that the dispute has not been decided ex aequo et bono or as amiable compositeur.

Article 40

Decision-making by panel of arbitrators

1 – In arbitral proceedings with more than one arbitrator, any decision of the arbitral tribunal shall be made by a majority of its members. Failing a majority decision, the award shall be made by the chairman of the tribunal.

2 – If an arbitrator refuses to take part in the vote on the decision, the other arbitrators may make the award without such arbitrator, unless otherwise agreed by the parties. The parties shall subsequent to the decision be informed of the refusal to participate in the vote by such arbitrator.

3 – Issues related to procedural matters, procedural sequence or procedural initiative, may be decided by the chairman alone, if so authorized by the parties or all other members of the arbitral tribunal.

Article 41

Settlement

1 – If, during arbitral proceedings, the parties settle the dispute, the arbitral tribunal shall terminate the proceedings and, if requested by the parties, record the settlement in the form of an arbitral award on agreed terms, unless the contents of such settlement isin violation of public policy.

2 – An award on agreed terms shall be made in accordance with the provisions of article 42 and shall state that it is an award. Such an award has the same status and effect as any other award on the merits of the case.

Article 42

Form, contents and effectiveness of award

1 – The award shall be made in writing and shall be signed by the arbitrator or arbitrators. In arbitral proceedings with more than one arbitrator, the signatures of the majority of all members of the arbitral tribunal or merely the signature of the chairman, in case the award is to be made by the latter, shall suffice provided that the reason for the omitted signatures is stated in the award.

2 – Unless otherwise agreed by the parties, the arbitrators may decide the merits

of the dispute in a single award or in as many partial awards as they deem necessary.

3 – The award shall state the reasons upon which it is based, unless the parties have agreed that no reasons are to be given or the award is an award on agreed terms under article 41.

4 – The award shall state its date and the place of arbitration as determined in accordance with article 31, paragraph 1. The award shall be deemed to have been made at that place.

5 – Unless otherwise agreed by the parties, the award shall determine the proportions in which the parties shall bear the costs directly resulting from the arbitration. The arbitrators may furthermore decide in the award, if they so deem fair and appropriate, that one or some of the parties shall compensate the other party or parties for the whole or part of the reasonable costs and expenses that they can prove to have incurred due to their participation in the arbitration.

6 – After the award is made, a copy signed by the arbitrator or arbitrators, in accordance with paragraph 1 of this article, shall be delivered to each party. The award shall produce its effects as of the date of notification, without prejudice to the provisions of paragraph 7.

7 – The arbitral award that is subject to no appeal and that is no longer subject to amendments under article 45 has the same binding effect on the parties as the final and binding judgment of a state court, and may be enforced as a state court judgement.

Article 43

Time limit to make the award

1 – Unless the parties have agreed, up to the acceptance by the first arbitrator, on a different time-limit, the arbitrators shall deliver the final award on the dispute brought before them to the parties within 12 months from the date of acceptance of the last arbitrator.

2 – The time-limit set in accordance with paragraph 1 may be freely extended upon agreement by the parties or, alternatively, by decision of the arbitral tribunal, one or more times, for successive periods of 12 months, such extensions to be duly moti-

vated. The parties may, however, by mutual agreement, oppose to the extension.

3 – Failure to deliver the final award within the maximum time-limit set in accordance with the preceding paragraphs of this article shall automatically terminate the arbitral proceedings and the arbitrators' competence to decide on the dispute. The arbitration agreement will, however, remain effective, namely for the purpose of constituting a new arbitral tribunal and for a new arbitration to be commenced.

4 – The arbitrators that unjustifiably hinder the award being made within the set time-limit shall be liable for damages caused.

Article 44

Termination of proceedings

1 – The arbitral proceedings are terminated by the final award or by an order of the arbitral tribunal in accordance with paragraph 2 of this article.

2 – The arbitral tribunal shall issue an order for the termination of the arbitral proceedings when:

a) The claimant withdraws its claim, unless the respondent objects thereto and the arbitral tribunal recognizes a legitimate interest on its part in obtaining a final settlement of the dispute;

b) The parties agree on the termination of the proceedings;

c) The arbitral tribunal finds that the continuation of the proceedings has for any reason become unnecessary or impossible.

3 – The mandate of the arbitral tribunal terminates with the termination of the arbitral proceedings, subject to the provisions of article 45 and article 46, paragraph.

4 – Unless otherwise agreed by the parties, the chairman of the arbitral tribunal shall keep the original file of the arbitral proceedings for a minimum period of two years and the original arbitral award for a minimum period of five years.

Article 45

Correction and interpretation of award; additional award

1 – Within thirty days of receipt of notification of the award, unless another period of time has been agreed upon by the parties, any party may, with notice to the oth-

er party, request the arbitral tribunal to correct in the award any errors in computation, any clerical or typographical error or any error of a similar nature.

2 – In the time period foreseen in the previous paragraph any party may, with notice to the other party, request the arbitral tribunal to interpret any obscurity or ambiguity of the award or of the reasons on which it is based.

3 – If the arbitral tribunal considers the request to be justified, it shall make the correction or give the interpretation within 30 days of receipt of the request. The interpretation shall form part of the award.

4 – The arbitral tribunal may also correct any error of the type referred to in paragraph 1 of this article on its own initiative within thirty days of the date of notice of the award.

5 – Unless otherwise agreed by the parties, any party, with notice to the other party, may request, within 30 days of receipt of notice of the award, the arbitral tribunal to make an additional award as to parts of the claim or claims presented in the arbitral proceedings but omitted from the award. If the arbitral tribunal considers the request to be justified, it shall make the additional award within 60 days as of the request.

6 – The arbitral tribunal may extend, if necessary, the period of time within which it shall make a correction, interpretation or an additional award under paragraph 1, 2 or 5 of this article, without prejudice to compliance with the time-limit set in accordance with article 43.

7 – The provisions of article 42 shall apply to the correction and interpretation of the award as well as to the additional award.

Chapter Ⅶ Recourse against award

Article 46

Application for setting aside

1 – Unless otherwise agreed by the parties, under article 39, paragraph 4, recourse to a state court against an arbitral award may be made only by an application for setting aside in accordance with the provisions of this article.

2 – The application for setting aside the arbitral award, which must be accompanied by a certified copy thereof, and, if drafted in a foreign language, by a translation into Portuguese, shall be presented to the competent state court, observing the following rules, without prejudice to the provisions of the further paragraphs of this article:

a) Evidence shall be presented with the application;

b) The opposing party shall be summoned to present its opposition to the request and to present evidence;

c) The requesting party may present a statement in reply to eventual exceptions (“exceptio”) raised by the opposing party;

d) Taking of evidence shall follow;

e) The procedure shall follow, with the necessary adjustments, the rules of the appellate appeal [“Recurso de Apelação” under the Civil Procedure Code];

f) The action for setting aside is considered, for effects of distribution, a type 5 class of action.

3 – An arbitral award may be set aside by the competent state court only if:

a) The party making the application furnishes proof that:

i) One of the parties to the arbitration agreement was under some incapacity; or the said agreement is not valid under the law to which the parties have subjected it or, failing any indication thereon, under this Law; or

ii) There has been a violation within the proceedings of some of the fundamental principles referred in article 30, paragraph 1, with a decisive influence on the decision of the dispute; or

iii) The award dealt with a dispute not contemplated by the arbitration agreement, or contains decisions beyond the scope of the latter; or

iv) The composition of the arbitral tribunal or the arbitral procedure was not in accordance with the agreement of the parties, unless such agreement was in conflict with a provision of this Law from which the parties cannot derogate, or, failing such agreement, was not in accordance with this Law, and in any case, this inconformity hada decisive influence on the decision of the dispute; or

v) The arbitral tribunal has condemned in an amount in excess of what was claimed or on a different claim from that that was presented, or has dealt with issues that it should not have dealt with, or has failed to decide issues that it should have decided; or

vi) The award was made in violation of the requirements set out in article 42, paragraphs 1 and 3; or

vii) The award was notified to the parties after the maximum time-limit set in accordance with article 43 had lapsed; or

b) The court finds that:

i) The subject-matter of the dispute cannot be decided by arbitration under Portuguese law;

ii) The content of the award is in conflict with the principles of international public policy of the State of Portugal.

4 – If a party, knowing that one of the provisions of this Law that parties can derogate, or any condition set out in the arbitration agreement, was not respected, and nonetheless continues the arbitration without immediate opposition or, if there is a defined time-limit therefore, does not object within said time-limit, it is deemed that the party waived the right to set aside the arbitral award on such grounds.

5 – Without prejudice to the provisions of the preceding paragraph, the right to apply for the setting aside of an arbitral award cannot be waived.

6 – An application for setting aside may not be made after 60 days have elapsed from the date on which the party making that application had received the notification of the award or, if a request had been made under article 45, from the date on which such request had been disposed of by the arbitral tribunal.

7 – If the part of the award as to which any of the grounds for setting aside referred to in paragraph 3 of this article is considered to have occurred can be separated from the rest of the award, only that part of the award shall be set aside.

8 – The competent state court, when asked to set aside an arbitral award, may, where appropriate, and if it is so requested by a party, suspend the setting aside proceedings for a period of time determined by it, in order to give the arbitral tribunal the opportunity to resume the arbitral proceedings or to take such other action as in the ar-

bitral tribunal's opinion will eliminate the grounds for setting aside.

9 – The state court that sets aside the arbitral award cannot go into the merits of the issue or issues decided by the award, such issues to be submitted, if any party so wishes, to another arbitral tribunal to be decided by the latter.

10 – Unless the parties have agreed otherwise, setting aside the award shall result in the arbitration agreement becoming operative again in respect of the subject-matter of the dispute.

Chapter Ⅷ Enforcement of the arbitral award

Article 47

Enforcement of the arbitral award

1 – The party applying for the enforcement of the award to the competent state court shall supply the original award or a certified copy thereof and, if the award is not made in Portuguese, a certified translation thereof into Portuguese.

2 – In case the arbitral tribunal issues an award without liquidating the damages, said liquidation shall be made under article 805, paragraph 4, of the Civil Procedure Code; however, the arbitral tribunal may be requested to liquidate the damages under article 45, paragraph 5, in which case the arbitral tribunal, after giving the other party the opportunity to state its views and after evidence has been taken, shall issue a supplementary decision, judging on equitable terms within the proven limits.

3 – The arbitral award may be enforced even if an application for setting aside in accordance with article 46 has been made; however, the party against whom enforcement is invoked may request that such application has a suspensive effect of the enforcement proceedings, provided that such party offers to provide security, whereas such effect shall only be granted if and when security is effectively provided within the time-limit set by the court. In this case the provisions of article 818, paragraph 3, of the Civil Procedure Code shall apply.

4 – For the effect of the provisions of the previous paragraph, the provisions of articles 692 – A and 693 – A of the Civil Procedure Code shall apply, with the necessary adjustments.

Article 48

Grounds for refusing enforcement

1 – The party against whom enforcement of the arbitral award is invoked may oppose the enforcement on any of the grounds which may be used for setting aside the award foreseen in article 46, paragraph 3, provided that, on the date on which the opposition is presented, an application for setting aside on the same grounds has not already been rejected by a final and binding judgement.

2 – The opposition against enforcement cannot be based by the party against whom enforcement is invoked on any of the grounds set out in article 46, number 3, sub-paragraph a), if the time-limit provided for in paragraph 6 of the same article for presenting the application for setting aside has expired, without any party having made such application.

3 – Notwithstanding the expiry of the time-limit provided for in article 46, paragraph 6, the judge may ex officio, under article 820 of the Civil Procedure Code, examine the merits of the ground for setting aside foreseen in article 46, paragraph 3, sub-paragraph b), of this Law, whereby it shall, if it considers that the award is invalid for that reason, reject enforcement on such grounds.

4 – The provisions of paragraph 2 of the present article do not affect the possibility of invoking, in the opposition to the enforcement of the arbitral award, any of the other grounds foreseen in the applicable procedural law, under the terms and within the time limits provided therein.

Chapter Ⅸ　International arbitration

Article 49

Concept and regime of international arbitration

1 – An arbitration is considered international when international trade interests are at stake.

2 – Safe for what is provided in the present Chapter, the provisions of this Law on domestic arbitration shall apply to international arbitration, with the necessary adjustments.

Article 50

Inadmissibility of pleas based on domestic law of a party

When the arbitration is international and one of the parties to the arbitration agreement is a State, a State-controlled organisation or a State-controlled company, this party may not invoke its domestic law to either contest the arbitrability of the dispute or its capacity to be a party to the arbitration, neither to in any other way evade its obligations arising from such agreement.

Article 51

Substantial validity of the arbitration agreement

1 – In an international arbitration, the arbitration agreement is valid as to its substance and the dispute it governs may be submitted to arbitration if the requirements set out either by the law chosen by the parties to govern the arbitration agreement, by the law applicable to the subject-matter of the dispute or by Portuguese law are met.

2 – The state court to which an application is made to set aside an award in an international arbitration seated in Portugal, on the grounds foreseen in article 46, paragraph 3, subparagraph b), of this Law, shall consider the provisions of the preceding paragraph of this article.

Article 52

Rules of law applicable to the merits of the dispute

1 – The parties may choose the rules of law to be applied by the arbitrators, if they have not authorised the arbitrators to decide ex aequo et bono. Any designation of the law or legal system of a given State shall be construed, unless otherwise expressly agreed, as directly referring to the substantive law of that State and not to its conflict of laws rules.

2 – Failing any designation by the parties, the arbitral tribunal shall apply the law of the State to which the subject-matter of the dispute has the closest connection.

3 – In both cases referred to in the preceding paragraphs, the arbitral tribunal shall take into consideration the contractual terms agreed by the parties and the relevant trade usages.

Article 53

Impossibility of appeal of the award

In international arbitration the award made by the arbitral tribunal is subject to no appeal, unless the parties have expressly agreed on the possibility of appeal to another arbitral tribunal and regulated its terms.

Article 54

International public policy

An award made in Portugal, in an international arbitration in which non-Portuguese law has been applied to the subject-matter of the dispute, may be set aside on the grounds provided for in article 46, and also if such award is be enforced or produce other effects in national territory, whenever such enforcement leads to a result that is clearly incompatible with the principles of international public policy.

Chapter X Recognition and enforcement of foreign arbitral awards

Article 55

Need for recognition

Without prejudice to the mandatory provisions of the 1958 New York Convention on the Recognition and Enforcement of Foreign Arbitral Awards, as well as to other treaties or conventions which are binding on the Portuguese State, the awards made in arbitrations seated abroad are only effective in Portugal, regardless of the nationality of the parties, if such awards have been recognised by the competent Portuguese state court, under the present chapter of this Law.

Article 56

Grounds for refusal of recognition and enforcement

1 – Recognition and enforcement of an arbitral award made in an arbitration taking place in a foreign country may be refused only:

a) At the request of the party against whom the award is invoked, if that party furnishes to the competent court where recognition or enforcement is sought proof that:

i) A party to the arbitration agreement was under some incapacity; or the said agreement is not valid under the law to which the parties have subjected it or, failing any indication thereon, under the law of the country where the award was made; or

ii) The party against whom the award is invoked was not given proper notice of the appointment of an arbitrator or of the arbitral proceedings or was otherwise unable to present its case; or

iii) The award deals with a dispute not contemplated by the arbitration agreement or contains decisions on matters beyond the scope of the arbitration agreement, provided that, if the decisions on matters submitted to arbitration can be separated from those not so submitted, that part of the award which contains decisions on matters submitted to arbitration may be recognized and enforced; or

iv) The composition of the arbitral tribunal or the arbitral procedure was not in accordance with the agreement of the parties or, failing such agreement, was not in accordance with the law of the country where the arbitration took place; or

v) The award has not yet become binding on the parties or has been set aside or suspended by a court of the country in which, or under the law of which, that award was made; or

b) If the court finds that:

i) The subject-matter of the dispute is not capable of settlement by arbitration under Portuguese law; or

ii) The recognition or enforcement of the award would lead to a result clearly incompatible with the international public policy of the Portuguese State.

2 – If an application for setting aside or suspension of an award has been made to a court in the country referred to in paragraph 1, sub-paragraph a), sub-sub-paragraph v), of the present article, the Portuguese state court where recognition or enforcement is sought may, if it considers it proper, adjourn its decision and may also, on the application of the party claiming recognition and enforcement of the award, order the other party to provide appropriate security.

Article 57

Recognition proceedings procedure

1 – The party that seeks recognition of a foreign arbitral award, namely if enforcement in Portugal is sought, shall supply the duly authenticated original award or a duly certified copy thereof, as well as the original of the arbitration agreement or a duly authenticated copy thereof. If the award or the agreement is not made in Portuguese, the party that seeks recognition shall supply a duly certified translation thereof into such language.

2 – After the application for recognition, accompanied by the documents referred to in the preceding paragraph, is made, the opposing party shall be summoned to present its opposition, within 15 days.

3 – After the written pleadings and the procedural steps deemed indispensable by the rapporteur are taken, access to the file is granted to the parties and to the Public Prosecutor, for 15 days, for the purpose of closing arguments.

4 – The trial is conducted pursuant to the rules applicable to the appellate appeal ["Recurso de Apelação" under the Civil Procedure Code].

Article 58

Foreign awards on administrative law disputes

In the recognition of an arbitral award made in an arbitration taking place abroad and related to a dispute that, according to Portuguese law, should fall under the jurisdiction of the administrative courts, the provisions of article 56, 57 and 59, paragraph 2, of this Law shall apply, with the necessary adjustments to the specific procedural regime of these courts.

Chapter XI　Competent state courts

Article 59

Competent state courts

1 – Regarding disputes that fall under the jurisdiction of judicial courts, the Court of Appeal ["Tribunal da Relação"] in whose district the place of arbitration is located

or, in case of a decision referred to in sub-paragraph h) of paragraph 1 of this article, in which the domicile of the person against whom the decision to be invoked is located, is competent to decide on:

a) The appointment of arbitrators who have not been appointed by the parties or by third parties to whom this duty has been assigned, in accordance with the provisions of article 10, paragraphs 3, 4 and 5, and article 11, paragraph 1;

b) The challenge made under article 14, paragraph 2, against an arbitrator who has not accepted such challenge, in case the challenge is deemed to be justified;

c) The removal of an arbitrator, requested under article 15, paragraph 1;

d) The reduction of the amount of fees or expenses fixed by the arbitrators, under article 17, paragraph 3;

e) The appeal of the arbitral award, when it has been agreed on under article 39, paragraph 4;

f) The challenge of an interim award made by the arbitral tribunal on its jurisdiction, in accordance with article 18, paragraph 9;

g) The recourse against the final award made by the arbitral tribunal, in accordance with article 46;

h) The recognition of the arbitral award made in an arbitration taking place abroad.

2 – In respect of disputes that, according to Portuguese law, fall under the jurisdiction of administrative courts, the Central Administrative Court [“Tribunal Central Administrativo”] in whose circuit the place of arbitration is located, or in case of a decision referred to in paragraph 1, sub-paragraph h), of this article, in which the domicile of the person against whom the decision is to be invoked is located, is competent to decide on the matters referred to in some of the sub-paragraphs of paragraph 1 of this article.

3 – The President of the Court of Appeal [“Tribunal da Relação”] or the President of the Central Administrative Court [“Tribunal Central Administrativo”] that have territorial jurisdiction shall, depending on the nature of the dispute, be competent to appoint the arbitrators referred to in paragraph 1, sub-paragraph a), of this article.

4 – For any issues or matters not covered by paragraphs 1, 2 and 3 of the present article and regarding which this Law confers competence to a state court, the judicial court of first instance or the administrative court in whose jurisdiction the place of arbitration is located shall be competent, depending on whether the dispute falls respectively within the jurisdiction of the judicial courts or of the administrative courts.

5 – In respect of disputes falling under the jurisdiction of judicial courts, the judicial court of first instance in whose jurisdiction the interim measure should be granted in accordance with the rules on territorial jurisdiction provided for in article 83 of the Civil Procedure Code, or in whose jurisdiction the production of evidence requested under article 38, paragraph 2, of this Law should occur, are competent to render assistance to arbitrations located abroad under article 29 and article 38, paragraph 2, of this Law.

6 – Regarding disputes falling under the jurisdiction of administrative courts, the assistance to arbitrations located abroad is rendered by the administrative court with territorial jurisdiction in accordance with the provisions of paragraph 5 of this article, applied with the necessary adjustments to the regime of administrative courts.

7 – In the proceedings leading to the decisions referred to in paragraph 1 of this article, the competent court shall observe the provisions of articles 46, 56, 57, 58 and 60 of this Law.

8 – Unless stated in this Law that the competent state court decision shall not be subject to appeal, the decisions rendered by the state courts referred to in the preceding paragraphs of this article, in accordance with what is provided therein, are subject to appeal to the court or courts superior in hierarchy, whenever such recourse is admissible pursuant to the rules that apply to the possibility of appeal of the decisions in question.

9 – The enforcement of an arbitral award made in Portugal shall take place in the competent state court of first instance, under the applicable procedural law.

10 – For the action seeking civil liability of an arbitrator, the judicial courts of first instance in whose jurisdiction the domicile of the defendant is located, or of the place of arbitration, upon choice of the claimant, are competent.

11 – If in an arbitral proceeding a judicial or an administrative court, or the respective President, consider the dispute as falling under their jurisdiction for the purpose of application of this article, such decision is not, in this part, subject to appeal and must be complied with by all others courts called upon in the same proceedings to exercise any of the powers provided herein.

Article 60

Applicable procedure

1 – Whenever it is intended that the competent state court renders a decision under any of sub-paragraphs a) to d) of article 59, paragraph 1, the interested party shall present in its application the facts that justify the request, including the information it considers relevant to this effect.

2 – Upon receipt of the application foreseen in the previous paragraph, the other parties in the arbitration and, if such is the case, the arbitral tribunal, are notified to state their views thereon within10 days.

3 – Before rendering its decision, the court may, if it deems it necessary, gather or request all information deemed convenient for rendering its decision.

4 – The procedures set out in the preceding paragraphs of this article are always deemed urgent, the respective actions having priority over any other non-urgent judicial service.

Chapter XII Final dispositions

Article 61

Territorial scope of application

The present Law is applicable to all arbitrations that take place in Portuguese territory, as well as to the recognition and enforcement in Portugal of awards made in arbitrations seated abroad.

Article 62

Institutionalised arbitration centres

1 – The creation in Portugal of institutionalised arbitration centres is subject to au-

thorisation of the Minister of Justice, under the terms provided for in special legislation.

2 – The reference made in Decree-Law no. 425/86, dated 27th December 1986, to article 38 of Law no. 31/86, dated 29th August 1986, is considered to be made to the present article.

(二)2014 年葡萄牙仲裁规则

Rules of Arbitration

1st March 2014

Chapter Ⅰ—General Principles

Article 1

(Object of arbitration)

Any dispute, public or private, domestic or international, that under the law may be resolved through arbitration, may be submitted to an arbitral tribunal within the Arbitration Centre of the Portuguese Chamber of Commerce and Industry, also known as the Commercial Arbitration Centre, according to these Rules.

Note: The restriction to "voluntary" arbitration and the reference to an "arbitration agreement" have been removed, to make it clear that the Rules also apply to mandatory arbitration.

Article 2

(Rules applicable)

1 – Reference by the parties to these Rules involves accepting them as an integral part of the arbitration agreement and gives rise to the presumption that the Arbitration Centre is conferred jurisdiction to administrate the arbitration under these Rules.

2 – The rules applicable to the arbitration proceedings shall be those in force at the date of commencement of the arbitration proceedings, unless the parties have agreed to apply the rules in force at the date of the arbitration agreement.

Note: Paragraph 1 has been altered to clarify that referral to these rules implies the full application of the rules, unless there is an agreement to the contrary, and, naturally, the institutional nature of the arbitration, in accordance with the rules themselves that, in some provisions, presume an institutional reference framework for their application.

Article 3

(**Form and revocation of arbitration agreement**)

1 – The arbitration agreement, whatever the legal modality adopted, must be in writing.

2 – The arbitration agreement is deemed to be in writing when set out in a document signed by the parties, in an exchange of letters or any other means of communication, namely email, irrespective of whether such instruments directly contain the text of the agreement or contain a clause referring to a document in which an agreement is contained.

3 – The arbitration agreement may be revoked at any time until the arbitral award is rendered, by document signed by the parties or by any of the means provided for in the preceding paragraph.

4 – The parties' intention to submit resolution of the dispute to an arbitral tribunal at the Commercial Arbitration Centre must derive from the arbitration agreement or subsequent agreement.

Note: This precept substantially corresponds to former article 3.

Chapter Ⅱ—Interim relief

Article 4

(**Interim measures and preliminary orders**)

1 – Unless otherwise expressly agreed, acceptance of these Rules involves granting the arbitral tribunal powers to issue interim measures and preliminary orders.

2 – The arbitral tribunal may subject issuing interim measures to appropriate security being provided by the party in whose favour they are ordered; it must do so in the

case of preliminary orders, unless it considers it inappropriate or unnecessary.

Note: An amendment is proposed to paragraphs 1 and 2 to harmonise the new regime on interim measures and preliminary orders laid down in the Law of Voluntary Arbitration (Lei de Arbitragem Voluntária) approved by Law no. 63/2011 of 14 December. ("LVA").

Article 5

(**Emergency Arbitrator**)

1 – Until the arbitral tribunal is constituted, and unless otherwise expressly agreed, any of the parties may request, under the Rules on Emergency Arbitrators included in Appendix I of these Rules, that urgent interim measures by an emergency arbitrator appointed by the Chairman of the Centre.

2 – Interim measures are considered to be urgent if they cannot wait for the arbitral tribunal to be constituted.

3 – Emergency arbitrators may not issue preliminary orders.

4 – The emergency arbitrator's decision is made by award or another form of decision.

5 – The emergency arbitrator retains its powers to decide on the request for urgent preliminary measures even if the arbitral tribunal is in the meantime constituted.

6 – The emergency arbitrator's powers terminate when the emergency arbitrator has made his or her decision, after which the arbitral tribunal will be competent to issue interim measures. If, however, the arbitral tribunal has not been constituted at such time, the emergency arbitrator retains its powers until the arbitral tribunal is constituted.

7 – The emergency arbitrator's decision may be freely amended and reversed upon request by any of the parties and is not binding on the arbitral tribunal; until the arbitral tribunal is constituted, the emergency arbitrator is competent to modify the decision and, afterwards, the arbitral tribunal is competent to do so.

8 – The arbitral tribunal shall decide on any dispute relating to the decision issued by the emergency arbitrator, namely in respect of its fulfilment.

9 – The emergency arbitrator shall not intervene when:

a) The arbitration agreement was concluded before the date on which these Rules came into force;

b) The parties have agreed to exclude intervention of an emergency arbitrator.

Note: New precept that was not contained in the previous 2008 Rules, nor in the preliminary draft submitted to public discussion. Following the comments received, the figure of emergency arbitrator is created to deal with situations in which interim measures are necessary before the arbitral tribunal has been constituted. The article is inspired by similar rules in the Rules of Arbitration of the ICC (article 29 and Appendix V), CEPANI (article 26), the Stockholm Chamber of Commerce (Appendix Ⅱ) and the Swiss Chambers (article 43). In terms of application over time, and considering its particularly innovative character, it was decided to make the emergency arbitrator applicable only to arbitration agreements drawn up after the new rules entered into force.

Chapter Ⅲ—Arbitral Tribunal

Article 6

(**Number of arbitrators**)

1 – The arbitral tribunal shall consist of a sole arbitrator or three arbitrators.

2 – When the parties have not agreed on the number of arbitrators, the arbitral tribunal shall consist of a sole arbitrator, unless, after consulting the parties, and bearing in mind the characteristics of the dispute and the date on which the arbitration agreement was concluded, the Chairman of the Centre decides that the tribunal shall consist of three arbitrators.

Note: Corresponds to former article 5. Paragraph 2 is amended in order to provide greater flexibility to the composition of the arbitral tribunal in cases where the parties have not agreed on the number of arbitrators, precisely because that flexibility embodies one of the advantages of institutional arbitration over ad hoc arbitration. It allows that, in these cases, once the parties have been consulted, the number of arbitrators may be adjusted to the specific characteristics of the dispute and the parties' position on the matter. It is understood that, in the cases in which the parties have not agreed upon the number of arbitrators, the margin for consideration granted to the Chairman of the Centre shall be sufficient and appropriate to prevent any possible expectation that a party (that has concluded an arbitration agreement between September 2008 and January 2014 without establishing the number of arbitrators) has arising from the default rule in the 2008 Rules that established that the tribunal would consist of a sole arbitrator. In any case, the date on which the arbitration agreement was concluded is precisely added as a specific point for consideration by the Chairman of the Centre, because the default rule of the 1994 rules, which were in force until 2008, was that the tribunal would consist of three arbitrators.

Article 7

(**Requirements of arbitrators**)

Further to the characteristics and qualifications on which the parties may agree, and those arising from these Rules or the Code of Ethics annexed thereto, arbitrators shall be fully capable natural persons.

Note: Corresponds to former article 6. Amendments are proposed in order to harmonise the text with the other provisions in the Rules.

Article 8

(**Composition of the arbitral tribunal**)

1 – In the arbitration agreement or subsequent agreement, the parties may appoint the arbitrator or arbitrators or establish the procedure for their appointment.

2 – If the arbitral tribunal consists of a sole arbitrator, such arbitrator shall be appointed by the parties; if, after the Answer has been submitted, the parties fail to do so within twenty days of the notification for such purpose by either party, the Chairman of the Centre shall make the appointment.

3 – If the arbitral tribunal consists of three arbitrators and the parties have failed to agree on its composition or the respective appointment procedure, the claimant shall nominate one arbitrator in the Request for Arbitration and the respondent shall nominate an arbitrator in the Answer, and the third arbitrator, who shall preside, shall be

chosen by the arbitrators appointed by the parties, within twenty days of acceptance by the last arbitrator to accept the appointment.

4 – In all cases in which the arbitrator has not been appointed under the previous paragraphs, the Chairman of the Centre shall appoint the arbitrator or arbitrators required.

Note: Corresponds, with amendments, to former article 7. Paragraphs 2 and 3 are amended, with default rules introduced relating to the moment on which arbitrators are appointed. The previous paragraphs 4 and 5 are joined to form a single paragraph 4, which includes all the situations in which arbitrators are appointed by the Chairman of the Centre.

Article 9

(**Multiple parties**)

1 – Where there are multiple parties, the claimants as a group and the respondents as a group shall each be deemed to constitute a party for the purposes of appointment of arbitrators.

2 – When the arbitral tribunal consists of three arbitrators, if the claimants or respondents fail to agree on the choice of arbitrator, such appointment shall be made by the Chairman of the Centre.

3 – In the case referred to in the previous paragraph, if the claimants or respondents who failed to agree on the choice of arbitrator have conflicting interests in relation to the substance of the dispute, the Chairman of the Centre may, if considered justified to ensure equality between parties, further appoint all the arbitrators and, among them, the presiding arbitrator, and in such case the appointment meanwhile made by one of the parties shall become void.

Note: Corresponds, with amendments, to former article 8. An amendment is made to bring this regime closer to article 11 of the LVA. In order to make the decisions to be made by the Chairman of the Centre easier to foresee, paragraph 3 introduces criteria for consideration when making the decision to appoint all members of the tribunal. It also clarifies that this decision naturally leads to the extinction of appointments that may have been made previously by another party.

Article 10

(**Acceptance of appointment**)

1 – No one may be compelled to act as arbitrator; however, once the appointment is accepted, an arbitrator may only legitimately withdraw from office on the grounds of supervening circumstances, recognised by the Chairman of the Centre, which prevent him or her from exercising his or her duties.

2 – Upon acceptance of appointment, the arbitrator undertakes to exercise his or her duties under these Rules and to respect the Code of Ethics annexed hereto.

3 – The appointment is considered to be accepted when the appointed person signs a statement of acceptance, availability, independence and impartiality, using the model provided by the Arbitration Centre, within twenty days of the notification to do so.

4 – An arbitrator who accepts the appointment and subsequently withdraws without justifiable grounds shall be liable for any damages caused.

Note: Corresponds, with amendments, to former article 9. An amendment is made to demand express acceptance by the arbitrator, in accordance with the solution in article 12(2) of the LVA. A code of ethics is also created, similar to the Arbitrators' Code of Ethics approved by the Portuguese Arbitration Association, which shall be annexed to the Rules and which arbitrators shall be obliged to uphold.

Article 11

(**Independence, impartiality and availability of arbitrators**)

1 – Arbitrators shall be and remain independent, impartial and available.

2 – Any person who agrees to sit on an arbitral tribunal shall sign the statement provided for in the previous article, in which he or she shall disclose any circumstances which may, from the parties' perspective, give rise to reasoned doubts as to his or her independence, impartiality or availability.

3 – When the arbitration proceedings are underway, arbitrators shall disclose without delay of any new circumstance which may, from the parties' perspective, give rise to reasoned doubts as to his or her independence, impartiality or availability.

4 – The disclosure of any circumstances according to the previous paragraphs does not, in itself, constitute a reason to challenge the appointment.

Note: Corresponds, with amendments, to former article 10. Amendments are made according to the new regime on the independence and impartiality of arbitrators that arises from the LVA. It also adds the requirement for the arbitrator to be available, an essential condition for the efficiency of the arbitration. It is made clear that the extension of the duty to reveal shall be assessed from the parties' perspective. Although the new paragraph 4 may be redundant, it was thought desirable to specify the fact that an arbitrator having circumstances that may give rise to reasoned doubts from the parties' perspective does not mean, clearly, that he or she is not independent, impartial and available, even if there is a justified motive to challenge the appointment. In relation to the preliminary draft, and in light of the comments received during the public discussion period, paragraph 1 was altered so is to avoid dogmatic discussions on the concepts of independence and impartiality that it is not the Rules' responsibility to resolve.

Article 12

(**Challenge of arbitrators**)

1 – An arbitrator may only be challenged when there are circumstances that may objectively raise justified doubts as to his or her independence, impartiality or availability, or if he or she lack the qualifications agreed by the parties.

2 – A party may not challenge an arbitrator it has appointed, save supervening occurrence or knowledge of cause of challenge.

3 – Appointments shall be challenged by written submission to the Chairman of the Centre, within fifteen days from the date on which the party challenging the appointment learns of the respective grounds. The other party shall be notified of such challenge, together with the arbitrator concerned and the other arbitrators, any of whom may comment on the matter within ten days. The Chairman of the Centre decides on the merits of the challenge of the arbitrator.

4 – If neither party challenges the appointment in relation to the circumstances dis-

closed by the arbitrator under the previous article (and in any case relating to circumstances that have not been the subject of a challenge), none of those circumstances may be considered as grounds for a later challenge of the arbitrator.

5 – The Chairman of the Centre may, exceptionally, after consulting the parties and members of the tribunal, officially refuse the appointment of an arbitrator by either party if there is a justified suspicion of a serious or highly relevant fault in independence, impartiality or availability.

Note: Corresponds, with amendments, to former article 11. Amendments are introduced according to the new regime on the independence and impartiality of arbitrators that arises from the LVA and in accordance with the amendments to the previous article. In light of the broader duty to disclose, it is made clearer that consideration of a challenge involves an independent, objective consideration of the circumstances revealed. In relation to the preliminary draft, paragraph 4 was added to clarify that the parties' lack of reaction to the circumstances revealed by the arbitrator produces preclusive effects. Paragraph 5 was also introduced in order to allow the Centre itself to officially refuse the appointment of an arbitrator in the event of a well-founded suspicion of a serious fault in independence or impartiality (these shall mostly be situations of the type included in the "non-waivable red list" of the International Bar Association Guidelines on Conflicts of Interest in International Arbitration).

Article 13

(Replacement of arbitrators)

1 – If any of the arbitrators turns down the appointment, dies, withdraws, is permanently prevented from performing duties or terminates his or her duties following a decision taken by the Chairman of the Centre under the previous article or if, for any other reason, the appointment is voided, such arbitrator shall be replaced, according to the rules applicable to appointment, with the necessary adaptations.

2 – Exceptionally, the Chairman of the Centre may, after consulting the parties and the arbitral tribunal, replace an arbitrator on his or her own initiative, if the arbitrator does not perform his or her duties in accordance with these Rules and the Code

of Ethics.

3 – When an arbitrator has to be replaced, the arbitral tribunal shall decide, after consulting the parties, if and to what extent prior procedural acts shall be repeated before the reconstituted arbitral tribunal.

4 – If, however, the reason for replacement occurs after closure of the proceedings, the award is made by the remaining arbitrators, unless they deem this not to be convenient or if either party expressly objects.

Note: Corresponds, with amendments, to former article 12. In particular, the Chairman of the Centre is assigned powers to, exceptionally, replace an arbitrator if the arbitrator does not perform his or her functions in accordance with the Rules and the Code of Ethics. In relation to the preliminary draft, paragraph 1 was altered to cover all situations in which an arbitrator may terminate his or her duties.

Article 14

(**Appointment of arbitrators by the Commercial Arbitration Centre; list of arbitrators**)

1 – Whenever the Chairman of the Centre is required to appoint the arbitrator or arbitrators, the arbitrators shall be chosen from the names on the list approved by the Centre's Arbitration Board, save when this list does not include persons with the qualifications required by the specific features of the dispute in question.

2 – In international arbitrations, the Chairman of the Centre shall take into account the possible convenience of appointing an arbitrator of a different nationality to that of the parties.

Note: Corresponds, with amendments, to former article 13. A new paragraph 2 is introduced in order to encourage the appointment of arbitrators of different nationalities to that of the parties in international arbitration in order to guarantee, from the parties' perspective, greater independence and impartiality. In relation to the preliminary draft, the former paragraph 2 was repealed as it was considered unnecessary.

Chapter Ⅳ—Arbitral Proceedings

Article 15

(**Place of arbitration**)

1 – The parties may freely choose the place of arbitration.

2 – In the absence of an agreement between the parties, the place of arbitration shall be decided by the tribunal in accordance with the characteristics of the dispute; in any case, regardless of the place of arbitration, the arbitral tribunal may, on its own initiative or upon request by any of the parties, perform sessions, hearings or meetings, allow performance of any evidentiary act or make any deliberations in any other place.

Note: Corresponds, with amendments, to former article 14. It was intended to introduce greater flexibility in relation to the choice of location for the arbitration, establishing the national and international character of the Centre.

Article 16

(**Language of arbitration**)

1 – The parties may freely choose the language or languages of arbitration.

2 – In the absence of an agreement between the parties, the language or languages of arbitration shall be decided by the tribunal.

Note: New precept.

Article 17

(**Representation of the parties**)

The parties may appoint attorneys to represent them and advisors to assist them.

Note: Corresponds to former article 15.

Article 18

(**Rules of proceedings and conduct of the arbitration**)

1 – Without prejudice to the provisions of the following paragraphs, the arbitral tribunal shall conduct the arbitration in such a manner as it considers most appropriate,

including by establishing procedural rules that do not conflict with the non-derogable provisions of these Rules.

2 – In exercising its powers to conduct the arbitration, the arbitral tribunal, having regard to the circumstances of the case in question, shall promote swiftness and efficiency and give the parties reasonable opportunity to assert their rights, always respecting the principles of equal treatment and the right to be heard.

3 – In the arbitration agreement or thereafter, the parties may establish procedural rules provided they do not conflict with the non-derogable provisions of these Rules.

4 – Agreement on procedural rules subsequent to the commencement of the arbitral proceedings shall only be effective with the agreement of the Chairman of the Centre, prior to constitution of the arbitral tribunal, and with the agreement of the arbitral tribunal, once it has been constituted.

Note: Corresponds, partially and with amendments, to former article 16. The arbitral tribunal is assigned broad powers for conducting the arbitration and directing the procedural process in order to allow greater flexibility and efficiency.

Article 19

(Request for Arbitration)

1 – A party wishing to have recourse to arbitration at the Commercial Arbitration Centre shall submit its Request for Arbitration to the Secretariat, attaching the arbitration agreement or proposal submitted to the other party for such agreement.

2 – The claimant shall indicate the following in its Request for Arbitration:

a) The full names of the parties, their addresses and, if possible, email addresses;

b) A brief description of the dispute;

c) The claim and value of the relief sought, even if estimated;

d) If applicable, appointment of the arbitrator that the party has the responsibility to appoint, and any other indications relating the constitution of the arbitral tribunal; and

e) Any other circumstances it considers relevant.

Note: Corresponds, with amendments, to former article 17. In accordance with the LVA and most rules of arbitration, clauses b) and c) of paragraph 2 are modified to make it clear that the rules are compatible with a procedural model in which arbitration begins with a request to have recourse to arbitration for the dispute, which merely contains a brief description of the dispute to allow, specifically, that the decisions referred to in the following articles may be made and, in particular, that the appropriate preliminary orders can be issued in the preliminary hearing. In this procedural model, the substantial written statements shall be presented only after the arbitral tribunal has been constituted under the terms defined by it. Therefore, current article 30 has also been amended so that ordinarily there shall only be pleadings after the arbitral tribunal has been constituted.

Article 20

(Notification and Answer)

1 – Within five days, the Secretariat shall notify the respondent, sending a copy of the Request for Arbitration and accompanying documents.

2 – The respondent may present its Answer within thirty days, and shall:

a) Take a position on the dispute and the claim;

b) If applicable, appoint the arbitrator that it has the responsibility to appoint, or provide any other indications relating to the constitution of the arbitral tribunal;

c) Indicate any other circumstances it considers relevant.

3 – If requested and duly justified by the respondent, the Chairman of the Centre may extend the time limit for submitting its Answer.

4 – The Secretariat shall send the parties a copy of the Answer and the accompanying documents within five days of receiving them.

Note: Corresponds, with amendments, to former articles 18 and 19.

Article 21

(Claims by the Respondent)

1 – The respondent may, in its Answer, make counterclaims against the claimant provided that the object of the counterclaims is included in the same arbitration agree-

ment or in an arbitration agreement compatible with the arbitration agreement on which the Request for Arbitration is based.

2 – The respondent may also present claims against other respondents provided that：

a) The object of such claims is included in the same arbitration agreement； or

b) The object of such claims is included in an arbitration agreement compatible with the arbitration agreement on which the Request for Arbitration is based, and the circumstances of the case show that, at the time when the arbitration agreements were concluded, all the parties accepted that the same arbitration proceedings could take place with the presence of all of them.

3 – If counterclaims are made in the Answer, the respondent shall make a brief description of the dispute and indicate the respective value, even if estimated.

4 – If the respondent makes counterclaims, the party against which the claims are made may reply, within thirty days, and the provisions relating to the respondent's Answer shall apply.

5 – In the cases where the object of the counterclaims made by the respondent is not included in the same arbitration agreement that forms the basis for the Request for Arbitration, the arbitral tribunal may exclude admissibility if it considers that such admission causes undue disruption to the proceedings.

Note： New precept that contains provisions that were previously found in article 18(4). As well as the amendments arising from the previous article, the regime for counterclaims is modified and claims are permitted against other respondents.

On the one hand, making counterclaims against the claimant is no longer dependent upon meeting the requirements of the Code of Civil Procedure, and merely requires the jurisdiction of the arbitral tribunal. In light of the comments received during the public discussion period, new amendments were introduced so that the arbitral tribunal's ability to exclude counterclaims for reasons of undue disturbance to proceedings may only apply in cases with different arbitration agreements (although they are necessarily compatible).

On the other hand, the respondent is permitted to submit claims against other respondents not only when the same arbitration agreement is at stake but also when the arbitration agreement is different but compatible. In this last case, however, for the tribunal to be competent, it must be demonstrated that all the parties accepted that proceedings could take place with the presence of all of them. In this context, in light of the comments received during the public discussion period, it was made clear that consideration of the will of the parties clearly referred to the date of the contracts. The same clarification is made in relation to intervention by third parties.

Article 22

(**Claims of lack of jurisdiction of the arbitral tribunal**)

1 – If an objection that the tribunal lacks jurisdiction is raised in the Answer, the opposing party may reply within thirty days.

2 – If requested and duly justified by the claimant, the Chairman of the Centre may extend the time limit mentioned in the previous paragraph.

3 – If an objection that the tribunal lacks jurisdiction is not raised in the Answer, it may still beraised in the pleading submitted after the arbitral tribunal is constituted unless, in light of the content of the Request for Arbitration, it could have been raised in the Answer.

4 – The provisions in previous articles are applicable, with due adaptation, if the respondent has made counterclaims against the claimant or other respondents.

Note: Partially corresponds to former articles 20 and 27. The reply to exceptions before constitution of the arbitral tribunal is eliminated. It is proposed that the possibility to reply on matters of jurisdiction before constitution of the arbitral tribunal be enshrined so that, if applicable in the case in question, the matter may be decided upon immediately after constitution of the arbitral tribunal without the need for more intervention by the parties.

In light of the convenience of resolving the matter of the tribunal's jurisdiction as early as possible and since, under the Rules, and differently from the LVA, the Request for Arbitration shall contain a brief description of the dispute, it was understood that the possible lack of jurisdiction shall be established, as a rule, in the Answer, without prejudice to it being established in a later written statement if the Request for Arbitration does not allow for an immediate conclusion.

Article 23

(**Lack of Answer**)

1 – If the respondent fails to submit any Answer to the Request for Arbitration or the claims made by the claimant or if, for any reason, they are voided, the arbitration shall proceed.

2 – The lack of an Answer to the Request for Arbitration or the claims made by the claimant shall not exempt the other party from having to prove its claim and respective grounds.

Note: Mostly corresponds to former article 22.

Article 24

(**Change in the positions of the parties**)

During the arbitration proceedings, any party may amend or supplement the facts put forward, including the relevant claims, unless the arbitral tribunal refuses such change, namely having regard to the established procedural rules, the time at which the change is made and the harm caused to the opposing party by the change.

Note: This is an innovative precept inspired by article 33(3) of the LVA and coherent with the amendments proposed to articles 17 and 18.

Article 25

(**Third party joinder**)

1 – The following third parties may be allowed to intervene in the arbitral proceedings:

a) Those bound to all the parties by the same arbitration agreement; or

b) Those bound by another arbitration agreement compatible with the arbitration agreement on which the Request for Arbitration is based, provided that the circumstances of the case in question show that, at the time when the arbitration agreements were concluded, all the parties accepted that the same arbitration proceedings could take place with the presence of all of them.

2 – If intervention is requested before the arbitral tribunal is constituted, the Chairman of the Centre has the power to decide on its admissibility, after consulting the parties and the third party.

3 – If the intervention is requested before the arbitral tribunal is constituted, its constitution is governed by the provision for multiple parties, and the appointment of the arbitrator by the party linked to the intervening third party is voided, such two parties then having a time limit of twenty days to agree on the arbitrator that they must appoint.

4 – The decision by the Chairman of the Centre to allow the intervention of third parties under the previous paragraphs shall not be binding on the arbitral tribunal, and its constitution shall remain unaltered, irrespective of the decision made by the arbitral tribunal on the intervention.

5 – If the intervention is requested after the arbitral tribunal is constituted, the decision on the admissibility of the intervention shall be made by the tribunal, after consulting the parties and the third party, and it may only be allowed if the third party declares that it accepts the composition of the tribunal.

6 – In any case, any spontaneous intervention shall always involve acceptance of the composition of the tribunal at the time.

Note: Corresponds to former article 25, and has been rewritten overall. Although the LVA appears to only allow intervention by additional parties bound by the same arbitration agreement that forms the basis for the Request for Arbitration, it also appears to allow intervention when the arbitration agreements are different, provided that they are compatible (from the point of view of the tribunal's jurisdiction) and provided that it is demonstrated, in order to guarantee the arbitral tribunal's jurisdiction, that all the parties accepted that the arbitration could take place between all of them.

Compared with the text in the preliminary draft, it is made clear that consideration of the will of the parties for the proceedings to take place in the presence of all, in spite of there being different (although necessarily compatible) arbitration agreements, is clearly assessed by the date of the contracts.

Article 26

(**Consolidation**)

1 – Any party may apply to the Chairman of the Centre for consolidation of pending proceedings under any of the following circumstances:

a) If the parties are the same;

b) If the requirements for third party joinder are met.

2 – The Chairman of the Centre, after consulting the parties and the arbitrators already appointed, shall refuse consolidation if it is not convenient in light of the need to reconstitute the tribunal, the state of the proceedings or any other special reason.

3 – If consolidation is ordered, the tribunal already constituted is maintained; if this is not possible, due to multiple parties as a result of consolidation, the tribunal is reconstituted in accordance with the applicable rules.

4 – Extension of the scope of arbitration as a result of the consolidation shall be a legitimate cause for resignation of arbitrators, who shall tender such resignation within ten days of being notified of such consolidation.

Note: Corresponds to former article 24. The article is reformulated overall to include the conditions under which joinder is possible, in coherence with the regime for intervention of additional parties.

Article 27

(**Defining or refusing constitution of the arbitral tribunal**)

1 – When the Request for Arbitration and eventual Answers have been submitted, and once eventual procedural incidents that may have arisen have been decided, the Chairman of the Centre shall define the composition of the arbitral tribunal, designating the arbitrator or arbitrators which he or she is required to appoint, under the arbitration agreement and these Rules, without prejudice to the provisions of the following paragraph.

2 – The Chairman shall refuse to constitute the arbitral tribunal in the following cases:

a) Where there is no arbitration agreement or where such agreement is manifestly null and void;

b) Where there is manifest incompatibility between the arbitration agreement and the non-derogable provisions of these Rules;

c) When, if there is no arbitration agreement, the claimant has submitted a proposal for entering into an arbitration agreement that refers to the Rules and the other party, after being notified of the proceedings, fails to present any answer or expressly rejects the arbitration process;

d) When the parties fail to pay the advance on arbitration costs.

3 – The arbitral tribunal shall be deemed constituted upon acceptance by all the arbitrators of their appointment.

Note: Substantially corresponds to former article 26, with the amendments arising from previous articles and elimination of cross-references.

Article 28

(**Powers of the Chairman of the Centre**)

In the absence of any specific provision in the Rules, the Chairman of the Centre shall decide on any procedural incidents which may arise up to the constitution of the arbitral tribunal, without prejudice to the exclusive jurisdictional powers of the arbitrators.

Note: Corresponds to former article 23. The word "exclusive" is added, for clarification.

Article 29

(**Decision on the jurisdiction of the arbitral tribunal**)

1 – If the issue of lack of jurisdiction of the tribunal has been raised and the arbitral tribunal considers that the file already contains sufficient evidence, it shall decide, within thirty days from the date of its constitution, on the issue of its jurisdiction.

2 – If, however, it finds the need for the parties to produce further evidence or arguments, the arbitral tribunal shall call a preliminary hearing and determine, after consulting the parties, the proceedings and timetable for the decision on the issue of its jurisdiction.

Note: Partially corresponds to former article 27, and greater flexibility on the form and time of the decision on jurisdiction is introduced. The former article 27(5) is repealed, in light of article 18(9) of the LVA.

Article 30

(**Preliminary hearing**)

1 - If the arbitration proceeds, the arbitral tribunal summons the parties for a preliminary hearing.

2 - The arbitral tribunal shall define, at the preliminary hearing or up to thirty days afterwards, having consulted the parties:

a) The issues to be decided;

b) The provisional procedural timetable, including the date or dates for the hearing;

c) The pleadings to be presented, the means of evidence and the rules and time limits for producing them;

d) The date until which legal opinions may be submitted;

e) The rules applicable to the hearing, including, if considered convenient, maximum time limits available for producing evidence, respecting the principle of equality of the parties;

f) The time limit and form of presenting closing arguments;

g) The value of the arbitration, without prejudice to the possibility of ulterior modifications.

Note: Partially corresponds to former articles 28 and 29. The amendments proposed intend to adapt the regime to the existence of additional pleadings and introduce greater flexibility and efficiency in the conduct of proceedings. Compared with the text in the preliminary draft, the former paragraph 2 is repealed since it is deemed unnecessary in the context of arbitration, and clause c) is modified in order to exclude the mere possibility of written statements presented after the preliminary hearing. A new clause is also introduced on the value of the arbitration.

Article 31

(**Taking and presentation of evidence**)

1 – The arbitral tribunal shall determine the admissibility, relevance and value of the evidence produced or to be produced.

2 – The arbitral tribunal shall establish the facts of the case in the shortest time possible, and may reject requests by the parties that it considers not relevant to the decision or which are manifestly dilatory. The tribunal shall, however, hold a hearing for the production of evidence whenever one of the parties so requests.

3 – In particular, on its own initiative or upon request of one or both of the parties, the arbitral tribunal may:

a) Hear the parties or third parties;

b) Arrange for the submission of documents in possession of the parties or third parties;

c) Appoint one or more experts, define their task and receive their depositions or reports;

d) Conduct first hand examinations or inspections.

4 – Without prejudice to the rules defined by the arbitral tribunal, the pleadings shall be accompanied by all the documentary evidence of the facts put forward; presentation of new documents shall be admissible only in exceptional cases and following authorisation by the arbitral tribunal.

Note: Partially corresponds to former articles 29 and 30, also including the provisions in former article 21. In line with the LVA and the content of most arbitration rules, the Arbitral Tribunal is also assigned broad powers in matters of evidence. Compared with the text in the preliminary draft, a new rule is introduced, in line with article 34(1) of the LVA, so that holding a hearing is necessary if one of the parties so requests.

Article 32

(**Closing of proceedings**)

1 – Once closing arguments have been made and upon conclusion of any inquiries

which may have been ordered, the proceedings are considered closed.

2 – On an exceptional basis, the arbitral tribunal may re-open the proceedings, when there are justified grounds and for a specific purpose.

Note: Corresponds, with amendments, to former article 31. The matter of arguments and legal opinions is addressed in article 27, and shall be regulated in the preliminary hearing.

Chapter V—Arbitral Award

Article 33

(**Time limits for the award and for the arbitration**)

1 – Unless otherwise agreed by the parties, the final award shall be rendered within two months from the closing of the proceedings.

2 – The parties may agree to an extension or on a suspension of the time limit for rendering the award.

3 – If, after the constitution of the arbitral tribunal, there is any alteration in its composition, the Chairman of the Centre may, upon request from the arbitrators, declare that on reconstitution of the tribunal a new period of time commences for the rendering of the final award.

4 – The overall time limit for concluding the arbitration is one year, counting from the date on which the arbitral tribunal is considered to have been constituted.

5 – The Chairman of the Centre, upon justified request by the arbitral tribunal, and after consulting the parties, may extend the time limits established in the previous paragraphs one or more times, unless both parties oppose such extension.

Note: Corresponds to former article 32. Bearing in mind article 43(2) of the LVA and the institutional nature of arbitration, it is established in paragraph 5 that the power to extend the time limit belongs to the Chairman of the Centre and not the tribunal.

Article 34

(**Deliberations of the arbitral tribunal**)

1 – When the arbitral tribunal comprises more than one member, any award shall be adopted by a majority of votes, in a deliberation in which all the arbitrators shall take part.

2 – If no majority is achieved, the award shall be decided by the chairman of the arbitral tribunal.

3 – Issues relating to orders, procedural issues or any procedural initiative may be decided by the presiding arbitrator alone, if the parties or the other members of the tribunal provide authorisation to do so.

Note: Corresponds to former article 34. Paragraph 3 is added, in line with article 40(3) of the LVA, to allow, with due authorisation, decisions to be made only by the presiding arbitrator in matters relating to proceedings.

Article 35

(**Applicable law; equity clauses**)

1 – The arbitral tribunal shall decide in accordance with the applicable law, unless the parties, in the arbitration agreement or other document signed prior to the first arbitrator accepting the appointment, have authorised it to decide ex aequo et bono.

2 – After the arbitral tribunal has been constituted, authorisation from the parties for the award to be decided ex aequo et bono shall require the acceptance of all the arbitrators.

Note: Corresponds to former article 35.

Article 36

(**International arbitration**)

1 – In international arbitrations, in the absence of any choice of applicable rules of law, the arbitral tribunal shall apply the law of the state with which the subject-matter of the dispute has the closest connection.

2 – The provisions of the preceding paragraph as regards a decision ex aequo et bono shall apply to international arbitration.

Note: Corresponds to former article 36. Compared with the preliminary draft, and in light of the comments received during the public discussion period, it was intended to bring the Rules closer to article 52 of the LVA.

Article 37

(Trade usages)

In reaching its decision, the tribunal shall take into account the trade usages it deems relevant and appropriate to the case in hand.

Note: Corresponds to former article 37.

Article 38

(Settlement)

If, during the proceedings, the parties agree on settlement of the dispute, the tribunal shall end proceedings and, if so requested, hand down an award ratifying such settlement, unless the content of the settlement infringes any principle of public policy.

Note: Corresponds, with amendments, to former article 28(3). It appears convenient to establish that the tribunal shall formally end proceedings and make it clear that public policy is a limit to the content of the settlement.

Article 39

(Arbitral award)

1 – The final award of the arbitral tribunal shall be rendered in writing and shall:

a) Identify the parties;

b) Refer to the arbitration agreement;

c) Identify the arbitrators and indicate the form of their appointment;

d) Mention the subject-matter of the dispute;

e) Set out the grounds for the award;

f) State the value of the arbitration and apportionment of the arbitration costs among the parties, including, if applicable, ordering their payment;

g) Indicate the place of arbitration and the place and date on which the award was rendered;

h) Be signed by at least the majority of the arbitrators, with an indication as to, if applicable, dissenting votes or explanation of votes, duly identified;

i) Indicate the arbitrators who could not or were unwilling to sign, as well as, if applicable, the reason for the omission.

2 – The arbitral tribunal may decide the merits of the case through a single award or as many partial awards as it deems necessary, and the provisions in the previous paragraph shall apply to all.

Note: Corresponds, with amendments, to former article 38. As well as harmonising terminology, clause i) is added, bearing in mind article 24(1) of the LVA ("reason for omission of the remaining signatures") and the possibility of partial awards is expressly established, in line with article 42(2) of the LVA. In relation to appeals against partial awards (and decisions on jurisdiction), it was understood that it is not the Rules' responsibility to take a position, and the matter is governed by the applicable law (normally, but not necessarily, the LVA).

Article 40

(**Correction, interpretation and additional award**)

1 – Once the award has been rendered, the Secretariat shall notify the parties of the same and send them a copy, as soon as any costs resulting from the proceedings have been paid in full.

2 – On its own initiative or upon request by any of the parties submitted in the thirty days following notification of the arbitral award, the arbitral tribunal may correct material errors or interpret any obscure or ambiguous point in the award.

3 – Upon request by any of the parties submitted in the thirty days following notification of the arbitral award, the arbitral tribunal may, after consulting the parties, make an additional award on parts of the claim or claims presented within the arbitral proceedings that were not decided.

4 – The provisions on the arbitral award apply, with due adaptations, to corrections, interpretations of the arbitral award and to additional awards.

Note: Corresponds, with amendments, to former article 39. It was intended to harmonise with the regime in articles 44 and 45 of the LVA.

Article 41

(**Public nature of the award**)

1 – Arbitral awards on disputes in which one party is the state or another public law legal person are public, unless the parties decide otherwise.

2 – Other arbitral awards are similarly public, after removing elements that identify the parties, unless one of the parties opposes publicity.

Note: Innovative precept that intends to ensure transparency as a factor to legitimise and give credibility to arbitration when public entities are involved. Compared with the text in the preliminary draft, it was decided to clarify that in disputes involving the state or other public entities, the parties may, upon agreement, decide against the public nature of the award. In paragraph 2, there is a provision for the need to remove elements identifying the parties.

Article 42

(**No recourse**)

The arbitral award is not subject to appeal.

Note: Corresponds, with amendments, to former article 40. It is proposed that the word “final” is removed and paragraph 2 is removed because it now appears to be redundant.

Chapter Ⅵ—Miscellaneous

Article 43

(**Waiving opposition**)

If a party, knowing that a provision of the arbitration agreement or the Rules was not respected, does not express opposition immediately or within the established time limit, if applicable, it is considered that the right to do so and the right to set aside the arbitral award on those grounds is waived.

Note: New precept. The introduction of this new rule is proposed in line with article 46(4) of the LVA in order to hold parties responsible and protect the integrity of the arbitration process.

Article 44

(**Agreements on time limits in proceedings**)

The parties may agree to modify the time limits established in the Rules but, in the event of such agreement being reached after the arbitral tribunal has been constituted, it shall only take effect with the agreement of the arbitrators.

Note: Corresponds, with amendments, to former article 41. More flexibility is proposed to allow the parties to modify the time limits and not only reduce them.

Article 45

(**Summons, notifications and communications**)

1 – Summons, notifications and communications shall be made by any means which provide proof of receipt, namely by registered letter, delivery against receipt, facsimile, email or any other equivalent electronic method.

2 – Until the arbitral tribunal is constituted, when it is not possible to send communications via electronic methods or to present them in digital form, all communications are presented to the Secretariat in as many copies as there are intervening parties in the arbitral proceedings, plus a copy for each arbitrator and a copy for the Arbitration Centre Secretariat.

3 – After the arbitral tribunal is constituted, and without prejudice to the rules established by the arbitral tribunal, all pleadings and requests and accompanying documents, as well as other communications with the tribunal, shall be transmitted by the parties to all members of the arbitral tribunal, to all the parties and to the Secretariat by any of the channels provided for in paragraph 1, and these communications shall be valid as notifications.

Note: Corresponds, with amendments, to former articles 42 and 43. It is clarified that after the arbitral tribunal is constituted, it is the parties (and not the Secretariat) that notify each other and send communications to the members of the arbitral tribunal.

Article 46

(Counting of time limits)

1 – All time limits foreseen in these Rules shall run continuously.

2 – Time limits shall commence on the working day following that on which the summons, notifications and communications are deemed to have been received, by any of the means provided for in the preceding article.

3 – Time limits that end on a Saturday, Sunday or bank holiday are transferred to the following working day.

4 – Time limits for performing any act that is not provided for in the Rules and is not the result of the will of the parties is ten days, without prejudice to the possibility of extension by the Chairman of the Centre or the arbitral tribunal, as applicable.

Note: Corresponds, with amendments, to former article 44. A new paragraph is introduced clarifying the uncertainty that arose in the 2008 Rules, determining that if a time limit ends on a weekend or bank holiday, it is transferred to the next working day. It is further clarified that the Chairman of the Centre or the arbitral tribunal, depending on the case in question, may always extend time limits.

Article 47

(Archives)

1 – The Secretariat shall keep the originals of arbitral awards for each arbitration submitted to the Commercial Arbitration Centre under these Rules in the Centre's archives, and parties may obtain certified copies of them.

2 – The pleadings, documents, communications and correspondence relating to each case shall be destroyed twelve months after the date of notification of the final award, unless any of the parties requests their return, in writing, within such period of time.

Note: Corresponds, with harmonised terminology, to former article 45. The time limit for the archives is increased from six to twelve months.

Chapter Ⅶ—Arbitration costs

Article 48

(**Arbitration costs**)

1 – Costs shall be payable for arbitration proceedings.

2 – The arbitration costs comprise the arbitrators' fees and expenses, the administrative costs of the proceedings and the expenses incurred in the production of evidence.

3 – It is the arbitral tribunal's responsibility, unless the parties otherwise agree, to decide the method of apportioning the arbitration costs, having regard to all the circumstances of the case, including amount of dismissed claims and the behaviour of the parties during proceedings.

Note: Corresponds to former article 46. A new paragraph 3 is introduced that clarifies that the behaviour of the parties during proceedings may be taken into account by the tribunal in its decision on apportionment of costs.

Article 49

(**Costs of the arbitration and calculation of costs**)

1 – It is the arbitral tribunal's responsibility, after consulting the parties, to define the costs of the arbitration, bearing in mind the corresponding value of the claims made by the parties and any possible requests for interim measures and preliminary orders.

2 – It is the Secretariat's responsibility to calculate the costs of the arbitration and the amount of the advances to be paid by the parties, taking into account the costs of the arbitration defined by the arbitral tribunal or, if the tribunal has not yet done so, a provisional estimate of the value of the arbitration.

Note: Corresponds, with amendments, to former article 47. If is clarified that responsibility for calculating costs belongs to the Secretariat. Compared with the preliminary draft, it is also established that determining the value of the arbitration is the responsibility of the Arbitral Tribunal.

Article 50

(Arbitrators' fees)

1 – The fees of each arbitrator is established by the Chairman of the Arbitration Centre bearing in mind the value of the arbitration, in accordance with Table 1 annexed to the Rules, and the following paragraphs.

2 – If the arbitral tribunal is constituted by a sole arbitrator, the fees shall be increased up to a maximum of 50% of the values indicated in the table mentioned in paragraph 1.

3 – When the arbitral tribunal comprises three arbitrators, the total fees due to them shall correspond to three times the amount established under paragraph 1, 40% of such total being due to the presiding arbitrator and 30% to each of the other two arbitrators, unless otherwise agreed between the arbitrators.

4 – When establishing the fees, after consulting the parties and the arbitral tribunal, the Chairman of the Arbitration Centre, considering the circumstances of the case in question and, in particular, the swiftness and efficiency of the tribunal in conducting proceedings, as well as the complexity of the proceedings and the time spent by the arbitrators, may decrease to 60% or increase remuneration by a further 40% of the value resulting from the table mentioned in paragraph 1.

5 – If the arbitration ends before the final award, the Chairman of the Arbitration Centre may, after consulting the parties and the arbitral tribunal and taking into consideration, as well as the aspects referred to in the previous paragraph, the stage at which the arbitral proceedings ended or any other circumstance considered relevant, reduce the fees to 30% of the value resulting from the table mentioned in paragraph 1, if the arbitration ends before the preliminary hearing, and to 50%, if the arbitration ends before the final hearing begins.

Note: Corresponds, with amendments, to former article 48. Several amendments were made to the text in the preliminary draft in order to allow the Chairman of the Arbitration Centre to decrease or increase the arbitrators' fees, within a relatively small range, depending on the characteristics of each case. The criteria for reducing fees if proceedings end before the final award have also been consolidated.

Article 51

(**Arbitrators' expenses**)

The arbitrators' expenses shall be paid in accordance with the actual cost incurred, duly substantiated.

Note: Corresponds, with amendments, to former article 49.

Article 52

(**Administrative costs**)

1 – The administrative costs of the arbitral proceedings are established by the Chairman of the Centre bearing in mind the value of the arbitration, according to table 2 annexed to the Rules, and the following paragraphs.

2 – When establishing the costs, after consulting the parties and the arbitral tribunal, considering the circumstances of the case in question and, in particular, the services provided by the Arbitration Centre, the Chairman of the Arbitration Centre may decrease to 80% or increase costs by a further 20% of the value resulting from the applicable table.

3 – Administrative costs include all the Centre's decisions laid down in the Rules, administrative support, management of the proceedings and use of the hearing rooms in the Centre's headquarters.

4 – On submitting the Request for Arbitration, the claimant shall pay a fixed amount equal to the lowest band in table 2, which shall be credited against payment of the arbitration costs.

5 – Payment of the amount referred to in the preceding paragraph is a condition for notification of the respondent and is not re-fundable in the event the arbitration does not, for any reason, proceed.

6 – If the arbitration ends before the final award, the Chairman of the Centre may reduce the administrative costs, taking into consideration the stage at which the arbitral proceedings ended or any other circumstance considered relevant, under the terms corresponding to the reduction of the arbitrators' fees.

Note: Corresponds, with amendments, to former article 50, also allowing the

Chairman of the Arbitration Centre to decrease or increase costs, within a smaller range, depending on the services actually provided by the Centre.

Article 53

(**Expenses relating to the production of evidence**)

Expenses relating to the production of evidence shall be determined on a case-by-case basis, in view of the actual costs incurred.

Note: Corresponds to former article 51.

Article 54

(**Advance on arbitration costs**)

1 – The parties shall pay an advance to guarantee payment of the arbitration costs.

2 – Before the arbitral tribunal is constituted, an initial provisional advance shall be paid by each of the parties, of an amount to be determined by the Secretariat, corresponding to no more than 35% of the likely arbitration costs.

3 – In the course of the proceedings, the Secretariat shall collect further advances, one or more times, until the total advance covers the likely total arbitration costs.

Note: Corresponds, with amendments, to former article 52. A change to the rule on the total amount of the advances is introduced, changing the amount to 100% of the total and not 200% as in previous Rules.

Article 55

(**Advances: time limits and penalties**)

1 – Advances shall be paid within ten days of notification for this purpose.

2 – In the event of an advance failing to be paid within the established time limit, the Secretariat may establish a new time limit for payment to be made by the non-complying party and may, if the situation continues, notify the other party of the fact so that, if it sees fit, it may pay the outstanding advance within ten days.

3 – If the initial advance is not paid, the arbitration shall not proceed, and the arbitral proceedings shall be deemed to have ended; if it is the respondent that has failed to pay, the arbitration shall proceed, and the tribunal may determine inadmissibility of

the answer.

4 – In the event of non-payment of an advance requested to cover the cost of the production of evidence or other inquiry, the tribunal shall not proceed with such measure.

5 – Non-payment of any subsequent advance shall cause the arbitral proceedings to be suspended, in the event of non-payment by the claimant; in the event of such non-payment by the respondent, the arbitral tribunal may bar respondent from taking part in the production of evidence or submitting statements.

6 – If the suspension of arbitral proceedings mentioned in the preceding paragraph persists for a period of more than thirty days without payment of the missing advance, the arbitral tribunal may determine that the arbitral proceedings have ended, dismissing the respondent from the proceedings without prejudice.

7 – If the respondent makes counterclaims, the Secretariat may, upon request by any of the parties, establish separate advances for each claim, and the provisions of the previous paragraphs shall apply with the necessary adaptations.

8 – Through a reasoned request from any of the parties, the time limits laid down in this article may be extended by the Secretariat.

Note: Corresponds, with amendments, to former article 53. Some flexibility is introduced in terms of the time limits and penalties for payment of advances, as well as the possibility of ending the arbitral proceedings if the claimant does not pay the advance. Compared with the text of the preliminary draft, it introduces the possibility for the Secretariat to grant a new time limit for payment of the advance before the penalties established here are applied (see article 17(4) of the LVA).

Article 56

(**Assessment of costs**)

1 – When the arbitration costs have been assessed and the parties notified of the same, they may contest the calculations within ten days by notifying the Secretariat.

2 – If the Secretariat deems that no changes are required to the assessment of costs, it shall draw up a report, which it shall submit, with the complaint, to the arbi-

tral tribunal.

3 – If it is no longer possible for the arbitral tribunal to convene, the matter shall be decided by the Chairman of the Centre.

Note: Corresponds to former article 54.

Chapter Ⅷ—Final and transitional provisions Article 57

(**Entry into force**)

1 – The Rules of arbitration enter into force on1 March 2014, and apply to arbitrations requested after such date, unless the parties have agreed to apply the rules in force at the date of the arbitration agreement.

2 – The procedure for Emergency Arbitration, however, shall only apply in cases where the arbitration agreement has been concluded after these Rules have entered into force.

3 – Application of part or all of these Rules to arbitration proceedings underway at the date on which they enter into force shall require the agreement of the parties and the acceptance of the arbitral tribunal, if already constituted.

Table No. 1　Fees for Each Arbitrator

Value of dispute			Fees		
Up to 50, 000. 00			2, 500. 00		
50, 001. 00	to	100, 000. 00	2, 500. 00 + 3. 50%	of the amount in excess of	50, 000. 00
100, 001. 00	to	250, 000. 00	4, 250. 00 + 2. 50%	of the amount in excess of	100, 000. 00
250, 001. 00	to	500, 000. 00	8, 000. 00 + 1. 25%	of the amount in excess of	250, 000. 00
500, 001. 00	to	1, 000, 000. 00	11, 125. 00 + 0. 8%	of the amount in excess of	500, 000. 00
1, 000, 001. 00	to	2, 500, 000. 00	15, 125. 00 + 0. 7%	of the amount in excess of	1, 000, 000. 00
2, 500, 001. 00	to	5, 000, 000. 00	25, 625. 00 + 0. 5%	of the amount in excess of	2, 500, 000. 00
5, 000, 001. 00	to	10, 000, 000. 00	38, 125. 00 + 0. 25%	of the amount in excess of	5, 000, 000. 00
10, 000, 001. 00	to	20, 000, 000. 00	50, 625. 00 + 0. 15%	of the amount in excess of	10, 000, 000. 00
20, 000, 001. 00	to	40, 000, 000. 00	65, 625. 00 + 0. 09%	of the amount in excess of	20, 000, 000. 00
40, 000, 001. 00	to	80, 000, 000. 00	83, 625. 00 + 0. 075%	of the amount in excess of	40, 000, 000. 00
80, 000, 001. 00	to	120, 000, 000. 00	113, 625. 00 + 0. 05%	of the amount in excess of	80, 000, 000. 00
		> 120, 000, 000. 00	133, 625. 00		

Table No. 2 Administrative Costs

Value of dispute			Administrative costs		
Up to 50, 000. 00			2, 500		
50, 001. 00	to	100, 000. 00	2, 500. 00 + 2. 25%	of the amount in excess of	50, 000. 00
100, 001. 00	to	250, 000. 00	3, 625. 00 + 2. 00%	of the amount in excess of	100, 000. 00
250, 001. 00	to	500, 000. 00	6, 625. 00 + 0. 6%	of the amount in excess of	250, 000. 00
500, 001. 00	to	1, 000, 000. 00	8, 125. 00 + 0. 3%	of the amount in excess of	500, 000. 00
1, 000, 001. 00	to	2, 500, 000. 00	9, 625. 00 + 0. 125%	of the amount in excess of	1, 000, 000. 00
2, 500, 001. 00	to	5, 000, 000. 00	11, 500. 00 + 0. 1%	of the amount in excess of	2, 500, 000. 00
5, 000, 001. 00	to	10, 000, 000. 00	14, 000. 00 + 0. 06%	of the amount in excess of	5, 000, 000. 00
10, 000, 001. 00	to	20, 000, 000. 00	17, 000. 00 + 0. 05%	of the amount in excess of	10, 000, 000. 00
20, 000, 001. 00	to	40, 000, 000. 00	22, 000. 00 + 0. 04%	of the amount in excess of	20, 000, 000. 00
40, 000, 001. 00	to	80, 000, 000. 00	30, 000. 00 + 0. 03%	of the amount in excess of	40, 000, 000. 00
80, 000, 001. 00	to	120, 000, 000. 00	42, 000. 00 + 0. 02%	of the amount in excess of	80, 000, 000. 00
		> 120, 000, 000. 00	50, 000. 00		

Appendix Ⅰ—Rules on Emergency Arbitrators

Article 1

(Application for Emergency Arbitrator)

1 - The party that intends to request an emergency arbitrator under the Rules of Arbitration shall present an Application for Emergency Arbitrator to the Secretariat.

2 - The Application for Emergency Arbitrator shall include, at least, the following elements:

a) The full names of the parties, their addresses and email addresses;

b) A brief description of the dispute;

c) Description of the required interim measures;

d) Description of the reasons for which the requested interim measures are urgent;

e) Description of the reasons for which the applicant believes it holds the right to the protection it requests;

f) Description of any relevant contracts and, in particular, of the arbitration agreement;

g) Description of any agreement relating to the arbitral proceedings or the applicable rules of law.

3 - The Application shall be accompanied by the following documents:

a) The arbitration agreement;

b) If it has already been presented, the Request for Arbitration and other correspondence relating to the main dispute that has been submitted to the Secretariat by any of the parties prior to presentation of the Application for Emergency Arbitrator;

c) The documentary evidence of the facts put forward in the Application for Emergency Arbitrator;

d) Proof of payment of the advance for costs relating to the emergency arbitrator.

Note: The application for emergency arbitrator shall contain all the elements necessary for consideration by the Emergency Arbitrator.

Article 2

(**Consideration of the Application for Emergency Arbitrator by the Chairman of the Centre**)

1 – The Chairman of the Centre shall outright reject the Application for Emergency Arbitrator in the following situations:

a) Inadmissibility of use of an emergency arbitrator under the Rules of Arbitration;

b) Non-payment of the advance for the costs of the proceedings;

c) Lack of an arbitration agreement that assigns the Arbitration Centre jurisdiction to administrate it;

d) When the arbitration agreement is manifestly null and void or if there is manifest incompatibility of the arbitration agreement with the non-derogable provisions of the Rules of Arbitration.

2 – If there is an outright rejection, the Secretariat notifies the applicant that the proceedings shall not proceed.

3 – If the Application for Emergency Arbitrator is not rejected outright, the Secretariat shall immediately transmit a copy of the application and accompanying documents to the responding party, at the same time notifying the applicant.

Note: The Chairman of the Centre shall make a preliminary consideration of the Application for Emergency Arbitrator and, in the cases provided for in paragraph 1, may refuse the application outright. In principle, consideration by the Chairman of the Centre shall focus on checking the formal requirements; however, due to the referral as a whole to article 5, the possibility of the Chairman refusing it outright for considering it not be an urgent matter cannot, in exceptional cases, be disregarded.

Article 3

(**Relationship with the arbitral proceedings**)

1 – The applicant shall present the Request for Arbitration within fifteen days, counted from the presentation of the Application for Emergency Arbitrator, unless this limit is extended for a period of up to thirty days by the emergency arbitrator or by the

Chairman of the Centre, until the Emergency Arbitrator is appointed;

2 – If the Request for Arbitration is not presented within the time limits referred to in the previous paragraph, the Chairman of the Centre deems the emergency arbitrator proceedings to have ended.

Note: The ICC and Swiss Chambers rules establish a time limit of 10 days for presenting a Request for Arbitration (although this is counted from notification by the Secretariat that the request was not rejected outright). The Stockholm Chamber rules establish a time limit of 30 days. The time limit of 15 days was chosen (which, in any case, the applicant does not need to exhaust), which may be extended by the emergency arbitrator.

Article 4

(**Emergency Arbitrator**)

1 – The Chairman of the Centre shall appoint the emergency arbitrator in the shortest time-limit possible and, in any case, within two days counted from receipt, by the Secretariat, of the Application for Emergency Arbitrator.

2 – The Chairman of the Centre shall not appoint an emergency arbitrator if the arbitral tribunal has already been constituted.

3 – The emergency arbitrator shall have the same statute, and shall be subject to the same duties and hold the same rights, as the arbitrators appointed under the Rules of Arbitration.

4 – The provisions of the Rules of Arbitration shall apply on matters of challenge of arbitrators; the time limits for presenting a challenge and possible opinions from the opposing party and the emergency arbitrator are reduced to three days.

5 – The emergency arbitrator cannot act as an arbitrator in any arbitration relating to the dispute underlying the Application for Emergency Arbitrator, unless the parties otherwise agree.

6 – Once the emergency arbitrator has been appointed, the Secretariat notifies the parties and immediately sends the emergency arbitrator the proceedings.

Note: In light of the urgent nature of the proceedings, short time limits are established for appointing the arbitrator (2 days) and any possible challenge (3 days). With agreement from the parties, there does not appear to be any obstacle to the emergency arbitrator acting as arbitrator (along the same lines, for example, as the rules of the Stockholm Chamber, Swiss Chambers and Singapore Arbitration Centre. The rules of the ICC differ).

Article 5

(**Place of the Emergency Arbitrator Proceedings**)

1 – The place of the emergency arbitrator proceedings shall be the same as the place of the arbitration and, in the absence of an agreement between the parties, the Chairman of the Centre shall decide on the place of the emergency arbitrator proceedings, without prejudice to the determination of the place of the arbitration by the arbitral tribunal under the Rules of Arbitration.

2 – Irrespective of the place of the emergency arbitrator proceedings, the emergency arbitrator may, on his or her initiative or upon request by any of the parties, hold sessions, hearings and meetings, allow any evidentiary measure or make any deliberations in any other place.

Note: Similar text to that of the Rules of the ICC and Swiss Chambers.

Article 6

(**Proceedings**)

1 – The emergency arbitrator may conduct the proceedings in such a way as deemed appropriate, taking into account the nature and the special urgency of the proceedings and giving the parties a reasonable opportunity to assert their rights.

2 – Within the time limit of two days counting from referral of the proceedings by the Secretariat, the Emergency Arbitrator shall establish a provisional procedural timetable for the proceedings, which shall include the possibility for the responding party to present its case on the request presented by the applicant and the date of the time limit for a decision to be issued.

Note: Broad powers are assigned to the emergency arbitrator to direct the proceedings. However, the respondent must be heard, under terms defined by the emergency arbitrator, and it will certainly involve a short time limit (and it is certain that the respondent shall be aware of the Application for Emergency Arbitrator before the Emergency Arbitrator is appointed), since the overall time limit for the award is 15 days.

Article 7

(**Time limit for the decision to be issued**)

1 – Save for the provisions of the following paragraphs, the emergency arbitrator's decision shall be issued within fifteen days, counting from the date on which the proceedings where transmitted to the emergency arbitrator or the date on which the responding party was notified of the Application for Emergency Arbitration, if later.

2 – The Chairman of the Centre may, upon reasoned request from the emergency arbitrator or on his or her own initiative, set a longer time limit.

3 – In any case, the parties may agree on a longer time limit.

Note: The time limit of 15 days is common to the rules of the ICC, the Swiss Chambers, CEPANI (the rules of the Stockholm Chamber establish a time limit of 5 days) and it is consistent with the urgency underlying these proceedings. The Chairman of the Centre may, however, extend the time limit, and this may also be allowed through an agreement between the parties.

Article 8

(**Decision**)

1 – The decision of the emergency arbitrator shall be rendered in writing and shall include:

a) The identification of the parties;

b) Reference to the arbitration agreement;

c) The identification of the emergency arbitrator and of the form of the emergency arbitrator's appointment;

d) A brief explanation of the reasoning of the decision, including in respect of the admissibility of the Application for Emergency Arbitrator;

e) Indication of jurisdiction for deciding on requested the interim measures;

f) The apportionment of the arbitration costs among the parties, including, if applicable, ordering the payment;

g) Indication of the place of arbitration and the place and date on which the decision was issued;

h) his or her signature.

2 – The emergency arbitrator may make the decision subject to any measures considered to be appropriate, including appropriate security being provided by the applicant.

Article 9

(**Effects of the decision**)

1 – The decision made by the emergency arbitrator shall be binding on all parties.

2 – The decision made by the emergency arbitrator shall cease to be binding on all parties when:

a) The Chairman of the Centre terminates the emergency arbitrator proceedings under these Rules;

b) The Request for Arbitration is not presented within the time limit established in these Rules;

c) A period of one hundred and twenty days has elapsed since the decision and the arbitral tribunal has not been constituted, for reasons not caused by the responding party;

d) A challenge against the emergency arbitrator is upheld;

e) The arbitral tribunal renders the final award, unless the arbitral tribunal decides otherwise in said final award;

f) For any reason, the arbitration ends before the final award is rendered.

Note: Along the lines of the rules of the Stockholm Chamber, the Emergency Arbitrator's decision ceases its effects not only when the request for arbitration has not been presented within the time limit (15 days), but also when, for reasons not caused by the respondent, the arbitral tribunal is not constituted within 120 days (in the

Stockholm Chamber, the time limit is 90 days). Although it is a situation unlikely to occur, and it may not be caused by the claimant, the precarious nature of the decision suggests that, if such a situation were to take place, the respondent's position shall take priority, unless the reason for the lack of constitution of the tribunal is caused by respondent.

Article 10

(**Costs**)

1 – Costs shall be payable for the emergency arbitrator proceedings; provisions on the matter in the Rules of Arbitration shall apply with due adaptations, considering the special provisions in the following paragraphs.

2 – The emergency arbitrator's fees are set by the Chairman of the Centre, bearing in mind the circumstances of the case in question, in up to 15,000 euros.

3 – The administrative costs of the emergency arbitrator proceedings shall be of 3,000 euros, which shall not be refundable if the proceedings do not proceed for any reason.

4 – To guarantee payment of the costs of emergency arbitrator proceedings, the applicant shall pay, when presenting the application, an advance of 18,000 euros.

5 – Once the parties have been consulted, the Chairman of the Centre, taking into account the circumstances and, in particular, the complexity of the case in question and the time spent by the emergency arbitrator, may increase the amount of the emergency arbitrator's fees and/or the administrative fees up to double the amounts referred to in the previous paragraphs.

6 – In the case provided for in the previous paragraph, the applicant is called upon to increase the advance in the amount necessary to meet all of the costs of the proceedings, under penalty of the proceedings not proceeding and the Chairman of the Centre dismissing them.

7 – The method for apportioning the costs of the emergency arbitrator proceedings shall be decided by the emergency arbitrator in the final decision, without prejudice to the possibility of modification by the arbitral tribunal.

Note: It is proposed, in line with most rules, that a fixed amount of costs is set, advanced entirely by the applicant, which facilitates and considerably speeds up the initial steps in the proceedings.

Article 11

(**Final provision**)

For anything not specifically provided for in this appendix, the provisions of the Rules of Arbitration shall apply, with due adaptations, and it shall be the responsibility of the Chairman of the Centre to decide on any incidents that arise before appointment of the emergency arbitrator that are not expressly provided for in this appendix.